广东城市调查统计年鉴

GUANGDONG CITY SURVEY STATISTICAL YEARBOOK

2005

(总第2期 No.2)

广东省城市社会经济调查队编

Urban Survey
Organization of Guangdong province

中国统计出版社
China Statistics Press

（京）新登字041号

ISBN 7-5037-4830-3

图书在版编目（CIP）数据
广东城市调查统计年鉴. 2005/ 广东省城市社会经济调查队编
北京：中国统计出版社，2005.12
ISBN 7—5037—4830—3
Ⅰ.广…
Ⅱ.广…
Ⅲ.城市-统计资料-广东省-2005-年鉴
Ⅳ.C832.65-54
中国版本图书馆CIP数据核字(2005)第141768号

广东城市调查统计年鉴-2005

作　者/广东省城市社会经济调查队
责任编辑/陈越月
E-mail/yearbook@stats.gov.cn
责任校对/于丽波/邓春燕
封面设计/孟贤宝
广告内页设计/广州烈焰广告有限公司
出版发行/中国统计出版社
通信地址/北京市西城区三里河月坛南街75号/中国统计出版社
邮　编/100826
电　话/（010）63262295
编辑部电话/（020）83567006　83133748
通讯地址/广州市解放北路837号二楼
邮　编/510040
印　刷/精一印刷（深圳）有限公司
经　销/新华书店
开　本/890×1240毫米 1/16
字　数/1233.73千字
印　张/38.25印张
版　别/2005年12月第1版
版　次/2005年12月第1次印刷
书　号/ISBN 7-5037-4830-3/F.2193
定　价/240.00元

2005 编者说明

《广东城市调查统计年鉴》（下简称《年鉴》）是一部反映广东省城市国民经济和社会发展情况的资料性年刊，《年鉴》分为四大部分。第一部分，物价指数；第二部分，城镇居民生活；第三部分，各市社会经济发展主要指标，具体分为自然资源，综合，人口，从业人员和职工工资，固定资产投资，能源生产与消费，财政和金融，物价，人民生活，工业，邮电，国内贸易，对外经济，教育、卫生等主要经济指标；第四部分，部分国家和地区统计指标。其中第一、第二部分还汇编了各省、市、区城市调查数据资料。

本《年鉴》大部份资料来自广东省各级统计局、城市社会经济调查队的各种定期统计报表及抽样调查资料；部分资料及其他各国和地区统计指标根据国家统计局和国家城调总队及有关方面提供的资料整理。

资料中所使用的度量衡单位均采用国际统一标准计量单位。

本《年鉴》中计算的平均每年增长速度，均用“水平法”。

本《年鉴》统计表中的符号使用说明：

“…”表示数据不足本表最小单位数；

“#”表示其中主要项；

“空格”表示该项统计指标数据不详或无该项数据；

“①”表示本表下有注解。

本《年鉴》在整理编辑过程中，得到省统计局综合处、核算处以及佛山市城调队、顺德区城调队的大力支持，在此表示感谢!

二〇〇五年九月

2005

《广东城市调查统计年鉴》编辑委员会

目　　录

第一部分　物价指数

一、消费价格指数

二、工业品价格指数

第二部分　城镇居民生活

第三部分　各市社会经济发展主要指标

第四部分　部分国家和地区统计指标

第一部分　物价指数

DI YI BU FEN WU JIA ZHI SHU

一、消费价格指数

YI XIAO FEI JIA GE ZHI SHU

1

各种物价总指数

（上年=100）

年　份	商品零售价格指数	居民消费价格指数	城市居民消费价格指数	农村居民消费价格指数	农村工业品零售价格指数
1951	98.2		98.5		105.9
1952	99.8		102.9		96.1
1953	101.0		102.7		94.2
1954	99.7		98.8		100.2
1955	100.3		99.6		101.8
1956	99.6		99.5		98.7
1957	102.3		103.4		101.0
1958	100.6		99.2		99.9
1959	101.2		100.6		100.4
1960	101.1		100.5		100.6
1961	112.1		112.0		107.4
1962	100.5		100.5		103.4
1963	98.1		99.4		98.4
1964	96.8		98.1		97.2
1965	98.6		97.6		97.9
1966	99.6		99.7		98.6
1967	100.3		100.4		99.7
1968	99.8		99.8		99.8
1969	99.7		101.8		99.7
1970	99.3		99.5		98.9
1971	99.6		100.2		99.2
1972	99.7		99.9		99.2
1973	100.0		100.0		100.0
1974	99.9		99.7		100.1
1975	100.0		100.0		100.0
1976	100.1		100.1		100.2
1977	100.1		100.0		100.0
1978	100.4		100.3		100.1
1979	103.0		104.6		100.3
1980	108.5		109.5		101.4
1981	109.3		106.3		101.9
1982	102.3		102.6		102.1
1983	100.7		102.8		100.5
1984	101.2	101.3	101.9	100.4	101.9
1985	113.6	114.8	117.1	111.2	104.5
1986	104.8	104.9	104.7	105.3	104.4
1987	111.7	111.2	112.8	109.7	109.4
1988	130.2	129.4	129.5	129.3	125.9
1989	121.0	122.1	121.9	122.4	119.5
1990	95.6	97.5	97.4	97.6	97.2
1991	100.6	101.2	102.3	99.9	100.8
1992	105.8	107.3	108.4	105.9	102.3
1993	118.2	121.6	122.0	120.6	115.5
1994	118.9	121.7	121.0	122.5	113.7
1995	111.6	114.0	113.1	115.3	107.1
1996	104.4	107.0	107.2	106.5	104.5
1997	100.1	101.9	102.1	101.5	101.0
1998	97.0	98.2	98.3	98.1	97.7
1999	96.7	98.2	98.4	97.7	97.3
2000	99.9	101.4	102.2	100.0	100.2
2001	98.7	99.3	99.2	99.6	98.4
2002	98.5	98.6	98.6	98.6	98.4
2003	100.0	100.6	100.7	100.4	100.1
2004	102.9	103.0	102.6	103.7	101.0

注：工农业商品综合比价指数是以农产品收购价格指数为100，下表同。

各种物价总指数

（1950年=100）

年份	商品零售价格指数	城市居民消费价格指数	农村工业品零售价格指数
1951	98.2	98.5	105.9
1952	98.0	101.4	101.8
1953	99.0	104.1	95.9
1954	98.7	102.9	96.1
1955	99.0	102.5	97.8
1956	98.6	102.0	96.5
1957	100.9	105.5	97.3
1958	101.5	104.7	97.3
1959	102.7	105.3	97.7
1960	103.8	105.8	98.3
1961	116.4	118.5	105.6
1962	117.0	119.1	109.1
1963	114.8	118.4	106.9
1964	111.1	116.2	103.9
1965	109.5	113.4	101.7
1966	109.1	113.1	100.3
1967	109.4	113.6	100.0
1968	109.2	113.4	99.8
1969	108.9	115.4	99.5
1970	108.1	114.8	98.4
1971	107.6	115.0	97.6
1972	107.3	114.9	96.8
1973	107.3	114.9	96.8
1974	107.3	114.6	96.9
1975	107.3	114.6	96.9
1976	107.4	114.7	97.1
1977	107.5	114.7	97.1
1978	108.0	115.0	97.8
1979	111.2	120.3	98.1
1980	120.7	131.7	99.5
1981	131.8	140.0	101.4
1982	134.9	143.6	103.5
1983	135.8	147.6	104.0
1984	137.4	150.4	106.0
1985	156.1	176.1	110.8
1986	163.6	184.4	115.7
1987	182.7	208.0	126.6
1988	237.9	269.4	159.4
1989	287.9	328.4	190.5
1990	275.2	319.9	185.2
1991	276.9	327.3	186.7
1992	293.0	354.8	191.0
1993	346.3	432.9	220.6
1994	411.8	523.8	250.8
1995	459.6	592.4	268.6
1996	479.8	635.0	280.7
1997	480.3	648.3	283.5
1998	465.9	637.3	277.0
1999	450.5	627.1	269.5
2000	450.0	635.9	270.0
2001	444.2	630.8	265.7
2002	437.5	622.0	261.4
2003	437.5	626.4	261.7
2004	450.2	642.7	264.3

全省居民消费价格分类指数

（上年 = 100）

年　份	总指数	食品	衣着	家庭设备及用品	医疗保健用　品	交通和通讯工具	娱乐教育文化用品	居住商品	服务项目
1978	100.4	100.4	100.0	100.2	100.8		100.1		
1979	103.0	102.4	99.7	100.7	102.5		101.4		
1980	108.5	107.6	100.4	100.8	102.0		102.8		
1981	109.3	104.1	99.4	103.1	100.9		100.6		
1982	102.3	102.6	97.5	100.0	100.7		100.7		
1983	100.8	100.8	97.8	98.9	116.1	111.5	98.6		104.3
1984	101.3	100.2	99.5	100.5	115.6	107.7	100.4		108.0
1985	114.8	119.9	103.1	104.6	103.1	103.0	102.6		114.6
1986	104.9	105.3	101.4	105.1	104.1	121.9	100.4		106.8
1987	111.4	114.4	103.7	105.9	104.5	109.3	108.7		110.7
1988	129.4	134.4	115.4	116.5	134.1	102.5	116.9		122.8
1989	122.1	123.3	119.4	113.8	129.3	122.0	108.6		130.7
1990	97.5	94.6	106.0	99.1	106.6	129.2	92.2		112.6
1991	101.2	99.7	103.3	99.9	107.0	105.4	97.7		107.5
1992	107.3	108.1	102.4	101.0	104.9	114.3	98.5		112.1
1993	121.6	122.0	106.1	111.8	140.8	159.5	106.1		133.4
1994	121.7	126.9	116.1	113.0	110.1	110.7	110.7	119.0	122.9
1995	114.0	119.3	112.4	105.9	111.8	99.7	104.1	108.2	118.5
1996	107.0	105.8	105.3	103.1	110.5	99.1	106.8	106.5	119.5
1997	101.9	99.3	102.0	99.6	105.2	97.0	100.1	105.2	114.5
1998	98.2	96.0	99.9	98.0	102.2	96.6	97.6	98.1	105.9
1999	98.2	95.2	97.9	97.6	99.8	95.4	97.6	102.6	106.4
2000	101.4	98.5	99.2	98.5	98.9	95.4	99.1	106.6	113.0
2001	99.3	98.2	98.2	99.4	99.3	99.7	101.5	99.9	103.3
2002	98.6	98.1	99.6	98.8	98.3	98.0	98.8	99.3	101.1
2003	100.6	102.3	97.7	98.0	100.4	97.9	98.0	103.1	100.1
2004	103.0	107.5	99.1	98.6	99.9	98.8	99.4	103.8	100.3

2004 年居民消费价格分类指数

（上年 =100）

项目	全省	城市	农村
居民消费价格总指数	**103.0**	**102.6**	**103.7**
非食品价格指数	**100.5**	**100.3**	**101.0**
服务项目价格指数	**100.3**	**100.3**	**100.3**
扣除鲜菜鲜果总指数	**103.1**	**102.8**	**103.7**
消费品价格指数	**103.9**	**103.5**	**104.6**
食品	**107.5**	**107.0**	**108.4**
粮食	116.8	114.1	121.3
大米	122.0	119.2	126.7
面粉	115.5	111.9	121.2
粮食制品	107.8	105.1	112.7
其它	107.6	107.4	108.3
淀粉及薯类	105.3	104.8	106.1
干豆类及豆制品	110.6	109.2	113.1
干豆	120.2	120.6	119.5
豆制品	107.1	105.3	110.5
油脂	113.2	110.8	117.9
植物油脂	114.1	111.4	119.1
植物油制品	107.9	107.9	107.8
其它	118.9	114.9	122.3
肉禽及其制品	112.8	112.7	113.1
食用畜肉及副产品	117.2	117.3	117.1
猪肉	120.6	120.5	120.7
牛肉	117.2	117.2	116.9
羊肉	103.6	104.6	102.5
畜肉副产品	115.4	116.9	112.4
其它	105.2	104.8	106.1
禽	107.4	107.3	107.5
鸡	106.2	106.1	106.5
鸭	113.7	116.2	111.3
其它	106.0	105.3	108.2
肉禽加工制品	105.1	105.4	104.3
畜肉制品	105.2	105.9	103.8
禽制品	105.0	104.9	105.0

续上表

(上年=100)

项 目	全 省	城 市	农 村
蛋	117.3	119.3	112.3
鲜蛋	117.8	119.8	113.0
蛋制品	114.2	116.5	108.7
水产品	108.6	108.6	110.5
鱼	111.0	112.1	108.8
淡水鱼	112.6	113.5	111.2
海水鱼	107.8	109.8	103.5
其它水产品	104.5	103.9	105.1
菜	102.8	102.9	102.8
鲜菜	102.8	102.8	103.0
干菜及菜制品	102.9	103.7	101.2
调味品	100.3	100.5	100.0
盐	99.6	99.1	100.3
酱油	102.5	103.2	101.1
醋	97.5	98.4	95.5
味精	98.4	98.4	99.7
其它	101.5	101.7	101.0
糖	102.0	101.6	102.7
食糖	106.2	105.4	107.7
糖果	100.2	99.9	100.8
巧克力制品	101.3	100.7	103.0
糖制小食品	99.0	99.5	98.3
茶及饮料	101.2	101.9	99.8
茶叶	102.8	104.2	99.8
饮料	100.0	100.1	99.8
固体饮料	100.0	100.7	98.9
液体饮料	99.7	99.3	100.3
冷冻饮品	100.6	101.2	99.6
干鲜瓜果	102.1	101.0	104.4
鲜果	100.0	98.8	102.9
干（坚）果及瓜果制品	111.0	111.9	109.2
糕点饼干面包	101.8	102.3	100.7
糕点	101.2	101.0	101.5
饼干	102.9	104.5	99.3

续上表

(上年=100)

项　　目	全　省	城　市	农　村
面包	101.7	101.8	101.3
奶及奶制品	100.5	100.1	102.0
鲜奶	99.2	98.2	104.7
奶粉	102.7	102.9	102.3
其它	99.0	99.8	96.7
在外用膳食品	103.0	103.8	100.3
主食	104.1	105.4	100.0
炒菜	102.3	102.6	101.2
地方小吃	103.6	105.5	98.5
其它食品及食品加工服务	101.0	100.8	101.0
其它食品	101.1	101.0	101.1
食品加工服务费	99.6	98.0	100.7
烟酒及用品	**101.6**	**101.4**	**101.8**
烟草	101.6	101.3	101.8
国产卷烟	101.8	101.7	101.7
进口卷烟	100.6	99.9	101.7
其它	102.4	102.8	102.1
酒	102.3	102.7	102.0
白酒	105.4	106.9	103.9
果酒	101.5	101.3	101.7
啤酒	98.9	97.8	100.5
其它	102.2	104.3	99.3
吸烟饮酒用品	98.5	98.2	99.3
吸烟用品	99.8	100.3	98.6
饮酒用品	97.5	96.6	99.7
衣着	**99.1**	**98.7**	**99.7**
服装	98.9	98.8	99.2
男式服装	97.5	97.2	98.3
大衣	93.6	92.5	96.8
毛线衣	95.0	93.2	98.1
夹克衫	99.2	100.8	96.5
衬衫	98.1	97.8	98.6
裤子	94.6	93.4	97.8
西服	101.8	104.0	96.3

续上表

(上年=100)

项　目	全　省	城　市	农　村
运动衫裤	100.9	100.9	100.7
内衣	99.8	98.9	101.8
羽绒衣	95.0	93.9	96.9
其它	96.3	95.3	98.1
女式服装	99.7	99.9	99.5
大衣	97.8	97.6	98.1
毛线衣	99.2	98.4	100.0
羽绒衣	100.8	102.3	98.7
套装	95.7	93.7	99.9
衬衫	104.5	105.8	102.2
裙子	98.8	98.9	98.1
裤子	99.4	100.3	97.6
运动衫裤	101.5	101.9	100.5
内衣	101.5	101.8	100.4
其它	100.9	101.3	100.4
儿童服装	99.6	99.3	100.3
套装	96.9	94.7	101.0
裤子	104.0	106.3	99.5
裙子	98.1	97.1	100.4
其它	101.3	103.0	100.0
衣着材料	102.8	102.4	103.3
棉布	104.2	102.4	105.4
棉花化纤混纺布	103.1	105.5	102.1
化纤布	104.7	104.1	105.2
毛织品	101.6	101.9	101.2
丝织品	101.6	101.9	101.3
毛线	100.6	100.3	101.0
其它	100.3	100.3	100.5
鞋袜帽	98.7	97.9	100.5
鞋	98.6	97.5	102.1
男鞋	100.5	99.5	102.9
女鞋	96.1	94.6	100.0
童鞋	100.2	100.7	100.4
袜子	98.6	99.5	96.9

续上表

（上年＝100）

项　　目	全　省	城　市	农　村
男袜	98.5	98.9	97.6
女袜	98.6	100.1	96.3
帽子	99.7	99.4	100.4
男帽	98.9	96.8	100.6
女帽	100.4	100.6	100.1
衣着加工服务	100.6	102.4	99.2
缝纫	99.7	101.0	99.0
清洗	101.7	103.4	99.4
家庭设备用品及维修服务	**98.6**	**98.4**	**99.2**
耐用消费品	97.6	97.0	99.2
家具	98.0	96.7	101.1
成套家具	98.1	96.1	100.8
床	96.6	95.1	100.2
桌	99.8	99.2	101.5
椅	95.7	96.0	94.9
沙发	98.2	96.4	103.1
其它	100.9	98.8	105.4
家庭设备	97.3	97.3	97.5
洗衣机	97.8	97.8	97.9
电风扇	98.8	98.6	98.9
电冰箱（柜）	97.0	97.6	95.3
抽排油烟机	101.3	102.2	98.5
空调器	92.2	91.3	95.7
热水器	100.9	101.7	98.3
微波炉	97.9	98.1	97.6
电炊具	100.2	100.6	99.7
钟	99.1	99.5	98.5
其它	99.9	99.6	100.6
室内装饰品	98.7	99.5	96.6
纺织装饰品	99.2	101.1	95.3
装饰灯具	97.9	98.4	96.8
其它	99.0	98.8	100.2
床上用品	97.9	98.1	97.5
毛毯	100.0	100.8	99.0

续上表

（上年＝100）

项目	全省	城市	农村
床单	101.1	101.3	100.7
床罩	95.1	93.8	99.4
被套	96.2	98.1	90.6
其它	98.5	98.7	97.9
家庭日用杂品	99.3	99.4	99.1
茶具	100.4	100.1	100.6
餐具	99.5	100.9	97.6
厨具	99.6	99.7	99.4
家用工具	100.9	104.7	98.8
洗涤用品	100.5	100.7	99.8
其它	97.4	97.2	98.4
家庭服务及加工维修服务	101.0	100.5	102.5
家庭服务	103.4	102.7	105.2
加工维修服务费	98.9	98.5	100.0
医疗保健和个人用品	**99.9**	**100.0**	**99.7**
医疗保健	99.6	99.6	99.6
医疗器具及用品	104.7	104.7	104.5
中药材及中成药	101.3	101.1	101.9
中药材	103.2	102.1	105.4
中成药	99.1	99.8	97.6
西药	97.4	97.5	97.2
胃药	100.1	100.3	99.9
感冒药	101.1	100.9	101.4
抗菌药针剂	97.3	96.1	99.9
抗菌药片剂	94.0	94.3	93.1
止泻药	96.2	96.2	96.1
外用药	100.7	102.3	97.1
心血管病用药	96.7	97.2	95.7
其它	99.1	99.3	98.4
保健器具及用品	99.0	100.0	96.4
保健器具	99.3	100.5	96.9
滋补保健用品	98.9	99.8	96.3
医疗保健服务	100.2	99.8	100.8
挂号费	100.4	100.6	100.0

续上表

（上年 =100）

项　　目	全 省	城 市	农 村
注射费	100.0	100.0	100.0
检查费	100.6	100.8	100.1
手术费	99.2	98.8	100.0
住院费	101.1	99.3	104.2
理疗费	100.0	100.0	100.0
其它	100.1	100.2	100.0
个人用品及服务	100.6	101.0	99.9
化妆美容用品	98.4	98.5	98.0
化妆美容器具	99.7	99.5	99.8
化妆品	97.6	97.7	97.3
卫生用品	99.5	100.0	98.3
洗发用品	99.2	99.8	97.9
洗浴用品	99.1	99.8	97.3
其它	100.6	101.1	99.8
个人饰品	105.6	105.4	106.0
首饰	112.9	112.4	114.1
皮件	98.8	98.6	99.4
手表	100.7	100.6	100.8
领带	99.4	99.4	99.4
其它	98.9	99.5	99.1
个人服务	99.8	102.1	98.5
美容	98.3	98.5	98.5
理（烫）发	100.2	102.7	97.9
其它	101.2	102.2	100.0
交通和通讯	**98.8**	**98.8**	**98.9**
交通	100.0	99.9	100.2
交通工具	95.9	95.4	97.2
摩托车	94.3	95.2	93.4
自行车	101.7	100.7	102.8
汽车	93.5	93.2	96.1
其它	97.6	98.0	96.7
车用燃料及零配件	107.7	108.0	107.0
汽油	110.9	111.1	110.5
柴油	108.9	108.8	109.1

续上表

（上年＝100）

项　　目	全　省	城　市	农　村
零配件	101.1	101.2	100.7
其它	100.5	101.5	98.7
车辆使用及维修	100.9	101.8	99.3
驾驶证	107.6	112.7	100.1
保险费	101.0	102.5	98.4
停车费	96.3	96.0	97.1
车辆修理服务	99.9	99.8	99.9
其它	101.6	102.4	100.2
市区公共交通	100.1	100.1	99.9
公共汽车票	99.8	100.0	99.2
出租汽车	100.4	100.3	100.6
其它	100.4	100.2	100.6
城市间交通	100.0	99.9	100.2
飞机票	95.8	95.5	99.1
火车票	102.0	102.0	101.9
长途汽车	100.1	100.3	99.8
其它	98.9	97.3	100.3
通信	97.8	97.8	97.6
通信工具	88.0	87.7	88.4
固定电话机	94.9	95.9	93.6
移动电话机	82.5	81.6	84.3
BP 机	91.2	99.4	84.6
其它	93.7	93.6	94.1
通信服务	100.1	99.9	100.7
市内电话通话费	100.0	100.0	100.0
长途电话通话费	100.0	100.0	100.0
月租费	100.0	100.0	100.0
信件邮寄	100.0	100.0	100.0
包裹邮寄	105.8	100.5	111.4
其它	99.5	99.4	99.9
娱乐教育文化用品及服务	**99.4**	**99.4**	**99.4**
文娱用耐用消费品及服务	93.8	92.7	95.9
电视机	92.9	91.1	95.8
影碟机	95.2	96.0	94.1

续上表

（上年＝100）

项　　目	全　省	城　市	农　村
摄像机	94.8	94.4	99.6
照相机	97.4	96.2	99.2
音响	95.7	96.9	93.4
收音（录）机	97.5	97.3	97.6
电脑	90.1	88.9	94.5
修理服务费	99.9	99.8	100.1
其它	94.3	93.9	95.6
教育	101.0	100.8	101.2
教材及参考书	103.5	103.6	102.6
工具书	101.6	102.8	100.0
教材	102.9	103.6	101.6
参考书	104.9	103.6	106.8
学杂托幼费	100.6	100.5	100.8
义务教育杂费	100.3	100.2	100.3
其它教育学杂费	100.9	100.5	101.9
托幼费	100.8	100.7	99.2
文化娱乐用品	100.2	100.3	99.9
文化娱乐	99.4	99.5	99.4
乐器	100.8	101.3	98.9
音响光盘和磁带	97.9	97.6	98.5
照相胶卷	98.5	98.1	99.6
录像磁带和视盘	99.9	100.0	99.8
儿童玩具	98.9	98.4	100.4
纸张用品	100.3	100.4	100.0
文具	99.0	98.3	100.4
体育用品	99.7	100.6	95.8
其它	101.0	101.8	99.7
书报杂志	100.6	100.7	100.2
书籍	100.5	100.6	100.1
报纸	100.9	101.1	100.4
杂志	100.1	100.1	100.0
文娱费	100.6	100.7	100.2
录像电影票	102.4	103.5	100.0
公园门票	99.6	99.5	100.0

续上表

(上年=100)

项　　目	全 省	城 市	农 村
有线电视	100.1	100.2	100.0
健身活动	100.6	100.8	100.0
其它	101.1	101.1	103.3
旅游及外出	99.3	100.6	91.7
旅行社收费	98.4	99.6	92.7
宾馆住宿	101.6	103.2	98.6
其它住宿	102.9	103.8	101.3
居住	**103.8**	**103.2**	**105.3**
建房及装修材料	106.0	105.7	106.1
木材	102.9	105.8	99.6
砖	104.5	101.0	107.1
水泥	110.4	111.1	110.0
涂料	100.3	99.9	100.8
胶合板	106.1	108.0	104.1
玻璃	112.3	111.2	113.2
粘胶	98.7	98.3	99.2
油漆	101.1	102.4	99.3
其它	111.2	110.4	111.5
租房	100.0	100.0	99.9
房租	100.1	100.1	99.8
其它费用	99.8	99.7	100.0
自有住房	100.3	100.2	100.7
房屋贷款利率	100.2	100.1	100.7
维护修理费用	99.9	99.9	99.7
其它	102.9	102.1	104.2
水、电、燃料	105.4	105.0	106.4
水	105.4	106.1	103.8
电	98.6	98.9	97.7
液化石油气	115.2	114.4	116.9
管道燃气	104.8	104.7	114.5
其它燃料	108.1	103.8	109.5

2004 年各月全省居民消费价格分类指数

（上年同月 =100）

项　　目	1月	2月	3月	4月	5月	6月	7月	8月	9月	10月	11月	12月
居民消费价格总指数	**102.0**	**101.1**	**102.0**	**103.0**	**103.7**	**102.8**	**104.0**	**104.3**	**103.8**	**103.6**	**103.0**	**102.4**
非食品价格指数	**100.0**	**98.9**	**99.7**	**100.2**	**100.7**	**100.4**	**100.9**	**101.2**	**101.1**	**101.5**	**100.9**	**100.4**
服务项目价格指数	**101.1**	**98.4**	**99.8**	**100.1**	**100.9**	**99.8**	**101.0**	**100.9**	**100.5**	**100.5**	**100.3**	**100.4**
扣除鲜菜鲜果总指数	**102.2**	**100.6**	**102.1**	**102.8**	**103.4**	**103.3**	**104.0**	**104.2**	**104.1**	**104.2**	**103.1**	**102.6**
消费品价格指数	**102.3**	**102.0**	**102.8**	**104.0**	**104.6**	**103.8**	**105.0**	**105.4**	**105.0**	**104.7**	**103.9**	**103.1**
食品	**105.6**	**105.0**	**106.2**	**108.1**	**109.1**	**107.1**	**109.6**	**109.9**	**108.7**	**107.5**	**106.8**	**105.9**
粮食	109.3	110.9	120.1	121.7	120.7	120.2	120.1	119.3	119.4	117.7	112.4	111.0
大米	110.6	113.8	127.0	129.3	127.3	126.9	126.5	125.3	125.2	122.7	116.4	114.7
面粉	113.6	112.6	119.7	120.5	119.9	119.0	118.8	117.3	117.2	116.5	105.7	107.1
粮食制品	105.3	104.6	107.2	108.3	108.8	108.8	109.0	109.1	109.7	109.4	107.3	106.1
其它	107.7	106.2	109.1	108.2	110.1	108.1	109.1	109.4	109.2	107.4	104.8	102.7
淀粉及薯类	97.8	100.0	100.1	103.2	107.2	109.1	111.0	109.1	111.1	107.3	105.2	103.0
干豆类及豆制品	106.6	105.2	108.6	110.8	111.4	113.3	113.6	113.2	112.7	113.2	109.6	109.3
干豆	111.7	110.1	114.9	121.0	120.7	122.9	126.8	125.5	124.2	125.0	120.8	118.9
豆制品	104.9	103.6	106.4	107.1	107.9	109.6	108.8	108.7	108.5	108.9	105.3	105.5
油脂	118.6	120.2	120.8	116.9	115.0	114.0	113.0	112.4	112.7	110.6	104.4	102.6
植物油脂	121.4	122.2	123.0	118.1	116.2	114.8	113.4	112.2	113.1	111.3	104.8	102.9
植物油制品	111.6	115.5	115.3	112.3	109.1	108.5	107.7	107.0	106.5	104.7	100.3	99.0
其它	116.1	117.3	118.7	119.6	120.3	121.3	122.7	126.6	125.4	120.5	111.0	109.3
肉禽及其制品	111.8	104.2	109.2	111.1	112.9	114.6	117.4	118.1	117.1	115.6	111.5	110.9
食用畜肉及副产品	115.0	109.3	114.1	116.4	117.1	119.1	122.4	123.4	123.3	120.5	113.9	113.1
猪肉	117.7	110.3	116.6	119.3	120.1	123.1	127.7	129.2	128.8	125.2	115.6	115.2
牛肉	114.4	114.2	119.3	120.1	118.6	119.4	118.6	117.3	117.6	117.8	115.6	114.2
羊肉	101.0	105.4	103.4	103.9	103.4	102.9	102.8	102.4	103.4	105.9	105.6	103.0
畜肉副产品	114.8	106.0	110.1	114.0	116.2	116.8	119.0	121.3	122.1	119.0	114.6	112.2
其它	104.9	103.6	103.7	104.0	104.5	105.0	108.3	107.7	106.7	104.9	104.9	104.2
禽	109.5	94.7	102.4	104.4	108.8	110.1	112.0	112.1	108.2	109.4	108.8	108.2
鸡	108.7	93.0	101.5	103.3	106.6	108.1	110.1	110.9	107.6	108.4	108.5	108.0
鸭	113.3	99.0	106.5	111.2	120.6	121.5	122.1	119.2	112.7	116.1	111.9	110.5
其它	109.2	99.2	102.5	102.2	106.9	107.2	109.9	109.6	106.0	107.0	106.0	105.8
肉禽加工制品	103.8	100.2	101.9	102.5	104.1	105.2	107.4	107.9	108.2	107.0	106.2	106.6
畜肉制品	103.9	101.7	102.8	103.0	104.0	104.9	107.5	107.9	108.1	106.6	105.6	106.0
禽制品	103.6	98.2	100.6	101.7	104.2	105.5	107.3	108.0	108.4	107.6	106.9	107.4

续上表

（上年同月 =100）

项　目	1月	2月	3月	4月	5月	6月	7月	8月	9月	10月	11月	12月
蛋	113.8	114.4	114.4	115.7	115.0	120.3	125.0	123.5	124.0	120.8	110.8	110.8
鲜蛋	114.7	115.3	115.3	116.9	115.8	121.9	126.9	124.3	124.0	120.4	109.8	110.3
蛋制品	109.0	109.6	109.2	109.2	110.5	111.6	115.1	119.0	124.1	123.0	116.2	113.5
水产品	107.4	103.4	106.6	109.2	112.0	110.2	109.1	108.1	108.0	109.8	110.3	110.1
鱼	106.1	106.3	107.0	110.4	112.3	113.2	112.8	112.2	112.4	113.0	113.1	112.8
淡水鱼	104.8	108.4	108.8	114.1	115.2	116.3	114.0	113.9	114.4	113.8	113.6	114.2
海水鱼	108.4	102.4	103.7	103.6	106.9	107.5	110.7	108.8	108.8	111.6	112.0	110.1
其它水产品	110.6	99.2	106.5	107.7	111.8	104.9	101.8	100.0	99.3	103.2	104.7	104.8
菜	93.1	113.4	98.9	105.9	107.2	102.4	114.0	108.4	99.5	91.5	104.0	100.5
鲜菜	91.8	115.4	98.7	106.4	108.2	102.4	115.7	108.9	98.9	89.8	104.0	100.1
干菜及菜制品	102.4	101.0	100.9	101.6	101.3	102.5	103.5	104.3	104.1	105.2	103.8	104.0
调味品	102.2	93.8	100.9	100.9	100.4	100.3	100.5	100.8	101.1	101.2	101.1	100.9
盐	104.9	92.9	100.0	100.1	99.6	99.7	99.7	100.2	100.0	99.5	99.5	99.5
酱油	101.2	102.8	103.1	102.9	101.5	101.5	102.0	102.0	103.2	103.5	103.4	102.8
醋	102.4	70.7	100.8	100.4	100.6	100.0	100.2	100.1	100.7	101.4	102.1	101.6
味精	96.2	97.2	97.9	97.7	98.4	98.0	99.2	99.3	99.4	99.4	99.3	99.4
其它	102.3	102.2	101.3	101.6	101.2	100.9	100.7	101.6	101.9	102.1	101.3	101.3
糖	101.6	100.3	100.8	100.3	100.8	101.8	102.3	103.0	104.1	104.2	102.7	102.2
食糖	103.7	102.7	103.2	103.6	104.8	105.9	107.3	108.9	112.2	112.8	106.4	103.9
糖果	101.2	99.3	99.6	98.6	99.1	100.0	100.2	100.5	101.1	100.9	101.0	101.2
巧克力制品	101.3	100.8	100.7	101.2	101.2	101.4	101.3	101.8	101.4	101.7	101.4	101.9
糖制小食品	98.9	97.7	99.6	97.1	96.6	99.6	99.3	99.3	99.5	99.6	100.5	101.0
茶及饮料	102.9	102.1	101.8	102.1	101.8	101.2	101.0	100.8	100.3	100.3	100.2	100.2
茶叶	105.0	104.0	104.0	104.3	104.0	102.8	102.6	101.9	101.4	101.5	101.3	101.1
饮料	101.3	100.6	100.1	100.5	100.1	99.9	99.8	99.9	99.4	99.4	99.3	99.5
固体饮料	102.0	99.9	99.8	100.1	100.2	99.8	99.7	99.8	99.7	99.4	100.0	100.0
液体饮料	100.7	100.4	99.5	99.9	99.9	99.8	99.8	99.6	99.2	99.1	98.7	99.2
冷冻饮品	102.1	101.5	101.4	101.9	100.4	100.1	100.0	100.7	99.9	99.9	99.7	99.5
干鲜瓜果	106.9	102.5	104.0	105.6	108.8	91.0	95.8	103.7	103.0	105.1	100.5	100.2
鲜果	106.6	101.0	102.6	104.3	108.3	86.4	91.9	100.9	100.3	103.2	98.8	98.2
干(坚)果及瓜果制品	107.8	108.4	109.9	110.7	110.4	113.1	113.2	115.3	114.8	113.2	107.2	108.1
糕点饼干面包	100.5	101.1	101.2	101.9	102.6	102.3	102.0	101.8	101.8	101.8	102.2	102.7
糕点	100.4	101.2	100.5	102.0	102.5	101.2	100.9	100.9	101.1	100.9	101.1	101.6
饼干	99.6	100.3	101.4	102.0	103.4	104.5	104.5	103.9	103.6	103.4	103.8	104.0

续上表

（上年同月 =100）

项　目	1月	2月	3月	4月	5月	6月	7月	8月	9月	10月	11月	12月
面包	101.4	101.6	101.9	101.7	102.1	101.5	101.1	101.1	101.1	101.4	102.2	102.9
奶及奶制品	101.7	100.6	101.3	101.3	100.4	100.5	100.8	100.4	101.3	100.1	99.5	98.4
鲜奶	100.4	99.7	100.8	100.2	98.0	99.1	100.0	99.4	100.9	98.4	97.5	95.9
奶粉	104.2	102.0	102.4	103.1	103.3	103.0	102.9	102.6	103.1	102.6	102.1	101.0
其它	99.2	99.6	99.9	100.0	100.1	98.1	97.8	98.2	98.1	98.6	99.0	99.0
在外用膳食品	101.4	101.2	101.7	102.1	102.5	102.8	103.4	103.9	104.5	104.2	104.1	103.7
主食	103.9	103.4	102.9	103.2	103.5	103.4	104.8	105.1	105.1	104.8	105.1	104.0
炒菜	100.9	100.5	101.1	101.7	102.1	102.3	102.3	103.1	103.7	103.4	103.2	102.7
地方小吃	99.9	100.4	101.9	102.1	102.1	103.1	105.0	105.0	106.0	106.0	105.6	106.1
其它食品及食品加工服务	102.6	100.6	100.9	101.0	101.1	100.9	100.9	101.1	100.7	100.6	100.4	100.7
其它食品	101.2	101.1	101.2	101.3	101.3	101.2	101.0	101.3	101.0	101.0	100.5	100.8
食品加工服务费	114.2	94.7	98.7	97.8	99.1	97.8	100.7	99.1	98.0	96.8	99.2	99.7
烟酒及用品	**102.7**	**101.7**	**102.2**	**102.0**	**101.8**	**102.0**	**101.4**	**100.9**	**101.0**	**100.9**	**101.3**	**101.0**
烟草	102.9	101.5	102.4	102.2	101.9	102.0	101.3	100.3	100.9	100.9	101.6	101.3
国产卷烟	103.2	101.0	102.7	102.7	102.6	102.3	101.6	100.4	101.2	101.2	101.5	100.9
进口卷烟	101.5	101.4	101.2	100.7	99.4	101.2	99.7	99.5	99.5	99.3	101.7	101.6
其它	103.8	105.0	102.3	102.0	101.7	101.4	101.9	101.7	102.1	102.3	101.5	103.7
酒	102.8	102.5	102.5	102.4	102.5	102.8	102.4	102.5	102.1	101.8	102.2	101.7
白酒	104.9	105.3	105.3	105.4	106.0	106.4	105.4	106.0	105.7	104.6	105.3	104.7
果酒	104.5	102.9	102.1	101.0	100.7	102.6	101.7	100.7	100.4	100.3	100.7	100.3
啤酒	99.2	98.3	99.1	99.3	98.9	98.8	99.1	99.1	98.5	98.9	99.0	99.2
其它	104.0	103.5	102.7	102.4	102.2	102.2	101.8	102.2	101.7	101.9	101.7	100.2
吸烟饮酒用品	101.3	100.3	99.8	98.7	98.8	98.8	98.1	98.1	97.2	96.6	97.0	96.9
吸烟用品	103.1	102.6	102.0	100.4	100.4	100.6	100.0	100.2	99.2	96.9	96.5	96.4
饮酒用品	100.0	98.7	98.3	97.6	97.6	97.6	96.7	96.6	95.9	96.4	97.3	97.3
衣着	**100.0**	**99.4**	**99.3**	**99.5**	**99.5**	**99.6**	**99.0**	**98.4**	**97.9**	**98.5**	**98.9**	**98.9**
服装	100.0	99.4	99.3	99.2	99.3	99.6	98.7	98.0	97.5	98.3	98.6	98.6
男式服装	98.6	98.3	98.1	97.5	97.8	97.9	97.6	97.3	96.2	97.2	96.8	97.0
大衣	96.3	93.6	93.1	93.2	93.7	93.6	93.7	92.9	92.4	92.9	93.1	95.1
毛线衣	94.9	95.0	93.3	93.8	94.0	94.5	94.4	94.5	93.2	97.3	97.8	97.5
夹克衫	97.9	98.6	100.6	100.1	100.1	100.1	100.0	99.8	99.2	99.3	98.2	96.8
衬衫	98.3	99.4	100.0	99.0	98.2	98.3	97.7	98.0	95.7	97.5	97.5	97.1
裤子	100.5	100.5	97.6	94.3	93.2	94.9	93.7	92.0	92.1	92.1	91.8	92.6
西服	101.3	100.4	100.3	101.7	101.8	102.9	102.6	103.2	103.1	103.8	100.9	99.7

续上表

（上年同月 =100）

项　目	1 月	2 月	3 月	4 月	5 月	6 月	7 月	8 月	9 月	10 月	11 月	12 月
运动衫裤	100.9	100.0	101.0	101.3	101.7	101.4	101.3	101.2	101.5	99.4	99.8	100.8
内衣	100.4	100.5	101.3	99.9	99.7	99.1	99.2	99.4	99.3	99.1	99.7	99.5
羽绒衣	100.8	92.1	94.0	94.0	94.0	94.2	94.1	94.1	94.1	96.0	96.0	96.1
其它	90.5	90.3	91.1	94.2	105.7	100.2	100.7	99.9	90.6	98.1	97.4	97.6
女式服装	100.8	99.8	100.5	100.9	100.8	100.8	99.3	98.5	98.7	99.1	98.9	98.5
大衣	99.7	98.5	98.6	97.1	98.1	98.2	98.1	98.5	98.0	96.6	96.1	95.9
毛线衣	99.8	99.3	97.8	97.1	97.1	98.8	98.8	99.1	98.1	102.1	101.2	100.3
羽绒衣	101.5	100.8	102.3	101.4	101.0	101.4	101.4	101.4	101.2	100.7	99.7	97.7
套装	95.0	93.0	96.9	97.2	97.1	97.9	95.5	94.7	96.5	95.7	94.3	94.6
衬衫	105.1	100.6	104.2	106.2	107.4	107.0	105.0	103.6	106.2	102.8	102.8	102.7
裙子	102.9	102.9	102.8	104.3	103.7	102.0	97.6	95.0	93.4	93.9	93.8	93.2
裤子	101.7	99.8	99.8	101.2	101.0	100.7	98.3	97.0	97.7	98.3	98.8	98.2
运动衫裤	101.7	100.1	100.2	100.9	100.6	99.5	99.4	99.2	99.4	105.6	105.8	105.7
内衣	100.6	102.0	102.0	101.5	101.0	102.1	102.0	101.4	101.5	101.3	101.7	101.1
其它	102.0	101.9	101.7	101.1	100.6	100.9	100.6	100.6	100.8	100.3	99.9	99.9
儿童服装	100.8	100.9	98.4	98.3	98.1	100.2	99.7	98.6	97.4	98.5	102.1	102.8
套装	99.6	99.2	95.4	95.4	95.4	97.2	96.8	95.5	94.0	95.3	99.5	99.9
裤子	103.3	104.1	102.0	103.9	104.0	105.4	104.9	104.5	103.9	103.1	104.3	104.7
裙子	99.6	99.9	98.3	95.7	95.0	99.0	97.7	95.6	94.0	96.5	102.5	104.0
其它	100.1	100.0	99.5	100.7	100.1	100.1	100.4	101.0	100.7	102.7	104.7	105.6
衣着材料	102.3	102.3	102.0	103.1	103.0	102.9	103.1	103.3	102.8	103.1	103.1	102.2
棉布	104.8	104.7	104.4	105.2	105.3	105.2	104.9	104.3	103.9	102.8	102.7	102.1
棉花化纤混纺布	100.9	100.5	101.3	105.0	103.8	103.2	103.5	103.8	103.6	103.5	104.2	103.4
化纤布	104.6	103.9	102.7	104.3	104.4	104.6	104.9	105.9	105.3	107.0	105.0	104.2
毛织品	101.9	102.5	102.3	102.1	101.9	101.8	102.0	102.1	100.7	101.1	101.2	100.0
丝织品	99.3	100.4	100.6	101.8	101.9	101.9	102.2	102.6	102.0	103.3	102.1	101.3
毛线	100.4	100.3	100.6	100.9	100.9	100.8	100.9	100.6	100.1	99.8	101.0	100.8
其它	100.5	101.0	101.1	98.9	98.9	99.0	99.4	99.6	100.0	100.2	104.2	100.7
鞋袜帽	99.3	98.6	98.7	99.7	99.4	98.5	98.7	98.0	97.6	98.1	98.5	98.9
鞋	99.4	98.8	98.7	99.8	99.6	98.4	98.7	97.9	97.4	97.9	98.3	98.7
男鞋	101.0	100.8	101.1	102.9	101.9	100.0	99.9	100.0	99.3	99.2	99.9	99.8
女鞋	97.8	96.7	96.4	96.9	97.1	95.8	96.5	94.5	93.9	95.4	95.4	96.1
童鞋	99.8	99.2	99.0	100.3	100.3	100.5	100.5	100.5	100.5	100.0	100.7	101.2
袜子	98.4	97.1	98.4	98.8	98.3	98.4	98.1	98.1	98.1	99.5	99.7	99.9

续上表

（上年同月 =100）

项 目	1月	2月	3月	4月	5月	6月	7月	8月	9月	10月	11月	12月
男袜	97.5	96.2	98.0	98.8	98.9	98.9	98.7	98.4	98.5	99.4	99.3	99.7
女袜	99.3	98.0	98.7	98.8	97.8	97.9	97.6	97.9	97.8	99.7	100.0	100.0
帽子	100.5	101.3	99.7	100.6	100.4	100.9	100.9	100.6	98.2	97.2	97.2	99.5
男帽	98.9	100.4	100.4	100.3	100.4	99.6	98.5	97.6	97.2	97.0	96.8	100.0
女帽	101.7	102.1	99.6	101.1	100.7	102.1	102.5	102.6	98.9	97.4	97.4	99.1
衣着加工服务	100.4	99.8	100.9	100.4	100.4	100.8	100.8	101.0	101.2	101.1	101.1	100.0
缝纫	99.7	99.6	99.8	99.8	99.8	99.8	99.8	99.8	99.8	99.5	99.8	99.6
清洗	101.1	100.1	102.2	101.1	101.1	102.0	102.0	102.6	102.9	102.9	102.6	100.4
家庭设备用品及维修服务	**98.8**	**98.3**	**98.6**	**98.6**	**98.3**	**98.2**	**98.7**	**98.4**	**98.6**	**98.9**	**98.9**	**99.1**
耐用消费品	97.0	96.9	97.3	97.5	97.2	97.2	97.9	97.6	98.1	98.3	98.3	98.2
家具	98.1	97.8	98.2	98.2	98.4	98.7	98.2	97.6	98.0	97.9	97.8	97.7
成套家具	97.6	97.9	99.0	98.6	98.7	98.8	98.9	98.1	97.9	97.1	97.2	97.7
床	97.5	96.3	96.4	97.1	97.5	98.2	96.6	96.0	96.3	96.2	95.9	95.5
桌	98.9	99.2	99.9	99.6	100.0	100.3	100.0	99.4	99.9	100.4	100.3	100.1
椅	97.3	95.1	95.4	94.6	95.0	95.8	95.2	95.0	96.4	96.2	96.4	95.9
沙发	98.1	98.2	98.0	98.9	98.5	98.1	99.0	98.3	98.3	98.1	98.0	97.4
其它	100.1	101.4	101.6	100.8	101.3	101.7	100.1	99.8	100.5	100.8	101.1	101.8
家庭设备	96.3	96.3	96.7	97.0	96.5	96.2	97.8	97.5	98.1	98.6	98.6	98.6
洗衣机	98.7	99.2	99.1	98.9	98.2	97.9	97.6	97.1	96.8	96.9	97.0	96.3
电风扇	99.5	99.6	99.4	99.2	99.8	99.4	99.2	98.8	97.6	97.4	97.6	97.5
电冰箱（柜）	97.9	97.4	97.2	97.0	96.3	96.5	96.7	96.3	97.0	97.7	96.8	96.8
抽排油烟机	98.3	99.0	100.5	101.3	101.4	101.5	102.3	102.0	101.4	102.4	102.7	103.2
空调器	89.3	89.3	89.7	90.9	89.5	88.7	94.0	93.9	95.7	95.7	95.8	95.9
热水器	97.9	97.8	99.1	99.0	99.8	100.6	100.9	101.3	103.1	103.7	104.0	104.2
微波炉	98.8	98.3	98.0	98.4	97.4	97.0	97.1	96.9	96.9	99.0	98.5	98.5
电炊具	100.0	99.8	99.8	99.8	99.7	99.6	100.1	100.4	100.5	101.0	101.0	101.0
钟	98.4	98.4	98.8	98.9	99.1	99.4	99.6	99.5	99.3	99.4	99.3	99.0
其它	98.3	98.3	100.8	100.3	100.2	99.1	100.8	100.0	99.7	99.7	100.5	101.1
室内装饰品	98.7	99.2	98.3	98.1	98.3	98.0	98.1	98.8	99.0	98.8	99.3	99.4
纺织装饰品	98.9	99.6	98.8	98.6	99.0	99.3	98.6	98.5	99.4	99.6	100.0	100.3
装饰灯具	98.4	98.7	97.8	97.6	97.6	96.9	97.5	98.1	97.8	98.1	98.5	98.2
其它	98.8	98.9	98.3	97.8	97.7	97.0	98.8	101.5	101.0	98.6	99.5	100.4
床上用品	99.7	99.0	98.4	98.4	97.8	97.6	97.7	97.3	96.9	97.4	97.3	97.8
毛毯	100.8	100.0	99.9	100.4	100.1	99.9	99.9	99.5	99.5	99.7	99.8	100.9

续上表

（上年同月 =100）

项　目	1月	2月	3月	4月	5月	6月	7月	8月	9月	10月	11月	12月
床单	99.9	102.1	99.4	99.9	100.6	101.4	101.6	101.8	101.7	101.9	101.5	101.5
床罩	97.3	96.7	96.4	96.3	95.4	95.0	95.6	94.6	92.9	93.7	93.8	93.6
被套	97.6	96.0	95.7	95.7	94.0	95.1	96.1	96.7	96.2	97.1	97.2	97.2
其它	102.1	101.0	100.4	100.1	99.8	98.0	97.1	96.2	96.5	97.0	96.6	97.6
家庭日用杂品	98.7	99.2	99.1	99.3	99.3	99.3	99.4	99.3	99.1	99.5	99.4	99.7
茶具	99.5	99.9	99.8	99.8	99.8	100.5	100.7	100.6	100.6	100.8	101.1	101.3
餐具	98.5	98.5	98.8	98.8	98.8	99.3	99.1	99.4	99.5	100.8	101.4	101.2
厨具	99.6	99.9	99.7	99.6	99.5	99.4	99.9	99.1	98.0	99.8	100.1	100.4
家用工具	97.7	97.5	98.5	100.5	100.8	101.2	102.2	102.6	102.5	102.4	102.4	102.4
洗涤用品	100.5	101.3	101.1	101.1	100.5	100.5	100.4	100.0	100.2	99.9	100.0	99.8
其它	96.8	97.4	97.2	97.5	98.0	97.7	97.6	97.6	97.4	97.6	96.7	97.9
家庭服务及加工维修服务	104.4	100.6	101.8	101.5	100.4	99.9	100.6	100.3	100.5	100.6	100.7	101.2
家庭服务	108.3	100.3	102.7	102.5	102.5	102.5	103.6	103.2	103.7	103.7	103.7	103.7
加工维修服务费	100.9	100.8	100.9	100.6	98.6	97.6	97.8	97.7	97.6	97.7	97.9	98.9
医疗保健和个人用品	**102.0**	**100.7**	**101.0**	**100.3**	**99.0**	**99.4**	**99.5**	**99.5**	**99.8**	**99.5**	**99.1**	**99.2**
医疗保健	101.7	100.9	101.0	99.9	98.2	98.8	98.9	99.1	99.7	99.2	98.7	98.9
医疗器具及用品	106.5	107.1	108.3	108.2	105.3	104.3	103.4	103.9	103.5	102.6	101.8	101.7
中药材及中成药	106.6	104.3	104.9	100.7	96.1	99.2	100.3	101.1	101.7	101.3	100.5	100.0
中药材	110.9	110.2	109.5	102.4	95.5	99.9	101.2	101.8	103.5	102.9	101.4	100.8
中成药	101.3	97.4	99.4	98.6	97.1	98.6	99.4	100.2	99.5	99.6	99.4	99.0
西药	98.9	98.6	98.4	98.2	97.7	97.0	96.6	96.4	97.4	96.5	96.6	97.0
胃药	99.7	99.3	100.0	99.5	100.1	100.9	100.8	101.2	100.9	100.3	99.7	99.4
感冒药	104.6	104.0	102.7	100.1	99.6	101.6	100.3	99.9	101.7	99.8	99.5	99.3
抗菌药针剂	98.9	100.0	99.5	100.4	100.0	96.7	95.8	96.3	96.0	95.1	94.1	94.3
抗菌药片剂	94.4	94.5	95.2	95.5	94.7	92.7	92.5	92.3	94.9	92.9	93.7	94.4
止泻药	100.3	97.2	96.7	96.7	95.8	96.2	95.3	94.4	95.0	94.7	95.2	96.6
外用药	101.9	102.0	100.8	100.2	99.8	100.3	100.5	99.1	100.0	100.4	101.2	101.9
心血管病用药	98.6	98.1	98.4	98.3	96.6	96.6	96.5	95.8	95.0	95.0	95.0	96.3
其它	100.6	99.3	96.9	96.5	97.4	96.9	97.6	97.6	99.7	101.9	102.4	102.5
保健器具及用品	99.6	98.4	98.6	98.9	98.7	98.5	98.7	98.9	99.4	99.5	99.1	99.1
保健器具	97.4	97.9	98.0	98.0	100.1	99.5	99.2	100.2	100.0	100.5	100.7	100.6
滋补保健用品	100.2	98.6	98.8	99.1	98.4	98.3	98.6	98.6	99.3	99.3	98.7	98.7
医疗保健服务	100.7	100.6	100.6	100.6	100.1	100.4	100.0	100.1	100.1	100.0	99.2	99.8
挂号费	100.7	100.7	100.7	100.7	100.7	100.7	100.0	100.0	100.0	100.0	100.0	100.0

续上表

（上年同月 = 100）

项　　目	1月	2月	3月	4月	5月	6月	7月	8月	9月	10月	11月	12月
注射费	100.0	100.0	100.0	99.9	99.9	99.9	100.0	100.0	100.0	100.0	100.0	100.0
检查费	101.3	100.9	100.9	100.8	100.8	100.0	100.1	100.6	100.6	101.0	100.0	100.0
手术费	99.2	99.2	99.2	99.2	99.2	99.2	99.2	99.2	99.2	99.2	99.2	99.2
住院费	102.9	102.9	102.9	102.9	100.2	102.4	101.1	101.0	101.0	99.9	96.9	100.1
理疗费	100.0	100.0	100.0	100.0	100.0	100.0	100.0	100.0	100.0	100.0	100.0	100.0
其它	100.1	100.1	100.1	100.1	100.1	100.1	100.1	100.1	100.1	100.1	100.1	100.2
个人用品及服务	102.8	100.4	101.0	101.1	100.7	100.7	100.6	100.3	100.2	100.0	99.9	99.7
化妆美容用品	100.1	98.8	97.7	98.3	98.4	99.3	98.6	98.1	97.7	97.8	98.4	97.7
化妆美容器具	103.2	100.6	100.4	100.3	100.1	102.3	98.9	98.4	98.3	98.3	97.9	97.7
化妆品	98.2	97.7	96.0	96.9	97.2	97.3	98.3	97.9	97.4	97.4	98.7	97.8
卫生用品	99.8	99.9	100.0	100.5	99.8	99.2	99.2	99.4	99.3	99.1	98.8	98.7
洗发用品	100.1	100.3	100.3	100.4	99.3	98.6	98.5	99.0	98.7	98.5	98.2	98.4
洗浴用品	98.8	98.9	99.1	100.1	99.3	98.7	98.9	99.3	99.7	99.2	98.9	98.2
其它	101.2	101.1	101.3	101.5	101.2	101.0	100.8	100.1	99.5	99.9	99.8	99.9
个人饰品	107.4	106.2	106.4	105.8	105.3	106.2	106.9	105.6	105.2	104.6	103.8	103.7
首饰	116.5	113.6	114.5	113.4	113.0	113.3	114.3	113.2	111.8	110.9	110.5	110.1
皮件	100.6	99.2	99.1	99.1	97.6	101.3	102.1	98.2	99.6	98.0	95.1	95.7
手表	101.2	101.0	100.9	100.9	100.9	101.0	100.5	100.4	100.2	100.3	100.3	100.4
领带	96.3	98.4	99.9	98.8	97.6	100.0	100.8	99.6	100.7	101.8	99.4	99.8
其它	100.0	100.9	98.2	97.4	98.0	97.8	100.0	100.4	98.3	98.7	98.8	98.7
个人服务	104.6	97.4	100.7	100.8	99.9	99.2	98.8	99.0	99.2	99.3	99.3	99.3
美容	104.2	98.1	100.3	100.9	100.2	97.6	96.5	95.9	96.2	96.7	96.7	96.9
理（烫）发	103.9	97.4	100.9	100.8	99.7	99.7	99.6	100.0	100.0	100.0	100.3	100.3
其它	108.2	95.9	100.3	100.3	100.3	100.8	100.7	101.8	102.0	102.0	101.0	100.9
交通和通讯	**98.7**	**96.9**	**97.8**	**98.5**	**99.0**	**99.2**	**99.3**	**99.3**	**99.6**	**99.7**	**99.3**	**98.8**
交通	100.2	96.6	98.0	99.3	100.3	100.6	100.7	100.7	101.3	101.6	101.0	100.0
交通工具	96.8	97.1	96.7	96.5	96.4	96.0	95.8	95.4	95.7	95.6	94.9	94.4
摩托车	93.8	93.8	93.8	93.6	93.7	92.9	93.9	93.6	95.3	95.8	95.6	96.2
自行车	99.8	101.6	101.2	101.6	101.5	101.7	101.7	101.8	102.5	102.4	102.6	102.4
汽车	96.5	96.6	96.0	95.3	95.1	94.8	93.5	92.6	91.7	91.3	89.7	88.2
其它	99.2	97.4	97.3	96.8	96.9	96.0	96.3	97.8	98.5	98.5	98.5	98.5
车用燃料及零配件	101.9	98.3	97.9	102.0	107.5	110.3	110.4	111.2	114.5	114.6	114.4	110.4
汽油	103.2	98.0	97.3	104.8	111.3	114.5	114.5	115.3	120.0	120.3	120.2	114.3
柴油	101.5	97.0	96.5	96.7	106.2	112.0	112.3	114.6	119.3	119.2	119.1	115.0

续上表

(上年同月 =100)

项　目	1月	2月	3月	4月	5月	6月	7月	8月	9月	10月	11月	12月
零配件	99.8	100.1	100.4	100.7	101.4	102.1	102.0	101.9	101.8	101.7	101.1	100.5
其它	100.1	100.1	100.1	100.7	100.5	99.0	100.6	100.6	100.6	101.0	101.4	100.9
车辆使用及维修	99.4	99.1	99.3	100.0	101.0	101.5	101.9	102.3	102.2	102.4	101.8	100.4
驾驶证	98.9	99.2	99.4	99.4	105.2	109.4	111.1	114.0	113.0	113.5	114.0	114.0
保险费	97.9	98.1	98.1	101.2	101.3	101.6	102.2	101.8	102.1	102.1	102.6	102.6
停车费	98.4	98.4	98.7	98.7	98.7	97.5	97.5	97.5	97.4	97.4	92.1	83.5
车辆修理服务	100.0	100.0	100.0	99.9	99.9	99.9	99.8	99.8	99.8	99.8	99.8	99.8
其它	103.3	99.0	100.4	101.3	101.1	101.1	101.1	101.1	101.1	102.5	103.4	103.4
市区公共交通	100.3	99.7	100.0	100.0	100.0	100.0	100.0	100.0	100.2	100.3	100.2	100.2
公共汽车票	99.8	99.5	99.8	99.8	99.8	99.8	99.8	99.8	100.0	100.0	100.0	100.0
出租汽车	100.6	99.9	100.3	100.3	100.3	100.3	100.4	100.4	100.5	100.5	100.5	100.5
其它	103.3	99.9	100.0	100.0	100.0	100.0	100.0	100.0	100.0	101.2	100.0	100.0
城市间交通	105.5	89.3	97.7	101.3	101.5	100.5	101.0	100.8	100.7	101.9	100.5	100.5
飞机票	88.9	78.2	78.9	98.8	98.8	99.0	101.2	102.0	101.6	109.1	101.8	101.8
火车票	103.3	100.7	103.2	102.4	102.4	102.3	102.3	101.4	101.4	101.4	101.4	101.4
长途汽车	110.9	87.0	100.2	101.3	101.7	100.1	100.5	100.4	100.2	100.7	100.0	99.9
其它	107.9	88.2	99.1	99.3	99.6	98.9	99.0	99.0	99.1	99.4	99.2	99.2
通信	97.4	97.4	97.7	97.8	97.8	98.0	98.0	97.9	98.0	97.8	97.7	97.7
通信工具	86.3	86.3	87.2	87.8	88.2	88.9	89.2	88.9	89.3	88.4	88.0	87.9
固定电话机	97.2	95.2	95.6	95.7	96.7	97.2	97.0	94.9	94.3	92.1	92.2	91.1
移动电话机	78.3	79.4	80.9	82.2	82.5	83.6	83.6	84.1	84.8	84.4	83.9	83.9
BP 机	90.0	88.5	88.4	87.3	89.5	90.8	92.5	93.6	94.1	94.1	93.0	93.6
其它	91.7	91.7	92.2	91.8	92.5	93.0	94.4	94.2	96.2	95.7	95.2	96.6
通信服务	100.0	100.0	100.1	100.2	100.2	100.2	100.2	100.2	100.2	100.2	100.2	100.2
市内电话通话费	100.0	100.0	100.0	100.0	100.0	100.0	100.0	100.0	100.0	100.0	100.0	100.0
长途电话通话费	100.0	100.0	100.0	100.0	100.0	100.0	100.0	100.0	100.0	100.0	100.0	100.0
月租费	100.0	100.0	100.0	100.0	100.0	100.0	100.0	100.0	100.0	100.0	100.0	100.0
信件邮寄	100.0	100.0	100.0	100.0	100.0	100.0	100.0	100.0	100.0	100.0	100.0	100.0
包裹邮寄	105.8	105.8	105.8	105.8	105.8	105.8	105.8	105.8	105.8	105.8	105.8	105.8
其它	98.3	98.3	99.6	99.7	99.7	99.7	99.8	99.8	99.8	99.8	99.8	99.8
娱乐教育文化用品及服务	**99.9**	**97.0**	**98.7**	**98.9**	**100.5**	**98.7**	**100.7**	**100.6**	**99.9**	**99.9**	**99.1**	**99.2**
文娱用耐用消费品及服务	93.2	93.6	93.3	93.6	94.3	94.4	94.4	94.0	94.0	93.8	93.7	93.3
电视机	93.2	93.6	92.4	92.7	93.4	93.4	93.0	92.2	92.6	92.8	92.9	92.9

续上表

（上年同月＝100）

项　　目	1月	2月	3月	4月	5月	6月	7月	8月	9月	10月	11月	12月
影碟机	95.6	95.8	96.1	95.8	96.1	96.8	95.6	94.8	94.1	93.4	94.1	94.0
摄像机	97.7	96.3	96.5	96.6	96.1	95.4	95.1	94.0	92.7	92.5	92.5	92.4
照相机	96.3	96.7	96.9	97.3	97.5	97.5	97.8	97.8	98.0	97.7	97.9	97.7
音响	94.5	95.4	95.8	96.1	96.3	95.9	95.7	96.3	95.6	95.2	96.1	95.0
收音（录）机	96.8	96.0	96.3	96.1	98.6	98.8	98.9	98.6	98.1	97.7	97.3	97.2
电脑	87.0	87.6	87.8	88.9	89.8	90.4	92.1	92.1	92.3	92.4	91.1	89.9
修理服务费	100.4	100.4	100.4	100.5	100.5	99.8	99.8	99.7	99.6	99.4	99.4	99.6
其它	95.8	97.5	97.3	94.7	98.0	97.3	93.5	92.4	92.2	91.1	90.7	91.1
教育	100.9	100.8	101.2	100.8	100.8	100.9	100.9	100.9	101.2	101.1	101.1	101.1
教材及参考书	104.0	103.7	104.9	102.6	102.7	103.0	103.8	102.5	104.0	103.7	103.7	103.7
工具书	103.2	102.2	100.9	100.7	101.1	101.7	101.7	101.7	101.6	101.6	101.6	101.6
教材	102.5	102.5	105.5	102.0	102.0	102.1	101.8	101.9	104.5	103.4	103.4	103.4
参考书	105.4	105.4	105.8	103.5	103.5	104.1	104.1	103.9	105.2	105.8	105.8	105.8
学杂托幼费	100.4	100.4	100.6	100.6	100.6	100.6	100.6	100.6	100.6	100.6	100.6	100.6
义务教育杂费	100.2	100.3	100.3	100.3	100.3	100.3	100.3	100.3	100.2	100.2	100.2	100.2
其它教育学杂费	100.5	100.5	100.9	100.9	100.9	100.9	100.9	100.9	101.1	101.1	101.1	101.1
托幼费	101.3	101.2	101.2	101.2	101.2	101.2	100.5	100.5	100.5	100.5	100.5	100.5
文化娱乐用品	100.6	99.3	100.3	100.2	100.5	101.0	100.1	100.1	100.0	100.0	100.2	99.9
文化娱乐	100.2	100.2	99.9	100.0	100.1	99.9	99.3	98.8	98.7	98.9	98.9	98.7
乐器	101.6	101.3	101.2	101.1	100.9	100.8	100.8	100.8	100.5	100.1	100.0	100.0
音响光盘和磁带	100.2	100.5	99.0	99.3	99.2	98.3	95.9	95.3	94.9	96.8	97.3	98.1
照相胶卷	99.5	98.4	99.2	99.0	99.2	99.3	99.4	98.8	98.0	97.2	96.6	97.0
录像磁带和视盘	101.9	102.6	102.6	102.7	102.7	100.7	98.5	98.0	97.3	97.6	97.8	97.1
儿童玩具	98.2	97.9	98.7	98.8	99.6	99.6	99.8	98.7	99.5	98.5	99.6	98.0
纸张用品	101.0	100.9	100.2	100.1	100.5	100.5	100.6	100.1	99.7	99.9	99.8	100.1
文具	99.7	100.5	98.7	98.9	98.2	99.1	99.8	98.5	98.8	99.0	98.9	98.4
体育用品	99.8	99.9	99.5	99.5	100.0	99.9	99.0	99.1	99.4	100.5	99.5	99.9
其它	101.9	102.5	100.7	101.7	101.1	100.8	100.2	100.9	100.7	100.8	100.6	100.5
书报杂志	100.4	100.7	100.9	100.5	100.5	100.5	100.5	100.5	100.5	100.5	100.5	100.5
书籍	101.1	101.2	101.2	100.2	100.2	100.2	100.2	100.2	100.2	100.2	100.2	100.1
报纸	100.1	100.6	101.0	101.0	101.0	101.0	101.0	101.0	101.0	101.0	101.0	101.0
杂志	100.1	100.1	100.1	100.1	100.1	100.1	100.1	100.1	100.1	100.1	100.1	100.1
文娱费	101.3	96.5	100.2	100.2	101.0	102.8	100.6	101.0	101.0	100.9	101.5	100.7

续上表

(上年同月=100)

项　　目	1月	2月	3月	4月	5月	6月	7月	8月	9月	10月	11月	12月
录像电影票	92.5	98.6	100.6	100.8	102.5	114.8	102.5	103.4	103.8	103.8	105.4	101.3
公园门票	113.5	83.8	98.5	100.0	102.3	100.0	100.0	100.0	100.0	99.9	100.4	100.4
有线电视	100.6	100.6	100.6	100.0	100.0	100.0	100.0	100.0	100.0	100.0	100.0	100.0
健身活动	100.3	100.3	100.1	100.3	100.0	100.4	100.4	101.2	101.2	101.2	101.2	101.2
其它	103.3	100.7	100.6	98.2	100.8	101.2	102.8	101.8	100.8	99.6	102.2	101.6
旅游及外出	102.2	86.8	95.6	97.3	105.8	94.6	107.4	106.0	101.3	99.8	97.3	98.8
旅行社收费	102.0	82.5	93.4	93.5	106.8	91.3	109.4	108.5	101.8	98.0	97.2	99.1
宾馆住宿	103.0	100.1	100.6	109.5	102.5	103.7	101.4	99.3	99.8	102.9	96.9	98.3
其它住宿	104.6	102.3	102.9	104.3	105.0	104.6	104.1	101.1	101.3	108.2	98.8	97.8
居住	**100.1**	**100.7**	**101.4**	**103.0**	**104.0**	**104.0**	**104.2**	**105.9**	**105.9**	**107.2**	**105.9**	**104.1**
建房及装修材料	107.8	108.1	107.7	107.3	106.0	105.8	106.0	107.1	107.2	105.8	102.4	101.3
木材	103.0	103.2	103.9	103.8	102.5	101.3	102.8	102.9	102.9	103.0	103.1	102.4
砖	106.8	107.3	106.2	106.3	105.2	105.3	104.9	105.5	104.8	103.9	100.1	98.5
水泥	120.7	120.3	117.4	115.5	111.9	114.1	112.9	113.6	113.9	104.8	94.3	94.5
涂料	99.6	100.4	100.2	100.6	99.4	99.9	100.0	99.6	100.0	101.3	100.6	102.1
胶合板	102.0	102.2	103.0	103.7	106.0	105.8	106.5	110.2	110.0	108.2	107.7	107.9
玻璃	104.9	107.2	109.0	110.4	113.5	113.9	116.6	118.3	118.1	117.0	110.7	109.1
粘胶	98.9	98.8	100.0	98.1	98.2	97.8	98.9	98.5	98.0	98.5	98.4	100.0
油漆	101.2	100.7	101.4	102.0	101.7	101.5	101.4	101.5	101.0	100.8	99.9	99.9
其它	118.9	118.2	116.6	114.9	110.2	108.5	107.3	109.5	111.0	111.4	107.3	102.2
租房	100.2	100.2	100.2	100.1	100.1	100.1	99.9	99.9	99.9	99.8	99.8	99.8
房租	99.4	99.4	99.4	99.3	99.3	99.3	100.1	100.1	100.1	100.0	100.0	100.0
其它费用	100.2	100.1	100.1	100.1	100.1	100.1	99.5	99.5	99.5	99.4	99.4	99.4
自有住房	100.4	100.4	99.9	99.9	99.8	99.8	99.8	99.8	99.8	99.7	102.2	102.0
房屋贷款利率	100.0	100.0	99.3	99.3	99.3	99.3	99.3	99.3	99.3	99.5	103.6	103.8
维护修理费用	100.1	100.1	100.0	99.9	99.9	99.8	99.8	99.9	99.9	99.9	99.9	99.3
其它	104.6	104.1	104.0	104.0	103.6	103.4	103.4	103.3	102.6	101.1	101.3	99.8
水、电、燃料	96.3	97.5	99.4	103.1	105.9	106.1	106.5	109.8	109.7	113.6	111.3	107.8
水	102.9	102.6	102.6	104.3	105.9	106.0	104.3	107.2	107.2	107.2	107.2	107.2
电	96.3	98.4	98.4	98.4	98.4	100.0	100.0	100.0	98.3	98.3	98.3	98.3
液化石油气	92.9	93.8	99.4	109.6	117.7	115.8	117.5	126.7	128.9	141.3	131.5	120.4
管道燃气	98.4	98.4	98.4	99.0	103.3	103.0	103.8	106.2	107.1	111.1	116.7	112.6
其它燃料	104.7	104.4	103.3	104.0	104.0	105.2	108.3	110.4	112.4	114.1	113.3	113.2

2004年各月城市居民消费价格分类指数

（上年同月＝100）

项　目	1月	2月	3月	4月	5月	6月	7月	8月	9月	10月	11月	12月
居民消费价格总指数	**101.8**	**100.8**	**101.5**	**102.7**	**103.4**	**102.3**	**103.5**	**103.8**	**103.5**	**103.4**	**102.8**	**102.2**
非食品价格指数	**99.9**	**98.6**	**99.4**	**100.0**	**100.6**	**100.1**	**100.7**	**100.9**	**100.8**	**101.2**	**100.8**	**100.3**
服务项目价格指数	**101.2**	**98.2**	**99.7**	**100.1**	**101.0**	**99.6**	**101.1**	**101.1**	**100.6**	**100.6**	**100.3**	**100.4**
扣除鲜菜鲜果总指数	**102.1**	**100.3**	**101.6**	**102.5**	**103.1**	**102.9**	**103.6**	**103.8**	**103.8**	**104.0**	**102.9**	**102.5**
消费品价格指数	**102.1**	**101.8**	**102.1**	**103.7**	**104.3**	**103.3**	**104.4**	**104.8**	**104.5**	**104.5**	**103.7**	**102.8**
食品	**105.5**	**104.9**	**105.4**	**107.8**	**108.8**	**106.4**	**108.8**	**109.2**	**108.2**	**107.3**	**106.5**	**105.6**
粮食	107.5	109.0	116.9	118.9	118.2	117.1	116.6	115.3	115.7	114.7	110.5	109.8
大米	108.4	111.9	123.6	126.9	125.2	123.7	122.8	120.7	121.0	119.6	114.4	112.9
面粉	111.8	112.0	115.5	115.8	115.4	115.1	114.8	112.3	112.2	111.7	103.0	104.2
粮食制品	104.2	102.2	104.4	105.3	105.6	105.4	105.3	105.6	106.5	106.3	104.7	105.6
其它	107.2	105.5	108.5	107.1	110.6	107.4	109.4	108.7	108.2	106.8	106.2	103.7
淀粉及薯类	95.7	97.6	98.5	101.4	106.0	109.6	113.5	109.4	110.5	106.6	105.5	104.4
干豆类及豆制品	105.2	103.9	106.9	109.0	109.9	112.5	111.9	111.1	111.1	111.6	109.5	108.5
干豆	112.7	108.8	113.4	120.8	120.9	123.7	127.5	125.1	123.7	125.1	123.7	121.4
豆制品	102.6	102.4	104.7	105.1	106.1	108.6	106.6	106.4	106.9	106.9	104.3	103.7
油脂	116.1	116.6	117.2	115.0	112.9	111.4	110.5	109.9	109.8	108.5	102.7	101.3
植物油脂	118.4	117.1	118.0	115.7	114.1	112.5	111.0	109.7	110.2	109.1	102.7	101.5
植物油制品	111.3	116.1	115.7	113.1	109.2	107.9	107.6	106.7	106.2	104.5	100.3	98.8
其它	111.4	112.2	114.3	114.5	115.4	113.8	115.6	123.1	120.6	118.2	111.2	110.2
肉禽及其制品	111.5	104.7	108.6	110.8	112.7	114.1	117.4	117.6	117.8	116.1	110.9	110.5
食用畜肉及副产品	114.3	109.7	113.4	116.1	117.1	118.9	123.3	123.1	124.9	121.4	113.1	112.8
猪肉	117.3	112.1	116.5	118.9	119.7	122.4	128.5	128.2	130.5	125.8	113.5	114.3
牛肉	110.3	110.1	116.1	120.7	119.2	120.2	119.3	117.8	118.9	120.2	117.6	116.3
羊肉	101.6	108.7	104.8	105.8	104.8	103.8	103.8	102.7	104.4	107.7	105.6	102.1
畜肉副产品	116.0	106.1	110.5	114.8	118.4	118.9	121.5	123.3	124.8	120.9	115.7	113.2
其它	103.6	102.8	102.4	103.3	103.7	104.2	108.2	107.7	107.6	105.2	105.3	103.9
禽	110.6	96.2	102.6	104.7	108.7	109.4	111.3	111.4	108.1	109.7	108.4	107.1
鸡	109.0	94.7	101.6	103.0	105.5	106.6	109.0	110.2	108.4	109.1	108.6	107.5
鸭	120.9	101.2	108.7	117.3	129.9	128.2	126.8	119.3	110.5	116.1	110.9	107.5
其它	109.6	100.4	102.0	101.7	105.5	105.9	108.3	109.0	105.0	106.3	105.1	104.6
肉禽加工制品	103.8	100.4	102.0	102.5	104.4	105.4	107.4	108.3	108.7	107.6	107.1	107.2
畜肉制品	104.3	102.2	103.3	103.2	104.5	105.8	108.1	109.2	108.8	107.6	106.9	106.7
禽制品	103.2	98.4	100.6	101.7	104.3	105.0	106.6	107.4	108.7	107.7	107.2	107.8

续上表

（上年同月 =100）

项　　目	1月	2月	3月	4月	5月	6月	7月	8月	9月	10月	11月	12月
蛋	115.2	116.1	116.7	118.2	116.9	123.0	128.8	126.2	126.4	123.1	111.5	111.4
鲜蛋	116.1	117.1	118.0	119.8	117.9	125.0	131.0	127.0	126.2	122.3	110.1	110.4
蛋制品	110.1	110.9	110.3	110.1	111.8	113.0	117.3	122.0	127.7	127.4	119.9	116.9
水产品	109.5	102.7	106.2	109.6	112.9	110.2	109.1	108.6	108.0	109.8	110.3	110.1
鱼	107.1	106.1	106.5	111.0	113.4	114.4	114.1	114.4	113.8	114.9	114.9	114.4
淡水鱼	105.7	108.5	107.7	114.2	116.1	118.3	115.5	115.4	115.1	115.1	114.9	115.5
海水鱼	109.5	102.2	104.5	105.7	108.9	108.3	111.9	112.7	111.7	114.6	115.2	112.6
其它水产品	113.5	97.7	105.9	107.3	112.0	103.3	100.9	98.4	98.0	102.7	104.0	104.0
菜	94.5	114.7	98.2	107.1	107.8	103.9	113.8	107.4	98.7	91.6	103.1	98.8
鲜菜	93.5	117.1	97.9	107.8	109.0	104.0	115.2	107.5	97.9	89.8	102.7	97.9
干菜及菜制品	101.8	100.3	100.4	101.3	101.0	103.2	104.6	106.3	105.9	107.6	105.9	106.1
调味品	101.0	95.1	101.2	100.9	100.4	100.2	100.6	101.1	101.4	101.4	101.3	101.1
盐	99.9	94.2	99.6	99.7	99.2	99.5	99.5	100.4	100.0	99.2	99.3	99.3
酱油	101.5	103.7	104.7	103.6	102.1	101.9	102.9	102.9	103.8	104.2	104.1	103.6
醋	103.2	74.5	101.2	100.5	101.0	99.8	100.3	100.2	101.0	102.1	103.2	102.4
味精	97.8	97.6	98.2	97.5	98.4	97.9	98.5	98.7	99.0	98.8	98.9	99.1
其它	103.1	102.6	101.3	101.7	101.2	100.9	100.5	101.8	102.2	102.5	101.6	101.6
糖	101.6	100.4	100.1	100.3	100.8	101.1	101.5	102.3	103.2	103.4	102.3	102.7
食糖	102.2	101.7	102.5	102.6	103.8	104.8	105.9	107.2	110.7	111.4	106.5	106.2
糖果	101.1	99.9	98.6	98.8	99.5	99.2	99.5	100.3	100.3	100.0	100.3	100.9
巧克力制品	101.4	100.0	99.9	100.5	100.6	100.7	100.7	101.2	100.7	101.1	100.7	101.4
糖制小食品	101.8	99.7	99.1	98.7	97.8	99.1	98.7	98.8	99.2	99.3	100.8	101.4
茶及饮料	104.4	103.1	102.7	103.2	102.7	101.8	101.7	101.3	100.7	100.6	100.6	100.6
茶叶	107.3	105.9	105.8	106.2	105.8	104.1	103.9	102.8	102.3	102.3	102.2	101.9
饮料	101.9	100.8	100.1	100.7	100.1	99.8	99.9	100.0	99.3	99.2	99.3	99.5
固体饮料	102.6	100.1	100.1	100.4	100.5	100.2	100.4	100.5	100.7	100.4	101.2	101.2
液体饮料	101.0	100.5	99.1	99.7	99.8	99.4	99.5	99.2	98.5	98.3	98.1	98.8
冷冻饮品	103.5	102.3	102.6	103.2	100.6	100.5	100.3	101.3	100.0	100.3	100.0	99.7
干鲜瓜果	105.7	101.6	103.1	105.3	107.9	87.5	92.1	102.4	102.9	105.6	100.3	100.3
鲜果	105.4	100.6	102.0	104.2	107.3	82.8	87.8	99.4	100.1	103.3	98.6	98.1
干(坚)果及瓜果制品	107.2	106.4	108.1	111.0	110.6	114.5	115.0	117.6	116.7	116.8	108.4	110.3
糕点饼干面包	100.8	101.2	101.4	102.4	103.4	102.9	102.6	102.4	102.3	102.3	102.7	102.7
糕点	100.5	100.9	99.9	102.0	102.6	101.1	100.7	100.6	101.0	100.7	101.0	101.1
饼干	100.4	101.3	102.7	103.6	105.2	106.6	107.0	106.1	105.4	105.1	105.0	105.0

续上表

(上年同月 =100)

项　目	1月	2月	3月	4月	5月	6月	7月	8月	9月	10月	11月	12月
面包	101.6	101.5	102.1	101.8	102.7	101.9	101.2	101.2	101.2	101.6	102.7	102.7
奶及奶制品	100.8	100.1	100.9	101.1	99.9	100.0	100.4	100.1	101.3	99.6	98.9	97.5
鲜奶	99.0	98.9	100.1	99.6	96.9	97.8	98.8	98.4	100.3	97.2	96.6	94.4
奶粉	103.8	101.8	102.2	103.3	103.8	103.4	103.4	102.9	104.0	103.1	102.1	101.0
其它	99.6	100.1	100.7	101.0	101.1	99.3	99.0	99.6	98.9	99.2	99.7	99.8
在外用膳食品	101.9	101.7	102.2	102.7	103.1	103.6	104.3	104.9	105.7	105.3	105.4	104.7
主食	105.0	104.4	103.7	104.1	104.6	105.1	106.2	106.8	106.9	106.4	106.8	105.2
炒菜	100.8	100.4	101.1	101.7	102.1	102.9	102.9	103.7	104.5	104.0	104.0	103.3
地方小吃	101.7	102.2	104.0	104.2	104.0	104.0	106.6	106.6	107.9	108.1	107.9	108.5
其它食品及食品加工服务	102.7	100.3	101.2	101.0	101.2	100.7	100.8	101.3	100.3	100.4	100.0	100.4
其它食品	101.5	101.3	101.3	101.3	101.2	101.2	100.9	101.4	100.5	100.8	100.0	100.4
食品加工服务费	119.9	85.0	98.9	97.0	100.0	92.0	98.7	98.7	96.3	93.6	99.3	99.8
烟酒及用品	**102.4**	**101.6**	**101.9**	**102.0**	**101.8**	**102.1**	**101.6**	**100.9**	**100.6**	**100.5**	**100.8**	**100.4**
烟草	101.5	100.6	101.5	102.1	101.5	101.8	101.7	100.7	100.7	101.0	101.6	101.3
国产卷烟	101.6	100.0	102.4	102.9	102.8	102.3	102.5	101.0	101.2	101.4	101.4	101.0
进口卷烟	99.5	99.7	99.0	100.1	98.6	100.7	99.3	99.3	99.5	99.7	102.1	101.9
其它	107.1	108.0	103.0	101.7	100.9	101.0	102.5	102.1	101.9	102.0	101.9	101.7
酒	104.2	103.7	103.2	103.2	103.5	103.8	102.8	102.6	101.9	101.5	101.2	100.6
白酒	106.5	107.4	107.3	107.5	109.1	109.7	107.7	107.4	107.0	105.7	104.3	103.2
果酒	107.6	104.9	102.5	100.6	100.1	101.9	100.4	99.9	99.5	99.2	100.0	100.0
啤酒	99.2	97.6	98.0	98.9	98.3	98.0	98.1	97.8	96.6	96.9	97.2	97.5
其它	106.8	106.8	105.3	104.8	104.6	104.2	103.6	104.2	103.6	103.6	103.3	101.4
吸烟饮酒用品	101.6	100.6	100.0	98.7	98.8	98.9	98.0	97.6	96.5	95.8	96.1	96.0
吸烟用品	105.0	104.3	103.5	101.3	101.3	101.6	101.1	100.4	99.2	96.2	95.4	94.9
饮酒用品	99.0	97.9	97.5	96.8	96.9	97.0	95.7	95.6	94.5	95.4	96.7	96.8
衣着	**100.3**	**99.6**	**99.3**	**99.4**	**99.3**	**99.5**	**98.6**	**97.6**	**96.7**	**98.1**	**98.3**	**98.2**
服装	100.9	100.0	99.6	99.3	99.2	99.8	98.5	97.3	96.4	98.0	98.2	98.0
男式服装	99.2	98.6	98.1	97.1	97.3	97.7	97.2	96.7	95.2	96.8	96.1	96.1
大衣	95.8	92.4	92.1	92.0	92.6	92.6	92.5	91.4	91.0	91.8	91.6	94.0
毛线衣	96.9	95.1	91.3	90.8	90.7	91.6	91.6	91.6	89.8	96.3	96.7	95.9
夹克衫	97.8	98.7	103.1	102.6	102.5	102.6	102.5	102.3	101.4	102.0	99.1	96.6
衬衫	98.2	99.8	100.0	98.9	97.5	98.2	97.6	98.3	94.8	97.2	97.0	96.3
裤子	101.5	101.3	97.4	93.0	91.5	94.0	92.3	89.7	89.9	90.3	89.5	90.4
西服	103.5	102.4	102.1	103.9	104.1	105.5	105.3	106.3	106.0	106.5	102.5	100.7

续上表

（上年同月 =100）

项　目	1 月	2 月	3 月	4 月	5 月	6 月	7 月	8 月	9 月	10 月	11 月	12 月
运动衫裤	101.9	100.3	101.7	101.9	102.0	101.8	101.7	101.3	101.1	98.8	99.0	100.0
内衣	100.0	100.0	100.1	98.6	98.3	97.9	97.9	98.1	98.4	98.5	99.5	99.0
羽绒衣	99.8	90.8	92.8	92.6	92.6	92.9	92.9	92.9	92.8	96.2	95.1	94.9
其它	88.8	88.9	89.3	93.4	108.4	99.8	101.2	99.5	84.8	96.7	96.6	96.9
女式服装	101.8	100.3	101.1	101.5	101.4	101.4	99.2	97.9	97.8	99.2	98.6	98.1
大衣	100.8	99.4	99.1	97.0	98.2	98.2	98.2	98.2	97.1	95.8	95.1	95.0
毛线衣	100.8	98.9	96.4	95.2	95.3	98.2	98.2	98.2	96.8	102.4	100.5	98.9
羽绒衣	101.8	102.2	104.6	103.0	103.0	103.7	103.7	103.7	102.8	102.1	99.8	97.4
套装	93.8	91.2	95.8	95.6	95.4	96.7	93.3	91.5	93.1	93.9	91.6	92.4
衬衫	109.0	100.3	104.8	107.3	109.3	108.9	105.8	103.8	108.5	104.2	103.8	103.2
裙子	105.1	105.4	105.2	107.2	106.3	103.9	97.0	92.9	90.0	92.0	91.8	90.8
裤子	103.8	101.0	101.3	103.2	102.9	102.7	99.0	97.1	97.5	99.0	99.1	97.9
运动衫裤	102.1	99.8	100.2	100.8	100.6	99.0	99.0	98.7	98.8	108.2	108.1	107.9
内衣	100.6	102.2	102.0	101.8	101.0	102.5	102.5	102.0	102.2	101.8	101.8	101.5
其它	102.9	102.8	102.6	101.7	100.7	101.0	100.9	100.9	101.2	100.9	100.4	99.2
儿童服装	101.9	102.4	98.3	97.6	97.0	100.1	99.2	97.2	94.9	97.3	102.5	103.3
套装	99.5	99.1	93.1	93.0	92.6	95.0	94.2	91.8	89.2	92.5	98.2	98.7
裤子	106.3	107.8	104.7	105.8	105.6	108.1	107.9	106.7	105.5	104.6	106.1	106.5
裙子	100.0	100.9	98.2	94.2	93.2	98.0	95.9	92.9	89.7	94.3	103.1	104.8
其它	102.8	101.4	100.5	102.9	101.7	101.6	102.4	101.9	101.6	102.9	107.0	109.0
衣着材料	101.2	101.6	101.3	102.2	102.7	102.9	103.2	103.2	102.9	102.3	103.2	101.6
棉布	100.7	101.6	101.7	103.9	104.6	104.0	103.7	102.5	103.0	101.5	101.0	100.3
棉花化纤混纺布	100.9	102.2	101.5	104.4	107.4	107.3	107.8	108.8	109.1	105.4	106.4	104.2
化纤布	102.4	102.1	101.7	103.4	104.0	105.0	105.8	106.0	105.6	105.0	104.6	103.4
毛织品	101.6	102.5	102.3	102.0	101.6	102.2	102.5	102.6	101.2	101.9	102.0	100.1
丝织品	100.3	101.2	100.9	102.8	103.0	102.4	102.9	103.2	101.5	102.3	102.0	100.5
毛线	100.7	100.5	100.5	100.4	100.4	100.4	100.6	99.7	99.7	99.5	100.7	100.3
其它	100.4	101.1	101.2	97.9	97.9	98.0	98.7	99.1	99.9	100.8	107.1	102.1
鞋袜帽	98.3	97.8	97.8	99.2	98.8	97.7	98.0	97.2	96.3	97.4	97.6	98.0
鞋	98.3	97.7	97.6	99.1	98.7	97.3	97.6	96.7	95.7	96.8	97.3	97.7
男鞋	99.7	99.6	100.0	102.3	101.1	98.7	98.7	99.1	97.9	98.3	99.2	98.8
女鞋	97.0	95.3	95.0	95.6	95.9	94.2	95.1	92.5	91.6	93.9	93.8	94.7
童鞋	98.6	99.7	99.1	101.2	100.9	101.3	101.0	101.0	100.6	100.6	101.4	102.2
袜子	97.9	97.9	99.2	99.6	99.2	99.7	99.6	99.7	99.7	101.2	100.2	100.1

续上表

（上年同月 =100）

项　目	1月	2月	3月	4月	5月	6月	7月	8月	9月	10月	11月	12月
男袜	97.4	96.9	98.6	99.0	99.4	99.9	99.6	99.3	99.2	100.2	98.8	99.1
女袜	98.4	98.9	99.9	100.1	99.0	99.6	99.6	100.1	100.3	102.2	101.5	101.1
帽子	100.1	101.5	99.0	100.6	100.2	102.1	101.4	100.9	97.6	96.3	96.1	97.6
男帽	97.3	98.9	98.9	98.7	98.8	98.7	96.7	95.2	94.5	94.3	94.3	96.5
女帽	101.9	102.6	98.5	101.2	100.6	103.7	103.8	103.9	99.2	97.1	96.7	97.9
衣着加工服务	102.5	101.5	102.9	101.8	101.7	102.6	102.6	103.2	103.2	102.9	103.1	100.7
缝纫	101.1	100.6	101.4	101.4	101.2	101.2	101.2	101.2	101.2	100.6	100.9	100.2
清洗	103.4	102.2	104.1	102.2	102.2	103.7	103.7	104.7	104.7	104.7	104.7	101.0
家庭设备用品及维修服务	**98.8**	**98.1**	**98.4**	**98.5**	**98.0**	**97.8**	**98.5**	**98.1**	**98.3**	**98.5**	**98.4**	**98.7**
耐用消费品	96.7	96.5	96.8	97.1	96.7	96.6	97.5	96.9	97.4	97.6	97.4	97.4
家具	97.3	96.7	96.7	97.1	97.4	97.9	97.1	96.0	96.2	96.0	95.8	95.9
成套家具	95.4	95.0	96.5	96.1	96.6	97.7	97.6	95.4	95.6	95.0	95.2	96.5
床	96.7	95.0	94.8	95.8	96.6	97.6	95.3	93.9	94.3	94.0	93.5	93.4
桌	99.3	99.5	99.2	99.3	99.6	99.9	99.6	98.6	98.7	99.2	99.0	98.6
椅	97.3	96.6	95.9	95.7	96.3	96.9	96.1	96.0	95.7	95.2	95.2	94.9
沙发	96.8	96.6	96.2	97.6	97.0	96.4	97.3	96.2	96.2	95.8	95.8	95.1
其它	99.9	99.4	99.5	98.8	99.5	100.1	97.8	97.6	98.0	98.2	98.0	99.1
家庭设备	96.3	96.4	96.8	97.1	96.3	95.9	97.8	97.5	98.1	98.6	98.3	98.3
洗衣机	99.2	99.8	99.6	99.2	98.4	97.9	97.4	96.8	96.4	96.5	96.3	95.5
电风扇	100.5	100.3	100.0	99.3	100.3	99.1	99.4	99.0	96.6	96.4	96.4	96.3
电冰箱（柜）	98.9	98.2	98.2	98.0	97.1	97.3	97.5	97.0	97.7	98.1	96.8	96.7
抽排油烟机	98.4	99.2	101.2	102.0	102.3	102.3	103.6	103.5	102.3	103.5	103.6	104.1
空调器	88.6	88.7	89.0	90.1	88.0	86.9	93.0	92.9	95.0	95.2	95.1	95.2
热水器	98.0	98.2	99.3	99.1	100.4	101.5	101.9	101.9	104.1	104.8	105.4	105.5
微波炉	99.3	98.8	98.5	98.9	97.7	97.2	97.4	97.0	97.1	98.9	98.0	97.9
电炊具	101.4	101.0	100.7	100.8	100.8	100.5	100.7	100.1	100.4	100.6	100.4	100.3
钟	99.4	99.4	100.1	100.0	100.0	100.1	99.8	99.5	99.1	99.0	99.0	99.0
其它	97.7	97.7	101.1	100.6	100.3	98.7	100.7	99.7	99.3	99.3	99.5	100.7
室内装饰品	99.2	100.2	99.4	99.0	99.3	98.8	98.8	99.6	99.8	99.6	99.8	100.0
纺织装饰品	100.6	102.1	100.9	100.4	101.0	101.3	100.2	100.2	101.3	101.6	101.7	101.8
装饰灯具	98.2	99.4	98.9	98.7	98.7	97.6	97.9	98.3	98.0	98.4	98.3	98.2
其它	98.2	98.4	97.8	97.2	97.1	96.3	98.5	101.9	101.6	98.7	99.5	100.5
床上用品	100.3	99.5	98.7	98.7	97.9	97.6	97.8	97.3	96.6	97.3	97.4	98.0
毛毯	101.9	100.3	100.7	101.2	100.8	101.1	100.9	100.3	100.0	100.0	100.3	101.7

续上表

（上年同月 =100）

项　　目	1月	2月	3月	4月	5月	6月	7月	8月	9月	10月	11月	12月
床单	100.5	104.2	99.9	99.9	100.9	101.4	101.8	101.7	101.0	101.4	101.5	101.6
床罩	96.3	95.6	95.1	95.0	94.0	93.7	94.7	93.3	91.0	92.1	92.3	92.3
被套	99.8	97.8	97.5	97.4	95.1	96.6	98.0	99.0	98.4	99.1	99.5	99.5
其它	102.8	101.5	101.0	100.7	100.3	98.1	97.0	95.8	96.3	96.9	96.5	97.9
家庭日用杂品	98.7	99.5	99.2	99.6	99.7	99.5	99.5	99.3	99.3	99.7	99.3	99.7
茶具	99.3	99.9	99.7	99.9	99.8	99.9	100.4	100.3	100.2	100.1	100.8	101.2
餐具	98.8	99.3	99.7	100.6	100.9	100.9	100.6	101.1	101.2	102.0	102.9	102.3
厨具	99.6	100.1	100.0	100.0	100.0	99.7	100.6	99.1	97.3	100.1	100.1	100.0
家用工具	102.5	101.4	102.8	103.1	103.0	104.0	106.8	106.9	106.8	106.2	106.2	106.4
洗涤用品	100.7	101.7	101.2	101.5	100.7	100.6	100.4	99.8	100.7	100.5	100.4	100.2
其它	96.3	97.1	96.8	97.3	98.0	97.5	97.4	97.4	97.2	97.4	96.1	97.5
家庭服务及加工维修服务	104.5	99.2	101.2	100.9	99.3	98.7	100.3	100.0	100.2	100.3	100.5	101.2
家庭服务	107.9	97.1	101.1	100.8	100.8	100.8	104.0	103.4	104.1	104.1	104.1	104.0
加工维修服务费	101.3	101.1	101.2	100.9	98.1	96.8	97.1	96.9	96.7	96.9	97.3	98.5
医疗保健和个人用品	**102.6**	**100.9**	**101.0**	**100.5**	**99.2**	**99.5**	**99.5**	**99.4**	**99.8**	**99.6**	**99.1**	**99.1**
医疗保健	101.9	100.9	101.0	100.1	98.4	98.8	98.8	98.9	99.5	99.2	98.6	98.9
医疗器具及用品	105.8	106.6	108.5	108.2	104.7	104.9	104.5	104.2	103.9	102.8	101.7	101.4
中药材及中成药	106.6	104.4	104.1	101.1	96.6	98.7	99.7	100.2	100.9	101.0	100.4	99.9
中药材	111.3	110.2	108.2	102.8	95.9	98.7	99.2	99.3	101.4	101.1	100.2	99.7
中成药	100.9	97.6	99.1	98.9	97.9	99.0	100.3	101.4	100.3	101.0	100.8	100.0
西药	99.0	98.6	98.8	98.4	98.1	97.1	96.7	96.3	97.5	96.7	96.5	96.9
胃药	100.2	99.3	100.5	99.8	100.6	100.7	100.9	101.1	100.4	100.1	99.5	99.8
感冒药	104.9	103.2	103.1	99.5	98.7	101.5	99.8	99.5	102.0	99.9	99.8	99.7
抗菌药针剂	98.9	100.1	99.8	100.3	100.4	95.0	94.2	94.3	94.0	93.2	91.9	91.8
抗菌药片剂	93.9	94.5	94.7	95.5	95.2	93.3	92.7	92.9	96.3	94.0	94.4	94.7
止泻药	99.2	96.5	97.1	97.4	96.8	97.4	96.1	94.7	95.4	94.3	94.5	95.1
外用药	103.8	102.7	102.8	101.6	101.7	102.1	103.0	100.7	102.3	102.3	102.5	102.7
心血管病用药	100.2	99.2	99.6	99.2	96.7	96.7	97.1	95.7	94.7	95.2	95.2	97.5
其它	100.6	98.6	97.2	97.0	96.9	97.2	97.3	97.5	99.6	102.9	103.8	103.4
保健器具及用品	101.6	100.0	99.9	100.2	100.0	99.9	99.5	99.7	100.2	100.1	99.2	99.3
保健器具	98.7	99.1	99.2	99.2	102.4	101.5	101.1	101.7	100.6	101.0	101.0	101.0
滋补保健用品	102.2	100.2	100.0	100.4	99.5	99.6	99.2	99.2	100.1	99.9	98.8	98.9
医疗保健服务	100.3	100.2	100.2	100.3	99.4	99.8	99.6	99.8	99.8	99.9	98.7	99.8
挂号费	101.1	101.1	101.1	101.1	101.1	101.1	100.0	100.0	100.0	100.0	100.0	100.0

续上表

（上年同月=100）

项　目	1月	2月	3月	4月	5月	6月	7月	8月	9月	10月	11月	12月
注射费	100.0	100.0	100.0	100.0	100.0	100.0	100.0	100.0	100.0	100.0	100.0	100.0
检查费	101.8	101.2	101.2	101.2	101.2	100.0	100.0	100.7	100.7	101.4	100.0	100.0
手术费	98.8	98.8	98.8	98.8	98.8	98.8	98.8	98.8	98.8	98.8	98.8	98.8
住院费	100.5	100.5	100.5	100.6	96.5	99.7	99.7	99.6	99.6	99.6	95.2	100.2
理疗费	100.1	100.1	100.1	100.1	100.1	100.1	100.0	100.0	100.0	100.0	100.0	100.0
其它	100.2	100.2	100.2	100.2	100.2	100.2	100.2	100.2	100.2	100.2	100.2	100.2
个人用品及服务	104.3	100.9	101.1	101.3	100.9	101.0	100.9	100.6	100.4	100.3	100.0	99.7
化妆美容用品	100.8	99.2	97.7	98.3	98.5	99.8	98.9	98.3	98.0	97.9	97.9	97.1
化妆美容器具	103.9	100.8	100.4	100.1	100.0	102.6	98.5	97.9	97.8	97.9	97.4	97.3
化妆品	98.4	97.9	95.6	96.9	97.3	97.5	99.0	98.5	98.0	97.8	98.2	96.9
卫生用品	100.4	100.7	100.9	101.6	100.5	99.7	99.6	99.9	99.9	99.5	99.1	98.8
洗发用品	101.4	101.7	101.7	101.9	100.2	99.0	98.8	99.5	99.1	98.3	97.8	98.0
洗浴用品	99.0	99.4	99.7	100.8	100.1	99.3	99.4	100.0	100.7	100.1	99.7	98.9
其它	101.7	101.5	101.9	102.6	102.2	101.8	101.4	100.4	99.5	100.3	100.0	100.2
个人饰品	108.1	106.3	106.8	105.8	105.0	105.8	106.7	104.9	104.6	104.1	103.4	103.4
首饰	117.7	113.5	114.7	113.2	112.5	111.8	113.1	111.5	110.5	110.0	110.7	110.3
皮件	101.1	99.3	99.1	99.0	96.9	101.8	103.0	97.8	99.7	97.6	93.8	94.7
手表	101.3	101.3	101.4	101.3	101.2	101.3	100.4	100.2	99.7	99.7	99.7	99.7
领带	95.7	98.3	100.6	98.7	97.1	99.9	101.1	99.3	101.1	102.6	99.3	99.5
其它	100.0	103.6	98.8	98.0	98.0	98.8	102.5	102.3	97.8	97.9	97.8	97.8
个人服务	108.9	99.2	100.7	101.8	101.8	100.8	100.8	101.4	101.6	101.9	101.9	101.8
美容	107.1	98.1	99.2	100.0	100.0	96.3	96.3	96.3	96.7	97.6	97.3	97.3
理（烫）发	109.4	99.0	102.0	101.8	101.8	101.8	101.8	102.4	102.4	102.4	102.8	102.8
其它	109.3	97.4	100.3	100.3	100.3	101.5	101.2	103.9	104.4	104.4	101.9	101.6
交通和通讯	**98.4**	**97.2**	**97.7**	**98.5**	**99.0**	**99.2**	**99.3**	**99.3**	**99.6**	**99.7**	**99.3**	**98.8**
交通	99.6	97.1	97.7	99.1	100.2	100.5	100.7	100.8	101.4	101.7	100.9	99.7
交通工具	96.9	96.9	96.4	96.0	96.0	95.5	95.3	94.8	95.1	94.8	93.9	93.0
摩托车	93.4	93.4	93.3	93.4	93.8	92.7	95.4	95.3	97.8	98.2	98.2	98.3
自行车	101.2	100.9	100.4	100.3	100.3	100.1	100.2	100.3	101.6	101.2	101.2	100.9
汽车	96.3	96.4	95.8	95.1	94.9	94.7	93.3	92.3	91.4	90.9	89.3	87.7
其它	99.2	99.2	99.1	98.2	98.2	97.0	97.2	97.1	97.7	97.6	97.6	97.4
车用燃料及零配件	101.7	98.0	97.7	101.9	107.7	111.0	110.9	112.1	115.2	115.3	115.2	110.7
汽油	102.7	97.7	97.2	104.5	111.6	115.3	115.0	116.2	120.5	120.8	120.9	114.2
柴油	102.1	96.6	96.1	96.1	105.5	112.0	112.4	115.2	119.4	119.3	119.2	114.9

续上表

（上年同月＝100）

项　目	1月	2月	3月	4月	5月	6月	7月	8月	9月	10月	11月	12月
零配件	99.4	99.7	100.1	100.5	101.6	102.3	102.0	101.9	102.4	102.3	101.6	100.9
其它	100.8	100.7	100.8	102.1	101.8	99.3	102.0	102.0	101.9	101.6	102.5	102.3
车辆使用及维修	99.4	99.3	99.5	100.2	101.6	102.6	103.1	103.9	103.8	104.0	103.1	101.0
驾驶证	97.8	98.4	98.9	99.0	108.7	115.5	118.4	123.6	121.9	122.8	123.7	123.7
保险费	99.8	99.9	99.9	103.0	103.0	103.0	103.3	103.3	103.7	103.7	103.9	103.9
停车费	97.9	97.9	98.2	98.2	98.2	98.2	98.2	98.2	98.2	98.2	91.2	79.5
车辆修理服务	100.0	100.0	100.0	99.8	99.8	99.8	99.8	99.8	99.8	99.8	99.8	99.8
其它	102.4	99.6	100.7	102.1	101.8	101.8	101.9	101.9	101.9	104.2	105.6	105.6
市区公共交通	100.3	100.0	100.1	100.1	100.1	100.1	100.1	100.1	100.1	100.1	100.1	100.1
公共汽车票	100.0	100.0	100.0	100.0	100.0	100.0	100.0	100.0	100.0	100.0	100.0	100.0
出租汽车	100.6	100.4	100.3	100.3	100.3	100.3	100.3	100.3	100.3	100.3	100.3	100.3
其它	101.8	98.9	100.2	100.2	100.2	100.2	100.2	100.2	100.2	100.2	100.2	100.2
城市间交通	102.3	92.2	96.1	100.7	100.7	100.3	101.0	101.0	100.8	102.5	101.1	101.1
飞机票	88.2	77.5	78.2	98.5	98.5	99.0	101.2	102.0	101.6	109.3	101.9	101.8
火车票	102.2	103.6	102.6	101.7	101.7	101.7	101.7	101.7	101.7	101.7	101.7	101.7
长途汽车	108.3	92.0	99.4	100.5	100.5	100.0	100.6	100.3	100.1	100.6	100.7	100.6
其它	101.2	83.7	97.7	98.2	98.6	98.2	98.4	98.4	98.6	98.8	98.8	98.8
通信	97.2	97.4	97.8	97.9	97.9	98.0	98.0	97.9	98.0	98.0	97.9	97.9
通信工具	84.6	85.4	86.8	87.8	87.9	88.6	88.6	88.3	89.3	89.0	88.5	88.6
固定电话机	98.6	97.1	97.1	97.0	97.1	96.7	96.3	94.6	94.4	93.8	94.0	94.0
移动电话机	75.7	77.3	79.5	81.5	81.9	83.2	83.0	83.4	84.6	84.5	83.8	83.9
BP 机	97.3	98.8	100.0	100.0	99.7	99.7	99.7	99.7	99.7	99.7	99.0	99.0
其它	91.2	91.3	91.8	91.6	92.2	92.7	94.4	94.1	96.4	95.8	95.3	96.8
通信服务	99.8	99.8	100.0	100.0	100.0	100.0	100.0	100.0	100.0	100.0	100.0	100.0
市内电话通话费	100.0	100.0	100.0	100.0	100.0	100.0	100.0	100.0	100.0	100.0	100.0	100.0
长途电话通话费	100.0	100.0	100.0	100.0	100.0	100.0	100.0	100.0	100.0	100.0	100.0	100.0
月租费	100.0	100.0	100.0	100.0	100.0	100.0	100.0	100.0	100.0	100.0	100.0	100.0
信件邮寄	100.0	100.0	100.0	100.0	100.0	100.0	100.0	100.0	100.0	100.0	100.0	100.0
包裹邮寄	100.5	100.5	100.5	100.5	100.5	100.5	100.5	100.5	100.5	100.5	100.5	100.5
其它	98.0	98.0	99.7	99.7	99.7	99.7	99.7	99.7	99.7	99.7	99.7	99.7
娱乐教育文化用品及服务	**100.2**	**96.4**	**98.5**	**98.9**	**101.1**	**98.5**	**101.2**	**100.8**	**100.0**	**99.8**	**98.7**	**98.9**
文娱用耐用消费品及服务	92.0	92.6	92.2	92.6	93.4	93.4	93.5	92.9	93.0	93.0	92.4	91.9
电视机	92.2	92.8	91.0	91.1	92.2	92.0	91.6	89.7	90.4	90.5	89.8	89.5

续上表

（上年同月 =100）

项　目	1月	2月	3月	4月	5月	6月	7月	8月	9月	10月	11月	12月
影碟机	95.5	96.1	97.0	96.9	96.5	97.5	96.5	95.9	94.9	94.9	95.2	95.2
摄像机	97.4	95.9	96.2	96.2	95.8	95.0	94.8	93.6	92.2	92.1	92.0	92.0
照相机	94.4	95.0	95.3	95.9	96.2	96.2	96.8	96.9	97.2	96.9	97.1	97.1
音响	95.7	97.1	97.3	97.8	98.2	97.2	96.9	98.3	96.6	96.1	96.6	95.3
收音（录）机	100.7	98.3	98.1	97.4	98.7	97.9	98.2	97.3	96.4	95.1	95.0	94.9
电脑	85.4	86.1	86.3	87.6	88.5	89.0	90.9	90.9	91.5	92.0	90.4	89.3
修理服务费	100.2	100.2	100.2	100.4	100.4	99.5	99.5	99.3	99.3	99.3	99.3	99.8
其它	97.5	99.2	98.3	94.3	99.5	98.4	92.4	91.0	90.6	88.9	88.5	88.3
教育	100.7	100.7	100.7	100.6	100.6	100.7	100.7	100.7	101.2	101.2	101.2	101.2
教材及参考书	104.0	103.3	102.8	102.4	102.5	103.1	103.1	103.4	104.6	104.0	104.1	104.1
工具书	105.7	103.8	101.5	101.3	101.9	102.8	102.9	102.9	102.7	102.7	102.9	102.9
教材	102.5	102.9	103.5	103.1	103.1	103.1	103.1	104.2	106.4	104.0	104.0	104.0
参考书	103.4	103.3	103.2	102.4	102.3	103.3	103.3	103.0	103.9	105.0	105.0	105.0
学杂托幼费	100.4	100.3	100.3	100.3	100.3	100.3	100.3	100.3	100.7	100.7	100.7	100.7
义务教育杂费	100.4	100.4	100.4	100.4	100.4	100.4	100.4	100.4	100.0	100.0	100.0	100.0
其它教育学杂费	100.2	100.2	100.2	100.2	100.2	100.2	100.2	100.2	101.3	101.3	101.3	101.3
托幼费	101.3	101.2	101.2	100.8	101.2	100.8	100.8	100.8	100.6	100.6	100.6	100.6
文化娱乐用品	100.8	99.0	100.4	100.3	100.7	101.4	100.2	100.2	100.1	100.1	100.4	99.9
文化娱乐	100.3	100.3	100.0	100.1	100.3	100.1	99.3	98.7	98.6	98.7	98.8	98.5
乐器	102.1	101.9	101.7	101.6	101.3	101.3	101.3	101.3	101.1	100.7	100.4	100.5
音响光盘和磁带	100.4	100.8	98.9	99.3	99.7	98.5	95.2	94.4	93.5	96.2	96.9	98.1
照相胶卷	98.6	97.2	98.4	98.2	98.6	99.5	99.5	98.9	97.8	96.9	96.3	97.0
录像磁带和视盘	102.7	103.7	103.6	103.8	103.7	101.0	98.0	97.3	96.3	96.8	97.1	96.1
儿童玩具	97.4	96.9	98.0	98.2	99.3	99.4	99.7	98.1	99.3	97.9	99.5	97.2
纸张用品	100.9	100.2	100.7	100.7	100.8	100.7	100.9	100.0	99.9	100.1	99.7	100.3
文具	99.7	100.5	98.0	98.1	97.2	98.4	98.0	97.4	98.0	98.3	98.2	97.8
体育用品	100.8	101.1	100.6	100.6	101.3	101.2	99.9	100.1	100.2	101.3	100.2	100.3
其它	104.2	105.1	102.0	103.2	102.2	101.4	100.6	101.3	100.1	100.9	100.5	99.9
书报杂志	100.6	100.9	101.1	100.6	100.7	100.7	100.7	100.7	100.7	100.7	100.7	100.6
书籍	101.7	101.7	101.7	100.2	100.3	100.3	100.3	100.3	100.3	100.3	100.3	100.1
报纸	100.0	100.7	101.2	101.2	101.2	101.2	101.2	101.2	101.2	101.2	101.2	101.2
杂志	100.1	100.1	100.1	100.1	100.1	100.1	100.1	100.1	100.1	100.1	100.1	100.1
文娱费	101.5	95.3	100.1	100.2	101.2	103.6	100.8	101.3	101.3	101.1	101.9	100.9

续上表

（上年同月 =100）

项目	1月	2月	3月	4月	5月	6月	7月	8月	9月	10月	11月	12月
录像电影票	89.2	98.0	101.0	101.2	103.7	121.6	103.4	104.9	105.7	105.7	108.1	101.8
公园门票	115.9	81.4	98.2	100.0	102.7	100.0	100.0	100.0	100.0	100.0	100.5	100.5
有线电视	100.8	100.8	100.8	100.0	100.0	100.0	100.0	100.0	100.0	100.0	100.0	100.0
健身活动	100.3	100.3	100.2	100.4	100.0	100.5	100.5	101.6	101.6	101.6	101.5	101.5
其它	103.3	100.4	100.3	97.1	100.5	101.0	103.1	102.1	100.9	99.4	102.7	101.8
旅游及外出	104.7	86.9	97.1	98.9	109.1	94.8	110.1	108.2	102.4	101.0	97.3	98.8
旅行社收费	104.5	83.2	95.4	94.8	110.1	91.9	112.1	110.6	102.9	98.0	96.5	98.5
宾馆住宿	104.4	101.4	102.2	116.2	104.6	105.2	102.2	99.5	100.4	106.7	95.4	98.2
其它住宿	107.0	103.6	104.5	107.1	107.5	105.7	104.5	100.0	101.3	113.4	97.2	94.8
居住	**99.4**	**100.0**	**100.6**	**102.1**	**103.1**	**103.2**	**103.2**	**104.9**	**105.1**	**106.5**	**106.0**	**104.5**
建房及装修材料	106.3	107.2	107.3	106.9	105.7	104.7	105.2	106.6	106.7	106.2	102.9	102.8
木材	104.5	104.5	105.9	106.0	106.0	103.8	106.3	106.6	106.2	106.6	107.2	106.3
砖	104.0	104.7	102.4	102.5	101.3	101.1	99.8	100.9	100.7	99.2	98.1	97.7
水泥	120.7	120.4	117.0	116.1	113.6	112.6	112.8	114.2	113.2	109.8	94.4	95.1
涂料	99.6	100.8	100.2	100.6	98.5	100.0	100.2	98.9	98.4	100.0	99.1	102.1
胶合板	101.4	100.2	103.8	103.4	106.4	106.2	107.3	114.3	114.5	111.4	112.5	114.0
玻璃	103.4	107.1	110.0	110.6	113.6	113.5	116.1	116.1	115.9	115.3	106.9	106.8
粘胶	99.3	98.4	98.2	98.0	97.5	97.2	98.9	98.5	97.4	97.9	97.9	100.6
油漆	100.9	100.9	101.2	102.2	102.1	102.6	102.9	104.0	103.1	104.2	102.6	102.5
其它	115.5	118.2	118.5	116.1	110.3	107.1	105.4	107.6	110.5	110.6	104.9	102.0
租房	100.2	100.2	100.2	100.1	100.1	100.1	99.9	99.9	99.9	99.8	99.8	99.8
房租	100.2	100.2	99.4	100.1	100.1	100.1	100.1	100.1	100.1	100.1	100.1	100.1
其它费用	100.2	99.4	100.2	100.2	100.2	100.2	99.2	99.2	99.2	99.0	99.0	99.0
自有住房	100.3	100.3	99.7	99.7	99.6	99.6	99.6	99.6	99.6	99.6	102.3	102.2
房屋贷款利率	100.0	100.0	99.2	99.2	99.2	99.2	99.2	99.2	99.2	99.4	103.6	103.6
维护修理费用	100.1	100.1	100.0	99.8	99.8	99.7	99.7	99.8	99.8	99.8	99.8	99.8
其它	103.7	103.0	103.1	103.1	102.5	102.1	102.2	102.0	102.1	100.9	101.0	99.9
水、电、燃料	96.5	97.5	99.0	102.3	105.0	105.6	105.7	108.8	109.4	112.7	111.4	108.0
水	104.4	103.9	103.8	106.4	106.4	106.4	103.9	107.6	107.6	107.6	107.6	107.6
电	95.7	97.9	97.9	97.9	97.9	100.0	100.0	100.0	100.0	100.0	100.0	100.0
液化石油气	94.2	94.2	98.9	108.3	116.3	115.0	116.1	125.4	127.3	137.9	130.6	120.0
管道燃气	98.3	98.4	98.4	98.9	103.2	102.9	103.7	106.1	106.9	110.9	116.6	112.6
其它燃料	101.2	100.9	100.5	101.7	102.1	104.6	105.5	105.7	105.8	106.0	105.9	105.6

2004年各月农村居民消费价格分类指数

（上年同月 =100）

项　目	1月	2月	3月	4月	5月	6月	7月	8月	9月	10月	11月	12月
居民消费价格总指数	**102.3**	**101.6**	**103.2**	**103.6**	**104.2**	**103.9**	**104.9**	**105.3**	**104.6**	**104.2**	**103.5**	**102.9**
非食品价格指数	**100.3**	**99.6**	**100.5**	**100.8**	**101.0**	**101.1**	**101.3**	**101.9**	**101.8**	**102.1**	**101.4**	**100.7**
服务项目价格指数	**100.9**	**98.8**	**100.1**	**100.4**	**100.5**	**100.3**	**100.5**	**100.6**	**100.2**	**100.3**	**100.3**	**100.2**
扣除鲜菜鲜果总指数	**102.6**	**101.3**	**103.2**	**103.6**	**103.9**	**104.3**	**104.6**	**105.1**	**104.8**	**104.7**	**103.5**	**102.9**
消费品价格指数	**102.6**	**102.4**	**104.0**	**104.5**	**105.2**	**104.8**	**106.1**	**106.6**	**105.8**	**105.2**	**104.4**	**103.6**
食品	**105.9**	**105.3**	**108.0**	**108.7**	**109.9**	**108.7**	**111.3**	**111.5**	**109.6**	**107.8**	**107.3**	**106.6**
粮食	112.2	114.0	125.4	126.3	124.7	125.3	126.0	126.1	125.7	122.8	115.4	113.0
大米	113.9	117.0	132.5	133.2	130.6	132.0	132.7	132.8	132.1	127.9	119.7	117.6
面粉	116.3	113.5	126.2	127.9	126.9	125.1	125.1	125.1	125.0	124.0	109.9	111.8
粮食制品	107.3	108.8	112.3	113.9	114.8	115.0	116.2	115.8	115.4	114.9	111.9	106.6
其它	109.3	108.2	110.6	110.1	109.6	108.9	109.0	110.3	110.9	108.4	103.0	101.6
淀粉及薯类	101.3	104.1	102.6	106.0	109.2	108.3	107.1	108.7	111.8	108.4	104.7	100.7
干豆类及豆制品	109.2	107.5	111.8	114.0	114.0	114.7	116.8	117.0	115.6	116.3	109.8	110.9
干豆	110.0	112.2	117.1	121.3	120.4	121.6	125.7	126.0	124.9	124.8	116.1	114.8
豆制品	109.3	106.0	109.9	111.2	111.4	111.7	113.0	113.2	111.7	112.7	107.1	109.1
油脂	123.6	127.3	128.0	120.7	119.0	119.1	118.0	117.3	118.6	114.8	107.7	105.0
植物油脂	127.0	132.1	132.8	122.6	120.1	119.1	117.7	116.5	118.5	115.2	108.5	105.2
植物油制品	112.1	113.2	113.7	109.1	108.4	110.3	108.0	108.0	107.7	105.2	100.2	99.9
其它	120.4	121.9	122.6	124.3	124.8	128.1	129.2	129.7	129.8	122.5	110.9	108.5
肉禽及其制品	112.2	103.2	110.0	111.4	113.2	115.3	117.3	119.0	116.0	115.0	112.4	111.7
食用畜肉及副产品	115.9	108.5	115.0	116.5	117.0	119.2	121.0	123.7	120.8	119.3	115.3	113.6
猪肉	118.2	107.9	116.8	119.6	120.7	123.9	126.3	130.5	126.4	124.5	118.8	116.7
牛肉	119.5	119.3	123.2	118.7	117.4	118.1	117.5	116.3	115.8	114.4	112.8	111.5
羊肉	100.9	101.4	102.3	102.1	102.1	102.4	102.1	102.0	102.1	103.4	105.5	104.5
畜肉副产品	112.3	105.8	109.4	112.5	111.6	112.5	113.8	117.3	116.4	115.0	112.2	110.2
其它	107.2	105.1	106.3	105.6	106.2	106.9	108.9	108.1	105.6	104.5	104.1	104.6
禽	107.5	91.5	102.0	103.9	109.2	111.6	113.3	113.6	108.7	109.0	109.5	110.2
鸡	108.1	89.7	101.1	103.7	108.7	110.9	112.1	112.3	106.5	107.2	108.4	108.9
鸭	104.8	96.9	104.6	104.6	110.1	114.4	117.3	119.5	117.2	116.4	114.1	115.3
其它	108.2	95.3	103.9	104.0	111.7	111.6	115.3	111.7	109.4	109.5	109.2	109.6
肉禽加工制品	103.7	99.5	101.4	102.3	103.2	104.6	107.4	107.0	106.9	105.6	104.2	105.4
畜肉制品	103.2	100.8	101.8	102.7	103.0	103.4	106.3	105.5	106.7	104.7	103.3	104.8
禽制品	104.7	97.3	100.6	101.6	103.7	106.7	109.3	109.5	107.3	107.2	105.8	106.4

续上表

（上年同月 =100）

项　目	1月	2月	3月	4月	5月	6月	7月	8月	9月	10月	11月	12月
蛋	110.6	110.4	109.0	109.8	110.5	114.0	116.2	117.0	117.6	114.7	108.7	109.1
鲜蛋	111.5	111.1	109.4	110.3	111.1	115.1	117.5	117.9	118.2	115.2	109.0	110.0
蛋制品	106.1	106.6	106.7	107.1	107.2	108.1	109.7	112.0	115.4	112.7	107.5	105.3
水产品	102.9	104.9	107.4	111.7	112.0	113.3	112.2	110.3	111.3	111.5	112.2	112.3
鱼	104.0	106.6	108.0	109.2	110.4	110.8	110.4	107.9	109.8	109.5	109.5	109.7
淡水鱼	103.1	108.3	110.8	113.9	113.8	113.0	111.6	111.3	113.1	111.6	111.6	112.2
海水鱼	106.1	103.0	102.0	99.1	102.6	105.8	107.9	100.1	102.1	104.4	104.5	104.1
其它水产品	100.5	101.3	106.5	106.6	109.2	107.4	104.3	104.5	103.1	104.7	106.8	107.0
菜	90.0	110.3	100.9	103.0	105.7	98.9	114.4	110.9	101.5	91.2	106.2	104.9
鲜菜	88.1	111.7	100.7	103.1	106.4	98.6	116.8	112.7	101.6	90.0	107.4	105.8
干菜及菜制品	103.8	102.5	102.2	102.4	101.9	101.2	101.1	100.0	100.2	100.1	99.4	99.5
调味品	104.4	91.4	100.4	100.9	100.4	100.4	100.3	100.2	100.7	100.8	100.6	100.4
盐	113.7	90.9	100.6	100.6	100.3	100.0	100.0	100.0	100.0	100.0	100.0	100.0
酱油	100.6	101.3	100.4	101.6	100.3	100.5	100.3	100.3	101.8	102.0	102.1	101.5
醋	100.7	63.9	99.8	100.0	99.8	100.4	100.0	99.9	99.9	99.8	99.7	99.6
味精	95.3	98.7	99.4	100.2	100.6	100.5	100.5	100.5	100.2	100.5	100.1	99.9
其它	100.3	101.3	101.3	101.4	101.4	101.1	101.1	101.1	101.1	101.2	100.4	100.5
糖	101.7	100.1	102.2	100.4	100.7	103.2	103.7	104.2	105.8	105.9	103.4	101.2
食糖	106.4	104.4	104.5	105.5	106.7	107.9	109.8	112.1	114.9	115.2	106.2	100.1
糖果	101.3	98.3	101.4	98.4	98.4	101.2	101.3	100.7	102.3	102.3	102.3	101.7
巧克力制品	101.2	103.0	102.8	103.0	102.8	103.3	102.9	103.3	103.4	103.4	103.3	103.5
糖制小食品	94.6	94.6	100.3	94.5	94.5	100.2	100.2	100.1	100.1	100.1	100.1	100.5
茶及饮料	100.3	100.1	100.0	100.0	100.0	99.9	99.7	99.8	99.6	99.6	99.3	99.3
茶叶	100.1	100.1	100.1	100.1	100.1	99.8	99.7	99.7	99.6	99.6	99.3	99.3
饮料	100.4	100.1	100.0	100.0	100.0	100.0	99.7	99.8	99.6	99.6	99.3	99.4
固体饮料	101.2	99.5	99.5	99.6	99.6	99.2	98.5	98.5	98.0	97.8	97.8	97.9
液体饮料	100.2	100.3	100.3	100.3	100.2	100.5	100.3	100.4	100.2	100.4	99.8	100.0
冷冻饮品	100.0	100.0	99.5	99.7	99.9	99.5	99.5	99.6	99.6	99.3	99.3	99.3
干鲜瓜果	109.3	104.3	106.0	106.1	110.8	99.2	104.5	106.2	103.1	103.9	100.7	99.9
鲜果	109.4	102.1	103.9	104.7	110.8	95.8	102.8	104.8	100.5	102.8	99.4	98.5
干(坚)果及瓜果制品	108.7	111.4	112.5	109.9	109.6	110.5	110.0	111.0	111.2	107.1	105.0	104.2
糕点饼干面包	99.5	100.6	100.7	100.7	100.7	100.7	100.5	100.4	100.6	100.5	101.0	102.7
糕点	99.7	101.9	101.9	101.9	101.9	101.4	101.4	101.3	101.3	101.2	101.2	103.0
饼干	97.9	98.2	98.5	98.5	99.5	99.9	99.0	99.0	99.5	99.5	100.8	101.6

续上表

（上年同月 =100）

项　目	1月	2月	3月	4月	5月	6月	7月	8月	9月	10月	11月	12月
面包	100.9	101.6	101.6	101.6	100.7	100.7	100.9	100.9	100.9	100.9	100.9	103.4
奶及奶制品	104.7	102.3	102.5	102.0	101.9	102.0	102.0	101.4	101.3	101.6	101.2	101.1
鲜奶	108.2	104.4	104.4	103.9	103.9	106.4	106.5	104.9	104.4	104.3	102.2	103.5
奶粉	105.1	102.5	103.1	102.5	102.3	102.0	101.9	101.7	101.4	101.5	102.0	101.0
其它	98.1	98.1	97.7	97.2	97.6	94.9	94.8	94.6	95.8	97.0	97.3	97.0
在外用膳食品	99.9	99.7	100.1	100.2	100.6	100.1	100.4	100.8	100.7	100.9	100.3	100.4
主食	100.4	100.4	100.6	100.6	100.1	98.6	100.5	99.8	99.8	99.8	99.8	100.3
炒菜	101.4	100.9	101.2	101.5	102.1	100.6	100.4	101.3	101.2	101.6	100.8	100.8
地方小吃	95.3	95.7	96.4	96.4	97.1	100.6	100.6	100.6	100.6	100.1	99.5	99.5
其它食品及食品加工服务	102.2	100.5	100.4	100.8	100.8	101.3	101.1	100.7	101.5	101.0	101.1	101.2
其它食品	100.3	100.3	100.8	101.3	101.3	101.1	101.0	101.0	102.0	101.4	101.5	101.5
食品加工服务费	111.0	101.5	98.5	98.5	98.5	101.9	101.6	99.2	99.2	99.2	99.2	99.6
烟酒及用品	**103.2**	**101.9**	**102.6**	**101.9**	**101.8**	**101.9**	**101.0**	**100.8**	**101.5**	**101.3**	**102.1**	**101.8**
烟草	104.4	102.5	103.2	102.2	102.1	102.1	100.7	99.8	101.0	100.8	101.4	101.3
国产卷烟	104.7	102.0	103.0	102.3	102.3	102.1	100.6	99.6	101.1	101.0	101.7	100.8
进口卷烟	105.8	105.3	106.0	102.1	101.1	102.4	100.4	99.5	99.4	98.3	100.3	100.7
其它	101.2	102.6	101.7	102.3	102.3	101.7	101.3	101.3	102.2	102.5	101.2	105.4
酒	101.2	101.0	101.7	101.4	101.3	101.7	101.8	102.4	102.4	102.2	103.4	103.1
白酒	103.3	103.2	103.2	103.2	102.9	103.1	103.1	104.6	104.3	103.5	106.4	106.2
果酒	99.5	99.6	101.5	101.8	101.9	103.8	103.9	101.9	102.0	102.2	101.8	100.6
啤酒	99.2	99.2	100.6	99.9	99.9	99.9	100.4	100.9	101.2	101.6	101.5	101.5
其它	100.2	99.0	99.2	99.2	99.0	99.4	99.3	99.5	99.2	99.5	99.4	98.5
吸烟饮酒用品	100.6	99.6	99.4	98.9	98.9	98.7	98.4	99.3	99.2	99.1	99.6	99.5
吸烟用品	97.8	97.8	97.8	97.9	97.9	97.9	97.2	99.5	99.2	99.2	100.3	101.1
饮酒用品	102.4	100.8	100.4	99.6	99.6	99.2	99.2	99.2	99.2	99.1	99.1	98.5
衣着	**99.3**	**99.0**	**99.5**	**99.8**	**100.0**	**99.8**	**99.8**	**99.9**	**100.3**	**99.5**	**100.0**	**100.3**
服装	98.1	98.2	98.7	99.1	99.4	99.3	99.3	99.6	100.1	99.0	99.6	99.9
男式服装	97.4	97.7	98.2	98.3	99.0	98.5	98.5	98.6	98.5	98.0	98.5	99.0
大衣	97.8	96.9	96.1	96.5	96.6	96.7	97.0	97.1	96.2	95.9	97.0	97.8
毛线衣	90.7	94.1	96.4	99.3	99.8	99.6	99.5	99.7	99.7	99.1	99.8	100.6
夹克衫	97.9	98.3	96.6	96.2	96.3	96.1	96.1	96.0	95.7	95.0	96.8	97.3
衬衫	98.5	98.7	100.0	99.0	99.8	98.6	97.9	97.6	97.8	98.1	98.6	99.0
裤子	97.8	98.3	98.0	97.8	98.0	97.2	97.6	98.0	97.9	97.0	97.8	98.3
西服	95.7	95.8	96.0	96.6	96.5	97.0	96.5	96.2	96.3	96.4	96.3	96.7

续上表

（上年同月 =100）

项　　目	1月	2月	3月	4月	5月	6月	7月	8月	9月	10月	11月	12月
运动衫裤	98.9	99.4	99.4	99.9	101.1	100.6	100.7	101.0	102.3	101.0	101.7	102.4
内衣	101.4	101.7	104.1	102.9	102.8	101.8	102.2	102.4	101.3	100.3	99.9	100.7
羽绒衣	102.7	94.5	95.9	96.4	96.7	96.5	96.2	96.2	96.2	95.3	97.7	98.4
其它	93.3	92.7	94.0	95.3	100.9	101.0	100.3	101.0	100.9	101.0	99.0	99.0
女式服装	98.4	98.6	99.2	99.5	99.5	99.4	99.5	99.8	100.7	99.1	99.9	99.9
大衣	96.3	95.7	97.0	97.4	98.0	98.0	98.0	99.3	100.7	99.2	99.3	98.8
毛线衣	97.7	99.3	99.4	99.5	99.4	99.2	99.3	100.0	100.0	101.4	102.1	102.8
羽绒衣	101.5	98.7	99.2	99.5	97.8	97.5	97.5	97.4	98.6	98.0	99.6	98.7
套装	97.3	96.7	99.3	99.9	100.1	100.1	100.3	101.9	104.2	99.8	100.2	99.4
衬衫	99.8	101.0	102.7	103.8	103.5	103.2	103.1	103.2	102.7	100.6	101.2	101.8
裙子	97.3	96.7	97.1	97.5	97.6	97.5	98.6	99.1	101.1	98.1	98.2	98.4
裤子	97.7	97.8	97.1	97.4	97.3	97.1	97.2	97.1	98.2	97.0	98.2	98.9
运动衫裤	100.8	100.8	100.2	100.8	100.8	100.8	100.6	100.4	101.3	99.3	100.0	100.3
内衣	100.5	101.2	102.4	100.7	100.8	100.6	100.2	98.9	98.8	99.3	101.3	99.6
其它	100.6	100.6	100.6	100.2	100.6	101.0	100.4	100.4	100.4	99.5	99.2	101.4
儿童服装	98.7	98.4	98.5	99.7	100.1	100.6	100.7	101.3	102.1	100.7	101.3	101.7
套装	99.8	99.6	99.6	100.0	100.6	101.1	101.6	102.2	102.8	100.5	102.0	101.9
裤子	97.5	97.3	97.1	99.9	100.8	100.1	99.5	100.2	101.1	99.7	100.1	100.6
裙子	98.7	97.7	98.5	99.3	99.1	101.2	101.2	101.1	103.1	101.2	101.0	102.4
其它	98.2	98.8	98.8	99.0	98.9	98.9	98.9	100.3	100.0	102.5	102.6	102.7
衣着材料	103.6	103.1	102.9	104.2	103.4	103.1	103.1	103.5	102.8	103.8	103.1	102.7
棉布	107.6	106.7	106.2	106.1	105.9	106.1	105.7	105.5	104.6	103.7	103.8	103.2
棉花化纤混纺布	101.1	100.2	101.7	105.5	102.4	101.5	101.8	101.7	101.1	102.6	103.0	102.8
化纤布	106.2	105.3	103.3	105.1	104.7	104.3	104.3	106.0	105.1	108.4	105.2	104.7
毛织品	102.4	102.4	102.4	102.4	102.4	101.1	101.1	101.1	99.9	99.7	99.8	99.8
丝织品	97.9	99.3	100.4	100.5	100.5	101.3	101.3	101.9	103.0	104.9	102.7	102.6
毛线	100.2	100.1	100.7	101.5	101.6	101.3	101.3	101.8	100.6	100.2	101.3	101.5
其它	101.3	101.3	101.3	100.6	100.6	100.6	100.6	100.6	100.6	100.0	100.0	98.5
鞋袜帽	101.5	100.3	100.5	100.9	100.8	100.3	100.2	100.0	100.2	99.6	100.3	100.8
鞋	102.0	101.3	99.0	102.7	102.7	102.3	102.3	102.0	102.4	101.4	101.9	102.2
男鞋	104.1	103.9	103.7	104.1	103.7	103.0	102.7	102.0	102.6	101.2	101.4	102.1
女鞋	100.1	100.2	100.1	100.2	100.4	99.8	100.0	99.7	99.8	99.4	99.9	100.0
童鞋	101.7	99.5	99.9	99.9	100.2	100.3	100.4	100.5	101.1	99.9	100.5	100.5
袜子	99.5	95.8	96.9	97.4	96.7	96.1	95.5	95.4	95.3	96.6	98.7	99.6

续上表

（上年同月＝100）

项　目	1月	2月	3月	4月	5月	6月	7月	8月	9月	10月	11月	12月
男袜	97.7	94.7	96.9	98.3	97.9	97.0	96.9	96.6	97.0	97.7	100.2	101.1
女袜	100.8	96.5	96.9	96.7	95.7	95.3	94.4	94.4	94.0	95.7	97.4	98.3
帽子	101.0	101.0	101.0	101.0	101.0	99.9	101.1	101.1	99.2	98.7	98.7	101.4
男帽	101.3	101.3	101.3	101.3	101.3	99.9	99.9	99.9	99.9	99.9	98.5	102.5
女帽	100.5	100.5	100.5	100.5	100.7	99.7	101.5	101.5	98.6	97.8	98.5	100.6
衣着加工服务	98.6	98.4	99.2	99.2	99.2	99.2	99.2	99.2	99.5	99.5	99.4	99.4
缝纫	98.9	98.9	98.9	98.9	98.9	98.9	98.9	98.9	98.9	98.9	99.2	99.2
清洗	98.1	97.4	99.6	99.6	99.6	99.6	99.6	99.6	100.4	100.4	99.6	99.6
家庭设备用品及维修服务	**98.9**	**98.8**	**99.0**	**99.0**	**99.0**	**99.1**	**99.0**	**99.2**	**99.4**	**99.6**	**100.0**	**100.0**
耐用消费品	97.8	97.9	98.6	98.6	98.6	98.7	99.1	99.4	100.0	100.3	100.8	100.7
家具	99.6	100.1	101.3	100.7	100.5	100.3	100.5	101.2	102.2	102.2	102.5	102.1
成套家具	100.2	101.6	102.1	101.7	101.5	100.1	100.5	101.7	101.2	100.1	99.9	99.6
床	99.1	99.2	100.1	99.9	99.5	99.5	99.6	100.8	101.2	101.3	101.5	100.6
桌	98.0	98.5	101.8	100.5	101.0	101.3	101.0	101.4	102.9	103.5	103.8	104.1
椅	97.6	91.0	93.5	91.5	91.3	92.3	92.2	92.3	98.7	99.1	99.9	99.0
沙发	101.2	102.1	102.7	102.5	102.4	102.4	103.3	103.9	104.0	104.4	104.3	104.0
其它	100.6	105.5	106.1	105.1	105.4	105.2	105.0	104.6	105.9	106.4	107.7	107.6
家庭设备	96.1	96.0	96.3	96.8	97.0	97.2	97.8	97.8	98.0	98.8	99.4	99.5
洗衣机	97.0	97.1	97.3	97.6	97.6	97.8	97.9	97.9	97.8	98.4	99.2	99.2
电风扇	98.4	98.7	98.8	99.1	99.1	99.7	99.1	98.5	98.8	98.6	99.0	98.9
电冰箱（柜）	95.3	95.3	94.8	94.2	94.3	94.5	94.5	94.6	95.0	96.4	97.1	97.5
抽排油烟机	97.7	98.5	98.1	98.9	98.5	98.8	97.9	97.1	98.3	98.8	99.8	100.1
空调器	91.7	91.6	92.2	93.9	95.3	95.6	98.3	97.8	98.1	98.0	98.2	98.4
热水器	97.6	96.3	98.1	98.4	97.6	97.6	97.6	98.9	99.5	99.7	99.2	99.5
微波炉	97.3	96.8	96.6	96.9	96.4	96.6	96.3	96.7	96.4	99.8	100.5	100.9
电炊具	97.6	97.9	98.5	98.2	98.2	98.8	99.7	101.1	100.5	101.8	102.2	102.5
钟	97.1	97.1	97.2	97.7	97.8	98.7	99.5	99.5	99.5	99.8	99.7	99.1
其它	99.5	99.5	100.0	99.7	100.0	100.2	101.0	100.7	100.9	100.5	103.2	102.3
室内装饰品	97.5	96.3	95.3	95.5	95.6	95.9	96.4	96.9	96.9	96.8	98.1	98.1
纺织装饰品	95.0	94.7	94.5	94.9	94.9	95.2	95.2	95.2	95.5	95.3	96.4	97.0
装饰灯具	99.1	96.9	94.9	94.8	94.8	95.1	96.3	97.4	97.3	97.3	99.1	98.2
其它	101.3	101.3	100.4	100.4	100.4	100.2	100.2	100.2	98.9	99.3	99.3	100.2
床上用品	98.2	97.8	97.5	97.8	97.6	97.4	97.2	97.2	97.5	97.8	97.2	97.2
毛毯	99.3	99.6	98.7	99.4	99.0	98.3	98.3	98.3	98.9	99.4	99.1	99.7

续上表

（上年同月 =100）

项　目	1月	2月	3月	4月	5月	6月	7月	8月	9月	10月	11月	12月
床单	98.8	98.3	98.6	99.8	100.1	101.3	101.3	102.0	102.9	102.7	101.3	101.4
床罩	100.9	100.5	100.7	100.4	100.1	99.3	98.8	98.7	98.7	98.8	98.3	97.9
被套	91.4	90.7	90.4	90.8	90.7	90.6	90.2	90.0	90.0	91.4	90.7	90.6
其它	100.0	99.4	98.5	98.1	97.7	97.9	97.7	97.5	97.5	97.1	96.6	96.7
家庭日用杂品	98.8	98.7	99.0	98.8	98.7	99.1	99.2	99.2	98.9	99.1	99.5	99.7
茶具	99.8	99.8	99.8	99.8	99.8	101.1	101.1	100.9	101.0	101.6	101.4	101.4
餐具	98.1	97.3	97.6	96.4	95.9	96.9	96.9	96.9	97.2	99.2	99.3	99.5
厨具	99.6	99.7	99.3	99.0	98.9	98.9	98.9	99.2	98.9	99.3	100.0	100.9
家用工具	95.2	95.6	96.2	99.1	99.6	99.6	99.6	100.3	100.1	100.2	100.2	100.2
洗涤用品	100.1	100.1	100.8	100.3	100.2	100.3	100.5	100.7	99.1	98.2	98.9	98.8
其它	98.6	98.7	98.8	98.2	98.2	98.3	98.3	98.2	98.1	98.0	98.6	99.0
家庭服务及加工维修服务	104.3	104.3	103.4	103.4	103.4	103.4	101.3	101.3	101.3	101.3	101.2	101.3
家庭服务	109.1	109.1	107.1	107.1	107.1	107.1	102.7	102.7	102.7	102.7	102.7	102.9
加工维修服务费	100.0	100.0	100.0	100.0	100.0	100.0	100.0	100.0	100.0	100.0	99.8	99.8
医疗保健和个人用品	**100.7**	**100.3**	**101.0**	**99.8**	**98.3**	**99.3**	**99.4**	**99.7**	**99.8**	**99.2**	**99.2**	**99.3**
医疗保健	101.3	100.7	101.1	99.3	97.6	98.9	99.2	99.6	99.9	99.1	99.0	99.0
医疗器具及用品	107.9	108.3	107.7	108.0	106.1	102.8	100.9	103.4	102.9	102.5	102.2	102.7
中药材及中成药	106.6	104.2	106.7	99.9	94.8	100.2	101.7	102.9	103.3	102.1	100.6	100.2
中药材	110.4	110.4	112.5	101.7	94.8	102.5	105.4	107.3	108.2	106.8	104.1	103.2
中成药	102.0	97.1	99.9	97.8	95.2	97.4	97.4	97.5	97.7	96.4	96.4	96.6
西药	98.6	98.5	97.7	97.7	97.0	96.8	96.5	96.6	97.0	96.2	96.6	97.3
胃药	98.4	99.2	98.8	98.8	99.0	101.2	100.3	101.4	102.1	100.8	100.0	98.6
感冒药	103.8	105.8	101.6	101.6	101.8	101.8	101.6	100.8	101.0	99.5	98.9	98.3
抗菌药针剂	99.0	99.6	98.9	100.6	99.3	100.8	99.6	101.0	100.9	99.4	99.2	100.0
抗菌药片剂	95.7	94.5	96.2	95.4	93.7	91.1	92.0	90.9	92.0	90.4	92.0	93.6
止泻药	102.4	98.7	96.1	95.4	94.0	94.0	93.9	93.8	94.5	95.4	96.6	99.4
外用药	98.2	100.6	96.5	97.3	95.9	96.5	95.4	95.5	95.0	96.6	98.3	100.0
心血管病用药	95.8	96.1	96.4	96.6	96.4	96.5	95.4	96.0	95.5	94.8	94.8	94.1
其它	100.9	100.9	96.7	95.8	98.3	96.4	98.1	97.6	99.1	98.9	98.8	99.8
保健器具及用品	94.7	94.5	95.4	95.7	95.5	95.0	96.6	97.0	97.5	98.0	98.9	98.6
保健器具	94.9	95.4	95.5	95.5	95.5	95.5	95.5	97.1	98.7	99.5	99.9	99.8
滋补保健用品	94.6	94.2	95.3	95.8	95.4	94.9	96.9	96.9	97.1	97.6	98.6	98.2
医疗保健服务	101.4	101.4	101.4	101.3	101.3	101.3	100.7	100.7	100.7	100.0	100.0	100.0
挂号费	100.0	100.0	100.0	100.0	100.0	100.0	100.0	100.0	100.0	100.0	100.0	100.0

续上表

（上年同月＝100）

项　　目	1月	2月	3月	4月	5月	6月	7月	8月	9月	10月	11月	12月
注射费	100.0	100.0	100.0	99.8	99.8	99.8	100.0	100.0	100.0	100.0	100.0	100.0
检查费	100.2	100.2	100.2	100.1	100.1	100.1	100.2	100.2	100.2	100.0	100.0	100.0
手术费	100.0	100.0	100.0	100.0	100.0	100.0	100.0	100.0	100.0	100.0	100.0	100.0
住院费	107.2	107.2	107.2	107.0	107.1	107.0	103.2	103.2	103.2	99.9	99.9	99.9
理疗费	100.0	100.0	100.0	100.0	100.0	100.0	100.0	100.0	100.0	100.0	100.0	100.0
其它	100.0	100.0	100.0	100.0	100.0	100.0	100.0	100.0	100.0	100.0	100.0	100.0
个人用品及服务	99.4	99.3	100.7	100.7	100.1	100.2	99.9	99.9	99.6	99.5	99.8	99.8
化妆美容用品	98.2	97.7	97.8	98.0	97.9	97.8	97.6	97.6	97.0	97.3	99.9	99.7
化妆美容器具	99.7	98.9	99.8	100.5	100.3	100.1	100.1	100.1	99.6	99.6	99.8	99.1
化妆品	97.6	97.2	97.0	97.0	96.9	96.8	96.6	96.6	95.9	96.4	99.9	100.0
卫生用品	98.7	98.4	98.4	98.4	98.1	98.1	98.3	98.2	98.2	98.3	98.4	98.3
洗发用品	97.4	97.3	97.4	97.3	97.4	97.7	97.7	97.8	98.1	98.9	99.1	99.3
洗浴用品	98.4	97.7	97.5	98.1	97.3	97.1	97.5	97.5	97.1	96.7	96.6	96.4
其它	100.4	100.4	100.4	100.0	99.8	99.8	99.9	99.6	99.6	99.3	99.5	99.4
个人饰品	105.7	105.7	105.5	105.6	106.2	107.2	107.1	107.5	106.7	106.0	104.6	104.5
首饰	113.4	113.8	113.8	113.9	114.4	117.3	117.5	117.7	115.5	113.4	109.8	109.5
皮件	99.1	98.7	99.1	99.3	100.1	99.9	99.5	99.4	99.2	99.3	99.6	99.3
手表	100.8	100.5	100.0	100.0	100.4	100.4	100.6	100.9	101.4	101.5	101.7	101.8
领带	97.9	98.7	98.1	99.2	99.3	100.0	99.8	100.5	99.4	99.5	99.8	100.9
其它	100.7	99.7	98.9	98.1	99.7	98.3	97.4	98.5	99.0	99.6	99.9	99.9
个人服务	97.1	97.0	101.6	101.6	99.1	99.0	98.1	97.7	97.7	97.6	97.6	97.7
美容	99.7	98.6	102.8	103.0	100.9	100.5	97.3	95.9	95.9	95.8	95.7	96.3
理（烫）发	92.8	97.3	100.9	101.6	97.8	97.8	97.8	97.8	97.8	97.8	97.8	97.7
其它	105.4	94.6	100.0	100.0	100.0	100.0	100.0	100.0	100.0	100.0	100.0	100.0
交通和通讯	**99.7**	**96.3**	**98.1**	**98.6**	**99.2**	**99.3**	**99.4**	**99.2**	**99.6**	**99.4**	**99.2**	**99.0**
交通	101.6	95.3	98.9	99.9	100.7	100.6	100.6	100.4	101.2	101.4	101.1	100.7
交通工具	96.4	97.5	97.4	97.6	97.2	97.3	96.8	96.8	97.1	97.5	97.4	97.8
摩托车	94.3	94.3	94.5	94.0	93.6	93.3	92.3	91.8	92.4	93.2	92.9	93.9
自行车	97.2	101.8	101.5	103.1	102.6	103.6	103.6	103.6	103.5	104.0	104.4	104.4
汽车	97.8	97.8	97.9	97.2	96.3	95.8	95.8	95.8	95.9	95.2	94.5	93.9
其它	99.3	92.4	92.3	93.0	93.2	93.3	94.0	99.9	101.3	101.1	101.1	101.9
车用燃料及零配件	102.3	98.9	98.2	102.2	106.9	108.9	109.4	109.5	113.1	113.2	113.0	109.9
汽油	104.4	98.6	97.4	105.2	110.7	112.8	113.6	113.2	119.1	119.4	119.0	114.3
柴油	100.4	97.7	97.4	98.1	107.7	112.3	112.4	113.4	119.3	119.1	119.1	115.3

续上表

（上年同月 =100）

项　　目	1月	2月	3月	4月	5月	6月	7月	8月	9月	10月	11月	12月
零配件	100.7	100.7	100.7	100.7	100.7	101.2	101.8	101.8	100.4	100.2	100.0	99.7
其它	99.0	99.0	99.0	98.4	98.4	98.4	98.4	98.4	98.4	99.4	99.4	98.6
车辆使用及维修	99.2	98.7	98.8	99.6	99.6	99.3	99.6	99.2	99.2	99.2	99.4	99.4
驾驶证	100.5	100.5	100.1	100.1	100.1	100.4	100.4	99.8	99.8	99.7	99.7	99.7
保险费	94.8	95.1	95.1	98.2	98.4	99.2	100.3	99.3	99.6	99.6	100.7	100.7
停车费	99.8	100.0	100.0	100.0	100.0	95.4	95.2	95.2	95.0	95.0	94.8	94.8
车辆修理服务	100.0	100.0	100.0	100.0	100.0	100.0	100.0	100.0	99.9	99.9	99.9	99.8
其它	104.7	98.3	100.0	100.0	100.0	100.0	100.0	100.0	100.0	100.0	100.0	100.0
市区公共交通	100.6	98.5	99.5	99.5	99.5	99.6	99.7	99.7	100.3	100.8	100.3	100.3
公共汽车票	99.0	97.7	99.0	99.0	99.0	99.0	99.0	99.0	100.0	100.0	100.0	100.0
出租汽车	100.6	98.1	100.0	100.0	100.0	100.5	100.8	101.0	101.4	101.4	101.4	101.4
其它	104.5	100.9	100.0	100.0	100.0	100.0	100.0	100.0	100.0	102.2	100.0	100.0
城市间交通	114.1	83.3	102.1	102.8	103.5	101.0	101.1	100.3	100.2	100.5	99.1	99.1
飞机票	98.2	98.2	98.2	98.2	98.8	98.2	100.0	100.0	100.0	100.0	100.0	100.0
火车票	109.4	87.2	105.9	105.9	105.9	105.9	105.9	100.0	100.0	100.0	100.0	100.0
长途汽车	115.4	80.3	101.7	102.8	103.9	100.3	100.3	100.5	100.4	100.8	98.7	98.7
其它	114.3	92.0	100.2	100.2	100.5	99.5	99.5	99.6	99.6	99.8	99.4	99.4
通信	97.7	97.3	97.3	97.3	97.6	97.9	98.0	98.0	97.8	97.3	97.2	97.1
通信工具	89.2	87.7	87.8	87.6	88.7	89.6	90.2	89.9	89.4	87.2	86.9	86.3
固定电话机	95.8	92.9	93.8	94.1	96.1	97.8	97.7	95.2	94.0	89.6	89.5	87.1
移动电话机	84.2	83.9	83.8	83.5	84.0	84.4	84.9	85.7	85.4	84.1	84.1	84.1
BP 机	84.9	81.0	80.0	77.8	81.9	84.0	86.5	88.2	88.8	88.8	87.3	88.4
其它	93.8	93.4	93.6	92.5	93.6	93.7	94.1	94.2	95.1	95.0	94.4	95.7
通信服务	100.7	100.7	100.7	100.7	100.7	100.7	100.7	100.7	100.7	100.7	100.7	100.7
市内电话通话费	100.0	100.0	100.0	100.0	100.0	100.0	100.0	100.0	100.0	100.0	100.0	100.0
长途电话通话费	100.0	100.0	100.0	100.0	100.0	100.0	100.0	100.0	100.0	100.0	100.0	100.0
月租费	100.0	100.0	100.0	100.0	100.0	100.0	100.0	100.0	100.0	100.0	100.0	100.0
信件邮寄	100.0	100.0	100.0	100.0	100.0	100.0	100.0	100.0	100.0	100.0	100.0	100.0
包裹邮寄	111.4	111.4	111.4	111.4	111.4	111.4	111.4	111.4	111.4	111.4	111.4	111.4
其它	99.8	99.8	99.8	99.9	100.0	100.0	100.0	100.0	100.0	100.0	100.0	100.0
娱乐教育文化用品及服务	**99.1**	**98.3**	**99.0**	**98.8**	**99.2**	**99.2**	**99.7**	**100.0**	**99.7**	**99.9**	**99.9**	**99.8**
文娱用耐用消费品及服务	95.0	95.1	95.2	95.4	96.0	96.3	96.2	96.4	96.2	95.8	96.4	96.3
电视机	94.4	94.8	94.6	95.2	95.3	95.5	95.3	96.3	96.3	96.6	97.5	98.1

续上表

（上年同月 =100）

项　目	1月	2月	3月	4月	5月	6月	7月	8月	9月	10月	11月	12月
影碟机	95.6	95.4	94.8	94.5	95.4	96.0	94.7	93.6	93.1	91.5	92.6	92.1
摄像机	99.5	99.5	99.5	100.0	100.0	100.0	100.0	100.0	99.1	99.1	99.1	99.1
照相机	99.2	99.3	99.3	99.5	99.5	99.5	99.3	99.3	99.1	99.0	99.2	98.6
音响	92.3	92.4	92.9	92.9	93.2	93.6	93.5	93.2	93.9	93.6	95.3	94.5
收音（录）机	94.9	94.9	95.5	95.5	98.5	99.3	99.3	99.3	99.0	99.1	98.4	98.4
电脑	93.4	93.1	93.7	93.8	94.6	95.3	96.6	97.1	96.0	94.3	94.0	92.6
修理服务费	100.4	100.4	100.4	100.4	100.5	100.4	100.4	100.4	100.0	99.4	99.4	99.1
其它	93.6	94.7	95.7	95.9	95.7	95.8	96.2	95.6	95.9	95.8	95.5	97.0
教育	101.1	101.1	102.1	101.2	101.2	101.2	101.2	101.2	101.0	101.0	101.0	101.0
教材及参考书	103.0	102.6	105.5	101.2	102.7	101.3	101.3	101.3	103.3	103.3	103.3	103.3
工具书	100.0	100.0	100.0	100.0	100.0	100.0	100.0	100.0	100.0	100.0	99.8	99.8
教材	101.7	100.8	105.9	99.8	102.0	99.9	99.9	99.9	102.8	102.8	102.8	102.8
参考书	108.4	108.6	109.7	105.2	105.2	105.4	105.4	105.4	107.1	107.1	107.1	107.1
学杂托幼费	100.6	100.6	101.2	101.2	101.2	101.2	101.2	101.2	100.4	100.4	100.4	100.4
义务教育杂费	100.0	100.2	100.2	100.2	100.2	100.2	100.2	100.2	100.4	100.4	100.4	100.4
其它教育学杂费	101.5	101.5	103.1	103.1	103.1	103.1	103.1	103.1	100.4	100.4	100.4	100.4
托幼费	100.0	100.0	100.0	98.9	98.9	101.2	98.9	98.9	99.3	99.3	99.3	99.3
文化娱乐用品	100.1	100.1	100.0	100.0	100.0	99.9	99.8	99.8	99.8	99.8	99.8	99.8
文化娱乐	99.8	99.9	99.5	99.5	99.3	99.1	99.2	99.2	99.3	99.2	99.1	99.2
乐器	99.5	99.2	99.4	99.1	99.2	99.2	99.1	99.0	98.4	98.1	98.2	98.1
音响光盘和磁带	99.6	99.6	99.4	99.5	97.8	97.8	97.6	97.6	98.6	98.6	98.3	98.1
照相胶卷	102.0	101.8	101.4	101.4	100.8	98.9	98.9	98.6	98.4	98.2	97.4	97.0
录像磁带和视盘	99.8	99.8	100.0	100.0	100.0	100.0	99.9	99.9	99.7	99.7	99.7	99.8
儿童玩具	100.6	100.8	101.0	100.5	100.5	100.2	100.2	100.2	100.1	100.1	99.7	100.1
纸张用品	101.3	102.1	99.1	99.1	99.7	100.1	100.1	100.1	99.5	99.7	100.0	99.8
文具	99.7	100.3	100.2	100.6	100.6	100.6	101.0	100.9	100.5	100.3	100.3	99.8
体育用品	95.9	95.1	95.1	94.9	94.9	94.7	95.2	95.2	96.3	96.9	96.9	98.1
其它	97.6	97.7	98.3	98.9	99.1	99.6	99.6	100.3	102.2	100.6	100.9	101.7
书报杂志	100.1	100.2	100.2	100.2	100.2	100.2	100.2	100.2	100.2	100.2	100.2	100.2
书籍	100.0	100.1	100.1	100.1	100.1	100.1	100.1	100.1	100.1	100.1	100.1	100.1
报纸	100.3	100.4	100.4	100.4	100.4	100.4	100.3	100.4	100.4	100.4	100.4	100.4
杂志	100.0	100.0	100.0	100.0	100.0	100.0	100.0	100.0	100.0	100.0	100.0	100.0
文娱费	100.6	100.3	100.4	100.4	100.4	100.4	100.0	100.0	100.0	100.0	100.0	100.0

续上表

（上年同月 =100）

项　目	1月	2月	3月	4月	5月	6月	7月	8月	9月	10月	11月	12月
录像电影票	100.0	100.0	100.0	100.0	100.0	100.0	100.0	100.0	100.0	100.0	100.0	100.0
公园门票	101.6	98.8	100.0	100.0	100.0	100.0	100.0	100.0	100.0	100.0	100.0	100.0
有线电视	100.0	100.0	100.0	100.0	100.0	100.0	100.0	100.0	100.0	100.0	100.0	100.0
健身活动	100.0	100.0	100.0	100.0	100.0	100.0	100.0	100.0	100.0	100.0	100.0	100.0
其它	105.7	106.3	106.3	106.3	106.3	106.3	100.6	100.6	100.6	100.6	100.6	100.6
旅游及外出	95.2	85.7	88.2	90.7	92.4	91.9	95.8	93.7	92.2	94.1	93.2	93.4
旅行社收费	91.0	80.5	84.2	88.4	91.7	89.2	96.6	99.2	97.2	98.8	98.1	99.2
宾馆住宿	99.2	96.1	96.8	96.9	97.0	99.2	99.1	98.9	98.4	102.7	100.4	98.4
其它住宿	101.2	100.0	100.0	100.9	101.2	102.4	102.8	101.9	100.4	101.6	101.0	101.6
居住	**101.5**	**102.4**	**103.3**	**105.0**	**105.9**	**105.8**	**106.3**	**108.0**	**107.4**	**108.8**	**105.8**	**103.3**
建房及装修材料	109.1	108.8	107.9	107.5	106.2	106.7	106.6	107.3	107.4	105.4	101.8	99.8
木材	101.5	101.8	101.7	101.2	98.8	98.5	98.8	98.7	99.3	98.9	98.5	98.1
砖	108.8	109.2	109.1	109.0	108.1	108.4	108.7	109.0	107.8	107.4	101.5	99.0
水泥	120.6	120.2	117.6	115.2	110.8	114.9	112.9	113.1	114.3	102.3	94.1	94.1
涂料	99.6	99.8	100.2	100.6	100.5	99.7	99.7	100.4	102.0	102.8	102.3	102.1
胶合板	102.7	104.5	102.1	104.0	105.5	105.4	105.6	105.6	105.1	104.6	102.6	101.4
玻璃	106.2	107.3	108.2	110.4	113.4	114.2	116.9	120.0	119.8	118.3	113.7	110.9
粘胶	98.2	99.4	102.8	98.1	99.1	98.8	99.0	98.5	98.9	99.3	99.1	99.0
油漆	101.5	100.4	101.6	101.7	101.3	100.1	99.4	98.2	98.2	96.2	96.3	96.5
其它	121.6	117.3	113.8	112.9	109.6	109.6	109.0	111.1	111.0	112.0	109.7	102.4
租房	100.0	100.0	100.0	100.0	100.0	100.0	100.0	100.0	100.0	99.8	99.8	99.8
房租	99.4	100.0	100.0	100.0	99.3	99.3	100.0	100.0	100.0	99.2	99.2	99.2
其它费用	100.0	100.0	100.0	100.0	100.0	100.0	100.0	100.0	100.0	100.0	100.0	100.0
自有住房	100.7	100.7	100.6	100.6	100.6	100.6	100.6	100.6	100.3	100.0	101.8	101.4
房屋贷款利率	100.0	100.0	100.0	100.0	100.0	100.0	100.0	100.0	100.0	100.0	103.7	105.0
维护修理费用	99.9	99.9	99.9	99.9	99.9	99.9	99.9	99.9	99.9	99.9	99.9	97.8
其它	106.0	105.9	105.5	105.5	105.5	105.4	105.4	105.4	103.3	101.4	101.7	99.6
水、电、燃料	95.8	97.7	100.4	104.8	108.1	107.3	108.6	111.9	110.5	115.8	111.3	107.3
水	99.9	99.9	99.9	99.9	104.6	104.9	105.1	106.3	106.3	106.3	106.3	106.3
电	98.0	99.9	99.9	99.9	99.9	99.9	99.9	99.9	93.7	93.7	93.7	93.7
液化石油气	90.3	92.8	100.4	112.4	120.4	117.3	120.3	129.4	132.0	148.2	133.3	121.2
管道燃气	103.6	101.5	102.4	111.9	114.5	112.2	116.4	119.7	122.4	133.3	124.9	115.7
其它燃料	106.0	106.0	104.6	105.1	105.0	105.7	109.2	111.7	113.9	116.1	114.9	114.7

2004年各地区居民

（上年=100）

项　目	广州	深圳	珠海	汕头	佛山	韶关
居民消费价格总指数	**101.7**	**101.3**	**102.9**	**103.0**	**102.7**	**103.6**
非食品价格指数	**99.9**	**99.6**	**100.3**	**100.5**	**100.5**	**99.8**
服务项目价格指数	**100.8**	**99.7**	**100.8**	**100.1**	**100.7**	**99.6**
扣除鲜菜鲜果总指数	**101.6**	**101.3**	**102.6**	**102.8**	**103.1**	**103.6**
消费品价格指数	**102.2**	**102.0**	**103.7**	**103.9**	**103.4**	**104.8**
食品	**105.4**	**106.1**	**108.6**	**107.5**	**107.0**	**110.4**
粮食	113.1	113.7	106.9	120.6	106.5	113.4
大米	119.6	119.1	106.8	127.8	109.0	116.2
面粉	107.2	101.6	108.8	109.7	100.3	111.1
粮食制品	102.3	104.1	104.5	102.4	106.5	108.1
其它	104.7	110.1	111.2	112.9	100.7	104.1
淀粉及薯类	107.3	100.8	101.1	103.2	101.5	109.4
干豆类及豆制品	101.8	108.7	106.5	104.1	116.7	109.6
干豆	105.1	117.5	111.1	106.1	136.3	116.7
豆制品	100.8	106.6	105.4	103.4	107.9	107.9
油脂	108.4	111.6	117.1	111.1	106.1	107.4
植物油脂	108.5	116.4	119.7	112.1	107.0	108.6
植物油制品	107.7	108.3	114.1	109.9	102.0	106.6
其它	110.6	101.0	109.3	115.0	110.6	101.3
肉禽及其制品	110.1	108.3	114.9	111.8	117.0	115.5
食用畜肉及副产品	117.6	110.2	117.5	116.9	118.4	120.7
猪肉	123.4	116.2	122.9	121.8	122.7	121.3
牛肉	113.2	116.4	100.7	111.1	144.2	132.9
羊肉	103.0	105.4	94.2	107.5	101.8	112.2
畜肉副产品	120.8	111.8	112.7	115.0	112.1	119.7
其它	106.8	100.3	95.7	106.8	109.3	108.0
禽	101.8	105.1	112.1	102.9	115.5	105.9
鸡	101.2	105.0	112.1	99.0	116.9	103.6
鸭	110.9	111.1	111.4	108.6	119.0	118.6
其它	103.5	101.6	112.3	108.6	110.9	107.4
肉禽加工制品	102.3	103.4	109.5	102.1	114.5	103.7
畜肉制品	103.4	102.5	105.1	102.7	112.2	105.7
禽制品	100.9	104.5	115.5	101.4	117.7	101.3

消费价格分类指数

河源	梅州	惠州	汕尾	东莞	中山	江门	阳江
102.8	**103.4**	**102.1**	**102.9**	**103.0**	**103.1**	**102.5**	**102.8**
100.2	**100.2**	**99.8**	**100.5**	**100.1**	**98.0**	**101.0**	**99.7**
99.6	**100.5**	**100.9**	**99.4**	**99.7**	**98.6**	**100.9**	**99.4**
103.0	**103.7**	**102.4**	**103.0**	**103.3**	**103.2**	**102.9**	**102.9**
103.9	**104.3**	**102.4**	**104.0**	**104.0**	**104.6**	**103.1**	**104.0**
107.7	**108.5**	**105.9**	**106.8**	**108.6**	**112.1**	**105.2**	**108.2**
131.0	125.8	118.2	109.3	119.8	124.4	103.2	112.8
136.0	129.7	122.8	111.8	117.4	126.4	100.1	112.8
114.7	109.8	112.2	110.5	138.4	111.6	111.5	112.7
118.3	113.7	95.7	100.8	115.9	120.6	110.2	112.8
118.3	109.4	95.8	104.3	116.8	107.8	106.9	112.6
119.1	115.8	98.6	112.9	113.3	106.1	105.7	114.6
115.9	118.2	110.7	111.1	103.7	117.1	105.8	119.1
123.7	125.8	117.1	123.2	128.8	117.9	112.4	110.5
113.0	112.7	108.0	107.3	98.9	116.3	103.7	120.9
111.2	108.3	110.4	109.7	112.2	115.6	111.7	111.3
110.9	106.7	110.2	110.5	112.3	118.3	114.0	112.8
110.0	105.6	111.3	106.8	103.8	112.7	107.6	98.1
119.8	115.1	107.3	108.7	112.1	93.6	106.3	125.2
110.7	113.4	111.9	114.0	115.0	114.7	112.0	118.8
111.0	119.0	116.8	116.9	119.9	124.2	115.0	125.6
114.3	122.5	117.8	118.1	120.8	125.3	117.2	130.4
108.6	113.7	113.0	124.9	114.1	115.7	109.9	113.3
106.8	101.5	98.5	120.7	110.2	125.8	101.6	105.4
109.0	117.5	118.2	111.4	122.6	130.3	115.7	125.2
100.8	107.1	104.3	104.7	112.8	120.5	110.5	83.3
111.2	104.5	104.3	110.3	109.1	111.7	110.3	117.6
113.4	102.6	102.2	113.5	110.1	113.0	112.4	119.3
101.2	108.0	117.4	98.4	102.0	110.8	102.3	121.3
103.6	109.4	106.2	100.4	106.4	107.8	107.1	103.3
107.3	102.5	105.0	105.4	104.4	103.2	105.0	101.1
110.9	104.3	105.2	105.2	102.7	112.1	103.2	106.3
103.6	101.6	104.8	106.8	106.4	97.4	106.8	97.6

(上年=100)

项　　目	湛江	茂名	肇庆	清远	潮州	揭阳
居民消费价格总指数	**103.8**	**102.3**	**103.1**	**103.0**	**102.5**	**102.3**
非食品价格指数	**100.8**	**100.6**	**99.5**	**100.0**	**98.8**	**100.0**
服务项目价格指数	**101.4**	**100.1**	**97.7**	**101.2**	**100.8**	**99.3**
扣除鲜菜鲜果总指数	**104.3**	**102.9**	**103.5**	**102.9**	**102.5**	**102.4**
消费品价格指数	**104.7**	**103.0**	**104.9**	**103.6**	**103.0**	**103.2**
食品	**108.7**	**105.1**	**109.0**	**108.2**	**109.0**	**106.2**
粮食	125.8	120.1	116.1	121.5	118.8	116.2
大米	127.8	125.4	116.2	127.8	121.4	122.5
面粉	108.7	105.7	121.0	103.5	116.3	105.9
粮食制品	123.4	102.4	111.5	105.9	107.7	102.2
其它	114.0	114.7	116.3	119.1	110.4	115.1
淀粉及薯类	108.9	103.1	108.0	101.6	107.1	102.8
干豆类及豆制品	113.7	112.5	107.6	113.2	104.3	98.8
干豆	126.7	122.9	120.8	129.2	109.4	104.2
豆制品	111.0	110.3	98.8	108.2	103.1	97.0
油脂	126.6	115.9	114.9	116.8	108.4	102.8
植物油脂	123.6	117.1	115.4	116.2	106.7	103.8
植物油制品	114.3	115.0	105.6	108.9	106.3	100.0
其它	112.9	100.9	130.3	150.0	124.6	103.7
肉禽及其制品	114.8	115.9	112.9	113.1	117.2	116.0
食用畜肉及副产品	117.5	122.9	112.2	118.5	123.8	120.4
猪肉	118.7	125.6	111.0	124.0	129.5	124.6
牛肉	114.4	127.2	123.0	111.5	104.3	107.7
羊肉	99.9	105.8	108.7	103.8	114.3	99.5
畜肉副产品	117.4	109.6	110.6	117.1	122.1	122.6
其它	107.9	108.6	103.5	102.5	109.5	99.8
禽	114.8	110.0	114.1	102.0	99.3	106.1
鸡	116.5	111.9	111.9	98.6	98.4	104.8
鸭	116.8	101.5	120.4	110.5	101.6	107.5
其它	102.9	104.9	105.6	111.7	103.9	105.3
肉禽加工制品	106.7	107.2	111.4	110.4	108.5	106.9
畜肉制品	112.2	109.2	115.2	107.3	117.9	108.4
禽制品	102.2	105.8	107.7	113.5	96.9	104.9

续上表

云浮	顺德	兴宁	鹤山	廉江	电白	连州	普宁
101.9	**102.2**	**103.2**	**103.6**	**106.2**	**104.6**	**104.9**	**103.9**
99.9	**100.7**	**101.0**	**100.1**	**102.0**	**100.7**	**98.7**	**101.3**
98.0	**99.5**	**99.8**	**99.6**	**100.2**	**100.3**	**102.1**	**99.9**
100.8	**101.9**	**103.7**	**103.4**	**106.5**	**104.5**	**104.9**	**103.9**
103.2	**103.2**	**104.2**	**104.4**	**107.5**	**106.0**	**105.6**	**105.0**
105.7	**105.9**	**106.9**	**109.7**	**112.7**	**110.8**	**114.7**	**108.2**
95.5	114.8	119.3	121.1	127.0	123.4	130.3	118.7
95.8	119.8	125.4	119.8	138.5	127.5	140.5	124.5
95.8	103.3	132.0	135.1	149.8	108.7	128.4	120.0
95.5	100.0	105.1	129.9	119.9	107.8	107.8	109.0
91.1	105.6	117.6	114.7	110.0	111.3	118.4	101.0
80.0	108.2	98.8	112.9	102.0	110.7	106.4	108.9
101.5	110.2	110.7	110.7	114.5	114.9	143.4	107.4
89.5	111.3	110.7	121.3	135.7	121.0	127.0	118.4
105.6	109.1	110.7	106.1	109.4	110.0	149.6	103.9
100.2	113.6	116.8	116.1	125.3	113.0	110.7	113.8
101.2	114.7	119.7	115.6	131.5	115.0	111.7	108.7
99.4	103.5	105.4	119.0	108.4	108.3	102.4	110.5
94.8	132.3	126.3	147.4	121.3	113.0	143.0	121.7
104.5	110.3	109.4	112.1	115.2	113.8	124.9	113.9
106.5	113.4	112.1	116.1	118.7	115.7	132.1	118.8
108.9	121.8	118.1	121.4	118.8	120.0	126.3	125.1
108.4	107.5	113.1	112.4	134.5	111.6	145.2	101.3
99.6	102.8	91.4	95.9	99.1	100.0	121.6	100.0
100.8	107.1	108.1	113.4	114.9	115.5	124.4	113.0
101.8	103.2	101.6	99.7	105.4	112.2	113.7	104.3
101.6	105.2	114.9	107.7	105.5	111.5	111.2	100.6
102.5	104.4	112.2	107.7	104.4	111.2	104.5	100.2
103.9	114.1	135.7	112.8	108.4	111.0	123.5	101.6
96.3	105.4	113.9	106.9	105.6	114.2	0.0	100.2
101.8	106.4	100.6	106.8	104.7	111.3	107.9	104.3
102.8	105.3	100.9	109.9	102.3	106.0	110.7	102.9
100.7	107.2	100.2	102.8	110.4	114.2	103.2	105.9

（上年 =100）

项　目	广州	深圳	珠海	汕头	佛山	韶关
蛋	121.7	112.8	120.3	111.2	125.1	117.4
鲜蛋	122.7	112.8	121.4	113.3	125.5	118.7
蛋制品	115.9	114.5	113.3	105.4	122.8	103.8
水产品	107.8	110.6	110.1	104.1	103.3	108.3
鱼	114.5	112.9	111.3	108.0	110.7	109.2
淡水鱼	115.2	115.1	114.9	106.0	111.0	110.4
海水鱼	112.6	109.8	107.7	109.2	110.2	101.2
其它水产品	102.6	107.3	109.4	99.1	95.5	106.4
菜	104.9	103.1	108.4	107.6	102.3	107.7
鲜菜	105.3	102.2	109.3	108.5	102.1	108.5
干菜及菜制品	101.0	109.9	100.1	102.1	105.0	99.1
调味品	102.7	100.6	103.1	99.4	99.6	98.2
盐	100.7	99.4	99.3	96.9	97.9	97.9
酱油	104.9	102.9	105.3	99.2	104.1	98.1
醋	101.9	97.8	107.0	99.4	102.4	94.9
味精	98.2	101.6	100.2	100.1	93.9	100.1
其它	102.4	99.4	102.9	102.4	97.6	99.9
糖	100.9	99.1	102.7	102.7	105.8	101.4
食糖	104.0	101.3	95.6	100.9	112.9	99.6
糖果	98.4	96.0	106.9	106.3	102.7	107.3
巧克力制品	101.1	102.4	102.5	100.1	99.3	102.6
糖制小食品	100.8	101.5	104.8	100.5	99.4	95.0
茶及饮料	101.0	101.3	102.6	101.3	100.8	101.1
茶叶	103.2	111.4	100.0	101.5	99.9	115.9
饮料	100.2	99.9	103.7	100.6	101.2	95.1
固体饮料	99.7	103.1	104.7	101.9	100.1	99.6
液体饮料	100.3	98.0	101.0	99.7	101.0	92.5
冷冻饮品	100.2	101.7	106.7	100.0	105.3	94.7
干鲜瓜果	102.8	101.8	108.3	105.4	96.5	102.5
鲜果	103.3	99.7	107.8	104.0	91.8	100.6
干（坚）果及瓜果制品	101.2	113.1	111.6	113.4	126.4	117.4
糕点饼干面包	102.7	104.8	102.0	100.0	100.5	103.6
糕点	101.4	98.5	98.6	99.7	100.0	108.4
饼干	107.5	105.7	107.4	100.2	102.4	99.6

续上表

河源	梅州	惠州	汕尾	东莞	中山	江门	阳江
121.1	113.5	111.8	113.8	120.0	114.0	118.8	115.3
123.0	113.0	110.7	114.7	121.8	114.3	121.0	115.2
105.1	117.4	115.9	104.8	111.3	112.3	112.4	115.7
106.8	107.8	108.2	105.3	114.7	113.3	106.9	98.7
111.3	109.0	114.5	108.0	119.3	118.8	109.8	119.8
112.3	108.1	114.2	100.5	120.7	117.2	113.4	97.3
105.6	118.4	115.0	112.2	115.5	124.8	102.4	134.0
101.4	101.1	102.7	101.0	112.4	101.7	103.8	89.2
98.4	100.7	94.4	97.7	100.8	95.4	97.7	107.0
97.6	100.3	93.8	97.7	100.9	95.9	97.7	106.7
102.9	104.0	98.3	98.2	99.2	91.8	97.5	109.0
100.8	98.9	100.4	98.2	103.5	101.3	99.0	97.1
98.8	99.7	99.7	108.1	99.7	99.4	89.5	100.0
103.5	100.7	105.3	99.4	100.8	99.5	99.7	100.0
100.8	92.0	100.3	96.5	96.7	99.9	104.4	93.4
101.5	101.0	96.5	100.0	100.0	104.0	100.5	85.0
100.0	104.6	100.1	84.4	108.3	110.6	101.2	98.0
95.9	105.4	102.8	106.7	99.4	97.1	100.4	102.8
101.7	115.1	108.9	117.9	100.0	100.3	101.5	110.1
87.4	99.0	99.2	102.4	101.9	108.5	100.5	95.2
93.4	95.9	101.2	92.0	94.5	81.8	97.8	96.6
112.9	112.2	103.3	100.0	100.5	68.7	102.8	130.2
104.8	100.7	99.3	99.7	100.7	96.1	102.0	102.8
109.8	100.0	101.6	100.0	94.9	91.1	103.6	101.1
99.5	101.0	96.8	99.4	101.4	99.3	100.6	103.5
101.1	103.3	99.3	99.5	100.9	97.2	101.9	101.5
98.7	100.0	95.9	99.2	99.8	98.8	98.7	103.7
100.0	100.0	93.6	100.0	111.0	107.2	102.9	108.9
105.8	99.4	104.5	110.0	95.6	113.3	97.6	97.9
104.3	97.9	101.9	107.0	93.3	111.5	95.1	92.6
113.9	110.0	118.0	124.8	110.1	126.9	109.5	105.4
101.1	100.0	99.8	101.0	104.3	103.1	100.4	101.4
100.0	100.0	100.0	100.5	107.0	98.9	99.0	99.9
103.6	100.0	99.3	103.9	103.4	110.7	99.4	105.3

(上年 = 100)

项　目	湛江	茂名	肇庆	清远	潮州	揭阳
蛋	120.6	112.0	120.8	113.4	109.8	105.3
鲜蛋	121.8	112.5	121.0	112.7	109.4	105.7
蛋制品	111.8	108.0	120.5	117.0	113.7	99.2
水产品	106.6	99.8	109.1	111.0	103.8	101.4
鱼	105.3	101.7	115.3	116.5	109.1	108.2
淡水鱼	104.6	104.5	118.1	120.9	112.7	108.7
海水鱼	105.8	98.9	108.8	108.3	106.7	107.2
其它水产品	107.5	96.8	102.9	105.0	96.8	96.1
菜	98.8	94.6	100.7	99.1	98.7	99.5
鲜菜	98.1	93.6	99.1	99.0	98.3	99.6
干菜及菜制品	106.1	103.8	108.3	99.8	102.1	98.9
调味品	100.6	99.8	97.0	102.3	98.8	101.5
盐	98.8	99.4	100.0	100.0	97.9	108.1
酱油	102.3	101.9	101.6	106.8	99.3	97.1
醋	90.5	102.2	86.7	104.2	95.8	97.4
味精	95.0	96.7	92.4	100.0	99.7	100.1
其它	106.1	98.8	95.1	99.6	99.5	96.8
糖	100.3	100.2	102.4	107.5	111.6	99.8
食糖	104.4	100.8	108.2	113.0	107.3	101.1
糖果	96.9	96.7	104.4	110.4	100.0	107.6
巧克力制品	102.3	100.5	100.6	99.2	124.1	98.6
糖制小食品	85.2	108.5	95.5	100.0	121.7	89.9
茶及饮料	99.4	99.6	104.2	99.1	102.8	99.3
茶叶	96.8	99.9	109.4	100.0	106.6	100.0
饮料	100.1	99.2	99.4	98.2	95.9	98.0
固体饮料	97.6	98.2	99.4	97.3	98.4	99.6
液体饮料	102.4	99.5	99.7	99.5	89.4	91.6
冷冻饮品	95.8	101.5	98.8	96.4	104.7	110.8
干鲜瓜果	98.7	103.4	96.2	113.7	110.7	104.9
鲜果	91.3	100.0	91.7	113.2	109.0	100.1
干（坚）果及瓜果制品	126.9	116.0	114.8	115.8	117.5	116.4
糕点饼干面包	100.6	96.9	100.8	101.3	105.3	100.0
糕点	101.4	92.7	105.8	100.0	100.0	99.5
饼干	104.2	98.7	93.9	102.3	117.7	99.3

续上表

云浮	顺德	兴宁	鹤山	廉江	电白	连州	普宁
103.8	107.0	119.5	115.9	107.9	118.6	119.0	108.0
104.2	106.7	121.8	117.2	107.8	117.3	121.2	109.4
101.9	107.7	106.5	108.9	113.9	122.3	112.7	100.2
105.3	111.1	105.9	114.6	104.5	106.5	114.0	105.9
105.0	109.4	109.6	115.5	103.8	106.3	114.0	107.8
105.5	111.0	111.0	116.3	101.9	114.9	114.6	108.2
100.3	102.7	106.5	110.8	107.3	101.9	100.0	107.2
108.6	115.3	98.0	110.0	107.6	107.1	105.8	102.5
122.8	110.0	93.5	103.6	96.9	106.8	108.9	102.8
126.6	111.7	92.3	105.7	96.1	108.1	110.3	103.0
102.7	98.6	104.1	90.1	104.6	100.0	103.0	103.1
96.7	102.5	98.8	100.8	101.2	99.5	99.7	98.3
89.1	101.9	99.1	100.4	102.9	99.5	99.4	97.4
100.0	103.6	100.3	99.2	101.3	100.0	100.0	100.0
94.0	100.2	93.3	107.4	97.3	95.9	99.2	93.3
100.0	102.4	100.5	98.3	96.2	100.0	100.0	100.0
100.0	101.1	100.0	103.5	104.5	100.0	100.0	100.0
90.4	106.7	100.3	102.8	103.8	107.9	106.6	99.1
86.1	104.5	101.9	99.1	108.4	116.4	111.5	103.8
89.7	108.3	98.1	104.0	100.0	102.7	100.8	97.1
94.2	108.1	99.7	107.2	100.0	99.7	100.0	99.6
95.5	100.0	100.0	105.4	100.0	100.0	100.0	96.4
93.5	101.9	99.3	101.2	99.4	99.8	100.0	98.8
91.6	100.0	100.0	96.5	99.8	100.0	100.0	100.0
94.9	102.8	98.5	103.6	99.0	99.7	100.0	97.8
89.8	103.5	90.0	107.0	99.0	99.7	100.0	100.0
97.3	104.1	102.8	103.7	99.3	99.5	100.0	95.2
95.7	99.0	100.0	98.8	99.2	100.0	100.0	100.0
108.4	105.4	102.4	105.9	106.0	104.9	93.7	108.3
110.5	104.7	100.9	106.4	97.5	103.5	90.6	108.6
98.5	110.6	107.8	104.2	122.4	110.9	100.6	104.2
100.4	101.2	96.4	101.2	110.7	100.2	100.0	97.5
98.3	101.1	100.0	101.1	108.5	100.0	100.0	100.0
106.0	101.2	100.3	102.3	96.9	100.8	100.0	93.2

(上年=100)

项　　目	广州	深圳	珠海	汕头	佛山	韶关
面包	100.0	112.5	98.4	100.0	100.0	100.3
奶及奶制品	99.2	99.6	100.7	98.9	99.3	99.4
鲜奶	98.1	97.1	98.6	95.9	99.2	96.7
奶粉	101.1	103.2	101.9	101.6	99.4	101.7
其它	99.9	100.0	102.5	100.0	99.5	100.3
在外用膳食品	101.8	105.2	106.0	103.7	109.3	113.1
主食	101.2	102.9	106.3	101.8	113.0	118.0
炒菜	102.5	102.6	107.6	104.5	105.6	109.0
地方小吃	100.0	113.7	100.5	101.1	111.8	119.8
其它食品及食品加工服务	100.9	101.8	100.5	104.1	100.4	96.0
其它食品	100.9	101.9	101.2	104.3	100.4	95.8
食品加工服务费	100.0	98.5	93.3	100.0	104.2	101.7
烟酒及用品	**102.5**	**99.5**	**103.9**	**103.7**	**101.9**	**103.2**
烟草	102.1	98.7	104.4	103.3	102.8	106.0
国产卷烟	101.3	99.1	104.9	104.8	103.3	107.4
进口卷烟	103.6	96.2	100.2	100.1	100.8	101.3
其它	104.3	101.7	112.6	104.2	102.1	106.0
酒	103.6	102.1	102.6	105.7	100.7	101.6
白酒	106.7	110.5	105.6	106.0	102.0	106.4
果酒	106.0	99.5	105.4	100.4	92.9	102.3
啤酒	100.5	95.5	97.3	99.0	96.6	95.3
其它	106.8	101.0	101.6	147.5	109.9	102.4
吸烟饮酒用品	100.0	95.1	102.9	99.6	100.6	99.4
吸烟用品	100.0	98.3	101.6	98.4	101.3	98.9
饮酒用品	100.0	93.2	104.0	100.0	100.0	99.8
衣着	**99.1**	**99.2**	**99.1**	**98.9**	**99.6**	**96.4**
服装	100.7	99.3	99.4	98.3	99.9	95.1
男式服装	98.2	99.8	98.6	98.8	98.5	97.9
大衣	97.6	102.7	100.0	91.2	100.0	85.9
毛线衣	96.2	84.1	99.3	92.6	99.8	97.6
夹克衫	98.0	118.1	96.9	100.5	92.4	108.0
衬衫	103.2	86.0	95.8	99.0	103.1	106.6
裤子	91.1	93.7	97.9	100.4	96.1	93.5
西服	104.2	113.1	95.4	100.1	100.0	101.2

续上表

河源	梅州	惠州	汕尾	东莞	中山	江门	阳江
100.0	100.0	100.0	100.0	98.5	100.0	103.0	100.0
99.9	105.6	99.1	100.1	99.5	98.8	103.4	100.5
98.0	100.0	97.8	100.0	100.1	95.7	101.0	101.9
101.1	112.8	99.9	100.1	98.8	102.0	99.0	99.8
100.0	100.0	98.1	100.0	101.0	101.0	120.2	100.0
99.5	98.0	99.9	102.4	103.2	121.3	103.7	106.4
100.0	100.0	99.9	100.0	111.5	112.5	104.1	99.1
99.2	96.9	99.3	104.2	98.7	121.7	103.8	110.4
100.0	100.0	103.9	100.0	104.0	125.6	102.6	107.0
102.5	107.0	101.2	105.1	97.9	92.7	104.8	102.9
101.6	107.1	101.1	105.1	98.3	92.6	105.0	103.2
153.4	104.0	108.3	100.0	94.1	124.1	100.0	99.0
103.6	**101.8**	**102.0**	**99.9**	**96.7**	**105.5**	**101.3**	**103.8**
107.5	105.0	100.6	98.9	95.4	110.1	98.2	100.7
106.5	105.0	100.1	98.6	92.5	111.8	97.1	101.5
114.7	105.2	103.7	100.0	97.9	107.6	100.6	98.9
103.4	104.4	97.7	113.6	100.2	104.8	99.6	100.6
100.1	99.2	107.0	102.9	100.7	101.4	107.2	99.3
101.7	100.8	114.8	107.8	102.2	106.7	115.5	98.4
100.8	99.7	102.9	96.5	98.1	85.6	117.6	97.6
98.0	97.4	94.2	100.0	99.4	105.3	100.0	96.5
100.0	100.0	107.0	103.6	101.4	100.8	98.1	104.7
97.1	99.8	101.7	96.6	94.6	98.4	99.5	119.1
100.0	100.0	110.7	100.0	100.0	94.0	97.9	98.9
93.6	99.7	94.6	94.0	89.7	102.7	100.6	136.2
98.1	**95.7**	**97.0**	**99.2**	**93.2**	**88.7**	**97.5**	**97.1**
98.0	94.1	96.1	99.1	91.9	82.9	97.7	95.8
109.2	92.2	95.2	99.5	87.1	84.3	96.6	89.1
100.9	95.9	95.6	100.0	75.9	83.0	95.3	82.9
155.5	91.3	85.8	100.0	84.7	71.6	94.0	86.5
131.6	88.3	82.5	100.0	85.8	95.0	87.1	98.8
87.9	93.4	100.0	98.1	100.0	92.9	97.8	90.6
109.8	91.2	93.6	100.0	86.9	88.6	94.4	86.4
100.0	90.3	93.9	100.0	94.4	78.4	96.8	78.2

（上年 =100）

项　　目	湛江	茂名	肇庆	清远	潮州	揭阳
面包	97.1	100.0	100.0	101.5	100.0	100.8
奶及奶制品	109.1	100.0	99.8	99.2	98.3	96.8
鲜奶	98.2	103.3	98.3	96.5	99.2	91.8
奶粉	126.7	98.1	100.9	105.6	92.1	106.1
其它	96.0	98.7	99.5	93.5	103.6	95.2
在外用膳食品	99.8	96.2	111.1	101.5	105.8	100.0
主食	100.8	97.1	107.5	101.9	107.2	100.0
炒菜	98.4	94.4	106.2	101.7	100.6	100.0
地方小吃	104.2	100.0	129.6	100.0	122.7	100.0
其它食品及食品加工服务	102.2	101.5	102.4	98.7	107.0	101.9
其它食品	102.0	101.6	103.0	98.6	104.8	102.2
食品加工服务费	101.4	100.0	100.0	100.0	148.6	98.0
烟酒及用品	**102.1**	**97.5**	**103.2**	**100.1**	**102.1**	**100.6**
烟草	98.9	98.1	104.9	101.7	101.5	100.5
国产卷烟	99.0	99.1	103.6	101.5	102.0	101.9
进口卷烟	98.2	95.6	105.7	104.1	101.3	92.5
其它	100.0	100.0	105.8	96.4	99.6	106.9
酒	106.0	96.0	102.0	97.7	104.6	100.3
白酒	114.8	95.4	104.6	95.8	103.5	102.4
果酒	104.7	95.4	99.0	101.9	99.8	100.2
啤酒	98.2	93.4	98.1	98.0	103.4	98.8
其它	99.3	99.7	107.7	97.4	122.5	97.8
吸烟饮酒用品	101.9	99.5	99.5	100.0	98.6	101.9
吸烟用品	101.0	98.0	95.1	100.0	100.0	103.9
饮酒用品	102.7	100.7	102.4	100.0	97.7	100.0
衣着	**96.7**	**98.3**	**103.1**	**98.7**	**92.9**	**100.0**
服装	95.3	97.7	103.3	98.7	95.8	99.8
男式服装	93.8	97.5	102.1	100.5	95.1	99.3
大衣	99.8	94.7	115.3	99.6	84.6	94.0
毛线衣	95.3	92.9	107.7	99.1	85.0	98.8
夹克衫	94.6	94.7	100.5	99.1	66.9	97.8
衬衫	89.9	100.2	100.2	98.5	104.7	99.4
裤子	92.1	98.2	101.8	101.0	109.8	101.5
西服	100.5	95.8	105.4	101.0	90.5	100.3

续上表

云浮	顺德	兴宁	鹤山	廉江	电白	连州	普宁
98.1	101.2	81.4	100.0	122.9	100.0	100.0	100.0
101.4	104.6	98.0	99.7	100.9	99.7	100.8	102.5
106.1	110.2	97.1	99.1	100.0	100.0	100.0	100.0
96.6	99.6	99.6	100.8	100.4	100.0	101.6	109.9
96.0	97.4	98.0	96.6	104.8	98.8	100.0	93.9
107.8	99.0	102.5	98.7	105.3	103.5	100.3	99.3
99.3	101.5	98.1	97.6	103.1	100.0	100.0	95.9
109.0	100.2	104.9	99.7	109.4	105.0	100.6	100.0
115.4	96.8	105.8	98.0	102.5	100.0	100.0	100.0
100.2	101.7	100.0	103.8	101.7	102.4	97.5	99.5
99.5	101.9	100.0	106.5	100.0	102.7	97.1	99.5
111.6	100.0	100.0	78.5	104.9	100.0	99.3	100.0
101.3	**100.3**	**100.5**	**106.1**	**102.7**	**100.6**	**102.6**	**101.1**
100.4	101.8	100.5	108.9	100.2	101.0	102.2	101.4
100.4	101.8	99.6	107.7	100.3	101.2	103.7	101.8
100.0	101.7	96.3	112.3	100.0	100.0	100.0	99.4
101.5	101.4	119.6	93.9	100.0	100.0	87.5	100.0
103.2	98.5	100.5	105.5	104.5	100.4	103.2	101.0
105.4	100.2	99.3	98.9	105.9	102.4	104.3	105.6
103.8	93.5	100.0	121.4	100.0	100.4	110.9	100.0
100.0	100.6	104.0	98.7	102.9	97.5	101.6	100.0
103.8	100.0	99.7	121.2	100.0	100.0	102.8	91.0
100.0	102.8	99.7	96.5	100.9	100.0	100.0	98.7
100.0	108.8	100.0	98.8	100.0	100.0	100.0	97.2
100.0	100.0	99.5	94.2	101.2	100.0	100.0	100.0
98.4	**100.5**	**100.8**	**92.8**	**101.6**	**100.5**	**90.6**	**101.3**
98.4	100.7	101.8	92.1	99.6	100.3	85.3	100.7
97.9	98.9	102.5	90.0	98.2	100.1	86.1	100.4
97.8	102.5	100.2	93.4	100.0	100.0	96.6	94.3
91.6	104.5	99.6	83.0	87.0	100.0	87.4	103.5
91.8	97.9	100.7	74.5	99.9	100.0	91.1	96.3
98.3	99.4	102.7	95.9	100.0	100.0	85.1	106.5
104.0	97.2	101.8	92.9	100.0	100.0	67.0	104.8
104.2	93.4	100.6	92.8	97.8	100.0	87.6	100.3

（上年=100）

项　　目	广州	深圳	珠海	汕头	佛山	韶关
运动衫裤	100.3	107.1	96.6	100.0	95.9	95.9
内衣	94.3	101.0	102.5	99.4	102.6	97.6
羽绒衣	102.1	87.7	100.0	103.4	100.9	84.1
其它	101.8	95.3	93.2	99.5	92.4	100.9
女式服装	102.0	98.8	99.9	98.2	100.5	92.0
大衣	98.5	96.7	100.1	98.1	100.0	78.5
毛线衣	96.7	95.2	100.6	98.0	99.0	115.7
羽绒衣	100.3	110.9	100.0	100.3	100.0	86.9
套装	91.4	92.0	100.6	99.6	99.0	91.3
衬衫	118.9	100.8	100.3	104.9	99.4	106.1
裙子	108.0	94.2	99.7	91.2	96.9	90.8
裤子	107.2	99.5	100.6	99.0	98.9	83.8
运动衫裤	99.1	108.3	96.8	99.8	100.7	87.5
内衣	104.3	100.5	100.2	99.5	104.9	100.0
其它	100.7	100.8	102.3	100.0	100.0	102.2
儿童服装	104.1	100.0	99.7	97.2	100.9	100.8
套装	106.1	88.6	100.0	96.3	100.2	93.4
裤子	105.9	116.3	99.9	97.2	102.5	111.5
裙子	97.3	94.7	98.9	98.0	100.0	95.5
其它	100.5	104.9	100.0	101.9	100.0	100.8
衣着材料	101.7	97.0	104.1	101.2	100.9	98.4
棉布	100.8	102.7	102.7	107.5	100.0	99.5
棉花化纤混纺布	111.0	93.9	110.9	111.5	97.7	98.0
化纤布	99.4	104.2	105.8	106.7	100.0	98.1
毛织品	95.0	96.3	105.5	99.7	103.6	99.1
丝织品	98.3	104.8	112.6	99.7	102.5	98.4
毛线	100.0	108.1	100.0	100.0	101.5	98.6
其它	100.0	88.3	100.0	100.0	100.0	96.8
鞋袜帽	94.0	98.7	97.4	100.6	98.7	99.2
鞋	93.2	98.1	98.4	100.6	98.6	99.5
男鞋	96.3	100.7	97.5	105.0	100.8	99.1
女鞋	90.2	94.7	97.5	96.4	96.7	99.7
童鞋	98.4	103.9	101.7	104.0	101.0	100.4
袜子	100.0	101.3	83.6	100.9	99.7	97.6

续上表

河源	梅州	惠州	汕尾	东莞	中山	江门	阳江
104. 3	94. 7	100. 0	94. 5	100. 6	86. 8	98. 6	89. 5
111. 4	100. 9	94. 5	100. 7	92. 1	70. 3	96. 5	99. 9
152. 7	84. 4	92. 2	100. 0	71. 5	92. 1	99. 5	94. 5
108. 2	98. 6	95. 4	111. 3	77. 1	79. 4	106. 7	95. 4
97. 8	95. 4	95. 2	97. 3	98. 1	84. 0	100. 1	102. 0
100. 3	95. 4	85. 6	100. 0	101. 4	101. 3	94. 0	103. 5
108. 6	93. 7	83. 5	100. 0	100. 1	60. 0	99. 2	92. 5
142. 6	84. 3	91. 2	100. 0	98. 0	81. 5	91. 7	90. 2
81. 8	92. 6	95. 6	100. 0	99. 5	82. 4	102. 1	96. 6
122. 3	97. 9	100. 0	97. 9	70. 8	70. 9	101. 4	100. 0
92. 0	95. 0	101. 4	95. 2	100. 6	88. 7	96. 3	111. 9
99. 5	94. 5	96. 4	89. 9	99. 9	81. 7	97. 8	90. 2
99. 3	94. 7	100. 0	100. 0	89. 6	95. 8	97. 8	83. 3
89. 6	100. 4	97. 2	99. 3	100. 6	67. 4	103. 0	101. 6
97. 7	99. 5	90. 4	100. 0	97. 5	110. 2	116. 2	114. 5
72. 7	95. 5	101. 3	102. 8	83. 0	78. 3	91. 8	92. 0
68. 7	98. 6	95. 3	100. 4	80. 6	72. 7	81. 3	85. 9
69. 9	103. 4	96. 0	111. 2	96. 0	78. 2	97. 8	78. 8
74. 2	82. 3	113. 9	100. 0	74. 2	82. 2	96. 8	112. 2
105. 5	99. 7	95. 5	66. 9	76. 2	103. 0	100. 5	94. 9
106. 2	99. 4	103. 5	97. 9	109. 5	100. 0	102. 8	107. 2
107. 2	100. 5	99. 2	91. 3	111. 9	100. 0	105. 0	127. 4
106. 1	96. 6	110. 7	100. 0	123. 2	100. 0	99. 8	100. 0
103. 8	99. 9	109. 3	97. 6	117. 3	100. 0	107. 3	103. 0
99. 4	98. 1	108. 1	100. 0	101. 9	0. 0	98. 2	99. 5
103. 5	99. 8	101. 2	99. 6	0. 0	100. 0	99. 5	118. 0
109. 1	99. 4	100. 9	100. 0	100. 0	100. 0	103. 6	92. 6
115. 1	105. 6	101. 1	100. 0	0. 0	100. 0	101. 7	135. 4
96. 6	99. 8	99. 2	100. 0	93. 3	103. 7	95. 8	99. 8
96. 0	100. 1	100. 4	100. 0	92. 5	104. 8	94. 9	97. 9
98. 6	101. 7	99. 3	100. 2	97. 1	109. 5	94. 3	94. 0
97. 3	99. 8	105. 4	101. 0	89. 6	107. 0	104. 9	99. 6
88. 0	98. 2	89. 2	97. 0	96. 4	75. 5	76. 3	99. 2
100. 2	98. 6	95. 3	100. 0	100. 6	94. 7	100. 0	114. 0

(上年=100)

项目	湛江	茂名	肇庆	清远	潮州	揭阳
运动衫裤	94.1	100.0	97.4	98.5	94.4	97.6
内衣	97.4	99.4	93.1	105.9	100.8	100.4
羽绒衣	99.4	0.0	101.6	0.0	98.6	101.4
其它	93.5	94.4	93.3	100.9	72.0	99.6
女式服装	98.1	97.6	106.8	97.0	98.2	99.9
大衣	97.9	93.7	109.9	97.9	72.4	94.6
毛线衣	99.0	97.0	114.1	99.1	97.3	97.4
羽绒衣	90.0	0.0	102.0	0.0	92.8	99.4
套装	92.2	91.1	105.1	102.4	87.7	99.2
衬衫	102.5	94.1	118.2	97.4	133.1	103.9
裙子	86.9	100.0	91.3	90.6	100.1	99.9
裤子	98.6	100.2	99.3	97.6	97.1	105.5
运动衫裤	101.1	100.0	104.8	96.1	99.6	98.2
内衣	99.3	100.1	106.6	97.8	102.1	101.2
其它	109.7	100.4	127.2	100.0	92.2	101.4
儿童服装	91.8	98.3	100.8	99.5	92.0	101.0
套装	90.7	95.4	99.0	99.5	95.7	100.2
裤子	101.4	100.0	97.5	100.2	96.5	102.8
裙子	104.5	99.9	104.4	99.7	80.3	99.8
其它	96.8	100.2	105.4	94.4	93.8	104.7
衣着材料	104.9	98.2	112.2	98.9	94.6	100.2
棉布	101.8	100.0	102.5	100.7	99.8	100.0
棉花化纤混纺布	112.3	102.1	135.5	100.7	92.9	100.0
化纤布	102.0	98.5	122.6	100.0	92.3	100.6
毛织品	100.5	97.4	124.7	98.6	93.0	100.0
丝织品	96.5	100.0	109.2	100.0	95.0	100.0
毛线	101.7	96.3	84.5	95.6	96.7	100.0
其它	109.3	90.2	87.5	0.0	96.2	100.0
鞋袜帽	99.2	100.1	101.7	98.4	83.5	99.9
鞋	98.7	100.1	104.5	99.0	78.6	99.6
男鞋	101.3	100.4	102.7	99.9	87.9	97.7
女鞋	97.7	100.1	106.6	99.1	68.7	99.5
童鞋	97.0	99.1	104.0	98.2	78.0	103.0
袜子	106.3	100.2	97.7	96.7	96.9	101.5

续上表

云浮	顺德	兴宁	鹤山	廉江	电白	连州	普宁
93. 2	101. 9	100. 3	89. 7	100. 0	100. 4	91. 7	104. 5
95. 9	108. 0	114. 7	82. 2	100. 0	100. 0	91. 9	99. 1
92. 3	99. 5	100. 0	79. 6	100. 0	100. 0	101. 4	99. 1
88. 3	100. 7	100. 8	99. 2	88. 8	100. 0	78. 3	102. 6
97. 4	102. 1	100. 7	91. 6	99. 7	100. 6	83. 7	100. 4
92. 8	96. 7	101. 7	76. 1	100. 8	100. 0	96. 9	97. 9
93. 7	105. 7	102. 4	98. 1	95. 2	100. 0	90. 7	101. 1
87. 0	97. 6	100. 0	88. 8	100. 0	100. 0	100. 8	99. 5
99. 7	107. 2	101. 0	82. 2	100. 1	101. 1	68. 8	99. 6
111. 5	103. 1	105. 6	100. 6	100. 5	100. 0	111. 8	0. 0
91. 4	100. 2	100. 0	91. 7	100. 0	101. 3	71. 3	100. 6
98. 1	100. 1	95. 0	94. 3	100. 0	100. 6	64. 7	101. 3
104. 0	104. 7	102. 1	89. 0	100. 0	100. 4	94. 6	102. 9
95. 1	99. 8	102. 4	94. 4	100. 0	100. 0	82. 5	102. 5
98. 7	101. 9	102. 6	102. 2	100. 0	100. 0	88. 4	102. 1
103. 2	100. 8	102. 5	95. 7	101. 1	100. 3	87. 7	103. 4
105. 6	102. 3	102. 2	101. 1	100. 3	100. 5	87. 5	104. 9
109. 9	99. 2	104. 3	90. 1	98. 0	101. 1	91. 0	105. 5
93. 0	100. 7	101. 4	91. 3	105. 1	99. 2	80. 2	100. 5
103. 2	100. 0	101. 7	103. 6	102. 8	100. 0	89. 6	99. 1
92. 8	100. 0	100. 3	98. 8	103. 9	100. 0	97. 3	105. 7
89. 7	100. 0	100. 0	91. 2	111. 1	100. 0	90. 2	104. 7
94. 1	98. 2	100. 0	97. 9	102. 1	100. 0	99. 4	105. 3
90. 2	100. 0	100. 0	101. 4	103. 4	100. 0	97. 0	109. 2
93. 8	100. 0	100. 0	100. 0	100. 0	100. 0	0. 0	102. 6
95. 8	103. 1	104. 1	100. 0	100. 2	100. 0	97. 3	106. 7
93. 2	100. 6	100. 0	102. 1	100. 6	100. 0	108. 5	99. 8
97. 6	100. 0	100. 0	104. 2	100. 0	100. 0	100. 0	100. 0
99. 0	100. 1	97. 5	92. 6	106. 6	101. 4	98. 1	101. 3
98. 7	100. 0	97. 3	93. 5	107. 3	101. 6	97. 0	102. 9
96. 7	100. 0	100. 0	95. 7	116. 3	100. 7	93. 5	101. 8
94. 8	100. 0	100. 0	89. 6	100. 8	101. 7	95. 7	102. 2
109. 3	100. 0	89. 3	95. 3	101. 6	103. 2	107. 7	106. 0
100. 5	100. 6	100. 1	87. 6	100. 6	100. 0	102. 9	95. 9

（上年 = 100）

项　　目	广州	深圳	珠海	汕头	佛山	韶关
男袜	100.0	100.0	86.3	101.9	99.5	96.0
女袜	100.0	102.2	80.5	100.0	99.9	99.3
帽子	94.7	104.1	100.0	100.4	99.1	95.6
男帽	95.0	100.0	100.0	101.0	97.8	96.4
女帽	94.6	106.9	100.0	100.0	100.0	95.1
衣着加工服务	110.2	99.6	104.9	100.0	100.0	100.0
缝纫	100.0	100.3	110.3	100.0	100.0	100.0
清洗	115.8	98.9	100.0	100.0	100.0	100.0
家庭设备用品及维修服务	**98.4**	**96.8**	**99.2**	**100.4**	**99.0**	**97.1**
耐用消费品	96.9	94.4	98.5	98.7	98.6	94.8
家具	98.1	94.8	97.2	98.8	99.1	86.3
成套家具	96.9	94.3	100.0	96.2	100.0	89.2
床	97.8	91.6	93.2	100.0	98.8	89.1
桌	99.4	102.8	100.0	99.3	99.7	85.4
椅	99.1	88.3	95.6	97.4	100.0	78.1
沙发	99.5	93.8	100.0	100.0	97.4	84.3
其它	99.7	97.5	100.0	100.0	100.0	93.7
家庭设备	96.2	94.2	99.1	98.6	98.3	98.5
洗衣机	99.4	98.0	96.9	94.9	93.1	98.7
电风扇	98.6	98.9	100.2	106.0	94.2	93.8
电冰箱（柜）	97.0	99.3	97.2	98.2	99.3	94.9
抽排油烟机	102.6	103.3	109.2	99.6	100.1	99.8
空调器	89.2	88.7	97.8	99.2	99.6	99.7
热水器	102.0	99.5	102.2	95.7	110.0	99.1
微波炉	98.1	97.4	98.5	97.5	99.8	95.8
电炊具	100.5	102.1	98.8	101.7	95.3	101.3
钟	99.8	101.5	100.0	100.0	100.6	99.1
其它	103.3	97.5	99.9	98.9	94.8	100.5
室内装饰品	99.8	100.0	104.5	100.4	100.2	97.5
纺织装饰品	100.0	102.7	103.2	101.3	100.0	99.1
装饰灯具	99.6	100.2	100.0	98.8	100.5	98.8
其它	100.0	97.9	109.5	102.6	100.0	94.2
床上用品	99.2	95.2	100.2	101.1	101.4	99.7
毛毯	99.7	100.9	99.9	100.0	101.6	98.7

续上表

河源	梅州	惠州	汕尾	东莞	中山	江门	阳江
100.3	98.1	96.3	100.0	101.1	89.5	99.3	111.0
100.0	98.9	94.3	100.0	100.0	100.9	100.8	117.7
100.0	101.9	98.1	100.0	96.3	84.0	98.2	105.4
100.0	100.0	94.4	100.0	92.1	88.3	97.2	110.6
100.0	103.1	100.5	100.0	98.8	81.0	98.9	102.0
100.0	99.2	107.4	98.8	100.2	100.0	100.4	90.3
100.0	98.2	118.1	100.5	100.0	100.0	96.5	72.5
100.0	100.0	100.0	97.4	100.5	100.0	103.4	104.4
99.0	**99.9**	**95.1**	**98.0**	**98.2**	**93.5**	**98.1**	**95.3**
95.7	99.8	95.3	95.9	97.2	91.2	97.2	91.8
88.3	100.4	96.6	99.1	96.2	76.5	99.8	84.8
83.4	102.7	97.4	98.7	99.8	76.3	98.8	79.2
94.2	100.9	94.5	94.2	87.8	63.4	100.5	71.0
70.0	100.0	96.7	100.0	101.0	101.1	98.3	86.5
95.2	100.3	94.3	100.0	100.5	66.2	100.6	88.8
94.1	97.3	98.9	101.9	95.8	74.2	100.2	90.9
92.1	107.1	100.0	100.0	101.2	97.2	100.1	93.4
99.3	99.5	94.2	94.4	99.0	99.2	95.7	97.4
89.1	102.9	98.9	94.4	97.2	95.0	93.0	109.5
103.7	100.0	99.6	95.4	102.2	107.5	97.3	77.9
104.0	99.5	93.1	97.7	93.3	92.9	94.3	100.0
102.9	99.8	97.4	98.1	100.3	104.1	94.8	97.6
104.7	91.9	88.5	86.9	92.6	103.0	96.9	95.4
88.6	102.4	95.7	95.7	101.1	101.1	92.0	100.1
100.7	113.0	94.7	99.0	97.8	93.0	100.9	95.6
94.8	97.7	98.7	96.6	103.2	98.4	99.2	86.4
82.5	87.6	97.0	100.0	99.7	95.5	99.1	88.2
94.5	100.1	101.8	101.1	102.4	101.5	97.2	95.4
103.7	95.7	99.4	99.4	92.7	96.9	97.8	91.7
109.2	100.2	101.6	100.0	102.1	93.0	93.8	77.8
100.0	91.7	100.4	98.4	89.7	107.8	99.4	97.6
100.0	96.6	96.9	100.0	100.5	90.2	99.1	100.0
107.3	100.9	98.8	100.0	96.7	97.8	99.1	117.0
94.2	100.5	104.7	100.1	101.6	100.9	98.7	103.6

（上年＝100）

项　目	湛江	茂名	肇庆	清远	潮州	揭阳
男袜	105.9	100.1	96.0	98.7	94.0	100.2
女袜	106.7	100.2	100.3	94.8	99.2	102.6
帽子	99.5	99.5	96.5	96.7	110.5	105.8
男帽	101.6	100.0	100.0	100.0	94.6	97.5
女帽	98.1	99.1	93.0	94.5	121.1	111.3
衣着加工服务	107.7	100.4	96.6	102.3	93.3	107.2
缝纫	111.6	105.0	90.9	104.7	79.2	101.9
清洗	103.9	90.7	99.1	100.0	100.0	111.5
家庭设备用品及维修服务	**99.9**	**96.7**	**95.0**	**96.3**	**94.3**	**99.6**
耐用消费品	97.7	97.4	93.4	95.0	92.3	97.8
家具	98.8	99.2	90.8	92.7	86.7	99.8
成套家具	99.4	97.7	87.6	89.0	91.9	96.3
床	99.1	96.5	93.1	86.7	84.4	98.3
桌	99.2	103.9	90.9	96.0	83.3	102.8
椅	100.0	98.1	95.8	96.6	94.2	103.5
沙发	97.2	99.7	90.8	93.6	82.4	100.2
其它	100.0	101.2	92.3	99.1	86.9	99.0
家庭设备	96.9	96.2	97.3	96.1	94.8	96.5
洗衣机	95.3	98.9	98.6	98.0	99.7	99.8
电风扇	109.4	95.0	91.9	97.6	100.1	97.5
电冰箱（柜）	95.3	94.2	96.9	95.1	93.5	97.9
抽排油烟机	102.3	99.3	99.5	100.2	95.5	100.3
空调器	93.7	95.5	99.3	89.7	89.5	88.5
热水器	103.9	96.0	92.3	107.6	100.8	99.5
微波炉	98.0	95.5	98.6	94.6	84.1	98.5
电炊具	100.8	96.7	98.0	95.5	93.4	99.6
钟	99.6	101.6	88.1	82.7	94.0	107.9
其它	103.0	93.0	99.4	97.0	97.4	97.6
室内装饰品	99.3	89.1	94.4	96.3	84.3	101.8
纺织装饰品	102.7	82.2	99.7	100.0	83.1	101.5
装饰灯具	98.4	94.8	85.8	92.0	79.8	97.8
其它	92.9	82.4	102.5	100.0	89.0	104.5
床上用品	95.9	98.9	101.3	98.3	93.4	100.5
毛毯	102.3	90.7	101.0	100.0	86.4	103.7

续上表

云浮	顺德	兴宁	鹤山	廉江	电白	连州	普宁
101.1	100.0	100.4	90.8	101.3	100.0	106.4	96.4
100.0	101.0	100.0	84.4	100.0	100.0	100.0	95.5
99.6	100.0	90.0	101.7	100.0	100.0	100.0	102.1
97.0	100.0	100.0	102.1	100.0	100.0	100.0	100.6
101.3	100.0	83.3	101.4	100.0	100.0	100.0	103.7
103.5	100.0	100.0	92.5	98.7	100.0	100.0	100.0
101.4	100.0	100.0	89.9	100.0	100.0	100.0	100.0
105.7	100.0	100.0	98.5	96.4	100.0	100.0	100.0
100.5	**102.4**	**100.4**	**97.5**	**97.9**	**98.7**	**92.7**	**100.0**
99.3	100.0	101.2	98.5	100.3	98.4	86.3	101.4
102.8	100.5	102.9	100.5	100.0	101.0	90.5	103.8
102.3	100.5	106.8	99.6	99.8	99.0	83.7	101.3
102.8	96.8	101.5	98.8	101.2	100.4	91.6	104.0
107.7	107.5	102.0	98.0	100.0	99.2	91.2	100.2
99.4	94.2	79.6	99.0	101.3	103.0	100.0	105.4
103.4	102.9	101.1	103.7	98.5	106.3	91.2	108.0
100.2	99.6	125.6	102.7	98.8	106.7	90.9	102.4
97.5	99.5	98.8	96.8	100.4	96.9	83.9	99.1
98.6	99.2	98.5	98.9	101.9	98.2	83.1	98.9
86.7	101.6	102.7	95.4	100.3	100.0	86.2	98.6
96.8	99.0	98.1	96.1	95.6	92.3	79.8	101.3
101.8	100.2	102.9	91.5	97.0	101.1	85.5	100.7
95.2	99.1	93.6	96.5	98.9	94.7	78.4	91.1
100.2	101.0	101.7	98.2	99.9	101.3	88.3	94.7
97.5	99.2	101.3	93.4	102.3	98.4	82.4	101.2
98.8	100.0	100.4	100.2	105.8	100.0	90.5	98.8
95.2	99.0	100.0	100.9	100.0	100.0	100.0	95.4
102.7	102.2	98.2	96.3	96.9	100.0	0.0	104.4
96.9	100.0	93.8	98.9	93.5	100.0	91.8	99.8
95.7	100.0	100.0	101.3	75.8	100.0	88.2	102.5
100.0	100.0	90.5	97.9	103.9	100.0	94.8	93.8
91.1	100.0	100.0	91.2	100.0	100.0	100.0	106.0
99.1	100.3	98.6	97.2	91.3	100.0	101.0	98.5
95.2	100.1	100.0	100.3	99.7	100.0	97.2	97.4

(上年=100)

项　　目	广州	深圳	珠海	汕头	佛山	韶关
床单	100.0	106.4	100.0	101.1	95.3	98.1
床罩	98.7	79.3	100.0	102.8	102.1	96.9
被套	99.8	95.8	100.0	100.0	108.1	99.1
其它	97.9	97.5	100.5	100.6	100.7	101.2
家庭日用杂品	100.8	99.7	98.5	102.3	97.9	98.4
茶具	101.9	101.8	96.7	95.3	101.5	97.5
餐具	102.2	106.0	108.9	102.2	99.9	99.7
厨具	99.5	101.5	100.2	101.5	100.2	98.0
家用工具	100.0	108.0	100.0	109.3	99.2	102.6
洗涤用品	101.5	100.6	96.8	103.8	96.6	99.9
其它	99.3	93.2	97.7	99.9	97.7	97.2
家庭服务及加工维修服务	100.4	103.1	101.1	101.1	100.0	102.5
家庭服务	103.5	99.7	110.1	100.5	100.0	103.9
加工维修服务费	95.3	103.9	98.3	102.0	100.0	100.0
医疗保健和个人用品	**99.7**	**102.1**	**98.7**	**98.7**	**101.4**	**97.8**
医疗保健	99.7	101.8	97.8	98.1	101.1	96.4
医疗器具及用品	97.7	100.2	103.5	98.5	109.6	98.9
中药材及中成药	101.0	106.2	96.3	96.4	104.7	94.8
中药材	104.7	107.5	94.3	94.2	106.2	94.8
中成药	96.3	104.2	98.2	99.7	103.0	94.6
西药	98.7	99.7	95.3	97.5	97.3	93.7
胃药	99.8	99.4	96.4	100.0	98.0	95.1
感冒药	102.8	96.6	100.8	101.3	102.3	98.8
抗菌药针剂	100.0	100.1	90.4	99.2	82.1	99.0
抗菌药片剂	93.3	99.2	94.4	87.0	100.0	84.9
止泻药	93.4	100.2	96.1	100.0	93.3	80.5
外用药	104.0	108.6	101.6	99.7	103.4	92.7
心血管病用药	91.3	101.0	94.1	97.5	104.7	101.5
其它	103.2	98.8	88.8	100.0	100.0	96.7
保健器具及用品	100.7	100.9	99.8	99.4	97.6	101.4
保健器具	97.2	103.6	100.0	101.1	101.0	97.8
滋补保健用品	101.3	100.4	99.8	98.9	96.8	102.2
医疗保健服务	99.3	100.0	100.9	100.0	102.2	101.1
挂号费	100.0	100.0	100.0	100.0	105.6	100.0

续上表

河源	梅州	惠州	汕尾	东莞	中山	江门	阳江
111.4	100.4	101.0	100.0	97.1	102.3	101.1	112.7
99.6	100.6	98.7	100.0	100.7	103.1	100.1	99.5
114.2	100.4	89.6	100.0	96.2	96.9	98.2	105.7
110.2	102.5	101.2	100.0	87.4	88.3	98.6	127.4
99.5	99.5	98.4	101.9	100.1	93.0	98.5	100.1
95.1	100.0	100.2	100.0	99.6	69.3	98.6	109.0
106.5	100.0	88.8	100.0	101.3	70.3	100.8	91.5
107.9	98.2	104.0	99.4	99.8	129.5	99.2	106.0
109.5	100.0	112.3	100.0	102.5	60.7	100.8	91.5
95.2	99.2	102.4	106.4	103.7	93.7	101.2	101.0
99.2	100.0	96.8	99.9	97.5	88.1	95.1	100.1
103.4	102.9	85.8	97.2	100.0	100.0	100.6	86.4
109.8	104.1	104.9	87.7	100.0	100.0	100.1	100.1
98.0	101.0	81.6	100.0	100.0	100.0	101.3	83.3
100.6	**97.8**	**99.8**	**101.1**	**99.0**	**99.0**	**100.4**	**99.6**
101.0	97.2	99.6	101.3	97.7	98.5	99.8	98.6
107.0	102.4	103.4	102.3	100.0	100.1	101.0	104.3
103.3	95.8	97.8	101.3	96.9	90.5	100.8	93.3
101.8	95.9	91.6	101.0	98.1	85.9	95.8	94.9
105.2	95.7	107.3	101.7	95.4	97.8	105.6	91.1
98.8	96.4	103.1	101.8	97.5	105.6	99.7	100.7
91.5	96.9	111.0	100.0	106.7	97.9	98.8	96.2
109.7	98.4	103.1	101.7	97.7	103.2	97.0	95.1
95.9	92.8	106.9	105.8	100.0	99.5	108.9	120.3
96.1	96.3	96.6	98.1	84.0	100.0	99.8	98.8
96.4	100.0	107.0	102.2	104.8	98.5	98.0	98.6
104.7	100.0	98.2	99.9	99.8	100.0	115.2	93.1
97.9	89.5	98.9	108.2	97.7	96.3	85.6	93.5
101.6	98.2	99.5	98.4	94.2	169.1	92.0	105.3
99.5	97.8	98.0	100.1	96.7	100.7	99.9	99.9
97.1	100.0	101.9	100.0	102.7	89.5	100.2	91.4
99.8	97.5	97.5	100.1	96.0	103.0	99.8	100.8
102.3	100.0	97.0	101.2	100.0	100.0	98.7	100.0
102.3	100.0	100.0	102.9	100.0	100.0	88.3	100.0

（上年＝100）

项　目	湛江	茂名	肇庆	清远	潮州	揭阳
床单	90.4	100.2	100.0	99.9	98.9	100.2
床罩	95.8	100.1	102.6	99.3	94.1	99.3
被套	92.6	99.1	100.4	97.8	98.4	100.0
其它	96.5	100.7	102.9	97.1	92.0	100.1
家庭日用杂品	98.6	94.9	96.0	95.8	97.0	100.5
茶具	97.2	99.0	95.8	100.0	88.0	97.6
餐具	98.3	97.5	94.8	98.6	97.6	104.4
厨具	101.2	96.3	93.0	98.3	128.9	100.7
家用工具	101.8	103.4	99.8	94.1	106.0	100.0
洗涤用品	96.1	95.6	103.7	98.0	95.9	100.0
其它	99.6	91.6	86.0	90.8	94.3	100.4
家庭服务及加工维修服务	111.4	98.3	94.6	100.0	99.9	102.9
家庭服务	123.9	100.6	97.6	100.0	100.1	100.4
加工维修服务费	102.8	96.2	88.4	100.0	99.7	103.4
医疗保健和个人用品	**99.0**	**99.8**	**100.1**	**99.9**	**100.4**	**96.0**
医疗保健	98.6	100.4	99.2	98.9	100.5	93.0
医疗器具及用品	104.9	108.4	102.3	105.9	105.8	103.3
中药材及中成药	99.5	102.2	99.6	97.1	110.5	94.9
中药材	102.7	102.3	100.7	96.1	124.5	98.4
中成药	97.5	102.0	98.3	98.5	94.2	90.7
西药	96.4	99.0	95.5	97.7	87.0	87.8
胃药	99.5	99.4	91.7	108.5	86.7	98.3
感冒药	98.6	100.6	104.2	91.2	105.3	99.2
抗菌药针剂	94.4	99.0	95.5	100.0	69.5	81.2
抗菌药片剂	91.3	93.6	85.5	101.6	79.3	76.1
止泻药	97.3	98.9	84.3	87.3	101.3	87.2
外用药	92.9	106.6	102.4	100.0	70.7	100.0
心血管病用药	97.7	96.2	95.5	92.6	88.1	90.6
其它	100.7	100.9	97.4	99.7	100.0	86.1
保健器具及用品	97.8	100.8	104.1	96.4	98.8	86.8
保健器具	99.9	100.0	100.7	100.0	99.0	99.7
滋补保健用品	97.6	100.9	106.5	95.5	98.8	83.8
医疗保健服务	100.0	100.0	100.2	103.7	104.8	105.3
挂号费	100.0	100.0	100.0	124.8	100.0	100.0

续上表

云浮	顺德	兴宁	鹤山	廉江	电白	连州	普宁
101.3	102.8	100.4	98.2	98.1	100.0	103.1	104.9
99.3	99.3	99.9	97.2	100.4	100.0	103.1	97.5
99.8	101.6	99.5	92.6	71.6	100.0	101.8	94.9
99.1	99.3	94.6	96.4	98.6	100.0	96.7	97.1
99.4	100.1	101.6	95.0	98.8	98.5	97.6	98.6
100.0	100.3	100.0	98.1	104.9	100.0	96.5	100.0
100.0	100.0	100.0	88.3	103.1	100.0	97.2	91.4
100.0	99.6	101.4	92.7	103.3	100.0	94.3	100.0
100.0	100.0	116.3	92.6	82.8	100.0	100.0	102.4
98.1	99.2	99.8	100.0	107.6	100.0	100.0	97.9
100.0	101.4	102.0	96.6	86.3	97.7	100.0	100.3
106.7	107.5	100.0	99.0	100.0	100.0	100.0	100.0
116.7	108.3	100.0	98.6	100.0	100.0	100.0	100.0
98.6	100.0	100.0	99.5	100.0	100.0	100.0	100.0
100.0	**102.4**	**97.8**	**98.9**	**98.0**	**98.2**	**99.5**	**101.3**
99.5	103.3	99.9	99.8	98.5	97.0	99.6	99.9
97.4	106.3	110.2	103.9	100.3	93.9	103.1	104.1
97.1	110.3	101.8	99.2	94.5	96.1	96.0	105.0
96.0	118.9	100.1	97.1	98.7	96.4	101.1	110.0
98.7	101.1	105.0	101.2	88.7	95.7	93.1	96.4
100.0	99.4	97.7	99.0	99.4	96.7	101.8	96.3
100.0	98.1	100.2	97.3	96.2	111.1	105.7	97.7
100.0	112.7	92.6	100.7	100.2	100.2	107.6	97.8
99.0	99.6	100.0	103.6	99.4	100.0	89.6	100.9
98.8	92.9	99.1	97.3	97.6	92.3	100.7	86.2
103.5	96.8	90.1	97.3	106.5	95.0	104.6	88.2
101.5	93.0	100.0	100.0	96.3	100.2	101.9	97.5
99.8	93.2	99.8	99.8	98.9	86.5	96.0	104.9
99.8	99.0	100.9	92.8	100.0	98.0	81.1	97.9
102.6	96.6	99.1	100.1	95.6	95.3	99.4	97.0
98.8	101.0	100.0	92.3	90.8	97.7	97.0	100.0
103.4	94.3	98.8	100.9	98.7	94.9	101.3	97.0
100.3	102.3	100.0	100.4	102.8	100.0	99.8	100.0
100.0	100.0	100.0	100.0	100.0	100.0	100.0	100.0

（上年＝100）

项　目	广州	深圳	珠海	汕头	佛山	韶关
注射费	100.0	100.0	100.0	100.0	100.0	100.0
检查费	100.0	100.0	100.0	100.0	107.3	100.1
手术费	100.0	100.0	100.0	100.0	100.0	100.0
住院费	95.9	100.0	104.8	100.0	100.0	105.8
理疗费	100.0	100.0	100.5	100.0	100.0	100.0
其它	100.0	100.0	100.0	100.0	100.0	100.3
个人用品及服务	99.8	102.5	100.6	99.8	102.0	100.5
化妆美容用品	94.5	100.6	97.9	100.6	100.0	100.1
化妆美容器具	95.7	103.8	98.0	103.5	100.0	99.7
化妆品	94.2	100.0	97.7	99.7	100.0	100.4
卫生用品	101.2	99.7	102.1	97.7	100.2	99.6
洗发用品	97.2	102.0	104.9	99.3	100.1	99.6
洗浴用品	102.3	97.5	99.3	96.7	99.8	99.3
其它	103.0	97.8	101.7	96.6	101.2	100.0
个人饰品	102.3	110.3	103.9	103.3	108.3	104.6
首饰	109.4	117.4	105.2	107.0	113.3	110.3
皮件	98.5	99.7	97.7	98.5	98.0	98.0
手表	100.0	100.0	106.8	98.0	103.6	99.5
领带	103.2	90.9	100.0	97.8	101.4	100.0
其它	96.3	102.7	100.0	100.0	100.0	98.6
个人服务	100.6	99.6	100.8	99.5	101.4	100.2
美容	92.7	98.1	100.9	101.0	100.0	100.0
理（烫）发	102.8	100.4	100.3	99.3	102.0	100.3
其它	105.7	100.8	105.9	99.1	102.4	100.4
交通和通讯	**98.9**	**97.8**	**97.3**	**99.9**	**98.1**	**99.6**
交通	100.8	98.3	96.7	102.2	98.1	100.5
交通工具	97.3	93.8	91.5	97.7	94.0	98.0
摩托车	100.0	99.3	100.0	96.8	91.4	96.9
自行车	105.7	100.0	101.4	100.2	100.0	104.9
汽车	96.3	92.0	89.8	97.1	97.4	91.1
其它	100.0	97.9	100.0	98.6	90.6	0.0
车用燃料及零配件	107.9	109.8	106.1	108.7	107.3	109.9
汽油	111.7	110.3	111.3	110.5	111.3	112.6
柴油	110.2	109.2	105.3	110.6	111.4	110.1

续上表

河源	梅州	惠州	汕尾	东莞	中山	江门	阳江
100.0	100.0	100.0	100.0	100.0	100.0	100.2	100.0
100.0	100.0	100.0	98.9	100.0	100.0	100.0	100.0
100.0	100.0	87.8	99.4	100.0	100.0	100.0	100.0
110.0	100.0	100.0	106.1	100.0	100.0	100.1	100.0
100.0	100.0	100.0	100.0	100.0	100.0	103.6	100.0
100.0	100.0	104.0	100.0	100.0	100.0	100.0	100.0
99.8	99.0	100.1	100.6	101.6	99.9	101.3	101.8
99.3	99.2	101.0	98.2	101.6	98.7	101.0	101.2
100.7	100.1	102.0	100.6	101.9	95.9	98.9	96.4
98.2	98.5	99.8	96.2	100.6	100.3	102.5	106.1
99.3	96.3	98.9	102.6	97.3	96.6	98.3	99.9
100.0	100.3	97.0	102.9	99.4	94.4	98.3	101.9
98.6	88.3	94.0	102.7	97.5	97.9	99.0	101.4
99.7	96.3	105.5	98.7	81.4	95.6	96.4	96.4
101.2	101.6	100.1	101.3	109.3	107.5	105.7	107.4
103.8	106.5	99.0	107.1	115.5	114.9	108.9	113.7
97.6	92.4	99.1	107.7	97.4	95.8	98.9	99.0
97.1	100.0	97.8	100.1	100.1	106.2	97.4	94.5
100.0	96.4	107.9	100.0	99.2	87.9	99.3	102.6
100.0	100.0	96.9	100.0	99.4	78.7	115.7	93.7
100.1	100.1	100.6	101.2	100.0	98.1	101.5	102.1
99.7	100.0	100.0	100.5	100.0	114.3	99.9	99.4
100.5	100.1	100.7	100.9	100.0	95.6	103.3	102.5
99.8	100.1	100.7	105.3	100.0	97.1	96.4	96.8
98.4	**100.3**	**99.5**	**99.5**	**99.8**	**98.7**	**99.2**	**96.1**
98.1	102.3	100.5	101.0	100.3	100.4	100.4	95.5
91.6	99.2	94.2	97.4	97.7	93.5	99.1	89.0
85.9	99.9	95.1	93.6	98.3	93.1	92.0	85.4
91.6	97.9	101.0	105.6	98.9	100.0	107.2	102.4
93.5	96.8	90.6	94.9	97.5	93.4	100.9	98.6
103.2	100.0	99.2	100.0	0.0	90.5	100.2	103.4
106.4	108.3	109.5	108.4	108.3	108.3	106.8	105.7
110.6	111.2	111.6	111.8	112.1	110.1	113.6	110.6
108.2	110.7	111.9	106.3	104.4	110.3	105.9	105.0

(上年=100)

项　目	湛江	茂名	肇庆	清远	潮州	揭阳
注射费	100.0	100.0	100.0	100.0	122.8	100.0
检查费	100.0	100.0	100.7	100.0	106.2	126.1
手术费	100.0	100.0	100.0	100.0	102.1	100.0
住院费	100.0	100.0	100.0	100.0	100.0	102.3
理疗费	100.0	100.0	100.0	100.0	100.0	100.0
其它	100.0	100.0	100.0	100.0	97.5	100.0
个人用品及服务	99.7	98.8	101.5	101.9	100.0	101.5
化妆美容用品	97.5	109.3	99.4	106.7	100.4	100.3
化妆美容器具	97.0	108.7	95.6	109.4	98.9	100.0
化妆品	98.0	109.6	101.0	104.7	101.7	100.8
卫生用品	100.2	95.4	99.9	97.2	95.8	98.2
洗发用品	98.2	92.6	97.9	97.3	96.8	97.0
洗浴用品	100.2	95.1	102.2	95.4	93.5	100.0
其它	102.3	98.0	97.6	100.7	97.4	96.6
个人饰品	104.5	101.3	106.3	102.3	100.1	103.1
首饰	110.8	102.1	119.3	107.8	109.4	106.1
皮件	98.6	101.0	100.2	98.7	79.3	101.2
手表	99.8	99.5	100.2	92.9	100.7	101.0
领带	95.5	99.2	97.1	100.0	96.7	97.5
其它	97.1	100.0	104.2	100.4	95.6	97.4
个人服务	100.4	87.1	101.2	101.2	104.0	104.0
美容	126.6	96.2	103.4	99.1	103.4	99.0
理（烫）发	99.4	83.5	100.0	101.3	104.1	105.9
其它	92.5	86.9	99.5	105.8	108.0	87.1
交通和通讯	**98.5**	**100.0**	**96.2**	**97.1**	**92.3**	**98.2**
交通	101.8	101.6	96.5	97.7	97.1	99.1
交通工具	98.4	97.6	87.2	90.9	89.2	95.4
摩托车	99.4	100.0	0.0	82.4	88.0	93.5
自行车	100.0	100.0	99.1	100.0	86.4	97.1
汽车	94.4	94.6	86.2	91.4	94.0	95.0
其它	98.3	97.5	0.0	0.0	96.0	97.8
车用燃料及零配件	108.2	107.9	104.4	106.7	99.6	109.4
汽油	112.6	111.8	110.2	111.9	109.3	113.7
柴油	106.4	110.9	109.2	107.3	109.8	116.0

续上表

云浮	顺德	兴宁	鹤山	廉江	电白	连州	普宁
100.0	100.0	100.0	99.4	100.0	100.0	100.0	100.0
100.0	100.0	100.0	103.8	100.0	100.0	100.0	100.0
100.0	100.0	100.0	100.0	100.0	100.0	100.0	100.0
100.0	110.1	100.0	100.6	116.0	100.0	98.1	100.0
100.0	100.0	100.0	100.0	100.0	100.0	100.0	100.0
109.2	100.0	100.0	100.0	100.0	100.0	0.0	100.0
101.2	101.3	94.3	97.9	96.9	100.4	99.4	103.1
100.3	100.2	100.1	98.6	89.9	100.0	100.0	100.8
98.1	101.3	100.9	92.3	99.0	100.0	100.0	101.1
102.0	100.0	99.9	100.2	83.0	100.0	100.0	100.4
94.5	98.1	98.8	97.1	98.9	100.0	98.4	97.4
91.7	97.5	99.7	99.8	96.8	100.1	95.9	97.3
94.4	95.4	95.6	95.1	96.4	100.0	100.0	102.6
99.2	101.3	100.0	96.1	108.1	100.0	100.7	91.5
97.7	102.4	101.0	102.4	102.4	102.6	100.3	113.2
98.5	107.1	106.2	110.7	108.0	106.9	106.4	123.4
97.8	100.0	95.1	99.3	101.7	100.0	97.1	98.9
99.0	101.4	100.0	94.3	99.0	100.0	100.0	104.1
93.8	100.0	101.0	99.4	98.5	100.0	96.4	99.3
96.1	97.7	104.0	98.4	101.4	100.0	100.0	96.3
112.8	105.1	88.0	95.0	101.0	100.0	100.0	100.0
115.1	108.7	91.2	87.4	100.0	100.0	100.0	100.0
116.9	104.9	83.9	98.9	102.0	100.0	100.0	100.0
88.2	101.2	98.1	99.6	99.5	100.0	100.0	100.0
100.0	**100.0**	**98.5**	**99.2**	**99.2**	**98.7**	**97.1**	**98.6**
103.4	99.4	102.6	103.1	99.4	99.0	97.7	99.0
95.5	96.3	108.2	96.3	92.7	92.3	87.1	96.7
95.2	95.0	98.6	93.4	91.2	88.7	86.8	94.3
93.0	100.0	117.3	100.5	100.7	100.0	87.7	98.6
100.0	96.4	0.0	100.0	100.0	100.0	100.0	92.3
100.0	100.0	99.7	100.0	73.5	103.6	100.0	97.9
107.5	108.6	107.1	107.7	108.2	106.0	107.3	104.9
112.2	110.6	111.2	111.1	112.4	111.2	110.5	107.9
103.9	110.1	110.2	110.8	109.8	105.2	111.4	104.8

(上年=100)

项　　目	广州	深圳	珠海	汕头	佛山	韶关
零配件	100.0	108.8	99.7	102.8	100.0	101.3
其它	100.0	108.3	99.5	103.2	100.0	103.5
车辆使用及维修	100.3	107.5	109.2	99.2	98.9	96.7
驾驶证	118.5	121.1	99.4	94.5	110.1	92.9
保险费	102.4	100.0	144.8	100.0	100.0	94.9
停车费	95.2	100.0	100.0	100.0	89.4	100.0
车辆修理服务	100.0	100.0	100.0	100.0	100.0	100.0
其它	100.0	105.1	100.0	100.0	100.0	100.0
市区公共交通	100.0	100.0	100.2	99.9	100.0	100.3
公共汽车票	100.0	100.0	100.0	100.0	100.0	100.0
出租汽车	100.0	100.0	100.9	100.0	100.0	100.2
其它	100.0	100.0	100.0	99.2	100.0	101.4
城市间交通	101.7	97.7	99.4	101.0	99.9	102.1
飞机票	101.7	93.9	88.7	106.4	90.4	0.0
火车票	103.5	100.2	100.0	101.3	103.2	100.2
长途汽车	100.1	99.4	106.7	99.5	99.6	102.9
其它	103.3	98.0	101.2	101.3	88.3	108.2
通信	97.0	97.2	98.4	97.7	98.0	98.8
通信工具	85.1	85.9	85.5	81.0	91.1	95.3
固定电话机	99.5	93.0	91.7	90.3	98.7	91.1
移动电话机	80.1	75.3	74.0	72.1	86.8	96.0
BP 机	100.0	99.8	100.0	100.0	100.0	95.2
其它	90.3	96.8	97.0	99.6	85.5	102.6
通信服务	100.0	100.0	100.2	100.0	100.0	100.0
市内电话通话费	100.0	100.0	100.0	100.0	100.0	100.0
长途电话通话费	100.0	100.0	99.9	100.0	100.0	100.0
月租费	100.0	100.0	100.0	100.0	100.0	100.0
信件邮寄	100.0	100.0	100.0	100.0	100.0	100.0
包裹邮寄	100.0	100.0	127.8	100.0	100.0	100.0
其它	100.0	100.0	100.0	100.0	100.0	100.0
娱乐教育文化用品及服务	**98.9**	**98.5**	**100.4**	**98.7**	**100.1**	**98.7**
文娱用耐用消费品及服务	83.8	96.6	95.1	93.2	96.4	96.9
电视机	88.1	90.6	89.1	87.6	93.9	99.6

续上表

河源	梅州	惠州	汕尾	东莞	中山	江门	阳江
94.2	103.3	100.6	104.1	98.9	100.0	100.3	100.0
108.5	100.0	100.0	105.4	99.1	106.8	99.6	90.7
98.4	100.3	101.1	100.0	99.8	100.6	102.7	88.0
98.5	102.9	96.6	100.0	92.1	104.4	106.0	109.1
92.5	99.4	109.8	100.0	100.0	93.3	98.7	89.2
100.0	100.0	100.0	100.0	100.0	109.5	97.0	97.4
100.0	100.0	100.0	100.0	100.0	100.0	106.8	85.9
100.8	99.1	100.0	100.0	102.8	95.3	100.3	96.0
100.0	100.6	100.0	100.0	100.0	100.0	100.0	100.0
100.0	100.0	100.0	100.0	100.0	100.0	100.0	100.0
100.5	103.1	100.0	100.0	100.0	100.0	100.0	100.0
99.5	100.0	100.0	100.0	100.0	100.2	100.0	100.0
102.2	104.0	99.7	99.1	100.4	100.1	95.6	104.4
0.0	111.8	96.5	0.0	0.0	0.0	0.0	100.0
108.3	100.4	101.2	0.0	0.0	0.0	0.0	100.0
98.7	109.9	100.4	98.5	100.9	99.0	91.6	103.9
0.0	101.3	95.2	100.5	99.7	101.3	99.8	103.9
98.8	98.8	98.8	98.1	99.3	97.4	98.1	96.6
90.5	90.0	89.7	91.2	96.4	88.3	84.2	75.2
92.1	100.0	94.5	100.0	99.2	97.8	96.8	85.0
87.9	82.8	88.5	87.1	96.2	75.2	71.3	66.6
100.0	100.0	100.0	100.0	103.7	100.0	100.0	100.0
90.6	96.9	90.2	91.0	96.5	94.3	100.2	82.7
100.1	100.0	100.0	99.9	100.0	99.1	100.7	99.8
100.0	100.0	100.0	100.0	100.0	100.0	102.2	100.0
100.0	100.0	100.0	100.0	100.0	100.0	100.0	100.0
100.0	100.0	100.0	100.0	100.0	100.0	100.0	100.0
100.0	100.0	100.0	100.0	100.0	89.0	100.0	100.0
100.0	100.0	100.0	97.9	100.0	100.0	100.0	100.0
101.0	100.0	100.0	97.5	100.0	100.0	100.0	79.4
96.7	**99.0**	**101.6**	**97.5**	**98.9**	**96.2**	**98.9**	**99.0**
91.6	95.4	92.4	92.9	98.0	93.3	95.5	90.2
84.2	97.3	87.1	93.7	95.7	89.7	96.6	89.7

（上年＝100）

项　目	湛江	茂名	肇庆	清远	潮州	揭阳
零配件	100.0	99.1	89.3	98.1	85.5	101.9
其它	102.0	99.6	96.7	86.4	100.0	100.0
车辆使用及维修	102.6	100.5	97.3	100.1	98.1	99.1
驾驶证	119.6	103.3	100.0	100.0	102.0	104.0
保险费	93.7	100.0	100.0	100.7	88.3	100.0
停车费	106.1	100.0	68.2	100.0	100.0	93.6
车辆修理服务	100.0	100.0	83.1	100.0	100.0	100.0
其它	110.7	100.0	121.8	100.0	100.0	100.0
市区公共交通	100.0	100.5	104.3	100.0	103.5	98.8
公共汽车票	100.0	100.0	100.0	100.0	110.1	98.8
出租汽车	100.0	101.8	112.3	100.0	99.2	98.8
其它	100.6	100.0	100.0	100.0	100.3	99.5
城市间交通	103.2	109.0	88.3	99.9	102.1	98.1
飞机票	102.0	0.0	0.0	0.0	0.0	100.0
火车票	100.8	107.0	100.0	0.0	98.2	96.4
长途汽车	105.6	108.7	89.3	100.0	106.0	99.7
其它	105.0	115.0	63.5	99.6	101.8	100.0
通信	96.1	98.6	95.9	96.5	87.8	97.2
通信工具	79.6	92.0	92.5	82.4	76.9	83.7
固定电话机	94.5	92.9	98.6	101.8	74.4	94.5
移动电话机	73.2	88.9	86.2	69.6	69.3	69.2
BP 机	98.6	100.0	94.3	80.0	94.8	86.8
其它	97.2	99.8	95.7	96.2	95.2	99.0
通信服务	100.0	100.0	97.4	99.5	100.0	100.0
市内电话通话费	100.0	100.0	100.0	100.0	100.0	100.0
长途电话通话费	100.0	100.0	100.0	100.0	100.0	100.0
月租费	100.0	100.0	100.0	100.0	100.0	100.0
信件邮寄	100.0	100.0	100.0	100.0	100.0	100.0
包裹邮寄	100.0	100.0	100.0	100.0	100.0	100.0
其它	100.0	100.0	92.2	94.7	100.0	100.0
娱乐教育文化用品及服务	**99.7**	**100.4**	**98.3**	**100.1**	**99.4**	**96.8**
文娱用耐用消费品及服务	91.6	96.6	90.9	94.5	89.8	93.6
电视机	90.9	95.6	84.8	92.3	89.1	88.2

续上表

云浮	顺德	兴宁	鹤山	廉江	电白	连州	普宁
100.2	100.0	100.9	94.4	100.6	100.0	100.0	102.9
103.7	100.0	100.0	97.1	97.0	100.0	100.0	100.0
101.2	100.1	99.0	101.0	97.2	100.0	100.0	98.4
102.9	103.7	100.0	102.4	100.0	100.0	100.0	97.0
98.7	100.0	91.9	107.9	94.3	100.0	100.0	94.4
100.0	100.0	100.0	93.4	82.9	100.0	100.0	100.0
100.0	100.0	100.0	93.2	100.0	100.0	100.0	100.0
113.6	100.0	99.2	100.0	101.2	100.0	100.0	100.0
101.5	100.0	95.1	104.0	100.3	100.0	102.8	100.0
100.0	100.0	91.6	100.0	100.0	100.0	100.0	100.0
100.0	100.0	98.8	113.4	100.4	99.9	100.0	100.0
107.7	100.0	100.0	100.0	100.6	100.0	105.0	100.0
121.8	98.5	100.0	103.0	99.2	101.2	104.5	99.7
100.0	0.0	0.0	100.0	99.1	0.0	0.0	0.0
100.0	0.0	103.1	100.0	99.5	0.0	0.0	0.0
122.4	98.1	98.1	99.9	101.4	101.9	104.7	99.5
129.3	100.2	105.1	115.1	90.0	100.3	104.0	100.0
96.7	100.8	94.3	95.1	98.8	98.4	96.6	98.3
86.8	97.1	83.9	88.2	89.9	82.8	78.2	87.2
82.7	100.0	91.9	93.3	97.9	100.0	84.4	93.1
88.8	96.6	73.8	91.5	78.3	70.6	67.9	77.1
59.4	100.0	84.2	55.7	100.0	89.0	78.2	100.0
89.8	100.0	93.8	100.0	100.0	95.3	88.7	89.8
99.0	101.3	100.0	99.7	100.0	100.0	100.0	100.0
100.0	100.0	100.0	100.0	100.0	100.0	100.0	100.0
94.9	100.0	100.0	100.0	100.0	100.0	100.0	100.0
100.0	100.0	100.0	100.0	100.0	100.0	100.0	100.0
100.0	100.0	100.0	100.0	100.0	100.0	100.0	100.0
100.0	135.8	100.0	100.0	100.0	100.0	100.0	100.0
100.0	100.0	100.0	98.2	100.0	100.0	100.0	100.0
92.5	**97.2**	**101.3**	**99.3**	**99.3**	**98.8**	**99.9**	**98.5**
93.1	98.4	97.9	94.5	96.8	93.9	89.0	95.6
95.4	100.7	96.5	93.4	101.9	92.1	80.0	96.2

（上年 =100）

项　　目	广州	深圳	珠海	汕头	佛山	韶关
影碟机	92.9	100.3	89.2	97.0	98.1	85.7
摄像机	95.9	89.9	99.4	95.1	95.2	100.0
照相机	96.4	94.2	94.5	98.5	100.0	97.8
音响	93.1	98.4	95.1	99.9	99.4	97.9
收音（录）机	98.6	97.6	85.5	100.6	100.0	94.7
电脑	69.7	96.8	98.5	89.7	96.2	95.7
修理服务费	100.0	102.7	101.6	100.0	100.0	100.0
其它	89.2	103.1	90.5	94.6	102.8	99.1
教育	100.3	100.1	103.0	100.1	100.1	101.1
教材及参考书	109.3	101.4	105.5	101.2	101.2	107.5
工具书	101.9	104.5	104.4	100.7	100.0	98.1
教材	109.2	100.5	106.4	102.6	101.1	111.8
参考书	116.8	100.0	105.3	100.0	102.6	107.7
学杂托幼费	100.0	100.0	102.3	100.0	100.0	100.5
义务教育杂费	100.0	100.0	100.0	100.0	100.0	100.0
其它教育学杂费	100.0	100.0	100.0	100.0	100.0	100.0
托幼费	100.0	100.0	111.4	100.0	100.0	106.1
文化娱乐用品	99.9	100.8	100.7	100.8	101.0	101.0
文化娱乐	99.3	100.4	99.4	100.7	101.0	97.4
乐器	100.1	107.1	95.8	102.3	100.1	97.4
音响光盘和磁带	94.3	100.7	100.0	100.0	100.0	96.9
照相胶卷	99.7	95.7	101.4	99.2	99.4	99.1
录像磁带和视盘	97.4	100.2	103.7	99.6	100.0	100.0
儿童玩具	101.3	98.7	98.5	100.0	101.6	97.1
纸张用品	100.0	101.3	97.7	101.0	104.9	98.1
文具	99.9	94.8	100.2	100.7	100.0	90.8
体育用品	99.5	103.3	102.7	102.8	101.1	99.3
其它	100.3	103.2	99.2	96.9	100.3	96.5
书报杂志	100.0	100.5	100.0	100.0	102.8	100.9
书籍	100.0	101.2	100.0	100.0	100.0	102.5
报纸	100.0	100.0	100.0	100.0	109.4	100.0
杂志	100.0	100.0	100.0	100.0	100.0	100.0
文娱费	100.5	101.8	102.0	101.1	99.6	103.7

续上表

河源	梅州	惠州	汕尾	东莞	中山	江门	阳江
85. 5	91. 8	82. 3	93. 4	93. 5	86. 3	97. 4	78. 2
77. 8	87. 8	104. 4	100. 0	97. 6	74. 2	96. 0	100. 0
84. 8	85. 3	105. 1	98. 1	82. 1	80. 9	97. 1	97. 2
105. 7	102. 7	99. 5	96. 2	93. 4	106. 3	102. 8	104. 6
100. 0	100. 0	92. 0	100. 0	98. 9	100. 5	98. 4	106. 2
94. 3	93. 4	93. 3	87. 7	99. 9	101. 3	90. 1	84. 4
106. 9	100. 0	87. 4	101. 6	100. 0	93. 6	100. 0	93. 0
92. 2	97. 2	89. 6	89. 8	93. 0	99. 7	94. 7	89. 0
102. 7	100. 3	107. 5	98. 1	100. 0	96. 9	103. 8	105. 0
97. 6	103. 1	102. 4	101. 1	100. 0	109. 8	108. 6	119. 1
100. 0	101. 5	100. 0	100. 0	100. 0	94. 6	100. 8	100. 9
91. 1	105. 5	104. 8	102. 3	100. 0	115. 7	117. 7	122. 7
104. 3	100. 0	100. 0	100. 0	100. 0	113. 2	104. 2	129. 7
103. 6	99. 6	108. 5	97. 7	100. 0	95. 9	103. 1	101. 9
100. 3	100. 0	106. 5	86. 0	100. 0	100. 0	100. 0	105. 3
105. 3	98. 2	112. 4	101. 1	100. 0	92. 6	100. 0	100. 0
105. 2	107. 4	101. 3	100. 0	100. 0	106. 2	115. 5	101. 9
101. 9	100. 1	98. 3	100. 0	98. 8	95. 6	101. 4	101. 2
98. 8	100. 0	96. 2	100. 1	99. 0	92. 1	100. 3	100. 9
103. 6	100. 0	100. 0	100. 0	100. 6	87. 9	99. 8	107. 7
107. 1	100. 0	95. 7	100. 0	100. 0	94. 3	100. 5	100. 0
91. 6	100. 0	95. 0	98. 9	95. 4	100. 5	98. 0	98. 6
100. 0	100. 0	98. 7	100. 0	100. 4	94. 5	90. 4	100. 0
97. 0	100. 0	89. 2	100. 0	94. 6	68. 8	99. 1	104. 1
100. 4	100. 0	93. 3	100. 0	98. 7	106. 4	95. 9	99. 3
103. 8	100. 0	96. 6	100. 8	100. 1	79. 8	107. 8	104. 2
95. 2	100. 0	101. 2	100. 5	100. 3	95. 1	99. 6	92. 2
91. 3	100. 0	108. 9	100. 0	103. 0	115. 2	119. 0	95. 7
106. 8	100. 4	100. 0	100. 0	100. 3	96. 1	103. 6	100. 3
100. 0	100. 0	100. 0	100. 0	100. 0	83. 3	99. 5	101. 0
112. 5	100. 0	100. 0	100. 0	100. 0	97. 2	107. 4	101. 4
109. 0	102. 1	100. 0	100. 0	101. 3	100. 0	102. 1	96. 5
100. 0	99. 8	100. 2	100. 0	97. 4	100. 6	100. 2	101. 8

（上年＝100）

项　　目	湛江	茂名	肇庆	清远	潮州	揭阳
影碟机	89.9	95.2	94.8	95.3	93.8	97.7
摄像机	90.6	99.7	92.5	90.4	98.0	100.0
照相机	94.9	96.9	99.9	91.2	96.0	100.3
音响	92.2	102.0	92.9	93.6	92.6	97.1
收音（录）机	94.0	101.8	97.6	92.8	99.1	100.4
电脑	88.6	96.1	92.5	96.4	84.0	96.6
修理服务费	100.0	94.3	93.8	100.0	100.0	98.4
其它	99.9	94.9	82.9	103.0	94.5	98.0
教育	100.4	103.5	101.3	102.2	101.4	100.8
教材及参考书	103.8	112.1	106.4	101.5	106.6	100.3
工具书	114.5	100.0	100.0	100.1	85.3	100.0
教材	101.7	105.9	106.3	105.8	121.2	100.3
参考书	97.1	136.9	110.9	97.4	98.5	100.6
学杂托幼费	100.0	101.7	100.0	102.3	101.0	100.9
义务教育杂费	100.0	102.2	100.0	100.0	100.0	100.0
其它教育学杂费	100.0	101.6	100.0	103.7	100.0	101.5
托幼费	100.0	100.0	100.0	102.5	104.9	100.0
文化娱乐用品	101.2	99.9	100.3	99.0	102.8	100.2
文化娱乐	96.8	100.3	100.7	98.8	106.0	101.2
乐器	100.4	103.6	100.0	97.5	98.7	100.5
音响光盘和磁带	86.5	85.2	100.0	100.0	109.0	107.5
照相胶卷	100.4	98.5	100.0	99.2	96.9	101.6
录像磁带和视盘	97.4	92.6	104.8	100.0	108.5	99.2
儿童玩具	98.9	101.6	100.0	99.4	106.9	101.9
纸张用品	100.0	107.9	100.0	93.1	121.8	100.0
文具	94.7	98.7	100.1	100.0	104.8	100.6
体育用品	93.9	102.3	100.0	100.0	100.0	102.8
其它	99.8	98.5	100.0	100.0	100.0	99.4
书报杂志	102.3	100.0	100.0	97.2	102.1	100.9
书籍	104.7	100.0	100.0	91.7	100.0	100.0
报纸	100.0	100.0	100.0	100.0	106.0	100.0
杂志	100.0	100.0	100.0	100.0	98.7	104.5
文娱费	104.4	99.0	100.0	101.2	100.2	98.4

续上表

云浮	顺德	兴宁	鹤山	廉江	电白	连州	普宁
95.3	93.9	101.9	90.3	87.9	94.0	92.6	97.5
100.0	99.4	0.0	100.0	100.0	100.0	100.0	100.0
102.5	99.8	100.0	97.2	99.7	100.0	92.7	96.5
97.9	97.5	100.8	96.0	84.7	92.5	87.9	92.6
90.2	100.0	96.1	94.9	98.1	100.0	100.0	94.4
82.5	96.9	96.5	100.0	100.0	91.8	92.2	93.2
103.7	98.3	100.0	102.2	100.0	100.0	100.0	100.0
89.3	97.9	98.9	100.0	99.2	91.5	92.8	93.5
90.9	100.0	102.9	102.0	100.9	99.9	103.8	99.9
100.0	100.2	103.9	102.8	101.1	98.5	100.0	99.4
100.0	100.0	100.0	100.0	100.0	100.0	100.0	99.6
100.0	100.6	102.9	104.3	101.6	97.7	100.0	99.3
100.0	100.0	108.9	102.6	101.0	100.0	100.0	99.2
89.4	100.0	102.6	101.0	100.7	100.0	104.6	100.0
70.5	100.0	100.0	100.0	101.3	100.0	100.0	100.0
100.0	100.0	105.9	102.9	99.8	100.0	113.4	100.0
100.0	100.0	102.0	100.0	100.0	100.0	102.1	100.0
98.3	100.4	99.7	99.4	100.4	100.3	99.9	99.3
99.6	100.2	98.5	97.9	101.1	99.9	99.8	98.1
103.6	100.0	100.0	99.4	102.2	100.0	97.9	94.9
100.7	100.0	100.0	83.3	104.8	94.1	100.0	100.0
99.4	100.9	94.8	106.8	100.0	100.0	100.0	95.6
97.8	100.0	100.0	98.5	100.0	100.0	100.0	100.0
95.4	100.3	104.2	98.0	99.5	100.0	100.0	100.5
100.0	100.0	93.4	100.0	115.6	102.5	100.0	97.4
102.0	100.0	100.0	96.6	101.4	100.0	100.0	102.8
99.5	100.0	98.6	96.8	87.1	100.1	102.8	93.6
100.1	100.0	100.0	101.5	104.5	94.4	95.7	99.7
100.0	99.9	100.5	101.3	100.0	101.5	100.0	100.0
100.0	100.0	100.9	100.0	100.0	100.0	100.0	100.0
100.0	99.8	100.0	102.7	100.0	103.9	100.0	100.0
100.0	100.0	100.0	100.0	100.0	100.0	100.0	100.0
95.0	100.9	100.4	100.0	100.0	100.0	100.0	100.0

（上年 = 100）

项　　目	广州	深圳	珠海	汕头	佛山	韶关
录像电影票	100.3	120.7	104.5	100.0	100.0	126.5
公园门票	98.4	100.0	100.0	108.5	98.2	100.0
有线电视	100.0	100.0	103.5	100.0	100.0	100.0
健身活动	100.0	100.0	102.1	100.0	100.0	100.6
其它	108.9	96.3	97.7	100.0	100.0	101.2
旅游及外出	106.6	95.5	98.9	98.1	103.3	91.2
旅行社收费	105.5	93.9	98.5	98.2	102.8	89.7
宾馆住宿	105.8	100.1	104.5	96.4	111.6	94.6
其它住宿	117.9	99.1	94.0	99.5	95.1	100.7
居住	**102.0**	**102.3**	**103.2**	**103.1**	**103.0**	**104.7**
建房及装修材料	104.4	106.9	102.2	107.4	105.6	103.5
木材	104.7	118.4	100.0	104.6	111.0	98.3
砖	99.5	101.3	100.0	100.7	101.5	96.0
水泥	107.0	104.3	93.4	108.2	108.8	107.6
涂料	98.4	102.2	98.9	103.0	99.4	101.1
胶合板	107.1	112.1	101.4	111.3	105.0	99.6
玻璃	98.8	134.2	116.6	107.7	90.4	93.2
粘胶	99.2	96.3	96.4	101.2	98.5	101.3
油漆	103.4	103.9	104.1	103.2	100.8	101.6
其它	116.1	102.4	119.2	114.3	109.8	111.3
租房	100.0	99.6	100.0	100.0	100.0	100.0
房租	100.0	100.0	100.0	100.0	100.0	100.0
其它费用	100.0	98.7	100.0	100.0	100.0	100.0
自有住房	100.4	101.4	99.1	100.8	100.6	100.0
房屋贷款利率	100.8	100.9	100.8	100.8	100.8	100.0
维护修理费用	100.0	100.0	93.0	100.0	100.0	100.0
其它	100.0	107.1	102.9	104.4	99.3	100.0
水、电、燃料	102.7	101.8	107.4	103.5	104.6	109.0
水	100.0	108.6	106.5	100.0	110.1	111.4
电	99.6	97.0	100.0	100.0	99.5	99.2
液化石油气	119.1	106.7	117.2	110.6	115.5	121.9
管道燃气	102.3	109.9	100.0	111.3	102.2	108.4
其它燃料	102.6	104.9	106.9	111.2	100.6	100.0

续上表

河源	梅州	惠州	汕尾	东莞	中山	江门	阳江
100.0	100.0	100.0	100.0	100.0	104.2	100.0	105.9
100.0	100.0	100.0	100.0	100.0	100.0	100.0	100.0
100.0	100.0	100.0	100.0	100.0	100.0	100.0	100.0
100.0	100.0	105.5	100.0	88.9	100.0	100.0	102.7
100.0	97.7	98.1	100.0	100.0	100.0	102.8	100.0
82.1	99.2	98.6	98.3	98.1	98.6	87.3	88.9
79.2	100.6	97.5	97.9	98.1	98.4	85.1	87.5
93.7	91.2	101.1	100.0	100.0	99.9	98.0	91.4
94.1	100.2	100.3	100.0	100.0	100.0	98.8	100.1
104.3	**104.8**	**102.0**	**104.8**	**105.6**	**104.0**	**106.4**	**104.7**
103.2	107.4	100.4	108.3	107.2	104.7	102.8	106.5
100.0	96.6	99.8	103.7	108.0	101.3	99.9	102.9
99.1	106.9	99.7	102.3	101.4	100.2	106.7	96.6
120.7	114.6	98.7	110.4	127.1	115.6	108.1	109.9
100.0	99.5	102.0	100.0	101.5	104.7	102.7	94.9
100.0	101.3	95.0	107.6	102.6	99.1	99.4	104.9
100.0	116.0	112.4	117.6	111.5	94.3	102.9	118.2
100.0	96.8	96.0	113.8	100.9	102.6	102.4	103.5
100.0	97.8	98.5	102.1	101.0	115.8	100.6	103.8
119.3	110.2	114.5	118.8	110.2	107.3	102.6	117.5
100.5	102.1	102.3	100.0	100.0	100.0	120.6	104.3
100.6	102.9	104.5	100.0	100.0	100.0	127.3	104.4
100.0	100.0	100.0	100.0	100.0	100.0	94.3	102.0
100.6	100.4	102.3	100.9	100.6	100.4	93.6	101.6
100.8	100.8	104.5	100.8	101.1	100.8	91.2	100.8
100.0	100.0	100.0	100.0	100.0	97.0	100.0	100.0
100.6	108.8	99.2	106.0	100.0	100.0	97.9	111.1
107.7	106.7	102.8	106.6	107.5	106.7	108.9	105.3
92.9	100.5	100.0	100.0	122.8	113.6	125.6	100.0
99.2	99.6	100.0	100.0	100.0	100.0	100.5	97.6
123.7	115.4	115.4	118.6	113.1	111.7	113.3	115.6
0.0	100.0	96.6	0.0	0.0	108.8	108.0	100.0
106.8	111.2	101.6	109.9	105.9	110.6	106.5	94.5

（上年＝100）

项　　目	湛江	茂名	肇庆	清远	潮州	揭阳
录像电影票	101.1	100.0	100.0	106.5	110.4	96.0
公园门票	99.4	100.0	100.0	100.0	96.5	97.4
有线电视	100.0	100.0	100.0	100.0	100.0	100.0
健身活动	115.6	100.0	100.0	100.0	100.0	98.8
其它	100.0	85.9	100.0	100.0	100.0	99.3
旅游及外出	102.9	93.7	98.1	101.5	101.0	84.7
旅行社收费	102.2	93.7	95.6	101.5	97.5	81.8
宾馆住宿	108.4	87.5	99.7	99.7	104.5	99.4
其它住宿	101.7	100.9	100.0	102.5	101.3	100.0
居住	**106.8**	**104.6**	**102.9**	**103.7**	**105.5**	**105.1**
建房及装修材料	109.2	103.9	110.4	108.9	111.3	107.3
木材	105.0	104.6	99.8	100.0	102.1	100.0
砖	103.0	105.7	105.5	106.5	109.6	108.5
水泥	111.9	93.1	139.5	115.2	126.8	130.6
涂料	101.1	101.2	98.4	100.4	103.0	101.9
胶合板	104.5	99.7	106.1	109.1	103.4	104.2
玻璃	106.4	101.8	106.8	114.5	104.2	102.3
粘胶	96.3	100.0	105.4	100.0	101.2	103.7
油漆	94.7	100.0	104.0	101.9	100.7	104.0
其它	124.3	111.5	125.9	115.0	113.1	111.8
租房	101.4	100.0	100.0	100.0	100.0	100.0
房租	100.0	100.0	100.0	100.0	100.0	100.0
其它费用	119.2	100.0	100.0	100.0	100.0	100.0
自有住房	102.0	101.7	94.5	102.4	99.5	100.6
房屋贷款利率	100.7	102.1	91.8	102.5	100.9	100.6
维护修理费用	103.3	100.0	100.0	100.0	100.0	100.0
其它	110.3	101.1	101.9	109.7	70.3	105.2
水、电、燃料	110.2	107.3	109.1	103.2	107.1	107.8
水	112.8	104.9	105.3	100.0	109.1	117.4
电	99.6	100.0	100.0	99.7	100.0	100.0
液化石油气	120.0	116.1	123.4	108.2	116.8	115.1
管道燃气	104.5	110.3	108.0	112.4	111.6	124.8
其它燃料	114.9	100.5	106.3	105.3	104.4	109.5

续上表

云浮	顺德	兴宁	鹤山	廉江	电白	连州	普宁
92.0	100.0	100.0	100.0	100.0	100.0	100.0	100.0
76.2	100.0	100.0	100.0	100.0	100.0	100.0	100.0
100.0	100.0	100.0	100.0	100.0	100.0	100.0	100.0
104.6	100.0	100.0	100.0	100.0	100.0	100.0	100.0
96.2	105.6	110.8	100.0	100.0	100.0	100.0	100.0
92.2	92.4	99.6	99.2	96.7	99.9	110.8	99.2
90.2	89.1	99.4	98.1	92.3	99.9	108.3	97.2
109.2	96.8	100.0	100.0	88.9	100.0	109.4	102.0
83.2	100.7	100.0	100.0	100.0	100.0	117.1	100.0
105.7	**103.7**	**105.6**	**104.7**	**109.2**	**106.0**	**103.3**	**105.4**
116.3	105.7	105.7	107.2	111.3	105.8	105.4	106.0
113.9	100.0	102.0	92.0	99.4	100.0	103.6	100.9
117.5	106.5	105.1	99.7	99.5	101.5	101.8	114.7
138.6	108.7	119.9	131.6	105.3	107.3	111.2	100.2
126.9	101.7	102.3	100.0	100.7	100.8	101.3	99.5
116.0	102.5	103.1	107.7	116.1	110.3	100.5	97.1
108.2	103.7	102.3	99.7	150.3	113.4	100.0	115.1
108.9	98.7	101.7	100.0	99.7	105.1	100.0	94.6
103.8	100.3	96.1	100.0	103.0	101.4	100.0	97.0
104.5	108.4	110.6	107.8	118.8	112.8	114.8	105.3
98.2	100.0	100.0	98.1	100.0	100.0	100.0	100.0
97.4	100.0	100.0	97.6	100.0	100.0	100.0	100.0
99.7	100.0	100.0	100.0	100.0	100.0	100.0	100.0
100.8	100.7	100.2	100.5	99.8	104.2	100.0	100.3
100.2	101.0	100.8	100.8	100.9	100.0	100.0	100.4
98.6	100.0	100.0	100.0	99.3	100.0	100.0	100.0
112.8	95.0	100.0	98.6	101.9	106.8	100.0	100.0
106.2	103.3	108.8	104.8	110.5	107.5	103.6	108.1
113.3	108.9	100.0	101.6	100.0	100.0	100.0	102.8
97.8	95.4	97.7	99.2	100.0	100.0	100.0	99.9
119.6	114.7	113.9	113.6	126.0	118.9	111.6	116.1
105.4	116.3	0.0	100.0	0.0	100.0	0.0	100.0
98.1	102.1	114.2	100.9	107.9	109.0	105.3	104.8

2004年商品零售价格分类指数

(上年=100)

项　目	全 省	城 市	农 村
商品零售价格总指数	**102.9**	**102.5**	**103.7**
食品类	**107.7**	**107.1**	**108.7**
粮食	117.2	114.3	121.5
大米	122.2	119.9	125.6
面粉	117.1	109.1	127.8
粮食制品	107.4	105.2	111.4
其它	108.6	108.0	109.3
淀粉及薯类	106.4	105.9	107.2
干豆类及豆制品	109.0	106.6	113.0
干豆	116.9	113.5	121.8
豆制品	106.2	104.3	109.6
油脂	113.0	111.8	115.0
植物油脂	113.9	113.3	115.0
植物油制品	108.7	108.8	108.6
其它	117.4	110.1	123.9
肉禽及其制品	112.5	112.3	112.8
食用畜肉及副产品	117.2	117.3	117.1
猪肉	121.2	120.7	122.1
牛肉	116.7	117.4	115.9
羊肉	102.8	104.2	101.0
畜肉副产品	115.5	117.6	111.5
其它	103.8	104.2	103.4
禽	106.5	106.2	106.9
鸡	105.4	105.1	105.7
鸭	111.7	112.8	110.7
其它	104.8	104.1	106.6
肉禽加工制品	104.7	104.6	104.9
畜肉制品	104.9	105.2	104.5
禽制品	104.5	104.0	105.8
蛋	117.0	119.4	111.7
鲜蛋	117.8	120.4	112.2
蛋制品	112.6	114.1	108.8

续上表

（上年＝100）

项　　目	全 省	城 市	农 村
水产品	108.7	108.6	108.9
鱼	110.9	112.2	109.0
淡水鱼	112.7	114.0	111.0
海水鱼	107.7	109.4	104.4
其它水产品	105.1	103.8	108.6
菜	103.8	103.6	104.2
鲜菜	104.0	103.6	104.7
干菜及菜制品	102.1	103.0	100.5
调味品	100.6	100.8	100.2
盐	99.7	99.4	100.2
酱油	102.7	103.5	101.4
醋	98.5	99.5	96.7
味精	99.0	98.5	99.7
其它	101.7	102.0	101.0
糖	101.9	101.2	103.0
食糖	105.0	104.2	106.3
糖果	100.4	99.4	101.7
巧克力制品	101.9	101.1	104.4
糖制小食品	99.5	99.9	99.1
干鲜瓜果	103.1	101.7	105.9
鲜果	101.7	100.2	104.9
干(坚)果及瓜果制品	109.1	109.2	108.8
糕点饼干面包	101.9	102.4	101.0
糕点	101.2	101.0	101.6
饼干	103.0	105.2	98.9
面包	101.8	101.6	102.3
奶及奶制品	100.7	100.0	102.7
鲜奶	99.4	97.8	106.5
奶粉	102.9	103.4	102.0
其它	99.1	99.8	97.4
在外用膳食品	102.3	103.3	100.0
主食	102.8	104.3	99.4
炒菜	102.3	102.8	101.0

续上表

（上年=100）

项　　目	全　省	城　市	农　村
地方小吃	101.8	103.8	97.7
其它食品	101.3	101.0	102.0
饮料、烟酒	**101.6**	**101.9**	**101.0**
茶及饮料	100.9	101.3	100.1
茶叶	101.6	102.7	99.5
饮料	100.3	100.1	100.5
固体饮料	100.4	100.4	100.2
液体饮料	100.3	99.7	101.3
冷冻饮品	100.2	100.8	99.4
烟草	101.7	101.5	101.9
国产卷烟	102.1	101.8	102.2
进口卷烟	100.6	100.2	101.6
其它	101.6	103.1	99.7
酒	102.2	103.7	101.0
白酒	104.2	107.5	102.0
果酒	101.5	103.8	98.8
啤酒	99.2	98.0	100.4
其它	104.0	105.8	102.1
服装、鞋帽类	**99.0**	**98.6**	**99.6**
服装	99.4	99.2	99.6
男式服装	98.0	97.6	98.5
大衣	96.2	95.3	98.0
毛线衣	96.4	94.5	99.2
夹克衫	98.7	101.6	94.1
衬衫	98.7	98.2	99.7
裤子	94.6	93.1	97.9
西服	101.5	104.0	95.6
运动衫裤	101.1	101.3	100.7
内衣	99.4	98.4	101.8
羽绒衣	93.7	93.8	93.4
其它	97.7	96.2	100.1
女式服装	100.2	100.1	100.2
大衣	97.3	97.3	97.0

续上表

（上年 = 100）

项　　目	全　省	城　市	农　村
毛线衣	100.1	99.2	101.3
羽绒衣	100.0	102.3	95.8
套装	96.0	93.6	100.9
衬衫	106.4	107.9	104.9
裙子	99.5	99.6	98.7
裤子	100.3	101.0	98.6
运动衫裤	101.5	101.7	101.3
内衣	101.4	101.9	99.7
其它	101.4	101.5	101.3
儿童服装	100.3	100.4	100.1
套装	98.7	96.7	101.8
裤子	103.9	107.0	98.6
裙子	98.4	97.6	99.7
其它	100.9	102.5	99.8
鞋袜帽	98.1	97.3	99.7
鞋	98.0	96.9	100.1
男鞋	99.3	98.7	100.4
女鞋	95.7	94.0	99.6
童鞋	99.9	99.4	100.5
袜子	98.6	99.5	97.5
男袜	98.8	99.1	98.1
女袜	98.4	99.7	96.6
帽子	99.4	98.8	100.2
男帽	98.4	97.4	100.3
女帽	99.9	99.7	100.2
其它	97.6	95.9	99.4
领带	97.6	95.9	99.4
纺织品类	**99.5**	**99.1**	**100.1**
衣着材料	101.0	100.0	102.0
棉布	101.3	101.6	101.1
棉花化纤混纺布	103.3	105.6	101.6
化纤布	102.6	100.9	104.1
毛织品	98.1	96.6	101.2

续上表

（上年＝100）

项　　目	全　省	城　市	农　村
丝织品	101.2	100.1	102.7
毛线	100.5	100.2	100.7
其它	95.5	91.2	100.8
床上用品	98.8	98.7	99.1
毛毯	99.8	100.2	99.4
床单	100.8	100.8	101.1
床罩	97.3	96.4	98.8
被套	98.4	98.7	97.9
其它	98.5	98.6	98.6
家用电器及音像器材	**95.7**	**94.8**	**97.4**
家庭设备	97.3	96.8	98.5
洗衣机	98.3	98.1	98.7
电风扇	99.2	99.1	99.3
电冰箱（柜）	97.4	97.3	97.4
抽排油烟机	101.2	102.3	98.6
空调器	92.8	91.1	97.6
电热水器	99.0	99.0	99.3
微波炉	98.2	97.9	98.9
电炊具	100.7	100.7	100.5
饮水机	95.1	94.7	96.4
其它	100.2	100.1	100.4
文娱用耐用消费品	93.5	91.7	96.5
电视机	92.6	89.4	97.4
影碟机	94.0	94.1	94.0
摄像机	95.5	94.9	99.6
音响	95.0	95.3	94.3
收音（录）机	97.0	96.9	97.0
其它	91.0	87.5	100.1
音像器材类	96.9	97.1	96.5
专业音响器材	100.0	100.6	98.4
专业声像器材	92.0	91.0	94.1
文化办公用品	**95.6**	**94.7**	**97.5**
纸张用品	100.7	100.2	101.5

续上表

（上年=100）

项目	全省	城市	农村
文具	98.8	97.6	100.4
电脑及配件	90.0	87.6	96.7
打印机及配件	96.1	96.6	95.0
扫描仪	95.4	95.2	96.1
复印机	97.8	98.1	97.7
电子辞典	96.9	98.0	94.5
计算器	99.1	99.8	98.2
教学设备	95.7	98.2	88.2
其它	96.0	98.7	91.7
日用品	**100.3**	**100.6**	**99.7**
日用百货	99.3	98.9	100.0
自行车	100.8	101.5	100.0
雨具	98.0	97.0	100.2
剃须刀具	99.8	99.8	99.9
电池	98.4	97.2	101.3
卫生纸	98.9	99.8	97.3
卫生巾	98.9	96.9	103.0
其它	100.2	101.0	95.9
日用杂品	99.8	100.4	98.6
茶具	100.3	100.3	100.3
餐具	99.8	101.9	96.0
厨具	99.6	100.0	99.0
其它	99.3	99.0	100.0
洗涤用品	101.2	101.1	101.2
洗衣粉	102.1	102.4	101.3
肥皂类	102.7	104.5	99.2
牙膏	100.1	98.8	103.0
清洁洗涤剂	99.7	99.3	101.2
其它日用品	101.3	102.1	99.2
燃气灶具	107.8	112.1	99.9
儿童玩具	99.9	99.8	100.2
照明器具	99.8	99.9	99.2
钟表眼镜及配件	98.9	99.0	98.8

续上表

（上年 = 100）

项　　目	全　省	城　市	农　村
日用普通饰品	98.0	97.5	99.4
日用皮革制品	98.4	98.0	99.9
其它	109.2	112.4	97.7
体育娱乐用品	**99.6**	**99.5**	**100.2**
体育用品	100.3	100.4	99.9
球类	99.5	99.4	99.5
棋牌	100.5	100.3	100.7
健身器材	100.8	101.0	99.6
娱乐用品	99.0	98.6	100.5
游艺器材	99.6	98.9	102.0
照相器材	97.4	96.4	100.2
乐器	101.3	101.7	99.6
交通、通信用品	**92.3**	**91.6**	**93.9**
交通运输机械	95.3	95.5	94.8
轿车	94.3	93.9	95.8
客车	97.3	98.2	94.0
货车	95.4	95.5	95.3
摩托车	95.1	96.7	93.6
其它	95.0	93.5	99.1
通讯器材类	89.1	87.3	93.0
固定电话机	95.6	96.4	94.6
移动电话机	82.1	79.7	88.7
传真机	94.6	92.7	97.0
其它	97.5	97.0	98.9
家具	**98.7**	**97.2**	**101.1**
成套家具	98.5	96.6	100.3
床	97.5	95.9	99.9
桌	100.4	99.5	102.0
椅	96.5	95.9	98.0
沙发	99.6	97.6	103.6
其它	100.4	99.1	102.3
化妆品类	**98.5**	**98.2**	**99.3**
护肤品	98.3	99.2	96.3

续上表

（上年=100）

项　　目	全　省	城　市	农　村
美容品	95.1	93.4	99.6
护发美容品	101.0	99.9	103.7
清洁化妆用品	99.3	99.5	98.7
药物美容用品	98.6	97.8	102.0
金银珠宝类	**113.2**	**112.7**	**114.4**
金饰品	116.2	115.8	116.9
银饰品	104.6	104.7	104.8
铂金饰品	116.3	115.4	118.8
其它	102.4	102.3	102.8
中西药品及医疗保健用品类	**99.7**	**99.4**	**100.1**
医疗器具及用品	101.8	99.6	104.0
中药材及中成药	102.5	101.3	104.7
中药材	105.4	103.0	110.2
中成药	98.9	99.1	98.5
西药	97.5	97.6	97.1
胃药	99.6	99.9	99.1
感冒药	102.6	100.9	105.8
抗菌药针剂	98.2	97.4	99.9
抗菌药片剂	93.2	94.0	91.7
止泻药	95.9	96.3	95.4
外用药	101.3	103.6	97.3
心血管病用药	96.3	96.4	95.8
其它	99.1	100.1	97.4
保健器具及用品	99.3	100.2	97.2
保健器具	99.6	100.0	98.5
滋补保健用品	99.1	100.1	96.9
书报杂志及电子出版物类	**101.5**	**102.1**	**100.3**
教材及参考书	104.0	105.8	100.8
工具书	101.8	102.7	99.9
教材	104.0	106.1	100.6
参考书	106.0	107.8	101.7
书报杂志	100.5	100.6	100.4
书籍	100.4	100.6	100.1

续上表

（上年 =100）

项　　目	全　省	城　市	农　村
报纸	100.9	100.9	100.8
杂志	100.0	100.1	100.0
电子音像制品	98.0	97.6	99.0
音响光盘和磁带	97.7	97.3	98.5
录像磁带和视盘	99.2	99.0	99.9
计算机软件	96.7	96.0	98.6
燃料类	**112.9**	**113.2**	**112.3**
煤炭及制品类	108.8	106.1	111.2
原煤	115.3	111.3	117.8
煤制品	106.1	103.7	108.8
石油及制品类	112.9	113.3	112.3
液化石油气	115.9	116.1	115.7
管道燃气	105.5	105.4	115.2
汽油	110.9	111.2	110.3
柴油	109.2	109.2	109.1
其它	105.5	108.4	100.6
建筑材料及五金电料类	**104.4**	**104.1**	**104.8**
建筑装璜材料	105.5	105.3	106.0
木材	103.9	105.9	99.7
砖	102.5	100.3	105.6
水泥	108.4	106.9	109.9
涂料	100.1	99.6	101.1
胶合板	106.8	108.2	103.9
玻璃	109.7	106.5	114.1
粘胶	98.7	98.3	99.6
油漆	101.9	102.5	100.3
其它	111.9	113.3	109.2
五金电料类	100.7	100.9	100.3
五金工具	101.4	102.2	99.3
电工电料	100.5	100.5	100.6
水暖器材	100.1	100.1	100.0
其它	101.0	100.3	103.9

2004 年各月全省商品零售价格分类指数

（上年同月 =100）

项　　目	1 月	2 月	3 月	4 月	5 月	6 月	7 月	8 月	9 月	10 月	11 月	12 月
商品零售价格总指数	**100.8**	**100.9**	**101.6**	**103.1**	**103.7**	**103.2**	**104.0**	**104.3**	**104.1**	**104.0**	**103.2**	**102.2**
食品类	**105.4**	**105.3**	**106.5**	**108.5**	**109.2**	**107.8**	**110.0**	**110.0**	**108.9**	**107.6**	**106.9**	**106.0**
粮食	108.9	110.5	119.8	121.4	120.6	120.7	120.6	120.2	120.3	118.8	113.6	111.6
大米	110.9	113.6	126.4	128.7	127.0	127.0	126.6	125.9	125.9	123.9	117.1	114.9
面粉	110.1	112.2	119.7	121.1	121.0	121.3	121.0	120.6	120.6	119.9	111.3	108.2
粮食制品	104.1	103.7	106.6	107.6	108.0	108.4	108.7	108.8	109.5	109.4	107.4	106.7
其它	107.1	105.8	110.5	108.7	110.2	109.4	110.9	112.0	110.0	107.8	106.3	104.4
淀粉及薯类	99.8	104.1	103.5	105.3	108.5	109.7	110.2	109.7	110.7	107.0	105.2	103.3
干豆类及豆制品	105.3	104.6	107.3	109.2	109.7	111.0	111.5	111.0	110.9	111.6	108.4	107.8
干豆	108.7	108.5	112.8	117.7	118.1	119.3	122.3	121.5	120.5	121.4	117.6	114.8
豆制品	104.2	103.4	105.4	106.2	106.7	108.0	107.6	107.3	107.5	108.1	105.0	105.1
油脂	119.3	119.5	120.1	116.6	115.0	114.1	113.5	112.9	112.5	110.0	103.5	102.0
植物油脂	121.8	121.7	122.3	117.6	116.2	114.7	113.8	112.8	112.9	110.3	104.0	102.5
植物油制品	113.2	114.5	114.9	112.1	109.5	109.5	109.0	109.0	107.9	106.2	101.1	99.7
其它	117.3	116.5	118.0	120.4	120.3	121.2	122.8	123.6	122.5	117.7	106.6	105.6
肉禽及其制品	111.1	104.5	109.0	110.9	112.2	114.2	116.9	117.6	117.0	115.3	111.1	110.8
食用畜肉及副产品	114.6	110.1	114.3	116.5	116.9	119.0	122.2	123.2	123.3	120.2	113.6	113.2
猪肉	116.8	112.2	116.8	120.2	120.4	124.0	128.4	129.7	129.7	125.5	116.0	116.2
牛肉	116.3	115.1	120.0	117.9	117.0	117.4	117.0	116.7	117.0	117.4	115.3	113.9
羊肉	101.1	104.2	103.4	103.3	103.8	102.9	101.9	101.6	102.0	103.4	103.6	101.8
畜肉副产品	115.7	105.5	111.2	114.3	116.3	116.5	119.0	121.4	122.4	119.0	113.7	112.0
其它	103.8	101.5	102.1	102.4	103.1	103.6	106.9	106.3	105.8	103.4	103.5	103.1
禽	107.8	94.3	101.5	103.6	106.9	109.1	110.8	110.9	108.3	108.9	108.1	107.7
鸡	107.8	92.7	100.6	102.7	105.0	107.3	108.9	109.3	107.0	108.0	107.9	107.2
鸭	108.3	99.1	105.5	109.1	114.6	117.5	118.4	118.0	115.2	114.7	109.5	110.4
其它	106.9	97.2	100.0	100.2	105.5	106.7	109.9	108.7	105.5	105.6	105.8	106.3
肉禽加工制品	103.5	99.7	101.5	102.1	103.7	104.8	107.0	107.6	107.7	106.8	106.2	106.5
畜肉制品	103.7	101.3	102.3	102.5	103.6	104.3	107.0	107.5	107.8	106.7	106.2	106.3
禽制品	103.1	97.7	100.4	101.7	103.8	105.4	106.9	107.7	107.6	106.8	106.2	106.8
蛋	111.2	111.7	113.7	115.7	114.5	120.5	124.5	123.0	124.5	120.8	112.2	112.2
鲜蛋	112.6	113.0	115.2	117.4	115.7	122.5	126.4	123.8	124.9	120.6	110.9	111.6
蛋制品	103.5	104.2	105.5	106.4	107.7	109.5	113.9	118.6	122.6	122.4	119.9	116.1

续上表

（上年同月＝100）

项　目	1月	2月	3月	4月	5月	6月	7月	8月	9月	10月	11月	12月
水产品	107.1	104.4	107.4	109.8	111.2	110.6	109.2	107.9	107.6	109.3	110.0	109.8
鱼	105.2	106.2	107.2	110.5	112.2	113.3	112.8	112.4	112.5	113.2	113.3	112.9
淡水鱼	104.0	108.3	108.7	113.7	114.9	116.2	114.0	114.4	114.9	114.4	114.4	114.8
海水鱼	107.4	102.4	104.4	104.5	107.0	107.9	110.5	108.6	108.1	110.8	111.4	109.5
其它水产品	109.3	100.7	107.1	108.3	109.9	106.6	103.9	101.2	100.4	103.6	105.3	105.3
菜	93.2	115.2	101.0	108.1	109.2	105.2	114.2	108.7	99.4	91.9	104.6	100.1
鲜菜	91.9	117.6	101.0	108.8	110.6	105.8	116.1	109.6	98.8	90.4	104.9	99.8
干菜及菜制品	102.4	101.1	100.7	101.4	101.2	102.0	102.1	102.6	102.4	103.7	102.6	102.6
调味品	101.6	95.2	101.0	100.9	100.7	100.7	101.0	101.1	101.3	101.2	101.2	101.2
盐	103.2	93.5	100.4	100.4	100.0	100.2	100.2	100.6	100.1	99.5	99.7	99.7
酱油	101.3	102.4	102.9	102.7	101.6	101.6	102.4	102.5	103.3	103.8	103.8	103.7
醋	102.7	77.4	99.8	100.0	101.0	100.9	101.1	100.5	100.9	101.1	101.4	101.2
味精	97.5	98.8	99.0	98.7	99.2	98.8	99.3	99.4	99.4	99.3	99.3	99.2
其它	101.1	102.2	101.4	101.7	101.9	101.5	101.3	101.7	102.0	102.3	101.7	101.8
糖	101.7	100.6	101.2	100.4	100.8	102.0	102.2	102.6	103.6	103.8	102.5	101.7
食糖	103.7	103.1	103.1	103.0	104.1	104.8	105.6	106.6	109.4	110.0	104.9	102.2
糖果	101.1	98.9	100.1	98.8	99.0	100.6	100.9	100.7	101.2	101.1	101.3	100.8
巧克力制品	102.0	101.7	101.3	101.7	101.7	102.0	101.8	102.2	102.0	102.2	102.1	102.5
糖制小食品	98.3	97.9	100.0	97.7	97.2	99.9	99.7	100.0	100.4	100.4	101.0	102.2
干鲜瓜果	107.3	102.4	103.9	105.6	108.6	94.0	98.8	104.1	104.7	106.4	101.7	101.1
鲜果	107.4	101.1	102.7	104.6	108.4	90.2	96.0	102.2	103.0	105.4	100.5	99.9
干(坚)果及瓜果制品	106.7	107.6	108.4	109.5	109.3	111.3	111.0	112.0	111.6	110.3	106.1	105.7
糕点饼干面包	100.5	101.2	101.3	102.0	102.6	102.3	102.2	102.0	101.9	101.9	102.2	102.8
糕点	100.5	101.2	100.6	102.0	102.4	101.2	101.0	100.9	101.0	100.8	100.9	101.4
饼干	99.7	100.4	101.3	102.0	103.4	104.6	104.7	104.2	103.7	103.6	104.1	104.4
面包	101.3	101.9	102.2	102.1	102.1	101.7	101.3	101.3	101.3	101.5	102.1	103.1
奶及奶制品	101.8	100.7	101.4	101.3	100.7	100.9	101.1	100.8	101.3	100.3	99.6	98.9
鲜奶	100.9	99.9	100.7	100.0	98.4	99.6	100.1	99.5	100.7	98.6	97.7	96.8
奶粉	103.6	101.9	102.7	103.2	103.6	103.5	103.5	103.3	103.5	102.9	102.2	101.3
其它	99.4	99.7	100.2	99.9	100.0	98.2	97.8	98.3	97.8	98.9	99.3	99.2
在外用膳食品	101.0	100.5	101.1	101.6	102.0	102.0	102.6	103.3	103.8	103.7	103.5	102.9
主食	102.3	101.9	101.5	101.8	102.1	101.7	103.2	103.9	104.1	103.9	104.3	103.2
炒菜	101.1	100.3	101.1	101.9	102.4	102.4	102.4	103.3	103.5	103.4	102.9	102.4

续上表

（上年同月 =100）

项　　目	1月	2月	3月	4月	5月	6月	7月	8月	9月	10月	11月	12月
地方小吃	99.2	99.5	100.5	100.6	100.3	101.0	102.4	102.5	104.0	104.0	103.9	104.1
其它食品	101.3	101.1	101.2	101.4	101.6	101.3	101.1	101.5	101.6	101.5	101.2	101.4
饮料、烟酒	**102.0**	**101.7**	**102.0**	**102.2**	**102.0**	**102.0**	**101.7**	**101.1**	**101.0**	**101.1**	**101.3**	**101.1**
茶及饮料	101.7	101.6	101.3	101.6	101.4	101.2	101.1	100.5	100.1	100.1	99.9	99.9
茶叶	102.6	102.8	102.8	102.9	102.8	102.2	102.0	100.7	100.3	100.3	100.1	99.9
饮料	101.1	100.7	100.2	100.5	100.4	100.4	100.3	100.3	100.0	99.9	99.7	100.0
固体饮料	101.7	100.8	100.7	100.9	101.1	100.5	100.3	100.3	99.9	99.6	99.6	99.7
液体饮料	100.3	100.6	99.9	100.3	100.3	100.7	100.6	100.4	100.0	100.1	99.8	100.2
冷冻饮品	102.0	100.7	100.4	100.7	100.1	99.8	99.7	100.2	100.0	99.8	99.8	99.6
烟草	102.4	101.6	102.4	102.6	102.3	102.2	101.7	100.5	100.8	101.2	101.7	101.4
国产卷烟	102.9	101.6	103.1	103.3	103.2	102.8	102.5	100.7	101.3	101.2	101.5	100.9
进口卷烟	100.5	100.8	100.3	100.6	99.8	100.8	99.6	99.4	99.2	100.9	102.4	102.6
其它	103.0	103.8	101.6	101.6	100.8	100.2	101.1	100.9	101.0	101.4	101.2	102.2
酒	101.6	101.8	102.3	102.3	102.4	102.7	102.5	102.7	102.2	102.1	102.4	101.9
白酒	103.6	104.3	104.2	104.5	104.8	105.1	104.7	104.7	104.1	103.3	104.1	103.4
果酒	101.4	101.6	102.0	101.6	101.6	102.7	102.2	101.2	101.2	100.9	101.0	100.7
啤酒	99.0	98.6	99.6	99.6	99.3	99.1	99.2	99.3	99.2	99.3	99.3	99.4
其它	101.8	102.0	103.4	103.2	103.2	103.8	103.7	106.1	104.8	105.9	105.7	104.3
服装、鞋帽类	**99.6**	**99.6**	**99.5**	**99.7**	**99.6**	**99.7**	**99.0**	**98.3**	**97.7**	**98.3**	**98.4**	**98.4**
服装	100.3	100.1	100.1	100.0	100.0	100.5	99.5	98.6	98.0	98.4	98.6	98.4
男式服装	99.1	98.9	98.8	98.1	98.3	98.3	98.2	97.7	96.6	97.3	97.0	97.0
大衣	98.6	96.4	96.1	96.2	97.0	97.0	97.0	95.3	94.5	95.5	94.8	96.1
毛线衣	97.1	96.3	95.5	95.6	95.7	96.1	96.0	96.3	94.3	97.7	98.1	97.5
夹克衫	97.4	98.6	100.0	99.7	99.6	99.7	99.7	99.2	98.3	98.1	97.7	96.4
衬衫	98.9	100.1	100.8	99.7	98.7	98.7	98.3	99.0	96.5	97.9	97.9	97.4
裤子	99.7	100.4	97.7	94.7	93.4	94.7	93.8	92.1	92.4	92.1	91.8	92.4
西服	100.2	99.9	100.0	101.3	101.6	102.8	102.5	103.0	102.7	103.4	101.1	100.2
运动衫裤	102.1	100.2	101.4	101.8	102.1	101.6	101.5	101.4	101.4	99.6	99.9	100.5
内衣	100.8	101.1	101.7	99.7	99.6	98.6	98.8	98.9	98.8	98.1	98.5	98.7
羽绒衣	103.5	92.2	92.1	92.3	92.2	92.3	92.1	92.1	92.1	93.4	94.1	95.4
其它	91.9	91.3	92.7	96.4	105.3	100.8	102.2	101.5	93.8	99.9	99.0	99.0
女式服装	101.2	100.5	101.3	101.7	101.7	101.6	100.0	99.0	99.0	99.0	98.8	98.3
大衣	99.7	99.2	98.4	97.3	98.2	98.2	98.1	98.3	97.1	95.0	94.5	94.1

续上表

（上年同月 = 100）

项　　目	1月	2月	3月	4月	5月	6月	7月	8月	9月	10月	11月	12月
毛线衣	100.4	99.9	99.2	98.3	98.6	100.4	100.4	100.6	99.5	102.5	101.3	100.0
羽绒衣	102.6	101.9	102.3	101.8	99.5	99.7	99.7	99.6	99.5	97.7	98.1	97.5
套装	94.5	92.9	97.7	98.3	98.0	98.7	96.5	94.6	96.1	95.7	94.4	94.6
衬衫	107.6	104.2	107.8	109.1	110.3	109.8	106.2	105.3	107.2	103.0	102.8	102.9
裙子	103.4	103.2	103.4	104.2	103.6	102.4	98.6	96.3	94.8	94.9	94.9	94.0
裤子	103.2	101.4	101.1	102.7	102.4	102.1	99.5	97.8	98.3	98.3	98.8	97.8
运动衫裤	101.1	100.0	100.3	101.1	101.1	100.1	100.0	99.6	99.7	104.9	105.1	105.0
内衣	100.2	102.0	101.9	101.5	101.2	101.9	102.0	101.0	101.4	101.0	101.4	100.8
其它	102.4	102.4	102.2	101.5	101.1	101.5	100.8	100.9	101.6	100.7	100.4	101.3
儿童服装	100.6	102.0	99.2	99.1	99.3	102.0	101.2	99.7	98.3	98.9	101.8	102.1
套装	100.9	101.9	96.9	97.0	97.2	100.0	99.6	98.0	95.7	96.1	100.6	100.6
裤子	102.7	104.8	102.5	104.1	104.6	106.0	105.1	103.9	103.3	102.5	103.9	104.2
裙子	97.6	99.4	98.5	96.1	95.9	100.7	99.1	97.1	95.9	98.2	101.0	101.7
其它	100.1	100.4	100.0	101.1	100.6	100.5	101.3	101.0	100.5	100.9	102.0	102.8
鞋袜帽	98.3	97.9	98.0	99.1	98.9	98.0	98.2	97.6	97.0	97.7	98.0	98.5
鞋	98.3	97.9	97.8	99.1	98.9	97.8	98.0	97.4	96.7	97.5	97.8	98.3
男鞋	99.6	99.8	100.2	102.1	100.9	99.0	98.6	98.6	97.8	97.9	98.4	98.4
女鞋	96.8	95.9	95.3	95.7	96.4	95.3	96.3	94.8	93.9	95.9	95.7	96.7
童鞋	98.8	98.4	98.6	100.5	100.3	100.4	100.3	100.3	100.1	99.7	100.5	101.0
袜子	98.1	97.4	98.6	98.9	98.7	98.8	98.4	98.3	98.3	99.1	99.3	99.4
男袜	97.4	96.7	98.4	99.0	99.3	99.4	99.2	98.7	98.8	99.4	99.6	100.0
女袜	98.7	98.0	98.8	98.8	98.1	98.3	97.7	97.9	97.7	98.8	99.0	98.8
帽子	99.4	100.8	99.5	100.0	99.8	100.4	100.1	100.0	98.1	97.6	97.7	98.9
男帽	98.3	100.0	100.0	99.7	99.8	99.4	98.1	97.3	96.8	96.9	96.8	98.3
女帽	100.1	101.3	99.1	100.2	99.9	101.1	101.4	101.6	98.9	98.0	98.3	99.2
其它	95.6	99.2	98.5	98.9	97.1	96.7	96.5	97.3	96.8	99.4	97.4	97.9
领带	95.6	99.2	98.5	98.9	97.1	96.7	96.5	97.3	96.8	99.4	97.4	97.9
纺织品类	**100.0**	**99.9**	**99.7**	**100.1**	**99.9**	**99.7**	**99.8**	**99.1**	**98.7**	**98.9**	**98.8**	**98.8**
衣着材料	100.5	100.5	99.8	101.1	101.7	102.0	102.4	101.7	100.9	100.6	100.7	100.5
棉布	100.0	101.2	100.6	102.9	103.8	103.4	103.0	102.3	101.4	99.3	99.4	98.9
棉花化纤混纺布	101.9	102.0	100.8	103.0	105.8	105.2	105.6	105.3	104.7	101.4	102.3	101.9
化纤布	103.2	102.8	101.2	102.2	102.2	103.6	104.5	103.0	102.4	103.5	101.6	101.3
毛织品	99.1	99.2	98.8	98.5	97.7	98.6	100.4	97.9	94.5	96.2	97.6	98.6

续上表

（上年同月 =100）

项　　目	1月	2月	3月	4月	5月	6月	7月	8月	9月	10月	11月	12月
丝织品	97.8	97.5	96.0	101.5	101.7	101.6	101.8	102.3	102.9	104.5	103.6	103.2
毛线	100.1	99.9	100.2	100.5	100.5	100.6	101.0	100.8	100.5	100.3	100.8	100.7
其它	95.3	94.5	95.3	94.7	94.7	94.5	93.5	95.2	95.6	96.2	99.0	98.0
床上用品	99.8	99.7	99.7	99.7	99.2	98.7	98.6	97.9	97.8	98.2	97.9	98.1
毛毯	100.9	100.6	99.5	99.6	99.6	99.4	99.2	99.0	99.3	100.0	100.1	100.0
床单	100.4	101.7	100.4	100.9	101.2	101.4	101.5	101.2	101.2	100.8	99.7	99.4
床罩	98.9	98.4	98.7	98.5	97.7	97.2	97.3	96.7	96.1	96.0	95.9	95.7
被套	97.7	98.1	99.7	99.8	98.6	98.6	99.0	97.3	97.0	98.3	98.2	98.5
其它	101.2	100.1	100.3	99.8	99.4	98.2	97.5	96.9	97.0	97.3	97.1	97.7
家用电器及音像器材	**95.2**	**95.3**	**95.3**	**95.8**	**95.7**	**95.5**	**96.0**	**95.7**	**95.7**	**95.9**	**95.8**	**95.9**
家庭设备	96.1	96.1	96.4	97.0	96.5	96.3	97.9	97.7	98.1	98.6	98.5	98.5
洗衣机	99.1	99.3	99.4	99.5	98.9	98.6	98.2	97.8	97.5	97.4	97.3	96.7
电风扇	99.8	100.0	99.8	99.6	100.1	99.8	99.5	99.2	98.1	98.0	98.4	98.3
电冰箱（柜）	98.0	97.5	97.4	97.4	96.8	97.3	97.4	96.9	97.5	97.9	97.2	97.1
抽排油烟机	97.7	98.6	100.0	101.0	101.1	101.5	102.2	102.1	101.5	102.6	102.7	103.3
空调器	88.9	88.8	89.1	91.0	89.7	88.9	95.2	94.8	96.7	97.2	97.4	97.5
电热水器	97.5	97.4	98.1	98.5	98.7	99.0	99.1	100.4	100.0	99.8	99.9	99.9
微波炉	98.8	98.7	98.5	99.1	97.8	97.5	97.3	97.3	97.3	99.3	98.4	98.5
电炊具	100.9	100.5	100.6	100.6	100.6	100.6	100.9	100.5	100.5	101.0	100.8	100.6
饮水机	94.9	94.0	93.2	92.1	94.1	95.8	95.2	95.1	96.0	96.9	97.0	97.3
其它	99.0	98.9	101.4	101.3	100.8	99.5	100.8	100.0	99.7	99.8	100.6	101.2
文娱用耐用消费品	93.8	94.2	93.9	94.1	94.3	94.3	93.7	93.2	92.7	92.5	92.5	92.6
电视机	92.6	93.0	92.0	92.4	93.3	93.6	92.8	91.4	92.3	92.6	92.2	92.6
影碟机	94.1	93.8	94.5	94.7	95.1	96.6	95.8	95.1	92.8	91.7	92.0	92.1
摄像机	96.8	96.3	96.9	97.0	97.0	96.4	95.9	95.6	93.7	93.6	93.7	93.6
音响	93.7	95.4	95.4	95.5	95.5	94.3	94.4	97.2	94.6	94.5	95.2	94.6
收音（录）机	97.5	97.2	97.2	96.9	97.9	97.4	97.4	96.9	96.5	96.6	96.1	96.1
其它	97.6	97.6	97.6	96.7	92.9	89.9	88.7	87.9	87.2	85.2	85.1	85.0
音像器材类	96.8	96.9	96.8	97.1	98.4	97.1	96.5	96.5	96.9	96.5	96.6	96.7
专业音响器材	100.3	100.4	100.8	101.1	101.3	99.7	99.6	99.6	99.4	99.1	99.2	99.3
专业声像器材	92.2	92.4	91.4	91.6	94.0	92.8	91.4	91.1	92.1	91.7	91.8	91.7
文化办公用品	**95.7**	**96.0**	**95.5**	**95.8**	**96.4**	**96.2**	**96.0**	**95.7**	**95.6**	**95.0**	**94.9**	**94.1**
纸张用品	101.0	101.0	100.8	100.6	100.9	100.8	100.8	100.5	100.3	100.4	100.5	100.7

续上表

（上年同月 =100）

项目	1月	2月	3月	4月	5月	6月	7月	8月	9月	10月	11月	12月
文具	99.8	99.6	98.1	98.6	98.5	98.9	98.9	98.8	98.6	98.6	98.6	98.1
电脑及配件	89.5	90.2	89.5	90.3	91.2	90.1	90.9	90.3	90.3	90.0	89.6	87.6
打印机及配件	95.3	96.5	95.9	95.1	98.4	99.8	96.3	95.2	94.9	95.2	95.0	95.1
扫描仪	94.9	95.3	95.5	95.7	98.3	98.6	96.7	94.7	94.8	93.3	93.4	93.0
复印机	99.8	99.7	99.9	99.0	98.9	98.7	98.2	97.8	98.2	94.8	94.7	94.3
电子辞典	98.3	98.4	98.3	97.9	97.9	97.6	96.4	96.5	95.6	95.5	95.3	94.7
计算器	98.6	98.9	98.8	98.9	98.9	98.9	99.7	100.1	100.0	99.3	99.0	98.4
教学设备	95.0	95.2	94.9	95.2	95.6	95.0	95.8	97.1	96.6	95.9	96.3	96.4
其它	94.4	94.2	95.4	98.0	96.7	96.3	96.4	96.5	96.2	95.3	95.8	96.4
日用品	**99.9**	**100.2**	**100.1**	**100.2**	**100.3**	**100.4**	**100.6**	**100.4**	**100.3**	**100.5**	**100.6**	**100.7**
日用百货	99.6	99.9	99.5	99.4	99.3	99.4	99.2	98.9	99.1	99.0	99.1	99.1
自行车	100.2	100.5	99.9	100.1	100.1	100.1	100.2	100.1	102.2	102.2	102.3	102.2
雨具	98.0	98.0	98.0	97.3	98.2	98.4	98.6	97.7	98.2	98.2	98.1	97.8
剃须刀具	100.9	101.3	101.2	100.6	99.1	99.1	99.2	99.0	99.0	99.4	99.2	100.1
电池	98.4	101.1	99.6	97.8	97.9	98.2	98.2	98.4	98.2	98.1	97.2	97.4
卫生纸	99.3	99.2	98.7	99.6	99.9	99.8	99.0	98.9	98.5	98.3	98.3	97.7
卫生巾	100.1	99.9	99.8	100.6	99.8	99.8	99.4	98.5	97.5	96.8	97.2	97.7
其它	100.8	101.1	100.5	99.2	99.7	100.7	99.7	99.4	99.3	99.3	101.3	101.5
日用杂品	99.4	99.4	99.3	99.3	99.7	99.8	99.6	99.8	99.3	100.4	100.8	100.6
茶具	99.5	99.9	100.0	100.1	100.0	100.4	100.7	100.5	100.4	100.4	101.1	101.2
餐具	98.9	98.6	99.1	99.0	99.2	99.3	99.0	99.7	99.9	101.4	101.8	101.5
厨具	99.8	100.0	99.4	99.3	99.4	99.2	99.8	99.4	97.8	100.5	100.6	100.5
其它	99.3	99.5	98.7	98.9	100.1	100.4	99.2	99.6	98.7	99.0	99.4	98.6
洗涤用品	100.0	100.1	101.0	101.4	101.3	101.1	101.5	101.2	101.7	101.7	101.6	101.4
洗衣粉	99.0	99.6	101.1	103.0	102.9	103.0	103.4	102.7	102.9	102.8	102.3	102.6
肥皂类	102.9	102.1	103.8	103.8	103.6	102.5	102.6	101.9	102.3	102.3	102.5	102.0
牙膏	99.7	99.2	99.6	99.1	99.1	99.5	99.9	101.1	101.2	101.1	100.8	100.4
清洁洗涤剂	99.2	100.1	99.8	99.6	99.4	99.2	99.6	98.6	100.0	100.2	100.7	100.3
其它日用品	100.7	101.5	100.6	100.8	101.0	101.4	102.3	101.8	101.5	101.3	101.3	101.8
燃气灶具	105.6	105.8	106.7	107.0	107.0	107.0	109.6	108.7	108.6	108.1	108.1	111.5
儿童玩具	100.1	100.4	99.5	99.2	100.5	100.7	100.2	99.3	100.0	99.6	99.9	99.1
照明器具	99.5	99.3	98.8	99.3	99.6	99.4	99.6	100.2	99.9	100.6	100.4	100.3
钟表眼镜及配件	98.9	100.2	98.4	98.3	98.3	98.6	100.4	100.2	98.5	98.2	98.2	98.2

续上表

（上年同月 =100）

项　　目	1月	2月	3月	4月	5月	6月	7月	8月	9月	10月	11月	12月
日用普通饰品	98.9	98.5	98.8	98.7	98.7	98.4	97.8	96.7	97.0	97.3	97.9	97.7
日用皮革制品	99.1	99.0	98.4	99.4	98.4	100.3	100.2	98.0	98.9	97.7	95.4	96.1
其它	103.7	110.2	105.1	104.6	106.4	109.3	111.5	111.5	111.0	111.4	113.2	113.0
体育娱乐用品	**99.0**	**99.5**	**99.4**	**99.7**	**99.7**	**99.6**	**100.0**	**99.8**	**99.9**	**99.7**	**99.6**	**99.7**
体育用品	100.1	100.3	100.1	100.3	100.2	99.9	100.3	100.0	100.4	100.6	100.5	100.6
球类	99.9	100.1	100.1	100.1	100.2	99.6	99.1	98.6	98.8	98.9	98.9	99.3
棋牌	100.1	100.0	100.0	100.2	100.2	100.4	101.3	101.0	100.9	100.7	100.4	100.2
健身器材	100.2	100.7	100.1	100.6	100.1	99.9	100.7	100.5	101.3	101.8	101.7	101.8
娱乐用品	97.9	98.6	98.7	99.2	99.2	99.3	99.7	99.7	99.4	98.9	98.7	98.9
游艺器材	100.6	100.7	99.9	99.9	100.1	99.8	100.2	99.5	99.2	98.5	98.2	98.9
照相器材	95.2	96.2	96.6	97.5	97.4	97.8	98.3	98.6	98.3	97.7	97.7	97.7
乐器	101.1	101.5	101.8	101.7	101.6	101.6	101.7	101.6	101.3	100.9	100.6	100.7
交通、通信用品	**91.9**	**92.2**	**92.7**	**93.0**	**93.0**	**93.1**	**92.6**	**92.4**	**92.3**	**92.0**	**91.5**	**91.3**
交通运输机械	96.1	96.3	96.1	95.9	95.9	95.6	95.0	94.8	94.7	94.6	94.3	93.7
轿车	96.2	95.9	95.2	95.0	94.4	95.4	94.2	94.5	94.0	93.3	92.7	90.7
客车	97.5	97.8	98.2	98.0	98.1	97.3	97.1	96.7	96.8	96.5	96.8	96.8
货车	96.2	97.1	97.1	97.1	97.2	95.6	95.2	94.9	94.1	93.8	93.4	92.7
摩托车	95.4	95.4	95.4	95.2	95.4	94.6	94.7	94.1	95.1	95.3	95.0	95.4
其它	95.6	95.6	94.4	94.8	94.6	95.8	94.1	93.6	93.4	96.4	96.4	95.9
通讯器材类	87.3	87.9	88.9	89.7	89.9	90.3	90.0	89.7	89.7	89.2	88.5	88.6
固定电话机	97.5	96.4	96.4	96.1	96.5	96.3	95.8	94.9	94.6	93.9	93.8	94.5
移动电话机	77.6	79.0	80.9	82.7	83.0	83.6	83.5	83.8	84.0	83.4	82.4	82.3
传真机	93.8	93.4	93.7	93.3	93.9	95.5	96.0	95.2	95.6	95.5	94.9	95.0
其它	96.9	97.7	98.3	98.6	99.0	98.7	98.2	97.4	96.8	96.7	95.7	95.6
家具	**98.7**	**98.5**	**98.5**	**98.7**	**98.9**	**99.1**	**98.8**	**98.7**	**98.6**	**98.6**	**98.4**	**98.6**
成套家具	97.8	98.0	98.6	98.3	98.4	98.8	98.8	99.2	98.7	98.2	98.3	98.6
床	97.9	97.5	97.2	98.1	98.3	98.8	97.4	97.0	97.2	97.1	96.7	96.8
桌	99.2	99.5	100.1	100.1	100.6	100.9	100.5	100.4	100.6	101.3	101.1	101.1
椅	98.1	96.9	96.6	96.0	96.3	96.8	96.2	96.4	96.7	96.3	96.4	96.0
沙发	99.4	99.5	99.1	100.1	99.8	99.4	100.4	100.1	99.5	99.4	99.3	99.2
其它	100.4	100.9	100.8	100.3	100.7	101.0	99.9	99.6	99.9	100.2	100.0	100.6
化妆品类	**97.8**	**98.4**	**97.3**	**97.9**	**98.4**	**98.5**	**99.3**	**98.9**	**98.9**	**98.8**	**99.1**	**98.9**
护肤品	99.3	99.5	97.8	98.6	98.7	99.0	98.5	98.1	97.8	97.0	97.3	97.6

续上表

（上年同月 =100）

项　　目	1月	2月	3月	4月	5月	6月	7月	8月	9月	10月	11月	12月
美容品	91.4	92.1	90.4	90.9	92.7	93.3	99.5	98.7	98.3	98.4	98.8	97.9
护发美容品	100.2	100.7	100.7	100.5	101.3	101.5	101.6	100.8	101.2	101.3	101.5	101.1
清洁化妆用品	98.4	99.5	99.0	100.4	99.6	98.8	97.8	98.5	99.2	100.0	100.0	100.0
药物美容用品	97.0	98.0	97.7	99.2	99.4	99.6	99.9	99.1	98.8	98.0	98.3	98.0
金银珠宝类	**114.9**	**113.3**	**113.9**	**115.2**	**113.6**	**113.2**	**114.3**	**114.3**	**113.4**	**112.4**	**110.1**	**109.7**
金饰品	119.2	116.2	116.6	118.5	116.3	115.6	117.9	117.3	115.8	115.0	113.1	113.4
银饰品	104.7	105.0	105.1	104.4	104.5	104.6	104.5	104.6	104.4	104.8	104.6	104.3
铂金饰品	117.3	116.6	117.5	119.4	117.9	117.5	117.7	118.6	118.2	116.3	111.2	109.1
其它	102.9	102.9	103.7	104.3	102.8	102.4	102.6	102.5	102.1	100.9	100.8	101.0
中西药品及医疗保健用品类	**101.7**	**101.1**	**101.1**	**99.5**	**97.8**	**98.7**	**99.2**	**99.4**	**100.3**	**99.5**	**98.9**	**98.8**
医疗器具及用品	103.7	103.6	103.9	103.8	102.9	100.7	100.3	101.1	100.7	100.2	99.8	101.1
中药材及中成药	105.6	104.9	105.2	101.3	97.4	100.6	102.4	103.2	103.9	103.2	101.8	101.0
中药材	111.0	112.2	111.0	104.0	97.8	102.9	104.8	105.5	107.2	105.4	103.0	102.0
中成药	99.2	96.4	98.3	97.9	97.1	97.9	99.4	100.5	99.9	100.4	100.3	99.8
西药	99.1	98.9	98.5	98.1	97.6	96.8	96.5	96.3	97.7	96.5	96.4	97.0
胃药	98.9	98.9	99.4	98.7	99.1	100.0	100.0	100.6	100.6	100.3	99.7	99.0
感冒药	106.9	107.4	106.1	102.7	102.2	103.6	101.8	101.6	102.9	99.6	98.7	98.6
抗菌药针剂	99.4	100.2	99.6	100.4	99.8	98.1	97.1	97.7	97.5	96.7	96.0	96.1
抗菌药片剂	94.5	94.2	94.5	94.6	93.6	91.0	91.4	91.1	95.1	92.1	92.8	93.7
止泻药	100.8	97.6	97.1	97.0	95.9	96.1	94.7	94.1	94.4	93.9	93.7	95.7
外用药	102.4	102.3	100.9	100.4	100.8	100.9	101.5	99.5	101.3	101.7	102.1	102.1
心血管病用药	98.2	98.1	98.3	98.1	96.1	95.7	95.8	95.1	94.4	94.6	94.6	96.9
其它	100.6	100.1	96.3	95.2	97.3	96.0	97.4	97.4	100.2	102.4	102.9	103.3
保健器具及用品	100.1	98.7	99.0	99.3	99.4	99.3	99.4	99.3	99.5	99.5	99.1	98.8
保健器具	97.1	97.6	98.0	98.0	100.6	100.3	100.2	100.6	100.6	100.7	100.7	100.5
滋补保健用品	100.7	98.8	99.1	99.6	99.0	98.9	99.1	98.9	99.2	99.1	98.6	98.3
书报杂志及电子出版物类	**101.9**	**102.5**	**102.2**	**101.9**	**101.9**	**101.9**	**101.3**	**101.3**	**100.7**	**100.7**	**100.7**	**100.7**
教材及参考书	103.7	105.1	104.8	104.2	104.2	104.6	104.6	104.7	103.5	103.0	103.0	103.0
工具书	103.2	102.5	101.5	101.3	101.7	102.0	102.0	102.0	101.4	101.4	101.3	101.3
教材	104.4	105.2	105.3	104.4	104.4	104.5	104.5	104.7	103.7	102.3	102.3	102.3
参考书	103.3	107.0	106.7	106.2	106.1	106.9	106.9	106.7	104.9	105.7	105.7	105.7
书报杂志	100.4	100.6	100.7	100.5	100.5	100.5	100.5	100.5	100.5	100.5	100.5	100.4
书籍	100.8	100.8	100.8	100.2	100.3	100.3	100.3	100.3	100.3	100.3	100.3	100.1

续上表

（上年同月 =100）

项目	1月	2月	3月	4月	5月	6月	7月	8月	9月	10月	11月	12月
报纸	100.2	100.7	101.0	100.9	101.0	101.0	100.9	101.0	100.9	100.9	100.9	100.9
杂志	100.0	100.0	100.0	100.0	100.0	100.0	100.0	100.0	100.0	100.0	100.0	100.0
电子音像制品	100.3	100.7	99.7	100.0	100.0	98.8	96.2	95.9	95.4	96.1	96.4	96.5
音响光盘和磁带	100.8	101.2	99.6	100.0	99.9	98.5	94.6	94.0	93.3	96.0	96.7	97.6
录像磁带和视盘	101.9	102.4	102.1	101.8	101.8	100.0	97.5	97.1	96.2	96.6	96.6	96.2
计算机软件	97.7	97.8	96.6	97.3	97.4	97.6	96.4	96.5	96.6	95.3	95.4	95.3
燃料类	**96.1**	**96.5**	**98.8**	**108.3**	**115.5**	**115.7**	**116.5**	**121.3**	**123.7**	**129.3**	**123.8**	**116.7**
煤炭及制品类	100.8	102.4	103.2	103.4	103.6	106.6	108.5	111.7	113.5	116.7	116.3	118.5
原煤	104.9	104.9	106.5	106.9	106.9	112.0	113.0	120.9	123.8	126.9	126.6	129.9
煤制品	99.1	101.2	101.7	101.8	102.1	104.4	106.8	108.1	109.5	112.5	112.2	114.0
石油及制品类	96.1	96.4	98.7	108.4	115.6	115.7	116.3	121.2	123.7	129.5	124.0	116.5
液化石油气	92.5	93.4	98.8	110.9	119.1	117.6	118.6	128.1	129.4	143.3	132.3	120.7
管道燃气	98.2	98.5	98.6	99.8	104.7	104.9	105.4	107.8	108.3	112.1	116.7	112.5
汽油	103.3	97.8	97.1	104.8	111.8	114.7	114.3	115.3	119.9	120.1	120.0	114.3
柴油	102.0	97.0	96.7	97.1	106.8	111.2	111.5	115.7	120.1	119.8	119.8	115.4
其它	108.4	106.0	103.2	104.3	106.0	106.1	106.1	106.0	106.1	106.3	105.1	102.4
建筑材料及五金电料类	**105.4**	**106.0**	**106.0**	**105.8**	**104.5**	**104.1**	**104.3**	**104.9**	**104.8**	**103.8**	**101.8**	**101.2**
建筑装璜材料	107.1	107.9	107.8	107.4	105.8	105.2	105.5	106.2	106.0	104.7	102.0	101.3
木材	103.8	104.0	104.8	104.5	103.8	101.4	103.9	104.0	104.1	104.0	104.6	103.9
砖	104.5	105.0	104.3	104.4	103.4	103.3	102.5	103.0	101.7	101.0	99.5	97.9
水泥	118.0	119.1	116.5	115.0	111.0	111.8	110.8	110.9	111.1	100.8	91.6	92.2
涂料	100.1	101.1	100.6	100.6	98.4	99.9	100.0	99.0	99.0	100.4	99.6	102.0
胶合板	104.2	104.2	105.5	105.0	107.2	106.6	106.4	110.1	109.6	108.0	107.4	107.2
玻璃	102.3	105.1	106.9	107.8	109.8	110.1	113.2	114.9	114.7	114.5	109.9	107.9
粘胶	98.2	98.7	98.7	98.2	97.5	97.5	100.3	99.0	98.1	98.2	98.4	101.2
油漆	101.6	101.5	101.1	101.9	101.5	102.2	101.8	102.5	101.9	103.2	101.7	101.7
其它	119.3	120.5	120.0	118.5	112.2	110.1	107.7	108.9	110.3	110.2	105.5	101.9
五金电料类	100.2	100.3	100.5	100.7	100.6	100.7	100.7	100.8	100.7	101.1	101.1	101.0
五金工具	100.2	100.5	101.0	101.1	100.9	101.3	101.2	101.2	101.5	102.4	102.5	102.5
电工电料	100.3	100.1	100.2	100.5	100.6	100.4	100.6	100.7	100.5	100.8	100.7	100.5
水暖器材	99.6	100.0	100.2	100.2	100.2	100.0	100.2	100.2	99.9	100.0	100.0	100.0
其它	100.9	100.8	101.1	101.1	101.0	101.1	101.1	101.1	101.2	101.2	100.8	100.6

2004年各地区商品

（上年＝100）

项　目	广州	深圳	珠海	汕头	佛山	韶关
商品零售价格总指数	**102.1**	**100.7**	**103.0**	**102.7**	**102.8**	**103.9**
食品类	**106.0**	**106.1**	**108.8**	**107.1**	**107.5**	**110.5**
粮食	113.9	112.7	106.6	118.1	106.6	113.4
大米	119.6	119.1	106.8	127.8	109.0	116.2
面粉	107.2	101.6	108.8	109.7	100.3	111.1
粮食制品	102.3	104.1	104.5	102.4	106.5	108.1
其它	104.7	110.1	111.2	112.9	100.7	104.1
淀粉及薯类	107.3	100.8	101.1	103.2	101.5	109.4
干豆类及豆制品	101.8	108.7	106.6	104.1	113.9	109.8
干豆	105.1	117.5	111.1	106.1	136.3	116.7
豆制品	100.8	106.6	105.4	103.4	107.9	107.9
油脂	108.3	111.6	117.3	111.1	105.6	107.6
植物油脂	108.5	116.4	119.7	112.1	107.0	108.6
植物油制品	107.7	108.3	114.1	109.9	102.0	106.6
其它	110.6	101.0	109.3	115.0	110.6	101.3
肉禽及其制品	110.4	107.5	113.3	111.1	118.3	115.2
食用畜肉及副产品	117.5	109.2	114.8	116.9	120.5	120.7
猪肉	123.4	116.2	122.9	121.8	122.7	121.3
牛肉	113.2	116.4	100.7	111.1	144.2	132.9
羊肉	103.0	105.4	94.2	107.5	101.8	112.2
畜肉副产品	120.8	111.8	112.7	115.0	112.1	119.7
其它	106.8	100.3	95.7	106.8	109.3	108.0
禽	102.8	104.9	112.1	102.9	115.5	105.9
鸡	101.2	105.0	112.1	99.0	116.9	103.6
鸭	110.9	111.1	111.4	108.6	119.0	118.6
其它	103.5	101.6	112.3	108.6	110.9	107.4
肉禽加工制品	102.3	103.4	110.1	102.1	114.5	103.7
畜肉制品	103.4	102.5	105.1	102.7	112.2	105.7
禽制品	100.9	104.5	115.5	101.4	117.7	101.3
蛋	121.7	112.8	120.2	111.2	125.1	116.7
鲜蛋	122.7	112.8	121.4	113.3	125.5	118.7
蛋制品	115.9	114.5	113.3	105.4	122.8	103.8

零售价格分类指数

河源	梅州	惠州	汕尾	东莞	中山	江门	阳江
103.0	**102.8**	**101.8**	**103.3**	**103.2**	**102.5**	**101.7**	**101.8**
107.6	**107.0**	**106.0**	**107.0**	**108.6**	**112.5**	**105.2**	**107.7**
129.5	123.1	116.6	109.3	119.6	124.4	104.1	112.8
136.0	129.7	122.8	111.8	117.4	126.4	100.1	112.8
114.7	109.8	112.2	110.5	138.4	111.6	111.5	112.7
118.3	113.7	95.7	100.8	115.9	120.6	110.2	112.8
118.3	109.4	95.8	104.3	116.8	107.8	106.9	112.6
119.1	115.8	98.6	112.9	113.3	106.1	105.7	114.6
116.2	116.7	110.7	111.1	103.7	117.1	105.8	118.5
123.7	125.8	117.1	123.2	128.8	117.9	112.4	110.5
113.0	112.7	108.0	107.3	98.9	116.3	103.7	120.9
111.2	107.3	110.2	109.7	112.2	115.6	111.7	110.4
110.9	106.7	110.2	110.5	112.3	118.3	114.0	112.8
110.0	105.6	111.3	106.8	103.8	112.7	107.6	98.1
119.8	115.1	107.3	108.7	112.1	93.6	106.3	125.2
110.7	113.0	111.4	114.0	115.0	114.7	112.0	117.9
111.0	118.8	116.0	116.9	119.9	124.2	115.0	123.3
114.3	122.5	117.8	118.1	120.8	125.3	117.2	130.4
108.6	113.7	113.0	124.9	114.1	115.7	109.9	113.3
106.8	101.5	98.5	120.7	110.2	125.8	101.6	105.4
109.0	117.5	118.2	111.4	122.6	130.3	115.7	125.2
100.8	107.1	104.3	104.7	112.8	120.5	110.5	83.3
111.2	104.5	104.3	110.3	109.1	111.7	110.6	117.6
113.4	102.6	102.2	113.5	110.1	113.0	112.4	119.3
101.2	108.0	117.4	98.4	102.0	110.8	102.3	121.3
103.6	109.4	106.2	100.4	106.4	107.8	107.1	103.3
107.3	103.0	105.0	105.4	104.4	103.2	104.9	101.1
110.9	104.3	105.2	105.2	102.7	112.1	103.2	106.3
103.6	101.6	104.8	106.8	106.4	97.4	106.8	97.6
121.1	113.6	111.8	113.8	120.0	114.0	119.7	115.3
123.0	113.0	110.7	114.7	121.8	114.3	121.0	115.2
105.1	117.4	115.9	104.8	111.3	112.3	112.4	115.7

（上年＝100）

项　　目	湛江	茂名	肇庆	清远	潮州	揭阳
商品零售价格总指数	**103.2**	**102.1**	**103.2**	**101.8**	**101.8**	**101.8**
食品类	**108.2**	**106.0**	**108.4**	**108.5**	**109.2**	**106.5**
粮食	125.4	119.8	115.7	119.2	118.8	116.2
大米	127.8	125.4	116.2	127.8	121.4	122.5
面粉	108.7	105.7	121.0	103.5	116.3	105.9
粮食制品	123.4	102.4	111.5	105.9	107.7	102.2
其它	114.0	114.7	116.3	119.1	110.4	115.1
淀粉及薯类	108.9	103.1	108.0	101.6	107.1	102.8
干豆类及豆制品	114.3	113.0	105.4	113.4	104.4	98.8
干豆	126.7	122.9	120.8	129.2	109.4	104.2
豆制品	111.0	110.3	98.8	108.2	103.1	97.0
油脂	122.9	115.8	114.7	116.8	108.4	103.8
植物油脂	123.6	117.1	115.4	116.2	106.7	105.3
植物油制品	114.3	115.0	105.6	108.9	106.3	100.0
其它	112.9	100.9	130.3	150.0	124.6	103.7
肉禽及其制品	114.7	115.3	112.2	113.0	117.7	116.0
食用畜肉及副产品	117.5	121.5	111.3	118.5	123.8	120.4
猪肉	118.7	125.6	111.0	124.0	129.5	124.6
牛肉	114.4	127.2	123.0	111.5	104.3	107.7
羊肉	99.9	105.8	103.6	103.8	114.3	99.5
畜肉副产品	117.4	109.6	110.6	117.1	122.1	122.6
其它	107.9	108.6	103.5	102.5	109.5	99.8
禽	114.6	109.8	113.3	101.7	99.3	106.1
鸡	116.5	111.9	111.9	98.6	98.4	104.8
鸭	116.8	101.5	120.4	110.5	101.6	107.5
其它	102.9	104.9	105.6	111.7	103.9	105.3
肉禽加工制品	106.7	107.7	111.4	110.3	112.7	106.9
畜肉制品	112.2	109.2	115.2	107.3	117.9	108.4
禽制品	102.2	105.8	107.7	113.5	96.9	104.9
蛋	120.3	112.1	120.9	113.4	109.7	105.3
鲜蛋	121.8	112.5	121.0	112.7	109.4	105.7
蛋制品	111.8	108.0	120.5	117.0	113.7	99.2

续上表

云浮	顺德	兴宁	鹤山	廉江	电白	连州	普宁
102.7	**102.5**	**103.7**	**103.6**	**105.2**	**103.9**	**103.1**	**103.5**
105.9	**106.0**	**106.4**	**110.2**	**111.2**	**110.5**	**114.8**	**108.0**
93.3	114.8	119.3	122.7	135.8	121.9	130.3	119.4
92.8	119.8	125.4	119.8	138.5	127.5	140.5	124.5
93.6	103.3	132.0	135.1	149.8	108.7	128.4	120.0
95.2	100.0	105.1	129.9	119.9	107.8	107.8	109.0
89.9	105.6	117.6	114.7	110.0	111.3	118.4	101.0
78.2	108.2	98.8	112.9	102.0	110.7	106.4	108.9
100.8	110.2	110.7	110.4	118.7	113.3	143.4	107.7
88.0	111.3	110.7	121.3	135.7	121.0	127.0	118.4
105.5	109.1	110.7	106.1	109.4	110.0	149.6	103.9
99.9	113.6	116.8	118.2	122.5	113.4	110.7	112.3
101.2	114.7	119.7	115.6	131.5	115.0	111.7	108.7
98.5	103.5	105.4	119.0	108.4	108.3	102.4	110.5
93.7	132.3	126.3	147.4	121.3	113.0	143.0	121.7
104.1	110.4	109.4	113.0	111.0	114.6	124.9	112.4
106.2	113.5	112.1	116.3	116.9	117.6	132.1	118.4
108.6	121.8	118.1	121.4	118.8	120.0	126.3	125.1
108.0	107.5	113.1	112.4	134.5	111.6	145.2	101.3
99.0	102.8	91.4	95.9	99.1	100.0	121.6	100.0
100.1	107.1	108.1	113.4	114.9	115.5	124.4	113.0
101.8	103.2	101.6	99.7	105.4	112.2	113.7	104.3
101.5	105.2	114.9	107.8	106.3	111.3	111.2	100.5
101.9	104.4	112.2	107.7	104.4	111.2	104.5	100.2
103.9	114.1	135.7	112.8	108.4	111.0	123.5	101.6
96.3	105.4	113.9	106.9	105.6	114.2	0.0	100.2
101.2	106.4	100.6	106.7	106.3	109.3	107.9	104.0
102.3	105.3	100.9	109.9	102.3	106.0	110.7	102.9
99.9	107.2	100.2	102.8	110.4	114.2	103.2	105.9
102.5	107.0	119.5	115.7	109.8	118.1	119.0	108.0
102.7	106.7	121.8	117.2	107.8	117.3	121.2	109.4
101.6	107.7	106.5	108.9	113.9	122.3	112.7	100.2

（上年=100）

项　　目	广州	深圳	珠海	汕头	佛山	韶关
水产品	107.9	110.6	110.8	104.1	103.3	107.7
鱼	114.8	113.0	111.9	108.0	110.7	108.3
淡水鱼	115.2	115.1	114.9	106.0	111.0	110.4
海水鱼	112.6	109.8	107.7	109.2	110.2	101.2
其它水产品	102.6	107.3	109.4	99.1	95.5	106.4
菜	104.9	103.1	108.5	107.6	102.3	107.7
鲜菜	105.3	102.2	109.3	108.5	102.1	108.5
干菜及菜制品	101.0	109.9	100.1	102.1	105.0	99.1
调味品	101.9	100.6	102.7	99.1	99.5	98.1
盐	100.7	99.4	99.3	96.9	97.9	97.9
酱油	104.9	102.9	105.3	99.2	104.1	98.1
醋	101.9	97.8	107.0	99.4	102.4	94.9
味精	98.2	101.6	100.2	100.1	93.9	100.1
其它	102.4	99.4	102.9	102.4	97.6	99.9
糖	100.8	99.1	102.2	102.7	104.7	101.4
食糖	104.0	101.3	95.6	100.9	112.9	99.6
糖果	98.4	96.0	106.9	106.3	102.7	107.3
巧克力制品	101.1	102.4	102.5	100.1	99.3	102.6
糖制小食品	100.8	101.5	104.8	100.5	99.4	95.0
干鲜瓜果	102.8	101.6	108.3	105.4	96.5	102.5
鲜果	103.3	99.7	107.8	104.0	91.8	100.6
干(坚)果及瓜果制品	101.2	113.1	111.6	113.4	126.4	117.4
糕点饼干面包	102.7	104.8	101.3	100.0	100.6	103.6
糕点	101.4	98.5	98.6	99.7	100.0	108.4
饼干	107.5	105.7	107.4	100.2	102.4	99.6
面包	100.0	112.5	98.4	100.0	100.0	100.3
奶及奶制品	99.2	99.6	100.4	98.9	99.4	99.4
鲜奶	98.1	97.1	98.6	95.9	99.2	96.7
奶粉	101.1	103.2	101.9	101.6	99.4	101.7
其它	99.9	100.0	102.5	100.0	99.5	100.3
在外用膳食品	101.8	105.2	106.1	103.7	109.3	113.1
主食	101.2	102.9	106.3	101.8	113.0	118.0
炒菜	102.5	102.6	107.6	104.5	105.6	109.0

续上表

河源	梅州	惠州	汕尾	东莞	中山	江门	阳江
107.8	108.1	107.9	105.3	114.7	113.3	107.4	98.7
111.3	111.1	114.5	108.0	119.3	118.8	109.4	119.8
112.3	108.1	114.2	100.5	120.7	117.2	113.4	97.3
105.6	118.4	115.0	112.2	115.5	124.8	102.4	134.0
101.4	101.1	102.7	101.0	112.4	101.7	103.8	89.2
98.4	100.7	94.4	97.7	100.8	95.4	97.7	107.0
97.6	100.3	93.8	97.7	100.9	95.9	97.7	106.7
102.9	104.0	98.3	98.2	99.2	91.8	97.5	109.0
100.8	99.3	101.0	98.2	103.5	101.3	98.2	97.1
98.8	99.7	99.7	108.1	99.7	99.4	89.5	100.0
103.5	100.7	105.3	99.4	100.8	99.5	99.7	100.0
100.8	92.0	100.3	96.5	96.7	99.9	104.4	93.4
101.5	101.0	96.5	100.0	100.0	104.0	100.5	85.0
100.0	104.6	100.1	84.4	108.3	110.6	101.2	98.0
95.9	105.0	102.5	106.7	99.4	97.1	100.4	102.8
101.7	115.1	108.9	117.9	100.0	100.3	101.5	110.1
87.4	99.0	99.2	102.4	101.9	108.5	100.5	95.2
93.4	95.9	101.2	92.0	94.5	81.8	97.8	96.6
112.9	112.2	103.3	100.0	100.5	68.7	102.8	130.2
105.8	100.0	104.5	110.0	95.6	113.3	97.4	95.4
104.3	97.9	101.9	107.0	93.3	111.5	95.1	92.6
113.9	110.0	118.0	124.8	110.1	126.9	109.5	105.4
101.1	100.0	99.8	101.0	104.3	103.1	100.4	101.4
100.0	100.0	100.0	100.5	107.0	98.9	99.0	99.9
103.6	100.0	99.3	103.9	103.4	110.7	99.4	105.3
100.0	100.0	100.0	100.0	98.5	100.0	103.0	100.0
99.9	104.9	98.9	100.1	99.5	98.8	103.4	100.5
98.0	100.0	97.8	100.0	100.1	95.7	101.0	101.9
101.1	112.8	99.9	100.1	98.8	102.0	99.0	99.8
100.0	100.0	98.1	100.0	101.0	101.0	120.2	100.0
99.5	98.2	100.2	102.4	103.2	121.3	103.7	106.4
100.0	100.0	99.9	100.0	111.5	112.5	104.1	99.1
99.2	96.9	99.3	104.2	98.7	121.7	103.8	110.4

(上年=100)

项　目	湛江	茂名	肇庆	清远	潮州	揭阳
水产品	106.4	101.4	110.0	112.2	103.8	101.4
鱼	105.2	103.2	115.3	116.4	109.1	108.2
淡水鱼	104.6	104.5	118.1	120.9	112.7	108.7
海水鱼	105.8	98.9	108.8	108.3	106.7	107.2
其它水产品	107.5	96.8	102.9	105.0	96.8	96.1
菜	98.8	96.8	100.2	99.1	98.7	99.5
鲜菜	98.1	93.6	99.1	99.0	98.3	99.6
干菜及菜制品	106.1	103.8	108.3	99.8	102.1	98.9
调味品	100.2	100.2	96.8	102.3	98.6	101.5
盐	98.8	99.4	100.0	100.0	97.9	108.1
酱油	102.3	101.9	101.6	106.8	99.3	97.1
醋	90.5	102.2	86.7	104.2	95.8	97.4
味精	95.0	96.7	92.4	100.0	99.7	100.1
其它	106.1	98.8	95.1	99.6	99.5	96.8
糖	99.9	99.8	102.4	107.9	111.6	99.8
食糖	104.4	100.8	108.2	113.0	107.3	101.1
糖果	96.9	96.7	104.4	110.4	100.0	107.6
巧克力制品	102.3	100.5	100.6	99.2	124.1	98.6
糖制小食品	85.2	108.5	95.5	100.0	121.7	89.9
干鲜瓜果	98.5	103.9	96.2	113.7	110.7	104.9
鲜果	91.3	100.0	91.7	113.2	109.0	100.1
干(坚)果及瓜果制品	126.9	116.0	114.8	115.8	117.5	116.4
糕点饼干面包	100.5	97.0	100.8	101.1	104.5	100.0
糕点	101.4	92.7	105.8	100.0	100.0	99.5
饼干	104.2	98.7	93.9	102.3	117.7	99.3
面包	97.1	100.0	100.0	101.5	100.0	100.8
奶及奶制品	108.9	100.0	99.5	99.2	98.3	96.8
鲜奶	98.2	103.3	98.3	96.5	99.2	91.8
奶粉	126.7	98.1	100.9	105.6	92.1	106.1
其它	96.0	98.7	99.5	93.5	103.6	95.2
在外用膳食品	99.8	95.9	111.1	101.5	106.0	100.0
主食	100.8	97.1	107.5	101.9	107.2	100.0
炒菜	98.4	94.4	106.2	101.7	100.6	100.0

续上表

云浮	顺德	兴宁	鹤山	廉江	电白	连州	普宁
105.2	111.1	105.9	114.0	105.5	106.5	114.0	106.2
103.6	109.4	109.6	115.4	104.4	106.4	114.0	107.9
105.5	111.0	111.0	116.3	101.9	114.9	114.6	108.2
100.3	102.7	106.5	110.8	107.3	101.9	100.0	107.2
108.4	115.3	98.0	110.0	107.6	107.1	105.8	102.5
123.1	110.0	93.5	103.6	97.1	106.5	108.9	102.8
126.6	111.7	92.3	105.7	96.1	108.1	110.3	103.0
102.7	98.6	104.1	90.1	104.6	100.0	103.0	103.1
95.7	102.5	98.8	100.8	100.6	99.4	99.7	98.5
89.1	101.9	99.1	100.4	102.9	99.5	99.4	97.4
100.0	103.6	100.3	99.2	101.3	100.0	100.0	100.0
94.0	100.2	93.3	107.4	97.3	95.9	99.2	93.3
100.0	102.4	100.5	98.3	96.2	100.0	100.0	100.0
100.0	101.1	100.0	103.5	104.5	100.0	100.0	100.0
90.4	106.7	100.3	102.6	103.2	107.8	106.6	99.0
86.1	104.5	101.9	99.1	108.4	116.4	111.5	103.8
89.7	108.3	98.1	104.0	100.0	102.7	100.8	97.1
94.2	108.1	99.7	107.2	100.0	99.7	100.0	99.6
95.5	100.0	100.0	105.4	100.0	100.0	100.0	96.4
108.4	105.4	102.4	105.9	106.1	105.4	93.7	108.4
110.5	104.7	100.9	106.4	97.5	103.5	90.6	108.6
98.5	110.6	107.8	104.2	122.4	110.9	100.6	104.2
100.5	101.2	96.4	101.2	110.1	100.2	100.0	97.5
98.3	101.1	100.0	101.1	108.5	100.0	100.0	100.0
106.0	101.2	100.3	102.3	96.9	100.8	100.0	93.2
98.1	101.2	81.4	100.0	122.9	100.0	100.0	100.0
101.4	104.6	98.0	99.7	101.9	99.9	100.8	103.8
106.1	110.2	97.1	99.1	100.0	100.0	100.0	100.0
96.6	99.6	99.6	100.8	100.4	100.0	101.6	109.9
96.0	97.4	98.0	96.6	104.8	98.8	100.0	93.9
107.9	99.0	102.5	98.7	106.3	102.7	100.3	98.9
99.3	101.5	98.1	97.6	103.1	100.0	100.0	95.9
109.0	100.2	104.9	99.7	109.4	105.0	100.6	100.0

（上年＝100）

项　目	广州	深圳	珠海	汕头	佛山	韶关
地方小吃	100.0	113.7	100.5	101.1	111.8	119.8
其它食品	100.9	101.9	101.2	104.3	100.4	95.8
饮料、烟酒	**102.3**	**100.0**	**103.1**	**103.8**	**101.7**	**103.2**
茶及饮料	101.0	100.8	102.0	101.1	101.1	101.1
茶叶	103.2	111.4	100.0	101.5	99.9	115.9
饮料	100.2	99.4	103.3	100.6	101.4	95.1
固体饮料	99.7	103.1	104.7	101.9	100.1	99.6
液体饮料	100.3	98.0	101.0	99.7	101.0	92.5
冷冻饮品	100.2	101.7	106.7	100.0	105.3	94.7
烟草	102.1	98.7	104.3	103.3	102.8	106.0
国产卷烟	101.3	99.1	104.9	104.8	103.3	107.4
进口卷烟	103.6	96.2	100.2	100.1	100.8	101.3
其它	104.3	101.7	112.6	104.2	102.1	106.0
酒	104.8	102.1	102.0	109.3	100.2	101.5
白酒	106.7	110.5	105.6	106.0	102.0	106.4
果酒	106.0	99.5	105.4	100.4	92.9	102.3
啤酒	100.5	95.5	97.3	99.0	96.6	95.3
其它	106.8	101.0	101.6	147.5	109.9	102.4
服装、鞋帽类	**99.2**	**98.2**	**98.8**	**98.8**	**99.6**	**96.5**
服装	100.9	99.4	99.2	98.2	99.8	95.4
男式服装	98.2	99.9	97.8	98.8	98.6	97.9
大衣	97.6	102.7	100.0	91.2	100.0	85.9
毛线衣	96.2	84.1	99.3	92.6	99.8	97.6
夹克衫	98.0	118.1	96.9	100.5	92.4	108.0
衬衫	103.2	86.0	95.8	99.0	103.1	106.6
裤子	91.1	93.7	97.9	100.4	96.1	93.5
西服	104.2	113.1	95.4	100.1	100.0	101.2
运动衫裤	100.3	107.1	96.6	100.0	95.9	95.9
内衣	94.3	101.0	102.5	99.4	102.6	97.6
羽绒衣	102.1	87.7	100.0	103.4	100.9	84.1
其它	101.8	95.3	93.2	99.5	92.4	100.9
女式服装	102.2	98.8	100.1	98.1	100.4	92.7
大衣	98.5	96.7	100.1	98.1	100.0	78.5

续上表

河源	梅州	惠州	汕尾	东莞	中山	江门	阳江
100.0	100.0	103.9	100.0	104.0	125.6	102.6	107.0
101.6	107.1	101.1	105.1	98.3	92.6	105.0	103.2
105.2	**102.2**	**101.1**	**100.2**	**98.5**	**103.1**	**101.5**	**100.9**
104.4	100.4	99.1	99.7	100.0	96.1	102.0	102.8
109.8	100.0	101.6	100.0	94.9	91.1	103.6	101.1
99.5	100.9	96.5	99.4	101.4	99.3	100.6	103.5
101.1	103.3	99.3	99.5	100.9	97.2	101.9	101.5
98.7	100.0	95.9	99.2	99.8	98.8	98.7	103.7
100.0	100.0	93.6	100.0	111.0	107.2	102.9	108.9
107.5	105.0	100.4	98.9	95.4	110.3	98.2	100.7
106.5	105.0	100.1	98.6	92.5	111.8	97.1	101.5
114.7	105.2	103.7	100.0	97.9	107.6	100.6	98.9
103.4	104.4	97.7	113.6	100.2	104.8	99.6	100.6
100.1	99.3	106.7	102.9	100.7	100.5	108.1	99.3
101.7	100.8	114.8	107.8	102.2	106.7	115.5	98.4
100.8	99.7	102.9	96.5	98.1	85.6	117.6	97.6
98.0	97.4	94.2	100.0	99.4	105.3	100.0	96.5
100.0	100.0	107.0	103.6	101.4	100.8	98.1	104.7
97.8	**96.0**	**97.9**	**99.3**	**93.2**	**88.2**	**97.1**	**96.8**
98.0	94.6	95.9	99.1	92.1	82.9	97.4	95.8
109.2	93.0	95.4	99.5	87.4	84.3	95.9	89.1
100.9	95.9	95.6	100.0	75.9	83.0	95.3	82.9
155.5	91.3	85.8	100.0	84.7	71.6	94.0	86.5
131.6	88.3	82.5	100.0	85.8	95.0	87.1	98.8
87.9	93.4	100.0	98.1	100.0	92.9	97.8	90.6
109.8	91.2	93.6	100.0	86.9	88.6	94.4	86.4
100.0	90.3	93.9	100.0	94.4	78.4	96.8	78.2
104.3	94.7	100.0	94.5	100.6	86.8	98.6	89.5
111.4	100.9	94.5	100.7	92.1	70.3	96.5	99.9
152.7	84.4	92.2	100.0	71.5	92.1	99.5	94.5
108.2	98.6	95.4	111.3	77.1	79.4	106.7	95.4
97.8	95.7	94.9	97.3	98.1	84.0	100.0	102.0
100.3	95.4	85.6	100.0	101.4	101.3	94.0	103.5

（上年 =100）

项　目	湛江	茂名	肇庆	清远	潮州	揭阳
地方小吃	104.2	100.0	129.6	100.0	122.7	100.0
其它食品	102.0	101.6	103.0	98.6	104.8	102.2
饮料、烟酒	**101.1**	**98.3**	**103.8**	**99.9**	**102.7**	**100.2**
茶及饮料	99.6	99.6	104.2	99.0	102.8	99.3
茶叶	96.8	99.9	109.4	100.0	106.6	100.0
饮料	100.0	99.4	99.3	98.2	95.9	98.0
固体饮料	97.6	98.2	99.4	97.3	98.4	99.6
液体饮料	102.4	99.5	99.7	99.5	89.4	91.6
冷冻饮品	95.8	101.5	98.8	96.4	104.7	110.8
烟草	98.9	98.5	104.3	101.6	101.5	100.5
国产卷烟	99.0	99.1	103.6	101.5	102.0	101.9
进口卷烟	98.2	95.6	105.7	104.1	101.3	92.5
其它	100.0	100.0	105.8	96.4	99.6	106.9
酒	106.0	95.5	102.0	97.7	104.6	100.3
白酒	114.8	95.4	104.6	95.8	103.5	102.4
果酒	104.7	95.4	99.0	101.9	99.8	100.2
啤酒	98.2	93.4	98.1	98.0	103.4	98.8
其它	99.3	99.7	107.7	97.4	122.5	97.8
服装、鞋帽类	**97.1**	**98.3**	**103.6**	**98.6**	**93.0**	**99.8**
服装	96.3	97.7	104.2	98.6	95.7	99.8
男式服装	94.5	97.5	101.7	100.5	95.1	99.3
大衣	99.8	94.7	115.3	99.6	84.6	94.0
毛线衣	95.3	92.9	107.7	99.1	85.0	98.8
夹克衫	94.6	94.7	100.5	99.1	66.9	97.8
衬衫	89.9	100.2	100.2	98.5	104.7	99.4
裤子	92.1	98.2	101.8	101.0	109.8	101.5
西服	100.5	95.8	105.4	101.0	90.5	100.3
运动衫裤	94.1	100.0	97.4	98.5	94.4	97.6
内衣	97.4	99.4	93.1	105.9	100.8	100.4
羽绒衣	99.4	100.0	101.6	0.0	98.6	101.4
其它	93.5	94.4	93.3	100.9	72.0	99.6
女式服装	97.0	97.6	106.8	97.0	98.2	99.9
大衣	97.9	93.7	109.9	97.9	72.4	94.6

续上表

云浮	顺德	兴宁	鹤山	廉江	电白	连州	普宁
115.4	96.8	105.8	98.0	102.5	100.0	100.0	100.0
99.5	101.9	100.0	106.5	100.0	102.7	97.1	99.5
98.5	**100.7**	**100.1**	**104.5**	**100.7**	**100.1**	**102.2**	**100.6**
93.6	101.9	99.3	100.8	99.4	99.8	100.0	98.7
91.6	100.0	100.0	96.5	99.8	100.0	100.0	100.0
95.2	102.8	98.5	103.6	99.1	99.7	100.0	97.6
89.8	103.5	90.0	107.0	99.0	99.7	100.0	100.0
97.3	104.1	102.8	103.7	99.3	99.5	100.0	95.2
95.7	99.0	100.0	98.8	99.2	100.0	100.0	100.0
100.5	101.8	100.5	107.1	100.2	100.8	102.2	101.4
100.4	101.8	99.6	107.7	100.3	101.2	103.7	101.8
100.0	101.7	96.3	112.3	100.0	100.0	100.0	99.4
101.5	101.4	119.6	93.9	100.0	100.0	87.5	100.0
102.9	98.5	100.5	105.5	103.7	99.8	103.2	101.2
105.4	100.2	99.3	98.9	105.9	102.4	104.3	105.6
103.8	93.5	100.0	121.4	100.0	100.4	110.9	100.0
100.0	100.6	104.0	98.7	102.9	97.5	101.6	100.0
103.8	100.0	99.7	121.2	100.0	100.0	102.8	91.0
97.7	**100.7**	**100.7**	**92.7**	**100.5**	**100.6**	**89.8**	**101.3**
97.9	101.0	101.7	91.9	99.9	100.3	85.3	101.4
97.3	98.8	102.5	90.0	98.9	100.1	86.1	101.7
94.3	102.5	100.2	93.4	100.0	100.0	96.6	94.3
91.6	104.5	99.6	83.0	87.0	100.0	87.4	103.5
90.0	97.9	100.7	74.5	99.9	100.0	91.1	96.3
98.3	99.4	102.7	95.9	100.0	100.0	85.1	106.5
104.0	97.2	101.8	92.9	100.0	100.0	67.0	104.8
103.3	93.4	100.6	92.8	97.8	100.0	87.6	100.3
93.2	101.9	100.3	89.7	100.0	100.4	91.7	104.5
94.8	106.3	114.7	82.2	100.0	100.0	91.9	99.1
92.3	99.5	100.0	79.6	100.0	100.0	101.4	99.1
88.3	100.7	100.8	99.2	88.8	100.0	78.3	102.6
96.9	102.6	100.7	91.5	99.9	100.6	83.7	100.7
92.3	96.7	101.7	76.1	100.8	100.0	96.9	97.9

(上年=100)

项　　目	广州	深圳	珠海	汕头	佛山	韶关
毛线衣	96.7	95.2	100.6	98.0	99.0	115.7
羽绒衣	100.3	110.9	100.0	100.3	100.0	86.9
套装	91.4	92.0	100.6	99.6	99.0	91.3
衬衫	118.9	100.8	100.3	104.9	99.4	106.1
裙子	108.0	94.2	99.7	91.2	96.9	90.8
裤子	107.2	99.5	100.6	99.0	98.9	83.8
运动衫裤	99.1	108.3	96.8	99.8	100.7	87.5
内衣	104.3	100.5	100.2	99.5	104.9	100.0
其它	100.7	100.8	102.3	100.0	100.0	102.2
儿童服装	103.6	100.4	99.7	97.2	100.9	100.8
套装	106.1	88.6	100.0	96.3	100.2	93.4
裤子	105.9	116.3	99.9	97.2	102.5	111.5
裙子	97.3	94.7	98.9	98.0	100.0	95.5
其它	100.5	104.9	100.0	101.9	100.0	100.8
鞋袜帽	93.9	98.8	97.3	100.9	98.7	99.2
鞋	93.1	98.2	98.4	100.9	98.6	99.5
男鞋	96.3	100.7	97.5	105.0	100.8	99.1
女鞋	90.2	94.7	97.5	96.4	96.7	99.7
童鞋	98.4	103.9	101.7	104.0	101.0	100.4
袜子	100.0	101.3	83.6	100.9	99.8	97.6
男袜	100.0	100.0	86.3	101.9	99.5	96.0
女袜	100.0	102.2	80.5	100.0	99.9	99.3
帽子	94.7	104.1	100.0	100.4	99.1	95.6
男帽	95.0	100.0	100.0	101.0	97.8	96.4
女帽	94.6	106.9	100.0	100.0	100.0	95.1
其它	103.2	90.9	100.0	97.8	101.4	100.0
领带	103.2	90.9	100.0	97.8	101.4	100.0
纺织品类	**100.4**	**96.4**	**101.5**	**101.8**	**101.1**	**98.9**
衣着材料	101.8	97.2	105.1	103.7	100.7	98.4
棉布	100.8	102.7	102.7	107.5	100.0	99.5
棉花化纤混纺布	111.0	93.9	110.9	111.5	97.7	98.0
化纤布	99.4	104.2	105.8	106.7	100.0	98.1
毛织品	95.0	96.3	105.5	99.7	103.6	99.1

续上表

河源	梅州	惠州	汕尾	东莞	中山	江门	阳江
108.6	93.7	83.5	100.0	100.1	60.0	99.2	92.5
142.6	84.3	91.2	100.0	98.0	81.5	91.7	90.2
81.8	92.6	95.6	100.0	99.5	82.4	102.1	96.6
122.3	97.9	100.0	97.9	70.8	70.9	101.4	100.0
92.0	95.0	101.4	95.2	100.6	88.7	96.3	111.9
99.5	94.5	96.4	89.9	99.9	81.7	97.8	90.2
99.3	94.7	100.0	100.0	89.6	95.8	97.8	83.3
89.6	100.4	97.2	99.3	100.6	67.4	103.0	101.6
97.7	99.5	90.4	100.0	97.5	110.2	116.2	114.5
72.7	95.5	100.8	102.8	83.0	78.3	91.5	92.0
68.7	98.6	95.3	100.4	80.6	72.7	81.3	85.9
69.9	103.4	96.0	111.2	96.0	78.2	97.8	78.8
74.2	82.3	113.9	100.0	74.2	82.2	96.8	112.2
105.5	99.7	95.5	66.9	76.2	103.0	100.5	94.9
96.6	99.9	99.1	100.0	93.3	103.7	95.7	99.8
96.0	100.1	100.1	100.0	92.5	104.8	94.9	97.9
98.6	101.7	99.3	100.2	97.1	109.5	94.3	94.0
97.3	99.8	105.4	101.0	89.6	107.0	104.9	99.6
88.0	98.2	89.2	97.0	96.4	75.5	76.3	99.2
100.2	98.5	95.4	100.0	100.6	94.7	100.0	114.0
100.3	98.1	96.3	100.0	101.1	89.5	99.3	111.0
100.0	98.9	94.3	100.0	100.0	100.9	100.8	117.7
100.0	102.0	98.1	100.0	96.3	84.0	98.2	105.4
100.0	100.0	94.4	100.0	92.1	88.3	97.2	110.6
100.0	103.1	100.5	100.0	98.8	81.0	98.9	102.0
100.0	96.4	107.9	100.0	99.2	87.9	99.3	102.6
100.0	96.4	107.9	100.0	99.2	87.9	99.3	102.6
107.0	**100.6**	**99.9**	**99.5**	**100.6**	**98.5**	**100.0**	**113.6**
106.2	99.5	104.1	97.9	109.5	100.0	102.9	107.2
107.2	100.5	99.2	91.3	111.9	100.0	105.0	127.4
106.1	96.6	110.7	100.0	123.2	100.0	99.8	100.0
103.8	99.9	109.3	97.6	117.3	100.0	107.3	103.0
99.4	98.1	108.1	100.0	101.9	0.0	98.2	99.5

（上年 =100）

项　　目	湛江	茂名	肇庆	清远	潮州	揭阳
毛线衣	99.0	97.0	114.1	99.1	97.3	97.4
羽绒衣	90.0	100.0	102.0	0.0	92.8	99.4
套装	92.2	91.1	105.1	102.4	87.7	99.2
衬衫	102.5	94.1	118.2	97.4	133.1	103.9
裙子	86.9	100.0	91.3	90.6	100.1	99.9
裤子	98.6	100.2	99.3	97.6	97.1	105.5
运动衫裤	101.1	100.0	104.8	96.1	99.6	98.2
内衣	99.3	100.1	106.6	97.8	102.1	101.2
其它	109.7	100.4	127.2	100.0	92.2	101.4
儿童服装	98.0	98.2	100.5	99.5	92.0	101.0
套装	90.7	95.4	99.0	99.5	95.7	100.2
裤子	101.4	100.0	97.5	100.2	96.5	102.8
裙子	104.5	99.9	104.4	99.7	80.3	99.8
其它	96.8	100.2	105.4	94.4	93.8	104.7
鞋袜帽	99.8	100.0	103.3	98.4	83.5	99.9
鞋	98.9	100.0	104.5	99.0	78.6	99.6
男鞋	101.3	100.4	102.7	99.9	87.9	97.7
女鞋	97.7	100.1	106.6	99.1	68.7	99.5
童鞋	97.0	99.1	104.0	98.2	78.0	103.0
袜子	106.3	100.2	97.9	96.7	96.9	101.5
男袜	105.9	100.1	96.0	98.7	94.0	100.2
女袜	106.7	100.2	100.3	94.8	99.2	102.6
帽子	99.5	99.5	95.5	96.6	110.5	105.8
男帽	101.6	100.0	100.0	100.0	94.6	97.5
女帽	98.1	99.1	93.0	94.5	121.1	111.3
其它	95.5	99.2	97.1	100.0	96.7	97.5
领带	95.5	99.2	97.1	100.0	96.7	97.5
纺织品类	**97.1**	**98.5**	**104.2**	**98.6**	**94.2**	**100.4**
衣着材料	102.6	98.2	110.1	98.9	94.6	100.2
棉布	101.8	100.0	102.5	100.7	99.8	100.0
棉花化纤混纺布	112.3	102.1	135.5	100.7	92.9	100.0
化纤布	102.0	98.5	122.6	100.0	92.3	100.6
毛织品	100.5	97.4	124.7	98.6	93.0	100.0

云浮	顺德	兴宁	鹤山	廉江	电白	连州	普宁
92. 3	105. 7	102. 4	98. 1	95. 2	100. 0	90. 7	101. 1
86. 0	97. 6	100. 0	88. 8	100. 0	100. 0	100. 8	99. 5
99. 1	107. 2	101. 0	82. 2	100. 1	101. 1	68. 8	99. 6
113. 4	105. 9	105. 6	100. 6	100. 5	100. 0	111. 8	0. 0
91. 4	100. 2	100. 0	91. 7	100. 0	101. 3	71. 3	100. 6
98. 1	100. 1	95. 0	94. 3	100. 0	100. 6	64. 7	101. 3
102. 9	104. 7	102. 1	89. 0	100. 0	100. 4	94. 6	102. 9
95. 1	99. 8	102. 4	94. 4	100. 0	100. 0	82. 5	102. 5
98. 7	101. 9	102. 6	102. 2	100. 0	100. 0	88. 4	102. 1
102. 8	100. 8	102. 5	95. 7	101. 0	100. 3	87. 7	103. 3
105. 6	102. 3	102. 2	101. 1	100. 3	100. 5	87. 5	104. 9
108. 4	99. 2	104. 3	90. 1	98. 0	101. 1	91. 0	105. 5
93. 0	100. 7	101. 4	91. 3	105. 1	99. 2	80. 2	100. 5
103. 2	100. 0	101. 7	103. 6	102. 8	100. 0	89. 6	99. 1
98. 1	100. 1	97. 3	92. 5	102. 7	101. 3	98. 1	101. 7
97. 5	100. 0	97. 0	93. 5	106. 5	101. 6	97. 0	102. 9
95. 4	100. 0	100. 0	95. 7	116. 3	100. 7	93. 5	101. 8
93. 0	100. 0	100. 0	89. 6	100. 8	101. 7	95. 7	102. 2
109. 3	100. 0	89. 3	95. 3	101. 6	103. 2	107. 7	106. 0
100. 6	100. 6	100. 1	87. 2	100. 7	100. 0	102. 9	95. 9
101. 1	100. 0	100. 4	90. 8	101. 3	100. 0	106. 4	96. 4
100. 0	101. 0	100. 0	84. 4	100. 0	100. 0	100. 0	95. 5
99. 7	100. 0	90. 0	101. 6	100. 0	100. 0	100. 0	102. 4
97. 0	100. 0	100. 0	102. 1	100. 0	100. 0	100. 0	100. 6
101. 3	100. 0	83. 3	101. 4	100. 0	100. 0	100. 0	103. 7
93. 8	100. 0	101. 0	99. 4	98. 5	100. 0	96. 4	99. 3
93. 8	100. 0	101. 0	99. 4	98. 5	100. 0	96. 4	99. 3
97. 3	**100. 3**	**99. 4**	**97. 5**	**98. 6**	**100. 0**	**99. 2**	**101. 6**
92. 2	100. 0	100. 3	98. 8	102. 7	100. 0	97. 3	105. 5
89. 0	100. 0	100. 0	91. 2	111. 1	100. 0	90. 2	104. 7
92. 9	98. 2	100. 0	97. 9	102. 1	100. 0	99. 4	105. 3
89. 2	100. 0	100. 0	101. 4	103. 4	100. 0	97. 0	109. 2
93. 2	100. 0	100. 0	100. 0	100. 0	100. 0	0. 0	102. 6

（上年＝100）

项　　目	广州	深圳	珠海	汕头	佛山	韶关
丝织品	98.3	104.8	112.6	99.7	102.5	98.4
毛线	100.0	108.1	100.0	100.0	101.5	98.6
其它	100.0	88.3	100.0	100.0	100.0	96.8
床上用品	99.2	95.7	100.1	101.1	101.4	99.2
毛毯	99.7	100.9	99.9	100.0	101.6	98.7
床单	100.0	106.4	100.0	101.1	95.3	98.1
床罩	98.7	79.3	100.0	102.8	102.1	96.9
被套	99.8	95.8	100.0	100.0	108.1	99.1
其它	97.9	97.5	100.5	100.6	100.7	101.2
家用电器及音像器材	**94.6**	**93.4**	**95.9**	**96.5**	**97.2**	**96.9**
家庭设备	96.1	94.3	99.6	98.8	97.9	98.2
洗衣机	99.4	98.0	96.9	94.9	93.1	98.7
电风扇	98.6	98.9	100.2	106.0	94.2	93.8
电冰箱（柜）	97.0	99.3	97.2	98.2	99.3	94.9
抽排油烟机	102.6	103.3	109.2	99.6	100.1	99.8
空调器	89.2	88.7	97.8	99.2	99.6	99.7
电热水器	98.5	93.5	104.7	102.3	105.2	100.6
微波炉	98.1	97.4	98.5	97.5	99.8	95.8
电炊具	100.5	102.1	98.8	101.7	95.3	101.3
饮水机	102.8	86.6	97.0	99.0	93.4	88.8
其它	103.3	97.5	99.9	98.9	94.8	100.5
文娱用耐用消费品	92.1	89.0	90.5	93.1	96.4	96.5
电视机	88.1	90.6	89.1	87.6	93.9	99.6
影碟机	92.9	100.3	89.2	97.0	98.1	85.7
摄像机	95.9	89.9	99.4	95.1	95.2	100.0
音响	93.1	98.4	95.1	99.9	99.4	97.9
收音（录）机	98.6	97.6	85.5	100.6	100.0	94.7
其它	100.0	74.2	92.8	92.6	100.0	0.0
音像器材类	95.5	97.9	98.9	98.4	95.8	90.5
专业音响器材	101.9	99.5	98.1	100.0	100.0	94.3
专业声像器材	85.8	96.1	100.0	96.2	91.0	84.7
文化办公用品	**93.1**	**97.2**	**96.0**	**97.9**	**97.2**	**98.2**
纸张用品	100.0	101.3	97.7	101.0	104.9	98.1

续上表

河源	梅州	惠州	汕尾	东莞	中山	江门	阳江
103.5	99.8	101.2	99.6	0.0	100.0	99.5	118.0
109.1	99.4	100.9	100.0	100.0	100.0	103.6	92.6
115.1	105.6	101.1	100.0	0.0	100.0	101.7	135.4
107.3	100.9	99.2	100.0	96.7	97.8	99.2	117.0
94.2	100.5	104.7	100.1	101.6	100.9	98.7	103.6
111.4	100.4	101.0	100.0	97.1	102.3	101.1	112.7
99.6	100.6	98.7	100.0	100.7	103.1	100.1	99.5
114.2	100.4	89.6	100.0	96.2	96.9	98.2	105.7
110.2	102.5	101.2	100.0	87.4	88.3	98.6	127.4
96.4	**97.8**	**93.9**	**94.9**	**98.7**	**96.0**	**97.1**	**95.2**
100.4	99.2	93.6	94.4	99.4	99.9	96.1	97.3
89.1	102.9	98.9	94.4	97.2	95.0	93.0	109.5
103.7	100.0	99.6	95.4	102.2	107.5	97.3	77.9
104.0	99.5	93.1	97.7	93.3	92.9	94.3	100.0
102.9	99.8	97.4	98.1	100.3	104.1	94.8	97.6
104.7	91.9	88.5	86.9	92.6	103.0	96.9	95.4
99.4	100.0	87.6	100.0	102.3	109.9	98.0	95.6
100.7	113.0	94.7	99.0	97.8	93.0	100.9	95.6
94.8	97.7	98.7	96.6	103.2	98.4	99.2	86.4
98.7	96.3	81.2	91.3	132.7	92.1	89.2	96.6
94.5	100.1	101.8	101.1	102.4	101.5	97.2	95.4
89.0	96.8	91.6	94.7	96.1	92.1	98.1	91.5
84.2	97.3	87.1	93.7	95.7	89.7	96.6	89.7
85.5	91.8	82.3	93.4	93.5	86.3	97.4	78.2
77.8	87.8	104.4	100.0	97.6	74.2	96.0	100.0
105.7	102.7	99.5	96.2	93.4	106.3	102.8	104.6
100.0	100.0	92.0	100.0	98.9	100.5	98.4	106.2
100.0	93.4	100.0	100.0	100.0	138.7	100.0	92.2
100.0	93.2	100.0	100.0	100.1	81.6	101.0	100.0
100.0	100.0	100.0	100.0	101.6	68.8	102.0	100.0
100.0	76.5	100.0	100.0	94.1	111.5	99.8	100.0
95.5	**97.6**	**101.6**	**94.5**	**99.4**	**89.0**	**98.1**	**93.4**
100.4	100.0	93.3	100.0	98.7	106.4	95.9	99.3

（上年＝100）

项目	湛江	茂名	肇庆	清远	潮州	揭阳
丝织品	96.5	100.0	109.2	100.0	95.0	100.0
毛线	101.7	96.3	84.5	95.6	96.7	100.0
其它	109.3	90.2	87.5	0.0	96.2	100.0
床上用品	95.6	98.6	101.6	98.5	94.0	100.4
毛毯	102.3	90.7	101.0	100.0	86.4	103.7
床单	90.4	100.2	100.0	99.9	98.9	100.2
床罩	95.8	100.1	102.6	99.3	94.1	99.3
被套	92.6	99.1	100.4	97.8	98.4	100.0
其它	96.5	100.7	102.9	97.1	92.0	100.1
家用电器及音像器材	**95.2**	**97.0**	**94.6**	**93.8**	**93.5**	**95.6**
家庭设备	97.5	96.1	97.8	94.5	94.1	96.6
洗衣机	95.3	98.9	98.6	98.0	99.7	99.8
电风扇	109.4	95.0	91.9	97.6	100.1	97.5
电冰箱（柜）	95.3	94.2	96.9	95.1	93.5	97.9
抽排油烟机	102.3	99.3	99.5	100.2	95.5	100.3
空调器	93.7	95.5	99.3	89.7	89.5	88.5
电热水器	100.6	96.3	93.8	88.8	97.1	99.3
微波炉	98.0	95.5	98.6	94.6	84.1	98.5
电炊具	100.8	96.7	98.0	95.5	93.4	99.6
饮水机	102.1	90.9	100.0	92.0	95.3	100.5
其它	103.0	93.0	99.4	97.0	97.4	97.6
文娱用耐用消费品	91.5	97.3	90.1	93.1	92.7	94.0
电视机	90.9	95.6	84.8	92.3	89.1	88.2
影碟机	89.9	95.2	94.8	95.3	93.8	97.7
摄像机	90.6	99.7	92.5	90.4	98.0	100.0
音响	92.2	102.0	92.9	93.6	92.6	97.1
收音（录）机	94.0	101.8	97.6	92.8	99.1	100.4
其它	93.8	100.0	100.0	0.0	100.0	109.3
音像器材类	99.7	99.0	97.2	92.2	93.6	98.2
专业音响器材	99.7	98.5	97.2	87.8	96.0	98.2
专业声像器材	99.7	99.4	100.0	98.2	90.0	100.0
文化办公用品	**95.5**	**95.9**	**87.9**	**99.3**	**97.0**	**97.5**
纸张用品	100.0	107.9	100.0	93.1	121.8	100.0

续上表

云浮	顺德	兴宁	鹤山	廉江	电白	连州	普宁
95.8	103.1	104.1	100.0	100.2	100.0	97.3	106.7
92.5	100.6	100.0	102.1	100.6	100.0	108.5	99.8
97.6	100.0	100.0	104.2	100.0	100.0	100.0	100.0
98.8	100.3	98.6	97.2	95.2	100.0	101.0	97.9
93.0	100.1	100.0	100.3	99.7	100.0	97.2	97.4
101.3	102.8	100.4	98.2	98.1	100.0	103.1	104.9
99.3	99.3	99.9	97.2	100.4	100.0	103.1	97.5
99.8	101.6	99.5	92.6	71.6	100.0	101.8	94.9
99.1	99.3	94.6	96.4	98.6	100.0	96.7	97.1
96.1	**99.3**	**98.2**	**95.0**	**98.0**	**95.7**	**84.9**	**96.4**
94.1	99.6	98.4	96.5	100.2	96.2	82.1	98.5
93.6	99.2	98.5	98.9	101.9	98.2	83.1	98.9
86.7	101.6	102.7	95.4	100.3	100.0	86.2	98.6
94.4	99.0	98.1	96.1	95.6	92.3	79.8	101.3
98.6	100.2	102.9	91.5	97.0	101.1	85.5	100.7
89.0	99.1	93.6	96.5	98.9	94.7	78.4	91.1
97.2	101.3	99.1	98.3	99.2	102.2	77.9	98.0
95.7	99.2	101.3	93.4	102.3	98.4	82.4	101.2
98.3	100.0	100.4	100.2	105.8	100.0	90.5	98.8
105.1	100.0	96.6	94.4	100.0	90.1	91.7	93.9
102.7	102.2	98.2	96.3	96.9	100.0	0.0	104.4
96.1	98.8	98.0	93.5	94.7	93.5	86.4	96.2
95.4	100.7	96.5	93.4	101.9	92.1	80.0	96.2
95.3	93.9	101.9	90.3	87.9	94.0	92.6	97.5
100.0	99.4	0.0	100.0	100.0	100.0	100.0	100.0
97.9	97.5	100.8	96.0	84.7	92.5	87.9	92.6
90.2	100.0	96.1	94.9	98.1	100.0	100.0	94.4
100.0	100.0	102.7	100.0	100.0	99.0	0.0	100.0
109.2	100.0	97.9	95.4	100.6	100.0	89.7	87.8
120.1	100.0	97.9	95.4	101.1	100.0	89.7	95.9
95.8	100.0	99.4	100.0	100.1	100.0	100.0	70.8
97.0	**98.6**	**96.4**	**94.2**	**103.1**	**98.4**	**97.3**	**90.2**
100.0	100.0	93.4	100.0	115.6	102.5	100.0	97.4

（上年＝100）

项　目	广州	深圳	珠海	汕头	佛山	韶关
文具	99.9	94.8	100.2	100.7	100.0	90.8
电脑及配件	78.0	92.8	96.1	97.3	92.0	96.7
打印机及配件	90.1	107.7	96.9	90.9	102.6	92.6
扫描仪	92.6	99.0	94.4	93.0	101.0	93.9
复印机	98.0	97.1	89.7	99.9	88.3	111.1
电子辞典	99.6	96.7	93.5	97.8	103.1	97.9
计算器	99.3	100.8	100.0	99.6	101.4	100.0
教学设备	100.0	99.5	92.4	98.8	89.5	98.9
其它	100.0	96.4	93.1	101.8	105.8	0.0
日用品	**102.2**	**100.3**	**99.9**	**99.2**	**99.9**	**100.5**
日用百货	101.2	98.4	98.7	98.2	101.0	102.5
自行车	105.7	100.0	101.4	100.2	100.0	104.9
雨具	100.0	93.0	97.6	99.5	99.3	101.3
剃须刀具	100.9	99.7	97.0	100.9	100.2	100.8
电池	100.0	91.8	93.9	97.2	99.8	100.4
卫生纸	101.4	93.7	101.1	96.3	103.5	104.4
卫生巾	95.8	100.8	100.2	95.2	100.4	99.4
其它	100.0	101.8	99.7	101.3	100.7	101.0
日用杂品	100.5	103.0	100.0	100.1	100.5	98.5
茶具	101.9	101.8	96.7	95.3	101.5	97.5
餐具	102.2	106.0	108.9	102.2	99.9	99.7
厨具	99.5	101.5	100.2	101.5	100.2	98.0
其它	98.2	102.1	94.2	99.6	100.5	99.0
洗涤用品	102.2	95.5	99.8	99.9	98.8	100.8
洗衣粉	108.3	96.3	99.8	100.4	100.1	96.7
肥皂类	103.2	96.2	99.8	99.7	99.8	103.4
牙膏	98.8	92.6	100.1	98.7	101.3	108.5
清洁洗涤剂	99.4	98.4	99.6	100.1	95.2	99.2
其它日用品	104.3	105.0	101.0	99.2	100.0	98.9
燃气灶具	124.2	111.4	100.6	99.4	100.1	99.1
儿童玩具	101.3	98.7	98.5	100.0	101.6	97.1
照明器具	100.5	100.2	106.2	98.0	98.3	99.6
钟表眼镜及配件	97.9	99.9	100.4	98.7	101.9	98.9

续上表

河源	梅州	惠州	汕尾	东莞	中山	江门	阳江
103.8	100.0	96.6	100.8	100.1	79.8	107.8	104.2
93.5	95.6	108.1	89.2	100.9	101.3	95.9	82.8
93.8	98.2	102.4	93.5	80.3	51.1	97.6	92.7
93.4	92.9	97.2	84.4	90.3	100.0	99.2	91.3
92.9	98.3	90.6	93.8	115.2	94.5	97.1	88.6
90.2	97.8	118.3	97.1	100.1	84.2	99.3	99.9
85.8	100.0	89.9	100.0	99.8	88.0	98.4	106.4
100.0	100.0	100.0	97.8	100.0	85.4	99.6	100.0
100.0	96.4	84.7	99.1	102.1	0.0	100.0	100.0
100.0	**98.2**	**100.0**	**99.8**	**99.9**	**97.5**	**99.6**	**98.5**
98.4	97.7	102.8	101.0	91.9	106.1	101.3	97.3
91.6	97.9	101.0	105.6	98.9	100.0	107.2	102.4
95.8	97.7	103.5	99.3	90.1	94.4	106.4	92.3
97.8	100.0	105.6	100.0	78.8	131.9	94.8	97.7
106.9	96.9	99.8	100.0	95.4	96.0	100.1	100.9
100.5	100.9	99.5	101.5	98.2	103.7	102.1	99.2
98.2	91.1	104.1	97.2	76.1	111.8	99.2	98.1
100.0	100.0	108.6	104.0	102.6	90.1	100.4	85.0
103.3	99.6	100.4	99.9	100.0	85.3	99.1	100.6
95.1	100.0	100.2	100.0	99.6	69.3	98.6	109.0
106.5	100.0	88.8	100.0	101.3	70.3	100.8	91.5
107.9	98.2	104.0	99.4	99.8	129.5	99.2	106.0
100.0	100.0	107.4	100.0	99.6	0.0	97.5	100.0
99.8	98.9	100.6	98.0	109.8	101.4	99.5	97.7
98.5	98.9	103.2	101.6	105.7	103.4	99.1	93.5
103.8	100.4	104.2	114.7	126.7	114.6	100.1	101.7
101.3	99.3	97.5	85.0	100.4	98.5	101.5	99.3
96.7	97.5	96.4	97.9	109.4	97.7	96.5	99.1
98.1	96.7	96.1	99.5	93.8	92.9	98.4	97.9
92.0	103.3	90.7	95.9	104.1	112.0	93.5	100.0
97.0	100.0	89.2	100.0	94.6	68.8	99.1	104.1
97.6	95.3	101.1	100.0	95.2	109.9	100.9	114.4
100.0	94.5	96.2	100.0	105.5	89.3	100.0	89.5

（上年=100）

项　　目	湛江	茂名	肇庆	清远	潮州	揭阳
文具	94.7	98.7	100.1	100.0	104.8	100.6
电脑及配件	90.2	88.3	74.2	95.5	86.7	95.0
打印机及配件	100.1	97.6	85.2	145.4	89.9	98.5
扫描仪	93.4	91.0	94.6	90.1	84.7	95.9
复印机	99.8	94.9	97.4	91.6	97.4	97.7
电子辞典	94.8	97.2	86.7	100.0	84.7	100.0
计算器	98.9	100.0	96.9	94.9	88.8	101.9
教学设备	100.0	92.5	100.0	100.0	97.4	100.0
其它	97.1	100.0	100.0	0.0	100.0	95.5
日用品	**100.1**	**98.7**	**97.4**	**98.6**	**98.3**	**99.9**
日用百货	99.1	98.8	99.0	98.6	95.6	98.7
自行车	100.0	100.0	99.1	100.0	86.4	97.1
雨具	92.1	99.4	98.6	100.0	96.5	100.0
剃须刀具	102.7	100.4	96.7	100.0	100.0	100.0
电池	103.8	100.0	100.0	94.7	100.0	100.2
卫生纸	97.0	96.5	100.8	103.4	104.6	100.0
卫生巾	99.0	98.3	98.9	94.2	87.9	95.3
其它	99.3	100.0	97.3	97.1	100.0	101.2
日用杂品	99.1	97.8	93.1	98.9	103.3	101.7
茶具	97.2	99.0	95.8	100.0	88.0	97.6
餐具	98.3	97.5	94.8	98.6	97.6	104.4
厨具	101.2	96.3	93.0	98.3	128.9	100.7
其它	99.3	100.0	88.8	0.0	100.0	100.0
洗涤用品	103.3	98.6	99.5	99.3	99.2	99.7
洗衣粉	99.0	98.8	99.4	100.1	96.6	100.2
肥皂类	108.0	100.4	100.9	98.8	99.6	99.7
牙膏	106.9	97.5	99.8	100.1	99.5	99.0
清洁洗涤剂	101.8	98.0	97.5	97.6	100.9	100.0
其它日用品	98.8	99.3	97.9	97.7	95.0	100.3
燃气灶具	101.8	97.9	96.4	98.7	91.6	99.2
儿童玩具	98.9	101.6	100.0	99.4	106.9	101.9
照明器具	99.3	97.6	100.0	102.6	98.4	100.0
钟表眼镜及配件	97.4	100.3	96.9	86.2	101.2	98.7

续上表

云浮	顺德	兴宁	鹤山	廉江	电白	连州	普宁
102.0	100.0	100.0	96.6	101.4	100.0	100.0	102.8
96.5	97.7	97.0	89.9	100.0	92.0	95.6	96.2
87.5	97.1	91.5	91.1	99.1	93.1	95.8	82.0
97.0	99.8	88.1	100.0	100.0	99.9	90.2	60.8
92.6	100.0	98.9	100.0	99.1	90.7	93.6	89.2
100.9	100.0	93.5	92.3	100.0	104.8	94.7	68.2
89.6	100.0	95.4	94.9	99.2	100.0	100.0	97.0
101.7	100.0	100.0	100.0	100.0	100.0	97.3	55.4
100.0	100.0	98.8	100.0	100.0	100.0	100.0	61.9
101.2	**100.2**	**101.8**	**96.1**	**103.1**	**100.0**	**96.3**	**99.1**
99.0	100.3	104.9	97.0	100.5	100.0	92.8	100.0
93.0	100.0	117.3	100.5	100.7	100.0	87.7	98.6
101.8	100.0	100.1	100.0	96.2	100.0	100.0	102.0
100.0	99.8	100.2	98.5	112.0	100.0	95.0	95.3
100.0	102.0	98.2	100.0	104.9	100.0	100.0	100.0
100.0	100.1	101.5	94.2	100.0	100.0	94.1	89.0
97.6	100.5	102.6	92.7	96.2	100.0	100.0	120.8
100.0	100.0	100.0	100.0	94.3	100.0	100.0	78.2
100.0	100.0	100.3	92.0	103.3	100.0	95.2	96.9
100.0	100.3	100.0	98.1	104.9	100.0	96.5	100.0
100.0	100.0	100.0	88.3	103.1	100.0	97.2	91.4
100.0	99.6	101.4	92.7	103.3	100.0	94.3	100.0
100.0	100.0	100.0	100.0	100.0	100.0	100.0	0.0
101.9	100.1	100.1	97.4	108.9	99.7	100.0	102.5
108.0	99.8	101.8	96.2	110.2	100.0	100.0	103.2
105.3	100.0	99.5	96.0	95.6	100.0	100.0	101.9
94.9	100.0	100.7	101.2	121.1	99.2	100.0	99.6
99.3	100.5	97.2	97.4	107.3	100.0	100.0	108.0
104.2	100.3	100.8	97.2	99.1	100.1	97.9	97.7
98.7	100.0	97.7	97.2	100.1	100.6	95.1	102.2
95.4	100.3	104.2	98.0	99.5	100.0	100.0	100.5
107.5	100.0	105.8	91.3	101.1	100.0	100.0	94.9
103.4	101.3	100.2	95.0	88.5	100.0	100.0	95.7

（上年＝100）

项　目	广州	深圳	珠海	汕头	佛山	韶关
日用普通饰品	100.0	90.2	98.2	100.0	100.0	99.7
日用皮革制品	98.6	100.0	99.6	98.9	97.9	99.2
其它	100.0	134.5	100.0	100.0	98.5	99.0
体育娱乐用品	**99.6**	**101.3**	**98.8**	**99.2**	**100.3**	**97.3**
体育用品	100.5	101.3	100.8	99.8	101.0	97.8
球类	99.2	102.3	100.5	100.0	100.8	97.6
棋牌	101.2	102.9	103.5	104.1	99.7	99.3
健身器材	101.3	100.0	99.2	97.0	101.5	96.3
娱乐用品	99.1	101.3	97.0	98.8	99.8	97.0
游艺器材	100.1	97.9	100.0	100.0	100.0	96.2
照相器材	97.2	94.2	96.1	95.2	99.5	97.5
乐器	100.1	107.1	95.8	102.3	100.1	97.4
交通、通信用品	**93.9**	**87.4**	**90.3**	**89.8**	**93.9**	**94.6**
交通运输机械	97.2	89.8	94.9	97.4	95.3	94.1
轿车	95.8	91.5	89.6	96.5	95.3	95.1
客车	100.0	95.2	99.9	98.1	96.8	92.0
货车	99.6	85.2	97.2	97.8	100.0	93.7
摩托车	100.0	99.3	100.0	96.8	91.4	96.9
其它	94.7	87.5	90.4	101.1	99.6	86.5
通讯器材类	88.7	83.8	84.1	80.5	91.4	95.1
固定电话机	99.5	93.0	91.7	90.3	98.7	91.1
移动电话机	80.1	75.3	74.0	72.1	86.8	96.0
传真机	89.3	97.2	89.7	95.1	98.8	99.5
其它	100.0	93.0	101.7	100.0	84.1	95.2
家具	**98.6**	**94.8**	**97.9**	**98.8**	**99.1**	**86.3**
成套家具	96.9	94.3	100.0	96.2	100.0	89.2
床	97.8	91.6	93.2	100.0	98.8	89.1
桌	99.4	102.8	100.0	99.3	99.7	85.4
椅	99.1	88.3	95.6	97.4	100.0	78.1
沙发	99.5	93.8	100.0	100.0	97.4	84.3
其它	99.7	97.5	100.0	100.0	100.0	93.7
化妆品类	**96.6**	**99.6**	**99.6**	**101.9**	**99.7**	**99.2**
护肤品	98.8	97.1	96.6	104.7	99.2	98.6

续上表

河源	梅州	惠州	汕尾	东莞	中山	江门	阳江
100.0	91.7	92.6	100.0	98.4	98.4	100.2	97.9
100.0	97.8	101.0	100.0	76.9	96.2	92.7	100.0
100.0	90.9	104.5	100.0	82.7	77.7	100.0	85.5
98.3	**97.2**	**101.8**	**100.1**	**98.9**	**91.5**	**99.4**	**102.4**
96.4	100.0	101.9	100.1	100.4	91.5	99.8	101.2
97.6	100.0	95.2	100.2	99.9	70.7	100.2	110.3
106.3	100.0	99.9	100.0	98.8	86.7	101.0	90.1
91.7	100.0	109.4	100.0	103.3	115.4	98.9	96.5
101.2	94.3	101.6	100.0	97.5	91.8	99.0	103.8
99.0	99.7	103.6	100.0	97.3	120.3	106.1	103.1
100.0	88.7	102.1	100.0	95.4	81.0	95.6	100.0
103.6	100.0	100.0	100.0	100.6	87.9	99.8	107.7
89.6	**94.0**	**91.5**	**93.8**	**97.0**	**92.9**	**89.2**	**83.1**
89.6	96.7	92.6	95.4	96.9	96.4	96.7	89.9
85.6	92.8	79.8	94.2	94.0	92.2	98.6	97.0
89.1	99.4	100.4	100.0	99.7	107.6	96.8	100.0
97.4	98.9	100.2	100.0	99.6	98.6	99.7	105.5
85.9	99.9	95.1	93.6	98.3	93.1	92.0	85.4
103.3	88.7	99.6	100.0	0.0	90.5	100.0	98.7
89.5	90.9	90.6	92.3	97.0	88.1	81.2	73.6
92.1	100.0	94.5	100.0	99.2	97.8	96.8	85.0
87.9	82.8	88.5	87.1	96.2	75.2	71.3	66.6
89.6	96.8	85.4	92.6	99.2	93.7	96.2	85.9
89.9	100.0	100.0	100.0	106.9	100.0	100.0	78.4
89.7	**100.9**	**96.8**	**99.1**	**96.4**	**76.5**	**99.8**	**84.8**
83.4	102.7	97.4	98.7	99.8	76.3	98.8	79.2
94.2	100.9	94.5	94.2	87.8	63.4	100.5	71.0
70.0	100.0	96.7	100.0	101.0	101.1	98.3	86.5
95.2	100.3	94.3	100.0	100.5	66.2	100.6	88.8
94.1	97.3	98.9	101.9	95.8	74.2	100.2	90.9
104.7	107.1	100.0	100.0	101.2	97.2	100.1	93.4
100.0	**100.5**	**92.7**	**101.4**	**98.3**	**93.5**	**101.2**	**100.6**
102.1	105.0	89.7	99.2	97.3	100.5	105.4	103.2

(上年=100)

项　目	湛江	茂名	肇庆	清远	潮州	揭阳
日用普通饰品	96.1	100.0	100.0	100.0	70.7	102.0
日用皮革制品	100.3	99.7	100.0	100.1	88.8	102.1
其它	97.9	100.0	90.5	100.0	100.0	99.4
体育娱乐用品	**96.9**	**102.2**	**100.9**	**99.8**	**91.4**	**100.0**
体育用品	97.6	102.9	103.5	100.4	94.8	98.8
球类	96.0	99.0	100.0	100.0	93.3	94.8
棋牌	91.7	98.7	100.8	101.8	87.2	101.1
健身器材	100.5	107.7	106.7	100.0	100.0	99.4
娱乐用品	96.4	101.6	98.3	99.3	87.0	100.9
游艺器材	94.5	100.0	92.5	100.0	80.7	102.3
照相器材	93.6	100.6	100.0	100.0	82.3	100.4
乐器	100.4	103.6	100.0	97.5	98.7	100.5
交通、通信用品	**90.2**	**95.1**	**89.5**	**86.4**	**80.5**	**86.6**
交通运输机械	95.4	98.0	95.3	90.3	91.1	94.8
轿车	91.6	97.4	89.9	85.7	91.4	93.9
客车	95.9	96.2	100.0	97.1	97.2	95.4
货车	97.9	98.7	99.3	100.0	91.7	95.9
摩托车	99.4	100.0	0.0	82.4	88.0	93.5
其它	100.0	100.0	100.0	0.0	83.3	97.9
通讯器材类	82.0	92.1	88.9	82.6	72.5	81.7
固定电话机	94.5	92.9	98.6	101.8	74.4	94.5
移动电话机	73.2	88.9	86.2	69.6	69.3	69.2
传真机	97.0	99.2	100.8	97.5	84.4	99.5
其它	96.2	100.0	77.8	0.0	100.0	97.8
家具	**99.0**	**99.4**	**91.7**	**92.7**	**86.8**	**99.8**
成套家具	99.4	97.7	87.6	89.0	91.9	96.3
床	99.1	96.5	93.1	86.7	84.4	98.3
桌	99.2	103.9	90.9	96.0	83.3	102.8
椅	100.0	98.1	95.8	96.6	94.2	103.5
沙发	97.2	99.7	90.8	93.6	82.4	100.2
其它	100.0	101.2	92.3	99.1	86.9	99.0
化妆品类	**99.3**	**102.5**	**103.5**	**92.3**	**95.3**	**99.3**
护肤品	100.5	100.7	104.1	98.9	99.4	99.0

续上表

云浮	顺德	兴宁	鹤山	廉江	电白	连州	普宁
112.4	100.0	100.0	101.9	100.0	100.0	100.0	97.3
111.3	100.0	98.7	98.2	101.2	100.0	92.3	101.1
100.0	100.0	92.3	100.0	98.7	100.0	100.0	94.2
105.0	**99.9**	**99.3**	**100.1**	**103.3**	**98.9**	**99.2**	**100.8**
102.6	100.0	99.7	99.1	105.7	98.1	99.2	99.3
103.2	100.0	100.0	97.5	100.0	100.0	100.0	98.8
93.9	100.0	98.9	98.9	109.1	100.0	100.0	100.0
106.8	100.0	100.0	101.1	112.3	94.4	96.8	99.6
107.3	99.9	98.8	101.2	100.7	100.0	99.3	102.3
100.0	100.0	108.2	93.3	100.0	100.0	100.0	115.4
111.3	99.7	95.2	104.6	100.0	100.0	100.0	99.5
103.6	100.0	100.0	99.4	102.2	100.0	97.9	94.9
93.9	**96.0**	**91.7**	**92.8**	**92.5**	**90.6**	**82.5**	**91.7**
97.1	95.5	97.6	93.4	95.7	92.2	86.9	94.7
100.0	95.9	0.0	100.0	100.0	100.0	100.0	94.5
100.0	0.0	0.0	100.0	100.0	100.0	100.0	89.0
100.0	94.1	0.0	100.0	100.0	100.0	100.0	97.3
95.2	95.0	98.6	93.4	91.2	88.7	86.8	94.3
100.0	100.0	91.5	100.0	99.7	100.0	0.0	100.7
90.8	97.6	85.2	92.3	89.8	88.8	79.4	88.2
82.7	100.0	91.9	93.3	97.9	100.0	84.4	93.1
88.8	96.6	73.8	91.5	78.3	70.6	67.9	77.1
120.2	100.0	93.8	100.0	100.0	97.6	91.5	87.6
100.0	100.0	84.2	100.0	98.1	100.0	0.0	100.0
101.3	**100.5**	**102.4**	**100.4**	**99.9**	**101.0**	**90.5**	**103.8**
100.6	100.5	106.8	99.6	99.8	99.0	83.7	101.3
100.0	96.8	101.5	98.8	101.2	100.4	91.6	104.0
107.7	107.5	102.0	98.0	100.0	99.2	91.2	100.2
97.2	94.2	79.6	99.0	101.3	103.0	100.0	105.4
102.7	102.9	101.1	103.7	98.5	106.3	91.2	108.0
98.7	99.6	125.6	102.7	98.8	106.7	90.9	102.4
103.4	**100.0**	**95.3**	**100.5**	**102.9**	**100.2**	**98.6**	**96.6**
106.7	100.0	89.7	103.4	100.0	101.2	100.0	84.8

（上年＝100）

项　目	广州	深圳	珠海	汕头	佛山	韶关
美容品	85.8	99.7	96.7	100.0	100.1	100.0
护发美容品	99.8	100.6	100.0	101.0	100.0	98.8
清洁化妆用品	97.1	101.6	106.6	99.7	99.5	99.1
药物美容用品	99.0	97.0	99.7	103.9	99.6	100.3
金银珠宝类	**110.4**	**116.1**	**104.4**	**114.3**	**111.5**	**113.4**
金饰品	116.0	118.8	105.5	114.0	117.3	112.7
银饰品	101.8	112.6	99.1	100.0	110.2	106.7
铂金饰品	108.8	123.0	106.5	125.1	103.7	126.0
其它	100.0	99.4	100.1	105.1	108.0	99.3
中西药品及医疗保健用品类	**99.5**	**101.9**	**96.4**	**97.5**	**100.9**	**95.4**
医疗器具及用品	97.7	100.2	103.5	98.5	109.6	98.9
中药材及中成药	101.0	106.1	96.1	96.4	104.7	94.8
中药材	104.7	107.5	94.3	94.2	106.2	94.8
中成药	96.3	104.2	98.2	99.7	103.0	94.6
西药	98.6	99.7	95.1	97.5	97.3	93.7
胃药	99.8	99.4	96.4	100.0	98.0	95.1
感冒药	102.8	96.6	100.8	101.3	102.3	98.8
抗菌药针剂	100.0	100.1	90.4	99.2	82.1	99.0
抗菌药片剂	93.3	99.2	94.4	87.0	100.0	84.9
止泻药	93.4	100.2	96.1	100.0	93.3	80.5
外用药	104.0	108.6	101.6	99.7	103.4	92.7
心血管病用药	91.3	101.0	94.1	97.5	104.7	101.5
其它	103.2	98.8	88.8	100.0	100.0	96.7
保健器具及用品	100.5	101.0	99.8	99.4	97.6	101.4
保健器具	97.2	103.6	100.0	101.1	101.0	97.8
滋补保健用品	101.3	100.4	99.8	98.9	96.8	102.2
书报杂志及电子出版物类	**100.2**	**100.5**	**101.7**	**100.1**	**101.4**	**102.1**
教材及参考书	109.9	101.3	105.4	101.2	101.2	107.1
工具书	101.9	104.5	104.4	100.7	100.0	98.1
教材	109.2	100.5	106.4	102.6	101.1	111.8
参考书	116.8	100.0	105.3	100.0	102.6	107.7
书报杂志	100.0	100.5	100.0	100.0	102.8	100.9
书籍	100.0	101.2	100.0	100.0	100.0	102.5

续上表

河源	梅州	惠州	汕尾	东莞	中山	江门	阳江
96.0	92.6	101.6	95.2	99.7	84.7	96.6	94.9
100.0	101.5	95.2	106.9	98.2	93.1	102.4	101.8
97.6	99.8	104.6	104.8	96.4	96.5	97.8	98.0
105.4	100.1	80.8	100.0	98.9	88.3	99.3	100.0
112.3	**106.4**	**114.7**	**104.9**	**117.4**	**142.6**	**106.0**	**114.8**
110.6	106.5	114.4	113.4	104.1	114.9	109.1	129.2
100.0	100.0	108.6	105.4	124.8	116.9	97.9	100.0
115.4	111.5	130.1	93.5	122.6	175.2	107.4	100.0
123.4	100.0	100.6	100.0	126.2	0.0	99.2	130.0
100.7	**96.5**	**100.7**	**101.3**	**97.1**	**98.5**	**100.1**	**98.2**
107.0	102.4	103.4	102.3	100.0	100.1	101.0	104.3
103.3	95.8	98.1	101.3	96.9	90.5	100.3	93.3
101.8	95.9	91.6	101.0	98.1	85.9	95.8	94.9
105.2	95.7	107.3	101.7	95.4	97.8	105.6	91.1
98.8	96.4	103.1	101.8	97.5	105.6	99.9	100.7
91.5	96.9	111.0	100.0	106.7	97.9	98.8	96.2
109.7	98.4	103.1	101.7	97.7	103.2	97.0	95.1
95.9	92.8	106.9	105.8	100.0	99.5	108.9	120.3
96.1	96.3	96.6	98.1	84.0	100.0	99.8	98.8
96.4	100.0	107.0	102.2	104.8	98.5	98.0	98.6
104.7	100.0	98.2	99.9	99.8	100.0	115.2	93.1
97.9	89.5	98.9	108.2	97.7	96.3	85.6	93.5
101.6	98.2	99.5	98.4	94.2	169.1	92.0	105.3
99.5	97.9	98.0	100.1	96.7	100.7	99.9	99.4
97.1	100.0	101.9	100.0	102.7	89.5	100.2	91.4
99.8	97.5	97.5	100.1	96.0	103.0	99.8	100.8
101.7	**101.3**	**100.6**	**100.4**	**100.1**	**100.1**	**104.5**	**108.3**
97.6	102.6	102.4	101.1	100.0	109.8	108.7	119.1
100.0	101.5	100.0	100.0	100.0	94.6	100.8	100.9
91.1	105.5	104.8	102.3	100.0	115.7	117.7	122.7
104.3	100.0	100.0	100.0	100.0	113.2	104.2	129.7
106.8	100.5	100.0	100.0	100.3	96.1	103.6	100.3
100.0	100.0	100.0	100.0	100.0	83.3	99.5	101.0

(上年=100)

项　　目	湛江	茂名	肇庆	清远	潮州	揭阳
美容品	94.0	115.2	103.7	84.4	91.3	96.8
护发美容品	99.9	99.3	102.1	86.7	96.8	100.4
清洁化妆用品	99.1	93.6	107.2	94.4	88.8	101.0
药物美容用品	104.8	102.3	97.0	95.6	97.6	98.9
金银珠宝类	**119.8**	**106.8**	**115.7**	**116.7**	**121.8**	**103.8**
金饰品	122.1	108.8	112.3	122.8	131.4	104.9
银饰品	100.0	100.3	104.2	100.0	100.0	107.0
铂金饰品	129.4	111.2	129.2	120.8	122.2	100.2
其它	96.2	100.0	107.0	101.8	88.9	101.2
中西药品及医疗保健用品类	**97.9**	**100.4**	**98.0**	**97.9**	**97.9**	**90.6**
医疗器具及用品	104.9	108.4	102.3	105.9	105.8	103.3
中药材及中成药	99.8	102.1	99.7	97.1	110.5	94.9
中药材	102.7	102.3	100.7	96.1	124.5	98.4
中成药	97.5	102.0	98.3	98.5	94.2	90.7
西药	96.0	98.4	93.3	98.7	84.7	87.8
胃药	99.5	99.4	91.7	108.5	86.7	98.3
感冒药	98.6	100.6	104.2	91.2	105.3	99.2
抗菌药针剂	94.4	99.0	95.5	100.0	69.5	81.2
抗菌药片剂	91.3	93.6	85.5	101.6	79.3	76.1
止泻药	97.3	98.9	84.3	87.3	101.3	87.2
外用药	92.9	106.6	102.4	100.0	70.7	100.0
心血管病用药	97.7	96.2	95.5	92.6	88.1	90.6
其它	100.7	100.9	97.4	99.7	100.0	86.1
保健器具及用品	98.1	100.7	105.4	96.4	98.8	86.8
保健器具	99.9	100.0	100.7	100.0	99.0	99.7
滋补保健用品	97.6	100.9	106.5	95.5	98.8	83.8
书报杂志及电子出版物类	**100.8**	**104.8**	**102.3**	**99.5**	**103.2**	**100.6**
教材及参考书	103.5	115.8	106.2	101.7	103.6	100.2
工具书	114.5	100.0	100.0	100.1	85.3	100.0
教材	101.7	105.9	106.3	105.8	121.2	100.0
参考书	97.1	136.9	110.9	97.4	98.5	100.6
书报杂志	101.8	100.0	100.0	97.5	101.4	100.9
书籍	104.7	100.0	100.0	91.7	100.0	100.0

续上表

云浮	顺德	兴宁	鹤山	廉江	电白	连州	普宁
101.6	100.0	100.5	93.7	104.5	100.0	100.0	99.5
97.7	99.9	94.6	101.4	104.1	99.1	100.0	112.5
106.2	100.0	99.6	102.8	89.7	100.0	94.5	97.9
104.8	100.0	100.0	100.0	116.9	100.0	100.0	100.0
103.6	**108.0**	**108.4**	**128.3**	**111.5**	**106.1**	**112.8**	**124.0**
107.3	109.4	112.5	124.5	117.6	106.9	113.2	134.3
100.0	100.0	100.0	101.3	112.0	100.0	94.8	116.4
100.0	113.9	106.9	147.8	103.6	112.9	115.2	112.6
100.0	100.0	100.0	100.0	100.0	100.0	124.4	102.6
99.3	**103.5**	**99.8**	**99.7**	**97.2**	**96.1**	**99.7**	**99.5**
97.4	106.3	110.2	103.9	100.3	93.9	103.1	104.1
97.1	110.3	101.8	99.2	94.0	96.1	96.0	104.4
96.0	118.9	100.1	97.1	98.7	96.4	101.1	110.0
98.7	101.1	105.0	101.2	88.7	95.7	93.1	96.4
100.0	99.4	97.7	99.0	99.3	96.7	101.8	95.2
100.0	98.1	100.2	97.3	96.2	111.1	105.7	97.7
100.0	112.7	92.6	100.7	100.2	100.2	107.6	97.8
99.0	99.6	100.0	103.6	99.4	100.0	89.6	100.9
98.8	92.9	99.1	97.3	97.6	92.3	100.7	86.2
103.5	96.8	90.1	97.3	106.5	95.0	104.6	88.2
101.5	93.0	100.0	100.0	96.3	100.2	101.9	97.5
99.8	93.2	99.8	99.8	98.9	86.5	96.0	104.9
99.8	99.0	100.9	92.8	100.0	98.0	81.1	97.9
102.6	96.4	99.1	100.1	96.2	95.6	99.4	97.0
98.8	101.0	100.0	92.3	90.8	97.7	97.0	100.0
103.4	94.3	98.8	100.9	98.7	94.9	101.3	97.0
99.9	**100.1**	**101.4**	**100.2**	**100.8**	**99.3**	**99.9**	**99.7**
100.0	100.2	103.9	102.8	101.0	98.5	100.0	99.4
100.0	100.0	100.0	100.0	100.0	100.0	100.0	99.6
100.0	100.6	102.9	104.3	101.6	97.7	100.0	99.3
100.0	100.0	108.9	102.6	101.0	100.0	100.0	99.2
100.0	99.9	100.4	101.3	100.0	101.5	100.0	100.0
100.0	100.0	100.9	100.0	100.0	100.0	100.0	100.0

（上年=100）

项　目	广州	深圳	珠海	汕头	佛山	韶关
报纸	100.0	100.0	100.0	100.0	109.4	100.0
杂志	100.0	100.0	100.0	100.0	100.0	100.0
电子音像制品	95.0	100.3	99.5	97.4	100.0	97.9
音响光盘和磁带	94.3	100.7	100.0	100.0	100.0	96.9
录像磁带和视盘	97.4	100.2	103.7	99.6	100.0	100.0
计算机软件	93.6	99.8	93.8	92.1	100.0	97.1
燃料类	**111.0**	**109.3**	**113.9**	**110.7**	**108.7**	**114.8**
煤炭及制品类	110.1	105.9	100.0	114.3	100.6	99.6
原煤	111.1	114.8	100.0	117.1	100.0	0.0
煤制品	105.6	104.9	100.0	112.5	100.6	99.6
石油及制品类	111.1	109.4	113.9	110.7	109.6	115.6
液化石油气	119.1	106.7	117.2	110.6	115.5	121.9
管道燃气	102.3	109.9	100.0	111.3	102.2	108.4
汽油	111.7	110.3	111.3	110.5	111.3	112.6
柴油	110.2	109.2	105.3	110.6	111.4	110.1
其它	100.0	106.0	114.2	111.2	100.0	0.0
建筑材料及五金电料类	**103.7**	**104.3**	**102.9**	**106.8**	**104.5**	**101.4**
建筑装璜材料	105.1	106.9	103.8	107.4	105.6	102.0
木材	104.7	118.4	100.0	104.6	111.0	98.3
砖	99.5	101.3	100.0	100.7	101.5	96.0
水泥	107.0	104.3	93.4	108.2	108.8	107.6
涂料	98.4	102.2	98.9	103.0	99.4	101.1
胶合板	107.1	112.1	101.4	111.3	105.0	99.6
玻璃	98.8	134.2	116.6	107.7	90.4	93.2
粘胶	99.2	96.3	96.4	101.2	98.5	101.3
油漆	103.4	103.9	104.1	103.2	100.8	101.6
其它	116.1	102.4	119.2	114.3	109.8	111.3
五金电料类	100.0	101.0	99.9	105.4	99.9	99.2
五金工具	100.0	106.6	100.0	108.8	100.0	100.1
电工电料	100.0	99.8	99.8	103.1	100.0	98.9
水暖器材	100.0	99.3	100.0	106.6	99.7	97.8
其它	100.0	100.0	100.0	95.8	99.6	98.8

续上表

河源	梅州	惠州	汕尾	东莞	中山	江门	阳江
112.5	100.0	100.0	100.0	100.0	97.2	107.4	101.4
109.0	102.1	100.0	100.0	101.3	100.0	102.1	96.5
102.0	100.0	97.8	100.0	100.2	95.8	95.9	98.8
107.1	100.0	95.7	100.0	100.0	94.3	100.5	100.0
100.0	100.0	98.7	100.0	100.4	94.5	90.4	100.0
99.5	100.0	102.0	100.0	100.0	100.0	97.7	96.3
117.7	**110.2**	**108.5**	**114.6**	**110.0**	**108.3**	**112.5**	**111.7**
111.9	130.3	103.3	105.0	106.7	98.2	109.5	99.1
103.1	139.2	100.0	0.0	100.0	0.0	100.0	100.0
111.9	123.1	103.3	105.0	112.1	98.2	115.8	99.1
117.8	110.0	108.7	115.3	110.0	110.8	112.5	111.9
123.7	115.4	115.4	118.6	113.1	111.7	113.3	115.6
0.0	100.0	96.6	0.0	0.0	108.8	108.0	100.0
110.6	111.2	111.6	111.8	112.1	110.1	113.6	110.6
108.2	110.7	111.9	106.3	104.4	110.3	105.9	105.0
106.3	100.0	100.0	119.4	100.0	122.3	100.0	99.1
104.8	**103.5**	**101.5**	**106.6**	**105.5**	**100.1**	**101.6**	**102.3**
103.5	104.8	100.5	108.3	107.2	104.7	102.8	106.6
100.0	96.6	99.8	103.7	108.0	101.3	99.9	102.9
99.1	106.9	99.7	102.3	101.4	100.2	106.7	96.6
120.7	114.6	98.7	110.4	127.1	115.6	108.1	109.9
100.0	99.5	102.0	100.0	101.5	104.7	102.7	94.9
100.0	101.3	95.0	107.6	102.6	99.1	99.4	104.9
100.0	116.0	112.4	117.6	111.5	94.3	102.9	118.2
100.0	96.8	96.0	113.8	100.9	102.6	102.4	103.5
100.0	97.8	98.5	102.1	101.0	115.8	100.6	103.8
119.3	110.2	114.5	118.8	110.2	107.3	102.6	117.5
108.7	100.4	105.6	100.7	101.3	89.1	98.0	95.4
107.5	100.0	102.5	102.9	103.6	63.8	94.6	98.6
83.3	100.0	107.3	100.0	100.3	100.0	98.2	91.1
141.7	100.0	107.2	100.0	99.9	100.0	101.3	94.8
123.3	103.6	107.3	100.0	100.5	100.0	100.0	102.2

(上年=100)

项　　目	湛江	茂名	肇庆	清远	潮州	揭阳
报纸	100.0	100.0	100.0	100.0	106.0	100.0
杂志	100.0	100.0	100.0	100.0	98.7	104.5
电子音像制品	91.7	89.2	98.2	99.0	105.8	101.9
音响光盘和磁带	86.5	85.2	100.0	100.0	109.0	107.5
录像磁带和视盘	97.4	92.6	104.8	100.0	108.5	99.2
计算机软件	90.7	89.5	90.0	96.8	100.1	96.4
燃料类	**118.3**	**110.1**	**115.1**	**108.6**	**112.7**	**114.5**
煤炭及制品类	126.3	100.0	102.1	102.5	107.0	100.0
原煤	133.7	100.0	0.0	100.0	109.4	100.0
煤制品	99.5	100.0	102.1	104.0	105.4	100.0
石油及制品类	118.2	111.9	115.2	108.6	113.8	114.6
液化石油气	120.0	116.1	123.4	108.2	116.8	115.1
管道燃气	104.5	110.3	108.0	112.4	111.6	124.8
汽油	112.6	111.8	110.2	111.9	109.3	113.7
柴油	106.4	110.9	109.2	107.3	109.8	116.0
其它	132.6	100.0	100.6	105.3	100.0	106.3
建筑材料及五金电料类	**106.6**	**102.5**	**107.8**	**105.4**	**109.7**	**107.2**
建筑装璜材料	107.6	103.3	110.4	108.7	110.5	107.3
木材	105.0	104.6	99.8	100.0	102.1	100.0
砖	103.0	105.7	105.5	106.5	109.6	108.5
水泥	111.9	93.1	139.5	115.2	126.8	130.6
涂料	101.1	101.2	98.4	100.4	103.0	101.9
胶合板	104.5	99.7	106.1	109.1	103.4	104.2
玻璃	106.4	101.8	106.8	114.5	104.2	102.3
粘胶	96.3	100.0	105.4	100.0	101.2	103.7
油漆	94.7	100.0	104.0	101.9	100.7	104.0
其它	124.3	111.5	125.9	115.0	113.1	111.8
五金电料类	103.7	99.6	100.0	96.9	107.8	106.9
五金工具	101.7	97.4	100.0	92.8	100.0	106.5
电工电料	105.6	102.4	100.0	99.3	117.4	100.0
水暖器材	101.3	97.3	100.0	96.7	107.9	115.9
其它	107.6	100.0	100.0	100.0	99.7	100.0

续上表

云浮	顺德	兴宁	鹤山	廉江	电白	连州	普宁
100.0	99.8	100.0	102.7	100.0	103.9	100.0	100.0
100.0	100.0	100.0	100.0	100.0	100.0	100.0	100.0
99.4	100.0	95.9	90.4	101.7	96.8	99.4	100.0
100.7	100.0	100.0	83.3	104.8	94.1	100.0	100.0
97.8	100.0	100.0	98.5	100.0	100.0	100.0	100.0
100.0	100.0	84.8	88.7	100.0	97.4	97.1	100.0
112.5	**111.4**	**117.8**	**112.3**	**117.6**	**112.5**	**109.3**	**110.4**
100.0	103.8	135.4	100.0	113.9	105.2	104.7	107.4
100.0	0.0	138.8	100.0	131.9	100.0	104.2	110.6
100.0	103.8	129.1	100.0	111.9	105.2	105.6	103.2
112.6	111.5	110.4	112.3	118.8	113.3	111.2	111.0
119.6	114.7	113.9	113.6	126.0	118.9	111.6	116.1
105.4	116.3	0.0	100.0	0.0	100.0	0.0	100.0
112.2	110.6	111.2	111.1	112.4	111.2	110.5	107.9
103.9	110.1	110.2	110.8	109.8	105.2	111.4	104.8
100.0	100.0	100.0	100.0	110.8	100.0	0.0	100.0
112.3	**104.4**	**106.9**	**104.5**	**108.6**	**105.7**	**103.6**	**103.8**
116.1	104.8	105.7	107.2	109.5	105.8	105.1	105.6
113.9	100.0	102.0	92.0	99.4	100.0	103.6	100.9
117.5	106.5	105.1	99.7	99.5	101.5	101.8	114.7
138.6	108.7	119.9	131.6	105.3	107.3	111.2	100.2
126.9	101.7	102.3	100.0	100.7	100.8	101.3	99.5
116.0	102.5	103.1	107.7	116.1	110.3	100.5	97.1
108.2	103.6	102.3	99.7	150.3	113.4	100.0	115.1
108.9	98.7	101.7	100.0	99.7	105.1	100.0	94.6
103.8	100.3	96.1	100.0	103.0	101.4	100.0	97.0
104.5	108.4	110.6	107.8	118.8	112.8	114.8	105.3
102.0	100.0	111.3	93.4	100.3	104.5	100.0	98.0
99.8	100.0	110.9	89.7	98.5	100.0	100.0	100.0
100.5	100.0	108.5	96.7	104.0	100.0	100.0	100.0
107.8	100.0	101.4	94.6	100.0	118.2	100.0	88.8
100.0	100.0	132.3	100.0	100.0	100.0	100.0	100.0

2004年各月全省农业生产资料价格分类指数

（上年同月=100）

项　目	1月	2月	3月	4月	5月	6月	7月	8月	9月	10月	11月	12月
农业生产资料价格指数	**103.4**	**104.9**	**105.9**	**106.7**	**107.9**	**109.0**	**110.8**	**111.9**	**112.3**	**114.1**	**113.7**	**112.4**
小农具	**97.4**	**98.6**	**99.3**	**99.4**	**99.4**	**99.9**	**100.1**	**102.3**	**103.1**	**105.1**	**105.2**	**104.8**
小农具	97.4	98.6	99.3	99.4	99.4	99.9	100.1	102.3	103.1	105.1	105.2	104.8
饲料	**107.5**	**108.4**	**109.9**	**113.5**	**115.3**	**116.9**	**118.2**	**122.0**	**122.1**	**120.5**	**120.8**	**117.4**
混合饲料	107.3	109.7	110.6	114.3	115.6	115.7	116.1	118.5	117.9	114.7	116.7	111.2
其他	108.0	106.0	108.7	111.9	114.8	119.4	122.4	129.2	130.9	132.9	129.5	130.6
产品畜	**131.3**	**111.0**	**125.6**	**126.7**	**129.9**	**130.4**	**139.5**	**136.6**	**131.2**	**125.1**	**124.8**	**116.8**
幼禽家畜	131.3	111.0	125.6	126.7	129.9	130.4	139.5	136.6	131.2	125.1	124.8	116.8
役畜	**106.3**	**106.0**	**104.0**	**103.3**	**105.5**	**105.8**	**106.9**	**108.0**	**108.0**	**107.2**	**107.6**	**107.5**
大牲畜	106.3	106.0	104.0	103.3	105.5	105.8	106.9	108.0	108.0	107.2	107.6	107.5
半机械化农具	**103.2**	**103.3**	**104.4**	**104.2**	**104.0**	**104.0**	**102.4**	**100.7**	**101.3**	**101.3**	**99.0**	**98.8**
半机械化农具	103.2	103.3	104.4	104.2	104.0	104.0	102.4	100.7	101.3	101.3	99.0	98.8
机械化农具	**100.9**	**102.5**	**102.9**	**102.1**	**101.5**	**102.5**	**101.7**	**100.6**	**101.5**	**102.5**	**103.1**	**102.3**
机械化农具	100.9	102.5	102.9	102.1	101.5	102.5	101.7	100.6	101.5	102.5	103.1	102.3
化学肥料	**100.2**	**107.3**	**106.4**	**106.2**	**108.8**	**110.3**	**112.6**	**114.2**	**115.1**	**121.0**	**119.8**	**119.2**
氮肥	101.1	102.3	102.6	101.9	103.3	104.9	110.0	113.6	113.9	116.1	112.8	110.8
磷肥	108.9	121.8	118.4	115.5	111.8	113.7	121.3	121.1	118.9	124.1	124.4	121.8
钾肥	91.9	119.3	122.1	127.3	127.5	124.2	123.1	124.5	127.4	134.8	132.5	127.0
复合肥料	96.1	102.7	100.6	100.8	109.3	111.8	108.1	107.6	110.8	121.4	122.5	127.6
农药及农药械	**97.0**	**98.0**	**101.8**	**104.4**	**102.0**	**101.5**	**102.7**	**103.2**	**103.7**	**104.8**	**104.4**	**104.0**
化学农药	96.9	97.9	102.3	105.2	102.5	101.9	103.2	103.9	104.4	105.6	105.1	104.6
杀虫剂	95.0	96.5	102.2	105.2	103.5	103.0	103.6	104.8	105.8	108.2	107.5	106.5
杀菌剂	102.2	102.3	102.7	105.6	103.5	103.2	104.1	104.2	104.1	104.4	104.5	104.2
除草剂	97.1	97.7	102.1	104.6	99.6	98.4	101.6	101.6	101.5	100.5	100.0	100.4
农药器械	98.1	98.6	98.6	98.4	98.3	98.5	98.7	98.5	98.6	99.3	99.1	99.3
农药器械	98.1	98.6	98.6	98.4	98.3	98.5	98.7	98.5	98.6	99.3	99.1	99.3
农用机油	**101.5**	**100.5**	**97.5**	**98.3**	**100.2**	**104.6**	**106.0**	**107.2**	**109.7**	**110.1**	**110.1**	**108.6**
农用机油	101.5	100.5	97.5	98.3	100.2	104.6	106.0	107.2	109.7	110.1	110.1	108.6
其他农业生产资料	**104.9**	**100.1**	**99.5**	**100.1**	**98.7**	**99.1**	**100.0**	**99.9**	**100.4**	**100.9**	**100.9**	**103.2**
农用种子	105.4	95.7	95.7	94.9	92.6	93.0	93.4	93.4	93.4	93.3	93.5	98.1
农用种子	105.4	95.7	95.7	94.9	92.6	93.0	93.4	93.4	93.4	93.3	93.5	98.1
其它	104.1	106.3	105.1	107.7	107.4	107.9	109.7	109.3	110.5	111.9	111.3	110.5
其它	104.1	106.3	105.1	107.7	107.4	107.9	109.7	109.3	110.5	111.9	111.3	110.5

2004 年农业生产资料价格分类指数

（上年 =100）

项　目	全省	兴宁	鹤山	廉江	电白	连州	普宁
农业生产资料价格指数	**109.4**	**112.9**	**112.2**	**108.3**	**109.2**	**111.5**	**106.6**
小农具	**101.2**	**103.4**	**100.0**	**96.7**	**100.0**	**115.1**	**104.5**
小农具	101.2	103.4	100.0	96.7	100.0	115.1	104.5
饲料	**116.0**	**114.0**	**118.8**	**108.6**	**108.1**	**120.7**	**125.0**
混合饲料	114.0	116.5	124.4	102.6	106.6	120.2	115.3
其他	120.2	106.6	100.0	115.7	109.2	122.6	152.4
产品畜	**127.3**	**135.6**	**116.5**	**141.5**	**121.6**	**130.8**	**110.7**
幼禽家畜	127.3	135.6	116.5	141.5	121.6	130.8	110.7
役畜	**106.4**	**0.0**	**100.4**	**106.2**	**100.0**	**117.4**	**105.3**
大牲畜	106.4	0.0	100.4	106.2	100.0	117.4	105.3
半机械化农具	**102.2**	**127.9**	**100.0**	**101.6**	**106.8**	**98.9**	**91.8**
半机械化农具	102.2	127.9	100.0	101.6	106.8	98.9	91.8
机械化农具	**102.0**	**108.8**	**105.0**	**97.4**	**111.8**	**92.3**	**98.7**
机械化农具	102.0	108.8	105.0	97.4	111.8	92.3	98.7
化学肥料	**111.7**	**112.2**	**112.2**	**114.9**	**111.0**	**113.2**	**106.6**
氮肥	107.7	115.4	116.1	104.7	107.5	111.2	103.1
磷肥	118.5	103.2	116.3	138.9	110.1	104.6	104.6
钾肥	123.2	118.6	124.6	123.0	129.4	127.6	121.6
复合肥料	109.7	108.8	98.7	105.1	110.6	118.6	107.3
农药及农药械	**102.3**	**101.0**	**116.7**	**93.3**	**105.0**	**108.7**	**108.0**
化学农药	102.8	99.5	119.5	93.3	105.9	108.8	109.0
杀虫剂	103.5	100.2	123.4	90.2	108.2	112.2	111.7
杀菌剂	103.8	96.3	124.5	102.1	100.6	111.1	105.0
除草剂	100.4	99.5	105.5	91.3	105.1	100.1	105.1
农药器械	98.7	115.8	100.0	93.0	100.0	107.6	98.5
农药器械	98.7	115.8	100.0	93.0	100.0	107.6	98.5
农用机油	**104.5**	**106.2**	**101.9**	**104.1**	**103.3**	**100.0**	**108.0**
农用机油	104.5	106.2	101.9	104.1	103.3	100.0	108.0
其他农业生产资料	**100.6**	**109.3**	**113.2**	**100.2**	**106.7**	**106.4**	**86.6**
农用种子	95.1	107.7	110.5	100.0	108.3	100.9	80.2
农用种子	95.1	107.7	110.5	100.0	108.3	100.9	80.2
其它	108.5	112.0	114.7	100.5	102.9	110.0	115.7
其它	108.5	112.0	114.7	100.5	102.9	110.0	115.7

2004年居民消费价格分类指数

（2000年=100）

项　　目	全省	城市	农村
居民消费价格总指数	**101.3**	**100.9**	**102.2**
非食品价格指数	**99.1**	**98.7**	**99.9**
服务项目价格指数	**104.9**	**105.5**	**103.2**
扣除鲜菜鲜果总指数	**101.2**	**100.7**	**102.3**
消费品价格指数	**100.2**	**99.5**	**101.9**
食品	**105.2**	**104.9**	**106.1**
粮食	114.2	109.6	122.5
大米	121.2	115.2	131.7
面粉	110.5	106.1	117.0
粮食制品	100.9	99.7	103.5
其它	106.7	102.3	114.2
淀粉及薯类	103.2	99.4	113.9
干豆类及豆制品	108.8	105.7	114.7
干豆	111.6	110.0	114.0
豆制品	107.3	103.6	114.6
油脂	112.0	107.2	121.1
植物油脂	115.7	111.4	123.4
植物油制品	101.5	97.9	113.1
其它	112.3	105.7	118.7
肉禽及其制品	110.5	110.4	110.4
食用畜肉及副产品	113.8	114.5	112.5
猪肉	114.4	114.7	113.8
牛肉	133.6	138.9	125.8
羊肉	106.6	107.2	105.9
畜肉副产品	110.0	111.5	106.9
其它	101.1	101.5	101.0
禽	108.4	107.0	111.1
鸡	108.1	105.7	112.3
鸭	115.8	119.2	113.0
其它	102.4	103.2	99.1
肉禽加工制品	101.6	102.0	100.5
畜肉制品	102.7	103.5	101.3
禽制品	100.3	100.4	99.8

续上表

（2000 年 =100）

项　目	全　省	城　市	农　村
蛋	121.0	122.2	116.8
鲜蛋	122.8	123.9	118.6
蛋制品	110.8	111.5	108.2
水产品	99.0	98.0	104.5
鱼	106.6	106.8	105.8
淡水鱼	106.7	106.8	106.4
海水鱼	106.6	107.4	104.3
其它水产品	85.9	85.3	90.1
菜	101.7	103.6	97.7
鲜菜	102.7	104.5	98.9
干菜及菜制品	95.5	97.7	90.7
调味品	103.6	104.7	102.1
盐	110.9	114.4	107.1
酱油	104.5	104.8	104.9
醋	103.5	106.2	97.9
味精	90.2	90.0	90.7
其它	97.9	98.6	95.1
糖	101.4	103.4	97.6
食糖	95.1	94.6	95.4
糖果	108.5	111.6	100.9
巧克力制品	98.3	98.4	98.1
糖制小食品	98.4	103.1	91.5
茶及饮料	101.8	103.9	96.8
茶叶	107.4	109.9	100.7
饮料	97.6	99.0	94.2
固体饮料	99.3	100.3	97.2
液体饮料	94.3	96.5	89.1
冷冻饮品	102.9	103.4	101.7
干鲜瓜果	101.8	102.2	100.3
鲜果	100.1	101.4	95.4
干（坚）果及瓜果制品	109.5	106.5	117.2
糕点饼干面包	100.6	101.0	99.6
糕点	97.7	97.4	98.3
饼干	102.7	104.1	99.5

续上表

（2000年=100）

项　　目	全省	城市	农村
面包	102.3	102.7	101.0
奶及奶制品	97.9	96.3	104.7
鲜奶	92.0	89.8	106.5
奶粉	103.6	103.4	105.1
其它	102.4	103.4	100.3
在外用膳食品	101.9	103.4	97.3
主食	106.2	109.3	96.3
炒菜	98.7	99.3	97.4
地方小吃	106.5	109.5	98.1
其它食品及食品加工服务	97.3	96.3	99.9
其它食品	97.0	96.2	99.7
食品加工服务费	99.8	97.8	101.0
烟酒及用品	**104.1**	**104.4**	**103.7**
烟草	105.2	105.0	105.4
国产卷烟	105.2	104.0	106.3
进口卷烟	108.8	109.1	107.7
其它	98.0	100.4	95.3
酒	102.0	102.9	100.9
白酒	108.9	111.4	106.4
果酒	97.4	99.3	93.6
啤酒	98.2	97.3	99.6
其它	95.9	98.2	92.9
吸烟饮酒用品	104.0	105.2	99.9
吸烟用品	105.9	107.9	99.3
饮酒用品	102.5	103.2	100.2
衣着	**94.7**	**95.3**	**93.4**
服装	93.7	94.8	91.2
男式服装	90.2	91.5	87.4
大衣	88.6	91.2	82.7
毛线衣	82.4	84.1	77.6
夹克衫	92.0	93.6	89.5
衬衫	94.3	98.4	85.3
裤子	87.4	87.2	88.4
西服	89.1	92.5	79.8

续上表

（2000 年 = 100）

项　　目	全　省	城　市	农　村
运动衫裤	92.8	92.1	95.8
内衣	95.7	97.8	90.6
羽绒衣	107.1	98.2	118.2
其它	81.6	78.8	86.8
女式服装	94.3	95.0	92.7
大衣	77.4	76.4	81.5
毛线衣	88.6	87.4	91.4
羽绒衣	108.5	101.3	110.7
套装	87.3	84.9	91.9
衬衫	105.7	110.2	97.9
裙子	101.6	104.4	93.6
裤子	99.4	102.8	91.3
运动衫裤	93.3	92.3	97.2
内衣	97.3	99.8	87.1
其它	98.5	98.0	100.2
儿童服装	100.5	103.8	96.0
套装	96.3	101.7	89.4
裤子	102.7	105.3	99.2
裙子	100.0	102.8	93.7
其它	113.8	114.3	113.1
衣着材料	103.7	103.4	104.1
棉布	105.6	100.2	109.1
棉花化纤混纺布	102.8	106.4	101.4
化纤布	110.2	111.3	108.4
毛织品	97.9	95.9	101.6
丝织品	103.4	105.2	100.8
毛线	97.8	99.3	96.5
其它	102.5	103.1	100.9
鞋袜帽	95.2	95.0	95.4
鞋	95.0	94.5	96.8
男鞋	96.9	97.7	94.9
女鞋	90.9	89.1	95.4
童鞋	99.2	100.3	97.3
袜子	96.9	98.9	93.2

续上表

（2000 年 = 100）

项　　目	全 省	城 市	农 村
男袜	92.9	96.1	86.5
女袜	100.8	102.1	98.3
帽子	92.1	91.8	93.3
男帽	90.9	90.6	91.5
女帽	93.1	92.4	94.3
衣着加工服务	101.2	104.7	98.3
缝纫	99.4	101.2	98.6
清洗	104.0	109.1	97.9
家庭设备用品及维修服务	**94.9**	**94.8**	**95.1**
耐用消费品	88.7	87.6	91.5
家具	94.8	93.8	97.0
成套家具	92.2	88.5	96.7
床	92.8	91.3	96.0
桌	94.5	93.5	97.3
椅	95.1	96.6	90.4
沙发	94.2	92.9	97.6
其它	103.3	103.5	103.9
家庭设备	85.1	84.5	87.1
洗衣机	92.0	92.5	91.1
电风扇	92.4	89.1	97.2
电冰箱（柜）	87.1	86.8	89.1
抽排油烟机	94.9	95.6	92.5
空调器	69.0	67.7	74.3
热水器	93.6	95.8	86.8
微波炉	84.6	85.9	81.2
电炊具	94.2	94.1	94.2
钟	100.1	107.9	93.7
其它	90.8	91.2	89.9
室内装饰品	97.0	96.4	97.9
纺织装饰品	99.0	99.2	97.9
装饰灯具	96.2	96.1	96.3
其它	93.3	90.0	102.5
床上用品	96.4	96.7	95.5
毛毯	97.1	99.9	93.5

续上表

（2000 年 = 100）

项　　目	全　省	城　市	农　村
床单	100.2	100.9	99.3
床罩	91.5	90.8	94.1
被套	90.9	89.2	94.1
其它	99.9	101.1	96.2
家庭日用杂品	96.4	96.7	95.8
茶具	99.9	98.8	100.9
餐具	95.3	96.9	93.1
厨具	96.6	97.2	96.0
家用工具	97.6	102.8	94.9
洗涤用品	96.5	98.3	91.3
其它	95.1	93.8	99.5
家庭服务及加工维修服务	114.0	116.5	105.3
家庭服务	130.1	137.8	111.9
加工维修服务费	102.8	103.7	99.6
医疗保健和个人用品	**98.1**	**96.9**	**100.4**
医疗保健	97.0	95.6	100.0
医疗器具及用品	106.5	107.3	103.9
中药材及中成药	99.7	99.8	99.4
中药材	98.8	98.4	99.5
中成药	100.2	101.0	98.2
西药	88.7	86.7	93.2
胃药	94.3	91.8	100.5
感冒药	99.5	101.7	93.6
抗菌药针剂	80.2	73.9	97.7
抗菌药片剂	74.4	72.0	81.2
止泻药	97.7	99.2	94.1
外用药	103.7	103.5	104.1
心血管病用药	86.1	85.7	87.1
其它	96.2	90.3	109.6
保健器具及用品	93.2	94.7	90.2
保健器具	94.8	97.4	89.0
滋补保健用品	92.9	94.2	90.4
医疗保健服务	107.8	105.3	112.3
挂号费	121.7	103.7	153.8

续上表

（2000年=100）

项　　目	全　省	城　市	农　村
注射费	101.7	104.9	96.7
检查费	112.4	109.4	117.7
手术费	101.2	102.3	99.3
住院费	108.4	108.4	108.4
理疗费	98.4	99.3	96.8
其它	107.6	112.8	100.9
个人用品及服务	100.1	99.6	100.8
化妆美容用品	97.3	99.5	91.8
化妆美容器具	104.5	110.0	85.7
化妆品	93.0	92.3	94.5
卫生用品	94.4	93.9	94.9
洗发用品	90.7	89.5	92.1
洗浴用品	95.1	94.9	95.3
其它	99.0	99.6	97.7
个人饰品	106.3	106.5	105.8
首饰	115.3	115.3	114.9
皮件	97.6	95.8	100.0
手表	99.7	99.9	99.7
领带	95.0	96.1	91.8
其它	98.9	100.7	97.4
个人服务	104.3	101.9	109.1
美容	99.9	100.5	98.3
理（烫）发	102.9	100.4	108.1
其它	117.2	102.9	126.4
交通和通讯	**94.6**	**94.7**	**94.3**
交通	95.3	94.6	96.8
交通工具	82.5	82.2	82.9
摩托车	77.5	79.0	75.4
自行车	96.6	97.1	93.4
汽车	75.7	74.5	89.5
其它	88.6	91.5	80.0
车用燃料及零配件	113.8	113.6	114.1
汽油	121.1	119.5	124.5
柴油	118.2	119.5	116.1

续上表

（2000 年 = 100）

项　　目	全 省	城 市	农 村
零配件	98.3	98.9	96.9
其它	103.7	104.4	103.0
车辆使用及维修	95.4	96.8	93.1
驾驶证	94.3	91.9	98.8
保险费	82.6	89.6	74.6
停车费	95.3	94.6	97.4
车辆修理服务	99.7	99.6	99.9
其它	105.4	108.4	100.1
市区公共交通	99.1	98.8	100.5
公共汽车票	100.3	100.6	99.1
出租汽车	95.9	94.4	103.8
其它	101.9	102.9	100.5
城市间交通	103.7	100.4	113.0
飞机票	83.9	83.2	96.7
火车票	104.8	106.6	87.7
长途汽车	109.7	103.5	121.0
其它	102.0	100.9	103.4
通信	93.8	94.6	91.5
通信工具	52.1	50.3	56.9
固定电话机	83.4	88.5	77.2
移动电话机	33.6	32.1	38.5
BP 机	63.1	76.3	52.0
其它	77.9	79.0	70.3
通信服务	106.0	107.0	102.9
市内电话通话费	135.7	136.9	131.7
长途电话通话费	75.3	76.1	73.0
月租费	102.4	103.2	99.1
信件邮寄	100.0	100.0	100.0
包裹邮寄	105.8	100.5	111.4
其它	85.5	85.4	85.5
娱乐教育文化用品及服务	**97.6**	**98.0**	**96.6**
文娱用耐用消费品及服务	73.1	70.0	79.3
电视机	71.7	71.7	71.6
影碟机	72.7	66.5	82.0

续上表

(2000 年 = 100)

项　　目	全 省	城 市	农 村
摄像机	82.7	81.4	96.1
照相机	87.8	83.0	97.0
音响	86.3	87.9	83.7
收音（录）机	89.0	87.4	89.7
电脑	56.4	53.8	68.4
修理服务费	101.4	102.0	100.0
其它	82.7	80.5	87.8
教育	109.4	112.1	104.1
教材及参考书	109.3	109.1	109.6
工具书	104.7	108.3	98.2
教材	114.6	115.9	113.6
参考书	104.5	102.0	111.4
学杂托幼费	109.3	112.4	103.0
义务教育杂费	100.8	103.9	96.9
其它教育学杂费	112.0	115.0	103.2
托幼费	121.9	122.1	121.9
文化娱乐用品	105.3	106.6	101.5
文化娱乐	98.6	99.6	95.8
乐器	102.0	103.8	95.7
音响光盘和磁带	92.6	95.0	85.5
照相胶卷	92.2	91.0	96.0
录像磁带和视盘	94.2	95.9	89.5
儿童玩具	99.1	100.9	92.5
纸张用品	105.5	107.8	100.8
文具	99.9	99.2	101.8
体育用品	101.1	100.9	103.3
其它	101.0	103.3	96.1
书报杂志	108.5	109.7	105.6
书籍	103.0	102.5	104.1
报纸	117.2	119.8	110.1
杂志	100.9	101.1	100.4
文娱费	110.1	111.7	103.2
录像电影票	107.3	110.3	100.0
公园门票	128.7	132.7	105.5

续上表

（2000 年 = 100）

项　　目	全　省	城　市	农　村
有线电视	107.1	107.1	105.8
健身活动	101.5	101.8	100.0
其它	106.6	106.8	106.3
旅游及外出	84.6	84.5	87.7
旅行社收费	78.0	78.7	78.0
宾馆住宿	102.4	103.9	99.2
其它住宿	110.0	112.0	105.9
居住	**106.1**	**105.0**	**108.6**
建房及装修材料	104.8	105.7	104.1
木材	105.3	108.0	102.3
砖	101.1	99.7	102.2
水泥	108.4	113.3	105.7
涂料	99.2	99.5	98.8
胶合板	101.9	107.3	96.7
玻璃	104.7	105.5	104.0
粘胶	94.5	94.6	94.5
油漆	102.0	103.2	100.6
其它	114.5	113.1	116.1
租房	118.1	119.7	109.0
房租	119.1	119.9	117.1
其它费用	112.8	118.2	106.5
自有住房	96.9	96.2	99.5
房屋贷款利率	94.6	94.1	97.8
维护修理费用	99.7	99.6	99.9
其它	107.1	108.8	104.7
水、电、燃料	107.4	103.8	116.5
水	131.2	138.4	116.3
电	91.8	92.0	91.4
液化石油气	112.6	108.0	124.3
管道燃气	104.5	104.3	115.0
其它燃料	132.7	105.8	139.6

2004 年各月全省居民消费价格分类指数

（2000 年 =100）

项目	1 月	2 月	3 月	4 月	5 月	6 月	7 月	8 月	9 月	10 月	11 月	12 月
居民消费价格总指数	**100.6**	**100.1**	**100.4**	**101.3**	**101.0**	**100.4**	**101.2**	**101.8**	**102.5**	**102.4**	**101.8**	**101.6**
非食品价格指数	**99.8**	**98.8**	**98.7**	**98.9**	**99.1**	**98.4**	**98.7**	**99.0**	**99.0**	**100.0**	**99.5**	**99.2**
服务项目价格指数	**106.5**	**104.2**	**103.8**	**104.4**	**105.1**	**103.9**	**105.0**	**105.3**	**105.1**	**106.2**	**104.6**	**104.4**
扣除鲜菜鲜果总指数	**100.9**	**100.1**	**100.3**	**100.7**	**100.9**	**100.7**	**101.2**	**101.6**	**101.8**	**102.5**	**102.0**	**101.8**
消费品价格指数	**98.9**	**98.9**	**99.4**	**100.5**	**99.8**	**99.3**	**100.1**	**100.8**	**101.8**	**101.3**	**101.0**	**100.8**
食品	**102.1**	**102.6**	**103.5**	**105.7**	**104.4**	**103.8**	**105.7**	**106.7**	**108.9**	**106.8**	**106.0**	**105.9**
粮食	104.9	107.6	115.9	117.0	115.8	115.9	115.9	115.4	115.7	115.4	115.5	115.5
大米	107.5	111.8	124.0	125.5	123.5	123.9	123.6	122.9	123.3	122.8	122.7	122.5
面粉	105.7	106.1	112.2	112.7	112.0	111.9	111.5	110.6	110.7	110.5	110.4	112.3
粮食制品	98.1	97.7	99.5	100.4	101.1	101.3	101.6	101.9	102.0	101.9	102.5	102.9
其它	103.7	106.4	109.6	109.4	107.4	105.2	106.3	105.8	106.9	106.9	106.5	105.8
淀粉及薯类	96.6	99.9	99.8	102.9	106.0	106.1	105.5	105.4	106.4	104.8	103.8	101.1
干豆类及豆制品	105.0	104.4	106.1	108.4	108.8	109.3	110.0	110.1	110.3	110.7	111.5	111.5
干豆	102.4	101.4	104.9	110.5	111.4	112.8	115.7	115.1	113.8	115.0	118.2	118.2
豆制品	105.7	105.3	106.2	107.2	107.3	107.5	107.2	107.7	108.4	108.6	108.3	108.3
油脂	110.5	111.2	112.2	112.0	112.1	112.2	112.0	112.0	112.8	112.7	111.8	111.8
植物油脂	114.1	114.9	116.2	115.7	115.7	115.8	115.4	115.5	117.0	116.8	115.6	115.8
植物油制品	101.7	103.0	103.2	102.6	102.5	102.3	102.0	100.7	100.2	100.3	99.8	99.3
其它	107.3	106.6	107.9	110.2	110.5	112.0	112.8	116.2	116.4	116.3	115.7	115.5
肉禽及其制品	107.4	103.8	104.6	105.8	107.0	108.9	112.4	114.6	115.3	115.5	115.2	114.8
食用畜肉及副产品	109.5	108.4	108.0	109.5	109.5	111.6	115.6	117.7	119.2	119.4	119.0	118.4
猪肉	108.7	106.9	107.0	108.7	108.6	111.7	116.8	119.7	121.5	121.7	120.8	120.2
牛肉	124.6	128.5	131.2	134.5	132.8	133.6	133.9	135.3	135.9	137.8	137.7	137.4
羊肉	105.3	109.9	107.1	106.1	105.9	105.6	105.5	105.2	105.8	108.2	108.9	106.2
畜肉副产品	110.0	105.9	104.2	106.2	107.3	108.2	111.2	113.1	114.0	113.3	113.6	112.5
其它	100.8	101.7	99.2	98.1	98.8	98.8	101.7	101.8	103.0	102.3	103.5	103.3
禽	107.7	97.4	100.9	101.9	105.9	108.4	111.3	114.3	113.0	113.8	113.4	113.5
鸡	107.6	96.6	100.5	101.5	104.8	107.5	110.3	113.5	113.5	113.9	113.5	113.6
鸭	112.3	101.9	106.5	108.8	117.4	119.6	122.4	124.9	118.0	119.9	119.2	118.8
其它	103.3	97.5	97.0	96.1	98.4	100.5	103.6	106.2	105.1	106.7	106.6	107.3
肉禽加工制品	100.0	97.3	97.9	98.7	99.6	100.4	102.7	104.0	104.8	104.6	104.5	104.2
畜肉制品	101.1	99.3	99.8	100.6	100.8	101.4	103.8	104.7	105.4	105.3	105.3	104.9
禽制品	98.7	95.0	95.8	96.5	98.3	99.4	101.4	103.4	104.3	103.9	103.7	103.5

续上表

（2000 年 = 100）

项　　目	1月	2月	3月	4月	5月	6月	7月	8月	9月	10月	11月	12月
蛋	115.8	115.6	113.3	113.5	113.1	117.8	122.0	126.1	133.4	130.2	125.8	125.7
鲜蛋	117.8	117.4	114.6	114.9	114.4	119.8	124.3	128.0	135.8	132.0	127.0	127.1
蛋制品	104.3	104.9	105.1	105.1	105.2	106.3	109.1	115.0	120.2	119.5	118.1	116.8
水产品	97.4	100.3	99.3	100.6	100.3	100.3	99.3	97.2	97.2	98.0	98.0	99.4
鱼	100.6	105.3	103.4	106.2	107.4	108.8	108.8	107.4	107.9	108.1	107.7	108.2
淡水鱼	97.6	104.7	103.5	108.4	109.6	109.7	108.2	108.2	108.7	107.8	107.1	107.2
海水鱼	106.3	106.6	103.2	102.1	103.4	107.2	110.1	106.0	106.5	108.9	109.0	110.3
其它水产品	91.8	91.8	92.2	91.0	88.3	85.9	83.4	80.1	79.2	81.0	81.7	84.7
菜	93.4	97.9	100.9	111.5	95.9	92.7	102.9	105.6	119.9	101.5	100.2	98.8
鲜菜	93.2	98.5	101.9	114.1	96.1	92.4	104.0	106.9	123.4	102.2	100.8	99.1
干菜及菜制品	94.9	94.1	94.2	94.1	94.6	94.7	95.7	96.8	97.2	97.2	96.2	96.7
调味品	103.4	103.7	103.5	103.3	103.2	103.2	103.5	103.7	103.7	103.9	103.9	104.0
盐	111.2	111.2	111.0	110.8	110.8	110.9	110.9	111.1	110.8	110.7	110.7	110.7
酱油	103.3	104.1	103.8	103.8	103.8	103.8	104.7	104.3	104.8	105.6	105.6	105.9
醋	103.2	103.0	103.2	103.0	102.9	102.5	102.7	103.5	104.2	104.3	104.5	104.7
味精	90.7	90.6	90.4	90.1	90.1	90.0	90.3	90.3	90.1	90.1	89.9	89.9
其它	97.6	98.4	97.9	97.7	97.7	97.3	97.4	98.2	98.0	98.0	97.8	98.3
糖	100.9	100.1	100.1	100.2	100.5	101.0	101.3	101.5	102.6	102.9	103.0	102.8
食糖	93.4	92.4	92.6	92.7	93.5	94.0	94.8	95.4	97.6	98.5	98.8	97.7
糖果	109.0	107.9	107.8	107.8	107.9	108.3	108.5	108.4	109.0	109.1	109.1	109.3
巧克力制品	98.0	97.6	97.5	97.6	97.9	98.5	98.3	98.7	98.7	98.8	98.6	99.0
糖制小食品	98.4	97.8	98.1	97.9	97.7	98.3	98.2	98.3	98.9	98.9	99.0	99.3
茶及饮料	102.0	102.0	101.9	102.2	102.2	101.8	101.8	101.9	101.5	101.6	101.6	101.7
茶叶	107.5	107.6	107.8	108.1	108.0	107.4	107.3	107.3	106.8	107.0	107.3	107.3
饮料	97.8	97.8	97.5	97.6	97.8	97.6	97.6	97.7	97.5	97.5	97.4	97.4
固体饮料	99.6	99.1	99.0	99.4	99.3	99.0	99.2	99.3	99.4	99.5	99.5	99.5
液体饮料	94.6	94.7	94.3	94.4	94.7	94.5	94.4	94.3	93.9	93.9	93.7	94.0
冷冻饮品	102.9	102.9	102.6	102.6	102.7	102.8	102.7	103.3	103.1	103.0	103.0	102.7
干鲜瓜果	101.2	101.6	101.1	106.2	108.9	100.0	98.4	101.9	103.9	102.7	97.6	97.5
鲜果	100.7	100.7	99.8	105.7	109.0	97.9	95.7	99.4	101.9	100.7	95.1	94.6
干（坚）果及瓜果制品	104.2	106.0	107.1	108.7	109.2	109.8	110.8	113.0	113.2	112.2	109.3	110.7
糕点饼干面包	99.5	99.7	99.8	100.0	100.6	100.7	100.7	100.6	101.0	101.0	101.3	101.9
糕点	97.5	97.6	97.4	97.4	97.7	97.6	97.3	97.3	97.9	97.7	98.0	98.5
饼干	100.5	100.7	101.0	101.5	102.8	103.4	103.5	103.5	103.9	103.9	103.8	104.3

续上表

（2000 年 = 100）

项　　目	1 月	2 月	3 月	4 月	5 月	6 月	7 月	8 月	9 月	10 月	11 月	12 月
面包	101.1	101.3	101.8	101.8	102.3	102.3	102.3	102.3	102.3	102.6	103.4	104.1
奶及奶制品	98.7	98.7	98.9	98.9	98.1	98.1	98.3	97.4	97.9	97.4	96.9	95.9
鲜奶	93.6	94.0	94.0	93.7	92.0	92.0	92.8	91.1	91.9	90.9	89.6	88.1
奶粉	103.4	102.8	103.2	103.4	103.8	104.2	103.9	103.6	104.1	103.8	104.0	103.2
其它	102.8	103.0	103.3	103.4	103.3	102.0	101.4	102.0	101.2	102.1	102.1	102.0
在外用膳食品	100.4	101.4	101.3	101.1	101.6	101.4	102.1	102.7	102.9	102.8	102.7	102.7
主食	105.2	104.8	104.5	104.8	105.0	104.8	106.6	107.6	107.9	107.8	107.8	107.3
炒菜	97.3	99.1	98.6	98.4	98.7	98.7	98.5	99.1	99.4	99.1	99.0	99.0
地方小吃	104.2	104.2	105.3	105.3	106.4	105.6	107.6	107.9	107.6	107.8	107.7	108.2
其它食品及食品加工服务	98.4	97.5	96.7	97.0	97.1	97.4	97.3	97.3	96.9	97.1	97.0	97.4
其它食品	96.8	96.8	96.7	97.0	97.1	97.2	97.1	97.3	96.9	97.2	97.1	97.4
食品加工服务费	112.7	104.7	97.4	97.8	97.8	99.8	99.4	97.4	97.6	97.5	97.6	98.0
烟酒及用品	**104.4**	**103.7**	**104.1**	**103.7**	**103.8**	**103.9**	**103.7**	**104.0**	**104.0**	**103.9**	**104.7**	**105.0**
烟草	105.9	104.6	105.1	104.6	104.8	104.9	104.6	104.9	105.2	105.0	106.3	106.8
国产卷烟	106.2	104.5	104.9	104.5	104.8	104.5	104.6	104.7	105.2	105.2	106.1	106.6
进口卷烟	108.7	108.1	108.9	108.3	108.0	109.7	107.8	108.7	108.6	107.7	110.7	110.3
其它	97.5	97.7	98.1	97.5	97.3	97.4	98.2	98.0	98.0	98.0	98.3	100.5
酒	101.5	101.6	101.9	101.9	101.9	102.0	101.8	102.2	102.0	102.1	102.5	102.6
白酒	107.6	108.2	108.3	108.6	108.9	108.7	108.5	109.0	108.9	109.3	110.1	110.4
果酒	96.9	96.9	97.3	97.3	97.0	97.9	97.7	97.8	97.6	97.3	97.8	97.4
啤酒	98.3	98.1	98.7	98.4	98.3	98.1	97.9	98.6	97.9	98.1	98.1	98.3
其它	96.1	95.8	95.8	95.7	95.7	95.9	95.9	96.0	96.0	96.1	96.1	95.8
吸烟饮酒用品	105.8	105.0	104.9	104.0	104.1	104.2	104.0	104.1	103.4	102.7	102.8	102.6
吸烟用品	107.9	107.1	107.7	106.1	106.1	106.3	106.0	106.0	105.4	103.8	104.1	104.2
饮酒用品	104.3	103.4	102.9	102.5	102.6	102.6	102.5	102.7	102.0	101.8	101.8	101.4
衣着	**95.9**	**94.8**	**95.0**	**95.7**	**95.6**	**95.3**	**94.2**	**93.0**	**92.5**	**94.3**	**94.9**	**95.1**
服装	95.2	93.8	93.9	94.8	94.7	94.5	93.2	91.7	91.1	93.3	94.0	94.2
男式服装	92.2	91.0	90.8	90.8	90.7	90.2	89.6	88.6	87.8	89.9	90.2	90.4
大衣	92.3	88.8	87.6	87.4	87.7	87.7	87.7	87.7	87.5	88.3	90.0	90.7
毛线衣	88.0	83.9	80.6	80.0	80.0	80.3	80.2	80.2	80.2	84.3	85.3	85.8
夹克衫	95.2	94.2	92.3	91.2	91.0	90.9	90.9	90.8	90.6	91.4	92.2	93.1
衬衫	94.0	94.8	96.5	97.2	96.2	95.4	94.6	92.5	90.8	93.4	93.3	93.1
裤子	90.5	89.9	90.3	90.1	89.2	88.5	86.7	84.0	84.2	85.2	84.9	84.8
西服	91.2	89.0	87.6	87.5	87.5	87.4	87.2	87.0	87.5	92.6	92.2	92.4

续上表

（2000 年 =100）

项　　目	1 月	2 月	3 月	4 月	5 月	6 月	7 月	8 月	9 月	10 月	11 月	12 月
运动衫裤	93.0	93.0	92.9	92.8	93.0	92.9	92.8	92.5	92.3	92.7	92.9	93.0
内衣	96.3	96.2	96.8	95.5	95.4	95.2	95.3	95.1	95.0	95.1	95.8	96.3
羽绒衣	117.2	105.5	105.3	105.0	104.6	104.7	104.6	104.6	104.6	107.8	109.4	112.0
其它	80.2	80.1	80.5	85.2	88.6	84.7	84.3	82.1	74.0	80.3	79.4	79.5
女式服装	95.2	93.8	94.4	95.8	95.9	95.9	94.1	92.4	92.1	94.1	94.1	94.1
大衣	80.9	78.5	76.7	76.4	77.0	76.9	76.9	76.9	76.9	76.9	77.0	77.9
毛线衣	92.1	89.0	85.9	85.7	85.7	87.3	87.3	87.2	87.2	91.5	92.1	92.5
羽绒衣	113.2	110.1	108.9	107.5	106.9	107.4	107.4	107.3	107.3	107.8	109.0	109.5
套装	89.1	86.3	88.7	91.8	91.3	89.9	86.7	84.4	83.4	85.6	85.4	85.4
衬衫	100.4	99.9	107.4	111.2	112.8	113.0	109.0	104.4	102.8	102.4	102.4	102.8
裙子	103.2	102.4	103.5	107.9	107.5	107.4	102.3	96.9	95.2	98.0	97.6	96.7
裤子	100.8	98.7	98.7	101.0	100.7	100.4	97.7	96.4	97.0	100.6	100.7	100.1
运动衫裤	92.4	92.0	91.8	92.0	92.0	91.9	91.7	91.2	91.3	97.5	97.7	97.7
内衣	96.4	97.4	97.4	96.9	97.0	98.0	97.9	96.9	97.2	97.2	97.7	97.3
其它	98.6	98.6	98.5	98.6	98.5	98.7	98.6	98.6	98.8	98.3	98.0	98.3
儿童服装	102.4	100.7	99.7	101.6	101.3	101.0	99.1	97.1	96.1	99.2	103.3	103.9
套装	99.7	97.4	95.5	98.2	97.8	97.0	94.8	92.7	91.1	94.4	98.6	99.1
裤子	104.6	102.4	101.4	103.3	103.1	102.4	101.1	100.0	99.9	103.1	105.8	106.1
裙子	100.8	100.0	100.4	101.4	101.1	101.8	99.1	95.8	94.6	97.3	103.1	104.3
其它	112.4	112.6	112.4	112.6	113.0	113.1	113.2	112.3	112.0	115.0	118.1	118.6
衣着材料	102.9	103.1	103.5	103.8	103.7	103.5	103.5	103.8	103.6	104.1	104.6	104.2
棉布	106.2	106.4	106.5	106.5	106.0	105.6	105.3	105.2	105.2	105.0	104.9	104.7
棉花化纤混纺布	101.1	101.3	101.8	102.7	103.5	103.2	103.4	104.0	103.8	103.2	103.2	103.0
化纤布	107.8	107.9	109.1	109.7	109.3	109.3	109.6	110.6	110.6	112.9	112.7	112.4
毛织品	98.0	98.0	98.3	98.3	97.8	97.3	97.5	97.7	97.1	97.9	98.1	98.2
丝织品	102.5	102.7	103.1	104.0	103.8	103.6	103.5	103.9	103.2	103.7	103.7	103.8
毛线	98.1	97.9	97.9	97.7	97.7	97.6	97.7	97.3	97.3	97.3	98.5	98.6
其它	101.8	102.4	102.6	102.6	102.6	102.1	101.9	101.5	101.6	102.0	106.0	102.7
鞋袜帽	96.2	95.5	95.9	96.3	96.1	95.2	94.5	93.9	93.8	94.7	94.9	95.1
鞋	96.2	95.4	95.8	96.2	96.1	95.0	94.2	93.6	93.6	94.4	94.7	94.9
男鞋	97.6	97.1	97.9	98.8	98.4	97.1	96.0	95.7	95.5	95.8	96.3	96.5
女鞋	93.2	92.2	92.5	92.3	92.1	90.6	89.7	88.4	88.6	90.3	90.4	90.7
童鞋	99.2	98.2	98.4	99.2	99.5	99.6	99.3	99.2	99.2	99.5	99.6	99.8
袜子	97.7	96.9	97.4	97.3	96.9	96.6	96.3	96.3	96.1	97.0	96.8	97.3

续上表

（2000 年 =100）

项　　目	1月	2月	3月	4月	5月	6月	7月	8月	9月	10月	11月	12月
男袜	93.4	92.6	93.2	93.2	93.1	92.8	92.7	92.4	92.4	93.1	92.5	93.1
女袜	101.8	101.2	101.5	101.3	100.7	100.4	99.9	100.1	99.7	100.8	101.0	101.5
帽子	91.9	92.0	92.0	92.8	92.6	93.0	92.8	92.8	91.2	90.9	91.4	92.4
男帽	91.5	91.5	91.5	91.4	91.4	90.7	90.3	90.0	89.7	89.8	90.6	91.8
女帽	92.2	92.3	92.3	93.7	93.4	94.7	94.7	94.7	92.3	91.6	92.0	92.9
衣着加工服务	101.4	101.0	101.5	101.0	101.0	101.0	101.0	101.2	101.2	101.2	101.3	101.3
缝纫	99.3	99.3	99.5	99.5	99.4	99.4	99.4	99.4	99.4	99.3	99.6	99.6
清洗	104.6	103.8	104.7	103.5	103.5	103.5	103.5	104.1	104.1	104.1	104.1	104.1
家庭设备用品及维修服务	**95.7**	**95.3**	**95.2**	**95.1**	**95.0**	**94.7**	**94.9**	**94.5**	**94.7**	**94.7**	**94.7**	**94.8**
耐用消费品	89.4	89.3	89.2	89.1	89.0	88.6	88.6	88.0	88.3	88.2	88.2	88.0
家具	95.8	95.6	95.3	95.3	95.2	95.2	94.9	94.0	94.3	94.1	94.2	93.9
成套家具	92.8	93.2	93.2	92.8	92.8	93.2	93.0	91.7	91.0	90.4	91.0	90.7
床	94.8	93.6	93.3	93.6	93.4	93.6	92.8	92.0	92.1	91.9	91.8	90.8
桌	94.3	94.7	94.8	94.8	94.9	94.9	94.8	93.9	94.3	94.4	94.2	94.4
椅	98.1	95.9	95.1	95.0	94.8	94.5	94.3	93.7	95.3	95.1	95.1	94.8
沙发	95.0	95.1	94.6	94.9	94.6	94.6	94.6	93.5	93.8	93.5	93.6	93.0
其它	102.5	103.8	103.6	103.4	103.8	103.4	102.5	102.3	102.8	103.1	103.8	104.2
家庭设备	85.7	85.7	85.7	85.6	85.3	84.8	84.9	84.5	84.7	84.8	84.7	84.6
洗衣机	93.4	93.7	93.5	93.1	92.7	92.1	91.8	91.3	91.1	91.0	90.6	89.9
电风扇	92.9	92.8	92.9	93.7	94.0	93.4	92.9	92.4	91.1	90.7	90.8	90.9
电冰箱（柜）	88.6	88.1	87.8	87.3	86.9	87.0	86.9	86.2	86.7	86.7	86.3	86.1
抽排油烟机	92.7	93.6	94.7	95.2	95.3	95.5	95.3	95.1	94.7	95.6	95.7	95.6
空调器	70.7	70.6	70.2	70.0	69.5	68.3	68.6	67.8	68.4	68.2	68.0	67.9
热水器	91.7	91.5	92.5	92.2	93.0	93.1	93.4	93.5	95.1	95.5	96.0	96.1
微波炉	85.7	84.9	84.8	84.9	84.2	83.9	84.2	84.3	84.1	84.5	84.6	84.6
电炊具	93.8	94.0	94.0	94.1	94.1	93.8	93.9	94.1	94.4	94.9	95.0	94.8
钟	100.1	100.0	100.1	100.1	100.1	100.4	100.4	100.3	100.0	100.0	99.9	99.6
其它	91.3	91.3	91.7	91.3	90.9	89.8	90.6	90.4	90.1	90.0	90.6	91.0
室内装饰品	97.3	97.2	96.9	96.9	96.9	96.5	96.7	97.0	97.0	96.7	97.4	97.6
纺织装饰品	98.5	98.6	98.8	99.1	98.9	98.7	98.5	98.7	99.2	99.4	99.5	99.6
装饰灯具	96.8	96.7	96.1	96.0	96.0	95.3	96.1	96.3	96.0	96.0	96.5	96.5
其它	94.1	94.1	93.4	92.9	93.3	93.1	93.0	93.7	92.9	91.1	93.7	94.3
床上用品	97.3	97.2	96.9	96.9	96.8	96.0	96.1	95.7	95.6	96.0	95.7	96.1
毛毯	97.6	97.7	97.4	97.3	97.1	97.1	96.9	96.6	96.6	96.8	96.4	97.4

续上表

（2000 年 =100）

项　　目	1 月	2 月	3 月	4 月	5 月	6 月	7 月	8 月	9 月	10 月	11 月	12 月
床单	99.1	101.3	99.7	99.7	100.5	100.2	100.6	100.6	100.3	100.8	100.2	100.0
床罩	92.5	92.4	92.5	92.4	91.6	91.3	91.2	90.9	90.8	90.9	91.0	90.9
被套	91.4	91.2	91.2	91.1	90.9	90.9	91.2	90.6	90.2	90.5	90.5	90.8
其它	102.4	101.3	100.8	101.3	101.2	98.8	98.7	98.1	98.7	99.1	98.8	99.4
家庭日用杂品	96.5	96.4	96.4	96.4	96.3	96.3	96.4	96.3	96.2	96.5	96.3	96.7
茶具	99.2	99.0	99.5	99.6	99.5	100.2	100.2	100.0	99.9	100.1	100.4	100.7
餐具	94.7	94.8	95.1	94.9	94.8	95.1	95.0	95.4	95.5	95.9	96.0	96.0
厨具	96.6	96.7	96.6	96.7	96.6	96.4	96.9	96.3	95.2	96.9	97.5	97.5
家用工具	95.6	95.6	96.3	96.5	97.1	97.4	98.5	98.5	98.4	98.9	98.9	98.9
洗涤用品	96.3	97.0	97.0	96.9	96.4	96.1	96.5	96.2	96.4	96.3	96.3	96.4
其它	96.2	95.4	95.1	95.3	95.4	95.1	94.8	94.8	94.7	94.8	94.1	95.1
家庭服务及加工维修服务	116.2	113.4	113.4	113.2	113.2	112.8	114.1	114.1	114.3	114.3	114.2	114.3
家庭服务	134.4	128.1	127.9	127.9	127.9	127.9	130.8	130.8	131.4	131.5	131.5	131.5
加工维修服务费	103.5	103.4	103.4	103.1	103.1	102.3	102.5	102.4	102.4	102.3	102.2	102.2
医疗保健和个人用品	**99.2**	**98.6**	**98.5**	**98.4**	**98.2**	**97.9**	**97.7**	**97.8**	**97.8**	**97.8**	**97.5**	**97.3**
医疗保健	97.4	97.5	97.5	97.3	97.3	96.9	96.7	96.8	96.9	96.9	96.4	96.2
医疗器具及用品	105.1	105.5	106.8	106.7	106.7	106.7	106.7	107.0	106.9	106.6	106.5	106.8
中药材及中成药	99.7	100.5	100.2	99.7	99.9	99.7	99.5	100.0	100.2	99.7	99.1	98.7
中药材	98.8	100.1	99.4	98.5	99.2	98.8	98.5	98.8	99.6	99.1	97.8	97.3
中成药	100.3	100.3	100.5	100.6	100.1	100.2	100.2	100.9	100.4	99.9	100.0	99.7
西药	90.1	90.2	90.0	89.7	89.3	88.3	87.9	87.8	87.7	87.8	87.6	87.6
胃药	94.1	94.2	94.6	94.1	94.4	94.5	94.7	95.0	94.4	94.3	93.6	93.8
感冒药	100.3	100.8	101.1	99.5	98.4	99.6	98.4	98.0	99.1	99.4	99.5	99.4
抗菌药针剂	82.6	82.6	82.2	82.4	82.4	79.1	78.8	78.8	78.6	78.7	77.9	78.0
抗菌药片剂	76.8	76.8	76.6	76.3	75.8	73.7	73.0	73.2	72.7	72.7	72.8	72.7
止泻药	99.5	99.1	98.2	97.9	97.1	97.7	97.0	96.4	97.5	97.4	97.5	97.5
外用药	103.5	104.4	103.8	103.6	103.4	103.8	103.8	103.7	103.1	103.3	103.8	104.6
心血管病用药	87.0	87.0	87.1	87.1	86.9	87.0	86.5	86.2	85.5	85.2	84.4	83.5
其它	96.4	96.4	95.2	95.4	95.2	95.1	95.2	95.4	96.3	97.8	98.3	98.3
保健器具及用品	93.5	92.8	93.4	93.6	93.2	93.0	92.8	92.8	93.3	93.5	93.2	92.9
保健器具	94.1	94.5	94.7	94.8	95.1	95.0	95.0	95.0	94.6	94.8	94.7	94.7
滋补保健用品	93.4	92.5	93.2	93.4	92.8	92.6	92.4	92.3	93.1	93.2	92.9	92.6
医疗保健服务	107.3	107.3	107.3	107.3	107.9	108.3	108.3	108.4	108.4	108.5	107.7	107.3
挂号费	121.7	121.7	121.7	121.7	121.7	121.7	121.7	121.7	121.7	121.7	121.7	121.7

续上表

（2000 年 =100）

项　目	1 月	2 月	3 月	4 月	5 月	6 月	7 月	8 月	9 月	10 月	11 月	12 月
注射费	101.7	101.7	101.7	101.7	101.7	101.7	101.7	101.7	101.7	101.7	101.7	101.7
检查费	112.2	112.2	112.2	112.2	112.2	112.2	112.2	112.8	112.8	113.3	112.2	112.2
手术费	101.2	101.2	101.2	101.2	101.2	101.2	101.2	101.2	101.2	101.2	101.2	101.2
住院费	105.9	105.9	105.9	106.0	108.7	111.0	111.0	111.0	111.0	111.0	107.7	106.0
理疗费	98.4	98.4	98.4	98.4	98.4	98.4	98.4	98.4	98.4	98.4	98.4	98.4
其它	107.6	107.6	107.6	107.6	107.6	107.6	107.6	107.6	107.6	107.6	107.6	107.6
个人用品及服务	102.8	100.7	100.4	100.5	100.1	99.7	99.6	99.5	99.5	99.5	99.6	99.6
化妆美容用品	98.4	98.2	97.3	98.0	97.9	97.8	97.1	96.9	96.8	96.5	96.7	96.2
化妆美容器具	105.9	105.8	105.1	104.8	104.7	104.5	103.7	103.9	104.0	103.8	103.7	103.6
化妆品	93.8	93.7	92.6	93.8	93.8	93.8	93.0	92.7	92.4	92.1	92.5	91.6
卫生用品	95.1	95.1	95.0	94.8	94.6	94.2	94.3	94.1	94.1	93.8	94.0	93.6
洗发用品	91.4	91.9	91.4	90.9	90.9	90.8	90.8	90.4	90.3	89.8	89.8	89.7
洗浴用品	95.9	95.7	95.5	95.6	95.0	94.5	94.6	94.9	95.1	94.7	95.2	94.3
其它	99.3	99.0	99.7	99.6	99.5	99.2	99.1	98.5	98.4	98.5	98.5	98.4
个人饰品	105.8	106.2	106.3	106.4	106.1	105.7	106.1	106.0	106.4	106.8	106.7	107.8
首饰	113.1	114.0	114.2	114.4	114.5	114.8	115.3	115.4	115.4	116.0	117.6	119.5
皮件	99.8	99.3	99.4	99.5	97.6	96.6	97.2	96.2	97.6	97.8	94.8	95.6
手表	99.4	99.7	99.6	99.5	99.6	99.7	99.7	99.7	99.8	99.8	99.8	99.9
领带	93.9	95.3	96.5	96.5	95.7	93.1	93.4	94.3	95.5	96.5	94.2	94.7
其它	101.2	99.7	98.8	98.4	99.1	98.5	98.1	98.5	98.5	98.5	98.7	98.7
个人服务	114.2	105.0	104.7	104.5	103.6	102.8	102.7	102.7	102.7	102.9	103.0	103.0
美容	105.0	101.6	101.6	101.6	100.8	98.2	98.1	98.0	98.0	98.5	98.5	98.5
理（烫）发	114.6	103.4	102.9	102.5	101.3	101.3	101.3	101.3	101.3	101.3	101.6	101.6
其它	130.0	115.7	116.0	116.0	116.0	116.0	116.0	116.0	116.0	116.0	116.0	116.0
交通和通讯	**96.1**	**95.2**	**94.6**	**94.9**	**94.9**	**94.6**	**94.4**	**94.3**	**94.3**	**94.3**	**93.9**	**93.6**
交通	97.2	95.5	94.6	95.3	95.6	95.1	95.0	95.0	95.3	95.5	94.8	94.4
交通工具	84.5	84.7	84.3	83.7	83.6	82.8	82.3	81.8	81.3	80.9	80.1	79.6
摩托车	79.1	79.0	79.0	78.6	78.4	77.7	77.1	76.7	76.5	76.3	75.9	75.7
自行车	95.0	96.8	96.4	96.6	96.6	96.5	96.5	96.4	97.0	96.9	97.0	97.0
汽车	79.6	79.5	78.7	77.7	77.5	76.4	75.6	74.8	73.6	72.9	71.4	70.4
其它	91.1	89.4	89.4	88.8	88.8	87.9	88.0	87.9	87.9	87.8	87.8	87.8
车用燃料及零配件	107.7	107.8	107.8	112.2	113.2	113.9	114.0	114.9	118.4	118.6	118.5	118.6
汽油	112.5	112.4	112.4	120.8	121.0	121.0	121.1	122.2	127.2	127.5	127.5	127.8
柴油	111.1	110.6	110.6	110.6	114.8	118.4	118.5	120.6	125.6	125.8	125.8	126.1

续上表

（2000 年 = 100）

项　　目	1 月	2 月	3 月	4 月	5 月	6 月	7 月	8 月	9 月	10 月	11 月	12 月
零配件	96.8	97.4	97.7	98.1	98.5	99.0	98.9	98.9	99.0	98.8	98.6	98.1
其它	103.2	103.3	103.4	104.0	104.0	102.5	104.0	104.0	103.9	103.8	104.3	104.4
车辆使用及维修	94.3	94.1	94.1	94.6	95.3	95.8	96.1	96.4	96.4	96.5	96.0	94.7
驾驶证	87.1	87.1	87.3	87.3	91.5	95.6	97.0	99.6	99.4	99.4	100.3	100.3
保险费	81.4	81.4	81.4	83.0	83.1	83.1	83.1	82.7	82.8	82.8	83.3	83.3
停车费	97.6	97.6	97.6	97.6	97.6	96.4	96.4	96.4	96.3	96.3	91.1	82.6
车辆修理服务	99.9	99.9	99.9	99.7	99.7	99.7	99.7	99.7	99.7	99.7	99.7	99.7
其它	107.1	104.1	104.1	105.0	104.8	104.8	104.8	104.8	104.8	106.2	107.1	107.1
市区公共交通	99.5	99.2	99.1	99.1	99.1	99.1	99.1	99.1	99.1	99.2	99.1	99.1
公共汽车票	100.3	100.3	100.3	100.3	100.3	100.3	100.3	100.3	100.3	100.3	100.3	100.3
出租汽车	96.2	96.0	95.8	95.8	95.8	95.9	95.9	96.0	96.0	96.0	96.0	96.0
其它	105.0	102.0	101.5	101.5	101.5	101.5	101.5	101.5	101.5	102.7	101.5	101.5
城市间交通	117.2	106.5	101.7	103.4	103.8	101.3	101.5	101.4	101.3	103.1	101.3	101.3
飞机票	91.2	80.4	80.2	90.0	89.7	80.9	81.6	81.5	81.3	87.4	81.0	81.2
火车票	108.0	107.3	104.8	104.7	104.7	104.7	104.7	103.7	103.7	103.7	103.7	103.7
长途汽车	130.7	114.7	107.3	107.3	108.2	106.3	106.5	106.9	106.7	108.1	106.7	106.7
其它	120.1	106.3	99.9	99.9	100.2	99.5	99.5	99.6	99.6	100.0	99.7	99.7
通信	95.0	94.7	94.6	94.4	94.1	94.0	93.7	93.5	93.3	93.1	92.9	92.8
通信工具	55.5	54.7	54.4	53.6	52.8	52.5	51.8	51.1	50.4	49.8	49.2	49.0
固定电话机	87.4	85.2	85.0	84.6	84.4	84.8	84.6	82.7	82.2	80.2	79.9	79.4
移动电话机	36.6	36.2	35.8	35.2	34.1	33.7	33.0	32.6	32.0	31.8	31.2	30.9
BP 机	65.5	64.0	63.6	62.4	63.5	63.5	63.1	62.7	62.6	62.6	61.8	61.8
其它	79.1	79.0	79.0	78.5	78.6	78.5	77.7	77.5	77.2	76.5	76.4	77.2
通信服务	106.0	106.0	106.0	106.0	106.0	106.0	106.0	106.0	106.0	106.0	106.0	106.0
市内电话通话费	135.7	135.7	135.7	135.7	135.7	135.7	135.7	135.7	135.7	135.7	135.7	135.7
长途电话通话费	75.3	75.3	75.3	75.3	75.3	75.3	75.3	75.3	75.3	75.3	75.3	75.3
月租费	102.4	102.4	102.4	102.4	102.4	102.4	102.4	102.4	102.4	102.4	102.4	102.4
信件邮寄	100.0	100.0	100.0	100.0	100.0	100.0	100.0	100.0	100.0	100.0	100.0	100.0
包裹邮寄	105.8	105.8	105.8	105.8	105.8	105.8	105.8	105.8	105.8	105.8	105.8	105.8
其它	85.5	85.5	85.5	85.5	85.5	85.5	85.5	85.5	85.5	85.5	85.5	85.5
娱乐教育文化用品及服务	**99.2**	**96.8**	**96.5**	**97.3**	**98.4**	**96.5**	**98.0**	**98.3**	**97.9**	**99.5**	**96.5**	**96.1**
文娱用耐用消费品及服务	74.9	74.9	74.4	74.3	74.1	73.8	73.1	72.3	71.9	71.5	71.2	70.6
电视机	74.0	74.1	73.1	73.0	72.7	72.4	71.5	70.3	70.2	70.0	69.6	69.3

续上表

(2000 年 = 100)

项目	1 月	2 月	3 月	4 月	5 月	6 月	7 月	8 月	9 月	10 月	11 月	12 月
影碟机	74.7	74.5	74.5	74.0	73.8	73.6	72.6	72.1	71.1	70.7	70.7	70.3
摄像机	86.2	84.9	84.8	84.8	83.6	83.0	82.7	81.7	80.5	80.3	80.3	80.3
照相机	88.7	88.6	88.4	88.3	88.3	88.0	87.8	87.5	87.3	87.1	87.1	86.9
音响	87.1	87.3	87.4	87.3	87.0	86.5	86.3	85.9	85.5	85.1	85.2	84.4
收音（录）机	90.0	90.0	89.8	89.7	89.2	89.1	89.1	89.0	88.6	88.1	87.7	87.7
电脑	57.9	57.8	57.5	57.9	57.4	57.1	56.8	56.0	55.5	55.0	54.3	53.2
修理服务费	101.8	101.8	101.8	101.9	101.9	101.3	101.3	101.1	101.0	101.0	101.0	101.0
其它	85.4	86.2	85.7	83.1	85.2	85.2	82.3	81.2	81.0	79.6	78.9	78.7
教育	108.9	109.2	109.1	109.1	109.2	109.3	109.3	109.3	110.0	109.9	109.9	109.9
教材及参考书	107.6	109.0	108.8	108.8	108.9	109.2	109.2	109.2	110.6	110.3	110.3	110.3
工具书	104.2	104.4	104.0	104.0	104.4	105.0	105.0	105.0	105.0	105.0	105.1	105.1
教材	112.0	114.7	114.7	114.7	114.7	114.7	114.7	114.7	116.0	114.8	114.8	114.8
参考书	103.1	103.7	103.1	103.1	103.1	103.7	103.7	103.7	106.3	107.0	107.0	107.0
学杂托幼费	109.0	109.0	109.0	109.0	109.1	109.1	109.1	109.1	109.7	109.7	109.6	109.6
义务教育杂费	100.8	100.8	100.8	100.8	100.8	100.8	100.8	100.8	100.8	100.8	100.8	100.8
其它教育学杂费	111.6	111.6	111.6	111.6	111.6	111.6	111.6	111.6	112.7	112.7	112.7	112.7
托幼费	121.5	121.5	121.5	121.5	122.0	122.0	122.0	122.0	122.5	122.5	122.1	122.1
文化娱乐用品	105.9	105.2	105.2	105.2	105.4	105.9	105.5	105.3	105.0	105.1	105.2	104.9
文化娱乐	99.2	99.0	99.2	99.1	99.0	98.9	98.6	98.3	98.1	98.1	98.3	97.8
乐器	101.7	102.1	102.5	102.3	102.1	102.0	102.1	102.0	101.9	101.8	101.7	101.8
音响光盘和磁带	94.4	94.7	94.4	94.4	93.7	92.4	90.6	90.5	90.3	92.1	92.0	91.9
照相胶卷	92.9	92.5	93.2	93.2	93.1	93.1	93.0	92.8	91.5	90.8	90.2	90.1
录像磁带和视盘	96.0	95.6	95.5	95.2	95.2	94.5	93.5	93.3	92.8	92.8	92.9	92.7
儿童玩具	99.3	98.5	99.7	99.7	99.8	99.7	100.0	99.2	99.1	97.8	99.1	97.2
纸张用品	105.9	105.8	105.3	105.1	105.5	105.6	105.7	105.1	105.4	105.6	105.6	105.8
文具	100.9	100.8	100.1	100.1	99.2	99.7	99.8	99.2	99.7	99.7	99.7	99.5
体育用品	101.0	100.8	100.7	100.6	100.9	101.2	100.8	100.8	101.2	101.9	101.9	101.1
其它	100.7	100.7	100.5	100.9	101.1	101.0	101.0	101.1	100.9	101.2	101.1	101.4
书报杂志	108.2	108.4	108.6	108.6	108.6	108.6	108.6	108.6	108.6	108.6	108.6	108.6
书籍	102.9	102.9	102.9	102.9	103.0	103.0	103.0	103.0	103.0	103.0	103.0	103.0
报纸	116.3	116.8	117.3	117.3	117.3	117.3	117.3	117.3	117.3	117.3	117.3	117.3
杂志	100.9	100.9	100.9	100.9	100.9	100.9	100.9	100.9	100.9	100.9	100.9	100.9
文娱费	111.9	109.4	109.0	109.2	109.9	111.9	110.9	110.4	109.5	109.9	109.9	109.7

续上表

(2000年=100)

项　目	1月	2月	3月	4月	5月	6月	7月	8月	9月	10月	11月	12月
录像电影票	105.0	103.7	103.7	103.9	105.6	118.3	112.7	110.4	105.6	105.6	107.3	105.6
公园门票	143.6	129.0	126.5	126.5	129.4	126.5	126.5	126.5	126.5	129.8	127.0	127.0
有线电视	107.1	107.1	107.1	107.1	107.1	107.1	107.1	107.1	107.1	107.1	107.1	107.1
健身活动	101.1	101.1	101.1	101.3	101.3	101.7	101.7	101.7	101.7	101.7	101.7	101.7
其它	106.7	106.6	106.2	106.8	107.0	106.9	107.1	106.8	105.9	105.5	106.8	107.2
旅游及外出	91.0	79.5	78.5	82.6	87.9	78.4	86.9	89.4	86.5	94.8	80.6	79.4
旅行社收费	86.5	72.7	71.1	72.8	82.9	70.7	81.7	85.2	81.3	85.1	73.8	72.4
宾馆住宿	100.1	96.3	97.9	116.7	98.0	98.7	98.6	97.8	98.8	131.6	97.2	97.6
其它住宿	110.6	108.3	108.3	112.8	110.2	109.4	109.5	107.1	107.4	119.6	109.4	107.1
居住	**105.0**	**104.7**	**105.0**	**104.9**	**104.6**	**104.5**	**104.7**	**106.5**	**106.6**	**108.7**	**109.3**	**108.8**
建房及装修材料	104.6	105.0	105.0	104.6	103.5	103.5	104.0	105.1	105.3	105.7	105.8	106.1
木材	103.9	104.3	105.2	105.3	104.7	105.0	105.3	105.4	105.5	105.7	106.3	106.6
砖	101.8	101.8	101.4	101.4	100.8	100.7	100.8	101.3	101.5	100.9	100.6	100.6
水泥	112.9	112.3	109.4	107.7	105.3	106.5	105.4	106.1	106.4	109.0	109.6	109.7
涂料	99.0	99.3	99.2	99.2	98.4	98.6	98.7	98.5	98.8	99.6	99.9	100.9
胶合板	98.1	97.6	99.4	99.8	100.7	100.3	101.5	105.2	105.3	104.7	104.6	105.9
玻璃	99.2	100.8	101.8	101.9	103.7	104.3	105.8	107.8	107.6	107.3	107.7	107.9
粘胶	95.2	94.7	95.0	94.3	94.4	94.0	94.7	94.0	93.4	93.8	94.6	95.6
油漆	101.5	101.6	102.1	102.6	102.3	101.9	102.1	102.4	102.4	101.8	101.7	101.8
其它	114.8	116.7	117.2	115.4	111.0	110.4	112.0	114.3	115.2	116.1	115.7	115.4
租房	118.2	118.2	118.2	118.2	118.2	118.2	118.0	118.0	118.0	118.0	118.0	118.0
房租	119.1	119.1	119.1	119.1	119.1	119.1	119.1	119.1	119.1	119.1	119.1	119.1
其它费用	113.2	113.1	113.1	113.1	113.1	113.1	112.4	112.4	112.4	112.4	112.4	112.4
自有住房	97.0	96.9	96.5	96.4	96.4	96.4	96.4	96.4	96.4	96.5	98.9	99.0
房屋贷款利率	94.5	94.5	93.8	93.8	93.8	93.8	93.8	93.8	93.8	94.0	97.8	98.0
维护修理费用	99.9	99.9	99.8	99.7	99.7	99.6	99.6	99.7	99.7	99.7	99.7	99.7
其它	107.7	107.1	107.1	107.1	107.0	107.0	107.0	107.0	107.0	107.0	107.3	107.1
水、电、燃料	105.0	104.1	104.9	105.0	105.0	104.8	104.9	108.3	108.5	112.8	113.2	111.8
水	126.1	126.1	126.1	128.2	130.2	130.3	130.5	135.3	135.3	135.3	135.3	135.3
电	92.3	92.3	92.3	92.3	92.3	92.3	92.3	92.3	90.8	90.8	90.8	90.8
液化石油气	107.2	104.3	107.1	106.4	105.6	104.7	104.7	113.2	115.8	129.0	129.0	124.1
管道燃气	101.0	101.0	101.1	101.6	101.5	101.4	101.7	104.1	104.2	108.1	113.9	113.8
其它燃料	126.7	126.8	126.9	127.5	127.5	128.5	132.1	134.9	138.4	140.1	140.6	142.0

2004年各月城市居民消费价格分类指数

(2000年=100)

项　　目	1月	2月	3月	4月	5月	6月	7月	8月	9月	10月	11月	12月
居民消费价格总指数	**100.4**	**99.8**	**100.0**	**101.1**	**100.6**	**99.9**	**100.8**	**101.3**	**102.2**	**102.1**	**101.3**	**101.0**
非食品价格指数	**99.6**	**98.4**	**98.3**	**98.7**	**98.9**	**98.1**	**98.4**	**98.6**	**98.6**	**99.7**	**99.0**	**98.7**
服务项目价格指数	**107.2**	**104.5**	**104.3**	**105.0**	**105.9**	**104.3**	**105.7**	**106.0**	**105.7**	**107.1**	**105.0**	**104.8**
扣除鲜菜鲜果总指数	**100.6**	**99.7**	**99.8**	**100.3**	**100.6**	**100.2**	**100.7**	**101.1**	**101.3**	**102.1**	**101.4**	**101.2**
消费品价格指数	**98.2**	**98.3**	**98.6**	**99.9**	**99.0**	**98.5**	**99.3**	**99.9**	**101.1**	**100.6**	**100.1**	**99.9**
食品	**101.9**	**102.4**	**103.0**	**105.6**	**103.9**	**103.4**	**105.4**	**106.4**	**108.8**	**106.6**	**105.6**	**105.3**
粮食	102.0	103.5	110.5	112.3	111.4	111.1	110.7	109.9	110.5	110.6	111.0	111.0
大米	103.4	106.0	116.9	119.8	118.2	117.9	117.1	116.0	116.7	116.8	117.1	116.7
面粉	103.9	104.2	107.4	107.5	107.5	107.5	106.9	105.4	105.5	105.2	105.7	107.1
粮食制品	98.1	97.0	98.3	99.1	99.6	99.8	99.7	100.2	100.4	100.6	101.5	102.0
其它	100.5	103.9	106.1	104.5	102.7	99.8	102.1	100.6	102.2	102.2	101.6	101.6
淀粉及薯类	93.2	95.9	95.8	99.2	102.6	102.4	101.4	100.9	102.9	101.1	99.0	97.9
干豆类及豆制品	101.5	101.5	102.6	105.0	105.7	106.5	107.0	107.2	107.2	107.5	108.8	108.0
干豆	101.8	99.4	102.2	108.6	109.8	111.2	114.0	112.9	111.2	112.8	118.3	117.6
豆制品	101.0	101.9	102.3	103.1	103.7	104.3	104.0	104.7	105.2	105.1	104.7	103.8
油脂	106.3	106.8	108.0	107.8	107.7	107.5	107.1	107.2	107.6	107.6	106.6	106.7
植物油脂	110.0	110.3	112.2	111.8	111.8	111.6	111.0	111.2	112.4	112.2	110.9	111.4
植物油制品	98.2	99.6	99.7	99.3	99.1	98.9	98.6	97.0	96.5	96.6	96.0	95.5
其它	102.3	100.9	101.6	103.9	103.9	103.6	104.2	110.3	109.2	110.1	109.1	109.1
肉禽及其制品	107.7	104.4	104.6	106.1	107.0	108.9	112.4	114.2	115.3	115.3	114.7	114.2
食用畜肉及副产品	110.3	109.3	108.6	110.5	110.3	112.5	116.8	118.3	120.4	119.8	119.2	118.6
猪肉	109.2	107.4	107.4	109.6	109.0	112.4	117.8	119.7	122.5	121.3	119.9	119.5
牛肉	127.6	131.9	135.7	141.0	138.4	139.2	139.4	140.9	141.3	144.2	143.9	143.1
羊肉	105.6	112.8	107.6	106.6	106.4	105.9	106.0	105.5	106.5	109.2	108.8	105.4
畜肉副产品	111.5	107.6	105.0	107.4	108.8	109.8	113.3	114.5	115.8	114.7	115.3	114.2
其它	101.3	102.6	99.3	98.1	98.8	98.3	101.9	102.0	103.7	103.1	104.7	104.3
禽	107.3	98.1	100.1	101.1	104.6	106.4	109.1	111.7	110.5	112.1	111.4	111.3
鸡	106.1	96.7	99.0	99.9	102.3	104.2	107.0	109.6	110.5	111.4	110.7	110.6
鸭	118.2	105.0	109.3	113.4	124.2	124.5	126.9	128.5	117.4	122.0	120.9	120.2
其它	104.5	100.1	98.1	97.0	98.6	100.9	103.8	107.1	105.5	107.7	107.4	107.8
肉禽加工制品	100.1	97.8	98.2	98.9	100.0	100.8	102.8	104.7	105.5	105.3	105.2	104.5
畜肉制品	101.5	99.9	100.4	101.2	101.6	102.3	104.6	106.0	106.3	106.5	106.4	105.5
禽制品	98.6	95.5	95.8	96.5	98.4	99.3	101.0	103.4	104.8	104.2	103.9	103.5

续上表

（2000 年 = 100）

项　　目	1 月	2 月	3 月	4 月	5 月	6 月	7 月	8 月	9 月	10 月	11 月	12 月
蛋	116.5	116.5	113.7	114.1	113.2	118.3	123.3	127.7	135.9	132.6	127.6	127.0
鲜蛋	118.6	118.4	115.1	115.6	114.4	120.3	125.6	129.5	138.2	134.2	128.5	128.1
蛋制品	104.0	104.6	104.9	104.8	104.8	106.1	109.3	116.2	122.1	121.8	120.7	119.2
水产品	97.3	99.1	97.9	99.8	99.2	99.2	98.2	96.2	96.1	97.4	97.2	98.6
鱼	99.8	104.1	102.0	106.0	107.4	109.1	108.9	108.5	108.9	109.6	108.7	109.0
淡水鱼	96.8	104.1	102.2	108.6	109.9	110.4	108.4	108.8	109.2	108.3	107.3	107.1
海水鱼	105.4	104.7	101.9	102.0	103.6	107.2	110.3	108.4	108.9	112.3	111.7	112.7
其它水产品	93.8	91.9	92.1	90.9	87.5	85.1	82.7	78.5	77.5	79.7	80.7	83.6
菜	94.2	99.5	102.9	114.2	96.8	95.1	105.5	107.2	122.9	103.3	102.1	99.6
鲜菜	94.0	100.2	104.1	117.0	97.0	94.9	106.6	108.3	126.2	103.8	102.6	99.6
干菜及菜制品	96.3	95.3	95.5	95.2	96.2	96.5	98.0	99.8	100.3	100.5	99.0	99.6
调味品	104.5	104.7	104.6	104.3	104.3	104.1	104.6	104.9	104.9	105.2	105.2	105.4
盐	115.0	115.0	114.7	114.2	114.2	114.4	114.4	114.7	114.3	114.1	114.1	114.1
酱油	103.0	103.8	104.1	104.0	103.9	103.8	105.3	104.8	105.3	106.4	106.3	106.4
醋	105.6	105.4	105.8	105.6	105.5	104.7	105.1	106.4	107.3	107.5	107.7	108.1
味精	90.8	90.6	90.3	89.7	89.7	89.6	90.0	90.1	89.7	89.7	89.7	89.7
其它	98.4	99.2	98.5	98.3	98.2	97.7	97.8	99.0	98.7	98.7	98.7	99.2
糖	102.7	101.8	102.0	102.2	102.5	103.1	103.5	103.9	104.5	104.9	105.0	105.1
食糖	92.3	91.5	92.2	92.7	93.1	93.5	94.6	95.1	96.4	97.5	97.7	98.0
糖果	112.0	110.9	110.6	110.7	110.9	111.6	111.9	112.1	112.2	112.3	112.4	112.2
巧克力制品	98.0	97.5	97.5	97.7	98.1	98.7	98.5	99.0	99.0	99.0	98.8	99.2
糖制小食品	103.0	102.0	102.5	102.1	101.8	103.0	102.8	103.0	104.0	104.1	104.3	104.6
茶及饮料	104.0	104.2	104.0	104.4	104.3	103.9	103.8	103.9	103.4	103.6	103.7	103.7
茶叶	109.9	110.0	110.3	110.8	110.6	109.8	109.7	109.8	109.0	109.3	109.7	109.8
饮料	99.2	99.4	98.9	99.1	99.3	99.1	99.0	99.1	98.8	98.9	98.8	98.8
固体饮料	99.9	100.0	99.9	100.5	100.3	100.0	100.3	100.5	100.4	100.7	100.6	100.7
液体饮料	97.0	97.2	96.5	96.8	97.1	96.8	96.6	96.3	95.8	96.0	95.7	96.0
冷冻饮品	103.4	103.4	103.2	103.1	103.1	103.1	103.0	104.0	103.7	103.7	103.7	103.3
干鲜瓜果	101.6	102.2	101.2	107.0	108.4	98.8	98.7	103.4	105.0	104.4	97.6	97.7
鲜果	102.0	102.6	100.9	107.5	109.2	97.2	96.8	101.8	103.8	103.2	95.8	95.5
干（坚）果及瓜果制品	100.1	101.3	103.0	105.2	105.9	106.7	108.1	111.5	111.0	110.4	106.4	108.3
糕点饼干面包	99.8	99.8	100.0	100.2	101.0	101.1	101.1	101.1	101.6	101.6	102.1	102.2
糕点	97.6	97.4	97.1	97.1	97.5	97.3	97.0	97.0	97.8	97.6	97.9	98.0
饼干	101.1	101.4	101.8	102.6	104.1	104.8	105.3	105.2	105.7	105.7	105.7	106.0

续上表

(2000 年 = 100)

项　　目	1月	2月	3月	4月	5月	6月	7月	8月	9月	10月	11月	12月
面包	101.5	101.5	102.1	102.1	102.8	102.8	102.8	102.8	102.8	103.2	104.3	104.3
奶及奶制品	96.8	97.3	97.5	97.5	96.6	96.6	96.8	95.8	96.5	95.7	95.1	93.8
鲜奶	91.6	92.3	92.3	91.9	89.9	89.8	90.6	88.7	89.7	88.5	87.3	85.3
奶粉	102.2	102.3	102.7	103.0	103.8	104.4	104.0	103.6	104.4	103.8	103.9	103.1
其它	103.2	103.5	104.2	104.3	104.0	103.2	102.5	103.4	102.6	103.2	103.2	103.2
在外用膳食品	101.5	102.7	102.5	102.3	102.8	102.9	103.8	104.5	104.8	104.5	104.4	104.3
主食	107.8	107.2	106.8	107.2	107.7	107.7	109.9	111.4	111.9	111.7	111.7	110.9
炒菜	97.6	99.9	99.2	98.8	99.1	99.3	99.1	99.6	100.0	99.6	99.4	99.4
地方小吃	105.9	105.6	107.4	107.4	108.7	108.7	111.5	111.9	111.4	111.6	111.7	112.3
其它食品及食品加工服务	97.3	96.1	96.0	96.1	96.3	96.4	96.3	96.5	95.8	96.2	96.0	96.3
其它食品	96.1	96.0	96.1	96.1	96.3	96.4	96.3	96.6	95.8	96.2	96.0	96.3
食品加工服务费	115.9	97.7	95.6	96.7	96.7	96.1	95.4	95.4	96.0	95.7	96.0	96.5
烟酒及用品	**104.7**	**104.0**	**104.5**	**104.3**	**104.6**	**104.6**	**104.3**	**104.6**	**104.3**	**104.1**	**104.6**	**104.8**
烟草	105.3	104.0	104.7	104.5	104.8	105.0	104.8	105.1	105.1	104.9	106.0	106.1
国产卷烟	104.6	102.9	103.5	103.7	104.3	103.8	104.1	103.9	104.0	104.1	104.4	105.0
进口卷烟	108.9	108.0	109.0	108.3	107.9	109.8	107.9	109.6	109.3	108.3	111.8	110.8
其它	100.4	100.2	101.2	99.8	99.5	99.7	101.0	100.7	100.7	100.7	100.7	100.9
酒	102.4	102.8	103.0	103.3	103.4	103.2	102.8	103.0	102.5	102.6	102.6	102.8
白酒	109.7	111.1	111.1	111.9	112.7	112.2	111.7	111.1	111.1	111.2	111.1	111.5
果酒	99.0	99.1	99.8	99.8	99.3	99.6	99.4	99.5	99.1	98.9	98.8	99.0
啤酒	98.0	97.6	97.9	97.9	97.6	97.2	96.8	97.7	96.5	96.8	96.7	97.1
其它	97.8	98.1	98.1	98.1	98.1	98.1	98.1	98.3	98.2	98.4	98.4	98.3
吸烟饮酒用品	107.6	106.4	106.4	105.2	105.3	105.5	105.3	105.5	104.6	103.6	103.5	103.3
吸烟用品	110.6	109.5	110.2	108.2	108.1	108.4	108.2	108.3	107.6	105.4	105.3	105.2
饮酒用品	105.3	104.2	103.5	103.1	103.2	103.3	103.2	103.5	102.4	102.2	102.2	101.9
衣着	**96.8**	**95.3**	**95.6**	**96.8**	**96.6**	**96.1**	**94.6**	**92.9**	**92.4**	**95.0**	**95.6**	**95.6**
服装	96.7	94.9	94.9	96.4	96.2	95.9	94.0	92.0	91.2	94.5	95.3	95.3
男式服装	94.0	92.5	92.1	92.3	92.1	91.5	90.8	89.4	88.4	91.5	91.6	91.6
大衣	95.3	91.1	89.9	89.5	90.1	90.0	90.0	90.0	90.0	91.3	93.3	94.0
毛线衣	92.1	85.6	80.9	80.4	80.4	81.0	81.0	81.0	81.3	87.8	88.6	88.7
夹克衫	96.1	94.8	93.6	92.8	92.8	92.7	92.7	92.7	92.6	93.9	94.2	95.0
衬衫	98.2	99.4	101.4	102.5	100.5	99.8	99.0	96.3	93.7	97.2	96.9	96.4
裤子	91.0	90.3	90.9	90.8	89.4	88.8	86.5	82.9	83.1	84.8	84.0	83.7
西服	94.9	92.1	90.5	90.3	90.4	90.3	90.2	90.0	90.7	97.5	96.9	96.8

续上表

(2000 年 = 100)

项　　目	1 月	2 月	3 月	4 月	5 月	6 月	7 月	8 月	9 月	10 月	11 月	12 月
运动衫裤	92.5	92.5	92.4	92.2	92.3	92.1	92.0	91.7	91.5	91.8	91.8	91.7
内衣	99.2	98.9	98.9	97.4	97.3	97.0	97.0	96.9	97.0	97.2	98.2	98.3
羽绒衣	108.5	96.5	95.7	95.4	95.4	95.7	95.7	95.7	95.7	100.2	101.0	103.7
其它	77.4	77.3	77.2	83.4	88.6	82.2	81.8	79.3	67.2	76.9	76.8	76.9
女式服装	96.0	94.2	95.0	97.0	97.1	97.2	94.6	92.4	92.1	95.0	94.8	94.6
大衣	80.2	77.3	75.4	75.0	75.8	75.8	75.8	75.8	75.8	76.1	76.1	76.9
毛线衣	92.6	87.7	83.5	83.2	83.3	85.8	85.7	85.7	85.7	91.7	91.5	91.6
羽绒衣	105.5	102.6	101.1	99.7	99.7	100.4	100.4	100.4	100.4	101.0	101.9	102.2
套装	87.9	84.1	86.6	90.9	90.3	88.3	83.7	80.6	79.3	82.5	82.3	82.5
衬衫	102.4	101.5	113.0	118.6	120.9	121.2	115.3	108.3	106.0	105.3	105.0	105.3
裙子	106.8	105.6	107.3	113.8	113.0	112.9	105.1	97.3	94.9	99.5	98.9	97.7
裤子	104.5	101.3	101.9	105.2	104.9	104.3	100.1	98.6	99.7	105.1	104.9	103.7
运动衫裤	91.0	90.4	90.4	90.4	90.4	90.3	90.2	89.8	89.9	98.2	98.2	98.1
内衣	98.6	99.7	99.6	99.4	99.4	100.8	100.7	99.8	100.2	100.0	99.9	99.7
其它	98.2	98.2	98.1	98.3	97.9	98.1	98.0	98.0	98.3	98.0	97.6	97.4
儿童服装	107.3	104.6	103.2	106.0	105.3	104.4	101.5	98.4	96.9	101.8	108.1	108.7
套装	107.5	103.8	100.7	105.0	104.2	102.6	98.9	95.4	92.9	98.5	104.9	105.5
裤子	107.7	104.5	103.2	106.0	105.5	104.9	103.3	101.9	101.4	106.1	109.7	109.8
裙子	105.1	104.2	104.7	105.7	104.8	104.5	100.3	95.5	93.9	98.5	107.8	109.2
其它	112.4	112.6	112.6	113.1	113.1	112.9	113.1	111.9	111.8	115.2	121.3	122.1
衣着材料	102.0	102.3	102.6	103.5	103.5	103.5	103.6	103.5	103.4	103.6	104.7	104.2
棉布	99.3	100.2	100.0	101.0	100.9	100.8	100.4	99.8	100.3	99.9	100.2	100.2
棉花化纤混纺布	101.1	101.7	102.2	105.3	107.3	107.2	107.2	108.3	108.7	108.6	109.5	109.2
化纤布	109.0	109.2	109.7	111.1	110.7	111.5	112.2	112.1	112.0	112.8	112.7	112.8
毛织品	96.0	95.9	96.3	96.3	95.6	95.6	95.9	96.0	95.2	95.9	96.2	96.4
丝织品	104.6	104.8	104.8	106.3	106.1	105.6	105.6	105.7	104.5	104.9	104.9	105.0
毛线	99.5	99.4	99.5	99.3	99.3	99.4	99.5	98.8	98.9	98.7	99.7	99.6
其它	101.9	102.9	103.3	103.2	103.2	102.4	102.1	101.4	101.6	102.1	109.0	104.4
鞋袜帽	95.8	95.2	95.8	96.4	96.2	95.2	94.2	93.6	93.4	94.5	94.7	94.6
鞋	95.5	94.8	95.4	96.1	95.9	94.6	93.6	92.8	92.7	93.9	94.1	94.1
男鞋	98.0	97.5	98.8	100.1	99.7	98.2	96.7	96.4	96.1	96.4	97.2	97.1
女鞋	91.9	90.8	91.2	91.0	90.7	88.9	87.6	86.0	86.2	88.4	88.4	88.5
童鞋	99.2	98.6	98.8	100.1	100.5	100.8	100.6	100.8	100.7	101.1	101.0	100.9
袜子	98.6	98.5	99.0	99.1	98.9	98.8	98.6	98.7	98.5	99.6	99.2	98.9

续上表

(2000 年 = 100)

项　　目	1月	2月	3月	4月	5月	6月	7月	8月	9月	10月	11月	12月
男袜	96.1	95.4	96.2	96.3	96.3	96.3	96.1	95.9	96.0	96.8	95.7	95.7
女袜	101.5	102.0	102.2	102.4	102.0	101.7	101.4	101.8	101.5	102.7	103.1	102.6
帽子	91.2	91.3	91.3	92.8	92.4	94.2	93.8	93.7	90.7	90.0	90.3	90.2
男帽	91.5	91.5	91.5	91.4	91.4	91.3	90.4	89.8	89.1	89.4	89.6	89.6
女帽	90.7	91.0	91.0	93.5	92.8	95.7	95.8	95.9	91.5	90.2	90.4	90.4
衣着加工服务	104.6	104.1	105.6	104.4	104.3	104.3	104.3	104.9	104.9	104.7	104.9	104.9
缝纫	100.9	100.9	101.5	101.5	101.3	101.3	101.3	101.3	101.3	100.9	101.2	101.2
清洗	109.3	108.4	110.5	108.4	108.4	108.4	108.4	109.4	109.4	109.4	109.4	109.4
家庭设备用品及维修服务	**95.9**	**95.3**	**95.2**	**95.1**	**95.0**	**94.5**	**94.8**	**94.3**	**94.5**	**94.5**	**94.4**	**94.4**
耐用消费品	88.7	88.5	88.4	88.3	88.0	87.7	87.6	86.9	87.1	87.0	86.9	86.6
家具	95.5	95.0	94.5	94.6	94.5	94.7	94.2	92.9	92.8	92.6	92.6	91.9
成套家具	89.6	89.6	89.8	89.2	89.3	90.1	89.8	87.5	86.7	86.5	86.9	86.6
床	94.1	92.4	91.9	92.4	92.2	92.7	91.5	90.4	90.4	90.1	89.6	88.2
桌	93.7	94.2	93.9	93.9	93.9	94.1	94.0	92.9	92.9	92.9	92.6	92.4
椅	98.9	98.2	97.3	97.2	97.0	96.8	96.5	95.7	95.8	95.4	95.5	95.1
沙发	94.5	94.3	93.7	93.9	93.5	93.4	93.4	92.0	92.0	91.6	91.7	90.4
其它	104.6	104.3	103.8	103.6	104.0	103.8	102.5	102.5	102.5	103.0	103.2	103.6
家庭设备	85.3	85.2	85.2	85.1	84.8	84.1	84.2	83.8	84.2	84.2	84.0	83.9
洗衣机	94.1	94.6	94.3	93.8	93.3	92.6	92.1	91.6	91.4	91.3	90.6	89.9
电风扇	90.2	89.8	89.8	90.8	91.3	89.9	89.7	89.6	87.2	86.9	86.8	86.9
电冰箱（柜）	88.4	87.8	87.5	87.1	86.6	86.8	86.7	85.8	86.4	86.6	85.9	85.7
抽排油烟机	92.7	93.7	95.2	95.8	96.0	96.2	96.2	96.2	95.6	96.5	96.6	96.5
空调器	69.6	69.6	69.2	68.8	68.2	66.8	67.0	66.2	67.0	66.8	66.5	66.4
热水器	93.2	93.3	94.2	93.9	95.1	95.2	95.6	95.6	97.6	98.1	98.8	98.9
微波炉	87.3	86.3	86.2	86.4	85.5	85.1	85.5	85.6	85.4	85.5	85.7	85.7
电炊具	94.0	94.1	94.0	94.1	94.2	94.0	93.7	93.9	94.4	94.6	94.5	94.3
钟	108.1	108.0	108.3	108.2	108.2	108.2	107.9	107.7	107.7	107.7	107.7	107.7
其它	91.9	91.8	92.4	92.0	91.5	90.0	91.0	90.8	90.4	90.4	90.5	91.2
室内装饰品	96.4	96.7	96.7	96.6	96.7	96.0	96.1	96.4	96.3	96.0	96.7	96.8
纺织装饰品	98.5	98.7	99.0	99.3	99.2	98.7	98.5	98.8	99.5	99.9	100.0	99.9
装饰灯具	96.1	96.7	96.7	96.5	96.5	95.4	96.1	96.0	95.7	95.6	95.6	95.6
其它	90.8	90.8	90.1	89.5	90.0	89.7	89.7	90.4	89.5	87.5	90.5	91.1
床上用品	97.6	97.6	97.3	97.4	97.2	96.3	96.5	95.8	95.8	96.0	95.9	96.5
毛毯	100.0	100.0	100.0	99.9	99.9	100.4	100.3	99.8	99.4	99.5	98.8	100.3

续上表

（2000 年 = 100）

项　　目	1 月	2 月	3 月	4 月	5 月	6 月	7 月	8 月	9 月	10 月	11 月	12 月
床单	99. 5	103. 4	100. 7	100. 1	101. 1	101. 0	101. 5	100. 9	100. 2	100. 8	100. 7	100. 6
床罩	91. 8	91. 8	91. 7	91. 7	90. 7	90. 5	90. 5	90. 2	90. 0	90. 0	90. 2	90. 2
被套	89. 5	89. 5	89. 5	89. 5	89. 1	89. 2	89. 8	89. 0	88. 5	88. 5	88. 7	89. 1
其它	103. 7	102. 4	102. 2	102. 9	102. 8	99. 8	99. 7	98. 9	99. 7	100. 3	100. 1	100. 8
家庭日用杂品	96. 8	96. 8	96. 8	96. 9	96. 8	96. 5	96. 7	96. 5	96. 5	96. 8	96. 4	96. 8
茶具	98. 2	97. 9	98. 8	98. 9	98. 8	99. 0	99. 0	98. 8	98. 6	98. 5	99. 2	99. 8
餐具	95. 2	96. 0	96. 3	96. 7	96. 9	96. 7	96. 5	97. 3	97. 3	97. 8	97. 9	97. 7
厨具	97. 4	97. 5	97. 4	97. 4	97. 4	97. 1	97. 9	96. 5	94. 8	97. 6	97. 6	97. 5
家用工具	99. 2	98. 6	100. 0	100. 6	101. 1	102. 2	105. 3	105. 3	105. 3	105. 3	105. 3	105. 2
洗涤用品	98. 0	98. 9	98. 8	98. 8	98. 2	97. 8	98. 2	97. 7	98. 4	98. 4	98. 3	98. 3
其它	95. 4	94. 4	93. 9	94. 2	94. 3	93. 9	93. 5	93. 6	93. 5	93. 6	92. 4	93. 5
家庭服务及加工维修服务	119. 7	115. 8	115. 7	115. 5	115. 5	114. 8	116. 8	116. 7	117. 0	117. 0	117. 0	117. 0
家庭服务	143. 9	134. 7	134. 6	134. 6	134. 6	134. 6	138. 8	138. 8	139. 7	139. 7	139. 7	139. 7
加工维修服务费	104. 8	104. 6	104. 6	104. 2	104. 2	103. 1	103. 4	103. 2	103. 2	103. 1	103. 1	103. 1
医疗保健和个人用品	**98. 2**	**97. 3**	**97. 3**	**97. 3**	**97. 3**	**96. 9**	**96. 6**	**96. 6**	**96. 7**	**96. 7**	**96. 3**	**96. 1**
医疗保健	96. 0	96. 0	96. 1	96. 0	96. 1	95. 8	95. 3	95. 5	95. 6	95. 6	95. 0	94. 7
医疗器具及用品	105. 8	106. 1	107. 9	107. 8	107. 8	107. 8	107. 8	107. 7	107. 5	107. 2	107. 1	107. 2
中药材及中成药	99. 5	100. 2	100. 0	100. 0	100. 2	100. 1	99. 6	100. 1	100. 4	99. 9	99. 3	98. 7
中药材	98. 1	99. 5	98. 8	98. 6	99. 3	98. 9	98. 0	98. 1	99. 2	98. 7	97. 4	96. 5
中成药	100. 7	100. 6	101. 0	101. 2	100. 8	101. 1	101. 0	102. 0	101. 4	100. 9	101. 1	100. 8
西药	88. 4	88. 2	88. 2	87. 9	87. 7	86. 5	85. 8	85. 7	85. 5	85. 8	85. 5	85. 5
胃药	91. 9	91. 7	92. 0	91. 5	91. 9	92. 1	92. 3	92. 3	91. 7	91. 9	91. 1	91. 5
感冒药	102. 8	102. 9	103. 4	101. 1	100. 4	102. 1	100. 3	99. 7	101. 7	102. 1	102. 2	102. 3
抗菌药针剂	77. 2	77. 1	76. 8	76. 8	76. 7	72. 4	72. 0	72. 1	71. 9	72. 0	70. 9	70. 9
抗菌药片剂	74. 0	74. 0	74. 0	74. 0	73. 6	71. 5	70. 5	70. 7	70. 1	70. 3	70. 3	70. 3
止泻药	102. 9	100. 2	100. 8	100. 6	100. 2	100. 3	98. 0	97. 2	97. 7	97. 6	97. 4	97. 6
外用药	102. 9	103. 1	103. 3	103. 3	103. 4	103. 6	104. 1	104. 1	103. 4	103. 4	103. 3	103. 6
心血管病用药	86. 8	86. 8	86. 6	86. 4	86. 3	86. 4	86. 1	85. 7	84. 7	84. 6	84. 1	83. 5
其它	89. 9	89. 9	88. 9	89. 1	89. 1	89. 0	89. 1	89. 4	90. 6	92. 4	93. 1	92. 8
保健器具及用品	95. 1	94. 3	94. 9	95. 1	94. 6	94. 5	94. 2	94. 3	95. 0	95. 0	94. 5	94. 3
保健器具	96. 5	96. 9	97. 3	97. 3	97. 8	97. 7	97. 7	97. 8	97. 2	97. 4	97. 4	97. 3
滋补保健用品	94. 9	93. 8	94. 5	94. 7	94. 0	93. 8	93. 5	93. 6	94. 6	94. 6	94. 0	93. 8
医疗保健服务	104. 5	104. 5	104. 5	104. 6	105. 3	106. 0	106. 0	106. 1	106. 1	106. 3	105. 0	104. 6
挂号费	103. 7	103. 7	103. 7	103. 7	103. 7	103. 7	103. 7	103. 7	103. 7	103. 7	103. 7	103. 7

续上表

(2000 年 =100)

项目	1月	2月	3月	4月	5月	6月	7月	8月	9月	10月	11月	12月
注射费	104.9	104.9	104.9	104.9	104.9	104.9	104.9	104.9	104.9	104.9	104.9	104.9
检查费	109.1	109.1	109.1	109.1	109.1	109.1	109.1	109.9	109.9	110.7	109.1	109.2
手术费	102.3	102.3	102.3	102.3	102.3	102.3	102.3	102.3	102.3	102.3	102.3	102.3
住院费	104.6	104.6	104.6	104.7	108.7	112.2	112.2	112.2	112.2	112.2	107.2	104.7
理疗费	99.3	99.3	99.3	99.3	99.3	99.3	99.3	99.3	99.3	99.3	99.3	99.3
其它	112.8	112.8	112.8	112.8	112.8	112.8	112.8	112.8	112.8	112.8	112.8	112.8
个人用品及服务	102.9	100.0	99.8	100.0	99.7	99.2	99.0	98.9	99.0	99.0	99.1	99.0
化妆美容用品	100.7	100.7	99.4	100.4	100.3	100.2	99.2	99.0	98.8	98.5	98.7	98.0
化妆美容器具	111.5	111.6	110.8	110.4	110.3	110.1	109.0	109.2	109.4	109.2	109.0	109.1
化妆品	93.4	93.3	91.7	93.5	93.4	93.5	92.4	91.9	91.5	91.2	91.6	90.4
卫生用品	94.5	94.7	94.6	94.6	94.3	93.8	93.8	93.6	93.6	93.2	93.5	93.0
洗发用品	90.4	91.0	90.7	90.0	90.0	89.7	89.8	89.2	89.0	88.3	88.3	88.1
洗浴用品	95.5	95.5	95.2	95.6	94.9	94.2	94.3	94.8	95.1	94.6	95.2	94.1
其它	99.7	99.3	100.4	100.6	100.6	100.0	99.9	99.0	98.9	99.0	99.1	99.1
个人饰品	106.1	106.3	106.6	106.7	106.2	105.6	106.1	105.9	106.7	107.1	106.9	107.8
首饰	113.3	113.8	113.9	114.3	114.5	114.4	115.1	115.0	115.4	116.2	118.1	119.8
皮件	98.3	98.0	98.1	98.3	95.7	94.4	95.3	94.0	95.9	96.1	92.3	93.2
手表	99.9	99.9	99.9	99.9	99.8	99.9	99.9	99.9	99.9	99.8	99.8	99.8
领带	94.3	96.2	98.2	98.2	97.0	93.5	94.0	95.3	97.2	98.6	95.4	95.4
其它	103.4	101.4	100.4	100.4	100.4	100.4	100.3	100.2	100.2	100.2	100.3	100.3
个人服务	114.2	101.6	101.6	101.3	101.3	100.2	100.2	100.2	100.2	100.5	100.7	100.7
美容	107.4	102.0	102.0	102.0	102.0	98.2	98.2	98.2	98.2	99.1	99.1	99.1
理（烫）发	114.6	99.5	99.5	98.9	98.9	98.9	98.9	98.9	98.9	98.9	99.3	99.3
其它	118.0	101.1	101.6	101.6	101.6	101.6	101.6	101.6	101.6	101.7	101.6	101.7
交通和通讯	**95.9**	**95.0**	**94.7**	**95.0**	**94.9**	**94.6**	**94.5**	**94.4**	**94.5**	**94.5**	**94.0**	**93.8**
交通	96.2	94.5	93.8	94.7	95.0	94.6	94.5	94.6	94.8	95.0	94.2	93.7
交通工具	84.8	84.7	84.1	83.5	83.4	82.5	81.9	81.4	80.8	80.4	79.5	78.9
摩托车	79.7	79.7	79.7	79.7	79.5	78.6	78.5	78.5	78.4	78.5	78.4	78.3
自行车	97.2	97.0	96.6	96.9	96.8	96.7	96.7	96.7	97.7	97.6	97.6	97.7
汽车	78.6	78.5	77.7	76.6	76.5	75.4	74.5	73.7	72.3	71.6	70.2	69.1
其它	92.9	92.9	92.8	92.0	92.0	90.8	90.8	90.7	90.7	90.7	90.7	90.5
车用燃料及零配件	107.2	107.3	107.4	112.1	113.0	113.6	113.7	115.0	118.2	118.3	118.3	118.4
汽油	111.0	111.0	111.0	119.3	119.4	119.4	119.5	120.9	125.5	125.8	125.8	126.1
柴油	112.6	111.7	111.7	111.7	115.7	119.3	119.4	122.5	127.0	127.2	127.2	127.7

续上表

(2000 年 =100)

项　　目	1 月	2 月	3 月	4 月	5 月	6 月	7 月	8 月	9 月	10 月	11 月	12 月
零配件	96.8	97.7	98.0	98.7	99.3	100.0	99.6	99.6	99.8	99.6	99.4	98.6
其它	103.2	103.4	103.7	104.9	104.9	102.5	105.0	105.0	104.9	104.7	105.4	105.6
车辆使用及维修	94.8	94.7	94.7	95.4	96.5	97.6	98.0	98.7	98.7	98.8	98.0	96.0
驾驶证	80.6	80.5	80.9	80.9	87.5	93.6	95.9	100.2	99.9	99.9	101.4	101.4
保险费	87.5	87.5	87.5	90.2	90.2	90.2	90.2	90.2	90.2	90.2	90.4	90.4
停车费	96.7	96.7	96.7	96.7	96.7	96.7	96.7	96.7	96.7	96.7	89.8	78.3
车辆修理服务	99.8	99.8	99.8	99.6	99.6	99.6	99.6	99.6	99.6	99.6	99.6	99.6
其它	108.3	106.5	106.5	108.0	107.7	107.7	107.7	107.7	107.7	110.2	111.7	111.7
市区公共交通	98.9	98.8	98.8	98.8	98.8	98.8	98.8	98.8	98.8	98.8	98.8	98.8
公共汽车票	100.6	100.6	100.6	100.6	100.6	100.6	100.6	100.6	100.6	100.6	100.6	100.6
出租汽车	94.6	94.5	94.4	94.4	94.4	94.4	94.4	94.4	94.4	94.4	94.4	94.4
其它	105.0	102.7	102.7	102.7	102.7	102.7	102.7	102.7	102.7	102.7	102.7	102.7
城市间交通	111.1	101.0	98.3	100.6	100.8	98.4	98.7	98.7	98.7	100.4	98.7	98.8
飞机票	90.6	79.8	79.5	89.4	89.1	80.2	81.0	80.9	80.7	86.8	80.4	80.5
火车票	109.0	108.7	106.3	106.2	106.2	106.2	106.2	106.2	106.2	106.2	106.2	106.2
长途汽车	121.2	105.2	101.1	101.2	101.9	101.2	101.3	101.4	101.6	102.3	101.7	101.7
其它	118.4	103.0	98.7	98.7	99.1	98.7	98.7	98.7	98.9	99.2	99.1	99.1
通信	95.6	95.5	95.4	95.1	94.8	94.7	94.4	94.2	94.1	94.0	93.8	93.8
通信工具	53.4	52.9	52.6	51.9	50.8	50.4	49.7	49.1	48.7	48.3	47.8	47.6
固定电话机	91.7	90.2	89.9	89.7	89.6	89.0	88.8	87.2	86.9	86.4	86.1	86.1
移动电话机	35.0	34.7	34.4	33.6	32.4	32.1	31.4	31.0	30.6	30.4	29.8	29.6
BP 机	76.6	76.6	76.6	76.6	76.3	76.3	76.3	76.3	76.3	76.3	75.8	75.8
其它	79.8	79.8	80.0	79.5	79.6	79.7	78.9	78.7	78.3	77.5	77.4	78.2
通信服务	107.0	107.0	107.0	107.0	107.0	107.0	107.0	107.0	107.0	107.0	107.0	107.0
市内电话通话费	136.9	136.9	136.9	136.9	136.9	136.9	136.9	136.9	136.9	136.9	136.9	136.9
长途电话通话费	76.1	76.1	76.1	76.1	76.1	76.1	76.1	76.1	76.1	76.1	76.1	76.1
月租费	103.2	103.2	103.2	103.2	103.2	103.2	103.2	103.2	103.2	103.2	103.2	103.2
信件邮寄	100.0	100.0	100.0	100.0	100.0	100.0	100.0	100.0	100.0	100.0	100.0	100.0
包裹邮寄	100.5	100.5	100.5	100.5	100.5	100.5	100.5	100.5	100.5	100.5	100.5	100.5
其它	85.4	85.4	85.4	85.4	85.4	85.4	85.4	85.4	85.4	85.4	85.4	85.4
娱乐教育文化用品及服务	**100.1**	**97.0**	**96.8**	**97.8**	**99.3**	**96.6**	**98.6**	**98.9**	**98.3**	**100.5**	**96.4**	**95.9**
文娱用耐用消费品及服务	72.2	72.2	71.6	71.5	71.2	70.8	70.0	69.0	68.6	68.2	67.8	67.2
电视机	75.2	75.3	73.7	73.4	73.2	72.7	71.6	69.5	69.3	69.3	68.7	68.3

续上表

（2000 年 = 100）

项　　目	1 月	2 月	3 月	4 月	5 月	6 月	7 月	8 月	9 月	10 月	11 月	12 月
影碟机	68.0	68.0	68.2	67.7	67.3	67.1	66.1	65.8	65.1	64.9	64.9	64.8
摄像机	84.9	83.6	83.5	83.5	82.3	81.6	81.3	80.2	79.0	78.9	78.8	78.8
照相机	84.2	84.0	83.7	83.6	83.7	83.2	82.9	82.5	82.3	82.0	82.0	82.0
音响	88.9	89.2	89.3	89.3	88.9	88.0	87.7	87.4	86.9	86.4	86.6	85.7
收音（录）机	89.6	89.5	89.2	88.7	87.8	87.6	87.5	87.1	86.4	85.2	85.2	85.1
电脑	55.4	55.3	55.0	55.5	54.9	54.6	54.2	53.3	52.9	52.5	51.8	50.7
修理服务费	102.5	102.5	102.5	102.6	102.6	101.7	101.7	101.5	101.5	101.5	101.5	101.6
其它	83.9	85.2	84.4	80.8	84.0	83.9	79.8	78.4	78.1	76.6	75.7	75.3
教育	111.4	111.8	111.7	111.7	111.8	111.9	111.9	111.9	112.7	112.7	112.6	112.6
教材及参考书	106.6	109.1	108.6	108.6	108.8	109.4	109.4	109.4	110.2	109.6	109.6	109.6
工具书	107.5	107.7	107.1	107.1	107.7	108.7	108.7	108.7	108.9	108.9	109.0	109.0
教材	111.6	117.2	117.3	117.3	117.3	117.3	117.3	117.3	116.6	114.0	114.0	114.0
参考书	100.2	101.0	100.1	100.1	100.1	101.0	101.0	101.0	103.9	105.0	105.0	105.0
学杂托幼费	112.1	112.1	112.1	112.1	112.2	112.2	112.2	112.2	113.0	113.0	112.9	112.9
义务教育杂费	103.9	103.9	103.9	103.9	103.9	103.9	103.9	103.9	103.9	103.9	103.9	103.9
其它教育学杂费	114.5	114.5	114.5	114.5	114.5	114.5	114.5	114.5	115.9	115.9	115.9	115.9
托幼费	121.5	121.6	121.6	121.6	122.3	122.3	122.3	122.3	122.9	122.9	122.2	122.2
文化娱乐用品	107.3	106.4	106.4	106.4	106.7	107.4	106.9	106.5	106.1	106.3	106.4	106.1
文化娱乐	100.3	100.0	100.2	100.2	100.1	100.0	99.6	99.1	99.0	99.0	99.2	98.6
乐器	103.2	103.6	104.2	104.1	103.8	103.7	103.8	103.7	103.8	103.7	103.7	103.9
音响光盘和磁带	97.0	97.4	97.1	97.1	96.8	94.9	92.4	92.2	91.9	94.5	94.5	94.5
照相胶卷	91.7	91.3	91.9	91.8	91.9	92.1	92.1	91.8	90.6	89.5	89.0	88.9
录像磁带和视盘	98.4	97.8	97.8	97.3	97.3	96.3	95.0	94.6	94.1	94.0	94.1	93.8
儿童玩具	101.3	100.1	101.6	101.7	101.8	101.8	102.2	101.1	100.9	99.2	101.1	98.3
纸张用品	107.8	107.3	107.8	107.7	108.0	108.0	108.1	107.1	107.7	107.9	107.9	108.2
文具	100.9	100.4	99.6	99.4	98.3	98.9	99.0	98.1	98.8	98.9	98.9	98.8
体育用品	100.5	100.6	100.5	100.5	100.8	101.2	100.6	100.6	100.8	101.7	101.7	100.9
其它	103.4	103.4	102.9	103.5	103.6	103.4	103.4	103.4	102.9	103.6	103.3	103.4
书报杂志	109.2	109.5	109.8	109.8	109.8	109.8	109.8	109.8	109.8	109.8	109.8	109.8
书籍	102.5	102.5	102.5	102.5	102.5	102.5	102.5	102.5	102.5	102.5	102.5	102.5
报纸	118.5	119.3	119.9	119.9	119.9	119.9	119.9	119.9	119.9	119.9	119.9	119.9
杂志	101.1	101.1	101.1	101.1	101.1	101.1	101.1	101.1	101.1	101.1	101.1	101.1
文娱费	113.9	110.8	110.2	110.4	111.4	114.0	112.7	112.1	110.8	111.4	111.4	111.1

续上表

(2000 年 = 100)

项　目	1月	2月	3月	4月	5月	6月	7月	8月	9月	10月	11月	12月
录像电影票	107.0	105.0	105.0	105.3	107.9	126.5	118.4	114.9	107.9	107.9	110.3	107.9
公园门票	150.6	133.1	129.9	129.9	133.5	129.9	129.9	129.9	129.9	134.0	130.6	130.6
有线电视	107.1	107.1	107.1	107.1	107.1	107.1	107.1	107.1	107.1	107.1	107.1	107.1
健身活动	101.3	101.3	101.3	101.6	101.6	102.1	102.1	102.1	102.1	102.1	102.1	102.1
其它	106.9	106.7	106.3	106.9	107.2	107.0	107.3	106.9	105.8	105.4	106.9	107.4
旅游及外出	92.2	78.8	78.3	83.0	89.3	77.3	87.3	89.8	86.1	96.2	78.8	77.5
旅行社收费	88.5	73.1	72.2	73.6	85.2	71.0	83.0	86.5	81.3	85.7	72.7	71.4
宾馆住宿	100.1	96.0	98.3	125.6	98.3	98.4	98.2	97.2	98.6	144.4	95.3	96.9
其它住宿	114.0	110.2	110.2	118.1	113.2	110.6	110.4	106.9	107.5	127.9	109.9	105.6
居住	**103.9**	**103.7**	**103.9**	**104.0**	**103.6**	**103.4**	**103.6**	**105.2**	**105.5**	**107.3**	**108.3**	**107.9**
建房及装修材料	104.8	105.6	106.2	105.7	104.4	104.1	104.8	106.3	106.5	106.3	106.4	107.1
木材	104.7	105.3	107.1	107.3	107.4	108.2	108.5	108.8	108.8	109.3	110.0	110.6
砖	100.9	101.3	100.3	100.3	99.0	98.9	99.0	100.3	100.2	98.8	98.7	98.7
水泥	118.1	118.0	114.6	114.2	111.7	111.5	111.3	112.7	111.7	110.7	112.2	112.7
涂料	99.8	100.2	100.0	100.1	98.6	99.4	99.7	98.6	98.1	99.0	99.4	101.2
胶合板	100.6	99.7	103.6	103.1	104.3	103.8	106.0	113.2	113.6	112.6	112.1	114.5
玻璃	101.1	102.9	105.0	104.2	105.8	105.7	106.6	107.2	107.1	106.6	106.9	107.4
粘胶	95.2	94.5	95.0	94.9	94.4	94.0	95.0	94.2	93.4	93.8	94.7	96.2
油漆	101.5	101.7	102.3	102.9	102.5	102.4	102.9	104.2	104.1	104.7	104.5	104.3
其它	113.4	116.6	117.5	115.4	110.1	108.3	109.7	112.3	114.1	113.9	112.9	113.0
租房	119.8	119.8	119.8	119.8	119.8	119.8	119.6	119.6	119.6	119.6	119.6	119.6
房租	119.9	119.9	119.9	119.9	119.9	119.9	119.9	119.9	119.9	119.9	119.9	119.9
其它费用	118.9	118.8	118.8	118.8	118.8	118.8	117.6	117.6	117.6	117.6	117.6	117.6
自有住房	96.3	96.2	95.7	95.6	95.6	95.6	95.6	95.6	95.6	95.8	98.3	98.3
房屋贷款利率	94.0	94.0	93.2	93.2	93.2	93.2	93.2	93.2	93.2	93.4	97.3	97.3
维护修理费用	99.8	99.8	99.7	99.5	99.5	99.4	99.4	99.5	99.5	99.5	99.5	99.5
其它	109.5	108.7	108.8	108.8	108.7	108.6	108.7	108.7	108.7	108.6	109.0	108.7
水、电、燃料	101.6	100.9	101.4	101.7	101.4	101.1	101.3	104.2	104.9	108.7	109.6	108.5
水	133.0	133.0	133.0	136.3	136.3	136.3	136.6	143.2	143.2	143.2	143.2	143.2
电	92.0	92.0	92.0	92.0	92.0	92.0	92.0	92.0	92.0	92.0	92.0	92.0
液化石油气	103.3	101.0	102.7	102.5	101.5	100.4	100.9	108.0	110.4	121.9	123.4	119.7
管道燃气	100.9	100.9	100.9	101.5	101.4	101.3	101.6	104.0	104.0	107.9	113.7	113.6
其它燃料	102.9	103.7	104.0	104.8	104.8	106.3	106.5	106.7	106.7	107.7	107.7	107.7

2004年各月农村居民消费价格分类指数

（2000年=100）

项　　目	1月	2月	3月	4月	5月	6月	7月	8月	9月	10月	11月	12月
居民消费价格总指数	**101.2**	**100.9**	**101.4**	**101.9**	**101.7**	**101.4**	**102.0**	**102.8**	**103.4**	**103.1**	**103.0**	**102.9**
非食品价格指数	**100.2**	**99.7**	**99.5**	**99.4**	**99.4**	**99.3**	**99.4**	**99.9**	**99.9**	**100.6**	**100.6**	**100.3**
服务项目价格指数	**104.5**	**103.4**	**102.6**	**102.8**	**102.9**	**102.8**	**103.1**	**103.2**	**103.3**	**103.5**	**103.4**	**103.3**
扣除鲜菜鲜果总指数	**101.5**	**101.2**	**101.5**	**101.5**	**101.7**	**101.9**	**102.3**	**102.9**	**102.9**	**103.4**	**103.3**	**103.3**
消费品价格指数	**100.4**	**100.3**	**101.1**	**101.7**	**101.5**	**101.1**	**101.8**	**102.7**	**103.4**	**103.1**	**102.9**	**102.9**
食品	**102.8**	**103.0**	**104.6**	**106.1**	**105.8**	**105.0**	**106.5**	**107.7**	**109.4**	**107.5**	**107.2**	**107.4**
粮食	110.2	114.9	125.4	125.4	123.6	124.5	125.0	125.1	124.9	123.9	123.4	123.5
大米	114.7	121.9	136.7	135.7	132.9	134.6	135.2	135.3	134.8	133.4	132.7	132.7
面粉	108.0	108.6	119.4	120.6	118.5	118.4	118.4	118.4	118.4	118.4	117.4	120.2
粮食制品	98.3	99.2	102.0	103.3	104.2	104.6	105.7	105.4	105.2	104.7	104.6	104.7
其它	109.7	111.7	116.2	117.7	115.3	114.0	113.5	114.4	115.0	115.0	114.6	113.2
淀粉及薯类	106.2	111.0	110.6	113.2	115.9	116.6	116.8	117.5	116.5	115.2	116.4	110.5
干豆类及豆制品	111.5	109.8	112.6	115.0	114.6	114.5	115.4	115.5	116.0	116.7	116.6	118.1
干豆	103.1	104.4	109.1	113.3	113.7	115.2	118.1	118.4	117.8	118.5	117.7	119.0
豆制品	115.1	112.0	113.8	115.3	114.6	113.7	113.6	113.6	114.7	115.4	115.6	117.2
油脂	118.5	119.8	120.4	120.1	120.4	121.4	121.5	121.5	123.0	122.7	122.1	121.7
植物油脂	121.2	123.0	123.3	122.5	122.7	123.4	123.3	123.2	125.1	124.9	124.1	123.6
植物油制品	112.9	114.2	114.2	113.1	113.4	113.2	113.0	112.9	112.8	112.8	112.8	112.3
其它	112.1	112.0	114.1	116.3	116.9	120.1	121.2	121.9	123.3	122.4	122.0	121.8
肉禽及其制品	106.8	102.7	104.4	105.2	106.7	108.9	112.2	115.2	115.2	115.9	116.0	115.8
食用畜肉及副产品	108.1	106.7	107.0	107.6	108.2	110.0	113.5	116.7	117.1	118.6	118.7	118.0
猪肉	107.9	105.9	106.2	107.1	107.9	110.4	115.2	119.4	119.9	122.2	122.2	121.2
牛肉	119.6	123.1	124.5	125.1	124.5	125.4	125.8	127.0	127.8	128.5	128.7	129.1
羊肉	104.9	105.6	106.5	105.4	105.4	105.3	105.0	104.9	105.0	106.7	109.1	107.6
畜肉副产品	106.9	102.6	102.7	103.8	104.4	105.0	106.8	110.2	110.5	110.4	110.3	109.2
其它	100.7	100.8	99.8	99.0	99.5	100.2	101.9	102.2	102.3	101.5	101.6	102.1
禽	108.1	95.8	102.1	103.0	108.1	112.2	115.4	119.2	117.6	116.9	117.1	117.7
鸡	110.1	95.8	102.9	104.2	109.3	113.4	116.6	120.9	118.8	118.2	118.6	119.2
鸭	105.8	99.3	104.5	104.0	109.7	114.7	118.1	121.8	121.0	119.1	119.0	119.1
其它	99.0	89.1	93.0	92.9	97.2	98.6	102.4	102.8	102.9	103.0	103.6	105.1
肉禽加工制品	99.6	96.2	97.3	98.1	98.5	99.5	102.1	102.5	103.2	102.8	102.9	103.3
畜肉制品	100.4	98.1	98.6	99.6	99.5	100.0	102.4	102.5	103.8	103.1	103.4	103.8
禽制品	98.9	93.5	95.6	96.1	97.6	99.3	102.4	103.2	102.8	102.8	102.8	103.2

续上表

（2000 年 =100）

项　　目	1 月	2 月	3 月	4 月	5 月	6 月	7 月	8 月	9 月	10 月	11 月	12 月
蛋	112.8	112.2	111.1	110.9	111.8	115.3	117.6	120.9	125.6	122.5	119.8	121.0
鲜蛋	114.6	113.7	112.4	112.1	113.1	117.3	119.7	123.0	127.9	124.5	121.7	123.3
蛋制品	104.4	104.8	105.0	105.1	105.3	106.2	107.8	111.1	114.7	113.0	111.2	110.1
水产品	98.4	104.1	106.5	106.5	106.8	106.7	105.9	103.4	103.8	103.4	103.7	105.3
鱼	101.5	107.0	105.6	106.1	106.9	107.7	107.9	104.9	105.4	104.7	105.2	106.0
淡水鱼	98.8	105.5	105.5	107.9	108.8	108.1	107.4	107.0	107.7	106.6	106.6	107.0
海水鱼	108.1	110.9	105.9	102.0	102.5	106.8	109.1	99.9	100.2	100.2	102.2	103.8
其它水产品	88.4	94.2	95.0	93.8	93.0	90.7	87.7	87.0	86.7	87.2	87.0	90.2
菜	91.7	94.5	96.3	105.5	93.9	87.4	97.1	102.2	113.4	97.6	96.2	97.2
鲜菜	91.7	95.0	97.2	107.8	94.3	86.9	98.2	104.1	117.2	98.8	97.1	98.4
干菜及菜制品	91.7	91.2	91.0	91.3	91.0	90.5	90.5	90.3	90.4	90.2	90.2	90.3
调味品	102.1	102.4	102.0	102.0	102.1	102.1	102.1	102.1	102.2	102.2	102.1	102.3
盐	107.1	107.1	107.1	107.1	107.1	107.1	107.1	107.1	107.1	107.1	107.1	107.1
酱油	104.8	105.6	104.4	104.4	104.4	104.6	104.6	104.5	104.9	105.1	105.2	105.8
醋	98.3	98.3	97.8	97.8	97.7	98.3	97.9	97.9	97.9	97.9	97.9	97.9
味精	90.6	90.8	90.8	90.8	90.9	90.9	90.9	90.8	90.8	90.8	90.5	90.3
其它	94.4	95.4	95.4	95.5	95.5	95.2	95.2	95.2	95.2	95.3	94.5	94.6
糖	97.6	96.7	96.5	96.3	96.8	97.0	97.0	97.2	99.0	99.2	99.4	98.5
食糖	94.8	93.2	92.6	92.1	93.6	94.1	94.4	95.2	99.0	99.5	100.1	96.7
糖果	101.6	100.6	100.7	100.6	100.6	100.5	100.4	99.9	101.3	101.3	101.3	102.1
巧克力制品	98.1	98.0	97.8	97.8	97.7	98.1	97.8	98.2	98.2	98.3	98.2	98.7
糖制小食品	91.5	91.6	91.6	91.6	91.5	91.6	91.5	91.5	91.5	91.5	91.5	91.6
茶及饮料	97.0	96.8	96.7	96.8	96.9	96.8	96.7	96.8	96.8	96.6	96.6	96.7
茶叶	100.9	100.9	100.9	100.9	100.9	100.7	100.5	100.5	100.5	100.5	100.5	100.6
饮料	94.5	94.2	94.1	94.1	94.3	94.3	94.3	94.4	94.3	94.0	94.1	94.1
固体饮料	98.7	97.0	97.0	97.1	97.1	97.0	96.9	96.9	97.0	96.9	97.0	97.1
液体饮料	89.0	89.1	89.0	89.0	89.1	89.2	89.2	89.4	89.3	88.8	89.0	89.0
冷冻饮品	101.9	101.9	101.4	101.7	101.9	101.9	101.9	101.9	101.9	101.5	101.5	101.5
干鲜瓜果	100.0	99.4	100.2	103.9	109.5	102.1	97.3	97.9	100.8	98.5	97.2	96.6
鲜果	95.9	94.5	95.4	99.8	106.8	97.7	91.5	92.4	95.5	93.1	91.7	90.9
干（坚）果及瓜果制品	113.9	117.0	116.9	117.5	117.6	117.5	118.0	117.7	119.2	117.6	116.6	117.1
糕点饼干面包	98.7	99.4	99.4	99.4	99.6	99.8	99.5	99.4	99.5	99.5	99.5	101.2
糕点	97.0	98.3	98.3	98.3	98.3	98.3	98.3	98.1	98.1	98.1	98.1	99.9
饼干	99.2	99.2	99.2	99.2	99.9	100.3	99.3	99.4	99.6	99.6	99.5	100.3

续上表

（2000 年 =100）

项目	1月	2月	3月	4月	5月	6月	7月	8月	9月	10月	11月	12月
面包	100.0	100.8	100.8	100.8	100.9	100.9	100.9	100.9	100.9	100.9	100.9	103.4
奶及奶制品	106.3	104.9	105.0	104.9	104.8	104.6	104.6	104.4	104.3	104.5	104.1	104.1
鲜奶	107.5	106.1	106.1	106.0	106.0	107.2	107.4	106.9	107.0	106.9	104.7	106.0
奶粉	107.0	104.9	105.5	105.2	105.0	104.8	104.8	104.6	104.6	104.7	105.3	104.6
其它	102.2	102.2	101.6	101.7	101.9	99.3	99.1	98.9	98.2	99.6	99.6	99.4
在外用膳食品	97.2	97.5	97.5	97.6	97.8	96.8	96.8	97.1	97.1	97.3	97.3	97.5
主食	97.0	97.0	97.0	97.0	96.5	95.8	96.3	95.7	95.7	95.7	95.7	96.2
炒菜	96.5	96.8	97.0	97.3	97.5	97.2	96.9	97.7	97.7	97.9	98.2	98.3
地方小吃	99.2	99.9	99.3	99.3	100.0	97.0	97.0	97.0	97.0	97.4	96.9	96.9
其它食品及食品加工服务	101.2	100.9	98.9	99.5	99.5	100.1	100.1	99.6	99.7	99.7	99.8	100.2
其它食品	99.2	99.3	99.0	99.7	99.7	99.8	99.8	99.8	100.0	100.0	100.1	100.5
食品加工服务费	111.0	108.6	98.5	98.5	98.5	101.9	101.6	98.5	98.5	98.5	98.5	98.9
烟酒及用品	**104.1**	**103.3**	**103.6**	**103.0**	**103.0**	**103.1**	**102.9**	**103.3**	**103.8**	**103.7**	**105.0**	**105.4**
烟草	106.5	105.3	105.5	104.6	104.6	104.7	104.3	104.5	105.4	105.1	106.7	107.6
国产卷烟	107.9	106.1	106.4	105.2	105.2	105.1	105.0	105.4	106.5	106.2	108.0	108.4
进口卷烟	108.1	108.2	108.3	108.2	108.1	109.4	107.4	105.9	106.5	106.1	107.5	108.9
其它	94.4	94.8	94.8	94.8	94.8	94.8	95.1	95.1	95.1	95.1	95.6	99.4
酒	100.3	100.1	100.4	100.2	100.1	100.4	100.5	101.3	101.3	101.5	102.4	102.3
白酒	105.4	105.3	105.4	105.3	105.0	105.3	105.3	106.8	106.8	107.4	109.1	109.2
果酒	92.6	92.5	92.5	92.5	92.5	94.3	94.3	94.3	94.3	94.0	95.2	94.1
啤酒	98.8	98.8	99.9	99.2	99.3	99.4	99.4	100.0	100.0	100.0	100.0	100.0
其它	93.9	92.9	92.8	92.5	92.6	92.9	92.9	93.0	93.0	93.0	93.0	92.4
吸烟饮酒用品	100.4	100.4	100.1	100.1	100.1	99.9	99.6	99.6	99.5	99.4	99.9	99.9
吸烟用品	99.5	99.5	99.5	99.5	99.6	99.6	98.8	98.8	98.5	98.5	99.8	100.6
饮酒用品	100.9	100.9	100.4	100.4	100.4	100.1	100.1	100.1	100.1	100.0	100.0	99.3
衣着	**94.0**	**93.6**	**93.6**	**93.5**	**93.5**	**93.4**	**93.2**	**92.9**	**92.7**	**92.9**	**93.3**	**93.9**
服装	91.6	91.3	91.3	91.3	91.4	91.4	91.2	90.8	90.6	90.6	91.2	91.7
男式服装	88.4	87.9	87.8	87.6	87.7	87.4	87.1	86.7	86.4	86.6	87.1	87.8
大衣	85.4	83.6	82.6	82.5	82.4	82.5	82.4	82.4	81.7	81.4	82.5	83.5
毛线衣	79.2	78.9	78.0	77.2	77.2	77.0	76.8	76.8	76.2	76.5	77.9	78.9
夹克衫	93.8	93.3	90.4	88.8	88.5	88.3	88.2	88.0	87.7	87.6	89.3	90.3
衬衫	85.0	85.0	85.9	86.2	86.7	86.0	84.9	83.9	83.9	85.2	85.3	85.5
裤子	90.0	89.6	89.2	89.0	89.1	88.2	87.9	87.7	87.7	87.0	87.7	88.3
西服	81.0	80.7	80.0	79.9	79.7	79.7	79.3	79.0	79.1	79.3	79.9	80.4

续上表

（2000 年 =100）

项　　目	1月	2月	3月	4月	5月	6月	7月	8月	9月	10月	11月	12月
运动衫裤	95.2	95.2	95.2	95.2	95.9	95.8	95.7	95.7	95.6	95.9	96.6	97.3
内衣	89.6	89.9	92.0	90.9	90.8	90.7	91.0	90.8	90.0	90.0	90.1	91.4
羽绒衣	127.1	116.9	118.2	117.9	116.6	116.3	116.1	116.1	116.1	116.1	119.2	121.4
其它	85.3	85.3	86.5	88.3	88.5	89.6	89.0	87.4	86.8	86.7	84.4	84.4
女式服装	93.1	92.9	92.9	93.0	93.0	92.9	92.8	92.3	92.1	92.1	92.7	93.0
大衣	83.6	82.9	81.6	81.5	81.2	81.2	81.2	81.2	81.2	80.1	80.5	81.7
毛线衣	91.8	91.8	90.7	90.6	90.5	90.5	90.5	90.4	90.4	91.9	93.6	94.6
羽绒衣	116.0	112.8	112.8	111.6	109.2	108.9	108.9	108.7	108.7	108.7	110.5	111.5
套装	90.8	90.3	92.5	92.9	92.7	92.6	92.6	92.1	91.9	91.6	91.6	90.9
衬衫	96.7	96.6	98.0	99.0	99.4	99.4	98.4	97.6	97.0	97.1	97.4	98.1
裙子	93.8	93.7	93.6	93.9	94.1	94.2	94.5	93.9	93.5	92.7	92.7	92.5
裤子	92.4	92.1	91.3	91.4	91.3	91.4	91.4	90.7	90.4	90.5	91.0	91.6
运动衫裤	97.5	97.5	96.9	97.5	97.5	97.3	97.1	96.3	96.3	96.8	97.5	98.1
内衣	87.6	88.2	88.2	87.0	87.2	87.0	86.7	85.6	85.5	86.5	88.6	87.7
其它	100.1	100.1	100.1	99.8	100.2	100.5	100.5	100.5	100.5	99.6	99.4	100.8
儿童服装	95.4	95.2	95.0	95.4	95.8	96.5	96.4	96.2	96.1	96.1	96.4	97.0
套装	89.0	88.8	88.6	88.9	89.0	89.5	89.6	89.8	89.5	89.3	90.2	90.6
裤子	99.9	99.9	99.4	99.4	99.8	99.1	98.5	97.9	98.6	98.6	99.4	100.2
裙子	91.7	91.3	91.4	92.3	93.2	95.9	96.1	95.7	95.1	94.3	93.1	94.0
其它	112.3	112.3	112.0	112.0	112.7	113.1	113.1	112.5	112.0	114.7	115.1	115.4
衣着材料	103.9	103.8	104.4	104.2	103.9	103.5	103.5	104.1	103.9	104.6	104.6	104.3
棉布	110.7	110.5	110.7	110.1	109.2	108.7	108.5	108.7	108.4	108.2	108.0	107.5
棉花化纤混纺布	101.6	101.6	102.1	101.9	101.9	101.6	101.8	102.2	101.6	100.7	100.2	100.1
化纤布	106.1	106.1	107.7	107.8	107.4	106.9	106.9	108.6	108.6	111.9	111.6	111.1
毛织品	102.1	102.1	102.1	102.1	102.1	100.8	100.8	100.8	100.8	101.7	101.9	101.9
丝织品	99.4	99.4	100.5	100.5	100.5	100.5	100.5	101.1	101.4	101.9	102.0	102.0
毛线	96.9	96.6	96.5	96.1	96.1	95.9	95.9	95.9	95.9	96.1	97.6	97.9
其它	101.0	101.0	101.0	101.0	101.0	101.0	101.0	101.0	101.0	101.0	101.0	99.5
鞋袜帽	96.8	95.9	95.9	95.8	95.6	95.1	94.8	94.5	94.5	94.8	95.1	96.0
鞋	97.2	96.4	97.4	97.4	97.3	96.7	96.6	96.1	96.2	96.5	96.8	97.4
男鞋	96.4	95.9	95.6	95.6	95.2	94.5	94.2	93.8	93.9	94.1	94.1	94.9
女鞋	96.4	95.8	95.6	95.5	95.4	94.9	95.1	94.6	94.6	95.1	95.7	96.1
童鞋	98.9	97.4	97.4	97.4	97.7	97.4	96.9	96.4	96.4	96.8	97.0	97.7
袜子	95.8	93.9	94.4	93.8	93.2	92.6	92.1	91.9	91.6	92.1	92.4	94.3

续上表

（2000 年 =100）

项　　目	1 月	2 月	3 月	4 月	5 月	6 月	7 月	8 月	9 月	10 月	11 月	12 月
男袜	88.1	86.9	87.3	86.8	86.6	85.9	85.8	85.4	85.3	85.6	86.1	87.7
女袜	101.8	99.4	99.8	99.2	98.1	97.7	96.8	96.8	96.4	97.1	97.1	99.2
帽子	93.5	93.5	93.5	93.5	93.5	92.6	92.6	92.6	92.6	92.6	93.5	95.7
男帽	91.8	91.8	91.8	91.8	91.8	90.6	90.6	90.6	90.6	90.6	91.8	94.1
女帽	94.4	94.4	94.4	94.4	94.4	93.7	93.7	93.7	93.7	93.7	94.4	96.4
衣着加工服务	98.7	98.4	98.2	98.2	98.2	98.2	98.2	98.2	98.2	98.2	98.4	98.4
缝纫	98.5	98.5	98.5	98.5	98.5	98.5	98.5	98.5	98.5	98.5	98.8	98.8
清洗	99.1	98.4	97.8	97.8	97.8	97.8	97.8	97.8	97.8	97.8	97.8	97.8
家庭设备用品及维修服务	**95.2**	**95.2**	**95.1**	**95.0**	**94.9**	**95.0**	**95.0**	**95.0**	**95.1**	**95.2**	**95.4**	**95.6**
耐用消费品	91.4	91.5	91.5	91.6	91.4	91.3	91.3	91.1	91.6	91.6	92.0	92.0
家具	96.4	96.8	96.8	96.9	96.8	96.4	96.5	96.4	97.6	97.4	98.0	98.4
成套家具	96.4	97.6	97.3	97.3	97.1	96.7	96.8	97.1	96.6	95.5	96.1	96.1
床	95.9	96.0	96.3	96.2	95.8	95.4	95.5	95.5	95.9	96.1	96.8	96.9
桌	95.6	96.2	97.2	97.0	97.4	96.9	96.7	96.7	97.9	98.3	98.5	99.5
椅	95.3	88.8	88.1	88.0	87.8	87.4	87.4	87.4	93.5	93.9	93.4	93.5
沙发	96.0	96.9	96.6	97.3	97.1	97.3	97.5	97.3	98.2	98.6	98.9	100.0
其它	99.3	103.9	103.9	104.0	104.3	103.7	103.5	102.8	104.3	104.3	106.1	106.3
家庭设备	87.3	87.2	87.1	87.2	87.1	87.1	87.1	86.8	86.7	86.8	87.1	87.0
洗衣机	91.4	91.3	91.4	91.5	91.3	91.3	91.4	91.0	90.9	90.6	90.8	90.5
电风扇	97.0	97.2	97.5	98.1	98.2	98.6	97.6	96.5	96.6	96.1	96.5	96.4
电冰箱（柜）	90.3	90.3	89.8	89.2	89.0	89.0	88.9	88.7	88.5	88.4	88.6	88.5
抽排油烟机	92.6	93.0	92.8	93.3	92.9	92.9	91.8	91.2	91.7	92.3	92.4	92.4
空调器	74.9	74.7	74.2	74.6	74.4	74.4	74.9	74.2	73.9	73.8	73.8	73.8
热水器	86.9	85.9	87.0	86.7	86.5	86.3	86.4	86.8	87.2	87.2	87.2	87.4
微波炉	81.4	81.0	81.1	80.9	80.8	80.9	80.7	80.9	80.7	82.2	82.1	82.0
电炊具	93.3	93.6	93.7	93.7	93.7	93.1	94.1	94.2	94.0	95.2	95.9	95.6
钟	93.4	93.5	93.4	93.4	93.4	94.1	94.5	94.4	93.8	93.8	93.6	93.0
其它	90.0	90.0	89.8	89.5	89.5	89.6	89.6	89.6	89.6	89.3	91.3	90.6
室内装饰品	98.9	97.7	96.9	97.0	96.9	97.2	97.7	98.2	98.1	98.0	98.9	99.2
纺织装饰品	98.0	97.7	97.7	98.1	97.6	97.9	97.9	97.9	97.9	97.7	97.7	98.3
装饰灯具	98.5	96.2	94.3	94.3	94.3	94.6	95.8	96.8	96.7	96.7	98.7	98.7
其它	103.3	103.3	102.5	102.5	102.5	102.5	102.5	102.5	102.1	102.1	102.1	102.1
床上用品	96.5	96.2	95.8	95.8	95.6	95.3	95.0	95.1	95.2	95.7	95.2	95.1
毛毯	94.6	94.9	94.1	93.9	93.5	92.8	92.6	92.6	93.0	93.4	93.4	93.7

续上表

（2000 年 = 100）

项　　目	1 月	2 月	3 月	4 月	5 月	6 月	7 月	8 月	9 月	10 月	11 月	12 月
床单	98.4	97.9	98.1	99.3	99.5	99.1	99.1	100.1	100.5	100.8	99.5	99.2
床罩	95.1	94.6	94.9	94.6	94.4	94.2	93.7	93.5	93.5	93.9	93.5	93.2
被套	95.1	94.5	94.2	94.2	94.2	94.0	93.6	93.4	93.4	94.8	94.1	94.0
其它	98.5	97.9	96.7	96.4	96.0	96.0	95.9	95.7	95.6	95.4	95.0	95.0
家庭日用杂品	95.7	95.6	95.8	95.5	95.4	95.7	95.8	95.9	95.5	95.7	96.1	96.4
茶具	100.2	100.2	100.2	100.2	100.2	101.5	101.5	101.2	101.2	101.8	101.6	101.6
餐具	94.0	93.3	93.6	92.4	91.9	92.9	92.9	92.9	92.9	93.4	93.4	93.6
厨具	95.6	95.6	95.7	95.7	95.6	95.6	95.6	96.0	95.7	96.0	97.3	97.6
家用工具	93.8	94.1	94.5	94.5	95.0	95.0	95.0	95.0	94.8	95.6	95.6	95.6
洗涤用品	91.5	91.5	91.8	91.4	91.2	91.3	91.5	92.1	90.6	90.5	90.7	90.9
其它	99.4	99.4	99.4	99.3	99.4	99.4	99.4	99.4	99.3	99.3	100.1	100.7
家庭服务及加工维修服务	105.4	105.4	105.3	105.3	105.3	105.3	105.3	105.3	105.3	105.3	105.2	105.3
家庭服务	112.0	112.0	111.8	111.8	111.8	111.8	111.8	111.8	111.8	111.8	111.8	112.0
加工维修服务费	99.7	99.7	99.7	99.7	99.7	99.7	99.7	99.7	99.7	99.7	99.5	99.5
医疗保健和个人用品	**101.1**	**101.3**	**101.0**	**100.6**	**100.2**	**100.0**	**100.1**	**100.2**	**100.2**	**100.0**	**99.9**	**100.0**
医疗保健	100.5	101.0	100.6	100.1	99.9	99.6	99.8	100.0	100.0	99.7	99.5	99.5
医疗器具及用品	102.8	103.4	103.3	103.3	103.3	103.3	103.1	104.9	104.8	104.8	104.5	105.5
中药材及中成药	100.2	101.0	100.4	99.0	99.1	98.6	99.2	99.7	99.7	99.3	98.4	98.5
中药材	100.1	101.3	100.5	98.2	98.7	98.4	99.2	100.2	100.3	99.9	98.5	98.8
中成药	99.2	99.4	99.2	99.0	98.5	97.8	98.1	98.0	98.0	97.5	97.2	97.1
西药	94.0	94.9	94.1	93.8	93.1	92.7	92.8	92.9	92.9	92.5	92.6	92.5
胃药	99.5	100.6	100.9	100.5	100.6	100.6	100.6	101.6	101.2	100.2	99.7	99.5
感冒药	94.1	95.3	95.2	95.2	93.2	93.2	93.2	93.2	92.8	92.8	92.8	92.2
抗菌药针剂	97.3	98.0	97.0	97.9	97.9	97.9	97.7	97.7	97.6	97.4	97.4	98.2
抗菌药片剂	84.4	84.3	83.9	82.6	81.7	79.8	79.9	79.9	79.8	79.2	79.7	79.4
止泻药	92.4	95.9	92.7	92.0	90.6	91.9	94.1	94.0	96.2	95.9	96.5	96.5
外用药	104.5	107.2	104.5	103.9	103.2	103.9	102.7	102.7	102.1	102.8	104.8	106.6
心血管病用药	87.6	87.5	88.1	88.5	88.3	88.1	87.4	87.3	87.1	86.4	85.2	83.6
其它	111.6	111.6	109.7	109.7	109.3	109.2	109.2	108.9	108.7	109.0	109.1	109.8
保健器具及用品	90.0	90.0	90.5	90.6	90.4	90.2	90.2	89.9	89.9	90.3	90.6	90.2
保健器具	88.7	89.1	89.1	89.1	89.1	89.1	89.1	89.1	89.1	89.0	88.9	88.9
滋补保健用品	90.3	90.0	90.7	90.8	90.5	90.3	90.3	90.0	89.9	90.5	90.9	90.4
医疗保健服务	112.3	112.3	112.3	112.3	112.3	112.3	112.3	112.3	112.3	112.3	112.3	112.3
挂号费	153.8	153.8	153.8	153.8	153.8	153.8	153.8	153.8	153.8	153.8	153.8	153.8

续上表

（2000年=100）

项　　目	1月	2月	3月	4月	5月	6月	7月	8月	9月	10月	11月	12月
注射费	96.7	96.7	96.7	96.7	96.7	96.7	96.7	96.7	96.7	96.7	96.7	96.7
检查费	117.7	117.7	117.7	117.7	117.7	117.7	117.7	117.7	117.7	117.7	117.7	117.7
手术费	99.3	99.3	99.3	99.3	99.3	99.3	99.3	99.3	99.3	99.3	99.3	99.3
住院费	108.4	108.4	108.4	108.4	108.5	108.4	108.3	108.3	108.3	108.3	108.3	108.3
理疗费	96.8	96.8	96.8	96.8	96.8	96.8	96.8	96.8	96.8	96.8	96.8	96.8
其它	100.9	100.9	100.9	100.9	100.9	100.9	100.9	100.9	100.9	100.9	100.9	100.9
个人用品及服务	102.2	101.7	101.3	101.2	100.4	100.4	100.4	100.4	100.3	100.3	100.4	100.6
化妆美容用品	92.2	91.9	92.0	91.9	91.8	91.7	91.7	91.7	91.6	91.5	91.8	91.6
化妆美容器具	86.8	86.0	85.9	85.8	85.6	85.5	85.5	85.5	85.4	85.4	85.7	85.0
化妆品	94.6	94.6	94.7	94.6	94.5	94.4	94.4	94.4	94.4	94.2	94.6	94.6
卫生用品	95.8	95.6	95.3	94.8	94.7	94.7	94.8	94.7	94.7	94.7	94.6	94.5
洗发用品	92.5	92.8	91.9	91.8	91.9	92.0	92.0	92.1	92.1	92.3	92.1	92.1
洗浴用品	96.8	96.1	96.0	95.4	95.0	94.9	95.1	95.1	95.1	94.8	94.9	94.7
其它	98.4	98.4	98.4	97.8	97.7	97.7	97.7	97.4	97.4	97.3	97.3	97.2
个人饰品	104.9	105.6	105.4	105.3	105.5	105.8	105.8	106.1	105.6	105.7	106.1	107.4
首饰	112.3	114.0	114.4	114.2	114.0	115.1	115.4	115.7	114.7	114.9	115.6	118.0
皮件	101.0	99.8	100.0	100.0	100.4	100.2	99.8	99.9	99.5	99.6	99.7	100.4
手表	98.6	99.8	99.2	99.2	99.6	99.6	99.8	99.8	100.2	100.1	100.1	100.6
领带	92.7	92.8	91.9	91.9	92.0	92.0	91.8	91.7	90.7	90.8	90.9	92.6
其它	99.2	98.2	97.5	96.7	98.2	96.8	96.0	97.1	97.1	97.1	97.4	97.4
个人服务	113.8	111.7	110.8	110.8	108.0	107.9	107.8	107.7	107.7	107.7	107.6	107.6
美容	100.3	100.3	100.3	100.5	98.0	97.7	97.3	97.1	97.1	97.0	96.9	96.9
理（烫）发	113.2	112.3	110.4	110.4	106.4	106.4	106.4	106.4	106.4	106.4	106.4	106.4
其它	134.9	125.7	125.7	125.7	125.7	125.7	125.7	125.7	125.7	125.7	125.7	125.7
交通和通讯	**96.5**	**95.3**	**94.4**	**94.5**	**94.5**	**94.3**	**94.0**	**93.7**	**93.8**	**93.6**	**93.3**	**93.1**
交通	99.6	98.0	96.3	96.7	96.9	96.5	96.3	96.0	96.5	96.7	96.2	96.1
交通工具	83.7	84.5	84.4	83.9	83.6	83.4	82.9	82.3	82.2	81.8	81.3	81.2
摩托车	77.9	77.7	77.6	76.9	76.6	76.2	75.2	74.3	74.0	73.4	72.8	72.5
自行车	89.7	94.0	93.8	93.8	93.8	93.8	93.8	93.7	93.6	93.6	93.7	93.7
汽车	91.7	91.5	91.5	90.5	89.6	89.2	89.2	89.1	89.1	88.4	87.5	86.9
其它	85.6	79.4	79.6	79.6	79.6	79.6	79.8	79.6	79.5	79.3	79.2	79.7
车用燃料及零配件	108.6	108.5	108.4	112.3	113.4	114.2	114.4	114.6	118.6	118.8	118.7	118.7
汽油	115.6	115.6	115.3	123.8	124.2	124.3	124.6	124.9	131.0	131.3	131.3	131.3
柴油	108.8	108.7	108.7	108.9	113.4	117.0	117.0	117.2	123.1	123.5	123.5	123.5

续上表

（2000 年 =100）

项　　目	1月	2月	3月	4月	5月	6月	7月	8月	9月	10月	11月	12月
零配件	96.8	96.8	96.8	96.8	96.8	96.7	97.2	97.2	97.3	97.0	96.8	96.8
其它	103.5	103.5	103.5	102.8	102.8	102.8	102.8	102.8	102.8	102.8	102.8	102.8
车辆使用及维修	93.8	93.4	93.4	93.4	93.5	93.0	93.0	92.6	92.6	92.6	92.9	92.8
驾驶证	98.9	98.9	98.9	98.9	98.9	99.2	99.2	98.6	98.6	98.6	98.6	98.6
保险费	74.6	74.6	74.6	74.6	74.8	74.8	74.8	74.0	74.2	74.2	75.0	75.0
停车费	100.3	100.3	100.3	100.3	100.3	95.7	95.6	95.6	95.3	95.3	95.1	95.1
车辆修理服务	99.9	99.9	99.9	99.9	99.9	99.9	99.9	99.9	99.8	99.8	99.8	99.7
其它	104.4	99.7	99.7	99.7	99.7	99.7	99.7	99.7	99.7	99.7	99.7	99.7
市区公共交通	101.5	100.6	100.2	100.2	100.2	100.3	100.4	100.4	100.5	101.0	100.5	100.5
公共汽车票	99.1	99.1	99.1	99.1	99.1	99.1	99.1	99.1	99.1	99.1	99.1	99.1
出租汽车	104.5	103.7	103.0	103.0	103.0	103.5	103.8	104.0	104.4	104.4	104.4	104.4
其它	104.3	100.7	99.8	99.8	99.8	99.8	99.8	99.8	99.8	102.0	99.8	99.8
城市间交通	134.8	122.2	111.4	111.4	112.2	109.5	109.5	109.2	108.6	110.5	108.5	108.5
飞机票	96.7	96.7	96.7	96.7	96.7	96.7	96.7	96.7	96.7	96.7	96.7	96.7
火车票	94.1	92.3	89.1	89.1	89.1	89.1	89.1	84.2	84.2	84.2	84.2	84.2
长途汽车	148.6	132.5	118.5	118.5	119.8	115.7	115.7	116.8	115.8	118.7	115.6	115.6
其它	122.0	109.5	101.3	101.3	101.6	100.6	100.6	100.7	100.7	101.1	100.7	100.7
通信	93.2	92.6	92.4	92.1	92.0	91.9	91.6	91.3	90.9	90.4	90.2	90.0
通信工具	61.2	59.6	59.2	58.4	58.0	57.9	57.2	56.2	55.2	53.9	53.3	52.8
固定电话机	82.3	79.1	79.1	78.4	78.2	79.7	79.5	77.4	76.5	72.7	72.4	71.3
移动电话机	42.0	41.2	40.7	40.2	39.6	39.0	38.2	37.6	36.7	36.2	35.6	35.3
BP 机	55.8	53.3	52.6	50.6	52.6	52.6	52.0	51.4	51.1	51.1	50.2	50.2
其它	72.8	72.2	71.6	70.8	70.8	70.1	69.4	69.4	69.4	69.2	68.8	69.7
通信服务	102.9	102.9	102.9	102.9	102.9	102.9	102.9	102.9	102.9	102.9	102.9	102.9
市内电话通话费	131.7	131.7	131.7	131.7	131.7	131.7	131.7	131.7	131.7	131.7	131.7	131.7
长途电话通话费	73.0	73.0	73.0	73.0	73.0	73.0	73.0	73.0	73.0	73.0	73.0	73.0
月租费	99.1	99.1	99.1	99.1	99.1	99.1	99.1	99.1	99.1	99.1	99.1	99.1
信件邮寄	100.0	100.0	100.0	100.0	100.0	100.0	100.0	100.0	100.0	100.0	100.0	100.0
包裹邮寄	111.4	111.4	111.4	111.4	111.4	111.4	111.4	111.4	111.4	111.4	111.4	111.4
其它	85.5	85.5	85.5	85.5	85.5	85.5	85.5	85.5	85.5	85.5	85.5	85.5
娱乐教育文化用品及服务	**96.9**	**96.3**	**95.9**	**96.1**	**96.3**	**96.2**	**96.6**	**96.9**	**97.1**	**97.3**	**96.9**	**96.6**
文娱用耐用消费品及服务	80.2	80.1	80.0	79.9	79.8	79.7	79.3	79.2	78.8	78.3	78.1	77.6
电视机	72.1	72.3	72.2	72.3	72.0	71.9	71.3	71.4	71.4	71.0	70.9	70.8

续上表

（2000 年 = 100）

项　　目	1月	2月	3月	4月	5月	6月	7月	8月	9月	10月	11月	12月
影碟机	84.9	84.2	83.8	83.5	83.4	83.4	82.4	81.5	80.2	79.1	79.3	78.2
摄像机	96.4	96.4	96.4	96.4	96.4	96.4	96.4	96.4	95.5	95.5	95.5	95.5
照相机	97.2	97.2	97.2	97.2	97.2	97.2	97.0	97.0	96.8	96.8	96.8	96.2
音响	84.3	84.2	84.1	84.0	83.9	84.0	84.1	83.7	83.5	83.2	83.1	82.4
收音（录）机	90.0	90.0	90.0	90.0	89.8	89.8	89.8	89.8	89.5	89.4	88.9	88.9
电脑	69.8	69.6	69.4	69.1	69.1	69.1	69.0	69.0	68.2	66.9	66.4	65.4
修理服务费	100.1	100.1	100.1	100.1	100.1	100.1	100.1	100.1	99.7	99.7	99.7	99.4
其它	89.0	88.6	88.9	88.3	88.2	88.2	88.1	87.6	87.6	86.7	86.2	86.4
教育	103.8	103.9	103.9	103.9	103.9	103.9	103.9	103.9	104.5	104.5	104.5	104.5
教材及参考书	108.7	108.9	108.9	108.9	108.9	108.9	108.9	108.9	111.0	111.0	111.0	111.0
工具书	98.2	98.2	98.2	98.2	98.2	98.2	98.2	98.2	98.2	98.2	98.2	98.2
教材	112.4	112.6	112.6	112.6	112.6	112.6	112.6	112.6	115.5	115.5	115.5	115.5
参考书	110.5	110.6	110.6	110.6	110.6	110.6	110.6	110.6	112.9	112.9	112.9	112.9
学杂托幼费	102.9	103.0	103.0	103.0	103.0	103.0	103.0	103.0	103.2	103.2	103.2	103.2
义务教育杂费	96.7	96.9	96.9	96.9	96.9	96.9	96.9	96.9	96.9	96.9	96.9	96.9
其它教育学杂费	103.1	103.1	103.1	103.1	103.1	103.1	103.1	103.1	103.4	103.4	103.4	103.4
托幼费	122.8	122.8	121.5	121.5	121.5	121.5	121.5	121.5	122.0	122.0	122.0	122.0
文化娱乐用品	101.7	101.7	101.6	101.5	101.5	101.5	101.5	101.5	101.4	101.4	101.4	101.3
文化娱乐	96.2	96.3	96.0	95.9	95.8	95.7	95.7	95.7	95.6	95.6	95.4	95.4
乐器	96.5	96.4	96.4	96.0	96.1	95.9	95.8	95.7	95.3	95.0	94.5	94.6
音响光盘和磁带	86.8	86.8	86.6	86.6	85.1	85.1	84.9	84.9	84.9	84.9	84.7	84.5
照相胶卷	97.0	96.8	97.6	97.4	96.9	96.1	96.1	96.1	94.8	94.8	94.4	94.1
录像磁带和视盘	89.6	89.6	89.6	89.6	89.6	89.6	89.5	89.5	89.3	89.3	89.3	89.5
儿童玩具	92.4	92.5	92.7	92.7	92.7	92.5	92.5	92.5	92.4	92.4	92.1	92.5
纸张用品	101.8	102.6	100.1	99.7	100.3	100.7	100.7	100.7	100.7	100.8	100.8	100.6
文具	101.2	101.8	101.5	101.8	101.8	101.8	102.2	102.2	102.1	101.9	101.9	101.4
体育用品	104.1	103.1	103.1	102.6	102.6	102.6	103.1	102.9	104.1	104.1	104.1	103.3
其它	95.2	95.2	95.7	95.7	95.9	96.0	95.9	96.4	97.1	96.5	96.5	97.3
书报杂志	105.6	105.6	105.6	105.6	105.6	105.6	105.6	105.6	105.6	105.6	105.6	105.6
书籍	104.0	104.2	104.2	104.2	104.2	104.2	104.2	104.2	104.2	104.2	104.2	104.2
报纸	110.1	110.1	110.1	110.1	110.1	110.1	110.1	110.1	110.1	110.1	110.1	110.1
杂志	100.4	100.4	100.4	100.4	100.4	100.4	100.4	100.4	100.4	100.4	100.4	100.4
文娱费	103.4	103.2	103.2	103.2	103.2	103.2	103.2	103.2	103.2	103.2	103.2	103.2

续上表

（2000 年 = 100）

项　　目	1 月	2 月	3 月	4 月	5 月	6 月	7 月	8 月	9 月	10 月	11 月	12 月
录像电影票	100.0	100.0	100.0	100.0	100.0	100.0	100.0	100.0	100.0	100.0	100.0	100.0
公园门票	107.1	105.4	105.4	105.4	105.4	105.4	105.4	105.4	105.4	105.4	105.4	105.4
有线电视	105.8	105.8	105.8	105.8	105.8	105.8	105.8	105.8	105.8	105.8	105.8	105.8
健身活动	100.0	100.0	100.0	100.0	100.0	100.0	100.0	100.0	100.0	100.0	100.0	100.0
其它	105.7	106.3	106.3	106.3	106.3	106.3	106.3	106.3	106.3	106.3	106.3	106.3
旅游及外出	91.0	86.4	83.3	85.4	87.1	86.5	86.9	89.1	89.2	90.9	88.8	87.4
旅行社收费	81.0	74.4	69.2	72.6	75.3	73.2	78.8	82.9	83.1	83.9	81.3	79.6
宾馆住宿	100.3	97.2	97.2	97.3	97.3	99.5	99.4	99.2	99.2	103.7	101.4	99.2
其它住宿	105.0	104.5	104.5	104.8	105.1	106.3	106.8	105.9	105.9	107.8	107.3	107.3
居住	**107.6**	**106.9**	**107.5**	**107.1**	**107.0**	**107.2**	**107.3**	**109.4**	**109.0**	**111.9**	**111.7**	**110.8**
建房及装修材料	104.4	104.4	104.0	103.5	102.6	103.0	103.3	103.9	104.1	105.2	105.4	105.3
木材	103.2	103.2	103.2	103.2	101.8	101.5	101.8	101.7	101.8	101.9	102.3	102.2
砖	102.4	102.2	102.3	102.3	102.2	102.0	102.1	102.1	102.4	102.5	102.0	102.0
水泥	110.1	109.3	106.6	104.3	101.9	103.8	102.2	102.4	103.5	108.1	108.3	108.0
涂料	98.2	98.3	98.3	98.3	98.2	97.6	97.6	98.4	99.6	100.4	100.5	100.5
胶合板	95.8	95.7	95.5	96.6	97.2	96.9	97.2	97.3	97.0	96.9	97.2	97.4
玻璃	97.8	99.3	99.5	100.1	102.0	103.3	105.3	108.3	108.0	107.9	108.3	108.3
粘胶	95.6	95.4	95.2	93.7	94.7	94.4	94.4	93.9	93.7	94.1	94.5	94.8
油漆	101.7	101.6	102.0	102.2	102.1	101.4	101.3	100.1	100.1	98.1	98.1	98.4
其它	116.4	116.6	116.6	115.1	111.8	112.9	114.8	116.6	116.4	118.6	119.0	118.2
租房	109.1	109.1	109.1	109.1	109.1	109.1	109.1	109.1	109.1	108.8	108.8	108.8
房租	117.4	117.4	117.4	117.4	117.4	117.4	117.4	117.4	117.4	116.4	116.4	116.4
其它费用	106.5	106.5	106.5	106.5	106.5	106.5	106.5	106.5	106.5	106.5	106.5	106.5
自有住房	99.3	99.3	99.2	99.2	99.2	99.2	99.2	99.2	99.2	99.2	100.9	101.5
房屋贷款利率	97.1	97.1	97.1	97.1	97.1	97.1	97.1	97.1	97.1	97.1	100.7	102.0
维护修理费用	99.9	99.9	99.9	99.9	99.9	99.9	99.9	99.9	99.9	99.9	99.9	99.9
其它	105.0	104.9	104.6	104.6	104.6	104.6	104.6	104.6	104.6	104.6	104.8	104.8
水、电、燃料	113.8	112.3	114.0	113.5	114.2	114.1	114.3	118.8	117.5	123.5	122.4	120.0
水	111.9	111.9	111.9	111.9	117.2	117.5	117.7	119.1	119.1	119.1	119.1	119.1
电	93.4	93.3	93.3	93.3	93.3	93.3	93.3	93.3	87.5	87.5	87.5	87.5
液化石油气	117.2	113.0	118.0	116.3	116.2	115.6	114.6	126.3	129.2	146.4	143.1	135.6
管道燃气	111.7	109.5	114.6	114.6	109.5	107.3	107.3	111.0	117.0	127.5	128.2	121.5
其它燃料	132.7	132.7	132.7	133.4	133.3	134.2	138.7	142.1	146.5	148.4	149.0	150.8

（2000 年 = 100）

项　　目	广州	深圳	珠海	汕头	佛山	韶关
居民消费价格总指数	**98.1**	**100.7**	**98.1**	**100.5**	**100.1**	**102.5**
非食品价格指数	**95.9**	**99.6**	**96.8**	**98.6**	**97.1**	**99.4**
服务项目价格指数	**105.1**	**107.1**	**103.6**	**101.3**	**99.1**	**105.3**
扣除鲜菜鲜果总指数	**97.9**	**100.8**	**97.8**	**100.3**	**99.7**	**102.2**
消费品价格指数	**95.5**	**98.5**	**96.7**	**100.3**	**100.6**	**101.6**
食品	**102.6**	**104.3**	**102.2**	**104.2**	**106.4**	**108.1**
粮食	102.8	101.4	108.5	125.0	107.2	114.8
大米	109.3	104.1	109.9	134.6	112.7	119.4
面粉	102.3	102.1	98.4	104.4	91.2	107.6
粮食制品	92.5	101.1	107.7	104.2	104.6	104.7
其它	90.2	92.2	106.0	114.2	97.0	122.0
淀粉及薯类	104.0	93.9	114.0	92.9	92.2	116.1
干豆类及豆制品	96.5	108.8	106.5	98.0	110.5	105.7
干豆	92.3	111.1	95.5	105.2	119.9	112.5
豆制品	97.9	108.1	109.1	95.6	105.2	104.0
油脂	104.6	103.6	115.3	98.4	111.8	106.0
植物油脂	106.0	99.7	122.2	96.3	116.0	112.2
植物油制品	94.8	109.6	107.2	99.0	103.0	99.8
其它	103.1	93.0	99.8	103.6	95.8	94.8
肉禽及其制品	108.7	106.4	108.7	106.0	112.0	106.7
食用畜肉及副产品	117.8	104.0	106.2	110.8	113.4	108.2
猪肉	117.3	108.2	106.5	111.6	113.8	105.8
牛肉	136.0	130.8	117.2	108.9	160.4	148.4
羊肉	106.9	100.3	105.7	109.2	133.6	111.2
畜肉副产品	117.8	103.5	102.7	113.1	111.3	101.6
其它	111.8	93.6	89.3	107.3	99.0	89.8
禽	100.3	112.0	113.8	90.9	113.0	108.0
鸡	101.0	113.5	115.3	83.1	110.4	106.0
鸭	101.3	118.7	111.5	100.5	119.3	140.1
其它	98.6	100.5	104.5	104.5	115.8	94.9
肉禽加工制品	96.0	108.8	106.8	101.5	106.6	95.1
畜肉制品	100.0	108.6	104.0	100.1	106.2	92.7
禽制品	91.6	109.0	111.7	103.0	107.0	97.8

消费价格分类指数

河源	梅州	惠州	汕尾	东莞	中山	江门	阳江
101.4	**101.1**	**100.7**	**101.6**	**99.9**	**103.4**	**100.3**	**101.3**
98.7	**97.8**	**98.6**	**99.1**	**96.2**	**100.4**	**99.1**	**97.2**
104.6	**104.0**	**104.9**	**105.7**	**98.8**	**110.5**	**102.4**	**102.9**
101.2	**101.2**	**100.9**	**101.5**	**99.6**	**103.4**	**100.2**	**100.9**
100.8	**100.4**	**99.6**	**100.2**	**100.2**	**101.0**	**99.7**	**100.8**
106.5	**106.5**	**104.4**	**105.7**	**107.2**	**108.4**	**102.4**	**108.7**
123.2	129.1	119.4	112.4	113.3	111.5	99.0	140.2
128.3	134.8	125.7	116.0	109.0	114.5	93.7	151.4
106.2	111.7	95.2	125.3	146.5	89.9	108.3	105.9
106.9	105.0	90.4	100.2	110.6	107.9	119.5	101.4
119.7	116.2	97.5	111.3	110.0	95.1	112.2	147.1
116.3	100.9	107.4	142.1	104.8	80.5	104.8	139.4
112.7	117.9	109.2	113.5	87.6	121.3	98.5	112.1
117.5	128.2	108.2	113.9	122.1	105.5	101.3	106.5
111.4	111.6	108.6	112.9	81.6	137.9	97.9	113.1
112.7	104.6	110.3	106.9	116.8	108.5	116.8	108.5
113.8	111.1	111.2	108.7	117.1	110.1	119.0	109.4
107.7	96.1	107.5	99.6	93.1	107.1	115.7	99.2
116.6	113.0	86.0	121.8	118.4	77.0	106.9	123.6
103.3	112.0	107.6	112.4	119.8	105.0	103.6	114.9
102.8	117.8	115.2	115.5	129.1	109.2	100.7	119.1
102.6	119.3	111.1	116.1	132.1	103.1	96.3	120.7
121.8	143.0	163.4	145.9	116.6	124.8	94.3	132.7
93.6	106.7	96.7	143.9	104.0	115.3	90.6	111.1
94.0	113.1	108.5	91.6	134.6	129.4	101.0	107.8
94.3	97.4	105.4	118.5	104.5	110.5	108.6	86.3
104.5	103.0	94.6	109.4	105.3	101.6	103.9	114.8
101.0	98.5	88.2	114.3	107.7	102.6	95.5	114.3
127.0	117.2	126.0	91.8	87.0	89.3	121.7	146.0
107.2	103.3	117.2	117.4	99.5	103.2	92.5	101.2
102.8	101.7	100.2	106.0	105.6	100.8	103.9	100.4
106.8	99.7	102.0	105.5	103.0	107.0	94.3	102.3
98.7	103.4	97.8	109.6	108.8	96.3	108.6	99.0

（2000 年 = 100）

项　　目	湛江	茂名	肇庆	清远	潮州	揭阳
居民消费价格总指数	**101.4**	**101.4**	**98.8**	**100.4**	**100.9**	**99.6**
非食品价格指数	**97.3**	**101.7**	**94.4**	**93.4**	**98.6**	**97.8**
服务项目价格指数	**104.7**	**106.8**	**99.3**	**100.0**	**117.6**	**97.7**
扣除鲜菜鲜果总指数	**101.3**	**100.8**	**98.9**	**100.3**	**100.8**	**99.6**
消费品价格指数	**100.4**	**99.8**	**98.6**	**100.7**	**96.6**	**100.1**
食品	**108.4**	**101.1**	**106.1**	**112.5**	**104.4**	**102.6**
粮食	123.3	114.4	113.7	111.9	120.8	116.1
大米	125.5	125.8	114.1	120.4	124.1	120.6
面粉	91.8	90.6	106.3	80.8	117.4	105.8
粮食制品	117.0	82.5	105.4	104.9	105.3	104.6
其它	120.7	84.3	135.6	112.5	113.5	127.1
淀粉及薯类	108.5	141.7	95.6	147.3	108.5	108.8
干豆类及豆制品	116.3	105.2	110.4	112.4	102.6	94.8
干豆	119.6	113.0	112.3	124.0	110.9	100.8
豆制品	115.3	103.5	108.3	111.4	100.5	93.0
油脂	123.7	120.2	94.2	121.3	114.4	88.8
植物油脂	120.4	126.2	114.1	119.8	112.8	82.8
植物油制品	106.4	103.0	63.1	116.8	120.3	94.0
其它	105.6	101.7	120.5	133.6	114.6	105.8
肉禽及其制品	116.0	99.2	105.7	119.9	112.7	112.4
食用畜肉及副产品	115.7	105.8	99.2	119.9	109.8	119.5
猪肉	114.7	107.4	102.6	115.5	98.6	124.5
牛肉	160.9	128.4	133.9	141.4	115.8	108.9
羊肉	115.4	97.2	106.5	118.6	114.7	83.9
畜肉副产品	101.6	93.7	82.5	107.5	135.2	125.1
其它	103.1	79.3	84.5	95.2	105.1	93.5
禽	120.6	84.9	110.2	118.0	113.5	95.2
鸡	123.3	82.9	100.1	107.8	96.3	91.4
鸭	124.4	87.5	125.5	141.4	166.0	96.0
其它	103.7	94.5	101.8	89.7	105.2	106.9
肉禽加工制品	106.9	107.7	104.8	116.6	115.9	102.6
畜肉制品	114.3	95.5	111.9	124.0	130.8	104.0
禽制品	101.0	115.5	97.9	101.5	98.7	100.8

续上表

云浮	顺德	兴宁	鹤山	廉江	电白	连州	普宁
100.0	**100.4**	**102.0**	**102.8**	**102.1**	**101.3**	**105.3**	**100.5**
99.7	**99.4**	**100.0**	**101.6**	**96.6**	**96.9**	**96.2**	**96.7**
100.3	**103.2**	**107.9**	**107.4**	**100.0**	**99.0**	**104.2**	**97.9**
99.5	**100.3**	**101.9**	**102.7**	**102.0**	**101.0**	**104.7**	**100.5**
99.9	**99.5**	**100.3**	**102.0**	**102.6**	**102.0**	**105.6**	**101.2**
101.2	**103.3**	**105.5**	**105.8**	**110.7**	**108.6**	**120.0**	**106.8**
92.3	120.0	120.5	118.1	122.1	120.0	117.8	130.5
93.7	128.1	132.5	120.4	146.5	123.7	130.6	140.3
92.7	100.8	130.7	125.0	130.5	111.2	112.5	113.0
82.4	107.3	97.9	118.3	105.7	105.9	94.4	89.3
84.3	90.7	118.1	105.8	115.0	101.2	115.7	126.7
54.1	108.9	87.7	124.1	98.4	115.7	121.4	136.8
98.0	104.9	110.1	106.7	115.3	109.8	128.0	117.0
92.2	100.4	113.2	89.1	139.0	112.8	131.2	117.3
101.6	109.4	109.4	111.8	109.9	107.2	126.9	115.7
92.9	115.4	120.1	112.8	123.6	113.3	118.7	117.6
94.7	117.4	129.4	112.1	124.1	117.0	123.2	121.5
92.7	98.3	105.6	115.0	122.5	109.3	97.2	119.9
88.1	139.5	125.9	173.3	120.9	105.8	153.0	112.0
101.2	112.6	104.2	103.8	110.1	114.6	135.0	110.5
105.7	116.4	104.4	109.1	108.6	119.0	140.2	112.6
108.6	117.6	107.1	116.2	107.7	122.7	124.1	120.0
99.6	133.5	124.4	127.5	129.5	120.9	181.5	92.1
103.0	109.0	90.5	96.8	98.0	108.5	107.4	100.0
95.8	125.1	100.1	92.7	111.7	114.4	127.5	101.9
114.6	93.3	90.3	87.1	106.1	113.5	106.5	104.7
92.9	105.7	115.4	100.4	115.6	107.9	131.7	105.9
85.0	105.0	114.3	100.1	115.1	110.5	143.9	108.2
110.0	117.8	145.6	106.6	125.7	103.3	105.4	108.4
86.7	96.9	102.5	99.7	104.5	103.3	0.0	85.7
100.0	109.3	96.4	94.5	100.2	113.2	101.9	101.3
96.2	110.4	99.4	98.6	98.4	106.0	107.0	101.5
105.3	107.8	93.0	89.4	104.3	117.3	93.8	100.9

（2000 年 =100）

项　　目	广州	深圳	珠海	汕头	佛山	韶关
蛋	114.9	120.0	114.2	110.0	122.5	119.4
鲜蛋	116.6	120.9	115.7	113.4	123.0	121.1
蛋制品	105.8	112.6	104.0	101.0	119.6	98.0
水产品	98.8	106.5	83.6	92.6	90.0	90.7
鱼	107.8	113.2	105.5	103.9	103.6	100.8
淡水鱼	105.0	114.4	105.7	103.2	104.2	101.2
海水鱼	115.3	111.4	106.3	104.2	102.7	96.9
其它水产品	90.2	95.9	72.5	79.3	67.5	72.6
菜	101.7	101.1	107.2	107.5	110.8	111.8
鲜菜	102.8	100.2	109.2	108.2	111.0	113.0
干菜及菜制品	92.9	107.7	92.3	103.2	98.5	99.4
调味品	103.2	100.7	104.6	96.4	104.0	105.5
盐	122.7	98.8	103.3	99.1	111.3	125.2
酱油	103.6	110.6	115.5	96.0	108.5	104.7
醋	101.4	116.4	98.2	100.0	104.5	89.3
味精	92.4	92.7	97.9	91.2	84.3	95.7
其它	103.4	82.9	102.4	102.8	100.4	102.7
糖	101.5	103.3	109.4	95.3	118.9	97.5
食糖	95.0	106.2	86.2	89.7	88.8	88.9
糖果	107.1	107.9	124.7	94.7	153.2	111.2
巧克力制品	97.2	98.1	109.1	102.3	115.7	95.2
糖制小食品	100.8	88.5	108.4	100.5	111.6	94.0
茶及饮料	101.5	102.5	99.5	100.0	98.5	102.8
茶叶	104.9	120.7	96.5	101.5	97.5	134.5
饮料	100.2	100.2	100.9	96.2	98.7	91.5
固体饮料	100.3	107.7	103.0	100.8	103.9	103.6
液体饮料	100.7	92.8	97.0	92.3	92.6	83.0
冷冻饮品	98.4	108.0	104.2	100.0	111.9	96.6
干鲜瓜果	102.5	101.0	104.1	102.2	102.7	102.6
鲜果	104.1	98.9	103.4	102.1	100.5	101.4
干（坚）果及瓜果制品	96.8	113.3	108.2	103.3	112.3	111.0
糕点饼干面包	103.5	99.2	99.3	98.9	100.2	103.4
糕点	103.4	87.6	90.6	97.8	100.9	106.6
饼干	107.5	93.5	111.6	98.5	106.5	100.7

续上表

河源	梅州	惠州	汕尾	东莞	中山	江门	阳江
126.3	104.7	124.4	112.9	126.3	119.1	115.1	106.2
129.3	103.1	126.6	114.4	130.0	121.0	109.1	103.6
101.9	118.2	114.6	97.7	109.1	108.9	130.9	126.7
115.2	104.1	82.7	93.8	101.4	112.9	111.1	86.3
107.6	109.8	108.2	116.8	119.2	120.7	123.0	127.0
108.4	108.1	102.6	95.5	117.3	116.4	118.3	94.3
102.5	131.9	118.5	129.2	123.2	135.9	129.8	150.1
123.8	76.6	69.2	81.9	89.3	97.3	66.7	71.2
104.3	102.3	94.2	98.5	110.3	99.4	95.4	115.1
105.1	102.9	96.6	101.4	111.0	103.9	100.6	116.9
100.3	97.7	81.6	80.5	101.9	73.7	60.8	98.5
114.8	103.3	102.0	96.5	105.8	112.2	99.6	96.1
133.3	112.7	100.0	111.1	125.0	117.6	73.7	129.7
96.6	105.8	94.1	97.9	117.0	109.1	92.5	74.1
132.6	92.9	110.8	94.9	99.8	96.5	142.2	99.2
103.0	96.9	91.9	99.3	96.4	109.7	101.6	79.3
101.0	101.0	112.8	79.6	97.5	118.8	111.0	93.4
94.1	89.4	110.8	107.4	95.6	87.6	95.0	121.0
86.8	93.9	95.1	88.1	96.0	86.0	113.4	127.2
94.7	87.6	115.9	124.3	98.6	118.3	98.3	110.7
87.3	68.2	124.5	113.1	93.6	69.7	76.8	106.5
110.4	117.8	108.8	107.5	86.2	46.2	75.4	158.6
95.6	99.0	111.0	106.5	92.8	99.9	100.4	101.0
97.9	102.4	135.0	99.4	89.0	92.4	111.0	101.0
92.7	97.9	87.7	114.5	93.2	104.3	95.2	101.0
101.6	103.3	84.9	122.9	90.9	93.2	96.4	100.9
86.9	94.2	80.8	104.8	90.1	105.9	101.1	96.6
100.0	100.0	114.7	167.6	118.1	111.8	84.0	118.6
108.2	101.5	102.5	109.2	102.9	104.7	99.3	103.9
106.7	99.8	101.5	106.3	102.1	103.4	101.7	100.7
116.8	113.9	107.0	123.0	105.9	116.3	92.9	108.5
104.7	94.4	99.2	99.9	98.8	103.9	99.3	97.9
96.1	90.9	88.9	94.9	97.3	98.1	97.9	99.9
124.3	91.4	113.4	98.1	101.9	113.2	88.5	103.0

(2000 年 = 100)

项目	湛江	茂名	肇庆	清远	潮州	揭阳
蛋	132.4	120.5	134.4	129.0	135.6	103.0
鲜蛋	133.2	120.4	142.2	131.6	137.3	103.1
蛋制品	125.8	120.9	112.6	125.0	109.7	99.9
水产品	95.2	69.2	97.2	112.6	93.4	81.5
鱼	102.3	98.9	98.4	120.4	115.1	106.4
淡水鱼	99.6	83.6	106.1	126.3	120.1	109.3
海水鱼	104.0	109.6	82.2	93.5	111.7	99.9
其它水产品	91.7	54.6	95.1	80.9	69.4	65.0
菜	102.5	112.6	99.0	104.2	102.3	99.1
鲜菜	102.7	115.3	99.4	101.1	101.8	100.0
干菜及菜制品	101.6	91.4	97.2	115.9	105.2	94.9
调味品	102.3	105.2	89.2	118.9	100.2	110.7
盐	124.7	98.4	120.0	117.6	128.6	142.9
酱油	101.9	130.5	96.4	124.2	120.1	88.8
醋	100.2	108.8	68.6	135.0	102.1	100.1
味精	91.2	83.5	65.1	96.5	65.4	98.5
其它	95.7	100.2	83.0	119.3	74.7	101.4
糖	93.8	100.8	103.0	98.7	170.2	109.8
食糖	87.4	135.9	91.4	97.3	92.8	121.0
糖果	91.5	79.5	126.4	95.3	302.6	114.1
巧克力制品	105.0	78.9	68.8	96.3	151.3	96.2
糖制小食品	89.1	108.8	144.7	110.4	121.2	93.4
茶及饮料	101.4	93.1	100.9	105.0	105.3	98.0
茶叶	117.3	102.0	112.2	113.1	106.7	100.6
饮料	97.1	90.2	88.8	100.3	103.0	91.5
固体饮料	102.7	69.9	98.6	106.5	100.5	91.2
液体饮料	94.0	106.1	84.5	102.0	99.0	87.7
冷冻饮品	95.8	102.8	85.8	92.6	115.5	101.3
干鲜瓜果	108.6	103.1	97.1	107.2	104.2	106.2
鲜果	100.0	103.5	94.9	101.0	103.5	100.2
干（坚）果及瓜果制品	128.3	112.2	105.3	121.4	106.5	121.1
糕点饼干面包	109.7	97.1	101.0	103.6	101.8	99.7
糕点	115.8	94.3	105.0	100.0	100.0	100.0
饼干	97.2	105.1	105.3	112.0	100.7	98.3

续上表

云浮	顺德	兴宁	鹤山	廉江	电白	连州	普宁
96.3	112.3	124.0	113.8	117.9	120.6	124.3	109.7
92.2	110.6	127.0	115.1	117.9	118.4	126.2	113.6
99.4	117.1	107.6	106.5	105.4	126.9	116.9	90.6
96.7	105.9	99.3	103.1	97.9	98.4	127.4	99.8
93.3	107.1	111.0	104.3	98.0	98.6	127.3	106.6
92.2	109.3	110.1	102.7	96.3	97.1	128.4	101.4
103.0	98.3	112.3	113.7	100.7	99.1	86.7	115.1
100.4	99.0	76.7	96.8	96.6	96.3	139.3	88.0
106.6	106.4	102.0	105.4	103.7	107.1	114.0	97.0
106.8	107.7	101.2	108.4	104.9	108.4	118.6	101.2
102.6	97.7	108.2	87.3	93.7	100.0	96.0	78.0
99.3	108.4	102.7	106.6	105.2	99.5	110.2	92.5
88.2	117.6	111.1	111.1	100.0	100.0	125.0	98.0
102.1	104.5	97.0	96.6	127.5	98.1	100.0	100.0
100.0	89.9	98.1	130.3	87.7	100.0	100.0	100.0
105.8	94.7	97.1	98.3	63.2	100.0	100.0	100.0
103.3	101.8	108.3	108.6	139.4	100.0	94.3	77.0
81.2	118.0	95.7	104.2	92.8	91.0	94.1	88.5
72.4	115.2	92.8	97.8	87.3	88.7	95.1	80.2
78.3	138.1	95.8	109.0	91.3	85.6	90.2	100.0
93.1	103.6	99.7	109.7	125.0	98.7	99.4	79.4
93.8	100.0	92.0	104.0	87.7	100.0	100.6	90.9
96.0	102.2	98.0	97.6	94.0	97.5	100.4	94.1
95.3	102.0	105.3	98.3	95.1	100.0	99.4	100.0
97.0	102.2	89.3	97.0	93.2	96.0	101.1	89.4
94.4	102.9	80.5	123.4	86.1	99.7	104.3	100.5
98.9	101.1	91.2	81.4	92.8	93.4	100.0	77.3
98.0	105.9	100.0	102.3	99.2	100.0	100.0	100.0
109.3	103.2	108.3	102.8	115.0	106.5	105.0	103.9
111.4	102.1	108.0	103.2	106.0	105.2	101.6	99.6
94.4	111.5	110.1	101.5	134.6	111.9	114.1	124.1
100.3	103.9	91.9	101.8	103.4	100.2	100.5	97.4
97.5	99.8	100.0	102.9	97.5	100.0	100.8	100.0
104.0	109.8	90.0	102.3	88.3	100.8	100.7	92.6

（2000 年 =100）

项　　目	广州	深圳	珠海	汕头	佛山	韶关
面包	100.0	121.0	97.6	100.0	96.0	100.3
奶及奶制品	99.6	85.7	94.9	93.8	102.6	93.9
鲜奶	97.9	75.1	77.7	88.1	92.9	89.8
奶粉	98.6	104.4	107.2	99.2	111.8	94.6
其它	105.4	84.3	105.5	95.4	122.7	99.9
在外用膳食品	99.4	107.9	101.0	109.9	110.0	120.8
主食	102.6	114.3	99.1	102.0	127.2	120.8
炒菜	97.6	100.6	104.5	112.9	93.3	116.7
地方小吃	102.3	118.7	95.7	101.1	128.2	146.4
其它食品及食品加工服务	100.3	90.6	95.2	105.6	92.8	96.4
其它食品	100.3	90.5	95.5	106.1	92.5	96.1
食品加工服务费	100.0	95.6	91.1	98.0	104.2	101.7
烟酒及用品	**105.2**	**100.9**	**103.9**	**115.4**	**104.3**	**105.0**
烟草	104.7	100.3	104.1	124.4	104.5	109.6
国产卷烟	100.4	96.4	105.5	125.1	102.7	111.7
进口卷烟	118.9	103.2	100.5	123.6	111.6	108.7
其它	107.4	99.9	98.9	98.8	78.2	90.4
酒	108.1	97.6	102.9	99.3	95.7	102.4
白酒	118.9	108.4	114.9	102.6	98.6	105.9
果酒	101.8	95.4	98.0	99.3	101.2	101.3
啤酒	104.5	94.4	81.2	90.3	95.4	97.5
其它	109.4	91.0	100.7	150.0	81.4	105.5
吸烟饮酒用品	100.1	110.2	104.8	88.5	125.4	97.7
吸烟用品	100.0	117.6	102.1	105.7	116.6	105.2
饮酒用品	100.1	105.3	107.0	81.7	130.5	91.6
衣着	**90.3**	**102.7**	**94.8**	**95.7**	**100.6**	**91.9**
服装	93.2	102.1	95.2	96.2	101.1	90.8
男式服装	86.9	94.3	91.1	99.0	105.9	94.9
大衣	88.8	91.0	100.0	90.5	136.3	88.8
毛线衣	93.4	74.5	105.3	92.6	103.4	77.5
夹克衫	85.3	124.2	78.7	98.0	95.9	110.9
衬衫	102.6	78.4	85.5	100.2	126.3	108.4
裤子	76.2	95.8	85.7	100.4	91.2	82.0
西服	94.9	109.0	84.2	103.6	94.0	109.0

续上表

河源	梅州	惠州	汕尾	东莞	中山	江门	阳江
97.9	100.0	104.2	104.2	96.6	100.0	108.1	92.0
98.3	106.1	101.7	108.0	83.7	93.4	103.5	95.5
98.1	100.0	88.9	102.2	82.9	81.4	99.8	96.6
98.1	114.8	112.7	108.2	83.1	105.4	98.0	95.8
100.0	100.0	101.6	115.1	88.0	96.9	125.9	91.0
97.7	92.4	108.0	98.8	94.0	119.9	99.0	110.4
93.6	100.0	105.1	100.0	110.6	123.0	82.6	105.4
97.7	87.9	108.8	97.8	84.4	114.3	104.9	113.4
107.0	104.0	108.4	100.0	99.8	121.2	101.7	108.8
101.1	104.4	84.1	117.9	94.0	91.4	79.9	103.9
99.8	104.2	83.8	117.9	94.2	91.6	79.1	104.4
171.2	113.4	100.0	100.0	92.3	69.2	100.0	98.1
103.7	**102.7**	**106.3**	**100.0**	**104.1**	**105.8**	**98.0**	**104.5**
107.8	110.5	100.3	101.9	98.3	109.5	100.4	99.5
109.4	110.4	101.6	103.7	90.5	109.4	104.0	100.6
98.5	111.9	95.8	94.6	104.4	115.5	92.1	95.9
107.8	104.6	109.4	127.8	120.5	105.2	87.5	99.8
101.1	95.4	109.0	102.9	114.7	106.4	96.2	102.5
106.8	95.9	128.3	117.0	139.6	110.1	114.2	122.0
106.0	97.7	72.9	94.6	97.4	99.3	95.1	94.7
90.3	93.6	107.7	98.7	98.3	106.6	85.6	89.7
103.0	100.0	80.5	92.2	114.0	112.1	89.9	96.9
93.8	101.9	115.5	84.3	106.2	89.3	91.1	116.2
100.0	100.0	121.0	77.9	116.0	100.0	85.6	97.3
86.5	103.5	110.3	88.7	97.7	75.6	95.3	132.0
107.7	**93.0**	**102.5**	**93.8**	**77.7**	**89.3**	**93.3**	**99.4**
108.1	90.7	95.6	92.1	74.6	87.1	88.7	101.6
116.5	89.8	86.0	96.4	81.0	86.3	80.7	89.0
75.6	98.0	86.9	84.7	76.1	50.6	82.0	52.6
197.6	82.1	59.6	107.3	51.4	54.4	85.7	90.9
156.1	88.3	56.0	100.0	87.0	81.4	25.0	143.3
80.6	92.4	115.7	98.1	100.0	117.2	90.5	90.3
153.3	90.8	96.6	114.1	80.0	81.7	68.8	85.0
75.3	77.4	43.4	87.1	87.2	72.6	85.8	81.2

（2000 年 =100）

项　　目	湛江	茂名	肇庆	清远	潮州	揭阳
面包	111.8	94.0	92.6	101.5	100.0	100.3
奶及奶制品	105.8	96.2	94.7	88.3	109.6	92.7
鲜奶	92.9	84.7	96.8	87.6	120.2	88.0
奶粉	125.9	101.0	97.5	97.7	83.7	101.9
其它	99.1	93.0	86.9	77.2	117.3	90.6
在外用膳食品	98.8	103.0	114.5	111.4	80.0	101.4
主食	91.7	97.6	104.6	101.9	85.9	110.8
炒菜	102.8	101.9	107.4	111.6	62.9	97.8
地方小吃	96.7	116.4	148.7	120.5	165.1	100.0
其它食品及食品加工服务	108.5	76.9	109.2	91.5	96.9	102.6
其它食品	106.9	75.5	110.9	96.3	92.6	102.7
食品加工服务费	154.2	100.0	102.1	52.6	297.2	100.0
烟酒及用品	**101.3**	**94.4**	**96.5**	**102.6**	**102.7**	**108.8**
烟草	104.5	93.2	98.0	102.1	100.5	110.9
国产卷烟	109.3	99.5	101.4	102.5	103.7	111.2
进口卷烟	90.7	75.4	101.9	95.7	98.1	98.1
其它	108.3	123.3	70.4	85.6	88.2	137.1
酒	108.7	94.0	97.6	96.1	105.2	105.7
白酒	115.9	97.4	111.4	99.2	101.7	111.8
果酒	110.7	80.1	87.1	95.9	115.6	154.1
啤酒	94.5	76.9	82.8	96.4	91.5	97.3
其它	109.0	119.1	110.7	89.4	151.6	97.4
吸烟饮酒用品	81.4	110.8	85.9	129.1	106.9	106.3
吸烟用品	71.0	100.8	105.9	100.0	120.2	113.8
饮酒用品	90.2	119.5	69.4	152.6	98.4	100.0
衣着	**91.4**	**95.1**	**95.7**	**87.7**	**88.4**	**101.2**
服装	89.0	93.7	93.0	86.6	89.4	100.7
男式服装	85.6	97.1	87.9	85.9	78.3	101.2
大衣	93.2	94.6	68.3	70.6	38.1	88.7
毛线衣	83.6	104.4	128.4	45.5	41.4	98.1
夹克衫	72.6	95.4	63.9	76.2	53.1	96.2
衬衫	84.0	106.2	104.0	96.8	136.7	105.0
裤子	87.5	95.6	62.6	110.1	92.7	102.8
西服	89.3	95.0	72.0	72.5	72.0	106.5

续上表

云浮	顺德	兴宁	鹤山	廉江	电白	连州	普宁
100.0	101.2	80.2	100.0	122.9	100.0	100.0	100.0
98.1	108.4	96.8	112.9	98.0	98.5	98.5	98.6
102.1	118.9	95.5	97.0	115.5	100.0	100.0	93.3
105.0	102.2	98.9	123.8	93.3	98.4	96.6	94.7
84.5	90.1	96.7	97.5	122.5	97.7	100.0	108.0
105.0	91.5	97.7	102.2	110.9	95.7	98.9	100.8
100.5	104.3	91.2	97.6	86.3	100.0	100.0	100.0
107.5	90.0	100.8	97.6	130.9	93.7	97.8	101.1
107.7	89.9	105.8	116.2	122.9	100.3	100.0	100.0
98.4	101.1	96.2	104.8	98.3	99.1	97.2	106.7
97.3	101.2	93.1	108.3	93.9	99.0	96.5	106.7
120.0	100.0	100.0	74.1	106.7	100.0	101.7	100.0
102.3	**106.6**	**97.9**	**110.9**	**102.2**	**99.0**	**122.0**	**100.6**
101.6	110.7	98.4	124.4	98.8	96.4	144.4	102.4
98.8	110.6	104.3	110.3	98.3	95.7	145.2	103.6
100.0	111.1	91.6	155.4	100.0	100.0	100.0	95.8
116.0	109.0	89.9	100.2	100.0	100.0	132.5	100.0
104.0	100.1	97.0	103.4	103.5	99.7	106.1	98.6
106.2	109.3	97.5	99.5	105.9	102.7	103.9	112.0
105.9	88.3	100.0	115.9	85.6	94.0	118.8	94.5
100.0	97.8	94.1	94.7	102.9	96.3	106.9	98.9
105.3	98.7	96.7	124.8	100.0	101.2	104.2	68.0
100.0	103.4	99.7	96.5	111.0	100.0	100.0	95.5
100.0	110.5	100.0	98.8	173.2	100.0	100.0	88.7
100.0	100.0	99.5	94.2	100.0	100.0	100.0	102.2
91.3	**96.2**	**95.3**	**98.1**	**88.5**	**101.1**	**83.3**	**84.7**
91.3	94.6	93.6	99.3	80.0	101.1	76.2	82.1
89.0	86.2	90.2	91.8	77.4	100.0	78.7	81.9
99.3	85.4	86.6	97.7	90.1	100.0	102.1	73.5
89.1	98.9	84.0	52.0	33.7	100.0	103.7	78.7
63.9	78.1	85.5	99.3	97.8	100.0	83.0	74.5
101.0	80.6	101.7	82.1	88.4	100.0	60.5	86.4
88.5	85.1	90.1	97.9	69.2	100.0	56.3	83.1
101.2	75.3	80.8	68.8	55.7	100.0	82.4	84.8

（2000 年 = 100）

项目	广州	深圳	珠海	汕头	佛山	韶关
运动衫裤	60.3	109.7	76.6	100.0	96.3	95.7
内衣	90.6	97.7	102.5	96.8	102.9	93.6
羽绒衣	94.3	95.7	100.0	98.2	130.8	81.5
其它	91.0	61.3	78.2	96.1	106.0	98.3
女式服装	97.0	103.2	97.4	93.8	97.6	85.7
大衣	68.0	105.7	99.7	96.4	81.9	66.5
毛线衣	90.9	88.7	100.6	94.2	71.9	107.5
羽绒衣	100.3	99.3	101.1	97.8	134.9	77.6
套装	77.0	98.1	105.0	93.8	95.0	89.4
衬衫	115.6	104.6	113.3	106.9	123.9	102.5
裙子	118.4	122.6	97.2	77.2	68.6	83.9
裤子	118.3	91.4	97.1	98.5	112.4	74.4
运动衫裤	83.4	102.4	80.0	99.5	103.7	85.5
内衣	105.1	95.9	100.2	98.2	111.4	102.0
其它	93.2	106.2	102.5	100.0	76.6	102.8
儿童服装	94.3	117.7	98.4	98.5	104.0	103.9
套装	98.9	111.7	98.9	95.8	99.8	101.1
裤子	103.1	116.2	99.9	102.9	118.9	115.3
裙子	71.3	120.7	95.5	96.8	94.6	86.1
其它	99.8	129.5	100.0	101.9	109.3	110.1
衣着材料	106.5	96.6	108.1	92.8	100.5	92.9
棉布	100.5	95.7	102.8	102.3	101.5	95.0
棉花化纤混纺布	130.4	91.6	111.8	102.8	89.0	98.3
化纤布	114.3	102.9	112.6	100.7	100.0	92.6
毛织品	80.7	106.6	99.9	85.7	107.6	93.3
丝织品	93.0	123.9	111.2	96.0	99.9	98.3
毛线	98.7	127.1	120.7	100.0	95.7	92.6
其它	100.0	84.8	100.0	90.9	107.8	83.8
鞋袜帽	80.9	104.7	91.8	94.0	99.4	93.7
鞋	78.7	104.8	96.0	93.2	99.3	93.4
男鞋	92.6	106.2	96.5	94.7	89.2	94.4
女鞋	67.9	101.9	92.8	90.7	106.1	92.8
童鞋	95.0	111.3	101.6	98.7	93.0	90.0
袜子	99.6	104.4	55.1	102.0	101.4	97.4

续上表

河源	梅州	惠州	汕尾	东莞	中山	江门	阳江
91.6	104.1	94.0	91.1	103.2	113.1	92.4	80.1
117.2	93.5	116.4	81.2	95.1	100.5	108.7	108.9
135.4	85.9	62.2	72.3	69.4	89.0	88.7	83.9
209.3	98.6	52.9	62.9	69.3	88.8	124.4	53.7
115.3	91.3	82.8	94.9	68.9	77.5	94.2	104.3
90.4	68.1	45.5	100.0	55.0	71.7	49.1	76.8
188.5	106.9	56.8	100.2	69.5	54.8	107.9	111.3
131.6	84.3	52.8	66.2	88.9	75.5	70.1	74.0
98.3	94.1	78.5	89.4	56.4	67.9	78.9	71.5
76.8	92.0	105.0	97.9	58.9	64.3	107.2	100.0
125.3	78.9	124.3	76.6	85.7	67.9	97.4	120.6
158.1	88.4	97.1	79.4	98.3	74.5	87.4	88.3
135.0	95.7	87.3	100.0	33.3	60.3	108.9	112.0
73.2	94.7	68.6	128.6	85.2	76.2	114.2	101.8
97.7	104.8	121.1	92.0	96.9	206.8	153.9	136.9
71.1	92.3	172.4	76.2	71.8	107.9	92.4	121.8
55.7	95.2	164.2	71.4	67.5	108.9	52.4	75.3
70.6	94.8	184.7	89.3	75.6	114.0	117.3	98.6
77.6	83.1	160.8	67.0	73.5	95.9	127.8	238.7
137.3	97.0	169.4	90.4	54.0	125.4	58.0	78.2
88.5	98.7	101.5	91.4	109.1	100.0	104.6	98.6
114.2	96.5	102.0	77.7	106.6	100.0	119.5	123.3
95.6	99.3	116.1	101.9	130.4	100.0	106.9	91.0
75.3	96.6	112.0	90.1	120.6	100.0	101.6	95.9
69.2	98.1	113.9	100.0	95.7	0.0	108.4	99.7
108.5	99.8	103.5	96.7	0.0	100.0	95.6	91.6
77.3	110.3	99.0	93.5	100.0	100.0	105.0	80.3
99.7	99.7	72.7	98.0	0.0	100.0	128.0	115.7
109.9	98.8	126.9	98.9	79.5	91.1	107.3	91.9
112.3	99.8	139.2	98.9	77.3	89.2	102.7	89.0
94.4	101.7	128.5	77.0	91.8	86.5	89.7	83.6
118.6	99.8	166.5	108.8	69.6	85.1	120.9	93.0
130.2	97.1	107.2	112.1	81.2	108.8	89.0	79.9
96.9	96.3	101.3	99.4	100.8	115.3	118.4	127.8

(2000年=100)

项目	湛江	茂名	肇庆	清远	潮州	揭阳
运动衫裤	82.7	82.0	108.0	32.4	68.4	96.9
内衣	89.2	99.7	91.6	152.1	86.4	99.9
羽绒衣	84.3	0.0	95.6	0.0	79.9	99.8
其它	69.1	92.5	120.0	69.7	65.5	101.5
女式服装	92.2	88.7	103.4	81.0	81.3	99.6
大衣	90.6	147.5	73.7	57.2	57.2	91.1
毛线衣	79.5	97.1	95.3	52.7	89.4	95.5
羽绒衣	72.1	0.0	96.8	0.0	73.6	99.9
套装	81.3	80.4	117.4	105.9	72.9	100.1
衬衫	88.1	121.4	160.6	107.0	124.5	107.9
裙子	86.1	50.2	62.4	78.0	62.0	102.1
裤子	94.9	100.1	91.8	101.5	95.8	109.1
运动衫裤	94.1	99.3	94.3	39.2	59.3	96.1
内衣	94.8	97.9	115.3	82.1	78.2	98.1
其它	116.2	92.8	134.4	100.0	69.4	104.5
儿童服装	88.1	101.2	87.8	106.5	127.4	102.7
套装	86.4	90.7	96.1	100.1	92.8	99.3
裤子	90.9	107.7	56.3	102.6	156.5	103.4
裙子	103.4	108.0	112.2	128.4	147.7	105.2
其它	88.9	101.0	87.2	102.3	80.8	118.0
衣着材料	103.7	94.2	124.9	102.7	102.4	100.5
棉布	93.4	98.8	106.6	101.0	88.2	100.0
棉花化纤混纺布	110.0	96.1	143.0	68.2	76.4	100.0
化纤布	102.6	95.6	153.1	135.9	109.6	102.4
毛织品	102.0	93.9	122.7	97.7	85.4	100.0
丝织品	92.6	100.0	139.9	100.0	87.9	100.0
毛线	105.9	85.1	84.5	97.6	119.1	99.4
其它	115.0	86.7	100.1	0.0	96.2	100.0
鞋袜帽	96.1	98.7	101.2	81.0	82.4	102.1
鞋	95.5	98.5	106.6	72.7	76.4	102.1
男鞋	96.0	84.6	90.9	69.5	87.2	99.0
女鞋	94.6	104.1	116.6	70.8	66.2	100.8
童鞋	98.7	107.5	114.0	80.8	73.1	116.7
袜子	105.2	102.5	94.8	119.3	79.3	101.9

续上表

云浮	顺德	兴宁	鹤山	廉江	电白	连州	普宁
84.6	90.1	87.9	99.4	100.0	100.0	73.1	95.8
89.4	115.4	104.5	107.2	81.1	100.0	91.9	73.8
79.3	101.0	100.0	156.3	100.0	100.0	104.0	109.1
78.5	107.3	80.8	85.5	70.1	100.0	72.6	82.9
88.8	101.0	89.4	96.2	97.2	101.2	70.9	80.3
86.4	79.1	76.4	64.3	101.1	100.0	91.8	78.2
79.6	103.6	85.0	82.2	76.2	100.0	91.1	89.9
73.8	97.6	100.0	137.1	100.0	100.0	100.1	113.3
89.2	108.4	78.6	57.4	106.3	103.7	60.3	70.2
109.6	94.8	106.0	93.0	99.6	100.0	73.7	0.0
84.9	116.4	84.3	87.3	103.4	98.4	52.0	84.4
96.5	94.8	90.7	107.5	105.5	104.6	43.1	73.6
91.4	103.5	95.1	104.2	100.0	100.0	85.2	86.4
88.7	96.4	98.5	180.7	85.0	95.7	82.5	73.3
95.0	102.3	102.6	96.7	100.0	100.0	88.4	102.6
101.5	95.6	106.2	114.5	59.4	105.6	85.6	92.3
98.1	86.5	93.7	125.8	36.4	108.9	82.9	96.7
107.1	103.6	104.9	125.0	71.9	106.3	91.0	83.8
91.6	98.3	134.6	62.2	62.2	100.2	86.6	90.5
100.0	100.0	94.2	252.1	102.8	100.0	82.0	123.9
86.8	95.2	100.0	111.5	105.4	100.0	91.0	102.9
84.4	100.0	100.0	98.6	115.5	100.0	78.9	115.8
87.7	98.8	96.6	126.3	98.0	100.0	91.9	86.7
82.7	87.0	100.0	109.6	121.3	100.0	93.6	108.9
87.9	84.6	100.0	100.0	100.0	100.0	0.0	106.2
94.3	95.7	104.1	100.0	100.2	100.0	100.1	97.6
87.2	101.9	100.0	86.1	100.6	100.0	98.4	90.4
90.0	100.0	100.0	110.0	100.0	100.0	90.9	100.0
91.6	99.5	98.7	93.0	99.9	101.2	94.6	77.1
89.7	98.9	95.9	102.9	99.8	101.3	96.7	72.8
88.7	96.2	98.4	101.8	98.6	100.4	87.2	75.5
83.1	100.6	99.0	108.6	99.2	101.9	79.5	67.4
107.0	100.0	87.4	96.0	101.0	102.4	163.0	72.7
100.0	105.7	114.5	71.3	100.0	100.0	84.8	90.1

(2000 年 = 100)

项　　目	广州	深圳	珠海	汕头	佛山	韶关
男袜	99.2	104.9	60.8	104.0	86.9	94.0
女袜	100.0	104.1	49.5	100.0	120.7	101.3
帽子	73.7	102.1	100.0	100.8	95.7	93.1
男帽	84.0	93.6	100.0	102.0	108.1	99.8
女帽	67.2	107.7	100.0	100.0	87.2	89.4
衣着加工服务	107.8	110.1	101.8	102.1	100.0	100.0
缝纫	98.6	104.8	103.6	103.7	100.0	100.0
清洗	112.7	114.3	100.0	100.5	100.0	100.0
家庭设备用品及维修服务	**90.6**	**94.5**	**93.3**	**96.7**	**96.6**	**92.6**
耐用消费品	84.1	84.9	88.9	90.7	94.1	86.2
家具	97.2	99.5	86.7	98.1	98.9	75.4
成套家具	96.1	82.6	95.7	91.5	89.3	64.2
床	96.2	106.4	90.7	99.5	96.8	72.8
桌	99.2	113.4	83.3	97.8	94.2	79.9
椅	91.7	86.4	76.5	97.4	113.9	78.3
沙发	99.5	94.3	74.5	100.0	98.4	73.2
其它	102.1	111.7	96.2	110.0	102.9	99.4
家庭设备	77.7	79.7	89.4	88.4	90.8	91.3
洗衣机	95.0	89.5	91.8	89.8	97.2	102.6
电风扇	82.6	89.3	109.1	89.9	104.3	95.0
电冰箱（柜）	79.6	87.7	94.6	90.5	100.2	90.7
抽排油烟机	88.0	104.1	104.9	99.9	101.9	105.1
空调器	60.9	67.4	77.8	84.4	77.0	80.6
热水器	102.8	99.5	92.1	96.4	77.6	97.1
微波炉	82.4	89.4	99.3	77.7	88.5	94.5
电炊具	89.3	95.5	106.6	98.5	94.7	108.2
钟	101.3	110.6	136.7	100.2	96.2	100.2
其它	84.4	90.2	93.8	98.9	94.8	100.0
室内装饰品	90.2	105.2	116.6	95.7	92.0	94.7
纺织装饰品	92.0	126.6	114.3	94.3	85.0	95.2
装饰灯具	92.2	103.7	101.2	96.2	94.0	95.4
其它	80.2	95.5	129.9	102.6	100.0	92.8
床上用品	95.3	89.3	95.9	105.4	99.4	95.4
毛毯	96.1	101.4	96.3	101.2	85.1	100.4

续上表

河源	梅州	惠州	汕尾	东莞	中山	江门	阳江
100.3	89.2	107.5	122.5	100.2	94.6	110.8	106.8
91.3	102.1	93.8	72.5	101.5	135.1	128.1	144.4
124.0	89.1	97.9	100.0	120.8	42.6	133.6	110.6
100.0	100.0	91.9	100.0	80.5	60.3	142.4	124.5
140.0	80.7	101.7	100.0	151.2	32.2	127.6	102.0
85.5	99.2	137.9	99.4	100.1	95.3	80.4	91.9
100.0	98.2	122.5	114.6	94.3	106.9	66.1	66.5
75.9	100.0	153.1	89.4	105.9	87.6	89.9	114.1
84.5	**90.1**	**84.3**	**84.5**	**95.8**	**87.2**	**92.6**	**88.8**
70.4	82.7	74.9	76.4	95.5	85.1	84.2	80.5
50.6	62.9	75.3	87.9	95.2	80.5	101.4	76.8
49.7	67.4	79.4	82.2	88.6	74.0	98.1	74.3
60.2	59.1	58.1	83.5	87.3	84.5	100.7	57.1
41.5	59.7	63.6	77.2	103.4	90.4	91.2	81.4
41.9	75.8	104.0	92.0	99.7	49.3	107.7	81.9
39.3	51.8	75.9	94.6	91.6	88.7	95.2	86.6
85.9	107.2	79.0	96.8	102.1	100.2	100.5	86.7
82.5	91.7	74.6	72.3	96.0	86.3	76.7	83.2
77.9	94.6	83.4	73.5	93.2	76.5	87.4	94.8
78.4	95.0	87.9	76.6	99.6	95.4	99.1	57.2
93.9	97.5	78.9	83.7	89.5	90.5	69.3	93.5
106.7	99.4	87.5	78.9	107.7	109.5	88.5	80.3
68.5	74.1	55.9	48.6	85.2	73.9	53.4	76.5
66.9	105.7	75.9	88.3	93.4	58.9	76.6	80.9
69.2	102.7	87.5	76.8	94.6	98.8	48.5	64.1
99.9	79.9	83.0	75.5	108.2	94.8	76.4	78.4
81.2	87.6	92.4	99.9	95.5	81.8	86.9	85.8
98.4	84.7	98.7	103.0	93.5	104.9	87.7	124.3
99.0	90.7	91.4	84.7	92.6	76.3	90.2	104.2
103.1	96.6	106.0	99.6	102.7	71.2	64.0	85.7
93.5	86.3	104.6	92.1	89.5	97.5	108.9	114.8
100.0	85.4	63.5	68.8	99.3	59.5	91.8	107.0
88.6	98.5	104.4	103.9	98.5	95.6	95.8	90.2
73.8	98.1	104.1	98.3	104.8	81.2	86.6	81.8

(2000 年 =100)

项　目	湛江	茂名	肇庆	清远	潮州	揭阳
男袜	105.9	101.4	83.6	89.4	82.8	100.4
女袜	104.3	101.1	108.3	143.5	74.2	103.1
帽子	97.2	101.4	80.5	67.5	132.8	103.6
男帽	95.2	109.0	79.2	80.0	99.5	90.9
女帽	98.1	95.9	81.3	52.9	155.0	112.5
衣着加工服务	122.1	99.2	91.4	105.2	83.9	108.7
缝纫	130.6	116.8	98.4	108.5	40.3	101.7
清洗	114.2	76.4	88.0	97.7	119.5	114.6
家庭设备用品及维修服务	**95.3**	**92.4**	**84.9**	**82.7**	**83.0**	**99.0**
耐用消费品	84.7	86.0	80.4	76.5	71.3	94.0
家具	91.4	95.7	85.9	90.6	75.0	95.9
成套家具	92.0	105.9	62.5	89.0	78.2	88.1
床	83.4	102.7	89.9	86.6	77.0	96.9
桌	88.1	102.9	90.9	96.0	70.5	100.1
椅	101.1	83.3	95.8	96.6	84.5	103.1
沙发	89.7	89.8	107.9	85.3	66.7	94.6
其它	99.0	112.0	82.6	99.0	80.8	97.7
家庭设备	79.9	79.4	72.1	70.4	69.5	92.8
洗衣机	80.1	92.5	81.8	66.7	108.3	99.2
电风扇	101.7	100.2	66.4	84.5	72.9	94.6
电冰箱（柜）	81.1	88.7	84.0	79.9	69.0	96.8
抽排油烟机	97.4	94.5	77.7	97.1	89.7	100.0
空调器	68.6	72.3	61.9	53.3	46.1	80.1
热水器	95.0	77.4	67.8	69.2	66.5	97.5
微波炉	84.1	64.8	64.5	60.3	60.3	97.1
电炊具	97.1	74.7	66.0	108.9	66.0	99.1
钟	92.9	102.7	84.3	46.3	176.5	107.9
其它	92.7	84.1	71.3	62.8	61.7	94.8
室内装饰品	96.0	66.1	83.6	103.4	65.6	102.6
纺织装饰品	98.4	57.6	88.4	114.2	81.6	100.9
装饰灯具	94.2	82.4	73.3	103.7	35.0	97.4
其它	87.8	34.8	102.5	71.1	77.6	107.7
床上用品	99.7	94.8	98.2	87.5	125.5	99.5
毛毯	101.9	88.5	115.5	103.1	113.3	95.1

续上表

云浮	顺德	兴宁	鹤山	廉江	电白	连州	普宁
101.7	99.3	93.0	68.5	100.0	100.0	74.4	88.0
100.0	110.9	129.1	73.9	100.0	100.0	93.9	91.0
102.4	100.0	90.0	103.0	100.0	100.0	99.7	78.5
100.0	100.0	100.0	103.6	100.0	100.0	99.2	72.9
104.0	100.0	83.3	102.4	100.0	100.0	100.0	84.1
93.8	98.8	100.0	93.3	92.6	100.0	101.1	98.8
100.0	97.7	100.0	89.9	100.0	100.0	101.2	98.5
86.2	100.0	100.0	101.5	81.6	100.0	100.0	100.0
102.0	**101.5**	**95.0**	**96.1**	**91.1**	**93.0**	**82.6**	**95.7**
96.7	94.5	90.4	92.4	83.8	89.0	71.0	96.8
102.6	95.2	98.9	98.6	95.5	97.8	76.9	101.7
112.9	93.9	104.9	93.9	97.1	97.3	70.3	96.0
104.3	91.6	97.4	95.6	102.7	97.2	76.9	99.5
109.2	102.5	99.0	98.0	100.0	95.6	77.7	93.3
99.3	86.5	69.4	97.0	89.8	101.2	86.8	109.6
102.4	95.5	102.1	102.2	89.1	101.2	68.8	105.9
97.5	100.4	117.9	103.4	87.8	97.8	87.3	112.6
91.2	93.9	78.0	87.4	76.8	79.9	67.4	92.3
98.0	96.1	89.5	99.9	81.9	87.9	64.9	91.8
82.1	98.2	85.0	84.1	101.6	100.0	83.8	99.3
84.9	98.7	91.6	91.9	70.2	86.6	66.7	83.8
100.2	97.3	71.2	84.7	77.9	96.6	66.6	101.7
69.4	86.6	61.8	66.8	41.0	61.0	58.0	71.4
97.7	99.3	65.6	84.3	59.4	90.3	72.2	95.0
95.1	96.2	73.8	74.3	69.5	72.5	58.2	83.9
97.1	99.7	82.9	97.0	89.4	100.1	81.6	95.0
95.2	96.0	100.0	102.6	102.6	99.5	92.1	80.1
101.1	95.3	79.4	94.6	70.4	93.7	0.0	97.4
96.0	100.3	95.0	100.3	93.0	100.0	90.0	107.4
93.9	100.0	100.0	107.1	74.5	100.0	84.1	115.6
100.0	100.0	90.5	92.9	104.0	100.0	98.1	94.0
90.0	102.0	112.5	96.1	100.0	100.0	97.0	110.1
97.2	99.7	98.6	104.4	91.0	99.7	93.2	81.4
89.3	99.7	100.0	100.3	100.5	98.5	98.5	72.7

(2000 年 = 100)

项　　目	广州	深圳	珠海	汕头	佛山	韶关
床单	98.7	102.1	100.0	100.1	99.0	104.4
床罩	95.7	65.4	92.7	110.9	138.3	99.4
被套	88.3	82.6	87.3	97.6	90.2	90.2
其它	104.1	103.6	101.0	109.4	95.3	92.9
家庭日用杂品	97.8	103.1	94.7	100.0	94.6	97.7
茶具	100.8	102.7	104.5	95.3	101.7	81.8
餐具	100.4	118.2	103.3	102.2	95.2	96.5
厨具	94.9	103.9	122.6	101.5	81.1	101.2
家用工具	94.5	117.9	105.8	112.3	83.0	105.3
洗涤用品	95.8	97.2	93.7	98.6	95.4	93.9
其它	100.8	99.4	89.4	101.0	94.8	101.2
家庭服务及加工维修服务	109.4	128.7	99.3	102.3	106.0	109.2
家庭服务	119.5	124.5	112.7	100.5	116.8	114.7
加工维修服务费	94.9	129.4	95.2	104.9	93.5	100.0
医疗保健和个人用品	**94.6**	**102.5**	**94.2**	**94.5**	**97.3**	**101.7**
医疗保健	95.5	101.0	90.3	91.9	94.4	103.2
医疗器具及用品	96.7	106.0	107.4	102.6	109.0	101.7
中药材及中成药	100.8	108.2	86.1	89.5	116.8	88.4
中药材	101.8	110.4	78.8	78.8	121.2	79.4
中成药	98.6	104.5	94.5	104.1	108.5	96.6
西药	90.0	90.0	82.6	87.8	76.1	91.9
胃药	96.5	92.0	89.6	115.1	65.7	99.0
感冒药	114.9	98.8	94.2	108.0	96.4	95.7
抗菌药针剂	65.0	78.6	71.2	79.7	61.5	93.4
抗菌药片剂	76.1	68.3	81.1	58.3	63.3	79.4
止泻药	86.8	91.9	89.3	93.5	85.1	70.2
外用药	106.0	116.1	89.7	99.7	85.0	122.0
心血管病用药	81.2	92.5	72.7	87.5	85.8	91.3
其它	93.8	99.1	70.7	95.3	70.6	94.4
保健器具及用品	96.8	97.5	98.7	91.3	85.0	96.3
保健器具	90.4	102.0	99.9	102.8	106.1	102.7
滋补保健用品	97.2	96.7	98.2	88.0	80.6	95.0
医疗保健服务	98.9	113.8	102.0	100.0	105.5	145.0
挂号费	100.0	106.9	100.0	100.0	111.8	103.8

续上表

河源	梅州	惠州	汕尾	东莞	中山	江门	阳江
95.4	101.4	99.4	100.0	94.3	112.7	86.9	98.8
77.0	100.6	116.2	108.1	113.1	97.3	73.9	64.9
66.9	90.3	84.5	101.7	94.4	105.6	79.1	84.6
109.4	102.5	107.9	104.0	86.1	76.0	114.6	100.8
102.7	94.9	94.0	100.2	92.6	84.6	107.1	92.5
112.5	100.0	115.9	93.8	95.6	48.0	103.0	58.2
113.8	98.0	81.0	100.0	88.8	58.6	119.0	64.8
101.9	89.5	121.3	93.2	96.8	111.4	97.5	103.4
104.0	98.2	111.4	90.2	104.2	58.8	134.8	80.7
98.1	90.7	115.9	88.4	104.3	90.3	119.9	91.5
98.4	100.0	80.8	106.6	84.2	76.5	90.4	99.3
105.8	102.9	84.7	78.4	100.4	100.0	98.4	99.5
115.5	104.1	106.6	76.4	100.6	100.0	125.1	117.6
98.0	101.0	80.1	79.4	100.0	100.0	66.3	95.3
102.6	**91.3**	**96.5**	**101.3**	**97.0**	**98.5**	**107.3**	**93.6**
101.8	89.3	93.7	106.7	94.3	98.1	106.7	92.7
119.3	93.4	107.8	118.1	115.1	101.7	104.5	91.1
99.2	93.7	91.8	104.0	88.6	101.4	108.3	89.4
93.9	90.9	82.8	104.7	76.8	103.9	101.4	83.5
105.9	97.0	107.3	102.9	103.0	96.9	114.9	95.5
101.1	80.6	89.3	99.8	97.4	93.1	111.7	85.8
93.6	89.2	112.4	98.3	89.5	79.9	99.4	102.6
125.5	89.5	93.2	110.5	103.4	83.0	134.2	87.7
80.2	68.3	70.5	103.4	106.6	97.8	134.0	97.4
110.0	74.3	75.2	91.3	68.3	89.2	100.5	61.9
93.5	84.0	93.8	100.3	110.6	96.7	83.8	90.3
109.6	97.6	96.1	93.1	113.4	85.8	125.0	100.9
85.6	69.5	94.2	98.5	80.1	69.3	78.0	71.6
108.2	70.0	79.9	86.8	150.1	210.7	105.1	65.4
105.4	92.6	99.8	98.7	89.7	94.9	94.8	105.9
92.0	101.3	103.2	100.0	95.9	91.1	88.5	94.5
106.9	91.4	99.4	98.7	88.9	95.5	93.3	107.0
102.9	99.6	100.0	119.8	100.0	100.0	88.5	102.6
103.3	100.0	104.9	74.4	99.9	100.0	78.2	100.0

(2000 年 = 100)

项　　目	湛江	茂名	肇庆	清远	潮州	揭阳
床单	93.6	71.5	104.2	74.3	91.9	100.2
床罩	96.0	110.4	71.3	95.1	87.9	96.8
被套	92.2	100.7	130.1	74.8	226.8	100.4
其它	103.2	89.5	73.6	106.0	113.9	101.1
家庭日用杂品	95.5	99.8	83.1	79.1	88.4	101.2
茶具	96.8	81.6	82.5	79.2	68.3	97.3
餐具	97.5	77.2	66.1	98.6	99.8	105.9
厨具	94.6	148.3	89.2	86.3	78.8	100.5
家用工具	92.4	89.5	69.1	64.8	100.7	98.4
洗涤用品	97.8	115.5	88.5	66.9	95.2	100.5
其它	93.2	90.5	95.9	95.9	82.6	101.6
家庭服务及加工维修服务	131.1	111.6	92.2	109.6	100.2	111.6
家庭服务	160.7	108.0	110.5	141.4	100.3	100.6
加工维修服务费	111.8	107.5	65.8	70.7	100.0	113.6
医疗保健和个人用品	**95.1**	**95.4**	**94.3**	**96.1**	**95.4**	**90.5**
医疗保健	91.6	92.8	94.2	92.6	95.8	85.5
医疗器具及用品	95.8	129.7	104.8	101.4	132.8	93.0
中药材及中成药	86.3	84.0	92.1	99.8	96.6	90.1
中药材	86.9	73.3	90.2	84.6	77.5	92.7
中成药	87.1	97.4	91.5	108.0	108.3	85.7
西药	84.5	93.8	83.2	81.8	82.9	74.7
胃药	95.5	98.9	73.3	79.9	67.2	93.0
感冒药	89.6	100.3	94.9	77.7	85.1	95.4
抗菌药针剂	71.1	100.0	80.2	98.1	99.5	60.7
抗菌药片剂	75.3	68.1	61.0	85.0	74.4	54.5
止泻药	68.5	89.0	73.1	71.7	89.9	90.5
外用药	100.7	122.1	116.7	93.6	55.5	100.0
心血管病用药	90.4	85.7	89.7	55.2	85.9	72.0
其它	96.8	104.6	93.9	87.4	100.0	49.5
保健器具及用品	92.5	98.1	100.2	86.6	86.9	80.8
保健器具	96.2	65.0	96.6	103.9	85.9	100.4
滋补保健用品	92.0	101.8	102.8	80.1	86.9	75.8
医疗保健服务	108.1	95.7	105.0	100.9	108.8	113.3
挂号费	100.0	100.0	108.7	117.6	100.0	100.0

续上表

云浮	顺德	兴宁	鹤山	廉江	电白	连州	普宁
100.7	100.1	100.4	126.2	96.7	100.0	89.3	85.2
100.4	89.0	99.9	97.1	99.5	100.0	99.5	74.8
98.0	101.6	99.5	119.1	71.6	100.0	87.1	104.2
96.7	101.7	94.6	85.3	96.9	100.0	81.5	85.8
98.3	98.1	99.2	94.0	94.7	98.2	91.4	92.6
100.0	100.4	93.5	101.0	104.9	100.0	94.1	103.5
100.0	96.4	92.0	94.9	108.2	100.0	95.9	70.4
100.0	99.3	100.9	93.1	104.0	100.0	76.4	94.5
100.0	100.0	113.3	77.2	78.9	100.0	100.3	96.7
94.9	95.1	97.7	99.1	76.5	97.5	100.0	84.8
100.0	101.6	101.8	91.1	86.6	97.7	87.9	108.2
130.5	117.0	100.0	103.5	100.0	94.3	100.0	100.8
141.4	118.8	100.0	107.6	100.0	100.0	100.0	100.0
121.7	100.0	100.0	99.5	100.0	89.4	100.0	102.1
101.0	**104.0**	**102.8**	**102.4**	**90.3**	**94.4**	**97.7**	**100.5**
99.2	98.6	104.9	104.6	91.1	92.5	98.9	106.3
94.8	103.8	123.0	109.6	97.5	95.6	102.6	108.2
95.4	93.7	105.3	114.4	80.8	92.0	90.5	133.5
92.6	88.1	102.6	110.0	75.8	86.3	93.9	153.4
99.8	98.6	110.3	118.7	86.1	98.2	88.4	103.6
101.0	87.3	97.9	103.0	93.1	89.6	101.3	98.8
100.0	83.4	101.1	88.2	100.0	116.1	111.0	111.6
100.0	95.5	92.4	108.7	89.4	100.0	96.2	89.4
102.5	93.2	100.0	105.3	92.4	101.3	102.4	96.8
100.0	78.2	99.1	89.0	74.4	74.5	88.9	86.9
105.3	97.3	77.3	92.2	91.6	92.9	106.2	100.7
102.3	92.4	100.0	100.0	104.4	89.6	106.6	127.2
100.0	80.1	102.9	97.1	93.9	74.0	86.3	95.3
100.0	89.3	116.8	141.1	101.1	86.7	86.6	103.6
102.5	88.2	97.9	92.1	89.3	88.2	97.1	95.9
98.8	95.4	100.0	88.8	77.0	96.8	91.6	100.0
102.9	84.5	97.3	92.4	98.6	87.1	101.4	95.9
100.4	128.4	118.0	101.5	103.8	101.3	102.8	96.4
100.0	270.2	141.4	100.0	100.0	101.7	100.0	100.0

(2000 年 = 100)

项　　目	广州	深圳	珠海	汕头	佛山	韶关
注射费	100.0	99.6	101.0	100.0	100.0	206.4
检查费	100.0	129.1	100.0	100.0	122.2	101.4
手术费	100.0	100.0	100.1	100.0	100.0	181.5
住院费	93.5	140.2	109.5	100.0	99.8	132.0
理疗费	100.0	104.2	101.1	100.0	100.0	102.1
其它	100.0	120.0	100.0	100.0	94.5	251.3
个人用品及服务	93.2	104.3	103.6	99.5	102.9	98.5
化妆美容用品	84.9	106.6	96.3	104.6	121.2	99.3
化妆美容器具	94.2	116.1	98.8	110.2	135.4	97.9
化妆品	83.0	105.0	92.0	102.9	102.3	100.0
卫生用品	92.6	93.8	98.6	94.6	96.5	93.9
洗发用品	80.3	94.4	99.8	88.8	90.9	98.7
洗浴用品	96.1	93.5	97.6	91.6	94.8	91.2
其它	98.3	92.3	98.0	103.5	104.5	92.9
个人饰品	102.7	120.5	102.7	102.0	96.2	106.5
首饰	110.3	135.1	109.1	105.0	96.6	115.6
皮件	94.0	98.5	94.3	98.3	88.6	96.0
手表	104.6	97.8	109.9	96.4	90.5	98.8
领带	102.0	89.9	78.7	97.8	106.0	98.1
其它	106.8	110.0	101.0	100.0	89.8	103.1
个人服务	94.7	106.6	129.5	100.1	90.7	100.0
美容	82.7	111.2	151.2	101.0	88.9	100.0
理（烫）发	99.6	112.7	115.5	99.9	90.9	100.3
其它	90.4	90.8	129.4	100.1	100.4	99.4
交通和通讯	**92.5**	**90.8**	**91.6**	**96.8**	**94.9**	**95.8**
交通	99.2	88.5	86.4	98.5	95.6	96.3
交通工具	87.4	74.4	76.7	89.6	78.8	84.9
摩托车	100.0	93.1	100.0	93.5	73.3	79.9
自行车	90.8	98.0	108.0	95.3	95.2	101.9
汽车	86.9	66.5	72.7	76.2	84.1	79.5
其它	100.0	91.5	100.0	96.4	78.9	0.0
车用燃料及零配件	117.3	114.3	109.8	114.7	114.8	118.2
汽油	124.3	113.9	121.2	117.7	124.8	122.6
柴油	129.3	112.3	107.8	118.5	147.7	118.3

续上表

河源	梅州	惠州	汕尾	东莞	中山	江门	阳江
100.0	100.0	93.4	124.4	100.0	100.0	76.5	106.7
100.0	100.0	114.6	104.8	100.0	100.0	106.4	100.0
100.0	100.0	89.7	129.9	100.0	100.0	93.9	107.0
111.3	100.0	102.7	175.8	100.0	100.0	82.8	100.0
100.0	100.0	91.2	92.2	100.0	100.0	107.0	100.0
100.0	86.6	104.0	160.4	100.0	100.0	102.9	100.0
104.6	95.6	102.8	91.0	102.5	99.5	108.5	95.2
99.7	95.2	109.4	79.7	110.3	101.5	111.2	92.9
100.7	95.1	114.1	77.8	120.5	97.1	101.2	92.6
98.9	95.3	101.8	98.1	91.7	104.3	117.3	92.6
97.8	89.6	96.7	97.1	87.7	89.6	98.9	92.7
92.7	98.3	92.2	89.1	87.5	84.1	92.2	90.8
99.2	72.9	92.7	98.0	88.3	90.2	103.2	96.8
102.1	96.6	104.5	101.1	77.4	96.2	128.0	89.5
101.2	99.7	103.3	105.8	106.1	118.9	108.2	92.6
101.2	108.2	104.8	119.6	106.8	142.1	105.2	85.5
97.3	88.1	101.4	69.1	97.4	94.3	115.3	103.1
97.4	82.3	97.3	107.1	100.0	96.6	99.1	104.1
106.4	95.4	107.4	78.0	116.7	85.7	97.7	100.4
98.0	100.0	87.0	98.9	85.7	40.2	140.2	96.8
117.2	100.4	94.6	98.6	100.0	94.4	109.7	102.7
105.1	100.0	109.5	94.8	101.2	106.5	105.0	99.2
122.0	100.4	87.2	100.9	98.6	89.0	120.6	102.7
117.6	100.6	94.9	106.4	95.6	97.3	98.8	99.7
91.8	**96.6**	**98.2**	**102.3**	**97.4**	**98.0**	**95.9**	**95.0**
95.3	93.9	97.9	102.6	84.1	98.6	97.7	96.4
83.7	91.3	91.5	91.7	69.7	79.5	81.7	61.7
77.5	93.6	103.8	88.3	48.0	90.6	67.8	57.6
75.1	84.1	84.8	97.6	97.8	100.0	106.4	96.2
92.1	89.3	80.2	88.4	77.0	76.9	90.2	69.9
90.4	98.4	93.1	100.0	0.0	72.5	101.5	99.4
116.0	113.9	113.0	110.8	118.6	119.4	112.0	112.6
123.3	120.6	121.7	116.8	122.8	122.3	124.1	124.8
118.7	116.2	119.0	110.3	120.6	117.7	114.3	123.4

(2000 年 = 100)

项　　目	湛江	茂名	肇庆	清远	潮州	揭阳
注射费	100.0	89.4	100.0	96.1	158.1	110.8
检查费	119.0	100.0	114.4	101.6	109.5	169.0
手术费	100.0	100.0	100.0	109.6	100.0	91.3
住院费	127.7	83.4	103.3	98.4	115.5	115.5
理疗费	100.0	100.0	100.0	77.3	77.5	100.0
其它	100.0	100.0	101.1	97.5	97.1	100.0
个人用品及服务	102.0	100.2	94.5	99.7	93.7	100.0
化妆美容用品	98.0	108.7	73.2	95.6	70.9	103.9
化妆美容器具	93.0	93.3	87.1	113.0	68.2	104.1
化妆品	103.1	125.7	66.9	84.4	72.8	103.4
卫生用品	102.4	93.9	94.5	97.8	88.6	98.1
洗发用品	95.8	88.4	89.3	91.9	83.5	99.1
洗浴用品	103.1	94.3	99.8	97.7	80.9	101.3
其它	108.3	98.2	90.8	111.8	114.0	94.4
个人饰品	111.9	103.5	102.1	95.3	99.8	102.7
首饰	111.3	109.2	129.4	110.4	101.0	103.9
皮件	111.7	90.7	108.6	84.2	70.8	108.4
手表	99.4	92.7	100.2	86.9	99.6	101.6
领带	129.5	99.5	55.3	92.2	118.6	90.9
其它	99.9	104.8	76.1	82.5	112.8	98.9
个人服务	103.3	96.2	104.4	107.3	122.3	91.0
美容	128.0	107.2	103.4	100.4	121.1	87.1
理（烫）发	101.8	100.6	85.0	106.1	123.6	94.4
其它	110.0	59.6	149.5	119.2	100.0	53.7
交通和通讯	**92.2**	**98.0**	**83.4**	**92.4**	**87.1**	**91.3**
交通	97.8	102.2	90.7	94.2	92.1	92.3
交通工具	86.1	91.6	70.4	66.4	56.1	80.5
摩托车	87.7	94.8	0.0	54.6	52.1	69.2
自行车	99.9	99.1	79.7	92.1	64.5	92.5
汽车	88.3	90.1	77.6	75.7	43.1	89.1
其它	87.2	86.8	0.0	0.0	80.4	97.3
车用燃料及零配件	110.9	109.9	109.6	119.0	104.2	106.3
汽油	123.4	115.8	121.2	125.1	119.4	117.0
柴油	111.1	109.3	116.6	131.4	115.3	111.3

续上表

云浮	顺德	兴宁	鹤山	廉江	电白	连州	普宁
100.0	98.2	100.0	100.0	100.0	100.0	100.0	83.9
100.0	100.0	197.7	106.9	100.0	100.0	100.0	119.5
100.0	100.1	100.0	101.6	100.0	100.0	100.0	90.0
100.0	128.1	100.0	102.4	122.5	104.2	126.6	91.3
100.0	100.0	100.0	100.0	100.0	100.0	100.0	91.3
109.5	110.1	100.0	100.0	100.0	100.0	0.0	102.5
104.5	110.6	99.3	99.9	88.4	100.0	96.4	93.9
100.4	98.2	99.7	103.0	71.7	100.0	94.1	87.1
97.7	102.1	100.9	90.8	74.1	100.0	76.4	84.1
102.4	97.6	99.5	106.1	68.9	100.0	105.3	91.2
88.2	98.8	96.6	86.5	89.8	98.9	98.4	89.4
84.8	91.5	93.2	92.4	86.3	99.0	98.8	86.2
86.5	101.9	95.6	79.5	88.4	99.2	95.5	95.4
97.9	101.4	98.5	88.1	98.0	98.2	103.1	87.0
94.0	102.7	100.6	102.3	98.9	103.6	89.7	111.2
93.9	111.8	104.8	105.9	101.4	109.1	107.3	123.5
94.8	96.6	94.7	105.9	96.2	100.0	76.3	107.8
98.9	102.0	100.0	88.8	99.4	100.0	93.0	98.7
86.1	97.8	101.7	117.7	93.0	100.0	83.8	76.0
96.1	97.7	104.0	93.8	101.4	100.0	88.6	94.9
167.1	144.2	98.4	110.0	108.4	100.0	100.2	87.3
178.0	122.8	93.0	105.1	100.0	100.0	100.0	77.5
182.6	150.1	101.3	108.8	103.7	100.0	100.0	89.4
104.1	151.4	100.0	117.3	142.5	100.0	100.0	100.0
107.5	**93.9**	**84.5**	**97.5**	**98.3**	**95.6**	**96.2**	**92.3**
115.3	95.6	92.7	107.0	97.0	95.2	92.4	95.4
92.3	87.8	78.9	86.7	80.2	81.6	72.2	84.4
91.8	79.0	71.1	78.6	79.3	75.1	73.9	75.1
85.0	100.0	84.4	99.5	100.0	98.6	67.6	94.6
100.0	92.2	0.0	100.0	100.0	100.0	100.0	62.1
100.0	100.0	80.5	100.0	41.8	97.9	100.0	72.5
112.6	117.5	113.8	118.4	122.7	107.9	111.7	111.2
118.7	123.2	121.9	123.8	128.7	116.2	118.5	136.6
107.3	117.5	116.4	113.0	133.3	107.7	120.9	107.2

(2000 年 = 100)

项　　目	广州	深圳	珠海	汕头	佛山	韶关
零配件	100.0	117.2	91.7	101.9	88.0	105.6
其它	111.8	115.4	109.9	108.0	100.0	106.0
车辆使用及维修	97.8	96.1	110.0	89.0	95.2	91.5
驾驶证	80.2	86.3	107.7	95.5	110.1	90.9
保险费	88.0	97.5	138.9	75.0	83.7	82.5
停车费	95.2	100.0	100.0	90.3	89.4	100.0
车辆修理服务	100.0	100.0	100.0	100.0	100.0	100.0
其它	119.9	105.1	100.0	81.6	100.0	100.0
市区公共交通	98.2	109.0	101.1	100.0	100.0	101.1
公共汽车票	100.0	112.2	100.0	100.0	100.0	100.0
出租汽车	93.2	100.0	104.8	100.0	100.0	102.8
其它	100.0	108.5	100.0	100.0	100.0	101.4
城市间交通	102.9	92.8	99.9	93.6	134.1	107.8
飞机票	111.5	77.1	84.4	116.4	74.3	0.0
火车票	103.2	99.7	100.0	77.9	188.2	99.8
长途汽车	100.6	108.0	111.8	90.3	112.0	114.2
其它	102.8	104.3	101.9	94.4	92.8	113.3
通信	85.8	93.2	100.0	95.0	94.4	95.4
通信工具	39.4	62.5	46.4	44.4	61.5	61.9
固定电话机	86.4	83.9	63.8	76.7	120.7	78.8
移动电话机	21.8	39.4	32.8	27.2	34.5	46.8
BP 机	94.8	82.1	31.8	100.0	96.2	54.1
其它	78.2	77.5	76.4	95.1	61.0	80.1
通信服务	105.8	102.4	111.0	104.4	108.1	108.7
市内电话通话费	136.6	136.6	136.6	136.6	136.6	139.8
长途电话通话费	71.4	71.4	71.4	71.4	87.9	71.4
月租费	105.4	105.4	111.8	100.0	100.0	100.0
信件邮寄	100.0	100.0	100.0	100.0	100.0	100.0
包裹邮寄	100.0	100.0	127.8	100.0	100.0	100.0
其它	83.4	84.3	83.7	92.8	92.8	83.6
娱乐教育文化用品及服务	**90.8**	**97.8**	**98.0**	**98.0**	**93.7**	**100.4**
文娱用耐用消费品及服务	45.1	85.6	77.6	80.4	79.7	81.1
电视机	60.9	73.5	70.8	67.3	82.2	81.0

续上表

河源	梅州	惠州	汕尾	东莞	中山	江门	阳江
94.0	101.8	89.0	101.7	88.1	100.0	102.5	93.0
130.9	101.9	93.8	105.4	97.9	125.4	94.9	66.5
96.6	100.0	102.1	100.0	99.3	92.6	101.9	115.2
89.1	104.5	86.6	100.0	73.6	83.3	99.9	90.7
89.4	95.9	123.7	101.9	100.0	68.9	76.7	64.9
100.0	100.0	100.0	100.0	101.6	122.5	105.2	73.2
100.0	100.0	100.0	98.5	100.0	100.0	115.5	123.8
100.8	100.3	100.0	100.0	105.4	94.9	115.9	73.4
98.6	100.8	78.7	107.9	93.8	105.5	99.2	100.0
96.0	100.0	78.4	100.0	88.3	109.5	100.0	100.0
102.9	104.2	75.1	109.4	100.0	100.0	97.4	100.0
96.8	100.0	100.0	151.3	100.0	106.1	100.0	100.0
93.9	85.4	103.7	103.5	94.3	93.2	110.1	122.1
0.0	111.8	61.4	0.0	0.0	0.0	0.0	100.0
77.6	71.2	104.4	0.0	0.0	0.0	0.0	100.0
108.2	102.1	111.0	101.4	93.3	100.6	105.9	114.2
0.0	84.6	108.6	108.0	95.7	85.4	113.9	171.4
88.8	98.2	98.9	101.7	106.8	97.4	93.9	93.8
50.3	45.0	50.4	64.2	90.4	52.6	57.5	30.9
77.5	96.7	68.7	92.0	100.7	73.2	94.4	63.6
37.1	31.1	37.0	45.1	89.1	31.3	29.2	19.7
49.2	47.1	38.5	55.4	103.7	78.1	106.5	58.1
88.7	76.8	112.0	88.8	93.0	67.6	76.3	66.2
96.8	108.4	105.4	113.2	110.1	109.1	106.6	109.1
125.8	139.8	126.5	139.8	136.6	136.6	142.2	139.8
71.4	71.4	90.4	78.3	90.4	90.4	71.4	71.4
106.1	100.0	100.0	100.0	100.0	106.1	100.3	106.1
100.0	100.0	100.0	100.0	100.0	89.0	100.0	100.0
100.0	100.0	100.0	93.3	100.0	100.0	133.3	101.2
67.0	92.8	92.8	81.1	87.1	84.3	92.8	94.4
100.9	**99.8**	**101.9**	**95.7**	**93.3**	**106.1**	**94.1**	**92.4**
81.9	86.0	63.3	71.5	97.4	76.5	72.2	82.9
75.6	85.9	51.8	70.9	93.3	70.4	59.2	89.4

(2000 年 = 100)

项目	湛江	茂名	肇庆	清远	潮州	揭阳
零配件	89.9	96.7	84.6	97.7	84.7	91.6
其它	98.2	111.8	96.7	118.0	100.0	100.0
车辆使用及维修	101.2	98.3	75.7	106.0	117.6	101.3
驾驶证	92.3	103.3	98.6	104.6	103.5	104.0
保险费	88.2	83.7	55.9	94.2	65.8	100.0
停车费	106.1	77.5	57.7	100.0	141.4	101.0
车辆修理服务	100.0	100.0	64.4	100.0	141.4	100.9
其它	119.0	100.0	121.8	141.4	77.5	100.0
市区公共交通	100.1	104.9	106.4	100.0	106.9	89.8
公共汽车票	100.0	100.0	120.0	100.0	106.1	98.8
出租汽车	100.0	125.7	80.1	100.0	89.4	81.5
其它	107.7	100.0	100.0	100.0	141.9	96.5
城市间交通	108.9	121.8	101.3	122.3	111.4	96.8
飞机票	105.5	0.0	0.0	0.0	0.0	100.0
火车票	102.9	118.2	138.5	0.0	82.3	96.1
长途汽车	114.9	120.6	81.7	122.8	144.8	97.2
其它	131.1	135.0	72.6	117.4	103.5	98.8
通信	88.1	94.5	78.3	90.5	82.4	90.3
通信工具	36.7	67.0	65.7	54.7	55.6	37.6
固定电话机	67.5	75.5	94.7	85.3	69.2	56.0
移动电话机	26.9	61.0	40.8	23.7	38.2	20.7
BP 机	54.8	69.1	37.2	80.0	50.6	20.1
其它	90.2	86.3	80.4	80.9	45.2	94.8
通信服务	106.3	101.1	84.1	101.3	122.6	105.9
市内电话通话费	139.8	128.2	111.8	125.8	159.7	139.8
长途电话通话费	71.4	71.4	71.4	71.4	70.0	71.4
月租费	100.0	100.0	105.0	94.9	106.1	100.0
信件邮寄	100.0	100.0	100.0	100.0	100.0	100.0
包裹邮寄	100.0	100.0	100.0	100.0	100.0	112.5
其它	117.0	62.1	73.7	79.9	89.4	99.0
娱乐教育文化用品及服务	**96.6**	**105.0**	**96.0**	**86.7**	**111.7**	**90.2**
文娱用耐用消费品及服务	65.3	78.1	69.8	69.6	69.1	85.7
电视机	66.6	70.8	61.4	64.2	57.2	73.6

续上表

云浮	顺德	兴宁	鹤山	廉江	电白	连州	普宁
100.0	100.0	100.9	94.4	102.8	97.1	96.2	93.8
107.1	100.0	101.9	112.2	94.3	100.0	97.8	100.0
103.4	88.7	95.6	102.2	89.4	100.0	100.0	98.4
106.7	103.7	103.9	109.0	90.1	100.0	100.0	97.0
97.1	68.2	70.2	107.9	75.1	100.0	100.0	94.4
100.0	100.0	100.0	90.2	82.9	100.0	100.0	100.0
100.0	100.0	100.0	93.2	100.0	100.0	100.0	100.0
122.5	103.3	84.5	101.0	101.2	100.0	100.0	100.0
103.6	100.0	92.5	108.4	96.4	100.3	102.8	100.0
100.0	100.0	87.0	100.0	100.0	100.0	100.0	100.0
100.0	100.0	100.0	129.4	79.9	100.7	100.0	100.0
118.6	100.0	100.0	100.0	100.0	100.0	105.0	100.0
214.8	118.6	109.8	118.7	103.3	97.1	103.6	107.0
100.0	0.0	0.0	100.0	96.7	0.0	0.0	0.0
100.0	0.0	81.5	100.0	99.6	0.0	0.0	0.0
221.9	122.0	121.8	116.3	103.1	94.4	104.7	112.7
209.5	105.0	121.9	127.8	109.1	100.7	101.4	100.0
100.3	91.5	76.7	88.0	100.6	95.8	98.3	89.2
79.4	60.8	42.7	72.4	63.1	52.7	37.2	40.8
72.0	93.2	59.9	93.3	91.4	86.0	50.9	82.1
81.4	55.4	21.8	64.9	27.6	26.6	21.4	16.3
40.0	76.9	29.4	39.5	68.4	81.3	15.4	66.7
84.9	92.6	72.3	100.0	90.9	93.5	59.7	55.9
107.8	96.6	101.1	99.5	106.0	102.5	113.9	100.1
125.8	136.6	139.8	136.6	128.8	139.8	136.6	123.7
86.0	71.4	78.3	71.4	68.6	71.4	90.4	71.4
106.1	106.1	95.3	100.0	94.9	100.0	100.0	100.0
100.0	100.0	100.0	100.0	100.0	100.0	100.0	100.0
100.0	135.8	100.0	100.0	100.0	100.0	100.0	100.0
100.0	75.9	90.6	82.9	92.8	100.0	100.0	89.6
86.5	**100.5**	**104.5**	**98.5**	**94.3**	**91.2**	**94.2**	**83.2**
90.0	91.6	84.4	87.0	77.7	68.2	73.0	64.7
93.0	92.9	79.7	83.0	64.9	66.2	58.0	57.3

（2000 年 = 100）

项　　目	广州	深圳	珠海	汕头	佛山	韶关
影碟机	60.1	72.6	65.0	87.2	64.7	79.5
摄像机	67.8	85.7	93.9	91.3	95.5	100.0
照相机	78.0	82.9	79.1	96.8	91.2	97.3
音响	68.8	90.6	88.2	97.2	95.1	88.4
收音（录）机	93.9	86.2	85.3	101.5	92.2	89.2
电脑	20.2	87.8	79.8	73.3	73.6	65.2
修理服务费	100.0	112.6	94.8	100.0	100.0	100.0
其它	70.1	98.8	67.2	91.1	84.3	90.0
教育	111.1	127.7	111.5	105.2	107.1	115.2
教材及参考书	117.8	105.6	108.7	104.5	117.0	117.5
工具书	118.6	121.8	104.4	102.9	102.9	104.8
教材	119.8	100.5	113.4	109.5	132.1	124.0
参考书	111.1	100.1	106.7	100.0	94.5	116.8
学杂托幼费	111.0	130.2	112.8	105.3	105.9	114.9
义务教育杂费	107.1	100.0	80.3	97.0	100.9	100.1
其它教育学杂费	114.7	127.0	125.0	112.4	108.2	120.1
托幼费	102.7	228.3	139.3	100.0	105.4	127.4
文化娱乐用品	110.9	105.7	104.5	104.3	103.3	101.2
文化娱乐	98.6	106.0	96.2	97.2	96.9	96.7
乐器	102.4	110.9	95.3	100.6	100.2	92.5
音响光盘和磁带	84.6	110.3	106.1	100.0	95.8	90.0
照相胶卷	91.5	86.5	92.1	80.1	85.9	101.4
录像磁带和视盘	97.0	103.2	102.3	95.0	97.9	94.7
儿童玩具	106.1	113.1	86.2	100.0	98.9	106.3
纸张用品	105.0	117.3	100.7	101.0	102.4	99.2
文具	99.0	90.3	95.6	97.3	103.2	92.6
体育用品	98.4	110.1	108.1	103.5	92.1	93.6
其它	97.9	117.4	89.6	86.7	97.8	94.9
书报杂志	106.1	107.0	100.4	102.0	117.9	101.4
书籍	100.0	104.8	100.4	100.0	105.9	98.3
报纸	120.6	116.1	102.7	105.7	146.9	105.7
杂志	100.0	100.0	96.9	100.0	107.5	100.0
文娱费	125.9	103.4	113.9	111.4	100.0	104.5

续上表

河源	梅州	惠州	汕尾	东莞	中山	江门	阳江
61.5	89.7	48.4	73.4	87.7	81.2	90.3	63.1
60.7	80.8	100.7	97.9	94.2	65.4	87.4	99.8
84.0	78.9	105.2	79.6	86.3	73.3	86.4	72.5
103.6	100.9	98.9	86.5	87.9	79.9	70.8	97.1
72.6	100.0	89.7	92.2	97.6	95.0	82.8	101.9
87.4	75.5	53.3	64.4	101.1	78.8	68.7	62.1
106.9	97.9	67.0	103.3	101.3	89.4	106.3	93.0
92.7	91.6	93.9	85.8	88.6	71.7	91.3	85.3
122.3	111.4	127.6	105.9	96.4	136.8	111.4	100.2
91.9	100.6	110.8	107.2	100.0	117.5	111.8	126.9
100.5	101.5	100.0	100.0	100.0	95.5	97.3	101.0
77.9	100.3	122.3	114.8	100.0	121.8	119.6	124.6
108.9	100.0	100.0	99.7	100.0	132.5	116.0	159.7
128.0	112.6	131.2	105.1	95.6	138.3	112.9	94.7
123.9	112.3	114.6	82.8	83.7	97.4	118.2	89.9
114.4	111.3	159.6	114.0	97.3	145.0	106.5	90.1
165.4	120.8	106.5	95.7	100.0	198.1	123.4	132.2
97.8	102.7	95.2	102.9	96.6	92.2	105.3	100.2
93.2	98.5	88.8	97.1	94.3	81.9	94.6	100.9
103.6	96.3	106.1	103.8	104.8	70.4	89.7	90.7
90.5	80.5	84.4	86.8	99.2	81.6	105.8	100.0
96.3	102.5	102.3	92.2	92.1	87.1	84.7	84.7
78.4	100.0	59.8	100.0	100.9	99.7	78.0	100.0
95.6	100.0	58.7	93.7	90.5	77.7	85.6	106.8
91.8	100.0	132.6	100.0	64.7	63.1	87.8	100.6
95.0	100.0	103.4	98.0	96.5	53.2	117.0	114.7
94.6	100.0	117.0	89.8	83.9	89.7	89.1	103.3
91.3	100.0	103.9	97.9	99.2	124.6	142.9	95.7
102.4	104.2	104.0	112.5	102.8	97.3	109.1	112.4
93.8	100.0	100.0	101.8	100.0	81.6	103.8	101.0
103.6	110.7	109.6	135.5	108.6	99.8	117.6	123.3
109.8	102.1	105.5	100.5	101.3	100.6	102.1	103.4
100.0	106.0	99.3	100.0	97.0	105.3	118.1	95.3

(2000 年 = 100)

项　　目	湛江	茂名	肇庆	清远	潮州	揭阳
影碟机	56.8	66.3	48.7	63.7	67.5	96.0
摄像机	79.2	95.3	71.7	84.3	85.3	100.0
照相机	94.2	101.9	62.3	81.8	90.6	100.2
音响	86.8	119.1	84.5	65.1	63.4	93.0
收音（录）机	91.3	107.8	59.3	49.6	91.1	102.0
电脑	44.5	60.4	71.9	77.1	79.7	94.2
修理服务费	100.0	65.3	93.8	100.0	100.0	102.1
其它	82.8	100.2	82.9	90.6	77.6	94.9
教育	103.1	128.0	110.9	101.5	142.7	89.2
教材及参考书	106.3	117.7	101.6	95.0	113.9	96.5
工具书	114.5	100.0	86.2	100.1	84.6	100.0
教材	106.4	116.2	113.0	93.7	131.9	93.3
参考书	97.4	134.4	104.1	97.4	108.1	98.9
学杂托幼费	102.7	129.9	113.0	102.9	144.9	88.6
义务教育杂费	109.4	162.7	118.8	100.0	119.0	59.9
其它教育学杂费	99.1	112.5	111.9	103.7	168.6	106.0
托幼费	98.9	119.5	100.0	104.7	125.0	100.0
文化娱乐用品	101.4	95.1	110.6	98.4	106.2	107.9
文化娱乐	92.9	88.3	105.8	96.7	98.3	97.9
乐器	96.5	101.0	106.3	97.0	96.0	99.6
音响光盘和磁带	78.7	60.9	98.9	100.0	100.0	87.8
照相胶卷	90.7	90.0	95.3	99.2	90.6	101.7
录像磁带和视盘	88.1	83.3	94.6	100.0	90.9	98.6
儿童玩具	98.6	73.7	100.0	94.7	100.7	92.4
纸张用品	97.0	118.0	118.0	85.7	106.1	100.0
文具	89.8	90.3	132.5	100.0	90.9	94.8
体育用品	94.7	92.5	100.6	100.0	95.9	108.4
其它	99.8	55.8	113.1	100.0	100.0	96.2
书报杂志	111.7	105.1	115.4	99.4	105.7	102.6
书籍	105.1	101.8	110.5	91.7	100.0	100.0
报纸	117.9	109.2	122.1	105.7	115.3	105.7
杂志	100.0	100.0	100.6	98.0	98.7	104.5
文娱费	104.9	96.9	114.7	100.0	114.6	125.1

续上表

云浮	顺德	兴宁	鹤山	廉江	电白	连州	普宁
93.3	95.7	78.9	79.5	58.3	65.2	74.4	92.4
100.0	95.8	0.0	100.0	100.0	100.0	100.0	100.0
102.0	98.2	100.0	97.5	95.1	100.0	87.4	85.6
96.7	96.8	89.0	87.0	70.6	78.5	74.8	73.7
85.2	99.0	85.4	94.5	85.9	100.0	95.7	91.3
71.4	80.9	60.8	100.0	100.0	84.2	76.0	49.1
128.2	89.8	100.0	103.8	100.0	100.0	100.0	100.0
86.3	88.8	103.1	100.0	97.4	84.8	89.5	76.7
78.6	122.4	113.9	110.1	105.5	92.7	98.9	94.8
100.0	106.4	101.8	113.3	119.8	103.4	100.0	90.1
100.0	95.4	100.0	100.0	100.0	100.0	100.0	100.0
100.0	121.1	97.5	121.6	125.2	105.2	100.0	88.1
100.0	100.0	111.9	110.5	123.9	100.0	100.0	85.4
73.7	125.0	116.8	106.4	98.7	92.0	98.7	95.4
59.9	93.4	115.8	112.7	98.5	90.8	77.2	85.7
98.5	103.2	119.7	111.5	102.2	91.7	141.6	101.4
100.0	160.9	91.3	101.6	96.2	100.0	105.4	100.0
99.8	104.0	100.9	103.2	98.5	103.3	102.1	95.2
98.0	95.8	95.7	102.9	92.3	99.4	97.8	87.2
102.6	100.1	100.0	100.3	99.4	98.3	90.5	85.8
100.0	79.3	86.6	94.5	83.6	94.1	100.0	55.0
97.9	90.5	88.3	101.9	97.3	100.0	100.0	103.7
97.5	93.2	100.0	91.6	73.8	100.0	100.0	69.1
89.5	100.4	94.0	101.5	95.9	100.0	93.6	72.6
100.0	93.5	93.5	133.5	97.9	102.5	96.3	97.5
103.6	99.2	104.4	106.2	108.5	100.0	97.9	92.7
96.9	100.0	96.6	105.8	78.2	98.6	104.3	113.7
98.8	99.4	100.0	91.1	103.9	92.2	92.4	88.1
100.0	116.5	105.7	105.8	100.0	105.6	100.1	100.4
100.0	109.3	104.5	100.0	100.0	100.0	100.0	100.0
100.0	126.6	110.7	111.8	100.0	115.0	100.0	99.6
100.0	99.5	100.0	100.0	100.0	100.0	100.0	102.4
101.8	105.8	103.4	100.0	106.5	105.5	109.2	100.0

(2000 年 = 100)

项　　目	广州	深圳	珠海	汕头	佛山	韶关
录像电影票	112.1	119.4	111.8	100.0	100.0	126.5
公园门票	208.5	109.5	100.0	124.3	100.0	89.4
有线电视	104.7	100.0	128.1	117.7	100.0	104.8
健身活动	100.0	100.0	119.0	100.0	100.0	110.5
其它	135.5	95.6	103.1	100.0	100.0	88.7
旅游及外出	90.9	74.3	78.8	88.3	78.5	86.0
旅行社收费	86.0	64.3	74.5	89.9	73.8	86.1
宾馆住宿	111.3	103.8	65.8	79.8	111.1	79.6
其它住宿	115.3	109.7	114.2	76.3	94.3	93.7
居住	**106.7**	**109.0**	**102.2**	**101.1**	**99.6**	**106.7**
建房及装修材料	105.6	109.2	101.6	105.6	106.7	111.2
木材	109.1	110.1	98.2	100.0	113.5	105.6
砖	100.9	108.0	103.2	98.1	122.4	97.6
水泥	107.8	105.2	95.9	103.3	120.6	109.9
涂料	97.4	99.4	99.0	104.1	96.9	102.9
胶合板	106.8	127.2	88.5	98.6	93.3	112.2
玻璃	87.1	132.1	109.2	103.0	82.7	109.6
粘胶	92.0	94.2	92.9	101.3	89.4	90.4
油漆	109.7	94.0	100.5	104.0	98.9	97.2
其它	123.4	101.8	146.4	120.2	103.5	126.8
租房	124.2	129.7	100.0	100.0	100.0	100.0
房租	123.9	140.3	100.0	100.0	100.0	100.0
其它费用	122.5	109.2	100.0	100.0	100.0	100.0
自有住房	94.5	106.1	94.1	99.0	91.8	92.0
房屋贷款利率	89.8	102.9	90.9	98.8	90.9	90.2
维护修理费用	100.0	100.0	105.2	100.0	100.0	100.0
其它	100.0	145.0	107.5	104.4	105.0	100.0
水、电、燃料	104.9	98.1	107.2	101.0	101.9	114.0
水	157.7	126.9	124.8	115.7	131.0	169.2
电	93.8	87.2	95.5	94.0	92.5	91.0
液化石油气	119.3	118.0	117.6	106.7	98.6	120.3
管道燃气	102.3	104.6	100.0	111.6	111.2	128.1
其它燃料	106.4	100.3	115.0	149.8	100.6	106.0

续上表

河源	梅州	惠州	汕尾	东莞	中山	江门	阳江
100.0	100.0	100.0	100.0	100.0	104.2	105.4	117.4
100.0	100.0	100.0	100.0	100.0	100.0	125.2	50.0
100.0	121.4	100.0	100.0	104.7	115.6	107.9	100.0
100.0	100.0	93.5	100.0	82.3	100.0	125.0	106.1
100.0	95.5	99.1	100.0	100.0	100.0	158.8	104.3
81.6	88.6	89.8	89.8	80.4	73.8	67.7	70.3
78.4	87.9	86.7	88.7	80.0	70.6	65.0	66.3
72.2	86.8	109.4	99.5	103.3	100.8	84.2	91.0
117.4	95.8	95.9	87.8	89.4	94.9	77.3	84.1
102.0	**107.8**	**103.4**	**108.1**	**104.3**	**108.6**	**106.6**	**104.9**
100.0	105.2	106.2	111.5	99.5	107.9	95.7	102.0
99.8	96.6	107.9	104.2	109.6	101.3	96.1	109.1
92.7	101.3	102.0	106.7	76.5	100.2	84.1	73.8
143.8	113.1	111.3	112.4	128.7	121.2	104.0	113.3
87.2	96.3	112.9	100.0	92.4	99.0	103.3	97.5
83.5	99.0	92.6	101.2	78.0	99.1	102.2	90.9
82.1	107.0	87.7	113.5	97.8	95.3	98.5	84.7
105.3	93.6	108.2	98.6	87.0	101.4	101.8	109.9
100.0	94.8	123.1	102.5	98.1	112.4	99.9	99.8
123.8	118.5	113.6	129.3	124.8	123.3	102.7	129.0
107.3	120.9	103.2	123.0	93.3	123.1	123.2	118.4
115.7	127.3	106.1	124.8	100.0	135.6	127.4	115.6
100.0	100.0	100.0	105.4	79.1	100.0	104.4	182.4
100.3	97.1	101.0	100.9	101.4	97.7	92.2	103.2
100.8	90.9	104.5	100.8	101.1	97.7	89.2	100.8
105.4	100.0	100.0	100.0	100.0	97.0	100.0	100.0
84.8	110.4	75.3	106.9	103.5	100.0	103.2	132.3
103.2	110.7	102.2	104.6	110.9	108.3	113.0	102.8
86.7	147.7	122.4	100.0	141.3	135.7	142.0	107.8
92.8	92.7	92.9	96.1	96.9	97.5	94.0	91.8
121.9	118.6	116.7	119.0	123.6	110.2	131.7	109.1
0.0	100.0	91.7	0.0	0.0	111.6	129.3	100.0
103.9	129.2	106.3	119.3	110.7	113.3	106.5	114.1

(2000 年 =100)

项　　目	湛江	茂名	肇庆	清远	潮州	揭阳
录像电影票	108.4	97.2	134.2	79.1	132.2	95.6
公园门票	61.5	75.0	129.1	100.0	141.0	160.9
有线电视	110.2	102.4	123.1	106.3	121.4	141.7
健身活动	121.3	111.8	100.0	84.5	100.0	104.6
其它	100.0	81.6	81.3	200.0	70.7	99.3
旅游及外出	102.5	83.3	98.1	82.8	84.5	80.8
旅行社收费	101.6	82.1	77.9	70.0	74.0	77.1
宾馆住宿	108.4	68.3	96.1	82.3	106.5	102.7
其它住宿	101.7	108.7	130.5	87.2	67.3	99.7
居住	**106.9**	**111.4**	**105.8**	**106.1**	**109.1**	**107.2**
建房及装修材料	110.5	111.5	104.2	102.0	106.9	108.3
木材	107.0	92.8	100.1	91.7	91.1	100.0
砖	94.3	135.5	96.4	83.0	100.8	110.0
水泥	124.0	91.9	125.4	126.0	124.0	135.5
涂料	98.1	103.6	106.4	88.6	100.1	104.7
胶合板	107.1	116.6	69.7	84.6	116.2	102.3
玻璃	113.7	128.4	118.7	95.1	95.0	102.3
粘胶	94.4	102.8	115.0	89.4	85.3	104.5
油漆	88.0	104.1	87.1	92.8	89.4	106.8
其它	134.0	109.6	130.4	135.7	110.4	112.1
租房	101.8	100.0	125.7	102.1	113.7	100.0
房租	100.0	100.0	100.0	100.0	100.0	100.0
其它费用	127.1	100.0	150.0	106.9	191.5	100.0
自有住房	104.4	104.5	94.8	101.6	95.7	100.2
房屋贷款利率	103.2	104.7	91.8	102.5	100.8	100.4
维护修理费用	103.3	115.2	100.0	100.0	100.0	100.0
其它	120.9	112.1	106.1	107.3	28.2	94.5
水、电、燃料	108.1	117.2	109.8	113.2	114.8	112.3
水	124.2	104.9	123.3	131.1	150.0	158.8
电	91.8	94.1	94.5	96.9	96.2	96.3
液化石油气	117.7	146.6	128.1	109.9	105.2	121.1
管道燃气	141.5	147.9	108.0	113.7	104.4	127.3
其它燃料	121.6	115.7	106.3	116.2	144.0	109.6

续上表

云浮	顺德	兴宁	鹤山	廉江	电白	连州	普宁
109.5	100.0	100.0	100.0	100.0	100.0	100.0	100.0
89.4	115.8	100.0	100.0	100.0	100.0	100.0	100.0
100.0	100.0	111.7	100.0	119.0	110.2	116.7	100.0
109.5	100.0	100.0	100.0	100.0	100.0	100.0	100.0
100.0	111.8	110.8	100.0	100.0	100.0	100.0	100.0
96.9	83.9	96.6	88.9	93.8	103.8	124.7	89.1
93.9	72.4	99.6	86.6	84.8	108.0	120.3	79.5
122.4	105.5	84.3	76.6	88.9	100.0	110.9	98.5
84.9	111.3	100.0	100.0	100.0	100.0	143.0	100.0
107.1	**101.8**	**113.0**	**108.5**	**106.1**	**105.9**	**104.8**	**114.8**
109.9	101.9	107.6	101.5	108.9	104.0	115.6	101.0
107.2	99.9	107.2	94.6	101.6	99.4	122.9	100.9
110.5	103.1	99.9	76.5	84.5	101.6	111.3	117.4
142.8	97.1	131.5	134.1	103.8	103.0	142.0	88.5
124.1	98.3	96.2	100.0	99.8	100.8	99.8	97.9
108.9	103.3	103.4	96.9	99.2	98.8	88.0	80.8
100.6	100.1	103.0	85.4	129.5	99.2	94.6	101.7
100.5	102.0	98.2	100.0	100.0	105.1	99.3	81.0
94.4	100.3	95.5	100.0	103.0	101.4	97.4	101.6
101.9	111.8	117.3	119.4	128.9	122.6	134.6	99.8
102.7	114.7	132.2	148.5	100.0	130.5	92.4	100.0
100.0	119.7	137.9	151.4	100.0	142.9	89.0	100.0
111.6	100.0	100.0	125.4	100.0	111.8	100.0	100.0
101.6	94.4	97.2	100.5	96.6	105.0	98.4	105.2
100.2	93.6	90.9	100.8	80.3	100.1	100.0	108.5
100.0	100.0	100.0	100.0	100.0	100.0	100.0	100.0
120.0	94.7	98.0	98.6	101.4	108.1	95.3	100.0
109.8	101.6	115.5	101.0	104.0	100.5	103.6	140.6
130.8	125.6	100.0	101.6	100.0	100.0	121.4	128.5
97.8	90.7	94.1	88.6	87.8	87.5	100.0	79.9
122.5	108.9	111.1	109.3	120.0	114.6	103.2	148.9
104.1	110.0	0.0	100.0	0.0	100.0	0.0	100.0
106.1	102.1	127.2	111.8	110.4	102.7	101.2	163.2

2004年商品零售价格分类指数

（2002年=100）

项　　目	全省	城市	农村
商品零售价格总指数	**102.5**	**101.7**	**104.0**
食品类	**108.4**	**107.8**	**109.6**
粮食	118.4	115.6	122.7
大米	123.9	121.9	126.6
面粉	117.5	108.3	130.1
粮食制品	106.1	104.5	109.1
其它	117.4	114.0	122.3
淀粉及薯类	104.3	105.4	102.8
干豆类及豆制品	110.6	107.1	116.5
干豆	113.3	111.0	116.5
豆制品	109.5	105.7	116.3
油脂	123.0	118.6	131.2
植物油脂	125.7	121.3	133.8
植物油制品	115.6	114.1	120.3
其它	122.7	111.0	133.6
肉禽及其制品	113.2	112.4	114.3
食用畜肉及副产品	118.4	117.4	119.7
猪肉	120.9	119.6	122.9
牛肉	128.5	126.2	131.0
羊肉	102.5	102.6	102.3
畜肉副产品	116.1	117.6	113.3
其它	103.9	103.7	104.2
禽	106.7	106.6	106.9
鸡	105.8	105.8	105.6
鸭	112.3	112.1	112.6
其它	103.4	103.4	103.2
肉禽加工制品	104.6	104.6	104.6
畜肉制品	105.2	106.0	103.9
禽制品	103.9	103.1	105.9
蛋	116.3	117.6	113.5
鲜蛋	117.1	118.4	114.3
蛋制品	111.8	113.2	108.4

续上表

（2002 年 =100）

项　　目	全 省	城 市	农 村
水产品	109.6	110.4	107.9
鱼	111.5	113.8	107.7
淡水鱼	113.1	115.9	109.3
海水鱼	108.4	110.6	104.1
其它水产品	106.6	106.1	108.2
菜	103.6	103.2	104.5
鲜菜	104.2	103.5	105.5
干菜及菜制品	99.8	101.0	98.0
调味品	101.7	101.7	101.7
盐	101.5	100.5	102.7
酱油	104.8	104.2	105.5
醋	103.3	104.2	101.5
味精	95.5	98.0	91.9
其它	100.9	100.9	100.7
糖	101.0	100.8	101.4
食糖	97.1	98.5	94.9
糖果	104.0	102.3	106.6
巧克力制品	102.3	101.1	106.1
糖制小食品	98.9	101.1	96.0
干鲜瓜果	103.9	103.0	105.7
鲜果	101.6	101.3	102.2
干（坚）果及瓜果制品	113.5	110.7	117.5
糕点饼干面包	102.6	103.0	101.7
糕点	100.9	100.7	101.3
饼干	103.9	105.7	100.4
面包	103.5	103.5	103.4
奶及奶制品	100.7	99.4	104.5
鲜奶	97.6	95.4	108.6
奶粉	105.1	105.4	104.4
其它	98.7	99.4	97.1
在外用膳食品	102.2	103.6	98.9
主食	103.6	104.8	100.8
炒菜	102.0	103.3	98.8

续上表

(2002 年 =100)

项　　目	全　省	城　市	农　村
地方小吃	101.0	103.1	96.5
其它食品	102.1	101.2	103.9
饮料、烟酒	**102.2**	**102.8**	**101.4**
茶及饮料	100.4	101.9	98.4
茶叶	102.1	104.1	98.8
饮料	99.1	100.0	98.1
固体饮料	99.2	100.9	96.8
液体饮料	98.3	99.4	97.2
冷冻饮品	100.9	100.5	101.3
烟草	103.2	102.3	104.4
国产卷烟	103.3	101.9	104.9
进口卷烟	101.5	101.0	102.9
其它	105.9	109.4	102.0
酒	103.0	105.4	101.3
白酒	106.4	109.6	104.1
果酒	100.6	104.9	96.2
啤酒	100.3	99.8	100.8
其它	101.7	106.4	98.0
服装、鞋帽类	**96.1**	**96.4**	**95.5**
服装	96.9	97.5	95.7
男式服装	94.4	95.2	92.4
大衣	94.9	94.2	96.0
毛线衣	91.2	91.5	89.8
夹克衫	94.0	98.9	86.5
衬衫	94.9	97.0	90.9
裤子	92.5	92.3	92.3
西服	95.7	97.8	90.8
运动衫裤	97.0	98.8	93.0
内衣	98.5	98.8	97.7
羽绒衣	91.8	91.8	91.6
其它	88.6	83.6	96.8
女式服装	98.7	99.1	97.7
大衣	91.5	91.4	91.2

续上表

（2002年=100）

项　　目	全　省	城　市	农　村
毛线衣	97.5	97.4	97.0
羽绒衣	97.6	100.1	93.1
套装	91.1	87.4	98.6
衬衫	105.5	106.4	105.0
裙子	102.3	103.9	98.1
裤子	101.4	103.7	96.8
运动衫裤	97.2	97.0	98.4
内衣	100.9	102.7	94.4
其它	102.8	103.3	101.9
儿童服装	97.8	97.9	97.5
套装	97.2	96.0	98.6
裤子	101.1	101.2	101.3
裙子	93.5	94.6	90.6
其它	102.6	107.6	99.0
鞋袜帽	94.5	93.1	97.2
鞋	94.1	92.4	97.6
男鞋	94.7	94.5	95.1
女鞋	91.2	88.9	96.5
童鞋	98.4	96.0	102.0
袜子	96.2	97.3	94.8
男袜	95.9	97.0	93.6
女袜	96.4	97.3	95.4
帽子	96.4	94.4	99.9
男帽	97.1	95.4	100.3
女帽	95.9	93.7	99.7
其它	93.0	96.0	90.3
领带	93.0	96.0	90.3
纺织品类	**98.5**	**97.4**	**100.2**
衣着材料	101.1	98.5	103.4
棉布	101.6	96.4	104.5
棉花化纤混纺布	104.3	107.3	102.3
化纤布	105.0	101.7	107.8
毛织品	95.6	93.2	100.5

续上表

(2002 年 = 100)

项　　目	全　省	城　市	农　村
丝织品	100.4	100.5	100.3
毛线	99.5	100.2	98.4
其它	92.7	85.6	101.9
床上用品	97.4	97.0	98.2
毛毯	98.2	99.7	96.6
床单	100.9	100.2	102.5
床罩	96.4	95.7	97.6
被套	94.6	93.1	99.0
其它	98.1	98.4	97.6
家用电器及音像器材	**89.9**	**88.5**	**93.0**
家庭设备	92.6	91.6	95.2
洗衣机	96.6	96.1	97.5
电风扇	97.1	97.8	96.4
电冰箱（柜）	93.7	93.2	94.7
抽排油烟机	97.9	99.1	95.2
空调器	83.0	80.4	91.1
电热水器	96.6	95.9	98.6
微波炉	95.7	95.7	95.6
电炊具	97.8	97.5	98.7
饮水机	91.8	89.5	95.1
其它	96.0	95.9	96.1
文娱用耐用消费品	86.5	83.9	91.1
电视机	84.1	80.4	90.1
影碟机	86.0	84.0	89.5
摄像机	87.5	85.9	99.2
音响	89.4	89.5	89.4
收音（录）机	95.7	95.7	95.7
其它	89.3	85.2	100.3
音像器材类	92.2	91.8	93.4
专业音响器材	98.1	98.8	96.3
专业声像器材	84.3	82.0	89.8
文化办公用品	**90.7**	**88.8**	**94.5**
纸张用品	101.5	102.2	99.4

续上表

（2002 年 =100）

项　　目	全　省	城　市	农　村
文具	97.9	97.2	99.1
电脑及配件	79.0	74.5	93.3
打印机及配件	92.6	93.0	91.9
扫描仪	88.8	90.1	86.2
复印机	95.4	95.8	95.1
电子辞典	93.6	95.4	90.0
计算器	97.9	98.7	97.0
教学设备	92.8	97.0	81.3
其它	92.6	96.0	87.5
日用品	**99.5**	**99.9**	**98.6**
日用百货	98.5	97.9	99.8
自行车	99.2	99.1	99.2
雨具	98.0	96.3	101.8
剃须刀具	100.7	101.4	99.4
电池	95.9	94.3	100.3
卫生纸	98.2	98.6	97.4
卫生巾	98.0	96.0	102.3
其它	101.0	102.2	95.3
日用杂品	98.5	99.9	96.2
茶具	101.0	100.3	101.9
餐具	95.6	100.6	88.0
厨具	98.8	99.1	98.3
其它	99.5	99.4	100.0
洗涤用品	100.6	100.6	100.8
洗衣粉	100.7	101.1	100.0
肥皂类	102.8	105.4	97.6
牙膏	100.2	98.4	104.6
清洁洗涤剂	98.8	98.4	100.1
其它日用品	100.5	101.3	98.5
燃气灶具	105.0	108.5	99.1
儿童玩具	100.6	101.1	98.8
照明器具	99.1	99.2	99.1
钟表眼镜及配件	98.5	98.9	97.9

续上表

(2002 年 = 100)

项　　目	全　省	城　市	农　村
日用普通饰品	97.2	95.8	101.1
日用皮革制品	94.5	93.3	99.7
其它	110.6	115.5	94.8
体育娱乐用品	**97.9**	**97.3**	**99.8**
体育用品	100.6	100.6	100.8
球类	101.0	100.6	101.8
棋牌	100.9	101.0	100.5
健身器材	100.2	100.3	99.9
娱乐用品	95.3	94.4	98.6
游艺器材	98.6	98.0	100.4
照相器材	90.7	88.0	98.0
乐器	101.9	102.5	98.8
交通、通信用品	**83.3**	**81.3**	**87.5**
交通运输机械	91.9	92.4	90.8
轿车	91.0	89.8	95.3
客车	95.1	97.0	88.2
货车	92.4	93.5	90.4
摩托车	90.4	92.1	88.8
其它	93.4	91.6	98.4
通讯器材类	74.8	70.6	84.1
固定电话机	91.7	92.2	91.2
移动电话机	60.3	56.4	72.3
传真机	88.5	83.5	93.5
其它	91.6	90.5	96.6
家具	**97.4**	**95.7**	**100.1**
成套家具	96.3	93.8	98.9
床	96.4	94.2	99.9
桌	100.2	99.8	100.8
椅	95.3	94.8	96.5
沙发	97.7	95.2	102.5
其它	100.2	99.4	101.4
化妆品类	**98.1**	**97.7**	**99.1**
护肤品	100.4	102.4	96.3

续上表

（2002 年 = 100）

项　　目	全　省	城 市	农　村
美容品	91.8	89.0	100.4
护发美容品	100.7	99.7	103.0
清洁化妆用品	96.8	97.0	96.3
药物美容用品	97.9	96.3	104.3
金银珠宝类	**123.2**	**122.7**	**124.6**
金饰品	130.4	130.5	130.1
银饰品	109.9	111.6	106.5
铂金饰品	125.2	122.7	132.4
其它	104.7	104.8	104.7
中西药品及医疗保健用品类	**100.1**	**98.7**	**102.7**
医疗器具及用品	103.2	98.6	108.1
中药材及中成药	106.1	103.4	111.5
中药材	112.6	108.1	121.9
中成药	98.4	97.6	100.0
西药	95.9	94.7	97.8
胃药	99.2	97.4	102.4
感冒药	102.9	101.7	105.0
抗菌药针剂	92.5	88.7	100.0
抗菌药片剂	89.3	89.3	89.4
止泻药	101.3	100.5	102.7
外用药	105.3	104.8	106.0
心血管病用药	93.4	93.8	92.4
其它	99.2	99.7	98.3
保健器具及用品	98.1	99.4	94.7
保健器具	96.9	97.8	94.8
滋补保健用品	98.3	99.6	94.7
书报杂志及电子出版物类	**101.8**	**103.4**	**98.9**
教材及参考书	104.9	107.6	100.2
工具书	103.4	105.1	100.0
教材	105.2	109.3	99.4
参考书	105.8	107.5	101.9
书报杂志	101.2	101.7	100.1
书籍	100.9	101.2	100.4

续上表

(2002 年 = 100)

项　　目	全 省	城 市	农 村
报纸	101.9	102.9	99.9
杂志	100.3	100.4	100.1
电子音像制品	96.3	98.2	93.2
音响光盘和磁带	93.4	96.1	88.5
录像磁带和视盘	98.2	100.2	95.2
计算机软件	96.5	97.5	95.4
燃料类	**127.7**	**124.9**	**134.6**
煤炭及制品类	101.9	94.3	117.6
原煤	97.5	81.8	125.4
煤制品	106.6	102.6	114.4
石油及制品类	127.8	125.0	134.7
液化石油气	138.5	134.4	148.0
管道燃气	108.6	108.4	130.7
汽油	124.7	123.4	127.2
柴油	120.6	121.2	119.6
其它	107.7	109.3	105.0
建筑材料及五金电料类	**105.7**	**106.1**	**104.7**
建筑装璜材料	107.4	108.1	106.0
木材	105.0	107.6	99.8
砖	102.3	100.5	104.9
水泥	110.9	112.1	109.5
涂料	100.1	99.9	100.7
胶合板	110.9	115.5	102.1
玻璃	106.6	103.5	111.0
粘胶	96.6	96.2	97.8
油漆	102.7	103.4	101.0
其它	121.2	125.6	113.8
五金电料类	100.5	100.7	99.8
五金工具	101.8	103.5	98.1
电工电料	100.1	100.0	100.6
水暖器材	99.6	99.7	99.4
其它	100.0	98.7	104.6

2004年各月全省商品零售价格分类指数

（2002年=100）

项　　目	1月	2月	3月	4月	5月	6月	7月	8月	9月	10月	11月	12月
商品零售价格总指数	**101.4**	**101.7**	**102.0**	**102.9**	**102.2**	**101.8**	**102.2**	**102.7**	**103.6**	**103.4**	**103.1**	**102.8**
食品类	**104.9**	**105.9**	**106.9**	**109.2**	**107.5**	**107.0**	**108.9**	**109.8**	**112.3**	**110.0**	**109.3**	**109.0**
粮食	108.4	111.2	119.8	121.1	120.0	120.4	120.3	120.0	120.3	120.0	119.9	119.9
大米	110.0	114.2	126.3	128.0	126.3	126.7	126.5	125.9	126.1	125.7	125.5	125.3
面粉	110.1	112.5	117.9	119.3	118.9	119.2	119.0	118.8	119.1	118.9	118.4	117.9
粮食制品	102.7	102.4	104.7	105.6	106.1	106.6	106.7	107.1	107.5	107.5	108.0	108.5
其它	113.0	116.3	121.0	120.5	117.6	116.6	118.3	117.2	117.3	117.2	117.0	117.0
淀粉及薯类	97.8	102.0	101.6	103.6	106.3	106.4	105.8	106.5	107.5	105.8	105.4	102.6
干豆类及豆制品	106.8	106.5	108.1	110.4	110.6	110.9	111.4	111.5	112.1	112.7	113.1	113.0
干豆	104.5	104.3	107.5	112.4	113.6	114.6	116.7	116.3	115.1	116.6	118.6	118.8
豆制品	107.6	107.3	108.3	109.5	109.4	109.4	109.2	109.5	110.8	111.0	110.8	110.6
油脂	121.5	122.7	123.6	123.3	123.1	123.2	123.0	123.1	123.5	123.4	122.6	122.7
植物油脂	124.2	125.5	126.6	126.1	125.7	125.9	125.4	125.6	126.6	126.3	125.4	125.7
植物油制品	115.5	116.8	117.1	116.1	116.1	116.0	115.8	115.3	114.8	115.0	114.5	114.2
其它	117.7	117.8	119.6	122.3	122.8	123.6	124.7	125.7	124.8	125.2	124.6	124.2
肉禽及其制品	109.8	106.6	107.4	108.9	109.7	112.0	115.3	117.1	118.2	118.2	117.9	117.5
食用畜肉及副产品	113.2	112.9	112.6	114.3	114.1	116.4	120.4	122.2	124.0	123.8	123.4	122.9
猪肉	113.5	113.1	113.0	115.4	114.9	118.6	124.1	126.6	129.0	128.4	127.5	127.0
牛肉	120.2	123.6	125.8	129.3	127.5	128.3	128.8	130.2	130.7	132.8	132.8	132.3
羊肉	102.2	105.9	104.0	102.5	102.3	101.7	100.8	100.9	101.2	103.0	103.7	102.0
畜肉副产品	117.2	112.3	110.9	112.4	113.4	114.0	117.1	118.9	120.0	119.4	119.3	118.6
其它	103.8	104.1	102.3	101.1	101.9	101.8	104.8	104.6	105.6	104.8	105.9	105.8
禽	106.0	96.1	99.5	100.7	104.1	107.0	109.4	111.6	111.3	111.8	111.5	111.6
鸡	105.8	94.6	98.5	99.6	102.6	105.5	107.9	110.1	110.6	111.5	111.1	111.2
鸭	107.7	100.6	104.5	106.9	112.3	115.4	117.2	119.7	117.0	116.3	115.4	114.8
其它	103.9	97.6	97.7	97.1	99.8	102.6	105.6	107.4	106.1	106.6	107.6	108.9
肉禽加工制品	103.1	100.3	101.0	101.8	102.7	103.5	105.8	107.1	107.7	107.6	107.6	107.2
畜肉制品	103.6	101.6	102.1	103.0	103.1	103.7	106.4	107.2	107.9	107.9	107.9	107.5
禽制品	102.6	98.6	99.6	100.4	102.1	103.3	105.1	106.9	107.4	107.2	107.0	106.8
蛋	109.3	109.2	108.9	109.7	109.0	114.0	117.7	122.2	128.7	124.8	121.0	121.2
鲜蛋	110.4	110.2	109.8	110.5	109.6	115.2	119.0	122.9	129.8	125.3	121.0	121.5
蛋制品	103.3	103.6	104.2	105.1	105.3	107.1	110.0	118.1	122.4	122.0	121.0	119.4

续上表

(2002 年 = 100)

项　　目	1月	2月	3月	4月	5月	6月	7月	8月	9月	10月	11月	12月
水产品	108.2	111.7	110.1	111.5	111.0	110.8	109.8	107.3	107.2	108.4	108.5	110.2
鱼	104.9	110.0	107.9	110.7	112.1	113.5	113.7	112.4	112.9	113.3	113.1	113.3
淡水鱼	103.7	111.1	109.3	114.1	115.8	115.9	114.7	114.8	115.3	114.7	114.3	114.2
海水鱼	107.3	108.1	105.2	104.4	105.5	109.0	112.0	108.1	108.5	110.6	111.0	111.5
其它水产品	113.1	114.2	113.5	112.7	109.2	106.7	103.9	99.6	98.6	100.9	101.6	105.4
菜	94.4	100.7	104.2	114.5	97.6	94.5	103.9	107.0	121.8	102.6	102.3	99.9
鲜菜	93.6	100.9	104.9	116.6	97.4	93.9	104.5	107.9	124.7	102.9	102.6	99.8
干菜及菜制品	100.5	98.9	98.9	99.0	99.3	99.2	99.8	100.7	100.8	100.8	100.0	100.3
调味品	101.3	101.7	101.5	101.4	101.4	101.4	101.8	102.0	101.9	102.0	102.1	102.3
盐	101.6	101.6	101.5	101.2	101.4	101.8	101.8	101.9	101.4	101.0	101.2	101.2
酱油	103.5	104.0	103.9	103.9	103.9	103.9	105.1	104.9	105.3	106.1	106.1	106.8
醋	102.8	103.1	103.1	103.0	102.9	102.8	102.8	103.3	103.7	103.8	103.9	104.0
味精	96.2	95.9	95.8	95.3	95.3	95.2	95.5	95.5	95.4	95.4	95.2	95.1
其它	100.1	101.2	101.0	100.9	100.9	100.4	100.5	101.1	100.9	101.0	101.0	101.4
糖	100.7	100.0	99.9	100.0	100.2	100.6	100.9	101.0	101.9	102.2	102.3	102.2
食糖	95.9	95.4	95.2	95.1	95.8	96.0	96.5	96.9	99.1	100.0	100.1	99.0
糖果	104.6	103.4	103.3	103.6	103.6	104.0	104.3	103.8	104.3	104.4	104.4	104.8
巧克力制品	101.9	101.7	101.6	101.8	102.0	102.6	102.4	102.8	102.8	102.9	102.8	103.2
糖制小食品	98.5	98.3	98.5	98.3	98.0	98.6	98.6	98.9	99.5	99.6	99.6	100.5
干鲜瓜果	103.0	103.4	102.9	107.7	110.0	102.0	101.4	103.9	106.2	105.9	100.4	99.9
鲜果	101.5	101.6	100.8	106.3	109.1	99.2	98.4	101.0	103.8	103.6	97.4	96.6
干（坚）果及瓜果制品	109.3	111.0	111.8	113.1	113.6	113.8	114.5	116.1	116.4	115.6	113.2	114.2
糕点饼干面包	101.3	101.7	101.8	102.0	102.6	102.7	102.7	102.7	103.0	103.1	103.3	104.0
糕点	100.6	100.8	100.7	100.7	100.9	100.8	100.6	100.5	101.1	101.0	101.2	101.7
饼干	101.5	101.7	102.0	102.6	103.8	104.6	104.7	104.7	105.1	105.2	105.0	105.6
面包	102.1	102.7	103.1	103.1	103.5	103.5	103.5	103.5	103.5	103.7	104.3	105.3
奶及奶制品	101.3	101.3	101.5	101.5	101.0	100.9	100.9	100.3	100.6	100.2	99.6	98.9
鲜奶	99.3	99.5	99.5	99.3	97.7	97.8	98.2	96.9	97.6	96.7	95.2	94.1
奶粉	104.7	104.1	104.6	104.9	105.4	105.8	105.4	105.2	105.6	105.2	105.5	104.8
其它	99.0	99.1	99.5	99.7	99.5	98.3	97.7	98.3	97.5	98.6	98.6	98.5
在外用膳食品	101.0	102.0	101.8	101.7	102.0	101.8	102.2	102.8	103.0	102.9	102.8	102.7
主食	102.8	102.4	102.2	102.5	102.7	102.4	103.9	104.7	105.1	105.0	105.0	104.6
炒菜	100.7	102.6	102.0	101.7	102.0	102.0	101.7	102.3	102.5	102.3	102.2	102.2

续上表

(2002年=100)

项　　目	1月	2月	3月	4月	5月	6月	7月	8月	9月	10月	11月	12月
地方小吃	99.7	99.6	100.7	100.7	101.1	100.0	101.4	101.7	101.6	101.7	101.6	101.9
其它食品	101.7	101.6	101.5	101.8	102.1	102.2	102.2	102.3	102.0	102.3	102.3	102.7
饮料、烟酒	**102.1**	**101.9**	**102.1**	**102.0**	**102.1**	**102.1**	**102.0**	**102.2**	**102.2**	**102.3**	**102.7**	**102.8**
茶及饮料	100.4	100.7	100.4	100.6	100.6	100.4	100.4	100.4	100.3	100.3	100.4	100.5
茶叶	102.0	102.4	102.5	102.7	102.6	102.1	102.0	102.0	101.7	101.8	102.0	102.1
饮料	99.2	99.3	98.8	98.9	99.1	99.1	99.2	99.2	99.2	99.3	99.1	99.3
固体饮料	99.5	99.0	98.8	99.1	99.0	98.6	99.2	99.3	99.4	99.4	99.3	99.4
液体饮料	98.3	98.6	97.9	98.1	98.3	98.5	98.5	98.3	98.1	98.4	98.2	98.5
冷冻饮品	101.0	101.0	100.7	100.7	100.8	100.9	100.8	101.2	101.2	101.0	101.0	100.8
烟草	103.4	102.6	102.9	102.6	102.9	103.0	102.8	103.0	103.2	103.2	104.1	104.3
国产卷烟	103.8	102.6	102.9	102.8	103.2	102.9	103.0	103.1	103.5	103.3	104.0	104.3
进口卷烟	101.0	100.7	101.4	100.5	100.9	101.9	100.3	101.4	100.8	101.7	103.5	103.2
其它	105.8	106.0	106.3	105.5	105.3	105.4	106.1	105.9	105.9	105.9	106.0	106.8
酒	102.2	102.5	102.9	102.9	102.9	103.0	102.9	103.4	103.1	103.3	103.6	103.7
白酒	105.4	106.1	106.1	106.4	106.5	106.5	106.4	106.5	106.1	106.5	107.0	107.2
果酒	99.7	100.2	100.7	100.4	100.3	101.1	100.8	100.9	100.8	100.7	101.1	100.7
啤酒	100.3	100.1	100.7	100.3	100.3	100.1	99.8	100.5	100.3	100.3	100.3	100.4
其它	99.5	99.7	100.8	100.6	100.7	101.4	101.4	103.6	102.6	103.6	103.6	103.4
服装、鞋帽类	**97.3**	**96.4**	**96.5**	**97.5**	**97.2**	**96.6**	**95.5**	**94.3**	**93.9**	**95.9**	**96.2**	**96.4**
服装	98.3	97.0	97.1	98.3	98.1	97.8	96.5	94.8	94.3	96.6	97.2	97.3
男式服装	96.4	95.3	95.1	95.2	94.9	94.2	93.7	92.6	91.9	94.1	94.4	94.6
大衣	98.7	95.0	93.3	93.1	93.8	93.7	93.7	93.7	93.5	95.1	96.8	97.7
毛线衣	96.7	92.7	89.7	89.0	88.9	89.2	89.1	89.1	89.0	93.0	94.1	94.2
夹克衫	97.9	96.7	94.4	93.3	92.9	92.7	92.6	92.5	92.1	93.1	94.4	95.2
衬衫	94.4	95.1	97.0	98.1	96.8	95.7	94.9	93.1	91.4	94.4	94.3	93.9
裤子	95.9	95.4	95.8	95.7	94.4	93.4	91.9	89.0	89.3	90.0	89.7	89.4
西服	97.3	95.3	94.2	94.1	94.0	94.0	93.6	93.4	94.1	99.9	99.4	99.6
运动衫裤	97.3	97.3	97.3	97.1	97.2	97.0	96.9	96.5	96.4	96.7	97.0	97.2
内衣	99.7	99.6	100.0	98.2	98.1	97.9	98.0	97.8	97.5	97.7	98.2	99.0
羽绒衣	102.5	90.9	90.0	89.8	89.1	89.2	89.1	89.1	89.0	92.2	93.8	96.7
其它	86.5	86.4	86.9	93.1	96.0	92.1	91.6	89.1	81.6	87.2	86.1	86.2
女式服装	99.5	98.0	98.8	100.6	100.4	100.4	98.5	96.7	96.4	98.4	98.5	98.4
大衣	96.6	93.1	90.7	90.2	90.7	90.7	90.7	90.7	90.6	90.8	91.0	92.1

续上表

（2002 年 =100）

项目	1月	2月	3月	4月	5月	6月	7月	8月	9月	10月	11月	12月
毛线衣	100.8	97.7	95.0	94.7	94.6	96.3	96.2	96.2	96.2	100.1	100.8	101.1
羽绒衣	103.4	100.3	99.5	98.0	95.6	95.8	95.8	95.7	95.7	96.1	97.6	98.2
套装	91.8	89.3	92.8	96.5	95.9	94.4	91.0	88.1	87.0	88.9	88.8	88.7
衬衫	100.7	99.9	107.1	110.5	111.6	111.5	107.9	104.2	102.9	103.1	102.9	103.4
裙子	103.4	102.4	103.9	108.5	108.0	107.8	103.5	98.2	96.7	99.0	98.8	97.8
裤子	102.7	100.4	100.5	103.4	103.0	102.5	99.6	98.3	99.1	102.6	102.7	101.6
运动衫裤	96.4	96.2	96.0	96.2	96.2	96.1	95.9	95.2	95.2	101.0	101.2	101.3
内衣	100.0	101.1	101.1	100.7	100.9	101.6	101.5	100.3	100.8	100.7	101.0	100.6
其它	102.5	102.6	102.5	102.6	102.6	102.8	102.7	102.9	103.6	102.7	102.4	103.3
儿童服装	99.5	97.5	96.7	99.1	98.9	98.6	96.7	94.7	94.1	97.0	100.1	100.5
套装	99.9	97.2	95.4	99.0	98.6	98.0	96.0	93.8	92.1	95.7	100.2	100.4
裤子	102.8	100.5	99.9	102.2	101.9	100.9	99.2	97.9	98.3	101.4	103.8	104.1
裙子	94.2	93.2	93.7	94.8	94.9	95.5	93.2	90.5	90.0	92.3	94.7	95.3
其它	102.0	102.1	101.8	102.0	102.5	102.8	102.9	101.9	101.4	102.8	104.4	104.8
鞋袜帽	95.4	94.8	95.1	95.6	95.4	94.6	93.8	93.2	93.2	94.1	94.3	94.5
鞋	95.1	94.4	94.8	95.3	95.2	94.2	93.3	92.7	92.7	93.7	93.9	94.1
男鞋	95.6	95.0	95.7	96.7	96.3	95.1	93.9	93.5	93.2	93.6	94.0	94.1
女鞋	93.0	92.1	92.3	92.2	92.0	90.8	89.8	88.7	89.1	91.2	91.2	91.4
童鞋	98.1	97.3	97.4	98.5	98.8	98.8	98.5	98.4	98.3	98.6	98.7	98.8
袜子	97.1	96.6	97.1	96.9	96.5	96.1	95.7	95.6	95.4	95.8	95.8	96.1
男袜	96.5	96.0	96.5	96.3	96.3	95.9	95.8	95.4	95.4	95.6	95.5	96.0
女袜	97.6	97.3	97.6	97.3	96.7	96.3	95.6	95.7	95.3	95.8	95.9	96.2
帽子	96.2	96.3	96.4	96.9	96.7	97.3	97.0	97.0	95.4	95.3	95.8	96.0
男帽	98.1	98.1	98.1	97.8	97.8	97.4	96.6	96.3	95.8	96.1	96.6	96.8
女帽	95.1	95.3	95.3	96.4	96.0	97.2	97.2	97.4	95.2	94.8	95.3	95.6
其它	93.0	95.7	94.7	94.7	93.2	91.2	90.8	91.9	91.6	94.0	91.9	92.9
领带	93.0	95.7	94.7	94.7	93.2	91.2	90.8	91.9	91.6	94.0	91.9	92.9
纺织品类	**99.2**	**99.2**	**98.9**	**99.0**	**98.8**	**98.3**	**98.4**	**98.0**	**97.9**	**98.2**	**98.0**	**98.2**
衣着材料	100.7	100.9	100.9	101.1	101.2	101.2	101.6	101.0	100.5	101.2	101.3	101.2
棉布	102.0	102.8	102.7	102.5	102.1	101.5	101.1	101.1	101.1	100.8	100.7	100.3
棉花化纤混纺布	101.9	102.2	102.2	103.0	105.8	105.6	105.9	106.1	105.6	104.7	104.7	104.3
化纤布	104.3	104.4	104.6	104.4	104.1	105.4	106.3	104.6	104.5	106.5	105.9	105.6
毛织品	97.2	97.2	97.5	97.5	95.3	95.0	96.7	94.3	91.5	93.6	95.0	95.9

续上表

（2002 年 =100）

项　　目	1 月	2 月	3 月	4 月	5 月	6 月	7 月	8 月	9 月	10 月	11 月	12 月
丝织品	98. 9	99. 1	97. 9	100. 6	100. 4	100. 1	100. 1	100. 5	100. 4	102. 0	102. 1	102. 1
毛线	99. 5	99. 3	99. 4	99. 1	99. 1	99. 2	99. 6	99. 3	99. 4	99. 4	100. 2	100. 1
其它	93. 5	93. 1	93. 7	93. 6	93. 6	92. 2	92. 0	91. 9	91. 8	92. 5	92. 7	91. 7
床上用品	98. 6	98. 5	98. 1	98. 0	97. 7	97. 1	97. 0	96. 7	96. 8	96. 9	96. 6	96. 8
毛毯	99. 7	99. 8	98. 5	98. 2	97. 9	97. 7	97. 4	97. 3	97. 6	98. 2	98. 1	98. 6
床单	100. 5	101. 9	101. 0	101. 2	101. 5	101. 2	101. 3	100. 9	100. 8	100. 9	99. 7	99. 6
床罩	97. 6	97. 3	97. 5	97. 3	96. 5	96. 3	96. 0	95. 8	95. 8	95. 5	95. 3	95. 3
被套	95. 4	95. 3	95. 1	95. 1	94. 7	94. 3	94. 5	94. 2	93. 9	94. 1	94. 0	94. 4
其它	100. 1	99. 4	99. 2	99. 2	99. 0	97. 4	97. 3	96. 9	97. 2	97. 3	97. 1	97. 4
家用电器及音像器材	**91. 6**	**91. 5**	**91. 2**	**91. 2**	**90. 8**	**90. 2**	**89. 8**	**89. 0**	**88. 8**	**88. 6**	**88. 4**	**88. 3**
家庭设备	93. 3	93. 1	93. 1	93. 2	93. 0	92. 5	92. 5	92. 0	92. 2	92. 2	92. 2	92. 1
洗衣机	97. 7	97. 7	97. 7	97. 7	97. 4	96. 8	96. 4	95. 9	95. 8	95. 5	95. 3	94. 6
电风扇	97. 0	97. 2	97. 3	98. 3	98. 7	98. 3	97. 8	97. 4	95. 9	95. 5	95. 8	95. 8
电冰箱（柜）	95. 1	94. 6	94. 3	93. 9	93. 5	93. 7	93. 7	92. 8	93. 3	93. 3	93. 0	92. 8
抽排油烟机	95. 5	96. 4	97. 4	98. 1	98. 2	98. 6	98. 4	98. 2	97. 8	98. 7	98. 8	98. 7
空调器	84. 2	84. 0	83. 7	83. 9	83. 5	82. 4	82. 6	81. 6	82. 6	82. 5	82. 3	82. 2
电热水器	95. 9	96. 0	96. 6	96. 9	96. 9	96. 7	96. 7	97. 0	96. 7	96. 5	96. 6	96. 5
微波炉	97. 0	96. 3	96. 1	96. 3	95. 4	95. 0	95. 2	95. 4	95. 2	95. 5	95. 7	95. 7
电炊具	97. 5	97. 6	97. 6	97. 7	97. 8	97. 6	97. 6	97. 6	98. 0	98. 4	98. 4	98. 2
饮水机	93. 9	92. 6	91. 6	90. 6	92. 5	92. 4	91. 4	91. 0	91. 3	91. 4	91. 3	91. 3
其它	96. 4	96. 2	96. 7	96. 8	96. 1	94. 9	95. 8	95. 6	95. 3	95. 5	95. 8	96. 3
文娱用耐用消费品	89. 4	89. 4	88. 7	88. 6	87. 9	87. 3	86. 3	85. 1	84. 5	84. 0	83. 6	83. 5
电视机	87. 0	87. 2	86. 0	85. 9	85. 5	85. 2	83. 9	82. 0	82. 2	82. 0	81. 4	81. 3
影碟机	88. 9	88. 3	88. 2	88. 1	87. 8	87. 4	86. 5	86. 0	83. 6	82. 5	82. 6	82. 4
摄像机	90. 2	89. 5	89. 5	89. 4	88. 5	87. 9	87. 4	87. 0	85. 3	85. 2	85. 2	85. 1
音响	91. 1	91. 1	90. 9	90. 8	90. 6	89. 4	89. 3	88. 9	88. 1	87. 8	87. 8	87. 5
收音（录）机	97. 2	97. 1	96. 9	96. 7	95. 8	95. 6	95. 6	95. 2	94. 9	94. 9	94. 5	94. 4
其它	97. 0	97. 0	97. 0	95. 8	92. 0	88. 7	86. 8	85. 6	84. 9	83. 0	82. 3	81. 9
音像器材类	93. 9	93. 9	93. 4	93. 2	93. 0	92. 5	91. 8	91. 6	91. 2	90. 9	90. 8	90. 7
专业音响器材	98. 4	98. 4	98. 4	98. 4	98. 4	98. 3	98. 1	98. 0	97. 9	97. 6	97. 6	97. 6
专业声像器材	88. 2	88. 1	86. 9	86. 6	85. 9	84. 7	83. 2	82. 7	81. 8	81. 4	81. 4	81. 1
文化办公用品	**92. 5**	**92. 5**	**91. 9**	**91. 8**	**91. 8**	**91. 6**	**91. 0**	**90. 0**	**89. 6**	**88. 8**	**88. 5**	**87. 8**
纸张用品	101. 5	101. 6	101. 4	101. 2	101. 6	101. 5	101. 6	101. 2	101. 4	101. 5	101. 6	101. 7

续上表

(2002 年 = 100)

项　　目	1月	2月	3月	4月	5月	6月	7月	8月	9月	10月	11月	12月
文具	99.4	99.0	97.7	97.9	97.7	97.7	97.8	97.6	97.6	97.5	97.5	97.3
电脑及配件	82.1	82.1	81.3	81.5	81.2	80.2	79.6	77.9	77.0	76.0	75.4	73.7
打印机及配件	93.4	94.6	93.6	92.0	94.1	96.4	93.1	91.5	91.1	91.2	90.5	90.3
扫描仪	91.4	91.3	91.2	91.4	91.0	90.9	89.0	86.9	86.9	85.5	85.4	84.9
复印机	97.6	97.6	97.5	96.7	96.4	96.2	96.0	95.6	95.6	92.2	92.1	91.8
电子辞典	95.9	95.9	95.7	95.2	95.2	94.7	93.3	93.0	91.7	91.3	91.0	90.5
计算器	98.1	98.3	98.4	98.4	98.4	98.1	98.0	97.9	98.1	97.7	97.3	96.6
教学设备	93.9	93.7	93.4	93.3	93.3	93.2	93.1	93.2	92.7	91.5	91.4	91.4
其它	93.4	92.7	93.6	93.9	93.4	92.8	92.8	92.8	92.5	91.3	91.3	91.2
日用品	**99.4**	**99.6**	**99.6**	**99.6**	**99.5**	**99.4**	**99.6**	**99.4**	**99.3**	**99.5**	**99.5**	**99.6**
日用百货	99.1	99.3	99.0	98.8	98.7	98.6	98.5	98.2	98.2	97.9	98.0	98.2
自行车	98.4	98.7	98.4	98.6	98.6	98.6	98.5	98.4	100.4	100.3	100.4	100.4
雨具	98.8	98.5	98.5	98.6	98.7	98.4	98.4	97.8	97.1	97.1	97.0	97.3
剃须刀具	101.6	102.0	101.8	101.6	100.4	100.3	100.3	99.9	100.0	100.3	100.1	100.8
电池	97.0	99.6	97.4	95.6	95.9	95.8	95.6	95.6	95.2	94.8	94.3	94.4
卫生纸	99.1	98.2	98.4	98.4	98.8	99.1	98.3	98.0	97.5	97.4	97.5	97.1
卫生巾	99.4	98.9	99.1	99.3	98.8	98.0	98.5	98.2	97.4	96.1	96.1	96.6
其它	100.8	100.8	100.8	100.5	100.9	101.0	101.0	100.6	100.6	100.6	102.2	102.4
日用杂品	98.4	98.4	98.5	98.4	98.4	98.5	98.4	98.5	98.0	98.8	99.2	99.0
茶具	100.5	100.4	101.0	101.0	100.9	101.3	101.2	101.1	100.8	100.8	101.5	101.7
餐具	95.0	95.0	95.3	95.2	95.2	95.2	95.1	95.9	96.0	96.4	96.5	96.5
厨具	98.9	99.0	98.7	98.7	98.7	98.4	98.9	98.5	97.0	99.6	100.0	99.6
其它	100.3	100.3	99.8	99.8	99.8	100.3	99.1	99.5	98.6	99.0	99.3	98.6
洗涤用品	100.0	100.3	100.9	100.9	100.9	100.7	100.8	100.3	100.7	100.9	100.7	100.5
洗衣粉	99.1	99.3	100.4	101.4	101.3	101.1	101.4	100.7	101.1	101.5	100.9	100.8
肥皂类	102.7	102.4	103.5	103.1	103.4	102.7	102.7	102.1	102.5	102.2	102.9	102.8
牙膏	100.3	100.4	100.7	100.2	100.0	100.3	99.9	100.1	100.2	100.3	100.1	99.8
清洁洗涤剂	98.3	99.4	99.3	98.8	98.8	98.4	98.9	98.0	98.7	99.0	98.9	98.5
其它日用品	100.1	100.4	100.2	100.3	100.3	100.3	100.9	100.8	100.8	100.6	100.5	101.1
燃气灶具	102.5	102.8	103.7	104.1	104.0	104.0	106.3	106.3	106.2	105.6	105.6	108.8
儿童玩具	100.6	100.5	100.9	101.0	101.1	101.0	101.3	100.6	100.5	100.0	100.4	99.6
照明器具	99.1	98.9	98.3	98.8	99.0	98.9	98.8	99.5	99.2	99.8	99.6	99.5
钟表眼镜及配件	99.3	98.7	98.6	98.6	98.6	98.6	98.5	98.5	98.4	98.1	98.1	98.1

续上表

（2002 年 = 100）

项　　目	1月	2月	3月	4月	5月	6月	7月	8月	9月	10月	11月	12月
日用普通饰品	98.0	97.4	97.4	97.5	97.5	97.5	97.5	96.6	96.7	96.6	96.8	96.7
日用皮革制品	96.1	96.2	95.8	96.3	95.0	93.8	93.7	93.5	94.3	94.3	92.1	93.1
其它	104.4	111.8	107.4	106.1	107.6	109.4	113.0	113.2	112.6	112.9	114.6	114.6
体育娱乐用品	**98.0**	**98.0**	**98.1**	**98.1**	**98.0**	**97.9**	**98.1**	**97.8**	**97.8**	**97.7**	**97.7**	**97.8**
体育用品	100.4	100.4	100.4	100.4	100.5	100.3	100.7	100.5	100.8	101.0	101.0	101.1
球类	101.4	101.5	101.4	101.4	101.5	101.2	100.8	100.3	100.5	100.5	100.7	100.7
棋牌	100.6	100.6	100.5	100.5	100.5	100.6	101.3	101.3	101.2	101.2	101.2	101.0
健身器材	99.6	99.6	99.6	99.6	99.7	99.5	100.3	100.1	100.7	101.2	101.2	101.4
娱乐用品	95.6	95.6	95.9	95.8	95.7	95.5	95.5	95.2	95.0	94.7	94.5	94.7
游艺器材	99.4	99.1	99.0	99.0	99.1	98.8	99.0	98.5	98.2	97.9	97.5	98.0
照相器材	91.5	91.2	91.5	91.4	91.2	91.0	90.9	90.6	90.2	89.7	89.6	89.6
乐器	101.2	101.7	102.2	102.2	102.0	102.0	102.1	102.0	102.0	101.9	101.9	102.0
交通、通信用品	**86.8**	**86.3**	**86.0**	**85.3**	**84.5**	**83.7**	**82.7**	**82.1**	**81.3**	**80.8**	**80.1**	**79.5**
交通运输机械	94.3	94.2	94.1	93.6	93.3	92.2	91.4	91.0	90.4	90.0	89.5	88.7
轿车	94.1	94.2	93.9	93.4	92.8	91.3	90.2	90.0	89.1	88.5	87.9	86.1
客车	96.4	96.3	96.4	96.0	96.1	95.1	94.7	94.4	94.1	93.9	93.8	93.7
货车	95.3	94.8	94.7	93.9	93.9	92.3	91.9	91.6	90.7	90.4	89.7	89.1
摩托车	92.5	92.4	92.3	91.9	91.6	90.8	90.0	89.3	89.0	88.6	88.2	87.9
其它	94.9	94.9	94.9	94.9	94.9	95.0	93.0	92.6	91.9	91.5	91.5	91.0
通讯器材类	79.4	78.5	78.0	77.1	75.8	75.4	74.2	73.3	72.4	71.8	70.9	70.5
固定电话机	95.0	93.7	93.2	92.7	92.7	92.4	92.0	90.9	90.5	89.5	89.1	88.9
移动电话机	66.3	65.5	64.8	63.4	61.3	60.5	59.1	58.3	57.2	56.6	55.4	54.9
传真机	89.9	89.5	89.4	89.0	88.8	90.2	88.4	87.7	87.5	87.4	86.8	86.8
其它	92.9	93.0	93.0	93.0	93.2	92.8	92.3	91.5	90.1	90.0	88.8	88.7
家具	**98.1**	**98.0**	**97.7**	**97.8**	**97.6**	**97.6**	**97.4**	**97.0**	**97.0**	**96.9**	**96.9**	**96.8**
成套家具	96.7	97.0	97.0	96.6	96.5	96.8	96.6	96.6	95.7	95.3	95.8	95.5
床	97.6	97.2	96.9	97.2	96.8	96.8	96.3	95.8	95.8	95.7	95.5	94.9
桌	99.5	99.9	100.2	100.3	100.5	100.4	100.4	100.0	100.0	100.2	100.0	100.5
椅	97.7	96.6	95.6	95.5	95.2	94.9	94.6	94.4	94.9	94.7	94.7	94.5
沙发	98.0	98.2	97.8	98.2	97.8	97.8	97.9	97.3	97.4	97.2	97.3	97.1
其它	100.1	100.6	100.4	100.4	100.7	100.5	99.9	99.6	99.8	100.0	100.2	100.5
化妆品类	**98.3**	**98.6**	**98.2**	**98.6**	**98.6**	**98.5**	**98.3**	**97.9**	**97.9**	**97.4**	**97.7**	**97.3**
护肤品	100.7	100.7	100.9	101.7	101.6	101.3	100.7	100.5	100.4	98.6	99.0	98.7

续上表

(2002 年 = 100)

项　　目	1月	2月	3月	4月	5月	6月	7月	8月	9月	10月	11月	12月
美容品	92.3	92.6	91.6	92.3	92.2	92.3	92.2	91.4	91.4	91.2	91.6	90.7
护发美容品	100.1	100.4	100.7	100.3	101.0	101.2	101.1	100.3	100.5	100.7	100.9	100.6
清洁化妆用品	97.3	98.0	96.7	97.0	96.9	96.4	96.3	96.1	96.3	96.8	96.9	96.8
药物美容用品	98.2	98.1	97.8	98.0	98.1	98.3	98.3	98.2	98.1	97.4	97.5	97.2
金银珠宝类	**119.9**	**121.5**	**121.9**	**122.8**	**121.7**	**121.9**	**122.7**	**123.3**	**123.9**	**124.6**	**126.2**	**128.4**
金饰品	126.6	128.4	128.4	129.4	127.5	127.7	129.6	130.1	130.9	132.3	135.2	138.8
银饰品	108.5	109.3	109.5	109.6	110.0	109.9	109.9	109.9	110.0	110.3	110.3	111.1
铂金饰品	120.5	122.4	123.8	125.1	124.6	125.0	124.9	126.1	126.8	126.7	127.5	129.0
其它	104.5	104.6	105.3	105.6	104.6	104.2	104.3	104.3	104.5	104.5	105.3	105.3
中西药品及医疗保健用品类	**100.6**	**100.9**	**100.9**	**100.5**	**100.3**	**99.8**	**99.6**	**99.8**	**100.0**	**99.8**	**99.4**	**99.2**
医疗器具及用品	103.0	102.8	103.0	103.0	103.0	103.0	102.9	103.8	103.7	103.5	103.5	103.9
中药材及中成药	105.5	106.6	106.5	105.9	106.0	105.7	105.8	106.6	107.2	106.5	105.5	105.2
中药材	111.9	114.1	113.6	112.3	112.8	112.4	112.0	112.6	113.9	113.1	111.5	111.0
中成药	97.9	98.0	98.2	98.3	97.9	97.9	98.6	99.4	99.2	98.7	98.5	98.3
西药	97.4	97.5	97.3	96.8	96.5	95.5	95.1	95.0	94.9	94.9	94.8	94.7
胃药	99.1	99.3	99.6	99.1	99.1	99.2	99.5	99.9	99.1	99.1	98.5	98.5
感冒药	103.9	104.7	105.1	102.9	101.9	103.6	101.8	101.4	102.4	102.4	102.3	102.3
抗菌药针剂	94.2	94.4	93.8	94.1	94.1	91.8	91.4	91.5	91.3	91.3	90.8	90.8
抗菌药片剂	92.5	92.5	92.4	91.8	91.1	87.9	87.5	87.6	87.2	87.1	87.4	87.1
止泻药	103.7	103.0	101.9	101.7	100.8	101.5	100.5	100.1	101.1	100.9	100.4	100.5
外用药	104.8	105.4	105.0	104.7	105.0	105.4	105.6	105.7	105.2	105.4	105.7	106.1
心血管病用药	94.3	94.2	94.1	94.3	94.2	94.2	93.8	93.3	92.6	92.4	91.9	91.4
其它	99.6	99.7	97.7	97.8	97.8	97.6	98.0	98.0	99.2	101.2	102.0	102.3
保健器具及用品	98.3	97.8	98.3	98.5	98.2	98.1	97.9	97.9	98.2	98.2	98.0	97.6
保健器具	96.2	96.6	96.9	97.0	97.2	97.1	97.1	97.1	97.0	96.9	96.9	96.7
滋补保健用品	98.8	97.9	98.6	98.8	98.3	98.2	98.0	97.9	98.4	98.5	98.1	97.7
书报杂志及电子出版物类	**101.1**	**102.6**	**102.3**	**102.4**	**102.4**	**102.3**	**101.8**	**101.8**	**101.3**	**101.3**	**101.4**	**101.3**
教材及参考书	102.2	105.6	105.3	105.3	105.4	105.7	105.7	105.7	104.9	104.5	104.5	104.5
工具书	103.2	103.3	102.9	102.9	103.3	103.6	103.6	103.6	103.7	103.7	103.8	103.8
教材	101.8	106.6	106.6	106.6	106.6	106.6	106.6	106.6	104.5	103.1	103.1	103.1
参考书	102.0	106.0	105.3	105.3	105.3	106.0	106.0	106.0	106.5	107.2	107.2	107.2
书报杂志	100.9	101.1	101.2	101.2	101.2	101.2	101.2	101.2	101.2	101.2	101.2	101.2
书籍	100.9	100.9	100.9	100.9	101.0	101.0	101.0	101.0	101.0	101.0	101.0	101.0

续上表

（2002 年 = 100）

项　　目	1 月	2 月	3 月	4 月	5 月	6 月	7 月	8 月	9 月	10 月	11 月	12 月
报纸	101.3	101.7	102.0	102.0	102.0	102.0	102.0	102.0	102.0	102.0	102.0	102.0
杂志	100.3	100.3	100.3	100.3	100.3	100.3	100.3	100.3	100.3	100.3	100.3	100.3
电子音像制品	98.6	98.6	97.9	98.1	97.8	96.8	94.6	94.5	94.1	94.9	94.9	94.9
音响光盘和磁带	95.9	96.2	95.8	96.1	95.4	93.5	90.4	90.3	89.9	92.6	92.5	92.4
录像磁带和视盘	100.4	100.0	99.9	99.6	99.6	98.8	97.3	97.1	96.4	96.4	96.4	96.4
计算机软件	98.7	98.7	96.9	97.5	97.5	97.4	95.6	95.5	95.5	95.1	95.1	95.0
燃料类	**120.6**	**119.5**	**120.7**	**123.2**	**123.3**	**123.4**	**123.6**	**128.9**	**132.4**	**139.5**	**140.0**	**137.8**
煤炭及制品类	95.2	96.6	97.1	97.3	97.3	99.4	100.8	103.8	105.7	109.0	109.0	111.6
原煤	89.2	89.3	89.8	90.1	90.1	94.4	95.3	102.0	104.7	107.3	107.3	110.8
煤制品	100.5	102.6	103.1	103.3	103.3	104.4	106.0	107.3	108.9	112.7	112.7	114.9
石油及制品类	120.8	119.5	120.6	123.3	123.5	123.4	123.4	128.9	132.4	139.7	140.3	137.7
液化石油气	131.4	128.4	131.6	131.2	129.8	128.5	128.4	139.2	142.4	159.8	159.3	152.5
管道燃气	104.9	104.9	105.0	105.7	105.6	105.6	105.9	108.3	108.4	112.2	118.3	118.0
汽油	115.9	115.8	115.6	124.2	124.5	124.6	124.7	126.0	131.1	131.3	131.3	131.4
柴油	113.2	112.8	112.8	112.9	117.1	119.5	119.6	123.7	128.6	128.9	128.9	128.8
其它	107.6	106.5	106.5	107.7	107.7	107.8	107.8	107.8	107.9	108.1	108.1	108.8
建筑材料及五金电料类	**105.3**	**105.9**	**106.1**	**105.8**	**104.8**	**104.8**	**105.1**	**105.7**	**105.8**	**106.0**	**106.1**	**106.6**
建筑装璜材料	107.1	107.8	108.0	107.6	106.3	106.2	106.5	107.4	107.6	107.7	107.8	108.4
木材	103.3	103.5	104.6	104.7	104.4	104.9	105.1	105.2	105.3	105.6	106.4	106.9
砖	103.3	103.4	103.0	103.0	102.3	102.1	101.8	102.2	102.2	101.9	101.4	101.3
水泥	115.5	116.3	113.7	112.1	109.1	109.1	108.1	108.3	108.8	109.8	110.0	109.9
涂料	100.3	100.6	100.3	100.4	99.1	99.9	100.1	99.3	99.2	99.8	100.4	102.0
胶合板	107.7	107.3	108.9	108.3	109.6	108.8	109.9	113.9	113.9	113.5	113.3	115.4
玻璃	101.6	103.1	103.9	104.2	105.7	106.4	107.7	109.6	109.4	109.3	109.5	109.3
粘胶	97.4	97.1	97.2	97.0	96.4	95.8	97.4	96.1	95.1	95.2	96.4	98.4
油漆	101.8	101.9	101.9	102.6	102.1	102.2	101.8	103.1	103.4	103.8	103.7	103.8
其它	121.8	124.7	125.8	124.2	118.2	116.9	118.0	120.1	121.2	121.2	120.7	121.1
五金电料类	100.0	100.1	100.3	100.4	100.4	100.5	100.5	100.5	100.4	100.8	100.9	100.9
五金工具	100.6	101.0	101.2	101.3	101.4	101.8	101.8	101.8	101.9	102.9	103.0	103.0
电工电料	99.9	99.8	99.9	100.1	100.2	100.1	100.1	100.2	100.1	100.3	100.3	100.4
水暖器材	99.4	99.6	99.9	99.9	99.8	99.7	99.8	99.8	99.3	99.4	99.4	99.4
其它	99.7	99.7	99.9	99.9	99.9	100.0	100.0	100.0	100.0	100.1	100.1	100.1

2004 年各地区商品

（2002 年 =100）

项　　目	广州	深圳	珠海	汕头	佛山	韶关
商品零售价格总指数	**100.4**	**100.5**	**101.6**	**102.5**	**102.6**	**105.2**
食品类	**106.3**	**106.4**	**108.8**	**106.6**	**110.5**	**113.0**
粮食	115.0	115.0	109.0	119.4	107.7	117.0
大米	120.3	123.9	111.1	131.1	109.0	121.4
面粉	105.2	105.0	104.5	107.2	98.0	111.1
粮食制品	101.7	106.5	104.1	100.9	106.9	106.9
其它	114.2	108.7	115.9	115.3	110.1	121.4
淀粉及薯类	111.1	99.9	105.7	103.9	83.5	110.3
干豆类及豆制品	101.8	113.3	106.6	99.5	106.9	113.8
干豆	102.1	110.2	111.2	105.2	125.1	125.2
豆制品	101.7	113.7	105.4	97.6	103.4	110.8
油脂	111.9	117.5	129.4	113.5	114.3	115.6
植物油脂	113.1	117.4	135.4	107.0	120.0	120.9
植物油制品	109.6	119.5	121.2	118.5	105.7	108.7
其它	110.7	104.5	112.7	111.1	101.9	105.0
肉禽及其制品	111.6	106.8	110.0	109.3	119.5	118.4
食用畜肉及副产品	118.8	107.3	110.1	115.2	124.0	126.2
猪肉	121.8	114.8	116.7	118.3	123.4	130.7
牛肉	124.2	118.9	103.4	115.3	154.4	134.8
羊肉	101.6	102.4	91.1	104.4	122.8	107.9
畜肉副产品	126.2	109.7	103.6	113.4	116.6	121.3
其它	108.4	97.5	93.6	106.2	114.0	103.0
禽	104.3	105.8	110.8	97.7	114.9	105.1
鸡	104.0	106.0	111.3	94.1	116.2	102.6
鸭	109.1	115.0	108.9	101.4	123.0	123.0
其它	103.2	100.8	109.9	103.9	109.2	103.7
肉禽加工制品	102.5	106.1	108.0	103.1	111.1	103.6
畜肉制品	104.0	106.1	103.9	104.1	112.7	104.5
禽制品	100.7	106.0	112.3	102.0	108.6	102.4
蛋	117.7	113.7	117.8	110.7	124.3	112.2
鲜蛋	119.3	112.1	119.3	113.3	124.1	113.5
蛋制品	108.9	128.9	109.2	104.0	126.0	103.9

零售价格分类指数

河源	梅州	惠州	汕尾	东莞	中山	江门	阳江
102.5	**102.8**	**102.7**	**103.5**	**104.6**	**102.6**	**100.2**	**101.4**
107.3	**107.5**	**106.4**	**109.7**	**111.5**	**112.5**	**104.7**	**109.2**
128.1	125.9	120.7	112.9	117.0	124.9	108.6	114.1
133.2	134.2	129.3	117.0	110.5	129.4	102.3	117.4
114.9	111.7	111.1	111.7	143.3	105.5	113.4	104.8
116.8	109.2	91.6	101.0	118.8	110.0	121.8	108.0
134.6	123.0	102.2	105.4	123.0	96.3	109.5	117.8
120.5	108.9	101.3	112.9	112.2	107.7	101.5	122.7
116.5	120.3	113.9	111.0	91.6	112.1	107.3	120.0
125.1	133.2	117.1	125.9	124.5	110.8	116.9	120.2
112.8	114.9	112.5	106.5	85.9	113.9	104.2	119.8
118.1	111.5	116.8	115.2	131.8	116.8	121.4	116.0
118.6	112.5	116.8	116.2	132.1	119.4	125.3	120.8
114.3	108.2	118.6	111.9	115.2	113.8	116.6	98.8
128.1	120.0	111.6	113.6	121.4	103.2	108.2	127.7
107.4	115.6	110.7	117.8	115.1	110.7	108.3	115.8
106.8	124.9	117.2	121.4	121.3	119.4	112.1	120.8
107.6	129.4	117.9	122.8	120.3	119.2	111.8	123.8
116.2	129.9	131.0	139.9	116.4	121.4	107.0	137.3
107.3	102.6	104.7	122.8	110.6	130.2	96.1	111.2
97.6	116.7	112.7	109.7	130.1	122.7	119.1	118.7
104.1	108.9	106.1	106.0	114.4	114.6	111.9	86.0
108.4	102.0	99.5	113.8	104.9	108.2	104.3	112.9
109.3	99.0	94.4	119.9	104.6	106.4	107.0	114.0
98.9	109.0	122.1	91.4	94.4	108.6	91.2	122.8
110.4	106.4	117.4	97.3	109.7	111.5	101.2	99.4
108.6	101.8	104.5	105.8	105.3	99.9	102.1	103.9
113.7	101.1	105.8	105.6	103.6	102.3	101.4	109.9
103.5	102.5	102.4	106.9	107.3	97.9	103.0	100.0
117.2	107.4	114.7	112.8	120.3	119.4	119.0	115.9
118.5	105.9	115.2	114.4	122.1	120.3	120.1	115.9
105.6	118.4	112.8	98.5	111.9	114.4	112.8	116.0

（2002 年 =100）

项　　目	湛江	茂名	肇庆	清远	潮州	揭阳
商品零售价格总指数	**102.1**	**100.9**	**101.2**	**101.8**	**99.8**	**101.2**
食品类	**110.3**	**103.2**	**108.1**	**111.7**	**111.2**	**106.6**
粮食	129.2	117.0	115.7	124.2	125.0	118.7
大米	132.2	125.9	116.4	132.9	130.5	125.7
面粉	107.4	102.2	129.4	104.6	117.7	104.1
粮食制品	121.6	89.7	103.6	110.5	99.7	102.4
其它	128.8	97.9	127.5	131.4	123.2	131.3
淀粉及薯类	103.7	120.3	96.9	97.7	108.8	103.3
干豆类及豆制品	121.8	112.7	107.5	114.2	113.2	98.6
干豆	131.8	123.0	122.7	124.1	119.5	104.2
豆制品	119.0	109.9	101.0	110.6	111.5	96.7
油脂	133.3	132.6	122.2	136.1	114.0	105.3
植物油脂	137.3	141.0	130.5	139.8	112.8	106.8
植物油制品	115.5	115.7	97.0	116.5	115.1	102.1
其它	118.3	101.2	124.2	172.7	120.2	104.2
肉禽及其制品	114.1	99.4	108.2	112.6	128.1	117.2
食用畜肉及副产品	117.5	104.3	104.2	118.7	137.7	123.4
猪肉	117.9	106.8	107.8	124.5	150.4	129.0
牛肉	138.2	124.2	126.7	113.2	110.0	110.1
羊肉	99.3	101.8	96.6	101.8	113.5	99.5
畜肉副产品	106.6	93.0	91.5	118.9	124.0	127.1
其它	106.3	82.2	101.5	99.4	113.4	93.5
禽	113.1	90.3	111.9	100.2	102.6	103.8
鸡	115.0	89.7	108.9	99.5	100.0	102.6
鸭	116.5	84.8	123.1	96.1	112.8	103.9
其它	100.6	97.2	105.1	108.1	100.5	107.9
肉禽加工制品	104.7	103.5	110.4	109.6	118.4	105.0
畜肉制品	112.8	105.9	115.6	108.6	125.0	107.0
禽制品	98.2	100.5	105.4	110.6	99.3	102.5
蛋	122.0	115.5	118.2	113.1	110.0	98.9
鲜蛋	122.4	115.6	117.5	112.3	109.7	98.9
蛋制品	120.6	113.8	123.5	117.5	113.2	99.4

续上表

云浮	顺德	兴宁	鹤山	廉江	电白	连州	普宁
99.9	**102.7**	**104.1**	**104.1**	**104.1**	**104.0**	**103.9**	**103.8**
103.4	**105.6**	**108.6**	**109.8**	**114.6**	**111.0**	**120.1**	**108.5**
94.1	116.0	122.7	119.9	137.4	124.7	131.8	122.0
93.7	121.6	132.1	114.1	146.3	130.8	140.6	122.3
93.0	104.1	131.4	138.1	135.4	111.2	125.4	146.6
97.9	100.0	101.4	131.1	116.6	107.8	105.5	104.9
82.3	104.9	131.8	119.8	130.1	113.5	130.8	129.8
58.0	107.2	97.0	122.8	109.0	109.8	105.5	87.2
95.3	107.2	112.7	107.9	122.4	113.1	148.0	117.1
86.9	104.6	112.9	99.8	138.6	117.8	134.7	111.6
98.1	109.6	112.6	111.1	113.4	110.9	152.8	118.5
101.1	126.5	127.6	125.4	133.5	131.4	124.5	137.2
103.1	129.3	138.6	123.7	140.0	141.3	128.8	140.1
97.5	105.8	113.4	115.0	122.5	110.5	103.0	137.3
97.2	141.3	132.0	173.0	133.7	118.3	171.9	131.6
105.5	114.1	110.5	112.1	114.6	115.5	132.3	111.3
106.5	119.7	113.4	115.8	118.7	121.9	138.0	118.7
109.6	121.2	120.0	122.2	120.6	124.9	123.7	124.1
109.7	139.2	122.8	116.3	137.4	114.6	176.4	102.0
99.3	108.5	90.4	92.2	99.7	102.7	106.9	100.0
99.9	114.8	106.7	104.7	116.1	117.0	121.3	114.8
98.7	102.8	101.0	97.5	107.4	113.4	123.9	108.5
104.0	104.1	115.5	108.7	112.0	107.6	122.6	95.6
105.3	103.0	113.4	109.9	107.9	108.5	122.5	95.7
104.1	121.7	132.8	104.2	116.7	104.9	120.5	99.8
96.4	99.2	113.6	106.3	112.4	111.9	0.0	87.3
104.5	107.8	101.5	102.3	107.5	110.4	113.5	102.5
105.1	106.8	103.6	106.5	103.0	106.0	113.6	100.3
103.7	108.6	99.2	97.2	112.2	117.2	113.0	106.3
102.4	110.2	118.5	108.6	110.7	116.1	123.6	114.5
103.1	109.8	120.4	109.1	108.9	115.9	126.3	118.0
98.6	111.0	107.6	106.3	114.2	116.6	115.8	97.0

（2002 年 = 100）

项　　目	广州	深圳	珠海	汕头	佛山	韶关
水产品	109.7	114.4	117.3	102.0	109.8	105.8
鱼	117.0	113.0	113.9	107.8	111.8	107.2
淡水鱼	118.9	114.6	115.4	105.6	112.4	111.6
海水鱼	112.8	110.6	111.7	109.1	110.8	92.9
其它水产品	104.1	116.5	123.1	94.7	106.9	103.0
菜	102.4	101.3	108.2	107.0	110.0	111.8
鲜菜	102.8	100.2	109.2	108.2	111.0	113.0
干菜及菜制品	98.6	110.6	98.4	100.7	98.5	100.2
调味品	102.0	102.7	103.9	101.7	99.0	99.9
盐	100.7	98.1	100.3	106.2	98.2	100.1
酱油	103.5	106.7	110.2	99.2	107.6	102.3
醋	107.1	104.8	103.1	100.1	99.5	92.6
味精	97.4	103.5	99.7	98.0	90.2	102.4
其它	101.3	101.9	104.7	100.9	94.9	101.1
糖	100.6	101.8	101.3	101.1	100.3	98.2
食糖	98.4	107.2	89.0	95.5	88.1	89.7
糖果	103.0	97.7	108.7	105.9	111.0	106.6
巧克力制品	99.0	106.2	105.7	102.7	103.2	99.3
糖制小食品	101.1	102.3	103.7	100.5	97.0	99.7
干鲜瓜果	103.3	101.9	104.9	102.9	102.9	104.3
鲜果	104.1	98.9	103.4	102.1	100.5	101.4
干（坚）果及瓜果制品	100.2	121.7	115.0	107.7	114.5	128.8
糕点饼干面包	103.1	105.2	102.6	100.7	100.1	102.7
糕点	101.8	93.9	98.6	101.1	100.0	110.0
饼干	108.6	106.4	112.5	101.4	100.5	95.5
面包	100.0	120.6	98.1	100.0	100.0	100.3
奶及奶制品	99.3	95.1	98.2	97.4	105.8	96.5
鲜奶	98.4	88.9	92.4	91.7	96.0	92.7
奶粉	100.5	106.6	103.8	102.5	127.4	98.3
其它	100.3	89.5	103.4	100.0	106.5	99.6
在外用膳食品	102.0	105.1	105.9	106.5	110.0	117.4
主食	101.4	104.4	104.5	102.7	116.3	119.9
炒菜	103.6	100.9	108.2	107.9	103.5	112.8

续上表

河源	梅州	惠州	汕尾	东莞	中山	江门	阳江
110.4	106.1	101.9	108.6	127.9	117.2	115.2	95.9
110.6	109.7	116.8	112.9	123.4	125.2	114.5	131.0
111.4	108.7	117.3	102.9	127.0	120.1	119.2	102.7
105.9	112.2	116.2	118.7	113.7	144.6	106.5	149.7
109.6	97.6	91.8	102.0	130.2	101.4	115.9	82.0
105.3	102.9	96.5	101.4	109.6	101.5	99.5	114.3
105.1	102.9	96.6	101.4	111.0	103.9	100.6	116.9
106.5	103.4	95.4	100.7	95.3	86.3	90.6	92.5
103.0	101.4	102.3	99.2	102.5	103.5	96.5	96.9
100.0	100.0	100.0	111.1	100.0	100.0	74.3	100.9
101.6	104.9	102.3	99.5	100.8	99.3	91.9	99.8
120.9	96.4	119.7	100.0	99.6	105.7	144.7	95.0
101.5	101.2	92.7	100.0	100.0	112.0	100.3	82.2
105.8	105.3	101.2	83.1	105.0	117.9	107.9	97.1
90.2	93.3	102.5	115.4	103.0	83.8	96.9	97.5
85.2	94.3	96.7	99.9	116.1	79.2	96.5	98.9
87.2	95.1	105.6	144.2	99.6	108.3	99.3	90.9
91.9	77.5	106.2	104.6	95.9	76.9	92.3	97.5
113.8	115.4	102.5	100.0	100.7	53.4	99.7	130.2
108.0	102.5	105.4	111.2	104.0	106.1	102.9	103.9
106.7	99.8	101.5	106.3	102.1	103.4	101.7	100.7
115.0	116.0	127.7	138.6	114.6	127.9	109.0	115.3
100.4	99.5	101.7	102.4	104.5	103.9	95.8	98.5
96.1	100.0	100.3	99.8	108.9	100.4	96.9	99.9
112.1	98.3	105.6	103.9	101.9	111.8	99.2	105.6
94.3	100.0	100.0	103.5	97.8	100.0	91.0	92.0
99.8	108.1	101.8	103.7	93.3	96.6	105.1	100.5
98.3	100.0	93.1	105.8	97.7	91.1	102.1	101.9
100.7	122.0	105.4	103.6	91.1	103.4	98.2	99.8
100.0	100.0	121.3	100.0	88.5	97.8	131.5	100.0
94.9	95.9	100.0	103.2	102.9	122.3	95.7	110.7
95.2	100.0	99.3	100.0	111.0	108.4	84.0	105.4
93.8	93.1	99.1	105.6	98.8	117.9	99.8	114.0

(2002年=100)

项　　目	湛江	茂名	肇庆	清远	潮州	揭阳
水产品	107.7	87.5	111.3	115.7	103.2	98.0
鱼	111.8	101.5	112.2	114.6	110.7	109.4
淡水鱼	109.0	94.6	116.4	119.4	110.3	110.7
海水鱼	114.0	113.9	102.5	105.9	110.9	106.3
其它水产品	103.5	68.1	109.6	117.0	93.8	89.9
菜	102.5	104.9	100.2	105.7	102.0	99.8
鲜菜	102.7	115.3	99.4	107.1	101.8	100.0
干菜及菜制品	100.8	90.0	106.3	96.2	103.1	98.9
调味品	100.6	99.3	100.6	103.2	97.7	113.2
盐	100.5	99.8	104.9	100.4	94.7	142.9
酱油	102.6	99.9	105.0	107.4	113.0	96.8
醋	101.9	101.3	94.1	113.0	78.4	100.0
味精	91.4	91.8	93.7	100.0	96.8	100.0
其它	102.2	98.5	97.0	97.0	91.4	102.0
糖	96.4	95.9	107.7	107.0	108.9	97.0
食糖	98.1	103.8	98.2	96.7	97.5	91.2
糖果	93.7	90.8	110.9	116.6	104.1	110.5
巧克力制品	103.6	90.4	104.3	106.5	122.0	96.4
糖制小食品	81.3	99.7	123.9	100.0	117.8	90.0
干鲜瓜果	108.0	106.9	98.9	111.2	105.4	105.6
鲜果	100.0	103.5	94.9	107.0	103.5	100.2
干（坚）果及瓜果制品	139.7	115.1	114.6	132.1	113.3	119.1
糕点饼干面包	103.1	94.6	100.0	101.8	109.3	99.6
糕点	103.2	88.8	101.6	100.0	100.0	99.0
饼干	98.7	99.5	96.9	104.8	139.4	99.3
面包	105.4	97.2	100.0	101.5	100.0	100.2
奶及奶制品	107.6	96.3	100.7	96.5	96.2	96.0
鲜奶	95.6	90.4	96.1	93.1	99.2	90.8
奶粉	128.2	99.9	108.3	105.3	81.5	105.1
其它	93.1	97.5	96.7	87.9	110.7	96.1
在外用膳食品	98.7	104.7	109.1	108.7	100.9	100.0
主食	100.5	106.6	105.6	101.9	107.3	100.0
炒菜	97.0	101.5	103.3	113.9	90.6	100.0

续上表

云浮	顺德	兴宁	鹤山	廉江	电白	连州	普宁
100.9	108.6	104.2	112.8	107.1	104.3	117.3	106.7
103.3	107.3	109.0	113.6	105.2	104.1	117.3	106.9
105.4	109.7	111.7	114.0	100.2	108.1	118.1	105.8
99.9	97.4	102.9	111.3	111.4	101.9	99.4	109.1
96.8	111.8	94.4	110.6	110.6	104.8	128.1	106.1
109.8	106.7	101.6	105.5	102.0	106.7	117.9	99.7
110.9	107.7	101.2	108.4	104.9	108.4	118.6	101.2
102.8	99.0	104.3	87.6	102.1	100.0	114.9	92.3
95.9	104.5	99.8	105.3	102.4	100.0	100.0	99.0
88.2	105.3	100.0	111.1	100.0	100.0	100.0	100.0
100.0	105.0	100.3	96.4	126.2	100.0	100.0	100.0
97.8	100.9	98.7	120.7	100.0	100.0	100.0	100.0
100.0	102.4	99.4	98.3	63.2	100.0	100.0	100.0
100.0	100.4	100.0	103.5	139.4	100.0	100.0	94.8
80.4	110.1	98.1	102.7	101.9	98.7	104.6	92.6
72.2	105.5	98.7	93.8	97.4	99.3	107.7	77.4
79.5	116.2	95.8	110.7	100.0	97.5	100.8	106.1
88.6	110.2	99.7	107.6	125.0	98.7	100.0	92.4
88.5	100.0	100.0	104.3	95.3	100.0	100.0	91.5
111.3	103.2	109.2	102.9	116.7	107.2	102.9	104.2
115.2	102.1	108.0	103.2	106.0	105.2	101.6	99.6
93.5	111.7	113.2	102.0	137.4	113.3	105.7	135.9
98.4	102.9	95.5	101.8	107.8	100.2	100.0	99.5
97.5	102.0	100.0	102.9	103.6	100.0	100.0	100.0
100.8	102.4	98.7	102.3	95.3	100.8	100.0	98.5
97.2	103.7	80.2	100.0	122.9	100.0	100.0	100.0
93.4	108.6	97.1	103.5	104.6	99.7	100.8	100.3
99.9	115.6	95.5	97.0	115.5	100.0	100.0	93.3
87.7	103.2	98.9	108.5	93.8	99.7	101.6	110.1
84.5	97.1	100.6	97.5	122.5	98.2	100.0	86.9
105.0	96.4	101.4	98.7	112.0	102.4	100.1	100.4
100.0	103.7	96.3	97.6	101.0	100.0	100.0	99.2
106.0	96.2	104.1	94.6	121.9	104.4	100.2	101.1

(2002 年 = 100)

项　　目	广州	深圳	珠海	汕头	佛山	韶关
地方小吃	97.9	116.6	99.5	102.3	116.7	135.4
其它食品	100.1	103.3	99.0	108.2	101.7	99.2
饮料、烟酒	**102.7**	**102.1**	**101.8**	**107.0**	**102.1**	**105.7**
茶及饮料	101.9	101.5	102.0	99.8	101.1	104.0
茶叶	104.9	117.4	99.9	101.5	94.2	131.9
饮料	100.7	99.4	103.4	98.1	103.2	93.8
固体饮料	100.4	111.2	107.9	100.8	100.8	104.9
液体饮料	100.3	98.8	99.9	95.8	101.4	89.2
冷冻饮品	102.0	94.8	106.0	100.0	112.4	89.5
烟草	101.8	100.7	101.4	111.7	102.4	109.4
国产卷烟	100.4	98.4	101.1	112.9	102.2	111.2
进口卷烟	103.8	95.8	100.1	110.3	102.8	105.2
其它	108.4	111.6	107.8	105.2	92.5	103.7
酒	105.7	106.6	102.7	108.3	102.8	102.2
白酒	108.6	116.7	105.7	104.3	99.2	106.3
果酒	104.8	108.4	105.0	99.7	103.8	99.5
啤酒	101.7	102.1	99.3	97.3	103.5	97.1
其它	107.8	98.7	101.4	151.8	108.7	105.9
服装、鞋帽类	**95.4**	**97.8**	**93.1**	**96.1**	**99.8**	**95.6**
服装	99.5	98.9	93.9	96.3	99.8	94.7
男式服装	97.7	94.7	87.1	99.2	97.5	98.8
大衣	95.4	89.2	100.0	90.0	100.0	92.0
毛线衣	95.7	76.0	99.3	92.6	96.0	95.2
夹克衫	97.1	117.0	78.7	100.5	91.5	108.2
衬衫	108.3	74.9	85.6	100.2	106.1	118.0
裤子	91.8	97.5	85.4	100.4	94.0	86.5
西服	98.6	102.8	83.3	105.1	94.1	106.1
运动衫裤	99.4	106.1	78.1	100.0	95.5	92.5
内衣	95.8	100.5	102.5	98.9	102.6	101.1
羽绒衣	96.8	89.3	100.0	98.0	98.1	84.2
其它	96.3	74.5	62.0	96.1	92.4	102.1
女式服装	101.7	100.1	97.7	94.6	100.8	90.6
大衣	88.2	96.0	99.7	96.0	96.9	72.6

续上表

河源	梅州	惠州	汕尾	东莞	中山	江门	阳江
100.0	100.3	104.5	100.0	101.2	138.6	97.9	108.1
100.8	105.7	101.9	105.2	91.2	93.2	92.6	104.2
107.1	**103.5**	**101.4**	**101.7**	**99.7**	**102.8**	**98.3**	**99.8**
102.8	101.0	100.9	102.9	96.0	98.0	97.3	100.2
109.6	101.2	106.0	100.0	94.5	85.7	98.4	101.1
96.7	100.8	95.7	106.2	96.4	106.6	96.4	99.8
102.2	103.3	92.0	104.2	91.3	95.9	96.3	101.8
93.5	100.0	96.8	103.0	98.8	111.8	97.7	94.0
100.0	100.0	102.8	134.9	113.2	93.3	94.2	116.8
111.8	108.2	99.2	100.6	99.1	110.0	96.7	99.7
113.5	107.5	100.7	100.6	94.5	109.8	95.6	100.1
105.5	111.6	92.5	100.0	102.5	107.8	98.8	98.9
102.7	104.6	108.3	120.0	115.8	115.0	100.0	99.2
101.5	98.2	108.1	102.3	107.3	97.8	103.9	99.6
106.5	101.4	116.7	107.0	114.1	106.0	117.5	104.6
99.9	98.9	91.1	97.4	99.2	83.9	116.0	91.2
95.8	94.2	102.9	100.0	102.5	100.7	96.1	96.8
102.7	100.0	103.8	99.2	108.6	100.4	77.9	99.4
100.5	**94.4**	**106.5**	**97.7**	**90.0**	**92.2**	**91.5**	**93.4**
101.0	92.6	99.9	97.2	85.4	85.5	90.3	93.6
112.9	91.6	94.0	98.5	86.0	91.1	82.4	83.6
89.9	98.6	94.9	99.4	78.1	62.2	83.6	72.8
198.9	91.3	68.0	105.1	72.3	62.2	80.0	76.9
152.6	88.3	87.7	99.7	87.0	105.4	56.6	118.3
80.8	92.8	100.0	98.1	100.1	110.6	85.5	81.7
117.2	91.8	94.2	100.5	87.9	95.1	85.8	78.7
96.5	76.9	90.1	97.6	92.4	77.5	77.5	77.5
107.5	95.9	100.0	95.8	103.3	101.3	83.4	80.8
117.2	100.3	95.1	93.6	92.1	98.7	91.0	103.8
165.3	85.6	99.6	98.1	69.4	103.9	78.3	89.2
133.4	98.6	85.6	107.3	70.2	79.6	94.2	74.3
101.9	94.1	100.0	97.0	87.7	80.2	95.8	96.3
98.5	82.8	84.3	100.0	81.0	107.4	76.9	80.4

（2002 年 = 100）

项　　目	湛江	茂名	肇庆	清远	潮州	揭阳
地方小吃	103.0	116.5	130.4	100.0	131.7	100.0
其它食品	106.3	86.4	111.5	98.9	95.0	102.2
饮料、烟酒	**102.2**	**95.6**	**100.0**	**100.8**	**105.0**	**102.7**
茶及饮料	99.9	102.1	95.9	100.8	102.1	98.9
茶叶	101.0	100.1	93.7	104.9	106.7	99.6
饮料	98.0	103.5	97.9	97.7	93.9	97.7
固体饮料	98.3	94.9	101.8	97.3	100.2	100.0
液体饮料	98.3	106.9	98.5	100.4	89.6	90.5
冷冻饮品	95.8	109.1	92.2	92.6	89.1	110.8
烟草	102.3	93.2	102.3	102.8	107.2	105.7
国产卷烟	104.2	95.0	105.2	103.0	106.3	106.9
进口卷烟	96.9	85.6	101.2	104.9	109.3	98.2
其它	98.7	93.8	84.6	96.4	103.4	112.7
酒	105.6	88.6	101.6	96.4	106.5	100.1
白酒	116.0	91.6	116.1	91.0	100.1	101.8
果酒	101.1	84.8	93.0	104.2	106.1	100.1
啤酒	94.5	78.9	92.3	98.0	105.1	98.7
其它	102.3	106.0	98.8	99.0	132.7	98.2
服装、鞋帽类	**94.1**	**98.0**	**95.6**	**95.9**	**88.6**	**99.7**
服装	92.2	97.7	94.6	96.3	91.2	99.7
男式服装	90.3	96.7	89.8	98.3	84.0	98.9
大衣	98.3	94.7	97.9	93.5	69.1	90.0
毛线衣	89.1	92.9	103.2	86.3	78.4	97.6
夹克衫	87.0	88.5	87.1	97.4	59.3	96.6
衬衫	88.5	99.4	93.9	92.4	93.1	102.7
裤子	88.4	98.0	77.5	95.9	102.0	102.4
西服	96.0	94.7	79.6	103.7	75.6	97.9
运动衫裤	87.7	100.0	102.5	104.0	82.4	96.9
内衣	93.3	100.3	100.9	110.3	85.9	99.7
羽绒衣	91.8	100.0	96.7	0.0	87.9	99.1
其它	80.3	92.2	66.1	94.4	72.3	100.6
女式服装	93.0	98.0	99.8	93.7	94.7	99.8
大衣	95.0	91.8	100.5	88.7	64.8	91.4

续上表

云浮	顺德	兴宁	鹤山	廉江	电白	连州	普宁
107.7	94.7	105.8	107.8	102.6	100.0	100.0	100.0
97.3	101.8	100.1	108.4	91.4	101.4	96.2	107.7
97.1	**102.2**	**99.6**	**104.8**	**98.3**	**99.6**	**114.3**	**99.4**
90.1	102.1	99.2	99.5	94.2	99.0	100.0	96.3
84.6	100.7	100.0	98.5	95.1	100.0	100.0	99.7
94.5	102.7	98.4	100.0	93.4	98.5	100.0	93.7
94.4	103.0	90.0	123.1	78.1	99.7	100.0	98.9
95.2	102.4	102.6	86.8	99.1	97.2	100.0	88.1
93.5	103.6	100.0	102.3	99.2	100.0	100.0	100.0
100.2	105.0	99.7	112.6	99.3	100.2	130.7	100.8
99.8	105.9	99.0	107.7	98.5	100.4	133.3	101.5
100.0	102.1	94.0	139.6	100.0	100.0	100.0	97.0
101.5	101.4	120.3	100.2	100.0	100.0	107.1	100.0
103.6	99.3	99.9	103.5	105.3	99.3	104.9	100.5
106.2	103.2	99.3	99.5	105.9	102.3	107.2	110.0
105.9	92.1	100.0	115.9	80.2	99.1	113.9	100.0
100.0	100.7	104.0	94.7	111.9	96.9	102.3	100.0
105.3	100.0	96.7	120.4	100.0	100.6	104.2	75.1
91.5	**100.0**	**99.4**	**92.2**	**94.3**	**101.3**	**86.1**	**87.6**
92.6	100.4	99.2	91.0	92.3	101.4	80.7	88.5
92.8	93.6	97.2	87.2	89.4	100.0	80.6	89.5
88.4	107.0	94.1	112.6	104.1	100.0	100.9	82.1
85.7	109.6	93.3	52.0	48.4	100.0	88.7	95.6
74.4	94.6	100.1	75.3	99.9	100.0	86.0	74.5
101.9	87.3	93.6	92.5	93.9	100.0	70.2	100.3
97.8	92.2	91.5	92.2	91.0	100.0	56.5	96.1
112.6	89.4	96.0	83.9	87.5	100.0	84.1	93.0
82.4	92.0	97.9	92.8	100.0	100.0	93.9	85.2
87.1	111.7	113.9	84.2	85.8	100.0	93.9	84.7
79.3	101.6	100.0	80.2	100.0	100.0	102.0	89.0
85.6	108.8	100.8	99.2	70.1	100.0	75.0	84.3
92.0	104.6	97.9	91.5	99.1	102.1	78.8	86.6
89.8	98.8	92.6	71.4	101.1	100.0	103.4	85.6

(2002年=100)

项　　目	广州	深圳	珠海	汕头	佛山	韶关
毛线衣	100.3	88.5	100.6	94.2	99.0	106.8
羽绒衣	100.8	103.5	100.0	97.4	101.1	80.0
套装	86.1	80.9	99.0	93.2	100.6	95.2
衬衫	106.7	111.4	100.3	106.9	99.4	107.5
裙子	118.9	101.7	97.8	81.1	102.3	88.4
裤子	115.3	106.2	100.2	98.5	96.9	83.4
运动衫裤	89.1	114.0	79.3	99.5	102.1	86.4
内衣	106.6	102.1	100.2	99.1	106.1	101.8
其它	103.0	103.1	102.5	100.0	100.0	101.0
儿童服装	94.2	105.4	99.6	95.4	101.7	101.3
套装	99.3	95.6	100.0	95.5	100.2	96.2
裤子	96.2	113.2	99.9	92.8	105.3	112.0
裙子	82.1	101.2	98.7	97.3	100.0	91.6
其它	99.3	121.3	100.0	101.9	100.0	100.0
鞋袜帽	84.6	98.8	93.2	95.0	99.8	97.9
鞋	82.8	98.1	97.4	94.3	99.7	97.8
男鞋	86.7	101.4	97.2	94.7	100.6	97.0
女鞋	78.2	95.1	95.9	91.9	98.5	98.8
童鞋	93.3	98.7	101.0	98.9	102.3	98.0
袜子	100.0	100.9	58.0	100.9	100.8	99.6
男袜	100.0	101.9	62.7	101.9	91.2	98.8
女袜	100.0	100.2	53.2	100.0	108.6	100.3
帽子	75.5	108.4	100.0	100.8	99.1	94.1
男帽	84.6	100.0	100.0	102.0	97.8	95.8
女帽	71.6	114.2	100.0	100.0	100.0	93.2
其它	100.5	90.9	78.5	97.8	101.4	99.4
领带	100.5	90.9	78.5	97.8	101.4	99.4
纺织品类	**98.0**	**95.1**	**99.6**	**99.9**	**99.1**	**98.0**
衣着材料	99.9	96.7	105.1	97.9	99.7	97.0
棉布	93.2	101.4	102.8	104.0	100.1	100.4
棉花化纤混纺布	114.9	91.2	106.8	104.9	97.3	100.1
化纤布	99.5	105.8	108.9	102.7	100.0	96.3
毛织品	88.2	111.6	105.5	88.5	104.6	94.7

续上表

河源	梅州	惠州	汕尾	东莞	中山	江门	阳江
109.0	96.9	93.6	95.3	87.7	62.7	88.8	104.3
153.5	84.3	90.4	98.1	88.9	100.6	69.2	86.2
98.9	91.1	114.4	98.8	89.7	72.8	82.2	75.0
122.2	95.4	99.6	97.9	69.9	59.1	114.0	100.0
100.3	90.1	101.9	95.3	100.7	65.6	109.4	103.5
110.5	93.4	90.5	86.4	99.7	78.1	89.6	88.9
97.8	93.1	100.0	100.0	62.0	67.1	92.8	83.3
80.5	99.5	111.8	102.4	86.4	76.0	101.6	101.3
97.7	104.8	129.5	100.4	96.9	147.9	132.1	126.6
71.4	90.6	117.6	94.9	71.8	85.1	91.0	106.8
74.6	94.2	128.7	92.1	67.6	87.6	80.0	89.2
60.9	99.4	102.9	101.0	75.2	92.3	101.6	96.5
70.4	75.8	123.3	94.5	73.5	72.9	93.3	143.2
105.5	97.0	92.5	62.5	54.0	91.5	94.7	77.5
98.9	99.6	112.1	99.3	89.1	112.6	94.3	91.9
98.8	100.1	119.5	99.5	87.9	113.8	91.4	90.9
105.9	101.7	116.2	92.2	91.8	132.1	85.4	86.0
93.1	99.8	136.0	104.2	86.7	101.8	105.0	95.0
95.7	98.2	93.7	98.5	81.9	86.3	75.4	79.9
99.2	96.0	92.5	98.4	100.8	105.8	111.8	98.6
105.8	91.0	93.9	100.0	101.9	77.4	109.7	106.7
91.3	101.1	90.8	96.5	99.6	143.7	114.4	88.2
100.0	106.1	99.1	100.0	100.2	68.7	100.4	105.4
100.0	100.0	96.9	100.0	91.0	78.0	101.4	110.6
100.0	110.0	100.6	100.0	106.3	62.7	99.7	102.0
100.0	95.4	128.5	95.1	120.2	93.0	96.9	101.1
100.0	95.4	128.5	95.1	120.2	93.0	96.9	101.1
99.7	**98.9**	**109.5**	**99.9**	**102.8**	**98.1**	**98.0**	**107.4**
100.7	99.4	105.2	96.5	113.0	100.0	100.9	100.7
109.1	100.5	100.1	90.2	117.6	100.0	122.7	128.5
99.9	96.6	116.1	98.4	133.2	100.0	92.4	91.8
96.2	99.9	112.0	95.9	124.2	100.0	103.0	95.9
85.0	98.1	110.8	100.0	101.8	0.0	99.9	100.1

(2002 年 = 100)

项　　目	湛江	茂名	肇庆	清远	潮州	揭阳
毛线衣	91.7	99.4	98.4	87.0	91.5	96.0
羽绒衣	79.6	100.0	116.1	0.0	81.4	99.4
套装	87.0	91.1	94.8	106.2	82.7	99.9
衬衫	99.1	94.1	121.0	108.3	125.9	107.7
裙子	85.6	100.0	79.7	92.7	92.7	102.1
裤子	94.8	100.5	87.6	96.9	116.5	107.7
运动衫裤	96.0	100.0	93.6	104.1	73.9	95.7
内衣	92.5	103.0	107.5	76.7	102.4	99.5
其它	109.7	100.4	131.1	100.0	72.5	104.0
儿童服装	94.3	98.7	88.8	100.3	98.0	101.3
套装	88.3	96.6	79.5	100.1	92.5	98.6
裤子	93.0	99.7	84.0	100.8	104.7	99.8
裙子	104.0	100.4	107.5	99.7	96.0	104.8
其它	91.4	100.0	94.6	99.3	85.7	118.8
鞋袜帽	99.5	98.9	103.3	94.5	78.9	100.0
鞋	98.8	99.1	105.3	93.0	75.6	99.7
男鞋	102.7	98.2	101.7	99.0	91.8	98.1
女鞋	96.8	100.1	110.1	86.0	64.6	99.4
童鞋	96.1	98.1	103.2	96.7	65.8	102.9
袜子	105.1	97.0	93.8	103.2	90.1	101.5
男袜	105.9	94.8	93.2	100.0	79.4	100.2
女袜	104.0	99.7	94.3	106.6	99.0	102.6
帽子	99.5	101.5	93.7	98.9	89.1	104.4
男帽	101.6	100.0	100.0	100.0	75.6	92.5
女帽	98.1	102.5	90.3	98.1	98.1	112.7
其它	97.2	99.2	75.2	98.6	94.8	91.4
领带	97.2	99.2	75.2	98.6	94.8	91.4
纺织品类	**98.2**	**98.9**	**96.0**	**100.1**	**90.7**	**99.9**
衣着材料	106.0	96.1	112.3	97.0	89.1	100.7
棉布	97.0	98.1	103.8	99.3	98.3	100.0
棉花化纤混纺布	112.0	101.0	139.3	100.7	87.3	100.0
化纤布	115.9	96.0	125.0	99.3	85.0	102.4
毛织品	102.4	93.6	128.2	96.1	84.9	100.0

续上表

云浮	顺德	兴宁	鹤山	廉江	电白	连州	普宁
86.8	108.8	100.8	92.2	76.2	100.0	98.4	90.1
75.8	97.6	100.0	87.7	100.0	100.0	106.1	90.3
90.7	110.8	94.3	76.5	106.3	104.9	68.1	80.9
106.3	107.5	102.5	93.0	99.6	100.0	89.2	0.0
89.9	104.8	99.5	86.4	103.4	101.5	58.1	88.4
96.8	100.9	93.8	105.0	105.5	104.2	50.1	80.7
93.2	104.7	101.5	88.2	100.0	100.0	99.9	90.1
88.7	98.5	102.6	105.4	85.0	100.0	82.5	84.3
95.0	103.8	102.6	102.2	100.0	100.0	88.4	101.6
94.1	102.9	106.7	95.8	87.6	105.4	85.4	92.8
98.1	103.1	106.7	116.6	71.1	108.5	90.6	96.4
92.0	105.5	105.4	98.2	104.2	106.2	83.6	89.2
90.9	100.7	112.3	66.6	87.5	100.2	80.4	91.9
88.4	100.0	95.1	113.7	102.8	100.0	80.4	92.9
89.1	98.9	98.9	91.9	100.6	101.1	96.9	89.0
87.0	98.7	95.6	95.7	101.4	101.3	96.5	89.4
89.0	96.3	98.5	99.4	99.8	100.4	94.3	84.1
79.2	100.0	99.0	92.6	101.9	101.9	85.5	81.6
98.9	100.0	87.4	94.2	101.0	102.4	126.1	115.3
99.0	100.7	117.8	80.7	100.0	100.0	97.9	85.2
98.0	100.0	98.7	80.6	100.0	100.0	98.6	86.6
100.0	101.2	126.0	80.6	100.0	100.0	97.1	84.1
102.5	100.0	90.0	102.9	100.0	100.0	100.0	97.5
100.0	100.0	100.0	103.6	100.0	100.0	100.0	97.5
104.0	100.0	83.3	102.4	100.0	100.0	100.0	97.5
86.1	100.0	101.7	101.8	96.7	100.0	94.0	78.3
86.1	100.0	101.7	101.8	96.7	100.0	94.0	78.3
93.4	**99.6**	**99.4**	**100.4**	**99.7**	**100.0**	**102.1**	**99.2**
84.9	96.7	100.3	103.7	106.0	100.0	98.0	107.8
79.6	100.0	100.0	96.1	112.2	100.0	81.8	115.3
85.1	95.3	100.0	109.0	100.6	100.0	98.1	104.1
80.8	93.2	100.0	103.5	116.1	100.0	100.9	114.7
86.7	92.0	100.0	100.0	100.0	100.0	0.0	103.1

（2002 年 = 100）

项　　目	广州	深圳	珠海	汕头	佛山	韶关
丝织品	97.9	110.2	111.2	96.0	103.2	100.4
毛线	100.0	109.4	99.8	100.0	101.5	96.1
其它	100.0	82.1	100.0	93.8	90.0	94.0
床上用品	96.4	93.8	97.6	100.7	98.7	98.7
毛毯	98.1	103.5	96.4	99.4	94.0	101.6
床单	99.8	103.7	100.4	100.4	101.7	98.9
床罩	98.7	74.3	96.3	101.7	122.1	96.2
被套	91.9	91.4	95.5	99.8	98.6	99.0
其它	96.4	98.7	100.6	101.1	92.3	98.1
家用电器及音像器材	**86.4**	**88.6**	**90.2**	**93.2**	**89.7**	**94.8**
家庭设备	88.4	89.2	95.3	97.1	89.4	96.4
洗衣机	97.5	98.6	94.9	92.0	87.3	98.9
电风扇	98.1	98.6	92.3	105.9	84.8	94.0
电冰箱（柜）	91.2	94.7	94.8	96.6	98.9	94.5
抽排油烟机	95.7	104.2	106.4	99.9	98.5	100.4
空调器	76.7	78.9	87.9	97.0	80.3	95.9
电热水器	98.5	90.3	101.5	102.3	98.9	95.9
微波炉	99.8	93.6	97.7	94.7	98.0	91.7
电炊具	94.8	99.1	100.0	100.9	93.0	101.1
饮水机	94.6	82.7	94.6	100.9	86.4	89.2
其它	91.9	96.6	97.3	98.9	87.4	101.4
文娱用耐用消费品	83.2	83.7	82.9	87.4	90.5	94.3
电视机	76.5	85.6	82.6	78.8	85.9	95.5
影碟机	81.8	90.5	76.0	94.1	88.5	82.9
摄像机	80.4	88.8	95.6	91.3	93.7	100.0
音响	83.7	96.7	90.9	97.5	98.0	98.6
收音（录）机	96.5	92.4	81.9	101.5	102.8	94.6
其它	100.0	68.3	79.4	90.4	98.2	0.0
音像器材类	86.9	96.7	95.6	97.5	88.0	87.2
专业音响器材	99.8	99.2	92.3	100.0	90.2	91.8
专业声像器材	70.0	93.9	100.3	93.9	85.5	80.5
文化办公用品	**86.0**	**95.0**	**91.4**	**94.0**	**91.6**	**97.7**
纸张用品	101.0	108.2	98.2	101.0	105.9	99.4

续上表

河源	梅州	惠州	汕尾	东莞	中山	江门	阳江
101.1	99.8	101.5	99.1	0.0	100.0	96.7	122.9
105.7	99.0	101.4	97.0	100.0	100.0	98.6	85.2
115.1	105.6	97.2	100.0	0.0	100.0	81.7	114.4
99.4	98.7	110.2	101.1	98.4	97.2	97.2	111.0
81.5	100.8	109.4	99.7	105.3	80.2	100.7	91.1
109.0	101.4	102.5	104.7	94.6	93.0	102.6	88.2
87.8	100.6	102.0	98.5	113.1	114.3	91.1	95.9
90.2	90.3	92.5	105.7	93.2	92.5	97.4	102.4
114.6	101.7	122.0	100.1	86.1	99.5	96.9	119.9
94.0	**93.3**	**88.5**	**85.2**	**97.8**	**93.0**	**89.8**	**93.6**
97.2	94.4	87.9	85.5	99.8	97.0	88.3	93.2
83.7	98.5	101.7	84.3	97.5	91.1	93.2	102.6
83.0	100.0	99.0	84.7	100.9	102.6	103.5	65.3
101.3	98.5	87.2	94.8	92.2	91.9	84.3	100.4
109.7	99.4	94.5	91.8	101.0	109.1	91.6	94.7
95.6	80.7	71.9	70.4	87.4	93.9	82.2	84.1
104.2	100.4	79.2	100.0	111.5	111.6	93.8	94.9
95.5	110.8	94.4	96.4	94.6	87.0	84.8	88.4
108.6	89.0	93.6	81.2	107.8	98.0	89.3	87.2
110.8	96.3	79.6	88.2	89.6	90.2	85.7	93.4
92.5	89.7	123.0	103.5	105.4	101.5	95.5	130.0
87.9	92.7	84.6	83.1	92.1	89.0	90.6	92.1
87.2	92.1	85.4	78.3	93.1	85.9	87.0	94.3
77.0	89.7	65.2	84.1	90.3	81.7	89.3	75.3
77.8	80.8	102.5	98.4	96.7	79.4	85.0	101.5
100.7	101.5	89.1	93.5	90.4	99.8	101.7	104.6
89.9	100.0	99.7	95.7	97.6	100.3	91.5	101.9
100.0	83.5	100.0	100.0	89.0	169.5	100.0	80.7
100.0	89.0	100.0	100.0	98.2	79.3	96.9	100.0
100.0	100.0	100.0	100.0	101.9	64.2	96.1	100.0
100.0	65.3	100.0	100.0	84.4	117.9	97.7	100.0
92.7	**94.1**	**101.0**	**92.3**	**97.7**	**79.1**	**95.4**	**90.6**
100.2	100.0	105.2	100.0	96.7	60.9	90.7	101.5

（2002 年 = 100）

项　　目	湛江	茂名	肇庆	清远	潮州	揭阳
丝织品	94.6	100.0	110.4	100.0	93.2	100.0
毛线	104.1	95.9	84.5	90.1	89.8	100.0
其它	107.3	85.7	91.9	0.0	96.2	100.0
床上用品	96.1	99.5	90.3	101.2	91.4	99.5
毛毯	101.9	86.6	105.2	100.0	77.3	98.3
床单	90.4	100.2	94.8	99.9	96.0	101.2
床罩	96.2	99.2	76.1	95.5	93.7	97.4
被套	94.5	107.3	104.8	98.1	97.4	99.0
其它	96.5	100.7	79.1	109.3	90.4	100.8
家用电器及音像器材	**88.6**	**88.9**	**84.7**	**88.1**	**82.0**	**91.9**
家庭设备	90.2	88.0	86.0	86.7	80.3	95.3
洗衣机	90.8	97.7	87.3	94.3	100.1	100.0
电风扇	107.9	92.2	83.8	99.1	97.7	96.0
电冰箱（柜）	91.6	92.2	94.7	88.6	76.2	97.8
抽排油烟机	100.7	102.2	87.7	97.1	91.1	100.6
空调器	81.6	83.8	79.8	75.9	57.7	84.8
电热水器	88.5	62.1	89.6	86.7	92.1	98.0
微波炉	88.5	85.9	87.0	75.5	74.4	98.5
电炊具	100.6	88.5	76.5	87.6	80.0	99.6
饮水机	102.1	91.4	100.0	83.7	87.5	100.5
其它	98.8	87.0	79.5	90.5	93.6	95.1
文娱用耐用消费品	84.8	87.9	80.9	90.7	83.3	87.9
电视机	82.2	81.9	73.0	93.3	81.8	78.4
影碟机	79.3	81.8	83.3	90.0	78.5	96.7
摄像机	88.1	97.8	70.5	85.9	91.6	100.0
音响	90.8	102.0	91.2	90.6	79.4	94.8
收音（录）机	93.5	101.8	95.3	75.2	94.3	101.5
其它	93.8	100.0	100.0	0.0	100.0	109.3
音像器材类	99.6	98.8	97.2	85.0	87.7	92.3
专业音响器材	99.7	98.2	97.2	78.2	90.9	92.3
专业声像器材	99.4	99.4	100.0	94.6	82.9	100.0
文化办公用品	**88.5**	**88.9**	**90.0**	**95.0**	**89.4**	**96.6**
纸张用品	99.7	123.1	112.5	99.2	132.9	100.0

续上表

云浮	顺德	兴宁	鹤山	廉江	电白	连州	普宁
94.3	97.4	104.1	100.0	100.2	100.0	105.5	99.8
85.8	101.9	100.0	92.0	100.6	100.0	121.3	94.1
90.0	100.0	100.0	110.0	100.0	100.0	100.0	100.0
96.1	100.0	98.6	99.6	94.6	100.0	106.3	91.5
84.7	98.0	100.0	99.7	100.5	100.0	102.8	87.3
100.7	102.8	100.4	105.6	96.7	100.0	105.1	101.4
98.2	99.3	99.9	99.4	100.1	100.0	112.5	85.9
98.0	101.6	99.5	96.1	71.6	100.0	109.1	97.6
96.7	99.4	94.6	96.2	96.9	100.0	94.3	90.4
92.0	**98.3**	**93.6**	**90.0**	**90.8**	**91.9**	**77.5**	**86.4**
88.3	98.1	93.9	91.5	91.7	92.0	73.6	93.0
88.6	98.5	97.5	99.3	101.4	94.6	74.3	98.7
86.5	101.6	94.2	87.7	94.0	100.0	83.1	98.6
88.6	98.9	96.1	96.3	88.2	91.0	74.3	91.2
93.0	100.2	96.9	85.5	84.7	100.9	77.3	101.7
80.6	96.1	84.7	83.2	63.4	86.2	65.1	75.8
92.0	99.8	99.1	89.6	98.6	96.6	72.5	106.5
91.5	99.2	102.2	89.7	90.4	93.8	64.7	88.6
95.9	100.0	94.0	98.6	96.3	100.1	84.1	96.5
96.7	100.0	95.9	95.6	108.1	80.8	86.6	88.9
99.1	98.4	89.7	90.0	81.0	99.6	0.0	104.2
93.7	98.3	94.7	88.2	86.8	89.6	80.3	83.1
92.1	100.7	93.6	90.5	96.5	86.5	73.4	74.7
93.3	92.0	96.7	80.3	74.3	92.3	84.4	95.7
100.0	98.7	0.0	100.0	100.0	100.0	100.0	100.0
96.7	97.5	98.3	87.1	76.0	90.3	83.6	81.8
85.2	100.0	88.4	94.5	89.2	100.0	98.2	94.4
100.0	100.0	111.6	100.0	100.0	93.9	0.0	100.0
108.8	100.0	86.4	93.3	99.1	100.0	79.3	81.6
119.7	100.0	86.4	93.3	97.8	100.0	79.3	95.8
95.4	100.0	93.4	100.0	100.2	100.0	100.0	56.7
94.6	**97.5**	**94.0**	**93.5**	**100.6**	**97.6**	**93.6**	**77.7**
100.0	99.9	93.5	107.1	104.7	102.5	100.0	86.3

(2002 年 = 100)

项　　目	广州	深圳	珠海	汕头	佛山	韶关
文具	100.2	92.9	99.7	97.3	101.5	90.8
电脑及配件	57.1	89.1	91.9	91.0	82.1	93.3
打印机及配件	87.8	104.1	87.0	86.8	94.7	90.4
扫描仪	87.9	99.6	86.0	78.5	85.3	93.4
复印机	95.2	96.5	80.6	99.3	81.6	111.7
电子辞典	99.6	92.7	89.7	96.9	94.7	101.5
计算器	97.7	99.7	100.0	99.6	101.4	100.5
教学设备	100.0	97.4	84.7	97.2	87.0	101.1
其它	99.8	92.4	82.4	101.9	94.9	0.0
日用品	**100.9**	**100.2**	**97.6**	**99.2**	**95.7**	**99.9**
日用百货	99.2	97.7	97.3	98.2	100.5	100.8
自行车	97.8	100.0	103.1	96.1	100.6	98.1
雨具	100.0	90.7	94.0	98.5	92.8	101.1
剃须刀具	102.2	98.1	96.8	105.9	98.5	98.1
电池	98.2	87.2	87.0	94.5	97.5	99.7
卫生纸	100.9	91.4	100.4	97.1	98.5	105.1
卫生巾	92.6	94.9	100.8	95.5	101.5	101.9
其它	100.0	105.1	99.7	101.3	102.0	102.0
日用杂品	99.7	103.1	95.5	99.8	100.6	98.5
茶具	101.9	101.6	96.8	95.3	102.8	95.6
餐具	100.4	106.0	106.1	102.2	99.0	98.6
厨具	98.4	101.7	100.8	101.5	97.8	100.8
其它	98.2	102.8	81.6	98.3	101.5	99.4
洗涤用品	100.9	96.1	97.1	100.5	92.3	102.4
洗衣粉	105.5	99.5	95.5	98.1	89.1	100.7
肥皂类	102.2	93.3	101.2	105.9	97.7	101.8
牙膏	98.2	90.1	96.3	102.5	101.3	108.7
清洁洗涤剂	98.6	100.7	96.6	96.9	87.1	99.4
其它日用品	103.0	105.0	100.1	98.6	93.4	98.0
燃气灶具	112.3	113.4	107.7	98.3	98.2	97.9
儿童玩具	105.8	96.2	93.4	100.0	103.7	98.6
照明器具	100.5	103.2	103.7	96.8	100.3	98.9
钟表眼镜及配件	97.0	100.1	100.3	98.7	110.5	98.0

续上表

河源	梅州	惠州	汕尾	东莞	中山	江门	阳江
99.8	100.0	98.8	100.3	99.5	66.2	108.6	95.8
88.6	88.9	101.2	85.5	102.5	85.9	93.0	79.6
98.0	97.0	103.8	91.4	77.6	49.0	95.4	92.4
92.7	87.0	104.0	80.9	89.1	94.1	96.6	89.8
84.8	94.3	83.9	91.6	115.2	88.7	94.1	82.9
88.9	95.1	119.7	94.4	83.1	89.7	97.2	94.6
84.4	100.0	92.4	100.0	87.4	87.9	96.1	106.4
100.0	100.0	100.0	97.7	100.0	71.8	97.6	100.0
100.0	94.7	82.7	94.6	102.1	0.0	100.0	100.0
101.2	**97.2**	**102.4**	**98.4**	**96.9**	**97.0**	**96.5**	**98.8**
97.8	97.0	103.4	100.4	89.5	107.2	98.5	99.0
90.6	96.4	96.6	101.3	100.2	100.0	103.6	100.0
97.0	94.6	95.4	99.3	102.5	78.3	107.9	92.0
100.0	100.0	113.1	100.0	103.6	169.8	92.6	97.0
94.3	96.6	114.8	100.0	71.2	86.6	88.4	132.3
103.1	100.9	102.5	101.5	79.4	106.7	101.7	106.4
98.2	91.0	113.5	97.2	70.2	115.4	97.5	101.7
100.0	100.0	92.4	104.0	99.6	83.1	101.7	85.0
107.6	99.5	105.4	99.9	101.6	78.6	97.4	96.8
112.5	100.0	98.3	100.0	93.4	58.7	98.2	106.0
106.5	100.0	84.3	100.0	110.5	65.8	98.8	73.3
109.9	98.1	108.9	99.4	99.5	129.7	98.0	110.1
100.0	100.0	125.6	99.9	97.9	0.0	94.6	100.2
100.6	96.8	105.0	94.0	111.9	103.1	95.0	99.7
106.6	96.3	112.3	100.8	105.0	99.4	94.8	97.5
103.8	100.0	108.1	102.6	130.0	149.7	100.7	94.2
100.5	98.9	98.7	80.6	106.5	107.3	99.4	104.1
90.7	92.4	98.3	94.2	109.3	94.2	84.5	103.0
98.6	95.7	96.9	98.8	83.0	94.1	94.9	99.8
95.4	103.3	123.5	95.9	106.5	114.6	89.3	94.8
95.6	100.0	88.5	95.8	93.9	67.9	91.0	106.8
97.6	94.9	93.0	100.0	69.1	78.3	98.0	137.2
100.0	94.2	96.1	100.0	98.4	92.4	97.5	96.2

（2002 年 = 100）

项　　目	湛江	茂名	肇庆	清远	潮州	揭阳
文具	94.6	87.5	112.7	100.0	114.4	99.8
电脑及配件	76.3	70.2	72.6	87.9	68.6	93.3
打印机及配件	94.5	95.1	85.2	120.8	79.6	98.4
扫描仪	76.6	83.2	94.6	83.1	68.6	95.1
复印机	98.1	88.9	97.4	85.0	94.9	96.6
电子辞典	94.8	94.6	86.7	100.0	69.1	100.0
计算器	98.9	99.0	96.9	94.9	84.1	101.9
教学设备	97.6	92.5	100.0	100.0	97.4	100.0
其它	91.7	100.0	98.9	0.0	100.0	94.3
日用品	**100.2**	**94.7**	**96.5**	**97.7**	**94.9**	**100.2**
日用百货	99.2	98.2	97.5	98.7	84.5	98.2
自行车	99.1	100.0	99.1	94.6	68.1	93.0
雨具	93.7	97.7	98.6	109.8	92.4	100.0
剃须刀具	102.7	100.4	96.7	100.0	74.5	100.0
电池	103.8	100.0	100.0	92.9	100.0	100.0
卫生纸	96.9	94.5	92.5	100.0	107.8	100.0
卫生巾	100.0	98.2	98.9	94.7	68.3	95.3
其它	95.5	100.0	97.3	97.1	100.0	105.0
日用杂品	99.9	83.7	89.5	99.2	97.2	102.4
茶具	96.8	89.2	107.0	100.0	77.8	100.4
餐具	97.5	68.3	80.6	98.6	97.4	104.4
厨具	97.3	92.2	86.7	99.2	119.2	100.7
其它	108.4	100.0	88.8	0.0	99.7	100.0
洗涤用品	103.1	99.3	101.5	99.6	106.0	100.1
洗衣粉	97.5	100.7	101.3	100.0	93.5	100.0
肥皂类	107.3	100.0	101.8	98.6	92.7	100.4
牙膏	108.8	97.6	99.8	100.8	88.9	100.0
清洁洗涤剂	102.0	98.0	104.0	98.3	146.4	100.0
其它日用品	98.6	97.7	97.7	93.9	91.8	101.3
燃气灶具	101.8	97.2	94.9	94.8	88.4	96.4
儿童玩具	98.9	80.6	100.0	94.7	104.4	102.4
照明器具	98.3	102.6	100.0	100.0	95.5	100.0
钟表眼镜及配件	97.4	100.3	96.9	79.1	100.5	101.2

续上表

云浮	顺德	兴宁	鹤山	廉江	电白	连州	普宁
103.6	99.2	102.9	96.3	101.4	100.0	100.0	98.5
93.9	95.8	93.3	88.5	100.0	91.0	90.5	78.6
80.4	96.6	83.3	87.7	97.7	90.7	86.0	66.7
96.0	93.1	81.0	100.0	100.0	99.9	80.3	30.5
92.4	100.0	96.5	100.0	99.2	84.6	90.3	76.8
95.0	100.0	85.3	88.9	100.0	104.8	89.0	51.5
75.0	100.0	93.3	92.7	100.0	100.0	91.4	92.4
100.2	100.0	100.0	100.0	100.0	100.0	95.7	41.5
100.0	100.0	93.5	100.0	57.1	100.0	100.0	51.6
101.0	**100.1**	**100.3**	**95.8**	**103.1**	**99.7**	**93.9**	**95.9**
99.0	100.6	101.9	96.4	100.2	99.8	88.5	99.7
88.4	100.0	107.4	103.8	100.0	99.0	79.8	98.0
102.5	100.4	110.8	94.2	95.4	100.0	99.0	108.4
100.0	100.0	100.2	100.2	109.8	100.0	93.4	93.2
100.0	102.5	77.9	100.0	98.3	100.0	100.0	100.0
100.0	100.9	101.5	94.0	103.7	100.0	94.1	85.4
100.0	100.6	102.6	87.9	95.0	100.0	100.0	120.8
100.0	100.0	100.0	100.0	93.4	100.0	100.0	75.4
100.0	99.9	97.8	97.1	103.6	100.0	91.9	88.8
100.0	100.3	100.0	101.0	104.9	100.0	94.9	103.2
100.0	100.0	92.0	94.3	103.9	100.0	96.6	72.0
100.0	99.3	100.9	97.9	103.4	100.0	89.9	97.5
100.0	100.0	100.0	100.0	100.0	100.0	100.0	0.0
101.5	98.7	97.7	93.3	110.4	99.6	100.0	104.3
100.0	97.5	98.0	95.1	114.1	100.0	100.0	101.2
106.7	100.0	99.5	82.8	94.4	100.0	100.0	104.2
100.0	100.0	100.7	100.0	122.8	98.7	100.0	105.1
100.0	99.0	89.9	96.5	110.0	100.0	100.0	108.4
103.4	100.3	106.3	96.4	97.5	99.3	96.7	93.8
100.0	100.0	91.4	91.5	99.7	95.3	92.8	101.6
89.5	100.4	101.6	98.0	95.9	100.0	98.6	85.4
100.0	100.0	106.1	91.1	100.0	100.0	100.0	94.9
104.1	101.4	112.6	90.2	84.9	100.0	100.0	92.9

（2002 年 =100）

项　　目	广州	深圳	珠海	汕头	佛山	韶关
日用普通饰品	100.0	87.2	96.7	100.0	100.0	95.8
日用皮革制品	96.7	97.3	98.6	97.0	69.7	101.0
其它	104.4	140.6	100.0	100.0	98.5	90.6
体育娱乐用品	**96.6**	**99.9**	**94.1**	**97.1**	**101.6**	**97.9**
体育用品	100.5	102.2	97.3	100.0	104.2	97.8
球类	99.2	103.8	100.4	100.0	102.6	97.9
棋牌	100.9	98.3	118.3	105.1	99.7	98.4
健身器材	101.3	102.2	84.3	97.0	107.2	96.5
娱乐用品	94.5	99.5	91.4	94.7	99.9	97.9
游艺器材	100.1	100.7	98.8	100.0	100.0	95.5
照相器材	84.2	86.4	85.7	86.4	98.7	100.2
乐器	100.5	108.9	95.2	102.3	102.7	98.1
交通、通信用品	**84.8**	**79.5**	**78.7**	**80.1**	**84.0**	**91.7**
交通运输机械	95.3	86.3	91.0	94.1	89.7	90.6
轿车	92.4	85.8	85.1	89.8	91.7	91.8
客车	100.0	91.8	98.9	96.6	94.3	89.3
货车	96.6	85.3	94.5	94.4	98.4	89.4
摩托车	100.0	94.7	100.0	96.8	81.6	93.6
其它	94.9	82.4	79.9	99.6	97.6	80.4
通讯器材类	70.4	70.1	65.2	65.7	75.2	93.2
固定电话机	96.6	90.4	79.1	82.6	95.0	89.7
移动电话机	53.6	55.1	50.9	53.5	69.0	92.1
传真机	76.7	93.0	81.4	94.1	79.2	102.7
其它	96.2	87.4	89.4	100.0	59.6	95.2
家具	**98.0**	**93.0**	**91.3**	**98.8**	**98.0**	**83.6**
成套家具	96.1	86.2	91.0	95.9	98.8	87.3
床	96.2	92.0	91.3	100.0	98.4	81.2
桌	99.2	111.4	90.6	99.3	99.5	80.8
椅	99.0	85.2	86.6	97.4	100.3	78.7
沙发	99.5	87.4	91.1	100.0	93.4	83.2
其它	99.6	99.2	98.8	100.8	99.8	95.6
化妆品类	**94.4**	**102.2**	**96.6**	**101.7**	**96.8**	**100.4**
护肤品	104.2	104.8	90.7	104.4	107.4	100.7

续上表

河源	梅州	惠州	汕尾	东莞	中山	江门	阳江
100.0	88.0	91.7	100.0	70.4	88.8	96.1	99.7
100.0	97.1	78.5	100.0	56.5	101.4	93.0	101.7
100.0	88.1	108.2	100.0	82.7	89.8	100.0	85.0
98.6	**93.8**	**102.7**	**99.5**	**99.5**	**94.2**	**97.0**	**95.6**
96.5	100.0	105.6	100.1	103.9	97.1	98.5	94.2
98.0	100.0	97.1	100.2	116.7	62.1	99.1	110.7
106.3	100.0	101.0	100.0	98.8	104.8	98.7	65.5
91.7	100.0	117.2	100.0	94.6	121.3	98.0	96.5
101.7	87.8	99.2	98.7	95.6	90.9	95.6	97.2
100.9	81.6	93.7	100.0	81.8	156.8	105.6	102.9
100.0	84.2	102.7	95.3	94.4	82.8	89.4	100.0
103.6	97.5	100.2	102.0	104.8	70.4	99.4	90.7
79.6	**85.3**	**87.3**	**86.1**	**92.2**	**84.5**	**81.3**	**68.7**
89.5	93.6	89.7	92.5	95.0	91.6	94.2	81.7
85.8	91.6	71.8	90.6	91.5	85.9	95.0	91.7
88.8	99.2	101.0	100.0	99.7	104.5	94.5	100.0
96.9	98.4	101.5	97.8	96.4	96.8	97.5	104.5
84.3	95.8	93.6	90.3	96.8	90.6	90.4	75.8
111.0	76.5	98.6	100.0	0.0	84.1	100.0	93.5
70.7	77.2	85.2	80.2	89.5	76.0	69.0	53.5
90.5	103.2	92.4	95.9	100.7	87.1	94.4	69.1
58.5	64.0	79.2	68.6	89.5	61.3	55.8	43.8
83.8	85.3	84.2	89.6	86.1	80.7	94.1	88.9
89.9	70.2	100.0	100.0	107.0	100.0	100.0	58.6
72.4	**95.5**	**89.4**	**96.9**	**95.5**	**79.9**	**101.6**	**84.7**
65.4	99.3	88.1	96.8	95.2	75.7	107.2	79.2
88.1	95.2	85.0	89.6	87.3	63.4	102.0	71.0
52.6	90.8	87.0	98.0	103.5	101.1	111.2	86.5
61.7	97.3	90.8	98.1	100.5	60.8	99.1	88.8
70.4	89.0	91.2	100.1	93.5	87.6	93.5	90.9
109.8	107.2	96.5	102.0	101.5	109.8	99.6	92.9
99.9	**100.6**	**98.9**	**99.0**	**102.1**	**90.9**	**99.5**	**96.1**
102.5	107.7	83.1	99.9	92.0	101.2	107.1	93.4

（2002 年 =100）

项　　目	湛江	茂名	肇庆	清远	潮州	揭阳
日用普通饰品	96.1	100.0	99.8	100.0	71.1	102.0
日用皮革制品	100.4	99.7	100.0	95.2	75.2	109.0
其它	97.9	100.0	90.5	100.0	100.0	104.2
体育娱乐用品	**95.0**	**100.5**	**101.8**	**99.5**	**86.2**	**98.1**
体育用品	97.1	99.6	102.0	100.4	92.6	94.3
球类	95.8	97.4	100.0	100.0	89.4	76.0
棋牌	89.2	100.0	94.2	101.8	83.1	104.1
健身器材	100.5	101.0	106.7	100.0	100.0	100.8
娱乐用品	93.4	101.3	101.5	98.8	78.5	101.1
游艺器材	90.5	100.0	92.5	98.2	74.9	104.0
照相器材	90.5	100.6	100.0	100.0	69.2	100.5
乐器	98.2	102.8	111.3	97.0	96.0	99.8
交通、通信用品	**80.1**	**92.8**	**78.2**	**74.7**	**67.9**	**74.5**
交通运输机械	93.1	98.0	91.0	86.2	83.9	88.5
轿车	89.5	97.3	82.0	84.5	85.0	91.9
客车	93.3	96.4	100.0	93.4	94.5	88.8
货车	96.6	98.4	96.0	99.9	87.5	93.9
摩托车	97.8	100.0	0.0	72.7	70.9	80.0
其它	97.3	100.0	100.0	0.0	79.2	97.5
通讯器材类	60.5	87.7	76.9	65.3	57.2	67.0
固定电话机	90.4	92.1	96.0	93.0	70.1	73.3
移动电话机	45.7	81.8	67.5	49.2	49.3	53.1
传真机	95.1	98.0	100.8	92.7	78.5	99.0
其它	85.0	100.0	77.8	0.0	100.0	93.7
家具	**97.2**	**101.4**	**91.7**	**91.3**	**79.0**	**98.5**
成套家具	97.4	101.8	87.6	89.0	83.0	92.8
床	93.4	102.7	93.1	86.6	79.0	97.5
桌	98.0	111.0	90.9	96.2	76.3	102.0
椅	104.3	94.6	95.8	96.6	90.1	101.5
沙发	93.5	97.8	90.8	87.0	70.4	99.2
其它	100.0	101.7	92.3	99.0	80.9	99.6
化妆品类	**98.5**	**106.7**	**103.1**	**91.0**	**88.3**	**99.5**
护肤品	100.5	101.6	105.1	98.9	92.7	100.6

续上表

云浮	顺德	兴宁	鹤山	廉江	电白	连州	普宁
125.0	100.0	100.0	130.4	100.0	100.0	100.0	100.3
110.0	100.0	156.9	93.9	103.3	100.0	90.0	89.6
100.0	100.0	92.5	100.0	91.5	100.0	100.0	87.0
102.3	**99.0**	**97.4**	**106.5**	**96.3**	**98.5**	**99.5**	**100.1**
98.1	100.0	98.4	111.7	93.2	97.2	98.9	101.3
100.0	100.0	100.0	130.1	72.7	99.8	100.0	98.5
92.0	100.0	93.5	96.2	112.5	100.0	100.0	100.0
100.0	100.0	100.0	96.0	117.6	92.2	95.7	106.5
106.3	98.4	96.1	99.8	99.8	100.0	99.9	98.8
100.0	100.0	103.9	93.1	100.0	100.0	100.0	105.4
110.0	95.6	92.3	101.9	100.0	100.0	101.3	99.5
102.6	100.0	100.0	100.3	99.4	100.0	97.9	87.2
91.8	**92.8**	**79.6**	**88.9**	**85.4**	**84.2**	**72.8**	**77.5**
95.9	92.8	95.8	90.4	93.7	89.3	80.9	86.5
100.0	95.9	0.0	100.0	100.0	100.0	100.0	87.8
100.0	0.0	0.0	100.0	100.0	100.0	100.0	79.2
100.0	89.0	0.0	100.0	100.0	100.0	100.0	88.4
93.3	89.7	97.5	90.3	87.3	84.7	80.9	85.4
100.0	100.0	86.0	100.0	99.7	100.0	0.0	100.7
87.7	92.8	64.4	87.6	78.9	78.6	67.5	68.1
72.0	100.6	74.1	93.3	96.0	100.0	79.6	90.4
87.6	89.9	49.8	83.7	59.3	50.6	51.0	36.7
120.0	100.0	84.5	100.0	91.7	97.0	81.0	83.3
100.0	100.0	52.8	100.0	81.3	100.0	0.0	112.5
98.5	**100.8**	**103.2**	**99.4**	**98.1**	**100.3**	**83.3**	**102.1**
107.3	101.0	111.8	98.8	98.6	98.2	74.4	96.7
84.7	96.4	100.2	97.0	102.5	100.4	86.2	105.3
112.8	108.2	104.0	98.9	100.0	97.0	83.5	95.6
96.6	92.4	78.2	95.4	98.5	103.0	93.7	106.2
100.8	102.8	101.8	103.8	95.3	104.4	80.2	107.4
94.2	102.0	122.8	102.1	89.8	106.7	89.3	99.5
104.1	**99.9**	**95.1**	**103.2**	**103.8**	**100.4**	**100.4**	**94.5**
107.3	100.0	89.1	107.4	100.0	101.7	106.2	83.3

(2002 年 = 100)

项　　目	广州	深圳	珠海	汕头	佛山	韶关
美容品	73.8	105.3	94.1	100.0	95.1	101.7
护发美容品	99.8	105.6	97.5	103.0	89.0	99.4
清洁化妆用品	94.4	98.0	106.6	95.6	98.5	100.2
药物美容用品	93.9	99.1	99.1	106.4	88.8	99.4
金银珠宝类	**117.9**	**126.8**	**110.2**	**118.2**	**131.2**	**123.3**
金饰品	132.7	130.3	116.0	121.9	134.2	126.5
银饰品	101.8	127.0	99.2	100.0	152.7	109.4
铂金饰品	110.2	138.6	110.9	125.9	112.6	128.1
其它	100.0	99.7	100.4	105.6	150.5	104.9
中西药品及医疗保健用品类	**99.3**	**101.8**	**91.5**	**97.5**	**102.8**	**93.0**
医疗器具及用品	93.8	102.9	110.9	98.5	108.7	98.7
中药材及中成药	101.2	110.5	92.2	105.5	117.7	90.9
中药材	108.3	115.7	87.2	108.2	131.1	85.6
中成药	92.7	104.1	98.3	100.1	101.7	95.2
西药	98.4	96.4	87.9	92.2	93.4	92.5
胃药	99.7	94.0	89.5	96.7	95.9	98.3
感冒药	107.2	91.9	96.9	108.0	99.4	92.1
抗菌药针剂	83.9	101.1	85.5	89.5	78.2	97.5
抗菌药片剂	93.9	92.9	86.4	70.0	93.3	83.4
止泻药	103.5	102.0	91.5	97.8	100.4	73.8
外用药	106.0	109.9	87.9	97.2	96.3	114.4
心血管病用药	93.4	94.8	83.1	93.2	94.6	93.6
其它	101.3	99.2	79.9	98.0	92.7	93.6
保健器具及用品	103.2	99.0	98.0	92.0	93.1	97.2
保健器具	91.2	102.1	100.0	102.8	103.3	99.9
滋补保健用品	106.1	98.2	97.3	88.8	90.7	96.6
书报杂志及电子出版物类	**100.4**	**103.9**	**101.6**	**100.6**	**103.4**	**102.0**
教材及参考书	111.3	106.7	107.9	103.2	105.5	110.0
工具书	102.9	121.8	104.4	102.9	101.5	96.7
教材	112.4	104.0	111.7	105.9	105.8	115.4
参考书	115.2	100.0	106.7	100.0	109.0	113.4
书报杂志	100.0	104.5	100.0	100.0	104.3	99.5
书籍	100.0	104.8	100.0	100.0	100.0	98.5

续上表

河源	梅州	惠州	汕尾	东莞	中山	江门	阳江
96.0	90.3	114.1	95.2	134.5	78.8	95.0	85.4
100.0	101.5	91.8	97.5	93.9	89.3	96.2	102.2
96.3	98.7	94.5	103.5	95.3	94.8	95.5	95.4
105.2	100.0	104.6	100.0	88.1	84.6	97.3	100.0
122.1	**110.3**	**127.1**	**106.7**	**128.0**	**163.4**	**114.2**	**119.0**
123.0	113.4	133.7	117.1	112.3	129.4	124.8	154.7
100.0	100.0	119.3	106.9	124.8	225.8	97.0	79.7
124.3	114.2	145.4	93.5	141.8	173.7	112.7	100.0
133.9	100.0	100.6	100.0	133.9	0.0	96.7	154.7
103.4	**93.2**	**98.7**	**102.6**	**98.0**	**101.9**	**102.3**	**99.2**
119.7	107.7	107.2	105.1	101.2	97.0	100.0	110.7
105.0	96.7	100.6	103.3	98.5	95.7	102.5	98.0
104.6	96.6	93.0	102.4	101.0	94.1	95.1	102.0
105.2	96.8	112.0	104.4	95.5	97.9	111.7	92.8
101.6	88.6	96.3	102.7	101.1	107.4	104.0	95.9
93.5	95.0	109.8	100.0	99.5	96.9	103.0	95.9
114.7	92.4	102.8	105.7	108.2	102.2	100.0	92.5
91.4	75.9	90.3	108.3	101.3	99.5	106.7	119.4
108.6	88.1	79.5	97.9	76.5	100.7	113.9	80.3
94.6	96.9	100.4	100.9	109.3	97.3	103.0	99.8
104.7	98.0	100.6	95.5	102.4	100.0	112.4	95.1
90.9	78.8	97.5	112.3	91.5	96.6	83.0	81.6
109.6	86.2	94.3	93.2	158.0	218.1	85.1	101.8
103.8	97.1	100.2	100.5	92.0	103.4	97.4	107.9
92.0	100.0	102.0	100.0	103.6	90.1	88.4	89.9
105.1	96.5	100.0	100.6	90.6	106.2	99.3	111.2
100.3	**100.0**	**100.8**	**102.1**	**100.3**	**101.8**	**107.0**	**108.8**
96.6	101.8	105.1	105.1	100.0	111.4	113.4	119.6
100.5	101.5	100.0	100.0	100.0	95.4	101.3	101.0
87.2	103.4	110.3	110.8	100.0	117.7	123.8	123.9
106.3	100.0	100.0	99.4	100.0	115.0	110.8	129.2
104.4	100.5	100.1	99.9	102.0	97.4	103.8	102.7
93.5	100.0	100.0	100.2	100.0	87.3	99.3	101.0

(2002 年 = 100)

项目	湛江	茂名	肇庆	清远	潮州	揭阳
美容品	92.4	137.3	100.0	84.4	82.8	91.0
护发美容品	97.8	96.5	102.1	86.7	88.3	103.3
清洁化妆用品	98.7	90.8	107.2	86.3	82.9	100.9
药物美容用品	105.6	114.2	97.0	95.6	92.1	101.7
金银珠宝类	**135.7**	**105.1**	**125.9**	**129.5**	**122.8**	**103.7**
金饰品	142.5	107.5	122.9	145.3	135.9	105.4
银饰品	100.0	97.6	104.2	96.7	100.0	107.1
铂金饰品	149.3	108.7	143.2	134.7	119.0	98.3
其它	96.2	100.0	119.6	101.3	88.8	101.2
中西药品及医疗保健用品类	**96.4**	**102.6**	**94.9**	**96.6**	**97.7**	**87.6**
医疗器具及用品	108.1	130.0	102.5	108.9	132.8	103.3
中药材及中成药	98.1	108.2	102.9	101.2	120.2	101.2
中药材	102.8	105.7	98.6	105.4	132.2	113.1
中成药	93.7	110.2	108.1	95.6	105.3	87.7
西药	93.8	97.3	84.8	94.2	79.3	78.8
胃药	99.5	98.7	80.5	102.9	71.7	97.0
感冒药	98.6	101.9	100.9	86.6	86.3	95.4
抗菌药针剂	92.5	100.0	80.2	100.0	78.2	64.3
抗菌药片剂	85.8	85.9	72.7	96.0	75.0	66.3
止泻药	94.1	99.2	73.1	82.8	97.3	83.6
外用药	92.6	114.6	112.7	97.6	66.3	100.0
心血管病用药	96.1	95.1	95.2	82.8	81.2	74.3
其它	99.6	106.5	95.6	99.8	100.0	65.1
保健器具及用品	97.9	101.8	103.9	91.7	92.5	81.2
保健器具	99.9	100.6	101.9	100.0	95.2	100.0
滋补保健用品	97.2	102.0	104.3	89.8	92.0	77.1
书报杂志及电子出版物类	**99.7**	**103.0**	**104.4**	**102.0**	**104.0**	**102.7**
教材及参考书	102.5	123.2	104.8	108.2	104.7	103.4
工具书	114.5	100.0	90.4	100.1	84.6	100.0
教材	99.7	125.8	106.9	121.8	122.8	106.5
参考书	97.4	134.2	114.5	97.4	100.8	100.6
书报杂志	101.9	100.0	106.1	97.5	104.1	100.9
书籍	105.1	100.0	100.0	91.7	100.0	100.0

续上表

云浮	顺德	兴宁	鹤山	廉江	电白	连州	普宁
100.0	100.0	100.5	98.6	105.9	100.0	98.7	99.6
96.3	98.9	94.6	95.4	108.1	99.1	100.0	112.5
110.0	100.4	99.6	103.8	86.8	100.0	96.1	88.5
110.0	100.0	100.0	109.9	117.9	100.0	100.0	100.0
105.7	**121.2**	**115.5**	**144.8**	**119.1**	**113.7**	**132.3**	**126.9**
111.9	125.3	125.0	145.2	115.2	118.6	142.2	139.3
100.0	104.0	100.0	101.3	112.0	100.0	95.6	116.6
100.0	134.5	110.5	163.1	129.1	116.9	133.5	114.3
100.0	100.0	100.0	100.0	106.8	100.0	141.8	103.1
100.1	**102.4**	**101.8**	**102.8**	**94.8**	**96.8**	**97.0**	**112.4**
94.8	110.7	119.9	107.0	103.2	99.9	102.9	108.2
98.0	108.8	106.5	107.6	90.1	101.6	91.0	137.0
96.9	114.0	106.6	102.3	100.6	105.1	100.1	166.6
99.8	102.7	106.1	113.1	78.3	97.6	85.9	102.6
100.9	98.3	97.9	102.1	96.3	94.9	99.9	100.1
100.0	98.1	100.2	98.0	100.3	116.1	105.8	107.9
100.0	112.3	92.6	114.0	96.9	104.9	103.0	89.4
102.5	104.5	100.0	105.3	82.3	99.5	90.2	96.9
100.0	88.1	99.1	97.6	86.4	83.0	94.9	89.9
105.3	98.1	91.0	100.0	99.9	95.4	106.3	115.3
102.3	97.3	100.0	100.0	102.9	101.2	103.9	118.9
100.0	89.7	99.8	99.8	98.6	81.0	89.3	100.4
100.0	96.3	102.6	90.4	102.6	98.1	73.7	104.6
103.1	93.5	98.6	99.3	93.7	92.4	99.2	92.7
98.8	97.9	100.0	88.1	79.4	96.5	96.4	100.0
104.0	91.5	98.2	100.6	101.5	91.0	101.3	92.7
99.8	**99.9**	**97.9**	**99.8**	**101.4**	**99.7**	**99.8**	**91.4**
100.0	101.4	96.9	103.9	102.9	99.4	100.0	93.8
100.0	100.0	100.0	100.0	100.0	100.0	100.0	100.0
100.0	103.6	87.9	105.3	104.8	99.2	100.0	89.0
100.0	100.0	112.5	105.0	102.6	100.0	100.0	97.5
100.0	100.0	101.8	101.3	100.0	101.5	100.0	98.2
100.0	100.0	104.5	100.0	100.0	100.0	100.0	100.0

（2002 年 = 100）

项　　目	广州	深圳	珠海	汕头	佛山	韶关
报纸	100.0	107.5	100.0	100.0	109.4	100.0
杂志	100.0	100.0	100.0	100.0	107.5	100.0
电子音像制品	94.8	103.0	93.8	95.7	99.0	96.4
音响光盘和磁带	92.9	100.0	100.0	100.0	100.0	96.1
录像磁带和视盘	99.8	101.2	107.7	95.0	97.1	99.2
计算机软件	92.6	109.2	75.2	92.1	100.3	93.7
燃料类	**115.8**	**120.1**	**130.3**	**124.9**	**117.8**	**129.9**
煤炭及制品类	85.0	102.1	100.0	114.7	100.6	99.6
原煤	80.2	117.8	100.0	117.9	100.0	0.0
煤制品	105.6	100.3	100.0	112.5	100.6	99.6
石油及制品类	121.3	120.7	130.3	124.9	119.7	131.7
液化石油气	136.8	129.4	138.7	126.9	131.9	144.4
管道燃气	102.3	114.2	100.0	131.4	102.7	118.8
汽油	124.8	120.9	125.1	121.3	124.4	125.2
柴油	123.7	120.4	111.7	122.7	126.6	121.4
其它	90.9	110.6	126.0	111.2	100.0	0.0
建筑材料及五金电料类	**105.8**	**107.5**	**105.7**	**109.0**	**107.8**	**103.7**
建筑装璜材料	108.0	112.9	107.4	110.2	112.1	104.9
木材	106.5	117.2	100.0	104.0	121.1	100.2
砖	98.9	103.5	101.7	99.2	106.9	97.2
水泥	111.9	110.7	95.1	113.6	127.2	107.7
涂料	98.9	102.1	98.6	104.9	97.9	102.4
胶合板	108.7	134.7	100.2	113.7	99.5	101.0
玻璃	93.4	135.7	129.2	103.0	82.2	95.5
粘胶	94.1	99.2	94.5	101.2	112.1	100.4
油漆	105.6	105.3	103.2	103.2	101.5	100.2
其它	132.0	107.2	139.8	125.9	119.8	127.2
五金电料类	100.0	100.9	100.1	105.5	91.8	99.3
五金工具	100.0	110.2	99.0	108.8	96.6	101.3
电工电料	100.0	101.0	100.9	103.1	91.9	96.7
水暖器材	100.0	98.5	100.0	107.2	91.6	99.6
其它	100.0	97.4	100.0	95.8	78.1	100.4

续上表

河源	梅州	惠州	汕尾	东莞	中山	江门	阳江
116.6	100.0	100.0	100.0	105.7	97.7	108.2	103.9
102.8	102.1	100.7	99.1	101.3	101.0	102.1	102.1
102.5	94.6	92.8	100.0	97.0	98.5	98.2	97.1
110.0	81.8	94.1	100.0	99.9	92.4	110.9	100.0
99.2	100.0	88.4	100.0	100.5	106.9	91.3	100.0
99.5	100.0	100.0	100.0	88.3	96.5	94.7	91.6
129.7	**125.6**	**118.3**	**127.0**	**122.0**	**118.3**	**124.5**	**129.4**
111.0	135.6	103.3	105.0	107.3	100.7	108.7	98.5
103.1	143.1	100.0	0.0	100.0	0.0	98.2	100.0
111.0	129.4	103.3	105.0	113.3	100.7	115.8	98.5
129.9	125.5	119.1	128.7	122.2	122.9	124.5	129.9
138.5	142.2	132.7	135.6	129.0	121.6	124.2	141.5
0.0	100.0	94.1	0.0	0.0	116.4	124.5	100.0
124.3	124.0	126.8	122.3	126.7	125.3	128.5	123.6
122.7	127.2	130.1	112.0	110.9	124.9	117.9	112.7
106.3	100.0	100.0	132.4	100.2	130.4	100.0	98.5
108.4	**104.3**	**104.1**	**106.5**	**105.1**	**102.1**	**100.5**	**102.0**
107.4	105.8	103.1	108.1	108.0	107.5	102.6	109.8
106.5	96.3	100.0	102.3	108.0	101.3	100.1	110.4
103.8	107.7	106.3	103.1	101.2	98.6	103.1	88.9
140.3	121.0	106.9	114.8	131.6	121.2	106.6	113.1
89.6	97.4	99.3	100.0	101.5	99.0	102.6	101.1
95.8	100.8	98.7	102.5	102.5	99.1	99.5	100.3
98.8	113.3	102.7	118.1	96.8	95.3	106.2	112.8
105.3	91.6	102.3	105.1	100.3	101.4	102.4	109.7
100.0	98.6	102.3	102.5	101.2	112.4	101.2	103.0
132.3	118.2	119.7	120.2	122.9	123.8	103.9	134.7
111.0	100.4	108.1	101.0	98.3	89.5	94.8	90.3
107.5	100.0	116.6	104.0	118.0	63.2	87.8	89.1
83.3	100.0	103.2	100.0	78.1	101.0	97.3	87.3
141.7	100.0	101.7	100.0	94.2	101.0	99.3	90.2
148.2	103.6	107.4	100.0	106.1	101.0	100.0	102.2

（2002 年 = 100）

项　　目	湛江	茂名	肇庆	清远	潮州	揭阳
报纸	100.0	100.0	113.6	100.0	114.0	100.0
杂志	100.0	100.0	100.0	100.0	100.1	104.5
电子音像制品	88.0	72.3	99.0	98.3	101.6	102.9
音响光盘和磁带	82.5	62.2	96.6	100.0	90.3	110.4
录像磁带和视盘	93.4	86.8	110.3	100.0	112.6	99.2
计算机软件	87.5	70.1	90.0	94.4	100.3	95.4
燃料类	**131.5**	**128.0**	**124.9**	**119.6**	**125.9**	**130.5**
煤炭及制品类	134.3	100.0	102.1	119.1	107.8	100.0
原煤	144.7	100.0	0.0	100.0	110.5	100.0
煤制品	99.5	100.0	102.1	129.2	106.0	100.0
石油及制品类	134.9	131.6	125.1	119.6	129.5	130.5
液化石油气	143.5	147.0	132.1	123.9	135.7	137.3
管道燃气	149.1	131.9	108.0	113.7	123.4	130.0
汽油	126.9	120.0	121.4	124.7	122.2	126.0
柴油	115.2	126.4	121.7	126.3	120.5	126.7
其它	143.8	100.0	118.1	105.5	100.0	106.3
建筑材料及五金电料类	**107.9**	**101.4**	**106.6**	**108.6**	**109.5**	**108.5**
建筑装璜材料	109.5	102.7	108.8	114.1	108.5	109.0
木材	107.3	102.8	104.0	100.0	99.5	100.0
砖	100.7	93.1	101.6	102.7	97.4	113.0
水泥	119.1	93.1	140.3	118.0	127.1	139.6
涂料	98.6	102.1	102.2	99.3	98.9	103.4
胶合板	107.3	108.2	90.4	113.1	108.8	100.1
玻璃	110.9	105.0	113.7	121.9	105.6	102.3
粘胶	94.4	100.0	115.0	100.1	88.5	104.1
油漆	89.2	102.1	87.1	100.9	94.4	106.1
其它	133.2	115.1	123.3	144.0	133.8	113.3
五金电料类	103.8	96.4	100.0	95.0	111.8	106.8
五金工具	100.9	95.2	100.0	92.0	100.0	106.2
电工电料	105.7	97.2	100.0	94.6	129.3	100.0
水暖器材	101.5	94.2	100.0	97.0	112.6	115.9
其它	108.3	100.0	100.0	100.0	92.1	100.0

云浮	顺德	兴宁	鹤山	廉江	电白	连州	普宁
100.0	100.0	100.0	102.7	100.0	103.9	100.0	95.4
100.0	100.0	100.0	100.0	100.0	100.0	100.0	100.5
99.1	97.6	92.1	86.0	100.7	96.0	98.4	74.1
100.0	94.3	100.0	83.6	101.6	94.1	100.0	62.2
97.5	100.0	100.0	93.2	100.0	100.0	100.0	69.7
100.0	97.3	73.8	79.5	100.0	93.3	92.2	100.0
103.9	**124.5**	**134.1**	**128.2**	**128.4**	**125.6**	**116.1**	**146.1**
100.0	104.3	145.2	100.0	114.6	105.9	104.7	117.7
100.0	0.0	148.1	100.0	136.7	100.0	104.2	120.1
100.0	104.3	139.6	100.0	112.2	105.9	105.6	114.5
104.0	125.0	129.0	128.2	133.0	127.9	121.1	152.7
104.9	131.5	137.3	130.5	140.0	141.9	117.2	187.3
95.8	133.8	0.0	100.0	0.0	100.0	0.0	100.0
120.3	124.6	124.6	125.6	125.4	122.3	123.7	136.3
100.3	119.2	127.3	127.9	135.1	112.7	126.9	112.8
100.0	100.0	116.7	100.0	113.3	100.0	0.0	100.0
109.0	**104.6**	**107.3**	**100.3**	**105.4**	**107.8**	**108.2**	**102.6**
112.3	105.1	107.3	103.6	106.0	108.3	111.7	103.6
107.2	99.9	102.3	88.5	101.6	100.0	111.2	100.9
110.5	109.0	104.9	84.7	88.9	102.2	102.5	118.1
150.0	106.2	128.5	134.7	109.7	111.8	135.2	89.6
128.1	101.8	101.5	100.0	99.8	100.8	101.3	97.9
111.7	103.3	102.7	99.9	99.2	103.1	100.4	101.3
100.6	103.5	102.3	89.3	137.2	113.9	100.0	118.4
101.6	102.0	98.2	100.0	100.0	105.1	100.0	79.2
96.2	100.3	95.8	100.0	103.0	101.4	100.0	101.6
102.9	110.0	120.9	122.8	131.8	127.6	130.3	100.5
100.1	100.0	107.3	87.2	100.7	104.5	100.0	99.2
100.0	100.0	107.0	77.2	97.7	100.0	100.0	103.1
100.0	100.0	108.2	95.2	105.6	100.0	100.0	100.0
100.0	100.0	90.2	92.5	101.2	118.2	100.0	88.8
100.0	100.0	134.9	100.0	100.3	100.0	100.0	101.7

2004年各月全省农业生产资料价格分类指数

(2002年=100)

项　　目	1月	2月	3月	4月	5月	6月	7月	8月	9月	10月	11月	12月
农业生产资料价格指数	**102.5**	**103.6**	**105.3**	**106.3**	**106.4**	**107.4**	**109.2**	**111.0**	**111.5**	**113.9**	**115.6**	**115.1**
小农具	**94.6**	**95.9**	**96.3**	**96.5**	**96.6**	**96.8**	**96.9**	**99.3**	**100.3**	**102.2**	**102.6**	**102.6**
小农具	94.6	95.9	96.3	96.5	96.6	96.8	96.9	99.3	100.3	102.2	102.6	102.6
饲料	**106.4**	**108.0**	**109.2**	**112.3**	**113.2**	**114.6**	**114.7**	**118.4**	**118.1**	**119.6**	**124.0**	**121.8**
混合饲料	104.9	107.2	108.0	111.1	111.7	112.5	112.3	115.3	114.7	115.2	120.8	117.1
其他	109.5	109.7	111.9	114.7	116.4	119.0	119.7	124.7	125.1	128.4	130.5	131.3
产品畜	**123.8**	**105.4**	**122.7**	**124.4**	**127.3**	**129.1**	**139.6**	**145.1**	**147.0**	**145.1**	**150.0**	**143.8**
幼禽家畜	123.8	105.4	122.7	124.4	127.3	129.1	139.6	145.1	147.0	145.1	150.0	143.8
役畜	**105.0**	**104.8**	**105.3**	**105.6**	**107.8**	**108.1**	**109.3**	**110.5**	**110.7**	**110.7**	**111.0**	**111.0**
大牲畜	105.0	104.8	105.3	105.6	107.8	108.1	109.3	110.5	110.7	110.7	111.0	111.0
半机械化农具	**102.3**	**102.3**	**103.0**	**102.7**	**102.3**	**102.4**	**103.0**	**102.1**	**102.8**	**103.4**	**102.9**	**103.0**
半机械化农具	102.3	102.3	103.0	102.7	102.3	102.4	103.0	102.1	102.8	103.4	102.9	103.0
机械化农具	**98.6**	**99.0**	**99.7**	**99.1**	**98.4**	**99.2**	**99.5**	**99.0**	**99.5**	**100.5**	**101.2**	**100.6**
机械化农具	98.6	99.0	99.7	99.1	98.4	99.2	99.5	99.0	99.5	100.5	101.2	100.6
化学肥料	**99.2**	**104.2**	**104.4**	**104.7**	**104.5**	**105.9**	**108.6**	**110.6**	**110.9**	**116.3**	**118.0**	**118.2**
氮肥	102.0	103.0	105.3	104.2	104.1	105.5	109.9	112.7	112.3	114.5	114.8	115.2
磷肥	109.2	121.3	117.9	119.4	116.0	120.4	127.4	127.5	129.0	132.6	134.7	134.7
钾肥	107.4	117.3	120.3	126.3	125.2	125.0	126.6	128.1	130.2	138.1	140.9	143.7
复合肥料	88.0	93.3	91.9	92.3	93.3	93.7	92.9	94.8	95.1	104.1	107.2	106.6
农药及农药械	**97.6**	**98.5**	**102.1**	**104.5**	**103.9**	**103.6**	**103.7**	**103.4**	**103.6**	**104.7**	**104.5**	**104.6**
化学农药	96.9	97.9	101.9	104.6	104.0	103.6	103.6	103.4	103.5	104.7	104.6	104.6
杀虫剂	93.6	94.8	99.8	102.6	101.4	101.2	101.1	100.9	101.1	103.5	103.2	103.3
杀菌剂	109.2	109.7	110.1	113.2	113.4	112.7	112.7	112.8	112.8	113.2	113.2	113.2
除草剂	95.6	96.1	100.3	102.7	102.7	102.1	102.5	102.1	102.0	101.0	100.9	100.9
农药器械	102.3	103.3	103.4	103.5	103.5	103.5	103.7	103.7	103.9	103.9	103.8	103.9
农药器械	102.3	103.3	103.4	103.5	103.5	103.5	103.7	103.7	103.9	103.9	103.8	103.9
农用机油	**106.7**	**108.6**	**106.6**	**107.5**	**108.5**	**110.2**	**110.2**	**112.0**	**114.6**	**115.1**	**115.1**	**115.1**
农用机油	106.7	108.6	106.6	107.5	108.5	110.2	110.2	112.0	114.6	115.1	115.1	115.1
其他农业生产资料	**106.0**	**103.5**	**104.6**	**105.3**	**103.8**	**103.9**	**104.4**	**104.4**	**104.8**	**105.5**	**105.9**	**108.6**
农用种子	106.5	100.6	103.3	102.3	99.6	99.6	99.6	99.6	99.6	99.6	99.6	104.5
农用种子	106.5	100.6	103.3	102.3	99.6	99.6	99.6	99.6	99.6	99.6	99.6	104.5
其它	105.2	107.4	106.4	109.2	109.3	109.7	110.8	110.8	111.8	113.4	114.4	114.1
其它	105.2	107.4	106.4	109.2	109.3	109.7	110.8	110.8	111.8	113.4	114.4	114.1

2004 年各地区农业生产资料价格分类指数

（2002 年 =100）

项　　目	全省	兴宁	鹤山	廉江	电白	连州	普宁
农业生产资料价格指数	**109.0**	**113.8**	**114.1**	**104.3**	**110.6**	**111.8**	**106.5**
小农具	**98.4**	**101.0**	**73.3**	**99.0**	**100.0**	**100.4**	**109.2**
小农具	98.4	101.0	73.3	99.0	100.0	100.4	109.2
饲料	**115.0**	**109.6**	**127.5**	**100.1**	**109.6**	**123.8**	**126.5**
混合饲料	112.6	109.1	136.3	88.8	106.6	124.2	119.7
其他	120.1	110.4	100.0	114.0	112.1	122.5	142.6
产品畜	**133.6**	**157.1**	**122.1**	**143.2**	**122.7**	**137.5**	**111.0**
幼禽家畜	133.6	157.1	122.1	143.2	122.7	137.5	111.0
役畜	**108.3**	**0.0**	**113.2**	**103.4**	**100.0**	**120.1**	**113.1**
大牲畜	108.3	0.0	113.2	103.4	100.0	120.1	113.1
半机械化农具	**102.7**	**146.0**	**100.0**	**101.8**	**104.6**	**97.3**	**90.3**
半机械化农具	102.7	146.0	100.0	101.8	104.6	97.3	90.3
机械化农具	**99.5**	**105.3**	**105.0**	**95.1**	**110.8**	**90.7**	**95.4**
机械化农具	99.5	105.3	105.0	95.1	110.8	90.7	95.4
化学肥料	**108.8**	**109.0**	**118.0**	**101.8**	**113.6**	**114.8**	**107.0**
氮肥	108.6	115.9	122.8	104.9	110.2	111.1	102.9
磷肥	124.2	104.5	126.7	158.8	113.3	105.1	98.2
钾肥	127.4	110.6	127.7	125.8	131.8	127.1	136.8
复合肥料	96.1	101.0	100.9	71.1	112.8	123.9	107.7
农药及农药械	**102.9**	**99.8**	**115.2**	**99.7**	**105.7**	**103.8**	**104.3**
化学农药	102.8	97.9	112.3	99.7	106.7	104.2	104.6
杀虫剂	100.5	100.2	114.9	88.0	108.2	102.8	106.6
杀菌剂	112.2	94.5	128.3	126.1	100.6	108.9	104.1
除草剂	100.7	94.7	94.8	101.8	108.2	102.8	100.1
农药器械	103.5	118.6	125.0	100.0	100.0	100.3	100.3
农药器械	103.5	118.6	125.0	100.0	100.0	100.3	100.3
农用机油	**110.8**	**114.3**	**102.5**	**111.0**	**110.5**	**108.0**	**114.1**
农用机油	110.8	114.3	102.5	111.0	110.5	108.0	114.1
其他农业生产资料	**105.1**	**129.4**	**112.1**	**108.0**	**106.4**	**110.5**	**84.1**
农用种子	101.2	139.1	120.3	104.6	108.3	112.5	79.8
农用种子	101.2	139.1	120.3	104.6	108.3	112.5	79.8
其它	110.2	117.9	104.5	113.2	101.8	108.7	99.9
其它	110.2	117.9	104.5	113.2	101.8	108.7	99.9

历年各省、市、区居民消费价格指数

（上年＝100）

地区	1985年	1990年	1995年	2000年	2001年	2002年	2003年	2004年
全国	111.9	103.1	117.1	100.4	100.7	99.2	101.2	103.9
北京		105.4	117.3	103.5	103.1	98.2	100.2	101.0
天津		103.0	115.3	99.6	101.2	99.6	101.0	102.3
河北		100.6	115.2	99.7	100.5	99.0	102.2	104.3
山西		102.2	116.9	103.9	99.8	98.4	101.8	104.1
内蒙古		102.3	117.5	101.3	100.6	100.2	102.2	102.9
辽宁		103.3	116.1	99.9	100.0	98.9	101.7	103.5
吉林		104.9	115.2	98.5	101.3	99.5	101.2	104.1
黑龙江		105.7	116.1	98.3	100.8	99.3	100.9	103.8
上海	115.2	106.3	118.7	102.5	100.0	100.5	100.1	102.2
江苏	109.5	103.2	115.8	100.1	100.8	99.2	101.0	104.1
浙江	114.8	102.1	116.6	101.0	99.8	99.1	101.9	103.9
安徽		102.7	114.8	100.7	100.5	99.0	101.7	104.5
福建		99.3	115.2	102.0	98.7	99.5	100.8	104.0
江西	109.0	102.1	116.9	100.3	99.5	100.1	100.8	103.5
山东	108.7	103.4	117.6	100.2	101.8	99.3	101.1	103.6
河南		100.7	116.5	99.2	100.7	100.1	101.6	105.4
湖北		104.2	120.0	99.0	100.3	99.6	102.2	104.9
湖南	110.9	100.4	119.0	101.4	99.1	99.5	102.4	105.1
广东	114.8	97.5	114.0	101.4	99.3	98.6	100.6	103.0
广西	113.0	101.1	118.4	99.7	100.6	99.1	101.1	104.4
海南	113.1	102.1	113.5	101.1	98.5	99.5	100.1	104.4
重庆				96.7	101.7	99.6	100.6	103.7
四川		103.8	118.5	100.1	102.1	99.7	101.7	104.9
贵州		101.8	121.4	99.5	101.8	99.0	101.2	104.0
云南		102.8	121.3	97.9	99.1	99.8	101.2	106.0
西藏				100.0	100.1	100.4	100.9	102.7
陕西		102.4	119.0	99.5	101.0	98.9	101.7	103.1
甘肃		103.2	119.8	99.5	104.0	100.0	101.1	102.3
青海		105.1	118.0	99.5	102.6	102.3	102.0	103.2
宁夏	108.6	107.1	117.1	99.6	101.6	99.4	101.7	103.7
新疆	107.8	105.0	119.7	99.4	104.0	99.4	100.4	102.7

2004年各省、市、区居民消费价格分类指数

（上年＝100）

地　区	总指数	食　品	烟酒及用品	衣着	家庭设备用品及维修服务	医疗保健和个人用品	交通和通信	娱乐教育文化用品及服务	居住
全　国	103.9	109.9	101.2	98.5	98.6	99.7	98.5	101.3	104.9
北　京	101.0	104.8	101.2	98.9	96.9	99.2	95.7	101.5	101.4
天　津	102.3	109.9	101.0	92.1	98.3	93.4	96.8	99.2	103.6
河　北	104.3	110.7	100.7	96.8	97.4	102.2	98.6	102.4	105.9
山　西	104.1	109.5	103.2	99.4	99.0	99.6	98.7	102.7	106.6
内蒙古	102.9	108.8	102.0	100.1	98.6	100.7	98.4	99.7	104.4
辽　宁	103.5	108.7	100.2	97.9	97.5	102.8	98.5	101.5	103.2
吉　林	104.1	110.2	102.0	100.9	99.1	99.3	95.6	99.7	107.5
黑龙江	103.8	108.8	100.6	100.4	99.4	101.1	98.9	100.2	106.6
上　海	102.2	108.3	98.3	94.2	97.8	100.0	96.5	99.9	101.6
江　苏	104.1	110.2	100.7	99.0	99.1	99.7	98.3	101.5	104.4
浙　江	103.9	111.1	101.4	97.3	98.3	95.1	97.7	102.8	104.4
安　徽	104.5	110.8	101.0	97.7	98.0	100.6	100.1	100.2	105.6
福　建	104.0	109.9	101.1	97.6	98.6	97.7	97.6	103.5	104.2
江　西	103.5	109.0	100.8	98.0	99.2	96.6	98.5	100.4	104.8
山　东	103.6	109.1	101.2	97.9	98.8	100.0	99.6	101.8	105.6
河　南	105.4	113.5	104.2	98.4	98.2	99.0	100.6	102.3	106.3
湖　北	104.9	110.7	100.7	99.8	97.9	98.2	99.3	103.8	106.1
湖　南	105.1	111.6	100.8	100.3	99.5	99.9	98.8	102.2	104.5
广　东	103.0	107.5	101.6	99.1	98.6	99.9	98.8	99.4	103.8
广　西	104.4	112.2	100.2	98.0	99.6	101.1	97.7	98.6	105.2
海　南	104.4	111.0	100.5	98.8	100.3	99.7	99.6	97.9	101.9
重　庆	103.7	111.0	100.4	91.2	98.5	99.4	99.2	103.2	100.9
四　川	104.9	111.2	101.8	98.5	99.6	103.6	100.5	102.2	103.4
贵　州	104.0	112.6	99.9	92.2	98.6	105.1	96.6	101.0	104.1
云　南	106.0	114.8	101.4	97.8	99.7	99.8	98.5	102.2	107.7
西　藏	102.7	105.3	100.0	100.4	99.9	100.3	100.3	99.4	106.2
陕　西	103.1	107.3	101.3	102.5	98.5	97.0	99.1	100.5	106.2
甘　肃	102.3	106.2	99.8	99.4	99.4	99.6	95.1	101.4	105.0
青　海	103.2	106.5	102.4	102.4	99.4	102.0	98.6	102.6	102.4
宁　夏	103.7	109.6	104.5	99.1	97.9	98.1	99.7	100.1	106.3
新　疆	102.7	105.8	100.3	99.4	98.4	101.8	99.4	98.6	108.3

历年各省、市、区商品零售价格指数

（上年=100）

地　区	1985年	1990年	1995年	2000年	2001年	2002年	2003年	2004年
全　国	108.8	102.1	114.8	98.5	99.2	98.7	99.9	102.8
北　京	118.6	104.1	112.6	98.9	98.8	98.4	98.2	99.2
天　津	113.9	102.7	110.6	98.6	98.6	97.4	97.4	100.8
河　北	107.8	99.9	115.8	99.1	99.8	99.2	100.2	103.2
山　西	107.6	102.1	115.6	97.0	99.0	98.6	100.3	103.1
内蒙古	108.5	102.9	116.9	98.8	100.0	99.4	99.6	102.7
辽　宁	110.0	102.7	114.0	98.4	99.4	97.4	98.9	101.9
吉　林	109.7	103.9	114.2	98.0	100.9	99.0	100.5	103.5
黑龙江	111.7	104.9	114.3	97.8	100.5	98.4	99.7	102.8
上　海	116.4	104.8	113.0	96.4	98.6	98.7	99.0	100.9
江　苏	109.2	102.3	114.3	98.6	98.9	98.4	99.8	102.2
浙　江	114.0	101.6	113.5	99.0	98.1	98.7	99.6	102.7
安　徽	106.4	101.9	112.7	98.0	99.6	99.2	101.3	102.7
福　建	110.6	98.9	114.4	98.9	98.0	98.3	99.1	102.7
江　西	108.3	101.3	115.9	98.5	98.4	100.2	100.1	103.0
山　东	107.1	101.8	114.2	98.6	100.0	98.8	100.2	102.8
河　南	104.9	99.7	114.9	98.5	99.8	99.2	101.3	105.7
湖　北	107.5	102.9	116.6	97.8	97.4	98.8	101.2	104.1
湖　南	111.1	99.4	115.5	99.3	98.8	99.2	100.6	103.9
广　东	113.6	95.6	111.6	99.9	98.7	98.5	100.0	102.9
广　西	111.2	100.1	116.4	98.6	97.9	98.1	100.2	103.9
海　南	112.8	100.6	111.3	99.9	97.7	98.4	100.4	103.4
重　庆				95.5	99.0	98.9	99.5	101.4
四　川	106.8	103.1	117.0	97.7	100.8	99.4	100.1	103.7
贵　州	107.7	101.4	117.2	97.3	98.4	99.3	100.0	103.2
云　南	108.0	102.1	118.1	97.6	98.4	98.1	99.9	104.7
西　藏				99.3	99.7	99.7	99.4	100.7
陕　西	106.5	101.6	117.0	98.3	99.0	98.6	100.5	102.5
甘　肃	108.5	103.4	116.5	99.1	99.6	98.9	100.2	102.1
青　海	110.7	104.5	116.3	99.0	99.9	99.3	100.8	102.6
宁　夏	107.8	104.2	115.3	97.6	100.0	98.6	99.5	102.8
新　疆	108.1	104.1	116.7	98.3	102.5	97.9	99.2	100.7

二、工业品出厂价格指数

ER GONG YE PIN CHU CHANG JIA GE ZHI SHU

2

2000－2004年工业品出厂价格指数

（上年＝100）

项　　目	2000年	2001年	2002年	2003年	2004年
全部工业品	103.4	98.5	96.5	99.3	101.7
其中：轻工业	97.8	99.6	97.4	98.2	100.2
以农产品为原料	98.4	100.7	98.9	100.7	103.0
以非农产品为原料	96.3	98.1	95.8	97.4	99.5
重工业	110.2	97.6	95.6	101.7	105.4
采　掘	117.9	100.0	97.6	111.9	121.3
原　料	117.7	98.9	96.6	102.8	106.8
加　工	97.9	95.8	95.0	99.5	102.7
其中：生产资料	109.0	98.6	96.1	100.0	103.1
采　掘	117.9	100.0	97.6	111.9	121.3
原　料	116.5	99.4	96.7	102.8	106.5
加　工	98.3	97.3	95.8	98.4	101.3
生活资料	97.1	98.5	97.0	98.4	99.9
食　品	98.7	101.6	98.1	100.6	103.8
衣　着	98.1	101.0	99.0	100.6	102.1
一般日用品	99.1	100.1	98.0	99.5	100.5
耐用消费品	92.6	94.4	94.5	95.7	97.4
按工业部门分：					
冶金工业	105.7	99.1	96.3	102.4	111.9
电力工业	106.0	98.0	97.9	97.6	100.5
煤炭及炼焦工业		96.3	98.5	103.7	106.3
石油工业	138.0	99.6	93.5	116.8	114.9
化学工业	99.2	98.8	96.2	100.4	105.5
机械工业	96.0	95.5	94.6	96.7	98.4
建筑材料工业	99.3	97.6	98.1	98.1	105.2
森林工业	96.6	97.6	98.8	99.0	100.0
食品工业	98.1	101.4	97.9	100.7	105.4
纺织工业	100.5	96.8	96.2	100.5	103.5
缝纫工业	100.0	101.6	97.6	99.6	102.6
皮革工业	97.2	103.0	103.9	103.6	101.3
造纸工业	100.3	98.1	101.9	97.6	98.9
文教艺术用品工业	102.0	98.9	96.9	98.1	99.0
其它工业	101.5	101.8	100.4	101.4	101.2

2004 年工业品

（按轻重工业、生产生

（上年同期 =100）

项　　目	1 月	2 月	3 月	4 月
全部工业品	100. 1	100. 4	101. 1	101. 6
其中：轻工业	99. 2	99. 7	100. 2	100. 5
以农产品为原料	102. 6	102. 9	103. 4	103. 2
以非农产品为原料	98. 3	98. 9	99. 4	99. 8
重工业	102. 2	102. 2	103. 1	104. 5
采　掘	106. 8	100. 5	104. 0	105. 2
原　料	102. 3	101. 7	102. 9	104. 7
加　工	101. 8	102. 9	103. 4	104. 2
其中：生产资料	100. 6	101. 2	101. 9	102. 5
采　掘	106. 8	100. 5	104. 0	105. 2
原　料	102. 2	101. 5	102. 6	104. 4
加　工	99. 9	101. 1	101. 7	101. 7
生活资料	99. 4	99. 3	99. 9	100. 5
食　品	103. 2	104. 0	105. 1	104. 8
衣　着	103. 1	102. 2	102. 7	103. 5
一般日用品	99. 8	99. 8	99. 8	100. 1
耐用消费品	96. 7	96. 4	97. 3	98. 3
按工业部门分：				
冶金工业	106. 4	107. 4	115. 6	114. 2
电力工业	99. 1	99. 0	99. 4	100. 1
煤炭及炼焦工业	99. 5	99. 7	100. 3	103. 7
石油工业	101. 5	98. 4	97. 4	102. 0
化学工业	102. 3	102. 4	101. 8	103. 5
机械工业	97. 7	98. 3	98. 7	99. 1
建筑材料工业	106. 1	107. 4	107. 0	106. 1
森林工业	98. 6	99. 1	100. 7	99. 6
食品工业	104. 6	105. 1	106. 5	106. 8
纺织工业	102. 1	103. 2	104. 0	102. 7
缝纫工业	103. 9	102. 5	103. 3	104. 4
皮革工业	101. 7	101. 8	101. 2	100. 7
造纸工业	99. 7	98. 8	96. 3	96. 3
文教艺术用品工业	97. 8	99. 2	97. 6	99. 9
其它工业	101. 6	101. 7	101. 5	101. 8

出厂价格指数

活资料和工业部门分）

5月	6月	7月	8月	9月	10月	11月	12月
101.7	101.7	101.5	102.1	102.6	102.8	102.7	102.1
100.7	100.5	100.2	100.6	100.7	100.3	100.0	99.7
103.8	103.4	102.6	103.1	103.3	103.2	102.7	101.9
99.9	99.7	99.6	100.0	100.0	99.5	99.2	99.2
104.5	105.0	104.9	105.9	107.5	108.7	108.9	107.3
115.2	116.8	127.0	126.0	135.4	137.2	145.9	135.0
105.4	106.6	106.2	108.0	109.9	111.6	112.3	110.3
102.6	102.4	101.9	102.1	102.8	103.2	102.4	102.3
103.2	103.2	103.0	103.6	104.6	104.8	104.6	103.4
115.2	116.8	127.0	126.0	135.4	137.2	145.9	135.0
105.3	106.4	105.9	107.6	109.4	111.2	111.7	110.0
102.1	101.6	101.3	101.5	102.0	101.6	100.8	100.4
99.8	99.9	99.6	100.2	100.0	99.9	99.9	99.9
105.0	104.4	102.7	103.2	103.6	104.0	103.0	103.1
102.8	102.7	102.4	101.2	102.0	101.2	100.3	100.9
100.0	100.1	100.0	100.8	101.4	101.4	101.8	101.3
97.0	97.3	97.4	98.4	97.2	97.2	97.6	97.7
109.9	112.1	110.9	112.4	113.7	115.5	112.4	112.8
100.0	100.1	100.8	100.8	101.4	101.7	102.1	101.8
104.3	104.2	107.6	108.7	109.1	110.9	115.2	112.2
109.1	115.7	118.9	121.1	126.0	130.0	135.8	123.4
106.1	105.1	104.2	105.5	108.1	109.1	109.6	108.0
98.9	98.5	98.3	98.7	98.4	98.1	97.9	98.1
106.2	105.2	105.2	106.2	105.6	105.4	102.9	99.0
101.4	100.0	99.6	99.5	100.5	100.8	100.4	99.7
107.2	106.6	104.6	105.0	105.5	105.7	104.0	103.3
105.2	104.1	103.5	103.8	103.8	102.9	103.6	103.2
103.6	103.2	103.2	101.7	102.3	101.4	100.5	101.3
101.2	100.8	100.4	101.5	102.2	101.9	101.3	101.2
97.0	98.3	98.2	99.2	100.5	101.0	101.7	99.7
99.4	99.5	99.0	99.0	99.4	99.2	99.0	98.3
101.1	100.6	100.1	100.9	100.7	101.3	101.5	101.9

（上月 =100）

项　　目	1 月	2 月	3 月	4 月
全部工业品	100.3	100.1	100.5	100.6
其中：轻工业	100.0	99.9	100.3	100.5
以农产品为原料	100.4	100.0	100.8	100.4
以非农产品为原料	99.9	99.8	100.2	100.5
重工业	100.9	100.8	100.8	101.0
采　掘	104.8	97.7	103.0	100.0
原　料	100.9	100.7	100.4	101.2
加　工	100.7	101.1	101.0	100.8
其中：生产资料	100.4	100.4	100.5	100.8
采　掘	104.8	97.7	103.0	100.0
原　料	100.8	100.7	100.4	101.1
加　工	100.2	100.4	100.5	100.7
生活资料	100.0	99.7	100.4	100.4
食　品	100.7	100.4	101.1	100.2
衣　着	100.1	100.3	100.6	100.6
一般日用品	100.8	99.7	100.0	100.5
耐用消费品	99.3	99.2	100.3	100.3
按工业部门分：				
冶金工业	100.9	100.7	103.5	101.1
电力工业	100.7	100.1	100.3	100.3
煤炭及炼焦工业	100.1	99.5	99.5	101.2
石油工业	101.1	99.7	100.3	102.1
化学工业	100.6	101.1	99.8	100.7
机械工业	99.9	99.9	100.3	100.8
建筑材料工业	101.4	100.2	99.7	99.4
森林工业	99.4	99.9	100.6	99.4
食品工业	100.7	100.4	101.6	100.5
纺织工业	100.2	100.5	100.4	100.0
缝纫工业	100.1	100.5	100.5	100.6
皮革工业	100.2	99.8	100.7	101.0
造纸工业	100.8	98.4	99.7	100.1
文教艺术用品工业	100.4	100.5	99.3	99.6
其它工业	99.9	100.0	99.8	100.4

出厂价格指数

活资料和工业部门分）

5月	6月	7月	8月	9月	10月	11月	12月
99.9	100.1	99.9	100.4	100.5	100.3	100.3	99.9
99.9	100.0	99.7	100.1	100.2	99.9	100.0	100.3
100.3	100.3	99.7	100.6	100.2	100.4	100.0	99.7
99.8	99.9	99.7	100.0	100.2	99.8	100.0	100.4
99.9	100.3	100.3	101.0	101.1	101.0	100.8	99.1
103.8	99.9	107.1	99.0	107.5	103.9	103.3	94.9
99.9	100.5	100.4	101.5	101.4	101.5	101.3	98.7
99.6	100.0	99.7	100.6	100.2	100.2	100.1	99.9
100.1	100.1	100.0	100.6	100.8	100.4	100.4	99.6
103.8	99.9	107.1	99.0	107.5	103.9	103.3	94.9
99.9	100.4	100.4	101.4	101.4	101.5	101.2	98.7
100.1	100.0	99.7	100.3	100.4	100.0	100.0	100.0
99.6	100.1	99.7	100.2	99.9	100.0	100.0	100.4
100.3	99.5	99.0	100.3	100.3	100.5	99.8	99.8
99.2	101.3	99.0	99.9	100.5	100.0	100.0	100.6
100.0	99.8	100.2	100.8	100.1	100.1	100.2	101.0
99.3	100.1	99.8	99.8	99.6	99.9	99.9	100.1
97.3	99.2	100.7	102.0	99.9	101.0	100.0	100.5
99.6	100.0	99.9	99.9	100.4	100.2	100.2	100.0
100.3	100.6	100.3	102.0	100.2	102.2	105.7	99.3
102.9	103.6	101.8	101.9	105.3	105.1	104.7	94.7
100.5	99.7	100.8	101.3	102.0	100.8	101.5	99.5
99.9	100.0	99.6	99.9	100.0	99.7	99.9	100.1
100.0	99.0	99.3	100.7	99.6	100.7	99.0	100.4
100.5	100.6	99.1	99.5	100.3	100.9	100.0	99.9
100.4	99.4	99.0	100.2	100.3	100.6	99.7	99.6
100.6	99.6	100.1	100.7	100.4	100.5	101.2	99.8
99.0	100.0	98.8	99.2	100.5	99.6	99.9	100.6
99.9	102.8	99.7	102.6	100.2	100.6	99.2	100.2
100.8	100.4	100.5	100.1	100.2	100.0	100.0	99.2
99.5	100.1	100.6	100.4	99.8	100.1	99.9	101.9
100.5	99.7	99.6	100.9	100.1	100.0	99.9	100.7

（上年同期 = 100）

项　目	全年	1 月	2 月	3 月	4 月
煤炭开采和洗选业	**132.5**	**112.1**	**110.0**	**114.8**	**116.0**
烟煤和无烟煤的开采洗选	132.5	112.1	110.0	114.8	116.0
烟煤和无烟煤的开采洗选	132.5	112.1	110.0	114.8	116.0
石油和天然气开采业	**119.3**	**103.2**	**93.6**	**94.4**	**95.5**
天然原油和天然气开采	119.3	103.2	93.6	94.4	95.5
天然原油和天然气开采	119.3	103.2	93.6	94.4	95.5
黑色金属矿采选业	**237.8**	**174.3**	**202.9**	**260.3**	**267.8**
铁矿采选	240.6	176.4	205.7	264.8	272.5
铁矿采选	240.6	176.4	205.7	264.8	272.5
其他黑色金属矿采选	156.8	112.9	124.5	132.6	132.6
其他黑色金属矿采选	156.8	112.9	124.5	132.6	132.6
有色金属矿采选业	**134.6**	**122.9**	**115.8**	**127.4**	**135.0**
常用有色金属矿采选	140.6	127.5	119.0	130.9	142.1
铜矿采选	168.7	147.9	138.0	156.4	177.8
锡矿采选	100.0	100.0	100.0	100.0	100.0
其他常用有色金属矿采选	108.8	106.8	96.5	103.4	103.0
稀有稀土金属矿采选	104.3	100.0	100.0	109.5	99.6
钨钼矿采选	104.3	100.0	100.0	109.5	99.6
非金属矿采选业	**102.2**	**100.4**	**98.8**	**99.1**	**97.5**
土砂石开采	96.8	100.0	98.1	98.1	96.1
石灰石、石膏开采	95.4	100.0	97.3	97.3	94.7
粘土及其他土砂石开采	100.8	99.9	100.9	101.2	101.4
化学矿采选	180.8	107.0	109.0	114.1	118.0
化学矿采选	180.8	107.0	109.0	114.1	118.0
采盐	100.0	100.0	100.0	100.0	100.0
采盐	100.0	100.0	100.0	100.0	100.0
农副食品加工业	**110.2**	**110.0**	**110.6**	**112.6**	**113.0**
谷物磨制	118.7	103.0	104.5	114.2	119.1
谷物磨制	118.7	103.0	104.5	114.2	119.1
饲料加工	109.2	109.5	106.7	108.5	112.6
饲料加工	109.2	109.5	106.7	108.5	112.6
植物油加工	114.2	122.9	125.8	126.6	121.6
食用植物油加工	114.2	122.9	125.8	126.6	121.6
制糖	110.5	105.5	107.1	108.7	109.6

厂价格分类指数

5月	6月	7月	8月	9月	10月	11月	12月
108.8	**121.7**	**138.1**	**140.5**	**157.4**	**146.0**	**163.0**	**161.0**
108.8	121.7	138.1	140.5	157.4	146.0	163.0	161.0
108.8	121.7	138.1	140.5	157.4	146.0	163.0	161.0
111.0	**113.9**	**129.5**	**127.9**	**138.1**	**139.8**	**152.6**	**132.5**
111.0	113.9	129.5	127.9	138.1	139.8	152.6	132.5
111.0	113.9	129.5	127.9	138.1	139.8	152.6	132.5
267.4	**258.7**	**230.6**	**226.6**	**244.9**	**250.4**	**246.4**	**223.8**
272.1	263.3	232.6	227.7	246.5	253.0	248.9	224.3
272.1	263.3	232.6	227.7	246.5	253.0	248.9	224.3
132.9	130.5	173.2	195.6	198.5	178.9	175.2	194.4
132.9	130.5	173.2	195.6	198.5	178.9	175.2	194.4
134.8	**132.1**	**124.4**	**125.6**	**144.3**	**150.8**	**149.7**	**152.3**
141.1	136.7	129.2	130.6	152.7	159.6	158.4	158.9
176.4	160.1	152.3	145.8	191.9	206.2	199.0	172.3
94.6	100.0	99.0	98.3	100.0	102.6	102.6	102.6
104.7	115.6	105.5	120.9	112.9	109.5	117.6	108.9
103.2	109.1	100.4	100.8	102.1	106.4	106.4	113.6
103.2	109.1	100.4	100.8	102.1	106.4	106.4	113.6
97.6	**97.3**	**103.4**	**103.4**	**105.1**	**105.8**	**107.3**	**110.9**
96.1	95.9	95.9	95.8	95.7	95.7	95.6	98.5
94.7	94.4	94.4	94.4	94.4	94.4	94.4	94.4
101.4	101.5	101.6	101.2	100.3	100.5	99.8	99.9
119.5	117.7	217.7	219.6	249.6	261.1	287.4	248.7
119.5	117.7	217.7	219.6	249.6	261.1	287.4	248.7
100.0	100.0	100.0	100.0	100.0	100.0	100.0	100.0
100.0	100.0	100.0	100.0	100.0	100.0	100.0	100.0
113.2	**112.4**	**109.6**	**110.1**	**110.6**	**110.0**	**106.4**	**103.9**
120.4	122.5	121.3	123.0	123.6	126.8	124.4	121.9
120.4	122.5	121.3	123.0	123.6	126.8	124.4	121.9
112.2	113.0	111.2	111.3	110.9	110.0	104.8	100.3
112.2	113.0	111.2	111.3	110.9	110.0	104.8	100.3
121.0	115.2	108.5	108.5	107.5	108.2	103.9	100.9
121.0	115.2	108.5	108.5	107.5	108.2	103.9	100.9
111.2	112.1	112.4	113.5	115.9	114.5	109.3	106.2

（上年同期＝100）

项　　目	全年	1月	2月	3月	4月
制糖	110.5	105.5	107.1	108.7	109.6
屠宰及肉类加工	114.7	109.0	109.5	111.5	110.9
畜禽屠宰	116.2	110.8	111.5	114.0	113.3
肉制品及副产品加工	109.2	102.8	102.8	102.8	102.8
水产品加工	102.4	98.0	99.5	102.5	103.7
水产品冷冻加工	98.9	90.8	94.6	97.9	98.4
水产饲料制造	109.7	113.9	110.3	112.8	115.4
蔬菜、水果和坚果加工	102.0	99.3	99.0	98.8	98.8
蔬菜、水果和坚果加工	102.0	99.3	99.0	98.8	98.8
其他农副食品加工	103.9	98.4	100.5	103.1	105.5
淀粉及淀粉制品的制造	106.1	99.8	101.2	105.6	108.7
豆制品制造	96.1	93.3	98.3	93.9	93.6
食品制造业	**102.6**	**100.6**	**100.5**	**101.4**	**102.3**
焙烤食品制造	101.4	100.1	99.1	100.4	97.3
糕点、面包制造	101.8	100.3	100.1	100.1	100.4
饼干及其他焙烤食品制造	101.3	100.1	98.7	100.5	96.4
糖果、巧克力及蜜饯制造	100.0	101.2	100.1	99.8	99.8
糖果、巧克力制造	100.0	101.3	100.0	100.0	100.0
蜜饯制作	100.1	100.5	100.4	98.7	98.7
方便食品制造	112.9	105.4	106.7	110.3	116.1
米、面制品制造	126.7	112.4	114.3	124.8	133.6
速冻食品制造	98.5	100.4	98.7	95.0	97.2
方便面及其他方便食品制造	104.7	100.8	102.0	101.5	105.6
液体乳及乳制品制造	99.2	94.9	96.8	98.7	98.9
液体乳及乳制品制造	99.2	94.9	96.8	98.7	98.9
罐头制造	103.8	104.2	102.1	104.8	103.2
肉、禽类罐头制造	100.1	103.5	96.3	100.0	100.0
蔬菜、水果罐头制造	108.0	108.2	108.2	108.2	108.2
调味品、发酵制品制造	101.7	99.5	99.2	99.2	100.8
味精制造	102.8	99.8	94.4	104.1	104.8
酱油、食醋及类似制品的制造	100.8	99.7	100.2	99.3	100.8
其他调味品、发酵制品制造	103.6	98.5	99.8	95.1	97.8
其他食品制造	99.8	102.1	101.8	100.6	100.8
营养、保健食品制造	100.0	100.0	100.0	100.0	100.0

续上表

5月	6月	7月	8月	9月	10月	11月	12月
111.2	112.1	112.4	113.5	115.9	114.5	109.3	106.2
114.9	113.5	113.3	119.2	124.2	121.1	114.7	113.9
118.4	117.4	117.2	121.0	123.6	121.0	114.0	111.8
102.8	100.0	100.0	113.2	126.4	121.5	117.3	117.7
103.5	106.4	103.0	102.0	102.2	102.1	102.5	103.4
98.1	102.5	100.0	99.5	99.9	100.1	102.4	103.1
115.2	115.0	109.5	107.5	107.3	106.6	102.5	100.7
98.8	98.5	99.1	99.3	107.2	107.8	107.8	109.2
98.8	98.5	99.1	99.3	107.2	107.8	107.8	109.2
105.1	106.7	106.2	105.5	107.6	100.9	104.4	103.3
107.9	109.6	108.5	110.2	111.2	103.1	103.9	103.1
95.0	96.2	97.5	88.3	94.7	92.9	106.2	103.4
103.4	**103.5**	**103.3**	**103.0**	**103.3**	**103.7**	**104.2**	**102.5**
99.5	100.9	102.0	103.3	102.1	103.9	104.3	104.3
101.1	102.9	102.9	102.7	100.6	103.3	103.5	103.6
99.2	100.5	101.8	103.4	102.3	104.0	104.5	104.4
99.6	100.0	100.1	98.8	100.1	100.1	100.3	100.9
100.0	100.0	100.0	98.5	100.0	100.0	100.0	100.0
97.6	99.9	100.7	99.7	100.4	100.3	101.7	102.6
115.6	113.9	114.8	115.4	115.9	114.8	114.9	110.7
132.1	127.5	127.6	130.7	133.5	133.2	130.6	119.9
98.2	99.6	98.3	97.2	98.6	99.2	98.2	101.8
105.6	105.6	107.5	106.4	105.1	103.2	105.4	107.8
100.5	99.4	100.2	98.3	98.6	100.4	99.8	103.4
100.5	99.4	100.2	98.3	98.6	100.4	99.8	103.4
102.1	105.4	104.8	104.8	103.4	104.8	103.2	103.0
96.3	107.8	100.0	100.0	96.8	100.0	96.3	104.0
108.2	108.2	108.2	108.2	108.2	108.2	108.2	105.7
103.5	104.1	101.9	102.0	102.2	102.7	104.1	101.2
107.4	107.0	104.5	103.1	104.5	102.9	100.9	100.3
100.1	102.0	101.4	101.0	101.5	100.3	101.4	101.8
110.9	108.1	101.7	104.3	102.6	109.8	114.4	100.3
100.7	100.7	99.9	99.6	100.0	98.9	100.5	91.6
100.0	100.0	100.0	100.0	100.0	100.0	100.0	100.0

（上年同期＝100）

项　　目	全年	1月	2月	3月	4月
冷冻饮品及食用冰制造	100.6	104.7	104.0	101.3	101.7
盐加工	100.0	100.0	100.0	100.0	100.0
饮料制造业	**99.0**	**99.8**	**98.6**	**100.0**	**99.8**
酒的制造	99.7	97.9	98.2	98.6	98.8
白酒制造	103.9	101.0	105.4	105.1	106.0
啤酒制造	99.1	97.5	97.2	97.7	97.8
其他酒制造	97.9	95.5	93.8	96.6	98.3
软饮料制造	98.6	100.9	98.9	100.7	100.3
碳酸饮料制造	100.2	101.1	101.2	100.5	100.6
瓶（罐）装饮用水制造	99.4	97.7	97.1	98.0	99.9
果菜汁及果菜汁饮料制造	99.0	103.4	100.1	100.3	100.3
含乳饮料和植物蛋白饮料制造	103.8	98.0	96.4	108.5	99.5
固体饮料制造	89.9	102.8	95.3	99.9	102.1
茶饮料及其他软饮料制造	98.8	100.2	98.5	98.4	98.7
精制茶加工	100.8	99.2	99.9	101.0	101.1
精制茶加工	100.8	99.2	99.9	101.0	101.1
烟草制品业	**105.5**	**101.6**	**106.8**	**106.7**	**106.5**
烟叶复烤	102.1	104.9	107.0	105.2	105.2
烟叶复烤	102.1	104.9	107.0	105.2	105.2
卷烟制造	105.6	101.6	106.8	106.7	106.5
卷烟制造	105.6	101.6	106.8	106.7	106.5
纺织业	**103.8**	**102.8**	**103.6**	**104.7**	**103.7**
棉、化纤纺织及印染精加工	104.7	103.4	104.3	105.6	103.3
棉、化纤纺织加工	104.7	103.8	104.1	107.0	104.7
棉、化纤印染精加工	104.6	103.2	104.4	104.9	102.7
毛纺织和染整精加工	101.2	99.1	101.2	101.1	101.6
毛条加工	114.7	106.7	105.3	112.2	113.6
毛纺织	100.8	98.8	101.1	100.8	101.3
毛染整精加工	100.0	100.0	100.0	100.0	100.0
麻纺织	95.6	94.5	95.7	95.7	91.7
麻纺织	95.6	94.5	95.7	95.7	91.7
丝绢纺织及精加工	108.4	101.8	110.3	111.1	113.2
绢纺和丝织加工	108.4	101.8	110.3	111.1	113.2
纺织制成品制造	100.6	99.8	100.1	99.4	100.4

续上表

5月	6月	7月	8月	9月	10月	11月	12月
101.6	101.7	99.7	99.1	99.9	97.6	101.1	94.7
100.0	100.0	100.0	100.0	100.0	100.0	100.0	100.0
99.9	**98.7**	**96.8**	**97.4**	**98.0**	**99.7**	**98.7**	**100.7**
99.3	100.4	98.4	100.9	98.8	102.3	102.5	100.4
105.5	106.0	102.2	103.4	103.4	103.2	103.1	103.1
98.4	99.6	97.8	100.6	98.2	102.3	102.5	100.0
97.4	98.9	99.2	99.3	99.3	98.9	98.7	99.0
100.3	97.8	95.8	95.5	97.4	98.2	96.5	100.8
99.3	99.7	99.7	99.6	100.0	99.7	100.2	100.2
100.1	100.1	99.7	100.7	100.0	99.5	100.1	100.2
97.7	100.6	97.0	97.1	97.1	97.0	97.0	99.7
106.3	105.2	104.1	105.3	105.6	105.5	106.0	105.2
101.8	83.5	74.1	70.6	82.8	89.1	76.7	100.0
98.6	99.0	98.9	98.9	98.9	98.5	98.2	98.7
100.1	99.9	100.5	100.8	100.0	99.9	103.4	103.7
100.1	99.9	100.5	100.8	100.0	99.9	103.4	103.7
106.5	**106.5**	**104.9**	**105.3**	**105.4**	**105.5**	**105.4**	**105.3**
102.6	102.6	102.6	99.0	99.0	99.0	98.5	99.7
102.6	102.6	102.6	99.0	99.0	99.0	98.5	99.7
106.5	106.5	104.9	105.3	105.5	105.5	105.5	105.3
106.5	106.5	104.9	105.3	105.5	105.5	105.5	105.3
105.2	**104.4**	**104.3**	**104.0**	**103.8**	**102.6**	**103.5**	**102.8**
106.8	105.7	104.8	104.5	104.7	103.8	104.5	104.3
107.8	105.8	105.6	105.0	103.4	103.4	102.9	103.0
106.3	105.7	104.4	104.3	105.4	104.0	105.3	105.1
101.9	101.2	101.2	101.7	101.6	101.4	101.6	100.9
121.9	123.0	119.7	119.7	117.4	117.4	109.6	109.6
101.3	100.4	100.6	101.1	101.1	100.9	101.4	101.0
100.0	100.0	100.0	100.0	100.0	100.0	100.0	100.0
91.5	90.4	91.1	95.1	98.8	99.4	101.2	101.5
91.5	90.4	91.1	95.1	98.8	99.4	101.2	101.5
104.6	104.7	105.0	125.5	106.3	104.1	112.3	102.3
104.6	104.7	105.0	125.5	106.3	104.1	112.3	102.3
101.7	99.8	100.0	101.1	101.9	100.4	100.9	101.8

（上年同期 = 100）

项　　目	全年	1 月	2 月	3 月	4 月
棉及化纤制品制造	101.3	94.5	95.2	100.7	102.0
毛制品制造	104.6	99.0	101.2	102.7	105.4
绳、索、缆的制造	98.2	97.2	97.2	97.2	97.2
纺织带和帘子布制造	100.0	100.0	100.0	100.1	100.0
无纺布制造	103.1	107.4	108.3	96.1	100.7
其他纺织制成品制造	100.0	100.0	100.0	100.0	100.0
针织品、编织品及其制品制造	104.6	104.7	104.6	106.8	106.3
棉、化纤针织品及编织品制造	106.6	105.2	107.1	110.5	109.6
毛针织品及编织品制造	104.1	105.9	102.7	104.5	105.2
丝针织品及编织品制造	99.6	101.6	105.3	101.5	95.9
其他针织品及编织品制造	90.3	91.5	85.7	85.7	91.5
纺织服装、鞋、帽制造业	**102.0**	**103.7**	**101.9**	**102.2**	**103.9**
纺织服装制造	101.0	103.3	101.4	101.1	102.5
纺织服装制造	101.0	103.3	101.4	101.1	102.5
纺织面料鞋的制造	137.5	110.6	111.1	139.2	156.4
纺织面料鞋的制造	137.5	110.6	111.1	139.2	156.4
制帽	114.9	118.2	118.2	118.2	118.2
制帽	114.9	118.2	118.2	118.2	118.2
皮革、毛皮、羽毛（绒）及其制品业	**101.4**	**101.8**	**101.9**	**101.3**	**100.9**
皮革鞣制加工	101.0	102.7	99.9	100.6	101.3
皮革鞣制加工	101.0	102.7	99.9	100.6	101.3
皮革制品制造	101.5	101.8	102.2	101.4	100.8
皮鞋制造	100.8	101.1	101.1	101.5	101.3
皮革服装制造	100.0	100.1	100.1	100.2	100.0
皮箱、包（袋）制造	105.0	104.4	106.9	102.3	100.9
皮手套及皮装饰制品制造	97.4	113.9	112.1	100.1	95.3
其他皮革制品制造	99.5	99.4	98.7	99.7	99.2
羽毛（绒）加工及制品制造	101.2	100.7	101.1	100.9	100.9
羽毛（绒）制品加工	101.2	100.7	101.1	100.9	100.9
木材加工及木、竹、藤、棕、草制品业	**100.6**	**98.1**	**98.9**	**101.6**	**99.7**
锯材、木片加工	95.6	100.0	100.0	100.0	100.0
锯材加工	95.6	100.0	100.0	100.0	100.0
人造板制造	100.7	100.5	99.9	101.6	98.2
胶合板制造	103.2	101.7	102.7	104.8	102.3

续上表

5月	6月	7月	8月	9月	10月	11月	12月
103.3	99.4	103.0	103.4	105.0	102.6	101.7	104.3
109.6	101.1	101.6	102.0	107.9	108.3	108.3	108.3
97.2	97.2	97.2	97.2	100.0	100.0	100.0	100.0
100.0	100.0	100.0	100.0	100.0	99.7	100.0	100.0
107.8	100.5	97.4	104.0	106.2	99.8	103.9	105.0
100.0	100.0	100.0	100.0	100.0	100.0	100.0	100.0
105.6	105.3	106.5	104.7	103.9	102.0	103.2	101.8
107.7	106.8	108.1	107.5	106.1	103.0	104.0	103.4
105.5	105.2	105.9	103.6	102.8	102.8	104.4	100.7
97.4	101.6	105.2	96.7	99.7	96.2	96.1	98.0
91.5	91.5	91.5	91.5	90.9	90.9	90.9	90.9
103.1	**102.6**	**102.3**	**100.7**	**101.8**	**101.1**	**99.6**	**101.1**
101.9	102.2	100.7	99.1	100.3	99.9	98.9	100.8
101.9	102.2	100.7	99.1	100.3	99.9	98.9	100.8
148.9	108.7	158.5	161.6	161.6	143.9	131.6	117.7
148.9	108.7	158.5	161.6	161.6	143.9	131.6	117.7
114.7	118.2	118.2	118.2	118.2	118.2	100.0	100.0
114.7	118.2	118.2	118.2	118.2	118.2	100.0	100.0
101.3	**100.8**	**100.4**	**101.5**	**102.3**	**101.9**	**101.3**	**101.3**
105.7	102.5	103.3	99.3	98.9	99.0	95.2	103.3
105.7	102.5	103.3	99.3	98.9	99.0	95.2	103.3
100.8	100.7	100.1	101.8	102.7	102.3	102.0	101.0
101.1	100.9	100.3	100.2	101.3	100.6	99.5	100.7
100.0	100.0	100.0	100.0	100.0	99.9	100.0	100.0
101.9	101.0	101.0	108.6	108.6	108.6	110.1	106.1
98.3	99.4	91.9	91.9	91.9	91.9	91.9	90.7
97.6	99.3	98.1	99.0	100.7	100.7	101.6	99.6
101.2	100.9	101.0	101.6	101.2	100.9	101.4	102.8
101.2	100.9	101.0	101.6	101.2	100.9	101.4	102.8
104.1	**100.6**	**99.2**	**100.1**	**101.1**	**101.9**	**101.1**	**100.6**
100.0	100.0	76.7	88.5	100.0	91.2	91.2	100.0
100.0	100.0	76.7	88.5	100.0	91.2	91.2	100.0
100.1	100.7	100.9	100.7	101.2	102.8	101.7	100.5
103.9	101.9	101.9	105.5	103.3	106.6	101.2	102.0

（上年同期=100）

项目	全年	1月	2月	3月	4月
纤维板制造	100.2	100.6	99.7	100.5	98.4
刨花板制造	110.1	101.2	102.1	104.6	104.6
其他人造板、材制造	96.6	98.2	95.6	98.0	90.7
木制品制造	101.1	93.3	96.4	102.1	102.7
建筑用木料及木材组件加工	100.9	91.1	95.4	102.1	102.7
软木制品及其他木制品制造	101.4	101.3	100.0	102.7	102.7
竹、藤、棕、草制品制造	101.9	98.6	100.1	100.4	99.8
竹、藤、棕、草制品制造	101.9	98.6	100.1	100.4	99.8
家具制造业	**100.5**	**99.2**	**99.7**	**100.2**	**100.3**
木质家具制造	99.4	99.1	99.6	99.9	99.5
木质家具制造	99.4	99.1	99.6	99.9	99.5
竹、藤家具制造	99.1	100.1	96.6	96.0	97.2
竹、藤家具制造	99.1	100.1	96.6	96.0	97.2
金属家具制造	105.4	101.2	101.7	104.8	106.2
金属家具制造	105.4	101.2	101.7	104.8	106.2
塑料家具制造	112.4	104.3	115.9	115.9	115.9
塑料家具制造	112.4	104.3	115.9	115.9	115.9
其他家具制造	99.1	96.8	97.3	95.9	96.4
其他家具制造	99.1	96.8	97.3	95.9	96.4
造纸及纸制品业	**98.9**	**99.7**	**98.8**	**96.3**	**96.3**
纸浆制造	111.0	116.5	115.2	114.4	109.9
纸浆制造	111.0	116.5	115.2	114.4	109.9
造纸	96.8	97.5	96.4	95.1	92.2
机制纸及纸板制造	97.6	97.3	96.4	94.6	93.7
加工纸制造	89.3	99.7	96.1	99.5	79.1
纸制品制造	100.8	101.6	100.9	97.2	100.2
纸和纸板容器的制造	101.4	102.8	101.6	95.4	100.3
其他纸制品制造	100.0	99.8	99.8	99.9	100.0
印刷业和记录媒介的复制	**101.9**	**101.5**	**102.4**	**101.6**	**101.6**
印刷	102.9	103.6	103.6	102.7	102.7
书、报、刊印刷	104.7	108.2	107.5	105.0	105.3
本册印制	100.0	100.0	100.0	100.0	100.0
包装装潢及其他印刷	102.3	101.8	102.2	102.0	101.8
记录媒介的复制	97.1	90.5	95.9	95.5	95.8

续上表

5月	6月	7月	8月	9月	10月	11月	12月
97.7	99.6	99.9	98.4	101.6	101.7	102.9	101.4
107.6	107.4	108.8	110.0	114.3	118.8	121.8	119.5
96.7	99.6	99.9	95.4	95.6	96.2	97.9	95.3
113.6	101.0	101.0	100.1	100.2	102.0	100.7	100.0
115.1	100.6	100.6	99.8	100.3	102.2	100.8	100.1
102.7	102.7	102.6	102.5	100.0	100.0	100.0	100.0
102.0	100.1	100.2	104.1	104.1	104.1	105.1	104.1
102.0	100.1	100.2	104.1	104.1	104.1	105.1	104.1
99.7	**100.9**	**101.2**	**100.4**	**100.9**	**100.8**	**101.3**	**101.4**
98.4	99.4	100.0	98.7	99.6	99.3	99.8	99.0
98.4	99.4	100.0	98.7	99.6	99.3	99.8	99.0
97.2	99.0	99.0	101.9	101.9	101.9	99.1	98.9
97.2	99.0	99.0	101.9	101.9	101.9	99.1	98.9
106.2	106.1	106.4	106.0	106.8	107.0	107.1	105.5
106.2	106.1	106.4	106.0	106.8	107.0	107.1	105.5
100.0	131.8	101.1	101.1	101.1	101.1	130.3	130.3
100.0	131.8	101.1	101.1	101.1	101.1	130.3	130.3
98.7	100.2	101.3	101.8	100.1	100.3	100.0	100.0
98.7	100.2	101.3	101.8	100.1	100.3	100.0	100.0
97.0	**98.3**	**98.2**	**99.2**	**100.5**	**101.0**	**101.7**	**99.7**
117.1	116.4	114.7	109.3	103.3	109.9	102.6	102.7
117.1	116.4	114.7	109.3	103.3	109.9	102.6	102.7
92.9	95.0	94.8	98.0	100.0	100.6	101.4	97.8
94.4	96.7	96.6	98.8	100.7	101.8	102.2	98.2
79.1	79.1	78.6	90.2	93.5	90.0	93.4	93.8
100.8	101.4	101.2	100.3	101.0	101.2	102.1	101.7
101.4	102.2	102.1	100.5	101.6	102.0	103.5	103.0
100.0	100.1	100.0	100.0	100.2	100.2	100.1	100.1
102.6	**102.6**	**101.1**	**101.2**	**103.8**	**102.4**	**102.4**	**100.2**
103.5	103.4	101.3	101.5	104.5	103.6	102.9	101.5
106.9	107.0	100.4	98.8	108.8	106.6	104.0	98.3
100.0	100.0	100.0	100.0	100.0	100.0	100.0	100.0
102.2	102.1	101.7	102.6	103.0	102.6	102.6	102.9
98.0	98.0	99.8	99.8	99.8	95.8	99.7	96.7

(上年同期=100)

项　　目	全年	1月	2月	3月	4月
记录媒介的复制	97.1	90.5	95.9	95.5	95.8
文教体育用品制造业	**100.0**	**99.8**	**100.2**	**99.8**	**100.2**
文化用品制造	100.8	98.9	98.9	98.9	99.1
文具制造	100.0	100.0	100.0	100.0	100.0
笔的制造	101.6	96.9	96.9	96.9	96.9
墨水、墨汁制造	100.7	100.0	100.0	100.0	100.9
体育用品制造	100.5	100.1	99.7	100.7	100.4
球类制造	101.5	101.2	101.2	101.7	101.8
体育器材及配件制造	100.2	99.5	98.6	100.3	99.8
训练健身器材制造	100.0	100.0	100.0	100.0	100.0
乐器制造	98.7	94.1	99.4	96.5	101.9
中乐器制造	100.4	100.5	100.8	92.1	91.5
西乐器制造	98.6	97.4	99.8	99.4	95.6
电子乐器制造	98.5	83.0	97.8	91.4	122.3
玩具制造	100.1	100.4	100.4	100.0	100.0
玩具制造	100.1	100.4	100.4	100.0	100.0
游艺器材及娱乐用品制造	96.6	103.3	100.8	103.3	103.3
游艺用品及室内游艺器材制造	96.6	103.3	100.8	103.3	103.3
石油加工、炼焦及核燃料加工业	**113.7**	**101.4**	**99.9**	**98.3**	**103.2**
精炼石油产品的制造	113.7	101.4	99.9	98.3	103.2
原油加工及石油制品制造	113.7	101.4	99.9	98.3	103.2
化学原料及化学制品制造业	**106.4**	**103.4**	**103.3**	**101.9**	**104.7**
基础化学原料制造	108.3	100.6	102.7	102.3	102.5
无机酸制造	118.6	109.3	117.7	121.5	109.6
无机碱制造	108.7	97.2	92.2	94.8	99.4
无机盐制造	110.1	94.3	101.7	103.4	106.9
有机化学原料制造	117.9	116.1	117.5	111.3	114.8
其他基础化学原料制造	102.8	102.0	103.4	99.9	97.7
肥料制造	111.5	104.8	107.2	107.3	108.6
氮肥制造	100.3	96.5	96.4	96.7	97.6
磷肥制造	105.4	104.8	104.3	102.3	101.5
钾肥制造	124.8	113.9	121.5	121.5	121.5
复混肥料制造	114.7	105.1	108.8	109.8	112.2
农药制造	100.7	99.9	99.2	100.4	98.6

续上表

5月	6月	7月	8月	9月	10月	11月	12月
98.0	98.0	99.8	99.8	99.8	95.8	99.7	96.7
100.6	**100.3**	**99.8**	**100.6**	**100.4**	**99.3**	**99.3**	**99.8**
99.1	99.1	99.1	102.7	102.7	102.7	104.1	104.4
100.0	100.0	100.0	100.0	100.0	100.0	100.0	100.0
96.9	96.9	96.9	107.3	107.3	107.3	111.2	108.2
100.9	100.9	100.9	100.9	100.9	100.9	100.9	100.7
100.9	100.1	100.9	100.3	100.7	100.8	100.0	101.4
101.7	101.7	102.3	101.1	101.2	101.1	101.3	101.2
100.9	99.2	100.4	99.9	100.9	101.0	99.2	102.2
100.0	100.0	100.0	100.0	100.0	100.0	100.0	100.0
103.4	103.8	94.2	103.2	98.5	95.4	93.4	100.3
95.4	100.4	99.6	108.5	106.1	103.5	102.2	103.5
99.5	98.6	93.9	101.7	98.4	98.1	96.2	104.5
116.7	118.6	92.6	104.7	95.3	85.1	82.4	91.7
100.3	100.1	100.2	100.3	100.6	99.5	99.8	99.2
100.3	100.1	100.2	100.3	100.6	99.5	99.8	99.2
103.3	100.0	100.0	100.0	86.4	86.4	86.4	86.4
103.3	100.0	100.0	100.0	86.4	86.4	86.4	86.4
108.1	**116.2**	**116.4**	**119.2**	**123.2**	**127.3**	**131.3**	**120.0**
108.1	116.2	116.4	119.2	123.2	127.3	131.3	120.1
108.1	116.2	116.4	119.2	123.2	127.3	131.3	120.1
108.3	**106.3**	**105.1**	**106.7**	**109.3**	**110.2**	**110.2**	**108.0**
107.2	107.4	108.4	110.9	114.3	114.3	113.8	115.0
106.6	108.6	114.6	122.1	130.1	128.2	128.3	126.8
112.0	114.2	110.9	110.3	116.8	118.9	113.6	123.6
111.6	106.6	113.6	116.9	118.9	117.9	116.9	113.0
115.4	116.2	115.0	114.9	121.5	130.6	123.0	118.0
100.3	102.3	101.0	104.2	105.1	103.9	107.0	106.3
107.7	108.5	110.9	115.6	115.4	116.3	116.8	118.9
98.8	102.8	101.9	103.8	100.6	101.2	100.6	106.1
102.6	102.9	102.8	106.5	105.9	108.8	109.7	113.1
121.5	121.5	126.6	126.6	138.0	131.6	125.0	128.9
110.2	110.9	114.6	120.5	119.9	120.5	121.6	122.5
98.9	100.3	100.3	101.7	103.0	102.6	102.4	100.9

（上年同期＝100）

项　　目	全年	1月	2月	3月	4月
化学农药制造	100.8	99.9	99.3	100.6	98.8
生物化学农药及微生物农药制造	98.7	99.7	97.9	97.5	96.6
涂料、油墨、颜料及类似产品制造	103.1	100.7	102.6	102.9	101.8
涂料制造	102.6	100.0	102.5	101.8	101.8
油墨及类似产品制造	95.9	97.4	96.9	96.0	95.8
颜料制造	134.9	118.2	126.1	144.4	133.8
染料制造	101.6	99.6	99.5	98.2	96.1
合成材料制造	118.7	112.8	110.5	105.0	114.9
初级形态的塑料及合成树脂制造	112.7	107.1	107.8	106.4	110.0
合成橡胶制造	126.1		122.1	115.5	125.8
合成纤维单（聚合）体的制造	130.6	125.3	116.1	101.9	125.4
专用化学产品制造	101.6	99.7	100.4	101.8	100.1
化学试剂和助剂制造	103.5	101.8	102.8	104.9	103.1
炸药及火工产品制造	102.6	100.5	100.5	100.5	100.5
信息化学品制造	95.0	92.1	92.1	91.6	89.9
日用化学产品制造	98.9	98.1	98.2	98.6	98.9
肥皂及合成洗涤剂制造	99.7	98.4	99.0	99.5	100.3
化妆品制造	99.6	100.1	99.1	98.8	98.8
口腔清洁用品制造	99.6	97.2	97.4	98.2	98.4
香料、香精制造	89.5	93.3	91.9	90.9	89.0
医药制造业	**96.9**	**98.1**	**97.5**	**97.5**	**97.1**
化学药品原药制造	92.3	97.2	95.5	93.4	93.2
化学药品原药制造	92.3	97.2	95.5	93.4	93.2
化学药品制剂制造	94.7	95.4	95.9	94.4	94.3
抗感染药、解热镇痛药制造	93.2	93.3	94.5	93.6	93.3
维生素类、抗寄生虫药、计划生育药制造	101.2	105.1	112.6	107.9	108.7
抗肿瘤、心血管药制造	85.7	96.5	92.5	86.7	86.7
消化系统、泌尿系统药制造	99.5	96.8	94.6	92.1	91.1
血液系统、调节水药制造	101.1	93.9	95.1	99.3	99.9
麻醉、解毒、生化药制造	90.7	97.5	90.5	90.3	89.9
外科、五官、皮肤、诊断用品制造	101.4	92.6	92.8	97.0	100.5
滋补营养药制造	93.5	100.2	99.7	96.0	96.9
中成药制造	100.4	101.2	100.8	103.3	102.0
蜜丸、水丸制造	99.7	99.1	99.0	104.4	101.8

续上表

5月	6月	7月	8月	9月	10月	11月	12月
98.8	100.4	100.4	102.8	103.1	102.8	102.3	100.8
99.9	100.0	98.0	88.5	102.0	100.0	103.5	100.9
103.4	102.6	103.7	103.2	104.4	104.8	106.6	100.8
102.7	102.0	100.8	102.5	104.0	104.8	104.5	103.4
95.8	98.1	99.1	96.7	93.5	92.5	94.2	94.1
130.2	139.0	141.0	144.9	140.5	139.6	139.2	122.0
102.4	96.2	104.5	97.3	101.6	102.2	111.2	110.2
123.0	117.5	115.3	120.8	126.8	129.7	125.6	123.0
110.8	108.1	110.5	117.7	121.2	121.9	116.8	114.4
137.8	137.8	154.6	115.0	117.5		117.2	117.2
149.1	138.0	125.0	126.6	137.8	144.5	145.5	132.5
107.3	105.2	94.5	97.0	101.0	103.0	104.5	104.4
111.1	108.1	93.4	96.5	102.5	104.0	105.8	108.3
100.5	100.5	100.5	105.6	105.6	105.6	105.6	105.6
95.8	96.2	96.9	96.7	94.9	98.9	99.6	95.9
98.9	98.5	99.1	98.9	99.4	99.0	99.4	100.1
100.2	99.6	99.9	99.6	100.1	99.8	99.8	100.7
99.4	99.5	99.2	99.7	100.1	99.8	100.1	100.5
98.4	98.2	101.0	99.6	101.3	101.1	101.7	102.3
88.4	87.8	88.6	89.4	89.0	86.5	89.5	90.2
95.5	**96.0**	**95.4**	**96.3**	**96.6**	**97.2**	**97.1**	**98.5**
87.4	88.3	89.1	92.3	93.6	91.9	90.9	94.3
87.4	88.3	89.1	92.3	93.6	91.9	90.9	94.3
93.8	93.3	92.6	93.9	94.1	95.8	95.7	97.8
93.8	92.0	91.0	91.7	91.9	93.4	94.0	95.3
103.6	91.8	92.0	99.4	100.3	98.1	96.3	99.3
77.7	83.2	83.2	87.3	80.0	78.5	86.1	90.0
94.7	102.1	99.8	103.1	101.6	107.9	104.0	106.2
100.4	101.1	107.4	102.0	104.0	104.0	103.9	102.0
90.6	90.2	89.6	89.3	89.6	89.8	89.9	91.3
101.2	101.1	101.1	103.4	104.5	106.1	108.1	107.9
88.0	87.7	88.1	88.4	92.3	91.4	91.3	102.2
99.0	100.6	100.1	99.6	99.9	99.3	100.0	99.2
98.6	99.7	99.2	99.2	100.0	99.0	98.7	98.3

(上年同期=100)

项　　目	全年	1月	2月	3月	4月
冲剂、糖浆制造	97.1	98.3	97.5	97.4	98.2
中药片剂、胶囊制造	101.7	104.1	104.1	104.3	100.8
膏药制造	123.2	133.8	133.8	133.8	133.8
口服液制造	99.5	99.4	99.4	99.6	99.6
其他中成药制造	101.8	102.6	100.0	99.2	102.3
兽用药品制造	100.2	98.0	99.2	100.0	99.7
兽用药品制造	100.2	98.0	99.2	100.0	99.7
生物、生化制品的制造	99.7	100.1	98.7	98.8	99.4
生物、生化制品的制造	99.7	100.1	98.7	98.8	99.4
卫生材料及医药用品制造	100.7	105.8	96.7	97.3	98.6
卫生材料及医药用品制造	100.7	105.8	96.7	97.3	98.6
化学纤维制造业	**105.9**	**101.4**	**99.9**	**94.6**	**99.5**
纤维素纤维原料及纤维制造	99.9	99.1	100.0	100.0	100.0
人造纤维（纤维素纤维）制造	99.9	99.1	100.0	100.0	100.0
合成纤维制造	106.4	101.6	99.9	94.2	99.4
锦纶纤维制造	93.9	89.5	83.4	86.7	86.7
涤纶纤维制造	114.6	113.7	109.4	101.2	109.0
其他合成纤维制造	114.8	105.2	116.2	97.5	108.2
橡胶制品业	**99.9**	**101.8**	**99.6**	**100.0**	**100.1**
轮胎制造	102.2	104.8	102.5	101.3	102.2
车辆、飞机及工程机械轮胎制造	101.8	105.3	102.9	101.5	102.0
力车胎制造	105.5	100.5	99.3	99.2	103.8
橡胶板、管、带的制造	100.0	98.4	95.9	97.7	95.9
橡胶板、管、带的制造	100.0	98.4	95.9	97.7	95.9
橡胶零件制造	100.5	107.4	99.9	105.4	104.2
橡胶零件制造	100.5	107.4	99.9	105.4	104.2
日用及医用橡胶制品制造	97.4	100.0	100.0	100.0	100.0
日用及医用橡胶制品制造	97.4	100.0	100.0	100.0	100.0
橡胶靴鞋制造	99.3	100.2	97.6	96.0	97.6
橡胶靴鞋制造	99.3	100.2	97.6	96.0	97.6
其他橡胶制品制造	98.1	96.1	96.7	97.4	97.1
其他橡胶制品制造	98.1	96.1	96.7	97.4	97.1
塑料制品业	**106.8**	**102.2**	**103.1**	**103.9**	**104.2**
塑料薄膜制造	114.9	106.0	108.6	107.5	111.4

续上表

5月	6月	7月	8月	9月	10月	11月	12月
93.3	95.2	95.7	96.2	96.8	97.9	100.3	97.8
100.9	100.8	100.8	101.1	101.7	101.0	100.7	100.3
129.6	129.6	129.6	115.2	115.2	110.4	110.4	103.1
99.4	99.5	99.6	99.6	99.6	100.0	99.3	99.5
99.4	108.5	103.2	101.8	99.0	97.5	101.7	106.1
101.5	100.8	99.0	100.9	100.2	100.0	101.8	100.9
101.5	100.8	99.0	100.9	100.2	100.0	101.8	100.9
99.5	100.2	99.5	100.1	100.1	100.0	99.6	99.9
99.5	100.2	99.5	100.1	100.1	100.0	99.6	99.9
98.8	103.1	100.6	101.6	101.4	102.1	100.6	101.4
98.8	103.1	100.6	101.6	101.4	102.1	100.6	101.4
114.3	**107.5**	**105.4**	**107.2**	**106.7**	**110.3**	**108.7**	**115.7**
100.0	100.0	100.0	100.0	100.0	100.0	100.0	100.0
100.0	100.0	100.0	100.0	100.0	100.0	100.0	100.0
115.3	108.0	105.8	107.7	107.2	111.0	109.4	116.8
99.7	90.8	91.5	96.6	98.9	100.1	101.2	101.3
123.0	121.9	121.4	119.3	110.8	119.2	112.0	114.5
132.8	118.6	108.1	110.5	117.2	118.9	120.9	123.7
99.6	**99.8**	**99.8**	**98.4**	**100.2**	**98.9**	**100.0**	**101.1**
101.2	101.4	101.4	101.0	106.5	102.7	100.6	101.4
100.8	100.7	101.0	100.0	105.6	102.1	99.4	100.0
103.8	106.9	104.7	108.7	114.3	107.3	110.2	107.6
95.2	97.7	99.3	100.7	101.6	103.4	106.4	107.5
95.2	97.7	99.3	100.7	101.6	103.4	106.4	107.5
97.7	98.3	96.8	99.3	99.6	97.4	98.3	101.5
97.7	98.3	96.8	99.3	99.6	97.4	98.3	101.5
100.0	100.0	100.0	93.2	90.9	90.9	95.2	99.0
100.0	100.0	100.0	93.2	90.9	90.9	95.2	99.0
100.5	99.7	100.1	97.0	99.7	100.2	103.6	99.6
100.5	99.7	100.1	97.0	99.7	100.2	103.6	99.6
98.7	98.4	98.4	98.4	98.4	98.4	99.0	99.9
98.7	98.4	98.4	98.4	98.4	98.4	99.0	99.9
105.7	**106.2**	**105.0**	**106.5**	**110.0**	**111.6**	**113.1**	**110.5**
117.0	117.1	109.9	112.8	124.5	125.3	122.3	116.8

（上年同期 = 100）

项　　目	全年	1 月	2 月	3 月	4 月
塑料薄膜制造	114.9	106.0	108.6	107.5	111.4
塑料板、管、型材的制造	107.2	101.9	102.1	106.3	103.9
塑料板、管、型材的制造	107.2	101.9	102.1	106.3	103.9
塑料丝、绳及编织品的制造	114.6	107.4	108.5	110.7	109.3
塑料丝、绳及编织品的制造	114.6	107.4	108.5	110.7	109.3
泡沫塑料制造	114.6	105.8	104.8	111.0	106.5
泡沫塑料制造	114.6	105.8	104.8	111.0	106.5
塑料人造革、合成革制造	106.0	103.8	107.8	105.0	104.0
塑料人造革、合成革制造	106.0	103.8	107.8	105.0	104.0
塑料包装箱及容器制造	102.6	100.0	101.5	101.5	99.8
塑料包装箱及容器制造	102.6	100.0	101.5	101.5	99.8
塑料零件制造	98.6	98.3	98.3	98.3	99.1
塑料零件制造	98.6	98.3	98.3	98.3	99.1
日用塑料制造	101.4	99.6	100.0	99.5	100.2
塑料鞋制造	102.2	101.2	103.1	101.5	103.1
日用塑料杂品制造	101.1	99.1	99.0	98.9	99.3
非金属矿物制品业	**104.8**	**104.9**	**106.3**	**106.0**	**105.4**
水泥、石灰和石膏的制造	120.6	122.5	126.9	126.7	126.9
水泥制造	120.6	122.5	126.9	126.7	126.9
水泥及石膏制品制造	105.9	102.5	106.0	107.5	108.1
水泥制品制造	106.9	105.3	109.3	110.9	108.7
砼结构构件制造	103.9	97.4	100.0	101.3	107.0
砖瓦、石材及其他建筑材料制造	97.8	98.3	97.9	97.0	95.0
建筑陶瓷制品制造	97.3	97.2	97.3	97.0	94.4
建筑用石加工	101.5	106.2	102.6	97.0	99.4
玻璃及玻璃制品制造	103.9	103.9	104.5	104.5	104.1
平板玻璃制造	110.2	114.6	113.2	110.2	107.0
技术玻璃制品制造	100.1	100.4	98.7	98.8	103.0
日用玻璃制品及玻璃包装容器制造	100.6	96.6	99.2	100.0	100.5
玻璃保温容器制造	105.1	101.5	100.7	101.5	105.3
玻璃纤维及制品制造	98.5	97.6	97.6	98.0	98.0
其他玻璃制品制造	106.2	109.9	110.5	115.1	113.3
陶瓷制品制造	97.5	98.0	97.8	96.7	96.9
卫生陶瓷制品制造	98.4	102.7	102.4	99.1	98.8

续上表

5月	6月	7月	8月	9月	10月	11月	12月
117.0	117.1	109.9	112.8	124.5	125.3	122.3	116.8
105.2	106.1	103.7	110.1	110.4	110.9	114.9	110.4
105.2	106.1	103.7	110.1	110.4	110.9	114.9	110.4
112.2	106.9	112.2	117.7	118.8	129.3	124.0	117.9
112.2	106.9	112.2	117.7	118.8	129.3	124.0	117.9
107.3	106.6	116.2	109.5	112.2	118.6	134.3	142.6
107.3	106.6	116.2	109.5	112.2	118.6	134.3	142.6
106.2	105.5	103.6	104.9	104.3	107.6	109.7	109.8
106.2	105.5	103.6	104.9	104.3	107.6	109.7	109.8
100.5	100.8	101.7	103.4	104.7	105.3	106.2	106.1
100.5	100.8	101.7	103.4	104.7	105.3	106.2	106.1
98.7	98.7	98.3	98.2	98.6	98.9	98.9	98.9
98.7	98.7	98.3	98.2	98.6	98.9	98.9	98.9
99.0	101.3	100.9	101.9	102.3	103.9	104.5	103.3
96.6	106.0	101.7	101.6	102.4	103.1	103.6	103.1
99.7	99.8	100.7	102.0	102.3	104.1	104.8	103.4
105.5	**104.6**	**104.4**	**105.9**	**105.6**	**105.5**	**103.2**	**99.5**
125.3	123.0	123.1	123.2	121.8	120.5	107.9	99.2
125.3	123.0	123.1	123.2	121.8	120.5	107.9	99.2
108.7	105.9	105.6	107.3	107.7	106.2	104.1	100.9
109.7	108.4	105.5	106.4	107.0	106.5	104.9	101.0
107.0	101.4	105.9	108.8	108.8	105.7	102.9	100.0
96.9	96.6	97.5	98.3	97.8	98.3	101.1	99.1
96.5	95.9	97.0	97.6	97.2	98.0	100.8	99.0
100.3	101.7	101.6	103.7	101.9	100.6	103.7	99.6
103.7	103.0	100.2	104.1	104.2	106.0	105.2	103.4
104.8	107.9	106.0	116.0	112.1	115.4	108.6	106.5
102.1	102.0	99.1	100.6	99.8	98.8	99.3	98.9
100.7	98.8	97.6	99.4	101.2	102.4	104.9	105.6
107.6	108.7	105.9	104.4	105.1	105.8	107.3	107.3
98.4	98.4	98.8	99.2	99.6	99.1	99.1	98.1
115.2	107.9	95.2	95.8	100.8	103.8	104.4	102.7
95.3	96.2	95.9	98.8	99.5	98.8	99.2	97.1
95.6	97.3	97.3	96.4	96.3	95.9	101.6	97.3

（上年同期＝100）

项　　目	全年	1月	2月	3月	4月
特种陶瓷制品制造	88.4	99.6	98.0	99.8	97.4
日用陶瓷制品制造	97.5	95.0	94.4	93.3	94.1
园林、陈设艺术及其他陶瓷制品制造	104.9	99.3	103.4	110.6	109.8
耐火材料制品制造	98.3	94.1	94.4	95.1	95.7
石棉制品制造	95.9	93.6	90.1	89.4	90.0
耐火陶瓷制品及其他耐火材料制造	98.7	94.1	95.0	95.9	96.6
石墨及其他非金属矿物制品制造	99.3	99.4	99.7	99.4	100.2
石墨及碳素制品制造	100.3	100.0	102.0	95.1	105.4
其他非金属矿物制品制造	99.1	99.4	99.4	100.0	99.4
黑色金属冶炼及压延加工业	**120.0**	**116.3**	**117.8**	**132.6**	**129.0**
炼铁	128.3	133.4	132.2	156.3	141.6
炼铁	128.3	133.4	132.2	156.3	141.6
炼钢	118.2	112.9	110.4	130.6	124.0
炼钢	118.2	112.9	110.4	130.6	124.0
钢压延加工	121.4	118.2	126.6	130.9	134.8
钢压延加工	121.4	118.2	126.6	130.9	134.8
铁合金冶炼	96.6	91.8	93.0	95.3	89.2
铁合金冶炼	96.6	91.8	93.0	95.3	89.2
有色金属冶炼及压延加工业	**120.5**	**112.0**	**114.9**	**122.3**	**125.2**
常用有色金属冶炼	129.5	118.1	122.9	133.4	133.6
铜冶炼	160.3	135.6	147.3	160.0	161.1
铅锌冶炼	114.6	112.3	114.4	124.1	119.0
锡冶炼	139.3	119.4	116.9	116.9	141.7
其他常用有色金属冶炼	111.0	100.0	100.0	111.1	125.0
贵金属冶炼	112.1	120.6	111.6	113.4	126.7
金冶炼	112.1	120.6	111.6	113.4	126.7
稀有稀土金属冶炼	120.4	86.1	87.3	104.7	113.9
钨钼冶炼	146.6	126.8	121.1	135.0	153.1
稀土金属冶炼	103.5	74.8	74.7	101.7	109.0
其他稀有金属冶炼	142.5	93.6	99.4	100.0	109.9
有色金属合金制造	121.5	105.3	110.9	121.5	120.6
有色金属合金制造	121.5	105.3	110.9	121.5	120.6
有色金属压延加工	118.9	111.4	114.0	120.6	123.8
常用有色金属压延加工	118.9	111.4	114.0	120.6	123.8

续上表

5月	6月	7月	8月	9月	10月	11月	12月
95.1	93.8	80.6	79.6	83.9	82.5	79.8	70.5
93.6	95.1	96.7	103.0	103.0	102.2	99.9	99.4
108.4	103.4	101.8	99.9	104.3	105.2	107.0	105.6
95.5	97.6	96.2	100.6	102.0	103.4	102.1	103.1
87.7	101.1	94.0	97.6	104.3	100.3	99.5	103.3
96.6	97.1	96.6	101.0	101.6	103.8	102.5	103.0
99.0	99.2	99.1	99.8	98.7	99.0	98.2	100.0
95.6	103.7	97.6	102.2	99.7	99.0	97.7	105.3
99.5	98.6	99.3	99.5	98.6	99.0	98.3	98.9
114.8	**115.6**	**110.6**	**117.7**	**120.9**	**125.2**	**121.0**	**118.0**
130.7	119.3	122.1	120.7	120.6	119.0	122.3	121.5
130.7	119.3	122.1	120.7	120.6	119.0	122.3	121.5
107.0	113.5	107.2	118.1	119.8	127.3	124.7	122.6
107.0	113.5	107.2	118.1	119.8	127.3	124.7	122.6
123.6	118.7	113.6	116.9	123.3	124.0	115.3	111.5
123.6	118.7	113.6	116.9	123.3	124.0	115.3	111.5
102.7	100.1	97.0	91.8	94.9	102.6	100.2	100.2
102.7	100.1	97.0	91.8	94.9	102.6	100.2	100.2
122.1	**122.9**	**122.6**	**122.1**	**123.9**	**124.1**	**117.9**	**116.0**
129.1	129.7	132.9	132.9	134.5	130.8	128.1	128.1
161.6	165.2	169.9	170.6	177.4	153.6	166.9	154.8
112.1	112.0	114.4	113.2	115.0	122.1	109.1	107.9
158.7	158.7	158.7	158.7	135.4	135.4	135.4	135.4
114.3	111.1	114.3	117.7	111.1	111.1	111.1	104.8
111.8	108.3	114.3	98.9	108.2	110.8	110.8	110.2
111.8	108.3	114.3	98.9	108.2	110.8	110.8	110.2
124.5	139.8	125.7	126.5	124.3	136.9	136.3	138.6
161.7	153.1	138.3	145.7	159.6	153.6	148.3	162.8
109.0	117.9	96.3	96.3	96.3	122.2	122.2	122.2
141.2	176.5	176.5	176.5	164.7	158.8	158.8	153.9
121.5	123.9	122.8	128.1	128.0	130.2	125.1	119.7
121.5	123.9	122.8	128.1	128.0	130.2	125.1	119.7
120.8	121.3	120.6	120.0	121.8	122.5	115.5	113.9
120.8	121.3	120.6	120.0	121.8	122.5	115.5	113.9

（上年同期 = 100）

项　目	全年	1月	2月	3月	4月
金属制品业	**103.1**	**98.5**	**98.7**	**103.3**	**101.3**
结构性金属制品制造	100.2	102.1	99.6	100.3	100.6
金属结构制造	99.6	102.3	98.2	100.0	100.4
金属门窗制造	101.8	101.6	103.0	101.0	101.0
金属工具制造	102.3	100.5	102.6	100.2	105.0
切削工具制造	107.1	100.8	100.2	99.6	105.0
手工具制造	108.0	101.7	115.5	100.9	109.9
农用及园林用金属工具制造	106.7	100.0	99.5	100.0	171.9
刀剪及类似日用金属工具制造	100.0	100.0	100.0	100.0	100.0
其他金属工具制造	98.6	100.8	101.0	101.0	96.2
集装箱及金属包装容器制造	108.2	99.3	101.3	102.1	103.3
集装箱制造	113.6	99.6	102.5	103.7	105.6
金属压力容器制造	99.7	100.6	100.6	100.6	100.1
金属包装容器制造	100.6	98.5	99.6	99.9	100.4
金属丝绳及其制品的制造	113.7	105.2	105.0	114.1	119.7
金属丝绳及其制品的制造	113.7	105.2	105.0	114.1	119.7
建筑、安全用金属制品制造	103.7	96.1	89.6	114.4	93.9
建筑、家具用金属配件制造	101.4	95.4	87.3	114.8	92.7
安全、消防用金属制品制造	108.3	99.9	100.6	112.7	99.7
金属表面处理及热处理加工	100.0	100.0	100.0	100.0	100.0
金属表面处理及热处理加工	100.0	100.0	100.0	100.0	100.0
搪瓷制品制造	106.8	98.5	96.1	107.9	107.9
搪瓷卫生洁具制造	106.8	98.5	96.1	107.9	107.9
不锈钢及类似日用金属制品制造	99.9	97.1	99.3	99.8	100.6
金属制厨用器皿及餐具制造	99.9	97.1	99.3	99.8	100.6
其他金属制品制造	108.6	93.3	103.0	103.0	111.0
其他未列明的金属制品制造	108.6	93.3	103.0	103.0	111.0
通用设备制造业	**102.3**	**100.1**	**101.7**	**102.0**	**101.6**
锅炉及原动机制造	100.4	99.0	100.8	102.7	99.4
内燃机及配件制造	100.4	99.0	100.8	102.7	99.4
金属加工机械制造	102.6	101.9	102.8	103.9	103.9
金属切削机床制造	103.3	102.0	104.8	106.2	104.5
金属成形机床制造	102.2	101.9	101.9	102.9	103.7
起重运输设备制造	99.6	98.2	101.2	100.9	100.7

续上表

5月	6月	7月	8月	9月	10月	11月	12月
101.3	**103.9**	**105.8**	**105.2**	**105.1**	**104.6**	**103.4**	**106.0**
95.7	97.6	100.6	102.2	101.3	100.3	101.7	100.5
93.5	96.2	100.4	101.9	100.7	99.3	101.4	100.4
101.2	101.2	101.2	102.8	102.8	102.7	102.7	101.0
101.9	102.6	104.1	105.4	103.7	102.7	97.9	100.6
104.4	114.2	111.0	124.9	123.0	105.8	93.9	102.4
108.6	106.7	121.4	114.4	109.6	115.2	91.0	101.3
103.9	100.0	107.7	109.5	93.4	98.3	98.3	98.3
100.0	100.0	100.0	100.0	100.0	100.0	100.0	100.0
98.6	98.6	92.2	97.4	97.7	97.7	101.0	100.9
102.5	109.6	113.4	111.5	110.6	112.5	110.8	121.7
104.1	116.4	123.0	120.4	118.8	122.7	117.6	128.4
97.1	97.1	100.0	100.0	100.0	100.0	100.0	100.0
101.1	101.5	101.0	99.8	99.8	98.8	102.3	105.0
121.7	119.0	117.5	115.1	110.9	116.4	112.1	107.8
121.7	119.0	117.5	115.1	110.9	116.4	112.1	107.8
101.9	109.8	111.6	105.5	111.0	113.0	94.6	103.1
99.6		110.8	102.0	112.5 97.5			
113.3	109.8	115.3	122.5	103.4	113.0	94.6	114.6
100.0	100.0	100.0	100.0	100.0	100.0	100.0	100.0
100.0	100.0	100.0	100.0	100.0	100.0	100.0	100.0
105.4	108.8	108.8	105.5	105.5	116.0	108.7	113.1
105.4	108.8	108.8	105.5	105.5	116.0	108.7	113.1
98.6	100.0	99.6	101.7	100.3	99.7	100.7	101.1
98.6	100.0	99.6	101.7	100.3	99.7	100.7	101.1
113.6	117.8	114.4	114.4	111.2	111.4	105.9	104.4
113.6	117.8	114.4	114.4	111.2	111.4	105.9	104.4
102.1	**102.3**	**102.8**	**102.8**	**102.0**	**102.9**	**103.7**	**103.9**
98.2	98.2	99.9	100.4	102.7	96.5	102.5	104.2
98.2	98.2	99.9	100.4	102.7	96.5	102.5	104.2
104.7	102.8	103.9	101.9	100.8	101.8	101.2	101.1
107.0	103.2	108.8	103.8	99.4	99.4	99.5	100.6
103.7	102.5	101.7	101.0	101.5	102.8	101.9	101.4
100.1	98.6	99.7	99.4	98.7	98.8	99.4	99.7

(上年同期=100)

项　　目	全年	1月	2月	3月	4月
起重运输设备制造	99.6	98.2	101.2	100.9	100.7
泵、阀门、压缩机及类似机械的制造	104.2	102.6	102.1	103.3	103.7
泵及真空设备制造	106.4	99.8	100.3	105.0	107.2
气体压缩机械制造	107.3	97.8	104.9	105.0	104.2
阀门和旋塞的制造	104.9	103.9	106.6	106.5	106.5
液压和气压动力机械及元件制造	101.1	106.2	100.0	100.0	100.0
轴承、齿轮、传动和驱动部件的制造	113.0	100.6	109.0	115.3	109.2
轴承制造	113.0	100.6	109.0	115.3	109.2
风机、衡器、包装设备等通用设备制造	99.3	96.2	97.8	98.2	98.3
风机、风扇制造	101.4	102.0	108.6	108.6	100.7
制冷、空调设备制造	101.0	93.2	94.8	97.9	99.1
风动和电动工具制造	83.4	84.0	84.0	77.1	84.0
包装专用设备制造	100.0	100.0	100.0	100.0	100.0
衡器制造	112.2	109.8	115.7	114.6	110.9
其他通用设备制造	100.4	102.0	101.8	98.0	100.7
通用零部件制造及机械修理	99.3	98.0	98.7	97.0	96.3
紧固件、弹簧制造	101.9	103.9	103.1	103.1	103.3
其他通用零部件制造	97.1	92.9	94.9	91.8	90.3
金属铸、锻加工	108.8	107.6	107.4	107.3	107.1
钢铁铸件制造	111.5	109.9	109.6	109.5	109.2
锻件及粉末冶金制品制造	100.0	100.0	100.0	100.0	100.0
专用设备制造业	**98.6**	**96.0**	**96.8**	**100.4**	**100.9**
矿山、冶金、建筑专用设备制造	102.3	99.9	100.2	102.3	102.2
采矿、采石设备制造	100.0	100.0	100.0	100.0	100.0
建筑工程用机械制造	102.6	97.0	98.9	102.6	103.0
建筑材料生产专用机械制造	102.3	103.0	101.7	102.3	101.7
化工、木材、非金属加工专用设备制造	99.1	95.3	95.2	102.9	102.7
炼油、化工生产专用设备制造	100.0	100.0	100.0	100.0	100.0
橡胶加工专用设备制造	100.3	100.6	101.0	100.7	98.6
塑料加工专用设备制造	101.4	100.5	101.7	101.5	100.6
模具制造	97.8	92.1	91.2	103.8	104.0
食品、饮料、烟草及饲料生产专用设备制造	97.9	100.4	100.2	99.8	100.2
食品、饮料、烟草工业专用设备制造	97.7	99.7	100.1	99.6	100.1
农副食品加工专用设备制造	98.4	102.4	100.5	100.5	100.5

续上表

5月	6月	7月	8月	9月	10月	11月	12月
100.1	98.6	99.7	99.4	98.7	98.8	99.4	99.7
104.4	105.6	106.0	105.6	104.8	103.7	103.1	105.8
107.2	108.3	108.3	108.6	108.5	108.5	106.8	108.0
108.1	114.6	112.9	110.2	108.6	107.9	107.3	105.8
106.5	104.1	109.1	109.1	105.9	100.0	100.0	100.0
100.0	100.0	100.0	100.0	100.0	100.0	100.0	107.0
115.3	114.8	117.8	117.2	105.9	111.2	124.3	115.2
115.3	114.8	117.8	117.2	105.9	111.2	124.3	115.2
97.3	99.0	99.6	100.4	101.0	101.6	101.1	100.6
98.7	98.7	98.7	98.7	100.0	102.1	102.9	97.5
98.1	100.8	102.6	103.7	103.7	105.7	106.1	105.7
84.0	84.0	84.0	84.0	84.0	84.0	84.0	84.4
100.0	100.0	100.0	100.0	100.0	100.0	100.0	100.0
111.5	108.0	108.5	111.0	117.0	119.6	111.8	107.9
97.2	102.4	101.6	102.4	102.0	98.4	98.4	99.2
95.6	96.0	97.3	101.0	100.1	102.5	104.4	105.0
103.4	103.4	99.6	103.4	99.6	99.6	99.6	100.4
88.9	89.8	95.2	99.0	100.4	104.9	108.4	108.8
110.4	111.7	110.0	107.9	107.0	109.6	109.5	110.3
113.6	115.2	113.0	110.2	109.1	112.5	112.4	113.2
100.0	100.0	100.0	100.0	100.0	100.0	100.0	100.0
100.9	**101.5**	**100.0**	**98.1**	**97.9**	**96.9**	**96.6**	**97.2**
104.5	104.2	102.4	102.3	102.7	102.7	101.2	102.4
100.0	100.0	100.0	100.0	100.0	100.0	100.0	100.0
106.0	105.4	102.8	103.1	104.2	104.1	101.2	102.6
103.6	103.6	102.4	101.9	101.5	101.5	101.4	102.8
102.8	103.9	102.1	98.9	97.8	95.3	94.9	97.3
100.0	100.0	100.0	100.0	100.0	100.0	100.0	100.0
98.9	100.6	101.0	101.2	100.3	101.5	100.6	99.0
101.8	105.4	102.3	101.4	101.5	100.3	100.3	99.7
103.6	103.3	102.1	97.5	95.7	92.1	91.5	95.9
100.3	97.4	97.2	97.6	96.8	94.7	95.2	95.0
100.2	96.4	96.2	96.7	95.7	95.4	96.5	95.5
100.5	100.5	100.5	100.5	100.4	92.2	91.1	91.1

（上年同期＝100）

项　　目	全年	1月	2月	3月	4月
印刷、制药、日化生产专用设备制造	99.6	97.7	97.7	100.0	100.0
印刷专用设备制造	99.6	97.7	97.7	100.0	100.0
纺织、服装和皮革工业专用设备制造	98.0	97.9	102.0	98.7	96.7
纺织专用设备制造	98.0	97.9	102.0	98.7	96.7
农、林、牧、渔专用机械制造	98.9	103.6	99.4	94.4	103.9
拖拉机制造	99.6	100.0	100.0	100.0	100.0
机械化农业及园艺机具制造	98.7	107.5	99.3	93.4	104.7
医疗仪器设备及器械制造	96.8	90.5	92.0	89.7	98.9
医疗诊断、监护及治疗设备制造	97.6	98.4	98.3	94.9	97.7
医疗、外科及兽医用器械制造	96.2	82.8	85.7	85.7	100.0
环保、社会公共安全及其他专用设备制造	94.3	93.2	95.3	97.9	99.4
环境污染防治专用设备制造	113.1	98.6	98.3	98.9	109.9
邮政专用机械及器材制造	106.3	104.2	104.2	119.1	119.1
社会公共安全设备及器材制造	87.8	88.9	92.1	91.0	91.6
交通运输设备制造业	**99.5**	**98.6**	**98.6**	**100.1**	**99.9**
铁路运输设备制造	123.5	116.8	139.1	134.8	134.8
铁路机车车辆配件制造	123.5	116.8	139.1	134.8	134.8
汽车制造	99.4	99.5	99.1	100.2	99.4
汽车整车制造	98.6	99.2	99.1	100.4	99.5
汽车车身、挂车的制造	102.2	104.8	101.3	99.7	97.1
汽车零部件及配件制造	100.5	99.7	98.8	99.9	99.3
汽车修理	99.8	99.3	100.0	100.0	100.0
摩托车制造	98.3	96.2	96.2	99.3	99.6
摩托车整车制造	97.9	95.6	96.3	99.7	99.0
摩托车零部件及配件制造	99.4	97.9	96.0	98.3	101.5
自行车制造	100.3	94.3	96.2	99.1	100.9
脚踏自行车及残疾人座车制造	100.4	94.3	96.3	99.2	100.9
助动自行车制造	86.9	93.8	85.9	86.6	90.8
船舶及浮动装置制造	101.8	102.1	102.0	101.2	102.1
金属船舶制造	100.1	100.3	100.0	100.0	100.2
船舶修理及拆船	103.8	104.3	104.3	102.7	104.3
电气机械及器材制造业	**99.7**	**98.0**	**97.9**	**98.4**	**98.9**
电机制造	102.3	99.4	98.4	100.1	101.4
发电机及发电机组制造	109.6	102.4	99.2	98.4	96.4

续上表

5月	6月	7月	8月	9月	10月	11月	12月
100.0	100.0	100.0	100.0	100.0	100.0	100.0	100.0
100.0	100.0	100.0	100.0	100.0	100.0	100.0	100.0
97.2	97.5	96.2	96.9	96.3	98.4	98.8	99.2
97.2	97.5	96.2	96.9	96.3	98.4	98.8	99.2
96.8	99.7	99.2	99.0	98.3	97.7	98.3	96.8
100.0	100.0	91.6	99.1	100.6	100.3	101.2	102.4
96.2	99.6	100.6	98.9	97.9	97.2	97.7	90.8
98.6	100.8	98.0	95.9	99.1	100.6	99.3	98.3
97.3	101.6	96.1	91.8	98.2	101.3	98.5	97.7
100.0	100.0	100.0	100.0	100.0	100.0	100.0	100.0
95.3	95.3	95.3	90.2	92.1	92.1	92.4	93.2
111.3	120.0	120.0	120.0	120.0	120.0	120.0	120.0
104.2	104.2	104.2	104.2	104.2	104.2	104.2	100.0
90.1	88.9	88.9	81.5	84.3	84.3	84.8	87.4
99.8	**99.0**	**99.5**	**99.5**	**100.0**	**99.9**	**99.7**	**99.4**
119.5	119.5	119.5	119.5	119.5	119.5	119.5	119.5
119.5	119.5	119.5	119.5	119.5	119.5	119.5	119.5
99.7	98.5	99.4	99.2	99.6	99.4	99.2	99.0
99.0	97.8	97.9	98.4	98.0	98.2	98.1	98.2
104.5	106.1	100.8	98.1	100.3	101.1	106.3	106.2
100.7	99.3	102.3	101.0	102.7	101.6	100.9	100.0
100.0	100.0	100.0	99.6	100.0	100.3	99.5	98.9
98.3	98.2	98.4	98.5	99.7	98.6	97.6	98.6
98.3	97.9	98.0	98.5	98.9	97.8	96.8	97.4
98.3	99.0	99.2	98.5	101.9	101.0	99.9	100.9
101.5	101.0	100.4	100.1	100.8	102.8	103.8	102.3
101.6	101.1	100.6	100.3	101.0	102.9	104.0	102.7
91.7	88.0	80.3	81.8	84.1	93.8	80.9	85.1
101.4	101.2	101.2	102.0	102.1	102.0	102.0	102.6
100.2	100.0	100.0	100.0	100.2	100.0	100.0	100.5
102.7	102.7	102.7	104.3	104.3	104.3	104.3	104.3
98.4	**99.6**	**100.5**	**100.4**	**100.1**	**100.6**	**101.9**	**102.0**
103.0	103.3	103.7	103.2	105.6	104.6	102.6	102.6
99.5	117.5	117.3	117.3	117.3	119.0	118.3	113.1

(上年同期=100)

项　　目	全年	1月	2月	3月	4月
电动机制造	103.7	99.7	96.4	101.0	102.7
微电机及其他电机制造	100.7	98.7	99.2	99.9	101.6
输配电及控制设备制造	101.2	99.6	100.2	100.6	101.5
变压器、整流器和电感器制造	102.3	102.2	101.7	102.3	102.8
电容器及其配套设备制造	97.5	95.2	96.4	97.0	97.0
配电开关控制设备制造	101.8	98.2	100.0	100.6	101.8
电力电子元器件制造	99.4	96.1	97.6	97.5	99.3
电线、电缆、光缆及电工器材制造	105.0	103.1	105.0	105.6	107.1
电线电缆制造	107.6	104.2	106.9	108.3	110.4
光纤、光缆制造	92.4	97.7	92.0	96.0	97.6
其他电工器材制造	95.8	99.7	99.7	96.4	94.9
电池制造	98.6	92.2	93.7	93.4	93.6
电池制造	98.6	92.2	93.7	93.4	93.6
家用电力器具制造	97.7	96.9	95.7	96.6	96.5
家用制冷电器具制造	96.1	94.0	93.9	93.6	95.4
家用空气调节器制造	94.6	94.2	90.6	94.0	92.1
家用通风电器具制造	102.9	101.0	101.2	97.7	101.0
家用厨房电器具制造	97.6	96.6	98.8	97.8	97.6
家用清洁卫生电器具制造	105.2	104.9	105.8	104.7	104.7
家用美容、保健电器具制造	100.5	99.9	100.9	99.7	107.0
非电力家用器具制造	101.4	98.7	103.6	99.8	102.4
燃气、太阳能及类似能源的器具制造	101.4	98.7	103.6	99.8	102.4
照明器具制造	100.8	98.4	98.2	98.8	99.6
电光源制造	99.2	97.9	96.4	98.3	98.5
照明灯具制造	101.3	99.9	99.6	99.0	101.0
灯用电器附件及其他照明器具制造	101.0	96.0	97.3	99.0	97.7
其他电气机械及器材制造	101.9	96.6	98.9	99.3	100.7
车辆专用照明及电气信号设备装置制造	101.9	96.6	98.9	99.3	100.7
通信设备、计算机及其他电子设备制造业	**97.4**	**97.3**	**98.2**	**98.3**	**98.8**
通信设备制造	96.3	99.1	99.0	97.2	98.4
通信传输设备制造	100.7	98.3	100.0	99.8	106.2
通信交换设备制造	97.8	102.6	100.9	100.4	101.1
通信终端设备制造	96.8	97.7	96.7	96.5	96.7
移动通信及终端设备制造	87.5	92.9	90.6	88.8	87.7

续上表

5月	6月	7月	8月	9月	10月	11月	12月
104.7	104.3	105.5	106.0	105.5	105.5	105.8	107.1
102.8	100.7	100.8	99.8	103.9	102.0	98.7	100.2
99.6	100.9	100.7	101.3	102.0	101.8	101.8	104.7
99.4	100.6	101.0	102.3	102.1	102.4	102.1	108.1
97.0	97.9	99.2	99.0	98.8	96.9	96.9	98.3
100.9	102.9	101.4	101.5	104.2	102.9	103.9	103.8
99.3	100.6	99.7	99.4	100.5	100.6	100.4	101.8
103.0	104.5	102.5	102.3	105.0	106.1	107.6	107.7
105.7	107.7	104.8	104.1	108.0	109.8	111.7	109.4
96.1	96.9	92.3	100.0	91.7	83.3	79.2	86.4
92.9	92.9	94.9	94.9	94.9	94.9	96.6	96.5
94.3	97.5	100.2	103.9	104.3	103.6	102.8	103.4
94.3	97.5	100.2	103.9	104.3	103.6	102.8	103.4
96.9	97.7	99.4	98.7	97.1	97.8	100.0	99.1
96.4	96.0	96.8	96.1	96.7	98.3	97.9	98.3
94.3	93.5	96.2	95.6	94.6	96.3	96.8	96.8
98.5	104.8	110.4	103.2	101.9	101.1	111.2	103.1
97.3	97.9	97.2	100.5	94.6	96.2	96.0	101.2
104.7	105.8	105.7	105.3	104.3	105.2	105.2	105.4
97.1	104.5	100.2	100.5	99.5	88.4	105.7	102.0
100.6	102.6	101.4	102.4	101.2	101.1	101.2	101.4
100.6	102.6	101.4	102.4	101.2	101.1	101.2	101.4
100.0	100.8	101.8	101.2	101.4	101.9	103.5	103.6
99.8	100.0	99.7	99.4	100.2	99.9	100.2	100.6
100.3	100.7	102.2	100.6	101.3	102.3	104.8	104.5
99.4	101.7	103.1	104.3	102.8	103.2	103.9	104.1
101.9	100.8	100.7	100.8	106.5	103.0	105.8	107.4
101.9	100.8	100.7	100.8	106.5	103.0	105.8	107.4
98.6	**97.7**	**96.9**	**97.8**	**97.4**	**96.6**	**95.8**	**95.7**
97.5	95.9	94.7	95.6	94.6	95.0	95.0	93.1
103.9	101.0	101.1	97.9	98.2	100.7	100.8	100.3
99.8	96.6	95.2	95.3	95.8	94.8	96.4	95.2
96.9	96.8	97.1	99.0	95.9	96.0	95.8	96.7
87.7	88.2	84.6	85.2	85.0	85.9	86.0	87.2

(上年同期=100)

项　　目	全年	1月	2月	3月	4月
其他通信设备制造	96.3	95.2	105.6	93.1	99.8
广播电视设备制造	101.9	98.4	99.7	106.8	102.3
广播电视节目制作及发射设备制造	99.5	94.1	100.0	100.0	100.0
广播电视接收设备及器材制造	103.1	99.5	99.6	110.2	103.5
应用电视设备及其他广播电视设备制造	100.0	100.0	100.0	100.0	100.0
电子计算机制造	97.0	96.9	98.9	98.8	97.5
电子计算机整机制造	96.7	95.7	98.5	99.0	98.4
电子计算机外部设备制造	97.4	98.2	99.3	98.7	96.6
电子器件制造	98.0	94.4	94.5	94.5	94.9
电子真空器件制造	99.3	94.9	94.9	97.2	95.4
半导体分立器件制造	94.9	94.8	90.8	91.2	91.7
集成电路制造	99.1	98.9	99.2	98.4	98.8
光电子器件及其他电子器件制造	94.2	78.6	83.3	79.2	85.7
电子元件制造	101.1	98.5	100.2	100.5	104.2
印制电路板制造	102.6	99.1	100.5	100.7	100.9
家用视听设备制造	96.2	96.4	95.5	97.5	99.8
家用影视设备制造	96.0	96.7	95.8	99.2	100.2
家用音响设备制造	96.6	96.0	95.0	94.9	99.3
其他电子设备制造	97.3	98.6	97.8	97.9	96.2
其他电子设备制造	97.3	98.6	97.8	97.9	96.2
仪器仪表及文化、办公用机械制造业	**97.8**	**95.4**	**97.2**	**95.5**	**99.1**
通用仪器仪表制造	102.2	100.1	99.7	100.4	101.2
工业自动控制系统装置制造	100.0	100.7	101.1	101.0	101.2
电工仪器仪表制造	99.5	99.4	99.3	100.4	101.0
绘图、计算及测量仪器制造	101.4	101.1	88.5	101.4	100.5
试验机制造	101.0	100.7	97.3	97.0	100.7
供应用仪表及其他通用仪器制造	103.5	100.0	99.7	99.7	104.8
专用仪器仪表制造	94.8	96.1	96.1	96.6	98.3
汽车及其他用计数仪表制造	91.6	95.4	95.4	95.4	97.4
电子测量仪器制造	98.5	97.1	97.2	98.4	99.7
钟表与计时仪器制造	101.9	100.1	100.1	101.5	101.3
钟表与计时仪器制造	101.9	100.1	100.1	101.5	101.3
光学仪器及眼镜制造	99.6	99.5	98.5	98.0	100.4
光学仪器制造	99.6	99.5	98.5	98.0	100.4

续上表

5月	6月	7月	8月	9月	10月	11月	12月
97.0	95.7	93.3	95.2	93.9	99.0	93.7	94.2
102.0	103.0	101.9	102.6	102.6	102.1	101.3	100.6
100.0	100.0	100.0	100.0	100.0	100.0	100.0	100.0
103.0	104.6	102.9	103.9	103.9	103.1	102.0	101.3
100.0	100.0	100.0	100.0	100.0	100.0	100.0	100.0
99.0	97.4	97.7	97.5	97.0	94.9	94.2	94.3
99.6	96.9	98.2	96.7	95.6	92.5	94.3	94.7
98.4	97.9	97.3	98.4	98.6	97.7	94.2	93.7
96.1	100.7	98.7	99.3	97.3	101.5	101.7	102.4
96.2	102.5	99.3	103.5	102.1	102.6	101.8	101.9
91.9	95.8	94.8	93.5	95.4	98.4	101.3	98.7
97.8	98.2	96.3	97.9	98.0	97.7	103.9	104.2
95.5	109.1	109.1	84.6	113.6	95.5	102.4	
103.9	102.3	99.5	101.0	102.5	102.0	99.1	99.5
102.9	101.7	102.9	103.1	104.2	106.8	104.1	103.8
95.5	95.7	94.2	97.7	96.8	95.6	95.2	95.2
94.1	96.1	94.4	94.1	95.4	94.8	95.7	95.6
97.5	95.1	93.9	103.0	98.8	96.8	94.6	94.7
95.8	96.4	97.1	97.0	96.9	97.3	97.2	99.4
95.8	96.4	97.1	97.0	96.9	97.3	97.2	99.4
97.7	**98.0**	**98.3**	**97.9**	**97.7**	**98.0**	**98.0**	**100.7**
100.2	100.4	100.8	100.1	98.6	99.5	99.3	125.6
100.9	100.7	100.7	101.0	98.5	97.9	98.2	98.7
99.5	100.0	99.8	99.0	97.3	99.1	99.1	100.1
95.6	91.8	108.1	100.0	100.0	100.0	97.5	131.8
98.8	101.1	102.2	98.9	101.9	107.0	103.8	102.3
104.8	104.8	104.8	104.8	104.8	104.8	104.8	104.8
97.8	97.6	95.4	96.8	97.3	86.4	86.9	92.1
97.4	97.4	93.8	96.3	96.3	78.1	78.1	78.1
98.3	98.0	97.9	97.7	98.9	98.9	100.0	100.2
102.5	101.6	102.5	101.4	102.3	103.2	103.4	103.0
102.5	101.6	102.5	101.4	102.3	103.2	103.4	103.0
97.3	100.9	100.6	100.5	100.5	100.0	100.9	98.3
97.3	100.9	100.6	100.5	100.5	100.0	100.9	98.3

（上年同期=100）

项　　目	全年	1月	2月	3月	4月
文化、办公用机械制造	96.5	94.0	96.5	93.9	98.5
电影机械制造	103.3	98.4	95.4	98.9	104.0
幻灯及投影设备制造	91.5	84.6	84.6	84.6	84.6
照相机及器材制造	94.8	95.7	101.8	95.6	97.2
复印和胶印设备制造	97.5	90.0	90.0	90.0	100.0
计算器及货币专用设备制造	98.5	98.7	98.7	98.9	98.7
其他仪器仪表的制造及修理	97.5	97.8	97.8	97.8	100.0
其他仪器仪表的制造及修理	97.5	97.8	97.8	97.8	100.0
工艺品及其他制造业	**100.8**	**101.7**	**101.8**	**100.8**	**101.5**
工艺美术品制造	100.8	101.8	101.9	101.0	101.7
花画工艺品制造	100.0	100.0	100.0	100.0	100.0
天然植物纤维编织工艺品制造	102.5	106.8	103.2	98.0	101.6
抽纱刺绣工艺品制造	100.0	100.0	100.0	100.0	100.0
地毯、挂毯制造	93.2	98.2	92.6	95.6	92.5
珠宝首饰及有关物品的制造	102.0	102.8	102.0	102.3	103.2
其他工艺美术品制造	98.8	98.2	105.1	103.7	102.9
日用杂品制造	99.9	100.8	100.8	98.7	98.6
其他日用杂品制造	99.9	100.8	100.8	98.7	98.6
电力、热力的生产和供应业	**100.5**	**99.1**	**99.0**	**99.4**	**100.1**
电力生产	101.7	101.2	101.2	102.5	102.8
火力发电	101.2	99.7	99.9	100.9	101.2
水力发电	113.2	129.0	127.7	128.2	128.6
核力发电	99.4	97.1	96.2	100.0	100.0
电力供应	99.6	97.5	97.3	97.0	98.2
电力供应	99.6	97.5	97.3	97.0	98.2
热力生产和供应	107.3	104.2	104.2	108.3	108.3
热力生产和供应	107.3	104.2	104.2	108.3	108.3
燃气生产和供应业	**111.2**	**98.4**	**97.1**	**97.1**	**104.8**
燃气生产和供应业	111.2	98.4	97.1	97.1	104.8
燃气生产和供应业	111.2	98.4	97.1	97.1	104.8
水的生产和供应业	**101.7**	**103.8**	**102.6**	**102.6**	**102.2**
自来水的生产和供应	101.7	103.8	102.6	102.6	102.2
自来水的生产和供应	101.7	103.8	102.6	102.6	102.2

续上表

5月	6月	7月	8月	9月	10月	11月	12月
96.8	97.1	97.4	97.0	96.5	97.1	97.0	96.4
105.2	105.2	115.7	105.2	105.2	102.3	101.5	103.0
84.6	100.0	100.0	100.0				100.0
93.3	93.9	94.2	93.2	92.3	93.5	93.3	93.2
100.0	100.0	100.0	100.0	100.0	100.0	100.0	100.0
98.9	98.3	99.1	99.0	98.9	99.1	99.1	95.2
97.8	88.4	90.3	100.0	100.0	100.0	100.0	100.0
97.8	88.4	90.3	100.0	100.0	100.0	100.0	100.0
100.3	**100.1**	**99.5**	**100.7**	**100.2**	**100.6**	**100.6**	**101.5**
100.5	100.2	99.6	100.9	100.3	100.7	100.7	100.8
100.0	100.0	100.0	100.0	100.0	100.0	100.0	100.0
91.9	100.2	97.0	104.4	104.6	108.5	106.3	107.2
100.0	100.0	100.0	100.0	100.0	100.0	100.0	100.0
93.9	91.6	90.4	91.8	90.4	91.5	92.5	97.0
102.2	101.5	102.0	101.9	101.7	101.4	101.6	100.9
107.2	98.2	96.3	97.0	93.3	92.4	94.0	97.5
98.6	98.6	98.6	98.8	99.0	99.6	100.0	106.7
98.6	98.6	98.6	98.8	99.0	99.6	100.0	106.7
100.0	**100.1**	**100.8**	**100.8**	**101.4**	**101.7**	**102.1**	**101.8**
102.3	102.6	101.0	101.0	101.1	101.4	101.6	101.6
101.2	101.6	101.4	101.5	101.5	101.8	101.8	101.8
121.3	121.3	98.5	97.5	99.5	100.1	103.7	103.7
100.0	100.0	100.0	100.0	100.0	100.0	100.0	100.0
98.2	98.3	100.6	100.7	101.6	102.0	102.5	101.9
98.2	98.3	100.6	100.7	101.6	102.0	102.5	101.9
108.3	108.3	108.3	104.0	108.3	108.3	108.3	108.3
108.3	108.3	108.3	104.0	108.3	108.3	108.3	108.3
109.9	**110.0**	**112.2**	**115.9**	**115.9**	**122.1**	**127.1**	**123.3**
109.9	110.0	112.2	115.9	115.9	122.1	127.1	123.3
109.9	110.0	112.2	115.9	115.9	122.1	127.1	123.3
100.9	**101.4**	**101.4**	**102.1**	**100.9**	**100.9**	**100.9**	**100.9**
100.9	101.4	101.4	102.1	100.9	100.9	100.9	100.9
100.9	101.4	101.4	102.1	100.9	100.9	100.9	100.9

（上月＝100）

项　　目	1月	2月	3月	4月
煤炭开采和洗选业	**99.4**	**99.2**	**104.4**	**102.2**
烟煤和无烟煤的开采洗选	99.4	99.2	104.4	102.2
烟煤和无烟煤的开采洗选	99.4	99.2	104.4	102.2
石油和天然气开采业	**104.0**	**96.7**	**102.9**	**98.9**
天然原油和天然气开采	104.0	96.7	102.9	98.9
天然原油和天然气开采	104.0	96.7	102.9	98.9
黑色金属矿采选业	**146.2**	**105.0**	**106.7**	**101.6**
铁矿采选	147.7	104.9	106.7	101.7
铁矿采选	147.7	104.9	106.7	101.7
其他黑色金属矿采选	103.5	110.3	106.2	100.0
其他黑色金属矿采选	103.5	110.3	106.2	100.0
有色金属矿采选业	**102.5**	**101.2**	**109.3**	**107.1**
常用有色金属矿采选	102.1	101.4	111.1	108.6
铜矿采选	102.7	102.2	113.8	114.8
锡矿采选	100.0	100.0	100.0	100.0
其他常用有色金属矿采选	102.2	100.8	112.2	102.4
稀有稀土金属矿采选	104.6	100.0	100.0	99.6
钨钼矿采选	104.6	100.0	100.0	99.6
非金属矿采选业	**102.0**	**98.3**	**100.1**	**100.2**
土砂石开采	102.2	98.0	100.1	100.0
石灰石、石膏开采	102.7	97.3	100.0	100.0
粘土及其他土砂石开采	100.1	100.7	100.3	100.0
化学矿采选	98.6	101.4	101.3	103.6
化学矿采选	98.6	101.4	101.3	103.6
采盐	100.0	100.0	100.0	100.0
采盐	100.0	100.0	100.0	100.0
农副食品加工业	**101.1**	**100.1**	**102.4**	**100.9**
谷物磨制	100.0	101.2	109.0	106.1
谷物磨制	100.0	101.2	109.0	106.1
饲料加工	99.9	99.4	102.1	102.0
饲料加工	99.9	99.4	102.1	102.0
植物油加工	102.8	100.4	102.9	98.6
食用植物油加工	102.8	100.4	102.9	98.6
制糖	102.6	99.9	103.4	100.6

厂价格分类指数

5月	6月	7月	8月	9月	10月	11月	12月
101.6	**108.0**	**105.3**	**102.4**	**106.3**	**101.0**	**108.4**	**96.5**
101.6	108.0	105.3	102.4	106.3	101.0	108.4	96.5
101.6	108.0	105.3	102.4	106.3	101.0	108.4	96.5
105.2	**101.6**	**110.6**	**98.3**	**109.2**	**105.1**	**104.8**	**92.8**
105.2	101.6	110.6	98.3	109.2	105.1	104.8	92.8
105.2	101.6	110.6	98.3	109.2	105.1	104.8	92.8
109.0	**98.0**	**92.1**	**95.4**	**113.6**	**102.8**	**97.7**	**98.0**
109.4	98.0	90.8	94.8	114.0	103.0	97.5	97.9
109.4	98.0	90.8	94.8	114.0	103.0	97.5	97.9
100.2	99.8	131.1	113.5	101.5	98.2	101.4	101.1
100.2	99.8	131.1	113.5	101.5	98.2	101.4	101.1
100.4	**96.5**	**99.3**	**100.5**	**111.2**	**104.3**	**101.2**	**100.0**
99.5	95.7	99.2	100.6	113.5	104.4	101.4	100.0
100.7	90.2	96.9	100.0	129.3	110.5	99.6	100.0
94.7	105.6	100.0	100.0	100.0	102.6	100.0	100.0
99.8	100.3	102.6	101.9	93.6	94.9	105.1	99.9
104.8	100.0	100.0	100.0	100.0	104.2	100.0	100.0
104.8	100.0	100.0	100.0	100.0	104.2	100.0	100.0
100.1	**95.9**	**102.1**	**100.6**	**100.3**	**100.6**	**100.1**	**100.0**
100.0	95.6	100.0	99.9	99.9	99.8	100.1	100.0
100.0	94.4	100.0	100.0	100.0	100.0	100.0	100.0
100.0	100.2	100.0	99.6	99.6	99.0	100.4	100.0
100.9	98.7	134.2	111.1	106.3	112.4	100.3	99.8
100.9	98.7	134.2	111.1	106.3	112.4	100.3	99.8
100.0	100.0	100.0	100.0	100.0	100.0	100.0	100.0
100.0	100.0	100.0	100.0	100.0	100.0	100.0	100.0
100.9	**99.6**	**98.6**	**100.5**	**100.7**	**100.7**	**99.7**	**98.3**
100.2	101.8	99.1	102.1	99.0	103.1	99.1	101.2
100.2	101.8	99.1	102.1	99.0	103.1	99.1	101.2
100.8	100.2	99.9	100.1	100.1	100.3	98.8	98.5
100.8	100.2	99.9	100.1	100.1	100.3	98.8	98.5
100.5	97.9	97.5	99.7	99.5	99.5	100.6	97.3
100.5	97.9	97.5	99.7	99.5	99.5	100.6	97.3
101.2	100.6	100.2	100.5	101.0	100.3	99.6	97.7

（上月＝100）

项　　目	1月	2月	3月	4月
制糖	102.6	99.9	103.4	100.6
屠宰及肉类加工	100.4	100.0	100.4	100.0
畜禽屠宰	100.5	100.0	100.5	100.0
肉制品及副产品加工	100.0	100.0	100.0	100.0
水产品加工	100.7	100.7	101.0	101.1
水产品冷冻加工	101.0	101.6	100.7	100.7
水产饲料制造	99.9	98.7	101.8	102.0
蔬菜、水果和坚果加工	100.0	99.7	100.0	100.0
蔬菜、水果和坚果加工	100.0	99.7	100.0	100.0
其他农副食品加工	99.4	100.1	101.8	103.2
淀粉及淀粉制品的制造	99.2	100.1	102.3	104.1
豆制品制造	100.0	100.0	100.0	100.0
食品制造业	**100.2**	**100.2**	**101.1**	**101.1**
焙烤食品制造	100.4	100.9	100.8	99.4
糕点、面包制造	100.0	100.1	100.0	100.0
饼干及其他焙烤食品制造	100.6	101.1	101.0	99.3
糖果、巧克力及蜜饯制造	100.0	100.0	100.0	100.1
糖果、巧克力制造	100.0	100.0	100.0	100.0
蜜饯制作	99.9	100.0	100.0	100.2
方便食品制造	100.8	100.6	106.2	105.5
米、面制品制造	103.1	100.7	108.9	106.6
速冻食品制造	100.4	99.9	98.6	100.0
方便面及其他方便食品制造	99.1	100.7	105.3	105.4
液体乳及乳制品制造	102.1	100.1	101.8	100.3
液体乳及乳制品制造	102.1	100.1	101.8	100.3
罐头制造	100.0	100.0	100.0	100.0
肉、禽类罐头制造	100.0	100.0	100.0	100.0
蔬菜、水果罐头制造	100.0	100.0	100.0	100.0
调味品、发酵制品制造	99.2	99.9	99.2	100.7
味精制造	95.8	96.1	105.2	101.2
酱油、食醋及类似制品的制造	99.6	100.7	98.9	100.0
其他调味品、发酵制品制造	100.6	100.6	95.3	102.7
其他食品制造	100.3	99.0	100.3	100.5
营养、保健食品制造	100.0	100.0	100.0	100.0

续上表

5月	6月	7月	8月	9月	10月	11月	12月
101. 2	100. 6	100. 2	100. 5	101. 0	100. 3	99. 6	97. 7
102. 7	99. 9	100. 0	105. 0	104. 3	100. 4	100. 4	100. 0
103. 4	99. 8	100. 0	102. 6	103. 7	100. 5	100. 5	100. 0
100. 0	100. 0	100. 0	113. 2	106. 1	100. 0	100. 0	100. 0
101. 1	100. 0	95. 9	100. 9	101. 7	101. 5	99. 6	97. 4
101. 5	100. 0	94. 1	100. 7	102. 5	102. 3	99. 8	101. 8
100. 2	99. 8	99. 7	101. 5	100. 1	99. 6	99. 2	99. 0
100. 0	99. 7	100. 6	100. 3	108. 0	100. 0	100. 0	100. 0
100. 0	99. 7	100. 6	100. 3	108. 0	100. 0	100. 0	100. 0
100. 5	99. 5	98. 0	98. 3	100. 5	107. 1	100. 5	101. 0
100. 7	99. 7	97. 1	98. 2	100. 3	109. 1	99. 0	98. 1
100. 0	98. 7	101. 3	98. 6	101. 4	100. 0	106. 2	103. 0
100. 3	**100. 2**	**100. 2**	**99. 8**	**100. 1**	**100. 1**	**100. 5**	**100. 1**
100. 3	100. 2	100. 4	100. 6	99. 5	100. 2	100. 3	100. 2
100. 0	100. 1	100. 1	100. 2	98. 5	99. 9	99. 8	100. 2
100. 4	100. 3	100. 4	100. 6	99. 7	100. 2	100. 4	100. 1
100. 0	100. 3	99. 9	98. 8	101. 2	100. 1	100. 2	100. 1
100. 0	100. 0	100. 0	98. 5	101. 5	100. 0	100. 0	100. 0
99. 8	101. 5	99. 6	100. 0	99. 7	100. 4	101. 0	100. 4
100. 3	99. 5	101. 2	101. 0	99. 6	101. 3	100. 4	99. 1
99. 0	97. 0	100. 0	102. 3	100. 8	101. 3	100. 4	99. 9
101. 1	100. 9	100. 1	98. 8	99. 2	99. 9	102. 0	99. 3
101. 2	101. 2	102. 3	100. 3	98. 7	101. 6	100. 3	98. 6
99. 5	100. 0	100. 4	99. 1	100. 2	101. 2	99. 5	99. 2
99. 5	100. 0	100. 4	99. 1	100. 2	101. 2	99. 5	99. 2
100. 0	102. 2	97. 0	100. 0	100. 0	101. 6	98. 4	100. 1
100. 0	107. 8	92. 8	100. 0	100. 0	103. 9	96. 3	104. 0
100. 0	100. 0	100. 0	100. 0	100. 0	100. 0	100. 0	100. 0
101. 0	100. 3	100. 0	100. 1	99. 4	99. 1	101. 6	99. 7
102. 9	100. 4	98. 0	98. 4	97. 8	100. 8	98. 3	101. 6
100. 6	101. 1	99. 6	100. 1	99. 6	100. 8	101. 5	100. 2
100. 7	97. 6	102. 7	101. 4	99. 9	92. 4	104. 2	97. 3
99. 2	100. 6	99. 3	99. 8	100. 0	99. 3	101. 1	103. 3
100. 0	100. 0	100. 0	100. 0	100. 0	100. 0	100. 0	100. 0

（上月 =100）

项　　目	1月	2月	3月	4月
冷冻饮品及食用冰制造	100.6	97.8	100.6	101.1
盐加工	100.0	100.0	100.0	100.0
饮料制造业	**100.9**	**98.9**	**101.2**	**99.7**
酒的制造	101.9	100.1	100.5	99.9
白酒制造	101.7	103.7	99.8	99.9
啤酒制造	102.0	99.6	100.5	99.9
其他酒制造	95.7	99.8	101.7	100.7
软饮料制造	100.4	98.3	101.6	99.6
碳酸饮料制造	100.5	100.1	100.0	99.9
瓶（罐）装饮用水制造	101.9	99.3	100.3	99.9
果菜汁及果菜汁饮料制造	100.0	99.4	100.0	99.6
含乳饮料和植物蛋白饮料制造	100.6	98.3	113.6	95.8
固体饮料制造	99.7	91.8	101.3	102.2
茶饮料及其他软饮料制造	100.2	98.7	98.8	99.1
精制茶加工	100.0	99.4	101.1	99.6
精制茶加工	100.0	99.4	101.1	99.6
烟草制品业	**100.0**	**105.3**	**100.0**	**100.0**
烟叶复烤	102.1	103.7	100.0	100.0
烟叶复烤	102.1	103.7	100.0	100.0
卷烟制造	100.0	105.3	100.0	100.0
卷烟制造	100.0	105.3	100.0	100.0
纺织业	**100.1**	**100.4**	**100.5**	**100.1**
棉、化纤纺织及印染精加工	100.4	100.6	100.6	99.9
棉、化纤纺织加工	101.0	99.4	101.1	98.3
棉、化纤印染精加工	100.1	101.1	100.4	100.6
毛纺织和染整精加工	99.7	100.0	100.3	100.4
毛条加工	96.4	100.0	109.4	100.6
毛纺织	99.8	100.0	100.0	100.4
毛染整精加工	100.0	100.0	100.0	100.0
麻纺织	104.2	102.3	100.0	96.2
麻纺织	104.2	102.3	100.0	96.2
丝绢纺织及精加工	100.4	100.0	99.9	102.0
绢纺和丝织加工	100.4	100.0	99.9	102.0
纺织制成品制造	99.9	100.8	99.7	100.3

续上表

5月	6月	7月	8月	9月	10月	11月	12月
98. 1	101. 3	98. 5	99. 5	100. 0	98. 5	102. 5	99. 3
100. 0	100. 0	100. 0	100. 0	100. 0	100. 0	100. 0	100. 0
100. 1	**98. 2**	**98. 3**	**99. 8**	**100. 0**	**101. 0**	**98. 7**	**102. 1**
100. 4	100. 1	98. 4	100. 7	99. 5	100. 6	99. 8	98. 3
100. 5	100. 3	97. 1	100. 1	100. 5	99. 6	99. 7	100. 2
100. 5	100. 1	98. 6	100. 8	99. 3	100. 8	99. 8	98. 0
99. 2	100. 3	100. 3	100. 0	99. 8	99. 8	99. 9	100. 2
99. 9	97. 1	98. 1	99. 3	100. 3	101. 3	98. 1	104. 1
99. 7	99. 8	100. 1	100. 1	99. 7	100. 4	99. 9	100. 1
100. 0	100. 1	100. 2	100. 4	99. 4	100. 4	99. 8	99. 8
100. 0	99. 9	100. 0	100. 1	100. 0	100. 0	100. 0	100. 0
100. 2	100. 0	99. 6	100. 0	100. 2	99. 8	100. 0	99. 4
99. 7	82. 0	88. 9	95. 7	102. 6	107. 1	88. 4	127. 0
99. 8	99. 6	99. 0	99. 2	100. 0	100. 0	100. 0	100. 0
99. 4	100. 9	99. 9	100. 4	100. 5	100. 0	102. 8	100. 0
99. 4	100. 9	99. 9	100. 4	100. 5	100. 0	102. 8	100. 0
100. 0	**100. 0**	**99. 6**	**100. 6**	**100. 0**	**100. 0**	**100. 0**	**100. 0**
97. 7	100. 0	100. 0	96. 5	100. 0	100. 0	100. 0	100. 0
97. 7	100. 0	100. 0	96. 5	100. 0	100. 0	100. 0	100. 0
100. 0	100. 0	99. 6	100. 6	100. 0	100. 0	100. 0	100. 0
100. 0	100. 0	99. 6	100. 6	100. 0	100. 0	100. 0	100. 0
100. 2	**99. 7**	**100. 2**	**100. 3**	**100. 2**	**100. 4**	**101. 1**	**99. 8**
100. 7	99. 6	100. 2	100. 8	100. 4	100. 8	101. 5	100. 0
103. 3	98. 5	99. 8	102. 3	99. 6	101. 0	99. 4	101. 4
99. 5	100. 1	100. 4	100. 1	100. 8	100. 7	102. 4	99. 2
100. 0	100. 1	99. 5	100. 5	100. 0	100. 0	100. 0	100. 0
101. 1	102. 3	100. 0	100. 0	100. 0	100. 0	100. 0	100. 0
100. 0	100. 0	99. 5	100. 5	100. 0	100. 0	100. 0	100. 0
100. 0	100. 0	100. 0	100. 0	100. 0	100. 0	100. 0	100. 0
99. 8	98. 8	100. 7	101. 7	101. 5	98. 7	100. 0	100. 1
99. 8	98. 8	100. 7	101. 7	101. 5	98. 7	100. 0	100. 1
100. 0	100. 8	100. 3	101. 8	100. 0	100. 2	100. 0	94. 7
100. 0	100. 8	100. 3	101. 8	100. 0	100. 2	100. 0	92. 7
100. 6	99. 0	100. 5	100. 0	100. 9	99. 9	101. 1	99. 5

（上月 =100）

项　　目	1 月	2 月	3 月	4 月
棉及化纤制品制造	100. 5	101. 3	99. 8	101. 9
毛制品制造	103. 9	102. 4	101. 2	104. 3
绳、索、缆的制造	100. 0	100. 0	100. 0	100. 0
纺织带和帘子布制造	100. 0	100. 0	100. 0	100. 0
无纺布制造	98. 6	103. 3	98. 4	99. 2
其他纺织制成品制造	100. 0	100. 0	100. 0	100. 0
针织品、编织品及其制品制造	99. 6	100. 3	100. 7	100. 3
棉、化纤针织品及编织品制造	99. 3	100. 9	102. 2	100. 3
毛针织品及编织品制造	99. 9	99. 7	99. 2	100. 2
丝针织品及编织品制造	99. 9	98. 4	97. 6	100. 9
其他针织品及编织品制造	100. 0	100. 0	100. 0	100. 0
纺织服装、鞋、帽制造业	**100. 3**	**100. 6**	**100. 4**	**100. 7**
纺织服装制造	100. 3	100. 6	99. 6	100. 7
纺织服装制造	100. 3	100. 6	99. 6	100. 7
纺织面料鞋的制造	100. 0	100. 0	141. 5	100. 0
纺织面料鞋的制造	100. 0	100. 0	141. 5	100. 0
制帽	100. 0	100. 0	100. 0	100. 0
制帽	100. 0	100. 0	100. 0	100. 0
皮革、毛皮、羽毛（绒）及其制品业	**100. 2**	**99. 7**	**100. 7**	**101. 0**
皮革鞣制加工	101. 5	100. 6	100. 7	100. 7
皮革鞣制加工	101. 5	100. 6	100. 7	100. 7
皮革制品制造	100. 1	99. 6	100. 7	101. 0
皮鞋制造	100. 0	99. 6	101. 1	100. 7
皮革服装制造	100. 0	100. 0	99. 8	100. 0
皮箱、包（袋）制造	100. 0	100. 0	100. 0	102. 7
皮手套及皮装饰制品制造	104. 1	98. 5	94. 2	100. 7
其他皮革制品制造	100. 0	99. 2	101. 0	100. 0
羽毛（绒）加工及制品制造	100. 0	100. 3	99. 8	100. 1
羽毛（绒）制品加工	100. 0	100. 3	99. 8	100. 1
木材加工及木、竹、藤、棕、草制品业	**98. 7**	**100. 5**	**100. 9**	**99. 3**
锯材、木片加工	100. 0	100. 0	100. 0	100. 0
锯材加工	100. 0	100. 0	100. 0	100. 0
人造板制造	99. 2	100. 4	101. 1	98. 7
胶合板制造	100. 4	100. 2	101. 7	100. 1

续上表

5月	6月	7月	8月	9月	10月	11月	12月
99.5	100.2	101.7	98.9	100.8	100.3	99.8	100.6
99.2	101.0	100.1	100.0	100.0	100.7	100.0	100.0
100.0	100.0	100.0	100.0	100.0	100.0	100.0	100.0
100.0	100.0	100.0	100.0	100.0	100.0	99.7	100.0
104.5	93.0	101.1	101.7	104.9	98.7	108.0	95.7
100.0	100.0	100.0	100.0	100.0	100.0	100.0	100.0
99.1	100.1	100.3	99.3	99.5	99.9	101.0	100.0
98.7	99.4	99.5	99.4	98.4	98.6	100.5	100.8
99.2	100.7	101.5	99.6	100.4	101.5	101.8	99.3
101.0	101.7	99.5	96.5	102.2	100.9	101.7	97.1
100.0	100.0	100.0	100.0	100.0	100.0	100.0	100.0
99.0	**100.0**	**98.3**	**99.2**	**100.8**	**99.5**	**99.6**	**100.8**
99.0	100.0	98.5	99.1	100.8	99.5	99.7	100.8
99.0	100.0	98.5	99.1	100.8	99.5	99.7	100.8
95.6	101.3	89.7	102.0	100.0	100.0	92.9	103.8
95.6	101.3	89.7	102.0	100.0	100.0	92.9	103.8
100.0	100.0	100.0	100.0	100.0	100.0	100.0	100.0
100.0	100.0	100.0	100.0	100.0	100.0	100.0	100.0
99.9	**102.9**	**99.6**	**102.6**	**100.3**	**100.6**	**99.2**	**100.3**
101.1	98.0	100.4	98.0	98.1	100.6	95.0	97.3
101.1	98.0	100.4	98.0	98.1	100.6	95.0	97.3
99.8	103.4	99.6	103.2	100.5	100.6	99.7	100.6
99.7	105.7	99.4	102.0	100.5	101.0	100.2	100.9
100.0	100.0	100.0	100.0	100.0	100.0	100.0	100.0
100.0	99.1	100.0	108.9	100.0	100.0	98.4	100.0
95.6	99.9	94.2	100.0	100.0	100.0	100.0	100.0
100.0	101.2	100.0	100.0	101.6	100.0	99.5	99.5
100.2	99.7	100.0	100.0	100.3	100.1	101.0	101.2
100.2	99.7	100.0	100.0	100.3	100.1	101.0	101.2
101.9	**101.0**	**98.2**	**99.8**	**100.5**	**101.3**	**100.0**	**100.3**
100.0	100.0	76.7	100.0	100.0	100.0	100.0	100.0
100.0	100.0	76.7	100.0	100.0	100.0	100.0	100.0
99.6	100.9	99.7	99.6	100.8	101.4	99.8	100.7
100.0	99.7	99.7	100.3	100.0	100.0	100.0	100.3

(上月 =100)

项　　目	1月	2月	3月	4月
纤维板制造	99.7	100.6	99.9	98.4
刨花板制造	100.4	100.9	100.2	100.0
其他人造板、材制造	96.1	100.3	102.0	97.0
木制品制造	97.4	100.9	100.9	100.3
建筑用木料及木材组件加工	96.7	101.5	100.7	100.0
软木制品及其他木制品制造	99.9	98.7	102.7	102.7
竹、藤、棕、草制品制造	100.0	100.0	100.3	99.1
竹、藤、棕、草制品制造	100.0	100.0	100.3	99.1
家具制造业	**100.0**	**99.7**	**100.6**	**99.9**
木质家具制造	100.3	99.3	100.3	99.5
木质家具制造	100.3	99.3	100.3	99.5
竹、藤家具制造	97.2	99.4	99.4	101.1
竹、藤家具制造	97.2	99.4	99.4	101.1
金属家具制造	100.2	100.7	102.2	100.7
金属家具制造	100.2	100.7	102.2	100.7
塑料家具制造	100.0	100.0	100.0	100.0
塑料家具制造	100.0	100.0	100.0	100.0
其他家具制造	99.2	100.4	100.5	100.4
其他家具制造	99.2	100.4	100.5	100.4
造纸及纸制品业	**100.8**	**98.4**	**99.7**	**100.1**
纸浆制造	103.0	101.0	99.9	102.6
纸浆制造	103.0	101.0	99.9	102.6
造纸	102.1	97.2	99.2	99.9
机制纸及纸板制造	102.2	97.3	98.6	100.0
加工纸制造	100.3	96.0	104.3	98.8
纸制品制造	99.6	99.5	100.1	100.3
纸和纸板容器的制造	99.3	99.2	100.2	100.6
其他纸制品制造	100.0	100.0	100.0	100.0
印刷业和记录媒介的复制	**102.2**	**100.4**	**99.9**	**100.2**
印刷	102.6	100.4	99.9	100.5
书、报、刊印刷	108.9	102.0	99.0	101.1
本册印制	100.0	100.0	100.0	100.0
包装装潢及其他印刷	100.2	99.8	100.2	100.2
记录媒介的复制	99.9	100.5	99.9	98.8

续上表

5月	6月	7月	8月	9月	10月	11月	12月
99.0	100.4	100.1	100.0	102.0	103.0	99.9	99.8
100.0	100.0	100.0	101.1	106.5	105.1	102.5	98.1
100.0	103.7	99.0	97.9	99.6	100.6	98.9	102.4
107.3	100.0	100.0	100.0	100.1	101.9	100.2	100.0
108.3	100.0	100.0	100.0	100.1	102.1	100.2	100.1
100.0	100.0	100.0	99.9	100.3	100.0	100.0	100.0
100.8	104.5	100.1	100.0	100.0	100.0	100.4	99.5
100.8	104.5	100.1	100.0	100.0	100.0	100.4	99.5
99.4	**100.3**	**100.2**	**99.5**	**100.0**	**100.4**	**100.2**	**100.7**
98.7	100.1	100.0	99.1	100.0	100.5	100.1	99.5
98.7	100.1	100.0	99.1	100.0	100.5	100.1	99.5
100.1	101.9	99.9	100.0	100.0	100.0	100.0	100.0
100.1	101.9	99.9	100.0	100.0	100.0	100.0	100.0
101.2	100.0	100.6	99.9	100.9	100.0	100.3	103.1
101.2	100.0	100.6	99.9	100.9	100.0	100.3	103.1
100.0	113.7	101.2	100.0	100.0	100.0	102.4	100.0
100.0	113.7	101.2	100.0	100.0	100.0	102.4	100.0
100.5	100.4	101.0	100.4	98.9	100.4	100.1	100.0
100.5	100.4	101.0	100.4	98.9	100.4	100.1	100.0
100.8	**100.4**	**100.5**	**100.1**	**100.2**	**100.0**	**100.0**	**99.2**
108.9	99.2	95.8	94.9	94.1	102.9	100.2	101.3
108.9	99.2	95.8	94.9	94.1	102.9	100.2	101.3
101.0	100.3	100.1	100.2	100.3	99.6	100.0	98.5
101.1	100.5	100.1	100.7	100.2	99.6	100.0	98.3
100.0	99.3	100.0	96.3	101.5	100.0	99.8	100.3
100.4	100.4	101.0	100.1	100.2	100.4	100.0	100.0
100.7	100.6	101.8	100.2	100.3	100.8	100.2	100.0
100.0	100.1	100.0	100.0	100.2	99.9	99.8	100.0
100.4	**100.2**	**102.2**	**102.1**	**100.4**	**99.4**	**100.2**	**101.6**
100.4	100.2	102.6	102.6	100.3	99.9	99.8	101.8
100.2	100.2	108.7	107.7	100.9	99.6	99.6	106.9
100.0	100.0	100.0	100.0	100.0	100.0	100.0	100.0
100.5	100.2	100.2	100.6	100.1	100.0	99.9	100.1
100.3	100.3	99.9	99.9	101.1	96.8	101.9	98.9

（上月＝100）

项　　目	1月	2月	3月	4月
记录媒介的复制	99.9	100.5	99.9	98.8
文教体育用品制造业	**99.7**	**100.8**	**99.8**	**100.0**
文化用品制造	100.0	100.0	100.0	100.2
文具制造	100.0	100.0	100.0	100.0
笔的制造	100.0	100.0	100.0	100.0
墨水、墨汁制造	100.0	100.0	100.0	100.9
体育用品制造	100.1	100.2	100.1	99.6
球类制造	100.2	100.0	100.1	99.9
体育器材及配件制造	100.1	100.3	100.1	99.3
训练健身器材制造	100.0	100.0	100.0	100.0
乐器制造	96.4	102.8	102.0	100.8
中乐器制造	100.2	100.3	100.2	104.8
西乐器制造	101.1	96.5	103.1	99.7
电子乐器制造	82.8	119.8	99.9	101.8
玩具制造	100.0	100.7	99.5	100.0
玩具制造	100.0	100.7	99.5	100.0
游艺器材及娱乐用品制造	100.0	100.0	100.0	100.0
游艺用品及室内游艺器材制造	100.0	100.0	100.0	100.0
石油加工、炼焦及核燃料加工业	**100.1**	**100.5**	**99.7**	**102.9**
精炼石油产品的制造	100.1	100.5	99.7	102.9
原油加工及石油制品制造	100.1	100.5	99.7	102.9
化学原料及化学制品制造业	**101.0**	**101.5**	**99.7**	**101.1**
基础化学原料制造	99.2	100.1	100.3	100.8
无机酸制造	101.9	105.5	103.1	99.4
无机碱制造	99.7	98.1	96.5	101.2
无机盐制造	95.2	99.7	103.4	105.4
有机化学原料制造	101.3	104.1	97.5	102.6
其他基础化学原料制造	100.6	99.6	100.1	97.5
肥料制造	101.7	102.4	99.9	101.5
氮肥制造	100.0	99.9	98.9	100.0
磷肥制造	102.4	100.2	98.3	100.0
钾肥制造	100.0	106.7	100.0	100.0
复混肥料制造	101.8	103.4	100.8	102.6
农药制造	100.0	99.0	100.5	99.4

续上表

5月	6月	7月	8月	9月	10月	11月	12月
100.3	100.3	99.9	99.9	101.1	96.8	101.9	98.9
100.3	**99.9**	**100.0**	**100.2**	**100.1**	**99.8**	**99.9**	**105.6**
100.0	100.0	100.0	103.9	99.8	100.0	100.0	100.0
100.0	100.0	100.0	100.0	100.0	100.0	100.0	100.0
100.0	100.0	100.0	111.2	99.5	100.0	100.0	100.0
100.0	100.0	100.0	100.0	100.0	100.0	100.0	100.0
100.5	99.8	100.6	99.6	100.4	100.1	99.7	100.5
99.8	100.2	100.0	99.4	100.3	100.0	100.1	99.6
101.1	99.4	101.4	99.4	100.7	100.1	99.2	101.2
100.0	100.0	100.0	100.0	100.0	100.0	100.0	100.0
99.9	100.0	96.4	100.3	99.9	96.2	99.8	101.0
101.1	96.9	98.5	105.0	102.3	94.9	99.9	99.7
101.4	101.4	95.6	100.2	99.5	98.0	98.4	101.6
95.3	97.7	97.7	98.3	100.0	92.3	103.2	100.1
100.4	99.9	100.3	100.1	100.2	100.2	100.0	107.4
100.4	99.9	100.3	100.1	100.2	100.2	100.0	107.4
100.0	100.0	100.0	100.0	86.4	100.0	100.0	100.0
100.0	100.0	100.0	100.0	86.4	100.0	100.0	100.0
102.4	**104.4**	**99.8**	**102.5**	**104.6**	**104.9**	**104.1**	**94.8**
102.4	104.4	99.8	102.5	104.6	104.9	104.1	94.7
102.4	104.4	99.8	102.5	104.6	104.9	104.1	94.7
101.0	**99.9**	**100.8**	**101.8**	**101.8**	**101.1**	**101.2**	**98.7**
104.0	101.2	101.3	102.6	100.3	101.0	101.4	99.8
99.1	99.4	102.5	104.3	105.6	104.8	99.6	102.0
110.0	101.3	97.1	99.8	103.8	101.5	100.6	103.1
102.3	102.7	106.5	106.3	94.0	100.6	102.3	97.3
99.8	105.7	102.7	107.0	98.2	104.2	94.9	96.4
103.5	99.8	99.8	100.8	101.5	99.8	102.6	99.8
101.0	101.2	104.9	104.3	100.7	101.1	101.9	102.5
100.6	100.9	98.5	102.5	100.0	100.6	99.4	99.8
100.1	100.0	102.6	100.7	98.9	101.8	102.0	105.0
100.0	100.0	104.2	100.0	109.0	103.2	100.0	103.1
101.5	101.9	106.8	106.6	100.9	100.6	102.3	102.1
99.7	100.6	99.5	104.4	100.8	99.6	100.4	100.9

（上月 =100）

项　　目	1 月	2 月	3 月	4 月
化学农药制造	100. 1	99. 1	100. 5	99. 6
生物化学农药及微生物农药制造	99. 3	98. 1	100. 0	96. 3
涂料、油墨、颜料及类似产品制造	100. 1	100. 9	99. 1	100. 4
涂料制造	100. 7	100. 9	99. 3	100. 6
油墨及类似产品制造	98. 8	97. 6	98. 2	99. 6
颜料制造	101. 0	105. 9	109. 8	96. 5
染料制造	98. 5	101. 4	95. 7	101. 4
合成材料制造	102. 9	104. 9	98. 9	102. 9
初级形态的塑料及合成树脂制造	102. 1	101. 9	98. 7	101. 9
合成橡胶制造		100. 0	96. 6	102. 2
合成纤维单（聚合）体的制造	104. 7	111. 6	99. 4	105. 2
专用化学产品制造	100. 2	99. 6	101. 9	98. 5
化学试剂和助剂制造	99. 7	99. 4	102. 2	98. 3
炸药及火工产品制造	100. 5	100. 0	100. 0	100. 0
信息化学品制造	101. 7	100. 0	101. 3	98. 7
日用化学产品制造	100. 2	99. 8	100. 0	100. 8
肥皂及合成洗涤剂制造	100. 0	100. 1	100. 0	101. 5
化妆品制造	100. 1	98. 9	99. 7	100. 0
口腔清洁用品制造	102. 0	100. 4	101. 0	100. 1
香料、香精制造	98. 8	98. 5	99. 4	97. 9
医药制造业	**99. 9**	**99. 3**	**99. 0**	**99. 9**
化学药品原药制造	97. 1	98. 8	95. 8	100. 2
化学药品原药制造	97. 1	98. 8	95. 8	100. 2
化学药品制剂制造	99. 7	99. 3	98. 9	99. 7
抗感染药、解热镇痛药制造	99. 7	98. 9	99. 4	99. 8
维生素类、抗寄生虫药、计划生育药制造	99. 3	109. 5	93. 5	101. 2
抗肿瘤、心血管药制造	103. 7	100. 0	100. 0	100. 0
消化系统、泌尿系统药制造	99. 6	97. 5	97. 5	97. 8
血液系统、调节水药制造	98. 7	100. 4	100. 7	100. 5
麻醉、解毒、生化药制造	100. 3	90. 5	100. 0	100. 2
外科、五官、皮肤、诊断用品制造	99. 4	100. 2	101. 7	101. 6
滋补营养药制造	99. 4	100. 3	99. 7	100. 6
中成药制造	100. 0	99. 7	99. 5	100. 3
蜜丸、水丸制造	99. 5	99. 9	99. 2	99. 2

续上表

5月	6月	7月	8月	9月	10月	11月	12月
99.4	100.7	99.6	104.8	99.7	99.6	100.4	101.3
103.4	100.1	98.0	100.0	115.3	99.6	101.2	99.1
100.5	99.1	100.6	100.4	101.7	100.7	103.1	99.4
100.0	99.5	99.6	101.8	102.0	100.6	100.6	99.2
99.6	99.0	101.1	97.2	99.9	99.4	101.1	100.4
97.2	106.7	100.7	105.3	100.7	100.8	99.2	99.3
103.7	95.8	103.3	96.3	102.1	101.7	113.3	98.0
99.9	100.1	101.7	105.7	104.7	102.5	101.2	94.7
99.8	100.3	102.5	105.5	102.1	102.9	100.9	98.4
98.7	100.0	112.8	102.0	98.1		100.0	100.0
100.2	99.6	99.8	106.1	109.8	101.7	102.0	90.6
106.0	99.7	99.7	100.8	101.4	103.0	100.4	102.1
107.5	100.2	100.3	101.3	102.4	102.8	99.9	105.0
100.0	100.0	100.0	105.2	100.0	100.0	100.0	100.0
102.0	97.9	97.7	97.9	98.1	104.4	102.0	102.8
100.3	99.8	100.0	99.3	100.2	99.7	100.4	99.9
100.3	99.7	100.1	99.3	100.1	100.0	100.2	99.8
101.3	100.0	99.9	100.3	100.4	99.6	100.3	100.4
99.8	100.2	100.2	98.2	100.0	100.0	100.6	100.6
98.8	98.8	98.8	98.9	100.7	97.7	101.9	99.0
99.2	**100.6**	**99.4**	**100.5**	**99.7**	**99.7**	**99.9**	**99.7**
96.9	102.4	99.2	101.5	98.9	98.6	101.1	99.8
96.9	102.4	99.2	101.5	98.9	98.6	101.1	99.8
99.1	100.4	99.3	100.5	99.6	99.6	99.6	99.4
99.7	98.0	98.8	99.9	99.9	99.2	99.2	99.3
97.0	98.1	100.4	107.4	98.1	97.9	99.7	100.2
88.2	100.0	100.0	99.8	92.0	98.0	103.4	97.7
104.5	109.0	99.5	101.0	99.8	101.6	100.7	99.6
99.1	109.5	100.7	100.0	100.0	99.9	99.9	100.1
100.5	100.2	100.0	97.9	99.7	99.3	99.3	100.3
101.0	100.0	100.0	100.0	101.0	99.0	99.9	99.1
90.4	100.0	100.4	100.0	99.6	100.6	99.6	99.7
99.9	100.4	99.6	100.0	100.2	100.1	100.2	99.9
100.0	100.4	99.5	100.2	100.4	99.6	100.2	100.2

（上月 =100）

项目	1月	2月	3月	4月
冲剂、糖浆制造	99.6	100.2	98.6	101.2
中药片剂、胶囊制造	100.0	100.0	100.3	99.9
膏药制造	110.9	100.0	100.0	100.0
口服液制造	99.6	99.8	100.2	100.0
其他中成药制造	100.0	96.5	100.9	106.4
兽用药品制造	100.0	101.2	100.0	98.0
兽用药品制造	100.0	101.2	100.0	98.0
生物、生化制品的制造	100.0	100.0	100.0	100.0
生物、生化制品的制造	100.0	100.0	100.0	100.0
卫生材料及医药用品制造	105.0	96.7	100.5	98.9
卫生材料及医药用品制造	105.0	96.7	100.5	98.9
化学纤维制造业	**98.2**	**101.6**	**100.7**	**99.6**
纤维素纤维原料及纤维制造	100.0	100.0	100.0	100.0
人造纤维（纤维素纤维）制造	100.0	100.0	100.0	100.0
合成纤维制造	98.1	101.7	100.7	99.6
锦纶纤维制造	92.6	92.9	105.3	99.5
涤纶纤维制造	101.3	106.9	97.4	99.5
其他合成纤维制造	103.3	109.9	97.1	100.0
橡胶制品业	**100.2**	**99.2**	**100.0**	**100.1**
轮胎制造	99.7	98.5	99.9	100.5
车辆、飞机及工程机械轮胎制造	99.6	98.4	99.9	100.2
力车胎制造	101.3	99.6	100.4	103.0
橡胶板、管、带的制造	99.2	99.1	101.3	99.0
橡胶板、管、带的制造	99.2	99.1	101.3	99.0
橡胶零件制造	101.2	98.5	100.2	99.5
橡胶零件制造	101.2	98.5	100.2	99.5
日用及医用橡胶制品制造	100.0	100.0	100.0	100.0
日用及医用橡胶制品制造	100.0	100.0	100.0	100.0
橡胶靴鞋制造	101.0	99.4	99.4	100.6
橡胶靴鞋制造	101.0	99.4	99.4	100.6
其他橡胶制品制造	100.1	100.0	100.0	99.7
其他橡胶制品制造	100.1	100.0	100.0	99.7
塑料制品业	**100.5**	**101.1**	**100.2**	**100.4**
塑料薄膜制造	101.0	102.4	102.1	101.3

续上表

5月	6月	7月	8月	9月	10月	11月	12月
99.1	99.7	98.8	99.5	100.0	101.8	100.0	98.4
100.0	100.0	100.0	100.2	100.1	100.0	100.0	100.0
100.0	100.0	100.0	93.0	100.0	100.0	100.0	100.0
99.9	100.2	100.0	100.0	100.0	99.6	99.7	100.0
101.6	103.0	101.8	103.2	100.3	98.9	101.6	103.9
99.7	99.9	100.0	100.2	99.9	99.9	100.5	99.8
99.7	99.9	100.0	100.2	99.9	99.9	100.5	99.8
100.0	100.1	100.0	100.0	99.8	99.8	100.0	100.2
100.0	100.1	100.0	100.0	99.8	99.8	100.0	100.2
98.5	101.4	98.9	102.3	99.4	99.4	99.8	100.5
98.5	101.4	98.9	102.3	99.4	99.4	99.8	100.5
101.9	**99.3**	**102.5**	**103.8**	**102.8**	**101.4**	**102.6**	**98.2**
100.0	100.0	100.0	100.0	100.0	100.0	100.0	100.0
100.0	100.0	100.0	100.0	100.0	100.0	100.0	100.0
102.0	99.2	102.7	104.0	103.1	101.5	102.8	98.1
101.2	97.0	105.3	102.9	103.1	100.9	106.0	96.5
101.7	102.7	101.9	104.7	101.5	101.9	100.4	98.5
104.2	98.0	99.2	105.0	105.6	101.9	100.4	97.8
99.7	**99.9**	**100.4**	**99.9**	**100.8**	**99.6**	**101.1**	**99.9**
99.8	100.2	100.2	101.2	101.2	99.5	100.7	100.4
99.8	99.9	100.2	100.9	101.4	99.6	100.4	100.0
99.9	102.3	100.7	103.7	99.2	98.2	102.7	102.1
99.9	100.5	100.8	99.3	101.2	101.4	103.7	101.1
99.9	100.5	100.8	99.3	101.2	101.4	103.7	101.1
97.9	99.6	100.8	100.4	100.3	99.2	101.4	99.7
97.9	99.6	100.8	100.4	100.3	99.2	101.4	99.7
100.0	100.0	100.0	97.6	100.0	100.0	100.0	101.1
100.0	100.0	100.0	97.6	100.0	100.0	100.0	101.1
99.9	99.4	100.9	99.5	101.7	98.5	103.3	96.8
99.9	99.4	100.9	99.5	101.7	98.5	103.3	96.8
100.4	99.8	100.0	100.0	100.0	100.0	100.0	100.0
100.4	99.8	100.0	100.0	100.0	100.0	100.0	100.0
100.0	**99.2**	**100.9**	**100.8**	**103.0**	**101.0**	**102.6**	**100.8**
99.3	99.1	99.2	102.9	109.8	99.7	101.5	100.0

（上月＝100）

项　　目	1月	2月	3月	4月
塑料薄膜制造	101.0	102.4	102.1	101.3
塑料板、管、型材的制造	102.4	101.3	102.0	100.6
塑料板、管、型材的制造	102.4	101.3	102.0	100.6
塑料丝、绳及编织品的制造	101.3	102.2	103.5	98.8
塑料丝、绳及编织品的制造	101.3	102.2	103.5	98.8
泡沫塑料制造	100.5	101.6	97.6	99.4
泡沫塑料制造	100.5	101.6	97.6	99.4
塑料人造革、合成革制造	102.2	103.4	97.2	103.9
塑料人造革、合成革制造	102.2	103.4	97.2	103.9
塑料包装箱及容器制造	100.8	100.0	100.5	100.9
塑料包装箱及容器制造	100.8	100.0	100.5	100.9
塑料零件制造	98.3	98.3	98.3	99.1
塑料零件制造	98.3	98.3	98.3	99.1
日用塑料制造	100.1	101.4	99.2	100.2
塑料鞋制造	100.3	100.6	99.9	100.0
日用塑料杂品制造	100.0	101.6	99.0	100.3
非金属矿物制品业	**101.0**	**100.3**	**99.7**	**99.5**
水泥、石灰和石膏的制造	101.7	100.2	99.8	101.2
水泥制造	101.7	100.2	99.8	101.2
水泥及石膏制品制造	103.3	103.1	100.8	99.3
水泥制品制造	102.0	103.4	101.3	98.9
砼结构构件制造	105.7	102.7	100.0	100.0
砖瓦、石材及其他建筑材料制造	100.4	99.9	99.2	98.5
建筑陶瓷制品制造	100.4	99.9	99.8	98.3
建筑用石加工	100.3	99.7	94.7	100.1
玻璃及玻璃制品制造	100.6	99.8	99.3	100.1
平板玻璃制造	101.8	98.1	98.1	99.4
技术玻璃制品制造	99.8	100.4	99.5	101.4
日用玻璃制品及玻璃包装容器制造	99.7	100.7	101.2	100.3
玻璃保温容器制造	101.5	99.3	100.7	100.0
玻璃纤维及制品制造	100.0	100.0	100.4	99.6
其他玻璃制品制造	102.0	100.2	94.2	100.0
陶瓷制品制造	99.6	99.3	100.0	98.9
卫生陶瓷制品制造	102.1	99.7	99.6	94.9

续上表

5月	6月	7月	8月	9月	10月	11月	12月
99.3	99.1	99.2	102.9	109.8	99.7	101.5	100.0
101.1	99.0	100.8	102.4	99.8	101.2	102.5	100.5
101.1	99.0	100.8	102.4	99.8	101.2	102.5	100.5
101.4	94.0	106.5	108.0	104.4	108.3	99.9	100.6
101.4	94.0	106.5	108.0	104.4	108.3	99.9	100.6
101.7	100.6	107.3	96.0	104.3	107.1	114.2	111.4
101.7	100.6	107.3	96.0	104.3	107.1	114.2	111.4
103.5	99.6	96.3	99.4	100.0	104.8	101.4	100.2
103.5	99.6	96.3	99.4	100.0	104.8	101.4	100.2
100.2	100.4	100.0	100.3	102.6	100.8	101.6	99.2
100.2	100.4	100.0	100.3	102.6	100.8	101.6	99.2
98.7	99.1	99.1	98.7	99.3	98.9	101.8	99.0
98.7	99.1	99.1	98.7	99.3	98.9	101.8	99.0
99.8	99.2	101.7	100.5	100.2	100.0	100.5	100.7
100.3	100.0	99.3	100.6	100.9	100.3	100.5	99.6
99.7	99.0	102.4	100.5	99.9	100.0	100.5	101.1
100.1	**99.2**	**99.5**	**100.8**	**99.7**	**100.7**	**99.1**	**100.5**
99.6	98.0	100.9	100.0	99.8	100.8	100.6	101.0
99.6	98.0	100.9	100.0	99.8	100.8	100.6	101.0
100.5	97.6	98.5	100.8	100.0	99.8	97.9	99.3
100.8	99.2	97.7	99.6	100.0	99.6	99.9	99.3
100.0	94.7	100.0	102.8	100.0	100.0	94.6	100.0
100.3	100.5	98.8	101.0	99.0	100.9	98.4	100.4
100.3	100.4	98.7	100.8	99.1	101.1	98.0	100.9
100.6	101.7	99.4	102.8	98.8	99.0	101.5	97.3
99.9	98.2	100.6	102.3	101.4	102.2	99.9	101.4
99.2	100.3	99.6	103.6	101.5	104.8	99.1	103.6
100.2	98.4	100.8	101.8	99.8	101.8	102.0	100.2
99.8	98.6	100.4	101.5	101.9	100.9	99.6	100.8
102.2	101.1	100.3	100.0	100.7	100.0	101.4	100.0
100.0	100.0	100.0	100.0	100.0	99.1	100.0	98.6
101.7	90.1	103.7	103.7	101.0	102.7	101.0	103.4
100.3	100.0	98.9	100.3	99.3	99.5	98.8	100.0
99.5	100.5	99.8	99.5	99.3	100.5	95.8	100.4

（上月＝100）

项　　目	1月	2月	3月	4月
特种陶瓷制品制造	96.4	99.8	99.4	100.5
日用陶瓷制品制造	98.5	98.8	100.3	100.9
园林、陈设艺术及其他陶瓷制品制造	100.9	101.7	99.9	99.6
耐火材料制品制造	99.5	100.7	101.5	99.9
石棉制品制造	99.1	103.1	100.0	100.0
耐火陶瓷制品及其他耐火材料制造	99.6	100.3	101.7	99.9
石墨及其他非金属矿物制品制造	100.8	99.8	100.4	99.8
石墨及碳素制品制造	105.7	98.0	99.8	101.7
其他非金属矿物制品制造	100.1	100.1	100.5	99.6
黑色金属冶炼及压延加工业	**102.6**	**100.6**	**104.8**	**101.9**
炼铁	105.2	102.2	108.9	96.8
炼铁	105.2	102.2	108.9	96.8
炼钢	101.5	99.3	102.5	104.2
炼钢	101.5	99.3	102.5	104.2
钢压延加工	103.7	102.2	107.3	99.7
钢压延加工	103.7	102.2	107.3	99.7
铁合金冶炼	99.4	97.8	106.3	98.2
铁合金冶炼	99.4	97.8	106.3	98.2
有色金属冶炼及压延加工业	**100.6**	**104.0**	**105.6**	**102.7**
常用有色金属冶炼	101.5	104.3	108.6	102.0
铜冶炼	103.9	111.5	109.6	107.9
铅锌冶炼	99.8	101.4	107.8	97.0
锡冶炼	116.7	98.0	100.0	141.7
其他常用有色金属冶炼	100.0	100.0	111.1	100.0
贵金属冶炼	104.7	94.9	98.6	102.8
金冶炼	104.7	94.9	98.6	102.8
稀有稀土金属冶炼	99.9	103.4	101.2	104.8
钨钼冶炼	100.0	114.0	110.2	114.8
稀土金属冶炼	100.6	100.0	100.2	100.2
其他稀有金属冶炼	98.5	106.3	100.0	109.9
有色金属合金制造	99.5	103.4	115.0	98.6
有色金属合金制造	99.5	103.4	115.0	98.6
有色金属压延加工	100.4	104.0	104.9	102.9
常用有色金属压延加工	100.4	104.0	104.9	102.9

续上表

5月	6月	7月	8月	9月	10月	11月	12月
99.7	98.7	87.0	98.4	98.4	98.4	96.7	93.1
100.8	100.4	100.0	100.6	99.3	98.9	100.3	100.0
100.3	95.6	100.7	102.8	100.4	101.7	102.6	101.5
99.9	101.1	99.0	100.7	100.9	101.2	100.8	100.6
96.9	107.1	94.3	103.9	105.5	97.5	97.6	101.9
100.4	100.2	99.6	100.2	100.3	101.7	101.3	100.2
99.5	99.4	99.8	100.4	99.8	99.9	99.7	101.0
96.1	102.5	98.2	102.9	98.0	99.3	99.9	104.8
100.0	99.0	100.0	100.0	100.0	100.0	99.7	100.2
92.4	**95.9**	**103.6**	**105.9**	**100.1**	**101.6**	**99.8**	**100.8**
99.0	92.0	101.6	103.4	102.0	101.1	103.8	100.7
99.0	92.0	101.6	103.4	102.0	101.1	103.8	100.7
91.3	95.8	105.2	106.1	97.6	101.5	100.4	102.3
91.3	95.8	105.2	106.1	97.6	101.5	100.4	102.3
92.2	96.9	101.9	106.2	104.0	101.6	98.1	98.8
92.2	96.9	101.9	106.2	104.0	101.6	98.1	98.8
106.9	104.6	92.2	104.9	92.0	105.3	93.3	100.0
106.9	104.6	92.2	104.9	92.0	105.3	93.3	100.0
98.9	**100.7**	**98.2**	**100.4**	**100.1**	**101.6**	**100.9**	**100.1**
96.1	100.8	101.2	100.5	101.5	100.2	104.8	99.7
95.0	102.7	103.7	101.2	104.6	91.6	116.1	99.4
95.3	99.9	100.1	100.2	100.5	105.4	99.6	100.0
105.9	100.0	100.0	100.0	90.3	100.0	100.0	100.0
100.0	100.0	100.0	100.0	100.0	100.0	100.0	100.0
93.3	102.5	102.1	100.8	101.9	102.9	104.1	104.0
93.3	102.5	102.1	100.8	101.9	102.9	104.1	104.0
109.4	107.4	99.0	100.6	98.5	99.1	100.0	96.8
105.2	95.0	90.3	105.4	105.5	102.4	100.0	109.8
100.0	100.1	100.0	100.0	100.0	100.0	100.0	100.0
128.5	125.0	100.0	100.0	93.3	96.4	100.0	92.6
100.1	100.1	99.4	103.7	102.1	103.1	100.6	98.7
100.1	100.1	99.4	103.7	102.1	103.1	100.6	98.7
99.2	100.5	97.5	100.3	99.8	101.9	100.1	100.3
99.2	100.5	97.5	100.3	99.8	101.9	100.1	100.3

(上月 =100)

项　　目	1月	2月	3月	4月
金属制品业	**99.6**	**99.8**	**102.0**	**100.0**
结构性金属制品制造	98.3	97.6	101.1	101.7
金属结构制造	97.5	95.9	101.9	102.3
金属门窗制造	100.0	101.8	99.3	100.0
金属工具制造	98.5	101.9	100.4	101.8
切削工具制造	100.3	101.2	99.9	103.0
手工具制造	98.4	111.3	102.7	108.9
农用及园林用金属工具制造	99.8	99.5	100.4	100.0
刀剪及类似日用金属工具制造	100.0	100.0	100.0	100.0
其他金属工具制造	89.7	100.2	100.0	100.0
集装箱及金属包装容器制造	100.2	101.6	101.0	101.6
集装箱制造	100.4	102.1	101.2	103.0
金属压力容器制造	100.0	100.0	100.0	100.0
金属包装容器制造	99.9	101.1	101.0	99.9
金属丝绳及其制品的制造	101.3	100.0	107.8	100.8
金属丝绳及其制品的制造	101.3	100.0	107.8	100.8
建筑、安全用金属制品制造	96.0	94.9	107.6	94.2
建筑、家具用金属配件制造	95.2	94.2	106.9	92.7
安全、消防用金属制品制造	99.8	98.2	111.0	101.3
金属表面处理及热处理加工	100.0	100.0	100.0	100.0
金属表面处理及热处理加工	100.0	100.0	100.0	100.0
搪瓷制品制造	104.9	97.6	112.2	100.0
搪瓷卫生洁具制造	104.9	97.6	112.2	100.0
不锈钢及类似日用金属制品制造	100.7	100.2	100.1	101.0
金属制厨用器皿及餐具制造	100.7	100.2	100.1	101.0
其他金属制品制造	103.3	111.2	100.4	100.0
其他未列明的金属制品制造	103.3	111.2	100.4	100.0
通用设备制造业	**99.8**	**101.3**	**100.4**	**100.0**
锅炉及原动机制造	98.5	96.8	100.4	98.1
内燃机及配件制造	98.5	96.8	100.4	98.1
金属加工机械制造	100.2	100.9	100.4	100.4
金属切削机床制造	100.5	103.0	99.2	101.2
金属成形机床制造	100.0	100.0	100.9	100.0
起重运输设备制造	100.2	101.9	99.6	99.6

5 月	6 月	7 月	8 月	9 月	10 月	11 月	12 月
99. 1	**100. 6**	**100. 2**	**100. 8**	**99. 4**	**100. 6**	**99. 7**	**100. 5**
93. 9	100. 6	101. 7	102. 5	99. 9	99. 6	100. 0	99. 6
91. 4	100. 9	102. 4	103. 5	99. 8	99. 3	100. 0	99. 4
100. 1	100. 0	100. 0	100. 0	100. 0	100. 3	100. 0	100. 3
100. 1	101. 4	100. 3	101. 4	99. 1	100. 8	98. 7	103. 1
99. 5	113. 4	94. 7	111. 2	99. 3	99. 7	89. 2	98. 7
98. 9	98. 4	106. 5	95. 2	96. 3	103. 8	96. 0	114. 2
100. 0	100. 0	98. 3	101. 7	93. 4	105. 3	105. 3	105. 3
100. 0	100. 0	100. 0	100. 0	100. 0	100. 0	100. 0	100. 0
102. 4	100. 0	100. 0	105. 6	100. 3	100. 0	103. 4	100. 0
102. 5	103. 7	100. 4	99. 1	100. 2	100. 5	100. 7	100. 7
103. 2	106. 8	101. 0	98. 4	100. 3	102. 4	99. 9	100. 8
100. 0	100. 0	100. 0	100. 0	100. 0	100. 0	100. 0	100. 0
101. 9	99. 5	99. 5	100. 0	100. 0	97. 4	102. 2	100. 8
101. 0	96. 5	99. 6	101. 0	97. 1	102. 9	99. 7	99. 7
101. 0	96. 5	99. 6	101. 0	97. 1	102. 9	99. 7	99. 7
96. 1	90. 5	102. 2	101. 7	98. 7	107. 8	87. 6	101. 3
94. 2		102. 4	100. 2	100. 4			100. 0
105. 6	90. 5	101. 3	108. 9	90. 8	107. 8	87. 6	114. 2
100. 0	100. 0	100. 0	100. 0	100. 0	100. 0	100. 0	100. 0
100. 0	100. 0	100. 0	100. 0	100. 0	100. 0	100. 0	100. 0
97. 7	93. 6	100. 0	104. 0	100. 0	100. 0	107. 1	104. 1
97. 7	93. 6	100. 0	104. 0	100. 0	100. 0	107. 1	104. 1
98. 9	100. 1	99. 0	101. 2	99. 2	100. 1	100. 2	100. 1
98. 9	100. 1	99. 0	101. 2	99. 2	100. 1	100. 2	100. 1
98. 6	102. 2	97. 7	99. 5	98. 2	100. 0	96. 5	98. 4
98. 6	102. 2	97. 7	99. 5	98. 2	100. 0	96. 5	98. 4
100. 7	**100. 1**	**100. 1**	**99. 9**	**100. 5**	**100. 1**	**100. 4**	**100. 0**
101. 4	99. 2	99. 0	99. 7	100. 5	98. 4	100. 1	100. 5
101. 4	99. 2	99. 0	99. 7	100. 5	98. 4	100. 1	100. 5
101. 5	99. 4	100. 5	100. 0	99. 7	100. 7	99. 9	100. 8
104. 7	98. 2	101. 7	101. 2	98. 9	99. 5	99. 5	101. 9
100. 0	100. 0	100. 0	99. 5	100. 0	101. 3	100. 0	100. 0
99. 9	98. 5	99. 6	99. 7	99. 7	99. 8	100. 1	100. 0

（上月 =100）

项　　目	1月	2月	3月	4月
起重运输设备制造	100.2	101.9	99.6	99.6
泵、阀门、压缩机及类似机械的制造	100.5	100.0	100.6	100.5
泵及真空设备制造	100.0	100.0	101.1	101.8
气体压缩机械制造	101.4	100.5	101.6	100.4
阀门和旋塞的制造	101.7	99.3	100.0	100.0
液压和气压动力机械及元件制造	100.0	100.0	100.0	100.0
轴承、齿轮、传动和驱动部件的制造	100.9	113.6	102.9	99.2
轴承制造	100.9	113.6	102.9	99.2
风机、衡器、包装设备等通用设备制造	97.5	99.9	100.9	100.3
风机、风扇制造	100.0	101.0	100.0	96.5
制冷、空调设备制造	100.1	98.9	102.7	100.9
风动和电动工具制造	84.0	100.0	100.0	100.0
包装专用设备制造	100.0	100.0	100.0	100.0
衡器制造	101.1	102.3	100.3	101.1
其他通用设备制造	99.2	100.0	98.0	100.2
通用零部件制造及机械修理	99.8	100.8	98.9	99.0
紧固件、弹簧制造	99.6	100.0	100.0	100.3
其他通用零部件制造	100.0	101.6	97.9	97.8
金属铸、锻加工	101.6	101.5	101.0	100.5
钢铁铸件制造	102.1	101.9	101.3	100.6
锻件及粉末冶金制品制造	100.0	100.0	100.0	100.0
专用设备制造业	**99.3**	**101.0**	**100.1**	**100.3**
矿山、冶金、建筑专用设备制造	101.1	100.4	100.9	100.3
采矿、采石设备制造	100.0	100.0	100.0	100.0
建筑工程用机械制造	100.8	100.4	100.5	100.0
建筑材料生产专用机械制造	101.7	100.4	101.5	100.6
化工、木材、非金属加工专用设备制造	100.0	101.1	100.8	100.0
炼油、化工生产专用设备制造	100.0	100.0	100.0	100.0
橡胶加工专用设备制造	99.7	99.8	100.4	99.4
塑料加工专用设备制造	99.5	100.5	99.9	99.2
模具制造	100.3	101.5	101.4	100.5
食品、饮料、烟草及饲料生产专用设备制造	100.0	99.6	99.4	99.3
食品、饮料、烟草工业专用设备制造	99.9	100.0	99.2	99.0
农副食品加工专用设备制造	100.0	98.1	100.0	100.0

续上表

5月	6月	7月	8月	9月	10月	11月	12月
99.9	98.5	99.6	99.7	99.7	99.8	100.1	100.0
99.9	101.4	99.8	99.6	101.9	99.9	99.9	100.3
100.0	100.9	100.0	100.0	100.6	100.0	100.0	100.0
99.7	105.9	99.0	98.0	99.5	99.5	99.3	100.4
100.0	100.0	100.0	100.0	111.0	100.0	100.0	100.0
100.0	100.0	100.0	100.0	100.0	100.0	100.0	100.7
101.2	99.4	103.6	94.0	96.4	104.2	101.1	95.5
101.2	99.4	103.6	94.0	96.4	104.2	101.1	95.5
99.4	100.7	100.8	100.8	100.4	100.2	100.8	100.0
100.0	100.0	100.0	100.0	100.0	100.0	100.0	100.0
99.3	99.9	102.9	101.0	100.0	101.6	100.7	99.3
100.0	100.0	100.0	100.0	100.0	100.0	100.0	100.0
100.0	100.0	100.0	100.0	100.0	100.0	100.0	100.0
102.1	99.5	97.3	102.9	104.1	101.2	100.4	101.5
96.9	105.0	99.2	100.8	100.0	96.4	102.9	100.8
99.1	99.1	100.0	101.3	101.5	101.5	100.9	100.6
100.0	100.0	100.0	100.0	101.2	100.0	100.0	101.4
98.4	98.3	100.0	102.3	101.8	102.9	101.7	100.0
104.4	102.0	99.0	99.6	101.8	98.6	100.5	100.0
105.7	102.7	98.7	99.5	102.3	98.2	100.7	100.0
100.0	100.0	100.0	100.0	100.0	100.0	100.0	100.0
100.2	**99.6**	**99.0**	**99.2**	**100.8**	**99.6**	**100.0**	**100.8**
100.5	100.0	99.9	99.2	100.4	100.0	99.6	100.4
100.0	100.0	100.0	100.0	100.0	100.0	100.0	100.0
100.2	100.0	100.0	99.7	100.9	100.0	99.2	100.8
100.9	100.0	99.8	98.5	100.0	100.0	100.0	100.0
100.4	99.2	98.6	99.2	101.1	99.1	100.2	101.3
100.0	100.0	100.0	100.0	100.0	100.0	100.0	100.0
100.2	100.6	99.9	100.6	100.1	99.9	99.6	98.9
101.0	96.8	97.5	100.9	100.1	100.5	100.6	100.6
100.1	100.4	99.0	98.1	101.7	98.2	100.1	101.9
100.1	97.9	100.1	100.1	101.1	100.3	100.9	100.0
100.1	97.2	100.1	100.1	99.3	99.9	100.0	100.0
100.0	100.0	100.0	100.0	106.7	101.7	104.0	100.0

（上月 =100）

项　　目	1月	2月	3月	4月
印刷、制药、日化生产专用设备制造	100.0	100.0	100.0	100.0
印刷专用设备制造	100.0	100.0	100.0	100.0
纺织、服装和皮革工业专用设备制造	99.8	102.4	98.9	100.3
纺织专用设备制造	99.8	102.4	98.9	100.3
农、林、牧、渔专用机械制造	104.8	93.7	99.3	104.8
拖拉机制造	100.0	100.0	100.0	100.0
机械化农业及园艺机具制造	106.8	92.5	99.2	105.7
医疗仪器设备及器械制造	94.8	98.8	97.7	101.7
医疗诊断、监护及治疗设备制造	104.0	97.6	94.8	103.4
医疗、外科及兽医用器械制造	85.7	100.0	100.0	100.0
环保、社会公共安全及其他专用设备制造	94.5	103.7	99.2	100.8
环境污染防治专用设备制造	100.0	120.0	100.0	100.0
邮政专用机械及器材制造	100.0	100.0	100.0	100.0
社会公共安全设备及器材制造	92.0	102.5	98.8	101.2
交通运输设备制造业	**100.2**	**100.2**	**100.0**	**99.9**
铁路运输设备制造	100.0	119.5	100.0	100.0
铁路机车车辆配件制造	100.0	119.5	100.0	100.0
汽车制造	100.4	100.0	100.0	99.6
汽车整车制造	100.1	99.8	100.2	99.2
汽车车身、挂车的制造	101.5	100.9	101.0	102.6
汽车零部件及配件制造	101.0	100.3	99.5	100.0
汽车修理	100.0	100.0	100.0	100.0
摩托车制造	99.6	99.4	100.9	99.8
摩托车整车制造	98.8	100.5	100.6	99.6
摩托车零部件及配件制造	101.7	96.5	101.6	100.4
自行车制造	99.8	102.1	98.5	101.7
脚踏自行车及残疾人座车制造	99.8	102.2	98.5	101.7
助动自行车制造	100.0	100.0	100.8	99.9
船舶及浮动装置制造	100.2	100.0	99.3	100.7
金属船舶制造	100.3	100.0	100.0	100.1
船舶修理及拆船	100.0	100.0	98.5	101.5
电气机械及器材制造业	**100.5**	**99.8**	**100.1**	**100.8**
电机制造	101.0	100.3	101.5	101.1
发电机及发电机组制造	100.3	97.0	100.0	100.3

续上表

5月	6月	7月	8月	9月	10月	11月	12月
100.0	100.0	100.0	100.0	100.0	100.0	100.0	100.0
100.0	100.0	100.0	100.0	100.0	100.0	100.0	100.0
100.1	100.3	99.9	100.8	99.6	99.8	100.2	100.2
100.1	100.3	99.9	100.8	99.6	99.8	100.2	100.2
98.8	101.8	93.7	97.5	100.5	99.1	101.5	99.8
100.0	100.0	81.1	98.3	101.5	99.8	100.9	101.2
98.6	102.1	96.1	97.4	100.3	99.0	101.6	98.3
99.8	102.2	96.9	98.8	102.5	100.5	98.8	100.4
99.6	104.4	93.8	97.6	105.1	100.9	97.5	100.5
100.0	100.0	100.0	100.0	100.0	100.0	100.0	100.0
100.0	98.3	100.0	95.7	100.0	100.0	100.0	100.9
100.0	100.0	100.0	100.0	100.0	100.0	100.0	100.0
100.0	100.0	100.0	100.0	100.0	100.0	100.0	100.0
100.0	97.6	100.0	93.8	100.0	100.0	100.0	101.3
100.0	**99.6**	**100.4**	**100.3**	**100.2**	**100.2**	**100.0**	**99.8**
100.0	100.0	100.0	100.0	100.0	100.0	100.0	100.0
100.0	100.0	100.0	100.0	100.0	100.0	100.0	100.0
100.1	99.6	100.6	100.6	100.0	100.1	100.2	99.7
99.9	99.0	99.9	100.4	99.9	100.1	100.0	100.0
99.9	105.6	95.0	97.0	100.4	100.6	103.9	96.7
100.5	100.5	102.4	101.4	100.1	99.9	100.5	99.4
100.0	100.0	100.0	100.0	100.0	100.3	99.5	99.3
99.9	99.9	100.2	99.7	100.6	99.8	99.4	100.2
100.0	99.9	100.0	100.0	100.8	99.8	99.4	100.2
99.6	99.8	100.8	99.1	100.3	100.0	99.6	100.2
100.4	98.9	100.2	99.7	100.6	102.4	100.2	100.0
100.4	98.9	100.2	99.7	100.6	102.5	100.3	100.1
104.0	99.2	91.3	101.9	100.9	100.0	96.0	97.8
99.3	99.3	100.0	100.0	100.1	100.0	100.0	100.0
100.0	100.0	100.0	100.0	100.2	100.0	100.0	100.0
98.5	98.5	100.0	100.0	100.0	100.0	100.0	100.0
99.4	**99.9**	**100.4**	**100.4**	**99.9**	**100.4**	**100.4**	**100.7**
100.1	99.9	100.2	99.9	100.3	99.9	100.1	100.4
98.0	99.9	99.9	103.3	100.0	101.3	99.5	100.0

（上月 =100）

项　　目	1月	2月	3月	4月
电动机制造	101.2	98.1	103.6	101.0
微电机及其他电机制造	101.0	101.8	100.8	101.3
输配电及控制设备制造	102.4	102.3	102.3	102.4
变压器、整流器和电感器制造	104.4	104.3	104.1	104.0
电容器及其配套设备制造	100.0	97.2	100.7	100.0
配电开关控制设备制造	100.4	101.3	100.5	100.5
电力电子元器件制造	100.0	100.0	100.1	100.8
电线、电缆、光缆及电工器材制造	100.9	101.1	99.7	101.1
电线电缆制造	100.6	101.8	100.3	102.0
光纤、光缆制造	103.8	92.0	104.4	102.5
其他电工器材制造	101.5	99.9	96.4	97.3
电池制造	98.9	100.9	99.5	99.7
电池制造	98.9	100.9	99.5	99.7
家用电力器具制造	100.2	98.4	99.4	100.7
家用制冷电器具制造	101.0	98.4	98.6	99.5
家用空气调节器制造	99.8	96.5	100.3	100.5
家用通风电器具制造	100.1	99.6	97.7	100.8
家用厨房电器具制造	99.9	101.3	99.0	100.6
家用清洁卫生电器具制造	100.4	100.0	99.0	100.1
家用美容、保健电器具制造	103.3	100.9	98.8	107.3
非电力家用器具制造	99.9	102.2	101.1	101.1
燃气、太阳能及类似能源的器具制造	99.9	102.2	101.1	101.1
照明器具制造	100.1	100.4	101.3	100.0
电光源制造	100.0	99.5	99.9	99.3
照明灯具制造	100.3	100.8	101.3	100.1
灯用电器附件及其他照明器具制造	99.8	100.4	102.7	100.3
其他电气机械及器材制造	100.0	98.9	101.2	100.7
车辆专用照明及电气信号设备装置制造	100.0	98.9	101.2	100.7
通信设备、计算机及其他电子设备制造业	**99.7**	**99.7**	**100.4**	**101.0**
通信设备制造	100.3	100.0	99.7	100.9
通信传输设备制造	99.5	99.5	103.1	101.9
通信交换设备制造	100.0	100.2	99.7	100.6
通信终端设备制造	100.0	98.0	99.5	100.9
移动通信及终端设备制造	101.1	98.2	100.2	98.8

续上表

5月	6月	7月	8月	9月	10月	11月	12月
100.2	99.3	100.2	99.9	99.8	99.3	100.2	100.5
100.3	100.2	100.3	99.3	100.6	100.0	100.1	100.5
99.8	100.2	100.0	100.8	100.6	100.0	100.2	101.7
99.5	100.0	100.2	101.3	100.4	99.9	100.2	104.2
100.0	100.1	101.4	100.0	99.9	99.1	100.0	100.0
100.2	100.2	99.5	100.1	101.9	100.2	100.1	99.1
100.2	100.6	99.6	100.3	100.1	100.4	100.4	100.2
98.6	100.0	101.0	101.3	102.0	99.6	101.4	100.4
98.7	99.9	100.3	101.1	103.0	99.9	101.6	100.6
99.2	100.8	109.1	100.0	91.7	90.9	105.6	95.0
97.9	100.0	102.2	102.2	100.0	100.0	100.0	100.1
100.3	102.1	99.2	100.3	99.3	100.2	98.8	100.6
100.3	102.1	99.2	100.3	99.3	100.2	98.8	100.6
99.1	99.4	100.5	100.2	99.0	100.7	100.2	100.7
99.9	98.9	100.9	99.1	100.8	100.5	99.6	100.9
99.6	98.6	99.9	100.2	98.0	100.6	99.9	101.1
98.2	100.0	105.6	102.2	100.7	101.0	100.0	100.3
99.5	100.2	98.9	100.1	98.8	102.2	101.1	100.3
100.0	101.0	99.9	99.7	100.1	100.0	100.0	100.1
90.8	101.4	98.8	100.6	99.0	99.3	102.3	95.9
101.0	100.7	100.8	100.2	100.4	100.3	99.9	99.7
101.0	100.7	100.8	100.2	100.4	100.3	99.9	99.7
99.9	100.1	100.3	100.3	100.4	100.4	101.4	100.5
100.4	100.2	100.5	100.3	101.0	100.1	100.3	100.4
99.5	100.2	100.2	100.2	100.5	100.7	102.5	100.8
100.1	99.9	100.6	100.7	99.7	100.2	100.4	99.9
101.1	97.9	101.1	98.2	104.2	100.0	101.4	102.6
101.1	97.9	101.1	98.2	104.2	100.0	101.4	102.6
100.0	**100.1**	**99.2**	**99.7**	**100.0**	**99.3**	**99.7**	**99.8**
100.0	100.0	98.2	100.2	98.6	100.0	99.6	99.2
101.3	100.1	100.0	100.7	98.8	102.8	100.8	99.7
100.1	100.3	98.8	99.8	100.0	99.3	99.6	99.9
99.7	99.9	98.9	101.2	98.1	100.0	99.6	100.1
97.0	94.7	93.7	99.2	98.6	98.2	98.4	97.4

（上月 =100）

项　　目	1月	2月	3月	4月
其他通信设备制造	102.1	106.5	98.9	103.7
广播电视设备制造	100.0	100.0	108.4	99.9
广播电视节目制作及发射设备制造	100.0	100.0	100.0	100.0
广播电视接收设备及器材制造	100.0	99.9	112.7	99.9
应用电视设备及其他广播电视设备制造	100.0	100.0	100.0	100.0
电子计算机制造	99.8	100.1	100.3	100.2
电子计算机整机制造	100.1	100.4	100.4	100.3
电子计算机外部设备制造	99.4	99.7	100.1	100.2
电子器件制造	100.4	97.3	99.1	103.1
电子真空器件制造	99.5	99.8	99.7	99.2
半导体分立器件制造	98.8	93.9	100.8	99.7
集成电路制造	98.6	98.6	99.3	102.3
光电子器件及其他电子器件制造	110.0	90.9	95.0	120.0
电子元件制造	100.6	100.3	100.1	103.0
印制电路板制造	99.8	99.4	99.0	99.7
家用视听设备制造	97.4	99.1	102.1	100.8
家用影视设备制造	98.1	99.8	103.0	101.4
家用音响设备制造	96.4	98.1	100.8	99.9
其他电子设备制造	100.3	99.8	99.4	98.6
其他电子设备制造	100.3	99.8	99.4	98.6
仪器仪表及文化、办公用机械制造业	**99.9**	**100.2**	**99.1**	**99.3**
通用仪器仪表制造	100.3	99.8	100.3	100.4
工业自动控制系统装置制造	99.9	100.1	100.0	100.0
电工仪器仪表制造	100.9	99.9	100.6	100.3
绘图、计算及测量仪器制造	102.3	98.8	101.4	98.8
试验机制造	99.6	98.6	100.2	101.3
供应用仪表及其他通用仪器制造	100.0	100.0	100.0	105.1
专用仪器仪表制造	99.7	99.9	100.3	100.0
汽车及其他用计数仪表制造	100.0	100.0	100.0	100.0
电子测量仪器制造	99.2	99.8	100.8	100.0
钟表与计时仪器制造	100.4	100.1	100.7	100.5
钟表与计时仪器制造	100.4	100.1	100.7	100.5
光学仪器及眼镜制造	99.8	99.9	99.7	99.9
光学仪器制造	99.8	99.9	99.7	99.9

续上表

5月	6月	7月	8月	9月	10月	11月	12月
102.9	103.4	97.5	99.5	94.6	103.2	100.1	99.8
100.2	99.9	100.6	100.0	100.0	100.2	100.0	100.1
100.0	100.0	100.0	100.0	100.0	100.0	100.0	100.0
100.4	99.8	100.9	100.1	100.0	100.4	100.1	100.2
100.0	100.0	100.0	100.0	100.0	100.0	100.0	100.0
100.9	99.5	99.9	99.5	99.8	98.9	99.9	99.7
101.3	99.2	100.1	98.4	99.8	98.0	100.1	99.9
100.4	99.8	99.6	100.6	99.8	99.9	99.6	99.4
98.4	100.8	99.4	99.2	101.4	102.0	100.2	102.5
100.3	101.4	99.5	99.6	100.4	100.2	99.6	100.6
100.3	96.8	98.8	98.3	99.6	101.4	101.4	98.9
99.5	99.1	99.3	99.3	100.2	99.9	106.5	102.5
87.5	109.1	100.0		110.0	113.6	80.8	104.7
99.6	100.5	97.9	101.3	100.9	99.4	98.6	99.9
102.6	100.3	101.7	99.7	102.7	100.2	99.7	100.6
99.1	101.5	99.3	98.7	100.4	98.2	100.0	99.4
98.6	101.5	99.3	96.6	100.5	99.0	98.5	97.9
99.9	101.6	99.4	101.8	100.2	97.0	102.1	101.1
99.0	99.2	99.1	99.6	99.6	99.9	100.2	100.3
99.0	99.2	99.1	99.6	99.6	99.9	100.2	100.3
99.0	**100.4**	**100.0**	**99.6**	**99.7**	**100.0**	**100.0**	**99.9**
99.7	100.5	99.9	99.7	98.5	99.4	98.5	100.0
99.7	100.2	100.0	100.4	97.8	96.8	97.0	99.8
99.7	100.4	99.6	99.4	98.4	101.6	99.8	99.8
97.4	93.8	108.1	100.0	100.0	100.0	105.8	100.0
99.8	103.3	98.6	98.0	101.4	101.4	97.4	104.8
100.0	100.0	100.0	100.0	100.0	100.0	100.0	100.0
99.9	99.8	97.8	99.8	99.6	88.7	100.1	99.9
100.0	100.0	96.3	100.0	100.0	81.1	100.0	100.0
99.9	99.4	100.1	99.4	99.0	100.2	100.4	99.8
100.9	100.2	100.4	99.7	101.2	100.2	100.5	99.8
100.9	100.2	100.4	99.7	101.2	100.2	100.5	99.8
99.8	103.2	99.6	100.0	100.0	99.3	100.1	99.0
99.8	103.2	99.6	100.0	100.0	99.3	100.1	99.0

（上月＝100）

项　　目	1月	2月	3月	4月
文化、办公用机械制造	99.8	100.3	98.7	98.9
电影机械制造	101.5	96.0	103.8	105.2
幻灯及投影设备制造	100.0	100.0	100.0	100.0
照相机及器材制造	99.5	100.7	97.0	97.5
复印和胶印设备制造	100.0	100.0	100.0	100.0
计算器及货币专用设备制造	100.0	100.0	99.8	99.8
其他仪器仪表的制造及修理	100.0	100.0	100.0	100.0
其他仪器仪表的制造及修理	100.0	100.0	100.0	100.0
工艺品及其他制造业	**99.5**	**100.3**	**99.4**	**100.7**
工艺美术品制造	99.5	100.3	99.3	100.7
花画工艺品制造	100.0	100.0	100.0	100.0
天然植物纤维编织工艺品制造	103.6	100.0	95.5	104.5
抽纱刺绣工艺品制造	100.0	100.0	100.0	100.0
地毯、挂毯制造	100.1	90.4	103.3	96.8
珠宝首饰及有关物品的制造	99.5	99.8	99.9	100.2
其他工艺美术品制造	93.6	103.2	100.4	99.6
日用杂品制造	100.0	100.0	100.0	100.0
其他日用杂品制造	100.0	100.0	100.0	100.0
电力、热力的生产和供应业	**100.7**	**100.1**	**100.3**	**100.3**
电力生产	100.1	100.2	100.2	100.0
火力发电	100.0	100.3	100.2	100.0
水力发电	102.1	100.0	100.0	100.0
核力发电	100.0	100.0	100.0	100.0
电力供应	101.2	100.0	100.4	100.6
电力供应	101.2	100.0	100.4	100.6
热力生产和供应	100.0	100.0	104.0	100.0
热力生产和供应	100.0	100.0	104.0	100.0
燃气生产和供应业	**101.7**	**99.6**	**99.5**	**101.2**
燃气生产和供应业	101.7	99.6	99.5	101.2
燃气生产和供应业	101.7	99.6	99.5	101.2
水的生产和供应业	**100.0**	**99.2**	**100.0**	**99.9**
自来水的生产和供应	100.0	99.2	100.0	99.9
自来水的生产和供应	100.0	99.2	100.0	99.9

续上表

5月	6月	7月	8月	9月	10月	11月	12月
98.5	100.1	100.0	99.5	99.4	100.4	100.0	99.9
101.1	100.0	110.0	90.9	100.0	100.0	95.8	100.0
100.0	100.0	100.0	100.0				100.0
96.4	100.3	100.1	98.9	98.7	100.8	100.1	99.9
100.0	100.0	100.0	100.0	100.0	100.0	100.0	100.0
100.0	100.0	100.0	99.9	99.9	100.0	99.8	99.8
100.0	100.0	100.0	100.0	100.0	100.0	100.0	100.0
100.0	100.0	100.0	100.0	100.0	100.0	100.0	100.0
100.7	**99.8**	**98.7**	**101.2**	**99.6**	**99.7**	**99.6**	**101.0**
100.7	99.8	98.6	101.3	99.6	99.7	99.6	101.2
100.0	100.0	100.0	100.0	100.0	100.0		100.0
102.0	103.6	91.8	107.6	100.2	100.2	98.1	100.8
100.0	100.0	100.0	100.0	100.0	100.0	100.0	100.0
101.5	96.9	98.5	101.5	98.8	100.9	102.3	106.9
99.2	100.4	100.2	100.1	100.2	100.2	100.5	101.1
104.6	93.8	99.4	100.0	96.3	97.2	98.0	103.9
100.0	100.0	100.0	100.0	99.8	99.8	100.4	100.1
100.0	100.0	100.0	100.0	99.8	99.8	100.4	100.1
99.6	**100.0**	**99.9**	**99.9**	**100.4**	**100.2**	**100.2**	**100.0**
99.1	99.8	99.8	99.8	99.9	99.9	100.8	100.0
100.0	100.0	100.0	100.0	100.0	100.3	100.3	100.0
85.7	96.8	96.8	96.3	97.9	94.4	109.1	100.0
100.0	100.0	100.0	100.0	100.0	100.0	100.0	100.0
100.0	100.2	100.0	100.0	100.9	100.4	99.7	99.9
100.0	100.2	100.0	100.0	100.9	100.4	99.7	99.9
100.0	100.0	100.0	100.0	100.0	100.0	100.0	100.0
100.0	100.0	100.0	100.0	100.0	100.0	100.0	100.0
101.7	**100.3**	**99.9**	**103.8**	**101.4**	**105.1**	**108.2**	**100.1**
101.7	100.3	99.9	103.8	101.4	105.1	108.2	100.1
101.7	100.3	99.9	103.8	101.4	105.1	108.2	100.1
100.1	**100.6**	**100.0**	**100.7**	**100.0**	**100.1**	**100.0**	**100.0**
100.1	100.6	100.0	100.7	100.0	100.1	100.0	100.0
100.1	100.6	100.0	100.7	100.0	100.1	100.0	100.0

2000－2004年原材料、燃料、动力购进价格指数

（上年＝100）

项　　目	2000年	2001年	2002年	2003年	2004年
全部原材料	**111.0**	**99.3**	**96.3**	**104.1**	**110.6**
按材料类别分					
燃料、动力类	128.2	100.9	98.4	104.8	110.3
黑色金属材料类	100.9	99.8	97.8	110.0	126.2
其中：钢材	101.6	98.9	97.8	108.1	117.2
其它	99.3	101.9	97.7	114.5	147.3
有色金属材料和电线类	109.1	95.6	95.9	102.8	118.4
化工原料类	114.0	98.4	97.7	106.3	111.9
木材及纸浆类	100.5	92.8	95.4	101.3	105.8
建筑材料及非金属矿类	97.4	98.4	98.6	100.1	110.5
其它工业原材料及半成品类	103.6	101.2	95.3	101.4	107.5
农副产品类	103.1	100.1	101.2	106.1	110.3
纺织原料类		100.8	92.0	105.3	108.2
按行业分（企业法）：					
煤炭开采和洗选业	92.3	106.1	100.0	101.3	108.9
石油和天然气开采业	101.1	70.9	93.0	102.2	103.6
黑色金属矿采选业	103.7			102.3	106.7
有色金属矿采选业			99.6	101.2	106.9
非金属矿采选业			97.9	103.3	106.1
其他采矿业			95.6	98.7	107.4
农副食品加工业	96.0		98.9	103.6	110.7
食品制造业	94.5	99.3	97.6	102.3	110.0
饮料制造业	98.1		98.5	100.2	105.5
烟草制品业	108.7	103.2	98.5	100.7	107.9
纺织业	101.0	99.1	96.3	102.5	104.5
纺织服装、鞋、帽制造业	102.6	99.2	96.0	101.0	103.7

续上表

（上年=100）

项　　目	2000年	2001年	2002年	2003年	2004年
皮革、毛皮、羽毛绒）及其制品业	100.9	102.8	99.1	101.4	103.7
木材加工及木、竹、藤、棕、草制品业	102.8	104.1	96.5	103.6	107.0
家具制造业	94.4	100.3	96.7	99.6	103.3
造纸及纸制品业	111.8	97.7	99.7	102.5	105.8
印刷业和记录媒介的复制	99.2	99.0	97.5	103.7	103.7
文教体育用品制造业	103.3	101.0	100.5	101.9	104.5
石油加工、炼焦及核燃料加工业	154.0	98.0	99.1	102.6	109.2
化学原料及化学制品制造业	117.0	97.4	98.6	103.8	112.0
医药制造业	103.4	99.7	96.4	102.1	102.8
化学纤维制造业	117.4	101.0	97.0	105.3	109.4
橡胶制品业	109.8	94.6	96.0	105.4	112.0
塑料制品业	115.0	98.6	99.3	106.9	108.8
非金属矿物制品业	116.3	96.6	98.1	103.6	109.5
黑色金属冶炼及压延加工业	148.7	98.0	97.9	105.4	121.3
有色金属冶炼及压延加工业	103.3	101.3	95.0	101.6	111.4
金属制品业	99.7	94.3	97.8	104.1	111.7
通用设备制造业	113.5	94.9	95.8	103.9	110.1
专用设备制造业	116.1	101.6	98.2	102.9	111.0
交通运输设备制造业	102.1	100.3	98.6	103.6	108.1
电气机械及器材制造业	110.0	100.4	95.8	102.5	110.7
通信设备、计算机及其他电子设备制造业	102.7	101.6	95.3	98.8	103.8
仪器仪表及文化、办公用机械制造业	108.5	98.4	97.5	99.5	102.3
工艺品及其他制造业	102.8	97.9	99.1	104.0	106.0
废弃资源和废旧材料回收加工业				95.9	98.3
电力、热力的生产和供应业	112.4	101.6	100.4	109.5	114.8
燃气生产和供应业	118.4	101.8	98.8	118.6	114.6
水的生产和供应业	97.7	96.0	100.8	100.4	103.1

（上年同期 = 100）

项　　目	1 月	2 月	3 月	4 月
全部原材料	**105.9**	**108.2**	**110.8**	**110.9**
按材料类别分				
燃料、动力类	102.8	105.0	106.6	106.0
黑色金属材料类	114.4	118.1	127.7	132.4
其中：钢材	112.8	115.6	117.8	117.9
其它	118.2	123.9	151.4	166.8
有色金属材料和电线类	109.2	112.8	118.3	118.6
化工原料类	104.9	108.9	107.1	108.1
木材及纸浆类	104.2	104.8	107.6	104.7
建筑材料及非金属矿类	109.8	111.2	109.3	111.6
其它工业原材料及半成品类	103.8	105.7	109.1	109.9
农副产品类	108.7	112.4	111.9	106.5
纺织原料类	109.0	110.4	113.9	114.3
按行业分（企业法）：				
煤炭开采和洗选业	100.0	100.3	103.2	102.8
石油和天然气开采业	100.2	101.0	101.0	102.3
黑色金属矿采选业	104.3	105.9	106.0	99.6
有色金属矿采选业	103.8	97.2	110.8	109.3
非金属矿采选业	101.5	100.5	99.9	102.2
其他采矿业	109.2	108.7	109.0	110.1
农副食品加工业	104.7	106.1	108.4	107.7
食品制造业	106.6	106.9	107.1	109.4
饮料制造业	102.6	102.9	102.7	103.9
烟草制品业	102.4	103.6	104.9	104.5
纺织业	103.9	104.1	103.9	104.2
纺织服装、鞋、帽制造业	102.3	102.4	102.2	102.9

动力购进价格指数

5月	6月	7月	8月	9月	10月	11月	12月
111.7	**112.1**	**111.6**	**112.5**	**111.5**	**112.5**	**111.3**	**108.3**
107.4	110.9	111.9	113.1	113.8	116.5	116.8	112.5
132.4	130.1	127.9	129.5	124.9	126.4	123.9	126.2
118.5	116.8	116.3	117.8	118.0	120.0	117.3	117.3
165.5	161.8	155.6	157.3	141.5	141.8	139.6	143.6
121.4	121.2	121.3	120.4	121.3	121.0	119.0	116.2
109.9	110.6	112.2	115.2	116.6	117.0	117.6	115.2
105.9	108.0	104.3	108.7	106.4	107.8	104.9	102.5
111.2	110.8	111.7	111.8	112.0	111.7	111.5	103.9
109.5	108.6	108.5	107.6	106.7	109.6	108.5	102.1
113.7	114.3	111.6	113.5	110.8	108.2	108.2	103.4
113.0	111.5	109.9	108.6	105.7	102.4	99.3	100.9
104.7	105.0	105.1	115.1	117.5	115.6	117.8	119.0
99.0	98.9	104.1	104.3	103.2	109.0	110.6	109.5
105.9	104.9	107.5	109.1	111.7	111.4	107.9	106.8
108.6	113.6	113.8	104.2	104.5	104.3	106.7	106.0
99.2	102.0	103.2	104.9	111.6	113.6	116.4	118.0
107.8	108.2	109.0	106.8	105.9	105.1	104.1	105.1
110.5	110.3	111.3	113.1	114.4	116.1	113.8	112.4
109.6	109.8	111.2	112.7	113.5	112.5	111.1	109.9
105.1	106.9	106.4	106.6	108.0	108.2	107.1	105.8
107.9	108.3	108.4	111.7	110.1	112.2	111.8	109.1
104.2	103.4	103.8	105.4	105.6	104.9	106.0	105.0
104.8	104.1	103.8	105.0	104.3	104.5	103.1	105.7

（上年同期 = 100）

项　　目	1月	2月	3月	4月
皮革、毛皮、羽毛绒）及其制品业	102.0	105.1	101.4	102.4
木材加工及木、竹、藤、棕、草制品业	103.4	104.2	103.2	103.1
家具制造业	100.7	100.1	99.8	101.5
造纸及纸制品业	102.7	103.7	104.0	103.9
印刷业和记录媒介的复制	103.6	104.5	100.1	99.2
文教体育用品制造业	102.5	103.9	103.9	103.7
石油加工、炼焦及核燃料加工业	107.5	105.9	102.4	104.5
化学原料及化学制品制造业	106.2	106.7	106.6	107.9
医药制造业	101.0	101.5	102.6	102.4
化学纤维制造业	104.9	105.8	104.7	106.9
橡胶制品业	105.8	106.2	107.8	109.6
塑料制品业	103.0	105.4	104.6	105.5
非金属矿物制品业	106.6	108.2	108.6	108.7
黑色金属冶炼及压延加工业	115.4	117.2	122.8	123.5
有色金属冶炼及压延加工业	107.4	109.9	109.1	110.2
金属制品业	106.7	107.7	109.6	111.2
通用设备制造业	105.8	108.6	109.5	110.4
专用设备制造业	105.0	107.6	111.3	112.0
交通运输设备制造业	106.9	108.4	109.0	109.1
电气机械及器材制造业	105.2	107.4	108.2	110.2
通信设备、计算机及其他电子设备制造业	99.7	101.1	102.1	101.8
仪器仪表及文化、办公用机械制造业	101.7	101.5	102.2	102.5
工艺品及其他制造业	100.5	101.2	101.9	103.6
废弃资源和废旧材料回收加工业	99.1	99.1	93.7	93.7
电力、热力的生产和供应业	102.9	104.3	110.9	114.5
燃气生产和供应业	99.4	98.0	96.5	103.4
水的生产和供应业	100.1	100.7	103.1	104.0

续上表

5月	6月	7月	8月	9月	10月	11月	12月
103.4	105.6	102.8	103.2	104.3	104.4	105.1	104.6
104.7	103.4	104.6	107.5	111.4	111.9	113.5	112.8
100.6	101.1	103.5	104.1	104.6	107.5	106.5	109.2
105.1	106.7	106.2	109.4	108.0	107.9	106.2	105.8
100.5	100.7	103.8	104.1	107.0	108.5	106.3	105.7
103.0	103.4	103.8	105.0	105.4	106.2	106.8	106.5
106.1	107.5	110.9	112.5	113.1	113.2	114.3	112.8
109.9	109.5	111.8	114.3	116.9	119.2	118.7	116.1
103.5	104.4	101.0	101.1	102.5	104.2	105.1	105.0
109.1	109.8	110.1	109.0	111.0	112.6	114.2	114.5
112.0	113.2	111.9	114.2	115.4	116.8	116.2	114.9
107.3	107.1	107.8	110.6	111.3	113.4	115.2	114.6
110.6	108.0	108.1	109.6	110.0	113.6	111.3	110.6
122.1	124.0	120.8	120.9	122.0	124.1	123.6	119.0
111.9	111.7	110.5	113.6	112.7	113.5	113.4	112.6
111.6	111.7	112.5	113.8	115.8	115.0	114.2	110.2
111.4	111.5	111.7	111.6	111.1	111.8	109.9	108.3
112.1	111.2	113.1	113.4	112.7	112.8	111.3	109.8
109.0	108.8	107.9	108.0	108.0	108.4	107.8	106.3
109.8	110.1	111.6	113.0	112.7	115.1	113.9	111.6
103.4	104.4	104.9	105.0	104.5	105.7	106.0	106.8
102.2	102.1	101.6	102.6	102.2	102.9	103.1	103.3
104.6	105.5	106.2	108.1	107.1	111.4	111.4	110.3
93.7	100.0	100.0	100.0	100.0	100.0	100.0	100.0
112.3	118.1	118.5	123.0	125.2	115.0	118.0	114.4
113.5	112.1	112.8	120.0	124.2	135.2	135.2	125.5
104.4	103.9	103.9	102.7	103.7	103.7	103.7	103.8

（上月 =100）

项　　目	1 月	2 月	3 月	4 月
全部原材料	**101. 4**	**101. 5**	**102. 0**	**101. 2**
按材料类别分				
燃料、动力类	101. 4	101. 5	102. 1	100. 0
黑色金属材料类	102. 1	106. 0	106. 0	103. 6
其中：钢材	101. 6	103. 8	103. 4	100. 6
其它	103. 3	111. 1	112. 0	110. 7
有色金属材料和电线类	101. 7	102. 9	104. 2	101. 3
化工原料类	100. 5	102. 3	100. 4	100. 9
木材及纸浆类	99. 6	100. 8	104. 0	100. 8
建筑材料及非金属矿类	101. 9	100. 9	98. 5	101. 9
其它工业原材料及半成品类	101. 5	100. 8	100. 7	102. 1
农副产品类	100. 8	104. 9	101. 2	98. 3
纺织原料类	102. 9	99. 1	101. 6	101. 6
按行业分（企业法）：				
煤炭开采和洗选业	99. 6	100. 2	100. 0	99. 7
石油和天然气开采业	99. 8	100. 6	102. 3	100. 6
黑色金属矿采选业	102. 2	102. 1	103. 0	101. 8
有色金属矿采选业	102. 3	99. 1	102. 6	99. 9
非金属矿采选业	100. 6	100. 0	99. 8	100. 1
其他采矿业	105. 5	104. 9	104. 1	101. 5
农副食品加工业	101. 0	101. 5	101. 5	102. 0
食品制造业	101. 0	101. 0	101. 1	102. 3
饮料制造业	99. 9	100. 5	100. 7	101. 5
烟草制品业	100. 5	102. 0	102. 4	100. 2
纺织业	100. 1	100. 0	100. 5	99. 9
纺织服装、鞋、帽制造业	101. 1	100. 7	99. 9	100. 7

动力购进价格指数

5月	6月	7月	8月	9月	10月	11月	12月
100.7	**100.6**	**100.1**	**100.8**	**100.3**	**101.2**	**100.5**	**99.9**
100.6	101.3	101.3	100.7	101.8	102.8	101.1	99.4
100.5	99.8	101.0	100.9	101.7	101.0	100.6	101.5
100.5	100.0	101.8	100.9	101.7	100.8	100.8	101.8
100.6	99.4	99.0	101.0	101.5	101.6	100.2	101.1
100.7	100.1	100.0	101.7	101.0	101.7	101.2	100.6
101.4	100.7	101.7	102.6	101.7	101.1	101.1	99.8
99.5	102.5	100.3	101.6	99.5	101.2	99.7	100.3
99.7	99.8	102.1	100.4	100.8	99.5	101.4	101.8
100.9	99.9	99.7	100.0	99.6	101.2	99.9	99.3
106.6	100.7	97.4	101.5	98.4	98.1	102.0	100.8
99.3	99.8	97.5	99.4	98.5	100.0	99.9	100.3
101.6	102.1	99.6	109.6	101.1	103.4	100.8	100.6
100.6	100.0	105.3	105.0	98.1	100.6	101.3	101.4
98.0	98.6	99.6	99.2	100.7	100.5	98.6	99.8
98.6	100.8	100.6	100.2	100.7	100.1	102.1	99.7
101.6	100.3	101.8	100.1	107.8	101.5	100.0	100.6
99.6	100.6	101.3	101.0	99.3	99.6	101.1	100.9
102.2	99.8	101.1	101.2	101.4	100.7	99.4	100.7
100.9	100.8	100.7	101.0	101.4	100.2	100.2	100.1
100.6	100.3	99.9	100.3	101.6	100.9	101.0	100.1
102.4	101.5	100.2	101.3	99.7	100.6	100.9	100.9
100.2	99.9	100.8	100.9	100.7	100.2	100.8	99.9
99.8	100.1	100.5	101.3	100.4	99.8	100.9	100.5

（上月＝100）

项　　目	1月	2月	3月	4月
皮革、毛皮、羽毛绒）及其制品业	100.9	102.8	99.7	101.3
木材加工及木、竹、藤、棕、草制品业	100.3	101.1	100.4	101.1
家具制造业	101.4	100.3	98.6	101.3
造纸及纸制品业	100.9	99.9	100.6	100.5
印刷业和记录媒介的复制	100.6	101.3	99.3	100.0
文教体育用品制造业	100.7	102.2	101.2	100.0
石油加工、炼焦及核燃料加工业	101.2	102.6	99.3	101.0
化学原料及化学制品制造业	105.4	100.7	101.5	100.5
医药制造业	100.5	100.4	101.1	98.5
化学纤维制造业	101.7	101.2	100.1	101.6
橡胶制品业	100.5	101.3	101.3	101.5
塑料制品业	100.5	102.6	101.7	100.3
非金属矿物制品业	101.7	100.8	100.8	100.2
黑色金属冶炼及压延加工业	102.6	103.0	105.3	102.1
有色金属冶炼及压延加工业	101.2	102.5	101.8	100.4
金属制品业	101.6	102.8	102.4	101.4
通用设备制造业	100.9	102.2	101.0	100.9
专用设备制造业	100.2	101.3	104.4	102.5
交通运输设备制造业	100.6	103.1	101.7	100.5
电气机械及器材制造业	100.7	101.9	102.4	100.7
通信设备、计算机及其他电子设备制造业	100.4	100.8	101.3	100.0
仪器仪表及文化、办公用机械制造业	100.2	100.6	100.4	100.9
工艺品及其他制造业	100.6	101.4	101.0	100.2
废弃资源和废旧材料回收加工业	100.9	99.5	100.0	100.0
电力、热力的生产和供应业	102.4	101.3	99.1	101.0
燃气生产和供应业	102.3	102.3	100.0	103.4
水的生产和供应业	100.0	100.0	101.4	100.9

续上表

5月	6月	7月	8月	9月	10月	11月	12月
100.5	100.8	98.6	99.2	100.8	100.3	100.2	100.0
100.8	100.8	100.4	100.2	102.5	100.9	100.2	100.6
100.5	99.7	100.1	100.2	100.7	101.9	101.1	99.9
100.5	100.2	100.7	101.5	100.1	101.9	100.0	100.1
100.0	101.7	100.4	101.2	101.4	101.3	98.2	100.0
100.1	99.9	100.3	101.1	100.8	101.0	101.1	100.2
101.1	100.9	102.7	102.8	101.6	101.2	100.8	100.0
100.6	101.6	101.7	103.6	102.9	102.1	100.4	99.8
101.0	100.1	98.1	98.4	101.7	100.1	100.4	100.7
102.3	99.6	100.6	100.7	101.1	100.5	100.7	100.7
101.6	101.7	99.8	101.5	101.4	101.4	101.3	100.4
100.5	100.0	101.7	102.1	101.3	102.6	103.4	100.5
100.8	100.1	101.0	101.7	101.5	101.7	100.4	100.6
99.6	100.4	98.7	100.7	101.7	102.3	99.9	100.4
101.9	99.4	99.4	103.2	101.1	102.0	100.4	100.8
100.0	100.7	100.6	101.1	101.0	101.7	100.9	101.6
98.9	100.0	101.1	100.1	99.5	100.4	100.4	100.1
100.6	100.2	101.0	100.8	99.8	100.9	99.6	99.5
99.7	99.7	99.7	100.6	100.8	100.6	100.8	99.9
99.8	100.6	100.6	101.2	100.8	102.0	100.7	99.8
101.0	100.3	100.2	100.5	100.7	101.8	100.6	100.1
100.3	99.4	100.0	100.5	101.3	100.7	100.1	99.9
100.8	100.1	100.3	101.9	101.8	102.3	100.5	99.4
100.0	100.0	100.0	100.0	100.0	100.0	100.0	100.0
99.9	101.3	100.4	101.6	103.2	101.1	102.4	98.8
103.1	101.7	97.4	103.9	104.3	107.6	106.0	96.8
101.3	99.4	99.9	99.9	100.2	100.2	100.0	100.0

（上年同期 = 100）

市　别	全年	1 月	2 月	3 月	4 月	5 月
广　州	102.1	101.2	100.8	101.4	101.7	101.9
深　圳	99.5	98.4	98.5	98.3	98.2	98.8
珠　海	100.1	99.0	99.5	99.4	100.5	100.9
汕　头	103.1	101.8	102.1	102.8	103.5	104.4
佛　山	102.2	100.3	100.6	101.4	101.8	102.1
江　门	103.3	101.3	101.4	102.6	102.9	103.5
湛　江	109.0	103.2	101.6	102.2	103.3	107.3
中　山	101.6	100.0	100.3	101.1	101.7	101.7
茂　名	111.1	103.5	102.3	100.7	105.0	109.0
云　浮	105.0	103.0	103.4	104.1	104.7	104.6
韶　关	113.1	108.3	108.3	118.0	116.0	109.3
惠　州	99.5	98.5	98.9	99.5	101.0	99.6
东　莞	101.4	100.2	100.5	101.0	101.4	101.4
肇　庆	102.2	100.7	101.0	102.4	102.1	103.1
梅　州	107.6	105.4	107.3	108.4	109.0	108.3
河　源	111.5	107.9	110.0	115.5	115.4	113.4
阳　江	104.4	102.3	102.9	104.7	105.2	104.6
汕　尾	101.1	99.8	99.7	100.4	100.7	100.6
清　远	104.8	102.9	103.8	104.6	105.4	105.0
潮　州	101.1	100.3	100.4	100.4	101.2	100.4
揭　阳	102.3	100.9	100.9	101.9	102.3	102.3

品出厂价格指数

6月	7月	8月	9月	10月	11月	12月
102.3	102.2	102.2	102.7	103.1	103.3	102.5
100.3	100.3	100.4	101.1	99.7	100.4	99.9
100.4	100.0	100.5	100.8	100.7	100.2	99.8
103.6	102.2	102.7	103.7	103.9	103.4	102.9
102.4	102.5	102.6	102.9	103.2	103.2	102.6
103.6	103.4	103.8	104.6	104.9	104.0	104.2
108.9	111.0	111.5	114.5	115.4	117.5	111.2
101.6	101.7	102.0	102.5	102.4	102.1	102.4
112.2	111.8	114.5	117.9	120.6	121.8	114.7
104.6	105.7	106.2	106.9	106.6	105.8	104.3
111.7	108.8	113.2	114.8	117.6	116.1	114.6
99.4	98.5	100.0	100.0	99.8	99.2	99.2
101.5	101.1	101.8	102.3	102.3	101.9	101.6
102.4	102.2	102.5	103.0	103.0	102.0	102.5
108.2	107.7	108.1	108.9	108.6	106.4	104.3
111.9	110.0	110.2	112.1	112.2	110.8	108.7
104.4	103.9	104.9	105.1	105.7	104.7	104.4
101.7	101.8	101.5	101.1	101.6	102.1	101.9
105.0	104.9	105.2	106.0	106.3	104.8	103.5
100.8	100.5	101.2	102.3	102.2	102.1	101.2
102.6	102.2	102.5	103.1	103.3	102.6	102.9

1997－2004年各省、市、区工业品出厂价格指数

（上年＝100）

地　区	1997年	1998年	1999年	2000年	2001年	2002年	2003年	2004年
全　国	99.7	95.9	97.6	102.8	98.7	97.8	102.3	106.1
北　京	100.6	95.1	97.8	102.5	99.4	96.6	101.5	103.0
天　津	98.3	94.7	96.4	102.8	95.9	95.9	102.5	104.1
河　北	98.8	94.4	95.9	105.3	99.9	99.4	107.1	111.6
山　西	102.2	97.5	95.3	100.9	100.3	103.6	112.2	116.1
内蒙古	101.5	98.0	100.4	102.8	100.1	99.3	103.2	105.1
辽　宁	100.1	95.8	102.0	108.8	98.6	97.8	103.6	107.1
吉　林	101.4	96.9	100.1	105.1	100.3	98.6	102.5	105.0
黑龙江	102.3	97.7	107.4	122.9	95.9	97.8	111.9	113.1
上　海	98.9	93.9	97.6	102.5	96.7	96.4	101.4	103.6
江　苏	97.9	94.5	96.1	101.1	99.1	97.6	102.3	106.5
浙　江	99.2	96.0	96.8	101.1	98.3	96.9	100.6	105.0
安　徽	99.4	96.4	92.9	98.9	98.6	99.8	103.5	108.2
福　建	100.3	95.7	96.6	100.5	98.1	97.2	100.7	102.6
江　西	101.7	98.4	96.1	101.0	98.1	98.5	104.0	109.7
山　东	101.1	96.0	97.2	105.9	98.1	98.8	103.5	106.4
河　南	100.6	95.3	95.4	104.0	100.5	98.6	105.0	110.2
湖　北	98.6	96.2	97.8	101.7	99.0	98.2	103.5	105.7
湖　南	99.2	95.9	98.5	102.9	99.8	99.2	102.6	108.0
广　东	100.1	94.8	97.7	103.4	98.5	96.5	99.3	101.7
广　西	97.7	95.4	95.6	105.5	106.3	95.6	102.8	109.7
海　南							99.5	100.0
重　庆		94.6	97.7	98.6	102.2	98.9	100.6	105.4
四　川	101.2	97.3	97.0	98.1	99.9	98.2	100.5	108.0
贵　州	101.2	98.2	99.9	100.4	98.1	97.6	103.4	108.8
云　南	100.7	97.2	98.2	101.2	98.1	97.6	101.4	103.3
西　藏								
陕　西	103.7	96.6	97.9	101.5	100.4	100.7	105.7	107.3
甘　肃	104.9	95.2	98.1	107.2	98.5	97.9	110.0	114.3
青　海	104.3	100.7	102.8	108.1	93.7	97.6	105.5	111.2
宁　夏	100.3	97.7	98.4	103.6	100.3	99.7	103.9	110.0
新　疆	104.9	95.8	100.2	129.4	96.3	97.3	115.1	116.4

1997－2004 年各省、市、区原材料、燃料、动力购进价格指数

（上年＝100）

地　区	1997 年	1998 年	1999 年	2000 年	2001 年	2002 年	2003 年	2004 年
全　国	101.3	95.8	96.7	105.1	99.9	97.7	104.8	111.4
北　京	103.4	98.1	95.8	100.0	100.5	97.1	104.7	114.2
天　津	99.0	95.9	96.3	104.5	98.8	95.9	108.7	115.4
河　北	102.0	96.2	95.4	103.3	101.0	97.3	109.4	118.4
山　西	102.0	97.3	97.0	102.0	101.8	102.6	107.8	114.5
内蒙古	100.9	98.1	96.8	106.5	101.3	99.9	102.9	109.2
辽　宁	103.1	99.3	99.1	103.9	99.9	98.3	105.1	112.1
吉　林	103.9	96.6	100.5	106.8	101.8	97.8	104.8	110.5
黑龙江	104.4	98.6	98.2	108.6	99.5	99.3	107.6	115.2
上　海	97.8	94.1	97.1	107.1	98.7	97.7	106.4	116.4
江　苏	98.0	91.5	94.4	107.1	99.5	98.6	106.5	116.3
浙　江	96.5	92.6	96.2	107.2	99.6	97.5	105.8	113.4
安　徽	101.7	96.0	94.5	102.6	101.2	98.2	106.7	115.0
福　建	98.6	92.5	97.9	112.4	96.7	97.6	106.3	113.3
江　西	100.4	95.4	96.9	101.2	99.3	98.6	106.5	114.5
山　东	100.6	93.4	93.4	104.7	100.0	98.7	105.7	113.4
河　南	100.7	94.8	94.3	105.1	101.9	97.6	107.8	115.7
湖　北	101.5	95.2	95.6	105.6	100.2	97.7	108.2	113.1
湖　南	100.1	94.8	96.2	106.7	101.1	99.3	106.7	114.4
广　东	97.3	91.4	97.8	110.9	99.1	96.3	104.1	110.7
广　西	99.3	95.3	93.6	100.9	103.7	95.6	101.2	116.3
海　南							102.2	105.9
重　庆		95.1	96.9	105.6	99.5	99.1	104.9	110.3
四　川	101.6	95.3	96.8	101.7	98.5	99.2	101.7	112.0
贵　州	101.9	95.7	97.0	102.9	100.2	97.6	106.0	109.6
云　南	102.9	100.7	98.8	101.5	99.4	97.6	102.7	113.0
西　藏								
陕　西	106.8	97.1	95.5	100.0	100.5	98.8	104.8	110.4
甘　肃	102.2	96.4	98.3	111.8	101.4	98.1	105.6	112.5
青　海	110.7	101.3	99.1	98.9	99.1	102.8	101.8	108.5
宁　夏	103.5	101.1	97.0	105.8	102.5	97.8	106.8	117.3
新　疆	104.5	95.6	98.2	115.2	98.9	94.9	114.8	118.2

2001－2004年固定资产投资价格指数

（上年＝100）

项　　目	2001年	2002年	2003年	2004年
固定资产投资	100.2	99.7	102.2	106.4
建筑安装、装饰工程	101.5	101.2	104.3	109.9
人工费	102.0	102.4	102.9	103.5
材料费	100.8	101.2	105.4	113.8
钢材	100.3	102.3	111.2	122.2
木材	101.5	101.4	99.4	103.8
水泥	100.0	98.6	102.3	110.3
地方建筑材料	101.3	98.6	99.3	105.4
化工材料	103.9	100.8	110.0	110.3
电料	99.8	100.4	102.3	106.5
其他材料	101.8	99.8	97.7	102.6
机械费	102.0	101.4	100.9	101.3
设备、工器具购置	95.5	94.6	96.8	98.4
其他费用	100.6	100.7	100.5	102.0

2004年固定资产投资价格指数

（上年同期＝100）

项　　目	1季度	2季度	3季度	4季度
固定资产投资	108.3	107.7	104.6	105.1
建筑安装、装饰工程	112.8	111.4	107.3	108.0
人工费	103.1	105.4	103.0	102.6
材料费	118.2	115.6	110.1	111.4
钢材	130.9	127.0	116.7	114.0
木材	105.6	103.8	104.1	101.8
水泥	113.7	113.0	106.7	108.0
地方建筑材料	103.8	106.6	104.3	106.7
化工材料	103.3	105.9	112.7	119.4
电料	104.5	103.8	108.4	109.6
其他材料	102.0	100.9	104.7	102.7
机械费	102.3	101.6	100.8	100.7
设备、工器具购置	98.2	98.9	98.5	98.1
其他费用	102.4	103.2	100.9	101.6

主要统计指标解释

零售价格指数 是反映城乡商品零售价格变动趋势的一种经济指数。零售物价的调整变动直接影响到城乡居民的生活支出和国家的财政收入，影响居民购买力和市场供需平衡，影响消费与积累的比例。因此，计算零售价格指数，可以从一个侧面对上述经济活动进行观察和分析。

居民消费价格指数 是反映一定时期内城乡居民所购买的生活消费品价格和服务项目价格变动趋势和程度的相对数。是综合了城市居民消费价格指数和农村居民消费价格指数计算取得。利用居民消费价格指数，可以观察和分析消费品的零售价格和服务项目价格变动对城乡居民实际生活费支出的影响程度。

城市居民消费价格指数 是反映城市居民家庭所购买的生活消费品和服务项目价格变动趋势及其程度的相对数。编制城市居民消费价格指数，可以观察和分析消费品的零售价格和服务项目价格变动对职工货币工资的影响，作为研究职工生活和确定工资政策的依据。

农村居民消费价格指数 是反映农村居民家庭所购买的生活消费品的价格和服务项目价格变动趋势和程度的相对数。用它可以观察农村消费品的零售价格和服务项目价格变动对农村居民生活消费支出的影响，直接反映农民生活水平的实际变化情况，为分析和研究农村居民生活问题提供依据。

农产品收购价格指数 是反映国有商业、集体商业、个体商业、外贸部门、国家机关、社会团体等各种经济类型的商业企业和有关部门收购农产品价格的变动趋势和程度的相对数。农产品收购价格指数可以观察和研究农产品收购价格总水平的变化情况，以及对农民货币收入的影响，作为制订和检查农产品价格政策的依据。

农村工业品零售价格指数 是反映农村市场工业品零售价格水平变动趋势和程度的相对数。通过农村工业品零售价格指数，可以观察工业品零售价格变动对农民货币支出的影响。

工业品出厂价格指数 是反映各工业部门主要工业产品出厂价格变动趋势和程度的相对数。编制该价格指数，用以观察和分析在生产环节中工业品价格变动对企业经济效益及宏观经济运行的影响，并为工业增长速度的科学计算提供重要的依据。

原材料、燃料和动力购进价格指数 是反映工业企业购进原材料、燃料、动力价格的变动趋势和程度的相对数。编制该价格指数，是从投入的角度，观察和分析物料投入价格水平变动对工业产出的影响。

第二部分 城镇居民生活

DI ER BU FEN CHENG ZHEN JU MIN SHENG HUO

城镇居民家庭基本情况

项　　目		1985 年	1990 年	1995 年	2000 年	2004 年
调查户数	**（户）**	**1600**	**1500**	**1550**	**1600**	**1600**
平均每户家庭人口	**（人）**	**4.19**	**3.85**	**3.58**	**3.57**	**3.28**
平均每户就业人口	**（人）**	**2.37**	**2.21**	**2.07**	**1.97**	**1.74**
平均每户就业率	**（%）**	**56.6**	**57.3**	**57.8**	**55.2**	**53.0**
平均每人可支配收入	**（元）**	**954.12**	**2303.15**	**7438.68**	**9761.57**	**13627.65**
# 平均每人工薪收入	（元）	753.7	1527.47	4908.21	6286.48	11646.42
平均每人消费性支出	**（元）**					**10694.79**
食品	（元）					3953.30
衣着	（元）					620.07
家庭设备用品及服务	（元）					592.66
医疗保健	（元）					649.70
交通和通信	（元）					1754.12
教育文化娱乐服务	（元）					1577.70
居住	（元）					1205.12
杂项商品和服务	（元）					342.11
平均每人住房使用面积	**（平方米）**	**8.55**	**12.13**	**16.24**	**19.51**	**25.12**
平均每人购买商品情况						
粮食	（公斤）	118.7	116.48	87.94	72.64	71.78
猪肉	（公斤）	21.21	22.42	20.82	19.56	28.82
牛羊肉	（公斤）	2.36	2.38	2.07	2.08	3.06
家禽	（公斤）	6.72	8.41	14.38	15.91	17.21
蛋	（公斤）	4.4	4.78	7.01	7	6.79
鱼	（公斤）	16.41	17.38	20.31	23.54	19.23
食用植物油	（公斤）	4.09	4.45	6.98	7.45	8.95
鲜菜	（公斤）	95.05	100.7	102.71	102.36	106.59
鲜瓜果	（公斤）	17.12	21.67	28.85	35.31	37.61
鲜奶品	（公斤）	1.12	0.81	1.17	3.34	8.97
酒类	（公斤）	3.21	3.38	3.21	2.55	2.41
服装	（件）	2.35	2.6	6.33	6.73	8.41
鞋类	（双）	1.48	1.67	2.03	1.98	2.34
平均每百户主要消费品年末拥有量						
摩托车	（辆）	0.01	3.33	22.58	58.84	76.91
家用汽车	（辆）				1.7	6.56
洗衣机	（台）	50.13	80.73	94.01	97.5	97.36
电冰箱	（台）	23.06	52.8	74	81.87	93.42
彩色电视机	（台）	39.94	74.53	104.97	135.59	154.69
影碟机	（台）				65.19	85.64
家用电脑	（台）				25.78	64.28
组合音响	（台）		9.4	31.27	48.55	54.33
摄像机	（台）				1.97	4.83
微波炉	（台）				29.86	58.65
空调器	（台）		2.87	41.2	98.04	155.95
移动电话	（部）				57.94	170.86

注：1. 2001 年以前可支配收入的其中数为人均工资性收入
　　2. 2001 年以前住房为居住面积

城镇居民人均可支配收入及消费性支出

年份	人均可支配收入（元）	比上年增长%		人均消费性支出（元）	比上年增长%	
		名义增长	实际增长		名义增长	实际增长
1978	412.13			399.96		
1979	416.33	1.0	-3.4	424.56	6.2	1.5
1980	472.57	13.5	3.7	485.76	14.4	4.5
1981	560.69	18.6	11.6	517.44	6.5	0.2
1982	631.45	12.6	9.8	592.08	14.4	11.5
1983	714.20	13.1	10.0	660.12	11.5	8.5
1984	818.37	14.6	12.4	744.36	12.8	10.7
1985	954.12	16.6	-0.4	889.56	19.5	2.1
1986	1102.09	15.5	10.3	998.88	12.3	7.2
1987	1320.89	19.9	6.3	1215.84	21.7	7.9
1988	1583.13	19.9	-7.4	1506.99	23.9	-4.3
1989	2086.21	31.8	8.1	1921.05	27.5	4.6
1990	2303.15	10.4	13.3	1983.86	3.3	6.0
1991	2752.18	19.5	16.8	2388.77	20.4	17.7
1992	3476.70	26.3	16.5	2830.62	18.5	10.4
1993	4632.38	33.2	9.2	3777.43	33.4	10.3
1994	6367.08	37.4	13.6	5181.30	37.2	13.4
1995	7438.68	16.8	3.3	6253.68	20.7	6.7
1996	8157.81	9.7	2.3	6736.09	7.7	0.5
1997	8561.71	5.0	2.8	6853.48	1.7	-0.3
1998	8839.68	3.2	5.0	7054.09	2.9	4.7
1999	9125.92	3.2	4.9	7517.81	6.6	8.3
2000	9761.57	7.0	4.7	8016.91	6.6	4.3
2001	10415.19	6.7	7.6	8099.63	1.0	1.8
2002	11137.20	9.1	10.6	8988.48	11.0	12.6
2003	12380.43	11.2	10.4	9636.24	7.2	6.5
2004	13627.65	10.1	7.3	10694.79	11.0	8.2

注：1. 可支配收入＝家庭总收入－交纳所得税－个人交纳的社会保障支出－记帐补贴。
2. 消费性支出指用于日常生活的全部支出，包括食品、衣着、家庭设备用品及服务、医疗保健、交通和通讯、娱乐教育文化服务、居住、杂项商品和服务等八大类支出。
3. 2002 年人均可支配收入增幅按可比口径计算。

2004 年按收入等级分的

项　　目		总平均	最低收入户	困难户
调查户数	**（户）**	**1600.00**	**161.50**	**80.75**
平均每户家庭人口	**（人）**	**3.28**	**3.85**	**3.97**
平均每户就业人口	**（人）**	**1.74**	**1.45**	**1.21**
平均每户就业率	**（%）**	**53.0**	**37.7**	**30.5**
平均每人可支配收入	**（元）**	**13627.65**	**3720.10**	**3148.46**
# 平均每人工薪收入	（元）	11646.42	2427.99	2023.19
平均每人消费性支出	**（元）**	**10694.79**	**3575.56**	**3205.45**
食品	（元）	3953.30	1991.39	1807.04
衣着	（元）	620.07	97.26	81.29
家庭设备用品及服务	（元）	592.66	121.09	103.07
医疗保健	（元）	649.70	148.58	178.45
交通和通信	（元）	1754.12	312.27	274.85
教育文化娱乐服务	（元）	1577.70	319.74	244.61
居住	（元）	1205.12	504.66	451.22
杂项商品和服务	（元）	342.11	80.57	64.92
平均每人住房现使用面积	**（平方米）**	**25.12**	**19.10**	**18.29**
平均每人购买商品情况				
粮食	（公斤）	71.78	79.67	76.49
食用植物油	（公斤）	8.95	8.82	7.53
猪肉	（公斤）	28.82	26.59	24.27
牛羊肉	（公斤）	3.06	2.24	1.94
家禽	（公斤）	17.21	12.86	11.70
蛋类	（公斤）	6.79	5.10	4.87
鱼	（公斤）	19.23	16.37	15.86
鲜菜	（公斤）	106.59	93.31	92.40
酒类	（公斤）	2.41	1.26	1.42
鲜瓜果	（公斤）	37.61	18.06	15.19
鲜乳品	（公斤）	8.97	1.87	0.87
服装	（件）	8.41	2.66	2.34
鞋类	（双）	2.34	1.14	1.14
平均每百户主要消费品年末拥有量				
摩托车	（辆）	76.91	57.81	60.24
家用汽车	（辆）	6.56	0.66	
洗衣机	（台）	97.36	78.77	77.50
电冰箱	（台）	93.42	58.43	47.71
彩色电视机	（台）	154.69	116.82	113.59
影碟机	（台）	85.64	69.06	63.86
家用电脑	（台）	64.28	17.43	17.38
组合音响	（套）	54.33	31.84	27.66
摄像机	（架）	4.83		
微波炉	（台）	58.65	22.79	23.65
空调器	（台）	155.95	39.06	30.89
移动电话	（部）	170.86	71.68	69.18

城镇居民家庭基本情况

低收入户	中等偏下户	中等收入户	中等偏上户	高收入户	最高收入户
160.42	**323.08**	**323.17**	**319.83**	**159.83**	**152.17**
3.60	**3.41**	**3.26**	**3.11**	**3.00**	**2.83**
1.63	**1.67**	**1.77**	**1.82**	**1.90**	**1.85**
45.3	**49.0**	**54.3**	**58.5**	**63.3**	**65.4**
5620.64	**7781.47**	**11321.08**	**16566.66**	**23954.06**	**38314.56**
3922.85	6134.66	9346.42	15093.10	22524.73	32575.59
5003.37	**7056.57**	**9434.32**	**12909.08**	**17958.19**	**25961.87**
2576.14	3082.60	3822.51	4883.83	5490.17	6804.73
210.15	301.41	498.94	889.69	1143.25	1686.93
236.83	286.02	488.97	724.22	1087.84	1804.79
238.60	316.09	725.08	803.65	1277.73	1397.59
459.34	1253.28	1157.79	1727.45	3573.18	6061.45
559.28	889.29	1344.00	2116.62	3100.20	3844.01
592.11	765.40	1093.05	1335.93	1729.13	3326.30
130.94	162.49	303.97	427.69	556.69	1036.06
25.69	**23.82**	**25.31**	**24.89**	**28.71**	**31.77**
88.15	75.79	72.60	62.70	59.11	64.32
8.69	9.58	9.29	8.94	7.18	8.95
27.62	29.85	29.07	28.74	27.90	31.18
2.61	3.36	3.29	2.93	3.20	3.48
17.08	17.71	18.60	16.84	17.89	18.53
6.33	6.39	6.75	7.51	6.99	8.69
16.84	18.26	20.63	20.51	19.72	21.12
98.65	102.97	109.91	108.04	108.92	127.72
1.57	2.68	2.09	3.12	2.34	3.44
23.33	30.94	39.04	45.66	51.22	59.80
4.93	5.98	9.19	12.45	14.50	15.84
4.86	5.79	8.19	10.95	13.62	15.69
1.84	1.79	2.24	3.03	3.17	3.57
58.13	76.00	88.18	81.18	85.05	73.27
	1.30	3.27	5.17	16.15	29.79
91.19	96.11	97.19	101.83	104.66	107.33
68.03	91.12	97.09	102.33	111.09	111.58
133.29	146.54	150.57	166.30	190.70	177.32
70.76	72.37	84.38	96.06	114.88	94.56
27.10	45.52	69.30	78.83	96.92	108.17
38.59	46.67	51.08	61.23	74.16	79.36
0.24	0.83	2.77	4.10	16.27	16.90
26.77	44.28	60.38	74.68	86.77	86.72
64.98	108.54	151.85	197.40	258.84	269.99
102.87	148.61	176.42	203.43	235.77	230.54

2004年按收入等级分的城镇居

单位：元

项　　目	总平均	最低收入户	困难户
家庭总收入	**14953.39**	**3911.26**	**3334.79**
#可支配收入	13627.65	3720.10	3148.46
工薪收入	11646.42	2427.99	2023.19
工资及补贴收入	11502.42	2242.02	1768.20
其他劳动收入	143.99	185.97	254.98
经营净收入	738.35	487.05	319.74
财产性收入	371.29	32.48	26.41
利息收入	22.71		
股息与红利收入	87.66	7.99	15.20
保险收益	2.76		
其它投资收入	2.65	0.20	
出租房屋收入	252.66	24.15	10.95
知识产权收入	0.01		
其他财产性收入	2.84	0.14	0.25
转移性收入	2197.34	963.75	965.45
养老金或离退休金	1360.44	570.03	555.82
社会救济收入	13.50	47.30	77.53
辞退金	63.44	0.05	
赔偿收入	0.68		
保险收入	38.28	38.54	38.92
#失业保险金	29.71	38.54	38.92
赡养收入	187.62	90.09	60.52
捐赠收入	326.18	154.13	167.19
亲友搭伙费	71.74	9.84	10.44
提取住房公积金	5.10		
记帐补贴	83.35	47.49	47.62
其他转移性收入	47.01	6.28	7.41
出售财物收入	**95.34**	**2.05**	**2.53**
出售住房收入	78.03		
出售其他物品收入	17.31	2.05	2.53
借贷收入	**5131.11**	**442.09**	**428.52**
提取储蓄存款	4529.16	383.61	386.34
借入款	155.80	50.38	38.83
收回借出款	26.19	3.58	0.42
收回储蓄性保险本	1.00		
兑售有价证券	1.00		
收回投资本金	0.81		
住房贷款	296.78		
汽车贷款	39.60		
教育贷款	3.32		
其他贷款	2.09		
其他借贷收入	75.36	4.51	2.94

民家庭平均每人全年现金收入

低收入户	中等偏下户	中等收入户	中等偏上户	高收入户	最高收入户
5933. 29	**8410. 07**	**12348. 84**	**18431. 71**	**26821. 90**	**41902. 20**
5620. 64	7781. 47	11321. 08	16566. 66	23954. 06	38314. 56
3922. 85	6134. 66	9346. 42	15093. 10	22524. 73	32575. 59
3838. 68	6050. 52	9247. 97	14948. 48	22456. 05	32085. 19
84. 17	84. 14	98. 45	144. 62	68. 68	490. 39
631. 91	690. 27	808. 32	445. 53	994. 54	1548. 24
156. 11	111. 40	124. 08	267. 28	649. 36	2255. 76
5. 73	22. 98	1. 88	11. 82	16. 62	154. 78
4. 10	13. 99	37. 31	140. 52	90. 69	463. 92
			9. 44	4. 11	6. 22
3. 77	0. 10	1. 97	6. 99	2. 61	2. 18
139. 12	73. 68	82. 77	97. 86	525. 66	1612. 83
	0. 03				
3. 39	0. 61	0. 16	0. 65	9. 68	15. 82
1222. 42	1473. 74	2070. 02	2625. 81	2653. 28	5522. 62
743. 94	943. 14	1344. 85	1732. 51	1515. 85	3118. 56
3. 38	17. 07	16. 46	2. 74	2. 45	2. 32
		32. 70	87. 61	29. 52	425. 13
			0. 36		7. 06
31. 70	48. 91	44. 48	25. 07	53. 36	20. 78
31. 42	48. 63	30. 01	19. 81	7. 84	15. 74
232. 71	137. 07	153. 27	181. 99	412. 29	251. 92
129. 84	194. 84	341. 17	351. 62	344. 47	976. 95
4. 86	44. 99	44. 36	96. 23	106. 29	271. 33
	1. 98	5. 08	11. 91	4. 89	9. 56
52. 74	66. 74	79. 66	97. 87	117. 65	146. 40
23. 25	19. 02	8. 00	37. 91	66. 50	292. 60
0. 20	**1. 06**	**79. 32**	**2. 43**	**746. 95**	**153. 16**
		78. 08		712. 58	
0. 20	1. 06	1. 23	2. 43	34. 37	153. 16
1319. 20	**1866. 36**	**3322. 69**	**5705. 04**	**13027. 19**	**18680. 43**
1154. 85	1793. 33	2830. 99	4835. 06	10897. 95	17485. 94
127. 99	34. 34	209. 43	428. 88	0. 56	0. 56
33. 83	1. 09	13. 80	41. 27	6. 55	121. 06
	1. 67	1. 12	2. 12		
0. 08					11. 62
	4. 01				
		240. 48	251. 90	2055. 52	214. 23
					461. 35
1. 42	15. 66				
			0. 28	20. 34	3. 29
1. 04	16. 25	26. 88	145. 53	46. 25	382. 39

2004 年按收入等级分的城镇居民

单位:%

项　　目	总平均	最低收入户	困难户
家庭总收入	**100.0**	**100.0**	**100.0**
# 可支配收入	91.1	95.1	94.4
工薪收入	77.9	62.1	60.7
工资及补贴收入	76.9	57.3	53.0
其他劳动收入	1.0	4.8	7.6
经营净收入	4.9	12.5	9.6
财产性收入	2.5	0.8	0.8
利息收入	0.2		
股息与红利收入	0.6	0.2	0.5
保险收益	…		
其它投资收入	…	…	
出租房屋收入	1.7	0.6	0.3
知识产权收入	…		
其他财产性收入	…	…	…
转移性收入	14.7	24.6	29.0
养老金或离退休金	9.1	14.6	16.7
社会救济收入	0.1	1.2	2.3
辞退金	0.4	…	
赔偿收入	…		
保险收入	0.3	1.0	1.2
# 失业保险金	0.2	1.0	1.2
赡养收入	1.3	2.3	1.8
捐赠收入	2.2	3.9	5.0
亲友搭伙费	0.5	0.3	0.3
提取住房公积金	…		
记帐补贴	0.6	1.2	1.4
其他转移性收入	0.3	0.2	0.2
出售财物收入	**100.0**	**100.0**	**100.0**
出售住房收入	81.8		
出售其他物品收入	18.2	100.0	100.0
借贷收入	**100.0**	**100.0**	**100.0**
提取储蓄存款	88.3	86.8	90.2
借入款	3.0	11.4	9.1
收回借出款	0.5	0.8	0.1
收回储蓄性保险本	…		
兑售有价证券	…		
收回投资本金	…		
住房贷款	5.8		
汽车贷款	0.8		
教育贷款	0.1		
其他贷款	…		
其他借贷收入	1.5	1.0	0.7

家庭平均每人全年现金收入构成

低收入户	中等偏下户	中等收入户	中等偏上户	高收入户	最高收入户
100.0	**100.0**	**100.0**	**100.0**	**100.0**	**100.0**
94.7	92.5	91.7	89.9	89.3	91.4
66.1	72.9	75.7	81.9	84.0	77.7
64.7	71.9	74.9	81.1	83.7	76.6
1.4	1.0	0.8	0.8	0.3	1.2
10.7	8.2	6.5	2.4	3.7	3.7
2.6	1.3	1.0	1.5	2.4	5.4
0.1	0.3	…	0.1	0.1	0.4
0.1	0.2	0.3	0.8	0.3	1.1
			0.1	…	..
0.1	…	…	…	…	…
2.3	0.9	0.7	0.5	2.0	3.8
	…				
0.1	…	…	…	…	…
20.6	17.5	16.8	14.2	9.9	13.2
12.5	11.2	10.9	9.4	5.7	7.4
0.1	0.2	0.1			…
		0.3	0.5	0.1	1.0
			…		…
0.5	0.6	0.4	0.1	0.2	…
0.5	0.6	0.2	0.1	…	…
3.9	1.6	1.2	1.0	1.5	0.6
2.2	2.3	2.8	1.9	1.3	2.3
0.1	0.5	0.4	0.5	0.4	0.6
	…	…	0.1	…	…
0.9	0.8	0.6	0.5	0.4	0.3
0.4	0.2	0.1	0.2	0.2	0.7
100.0	**100.0**	**100.0**	**100.0**	**100.0**	**100.0**
		98.5		95.4	
100.0	100.0	1.6	100.0	4.6	100.0
100.0	**100.0**	**100.0**	**100.0**	**100.0**	**100.0**
87.5	96.1	85.2	84.8	83.7	93.6
9.7	1.8	6.3	7.5		
2.6	0.1	0.4	0.7	0.1	0.7
	0.1	…	…		
…					0.1
	0.2				
		7.2	4.4	15.8	1.2
					2.5
0.1	0.8				
				0.2	…
0.1	0.9	0.8	2.6	0.4	2.1

2004年按收入等级分的城镇居

单位：元

项　　目	总平均	最低收入户	困难户
家庭总支出	**14341.36**	**3903.23**	**3503.52**
消费支出	10694.79	3575.56	3205.45
# 服务性消费支出	3371.35	705.17	590.34
食品	3953.30	1991.39	1807.04
衣着	620.07	97.26	81.29
家庭设备用品及服务	592.66	121.09	103.07
医疗保健	649.70	148.58	178.45
交通和通信	1754.12	312.27	274.85
教育文化娱乐服务	1577.70	319.74	244.61
居住	1205.12	504.66	451.22
杂项商品和服务	342.11	80.57	64.92
购房与建房支出	1054.26		
购房	965.44		
建房	88.83		
转移性支出	1497.61	192.25	160.14
交纳的个人收入税	195.54	8.25	0.80
捐赠支出	561.37	120.85	89.13
购买彩票	15.83	1.99	0.11
赡养支出	655.57	56.18	68.44
# 在外就学子女费用	341.95	42.39	60.94
各种非储蓄性保险支出	25.08	1.75	0.70
# 车辆保险支出	13.34	0.76	0.66
其他转移性支出	44.22	3.23	0.97
财产性支出	47.85		
非生产性利息支出	47.24		
其他	0.61		
社会保障支出	1046.86	135.42	137.92
个人交纳的养老基金	483.85	84.85	87.34
个人交纳的住房公积金	407.99	16.02	6.95
个人交纳的医疗基金	114.18	28.17	37.00
个人交纳的失业基金	37.90	5.49	6.63
其他社会保障支出	2.94	0.89	
借贷支出	**5235.09**	**182.93**	**156.42**
存入储蓄款	4663.85	169.03	149.22
借出款	34.40	0.57	
归还借款	67.93	0.21	0.22
储蓄性保险支出	149.53	11.29	6.99
购买有价证券	31.16	0.10	
其它投资支出	8.81		
归还住房贷款	214.39	1.64	
归还汽车贷款	8.16		
归还教育贷款			
归还其他贷款	0.53		
其他借贷支出	56.33	0.09	

民家庭平均每人全年现金支出

低收入户	中等偏下户	中等收入户	中等偏上户	高收入户	最高收入户
6228.26	**8371.52**	**11934.25**	**17423.60**	**27510.10**	**37198.68**
5003.37	7056.57	9434.32	12909.08	17958.19	25961.87
1085.09	1790.46	2926.82	4385.78	6316.76	9065.92
2576.14	3082.60	3822.51	4883.83	5490.17	6804.73
210.15	301.41	498.94	889.69	1143.25	1686.93
236.83	286.02	488.97	724.22	1087.84	1804.79
238.60	316.09	725.08	803.65	1277.73	1397.59
459.34	1253.28	1157.79	1727.45	3573.18	6061.45
559.28	889.29	1344.00	2116.62	3100.20	3844.01
592.11	765.40	1093.05	1335.93	1729.13	3326.30
130.94	162.49	303.97	427.69	556.69	1036.06
372.63	101.40	358.17	1198.55	4396.17	3524.17
372.63	101.40	358.16	1035.41	4396.17	2866.91
		0.01	163.14		657.26
593.35	674.40	1246.69	1722.51	2762.37	5034.65
1.01	22.71	70.69	236.48	494.49	993.38
225.79	301.64	506.09	744.82	1049.65	1364.78
4.24	10.64	17.94	21.09	25.99	32.13
306.19	320.03	611.57	635.76	1025.50	2419.40
229.15	213.40	416.98	208.02	315.29	1314.34
5.67	8.24	12.24	23.04	81.84	97.86
0.61	1.84	3.19	15.46	42.16	63.37
50.45	11.15	28.16	61.32	84.90	127.09
		17.66	62.76	137.66	230.13
		17.50	62.76	132.11	229.02
		0.16		5.56	1.11
258.90	539.15	877.41	1530.70	2255.70	2447.87
178.04	296.10	449.05	703.51	878.44	987.46
45.33	154.78	289.15	610.58	1100.41	1075.73
28.53	65.54	105.64	159.39	190.26	282.14
6.80	18.55	30.95	55.24	78.85	98.45
0.21	4.18	2.63	1.98	7.74	4.09
679.77	**1596.42**	**3339.04**	**5865.32**	**12234.33**	**22008.39**
627.24	1516.29	2925.14	5321.24	11312.98	18838.40
0.45	1.60	15.94	11.74	14.92	313.81
45.42	7.11	49.99	31.65	26.13	496.00
6.57	42.18	90.63	183.82	341.33	626.47
	2.43	12.28	43.86	0.23	224.78
		29.58	7.36		11.74
	21.74	72.80	247.66	475.82	1212.57
		0.60	2.81	3.81	83.31
		2.22			0.64
0.09	5.07	139.88	15.18	59.11	200.67

2004 年按收入等级分的城镇居

单位：元

项　　目	总平均	最低收入户	困难户
消费支出	**10694.79**	**3575.56**	**3205.45**
#服务性消费支出	3371.35	705.17	590.34
食品	**3953.30**	**1991.39**	**1807.04**
粮油类	422.41	381.03	349.22
粮食	279.01	252.57	234.26
大米	184.74	195.80	187.94
面粉	1.97	0.80	0.47
其他粮食	8.77	4.83	5.01
粮食制品	83.53	51.14	40.86
淀粉及薯类	11.70	6.77	6.02
干豆类及豆制品	27.20	21.46	19.10
油脂类	104.50	100.24	89.83
食用植物油	101.09	93.97	80.59
食用动物油	3.42	6.27	9.24
肉禽蛋水产品类	1405.26	989.74	904.51
肉类	674.25	533.90	482.11
猪肉	493.77	416.67	380.82
牛肉	50.49	36.88	31.09
羊肉	11.04	6.62	6.11
其他肉	9.83	7.59	4.40
肉制品	109.13	66.13	59.68
禽类	298.74	193.72	174.17
鸡	182.84	119.16	108.15
鸭	35.71	33.74	29.49
其他禽类	12.83	4.63	2.69
禽制品	67.35	36.19	33.84
蛋类	49.69	36.82	35.61
鲜蛋	45.01	34.70	33.70
蛋制品	4.69	2.11	1.91
水产品类	382.58	225.30	212.63
鱼	252.09	166.78	155.97
虾	38.21	19.29	20.64
其他水产品	56.54	18.77	16.74
水产制品	35.74	20.46	19.28
蔬菜类	312.31	208.37	199.78
鲜菜	278.70	189.57	182.02
干菜	23.51	11.31	10.00
菜制品	10.10	7.50	7.77

民家庭平均每人全年消费支出

低收入户	中等偏下户	中等收入户	中等偏上户	高收入户	最高收入户
5003.37	**7056.57**	**9434.32**	**12909.08**	**17958.19**	**25961.87**
1085.09	1790.46	2926.82	4385.78	6316.76	9065.92
2576.14	**3082.60**	**3822.51**	**4883.83**	**5490.17**	**6804.73**
423.49	413.07	429.79	422.92	415.12	484.07
285.99	266.13	283.74	278.10	285.86	318.45
212.39	196.54	188.81	165.39	154.40	174.68
2.22	0.91	1.40	1.68	3.16	6.60
4.67	6.53	9.21	9.91	13.70	15.33
66.71	62.15	84.31	101.11	114.59	121.84
7.92	10.56	11.99	13.21	15.10	17.59
25.07	23.99	25.53	28.47	30.24	42.93
104.50	112.40	108.53	103.14	83.91	105.10
96.69	106.94	105.97	102.31	83.60	104.17
7.82	5.45	2.56	0.83	0.31	0.93
1198.41	1394.90	1477.51	1517.44	1510.38	1665.30
607.51	681.04	692.49	711.58	694.96	765.57
464.00	507.86	500.29	508.05	488.22	551.37
43.21	55.94	54.76	49.45	51.16	54.87
8.21	11.90	12.44	10.35	12.97	14.23
14.48	11.52	12.23	8.01	5.87	5.33
77.61	93.82	112.77	135.72	136.74	139.77
272.46	306.83	322.51	307.20	324.13	341.57
167.86	182.24	197.89	190.05	200.74	211.77
49.60	42.57	39.91	24.66	28.62	27.70
9.66	12.47	12.68	13.09	21.82	18.78
45.34	69.55	72.03	79.40	72.95	83.33
46.86	46.38	49.17	54.93	51.54	64.80
43.74	42.33	44.49	49.36	45.37	56.93
3.11	4.05	4.67	5.57	6.18	7.87
271.59	360.65	413.35	443.73	439.75	493.35
187.08	236.73	272.30	289.05	272.35	319.24
30.45	44.78	39.89	42.56	37.91	42.30
31.12	49.86	64.53	69.95	80.43	76.30
22.93	29.28	36.62	42.17	49.06	55.51
246.48	285.29	319.93	345.35	355.88	449.02
222.27	253.30	286.78	307.77	318.30	393.33
15.27	22.88	23.05	27.93	26.26	38.66
8.94	9.11	10.10	9.65	11.32	17.04

单位：元

项　　目	总平均	最低收入户	困难户
调味品	36.17	23.79	20.88
糖烟酒饮料类	246.38	89.93	76.54
糖类	38.85	14.88	12.80
烟草类	97.36	41.00	34.56
酒类	34.96	9.14	8.09
白酒	13.50	4.21	4.11
果酒	8.44	1.14	0.19
啤酒	6.75	1.55	1.52
其他酒	6.27	2.24	2.27
饮料	75.21	24.92	21.09
碳酸饮料	8.85	3.19	2.63
果蔬饮料	5.60	0.82	0.88
瓶装饮用水	14.92	6.66	5.45
茶叶	29.44	10.64	8.65
咖啡可可粉	1.69	0.12	0.08
其他饮料	14.70	3.48	3.40
干鲜瓜果类	223.73	75.97	63.21
鲜果	168.69	55.60	46.38
鲜瓜	15.30	4.48	3.66
干果	7.12	2.56	1.75
瓜果制品	8.44	2.26	2.00
坚果及果仁	24.18	11.07	9.43
糕点、奶及奶制品	203.02	44.06	28.99
糕点	75.62	21.54	15.16
奶及奶制品	127.39	22.52	13.84
鲜乳品	66.05	12.92	5.74
奶粉	32.69	6.76	6.65
酸奶	14.10	1.03	0.44
其他奶制品	14.55	1.81	1.00
其他食品	67.77	13.42	9.05
# 半成品	29.51	3.97	3.27
饮食服务	1036.26	165.07	154.84
食品加工服务费	0.37	0.35	0.62
在外饮食	1035.88	164.72	154.22
购自食堂	136.46	40.00	48.05
购自饮食业	873.10	122.27	104.75
在亲友家搭伙支出	26.32	2.46	1.42

续上表

低收入户	中等偏下户	中等收入户	中等偏上户	高收入户	最高收入户
29.63	30.78	35.79	40.05	44.40	56.27
148.17	171.73	242.26	340.58	317.16	462.03
26.61	26.79	36.72	49.28	56.29	76.42
66.62	70.18	102.73	140.33	110.16	144.86
16.78	28.63	30.67	51.80	38.43	73.02
6.48	11.14	14.32	20.67	8.85	25.41
1.61	5.40	4.98	12.56	13.68	27.06
2.52	5.39	6.46	10.73	8.48	11.43
6.17	6.71	4.91	7.85	7.43	9.13
38.16	46.13	72.13	99.17	112.28	167.72
3.71	5.33	9.34	12.22	11.83	18.54
2.53	2.25	3.77	8.07	10.11	17.64
4.53	9.39	14.21	16.44	32.42	31.75
21.29	19.15	29.68	37.28	31.12	67.22
0.49	0.41	0.93	4.14	2.57	3.54
5.60	9.61	14.20	21.03	24.23	29.03
111.03	159.22	216.57	296.75	337.76	434.95
85.23	119.70	163.22	224.41	246.93	335.51
4.54	10.90	13.65	20.85	29.09	29.90
3.93	5.28	6.13	9.80	12.24	12.28
3.67	6.59	9.13	10.82	13.16	14.51
13.66	16.74	24.45	30.87	36.34	42.75
103.82	134.42	212.73	265.49	347.89	373.46
39.73	56.78	77.49	93.57	121.92	139.81
64.09	77.64	135.23	171.93	225.97	233.64
35.16	41.48	64.69	96.23	111.19	117.44
16.53	22.56	40.19	41.94	56.56	45.19
6.21	6.28	14.63	15.95	26.69	40.55
6.18	7.32	15.72	17.81	31.53	30.47
27.78	36.12	58.60	96.07	132.60	152.40
8.39	12.28	27.83	42.98	63.19	67.40
287.32	457.07	829.33	1559.18	2028.97	2727.26
0.45	0.44	0.22	0.42	0.23	0.59
286.87	456.64	829.11	1558.77	2028.74	2726.67
53.26	117.20	119.71	177.88	195.67	291.79
229.17	325.90	696.03	1314.45	1813.53	2375.36
4.44	13.54	13.37	66.43	19.54	59.51

单位：元

项　　目	总平均	最低收入户	困难户
衣着	**620.07**	**97.26**	**81.29**
服装	455.20	69.36	58.99
男士服装	173.46	28.10	28.06
女士服装	235.98	28.34	19.37
童装	45.76	12.93	11.56
衣着材料	1.51	0.91	0.12
鞋类	137.86	23.19	20.21
其他衣着用品	21.70	3.22	1.73
衣着加工服务费	3.80	0.59	0.25
家庭设备用品及服务	**592.66**	**121.09**	**103.07**
耐用消费品	243.27	46.67	43.50
家具	76.32	15.92	11.81
成套家具	11.08	0.24	
其他家具	65.24	15.68	11.81
家庭设备	166.95	30.75	31.69
洗衣机	27.89	6.52	10.26
电风扇	5.20	1.00	1.09
电冰箱	21.87		
冰柜			
微波炉	3.48	1.87	
空调器	55.34	11.24	14.73
电炊具	8.83	2.20	1.69
淋浴热水器	10.95	0.46	0.30
排油烟机	6.75	1.32	
吸尘器	1.05		
消毒碗柜	2.53		
洗碗机	0.32		
饮水机	7.90		
取暖器	0.66		
其他	14.20	6.14	3.63
室内装饰品	17.85	0.42	0.33
纺织装饰品	4.16	0.01	
装饰灯具	4.08	0.04	0.08
其他装饰品	9.61	0.37	0.25
床上用品	48.79	5.66	3.10
家庭日用杂品	193.26	63.79	53.89
厨、餐、茶具	25.77	5.65	4.62
家用工具	0.78	0.24	0.04
家居清洁用品	38.75	19.50	17.61
其他日用杂品	127.96	38.39	31.62

续上表

低收入户	中等偏下户	中等收入户	中等偏上户	高收入户	最高收入户
210.15	**301.41**	**498.94**	**889.69**	**1143.25**	**1686.93**
148.09	223.28	369.11	626.22	861.64	1276.42
50.13	88.87	142.08	246.21	326.53	463.55
76.02	104.93	185.62	320.87	458.44	709.13
21.94	29.48	41.41	59.14	76.67	103.74
0.51	1.21	2.54	1.57	1.90	1.05
52.76	66.20	107.81	228.77	224.00	334.14
7.91	9.18	15.72	28.48	49.30	63.06
0.88	1.53	3.77	4.66	6.40	12.26
236.83	**286.02**	**488.97**	**724.22**	**1087.84**	**1804.79**
92.78	98.92	213.27	283.35	418.17	822.90
35.88	16.13	68.31	90.84	86.66	320.18
	3.38	7.97	21.60	0.43	50.46
35.88	12.74	60.34	69.24	86.23	269.72
56.90	82.79	144.96	192.52	331.51	502.72
7.36	18.17	20.22	26.70	77.79	74.65
2.18	3.47	4.87	8.99	8.30	7.28
18.17	18.23	11.41	33.20	47.93	36.74
2.14	3.33	3.02	4.02	2.37	8.46
17.03	20.55	50.44	61.93	91.26	200.82
0.96	5.41	9.50	13.18	14.78	17.10
2.00	3.35	16.78	11.40	17.23	31.11
0.98	2.39	10.32	5.74	10.47	20.56
	0.18	0.33	1.13	1.85	6.52
1.02	0.81	2.84	3.69	2.14	8.53
					3.67
1.30	1.45	2.84	9.44	24.71	33.34
0.36		0.49	0.64	2.39	2.21
3.41	5.46	11.89	12.45	30.28	51.75
3.39	9.83	8.51	23.17	23.64	81.68
0.40	0.73	2.54	5.19	8.56	19.37
0.53	4.46	1.14	4.28	5.31	18.26
2.47	4.64	4.83	13.71	9.77	44.06
27.30	22.05	46.74	71.43	61.43	132.99
106.72	134.28	175.02	246.41	308.01	409.57
12.27	18.31	24.14	33.38	44.31	53.21
0.06	0.65	0.62	0.99	1.63	1.65
25.00	30.62	34.13	46.28	59.25	72.67
69.39	84.70	116.12	165.76	202.83	282.04

单位：元

项　　目	总平均	最低收入户	困难户
家具材料	0.84	0.07	0.13
家庭服务	88.64	4.48	2.12
家政服务	71.93	0.57	0.26
加工维修服务费	16.71	3.91	1.86
医疗保健	**649.70**	**148.58**	**178.45**
医疗器具	4.81	0.13	0.23
保健器具	15.84	0.01	
药品费	352.36	109.47	133.61
滋补保健品	96.58	8.80	5.68
医疗费	175.15	29.78	38.55
其他	4.95	0.39	0.37
交通和通讯	**1754.12**	**312.27**	**274.85**
交通	1005.58	117.55	115.19
家庭交通工具	483.05	35.76	49.38
摩托车	43.85	31.68	44.76
自行车	8.33	4.07	4.62
助力车	5.66		
家用汽车	424.56		
其他交通工具	0.66		
车辆用燃料及零配件	156.60	34.16	33.58
燃料	143.56	31.76	31.62
零配件	12.16	2.37	1.95
其他	0.88	0.03	0.01
交通工具服务支出	139.39	18.39	13.20
维修费	27.53	3.39	2.92
车辆使用税费	59.25	0.68	
其它车辆使用费用	52.60	14.31	10.28
交通费	226.54	29.25	19.02
飞机	31.51		
火车	22.98	2.16	1.71
长途汽车	48.82	7.13	3.32
市内公共交通	77.67	12.97	6.00
出租汽车费	32.34	3.17	4.48
其他交通费	13.22	3.82	3.52
通信	748.54	194.71	159.66
通信工具	94.60	2.89	0.96
电话机	2.98	0.63	0.83
移动电话	88.78	1.68	0.12

低收入户	中等偏下户	中等收入户	中等偏上户	高收入户	最高收入户
0.22	0.15	1.86	0.65	1.87	1.05
6.40	20.79	43.56	99.21	274.72	356.60
1.53	7.31	27.63	80.81	249.41	312.21
4.87	13.48	15.93	18.39	25.32	44.39
238.60	**316.09**	**725.08**	**803.65**	**1277.73**	**1397.59**
	0.33	1.06	1.44	4.69	44.38
0.10	2.59	13.81	22.72	55.10	36.07
169.55	208.91	389.48	457.96	608.13	627.75
23.75	28.71	63.96	126.65	232.45	332.06
43.88	69.02	253.49	192.21	370.65	338.16
1.32	6.52	3.27	2.67	6.71	19.16
459.34	**1253.28**	**1157.79**	**1727.45**	**3573.18**	**6061.45**
164.97	741.00	496.03	749.49	2350.91	4290.80
13.13	457.02	61.98	126.71	1359.44	2677.85
	25.51	43.76	61.45	26.55	131.91
5.17	6.52	13.01	7.72	10.41	9.49
7.95	3.20	5.03	9.35	13.72	0.91
	421.79		48.15	1308.76	2528.45
		0.18	0.05		7.08
47.84	79.91	141.92	185.05	259.12	492.72
43.20	73.13	131.50	170.22	233.20	451.72
4.45	6.50	10.09	14.18	22.89	36.98
0.19	0.27	0.33	0.64	3.03	4.02
32.92	113.47	112.19	157.08	259.10	390.15
8.61	13.97	27.37	32.22	46.41	83.79
6.92	63.19	25.25	51.19	133.34	217.00
17.39	36.31	59.57	73.67	79.35	89.36
71.09	90.60	179.94	280.65	473.25	730.09
	0.12	11.64	21.24	38.97	249.54
7.19	5.28	26.31	23.57	61.69	61.90
23.42	30.88	44.26	57.12	97.97	117.96
27.62	37.04	71.25	110.04	166.45	168.58
4.93	8.22	17.86	48.76	84.72	105.02
7.93	9.07	8.62	19.92	23.43	27.08
294.36	512.28	661.76	977.96	1222.27	1770.65
18.76	46.91	70.23	154.35	188.85	243.50
0.80	2.13	2.85	4.92	4.71	4.70
16.17	43.94	65.34	146.13	177.65	229.88

单位：元

项　　目	总平均	最低收入户	困难户
寻呼机			
传真机	0.07		
其他通信工具	2.76	0.58	0.01
通信服务	653.95	191.82	158.70
电信费	644.85	191.49	158.50
邮费	2.94	0.20	0.04
其他	6.16	0.13	0.16
教育文化娱乐服务	**1577.70**	**319.74**	**244.61**
文化娱乐用品	361.73	31.95	21.07
彩色电视机	34.67		
影碟机	9.41	0.83	
录放像机	0.62	0.34	
家用电脑	100.57	0.76	0.01
整机电脑	77.80		
计算机外部设备	9.14	0.56	
各种零配件及耗材	13.63	0.21	0.01
组合音响	6.69		
录音机	3.80	0.81	0.25
摄像机	7.64		
照相机	27.45		
钢琴	3.40		
其他中高档乐器	1.38		
健身器材	1.35		
电子辞典	2.48	0.21	0.39
音像制品及软件	11.00	0.69	0.27
体育用品	4.13	0.24	0.02
书报杂志	52.98	10.76	5.06
纸张文具	17.87	7.55	7.40
其他文娱用品	76.29	9.78	7.67
文化娱乐服务	494.98	38.99	25.85
参观游览	57.20	2.82	1.40
健身活动	11.17	0.83	0.30
团体旅游	335.95	4.28	1.42
其它文娱活动	82.68	28.80	21.88
文娱用品修理服务费	7.98	2.27	0.85
教育	720.99	248.79	197.69
教材	42.41	22.31	15.85
课本及参考书	37.65	21.41	15.28
教育软件	1.30	0.13	0.21
其它教材	3.46	0.77	0.36

续上表

低收入户	中等偏下户	中等收入户	中等偏上户	高收入户	最高收入户
				0. 85	
1. 79	0. 84	2. 04	3. 29	5. 63	8. 92
275. 60	465. 37	591. 52	823. 62	1033. 43	1527. 14
273. 68	462. 40	581. 94	815. 53	1020. 84	1486. 12
0. 66	0. 73	1. 31	2. 73	4. 27	17. 60
1. 27	2. 23	8. 28	5. 35	8. 31	23. 43
559. 28	**889. 29**	**1344. 00**	**2116. 62**	**3100. 20**	**3844. 01**
107. 94	174. 80	308. 65	483. 03	807. 24	934. 65
11. 42	23. 40	27. 54	43. 81	104. 72	59. 94
6. 88	1. 70	13. 41	16. 29	16. 39	8. 73
			2. 57		0. 80
24. 28	58. 96	97. 04	137. 08	245. 00	197. 65
20. 78	53. 23	91. 25	101. 77	163. 08	129. 35
1. 74	2. 08	1. 61	12. 10	44. 78	21. 89
1. 76	3. 65	4. 18	23. 21	37. 13	46. 41
1. 53	1. 12	4. 42	10. 95	2. 76	34. 40
3. 20	0. 89	2. 27	4. 77	10. 13	10. 41
		6. 79	0. 39	16. 94	54. 15
0. 60	0. 96	17. 45	20. 56	82. 70	142. 84
			12. 24		11. 33
3. 54	0. 63	0. 27	2. 34	3. 71	0. 60
	1. 13	0. 82	3. 08	3. 58	0. 26
0. 17	2. 37	2. 04	1. 66	2. 49	11. 39
3. 31	2. 98	9. 50	16. 68	26. 15	27. 77
0. 34	0. 87	4. 39	6. 18	7. 76	12. 37
14. 99	32. 21	48. 37	76. 47	87. 22	124. 41
9. 88	14. 46	15. 05	23. 43	26. 75	34. 02
27. 82	33. 14	59. 26	104. 55	170. 96	203. 56
102. 04	151. 81	347. 49	736. 60	1182. 07	1479. 77
13. 13	24. 79	35. 18	75. 84	155. 70	169. 23
0. 42	3. 65	12. 02	14. 05	20. 26	37. 14
34. 81	60. 78	213. 93	533. 08	875. 73	1078. 10
48. 47	55. 52	77. 98	104. 50	118. 33	182. 31
5. 22	7. 06	8. 38	9. 13	12. 06	13. 00
349. 30	562. 67	687. 87	896. 99	1110. 89	1429. 59
32. 51	47. 48	41. 90	42. 38	53. 36	58. 43
31. 48	44. 73	36. 96	35. 84	46. 65	46. 04
0. 12	0. 48	2. 58	2. 05	2. 12	0. 36
0. 91	2. 27	2. 37	4. 49	4. 59	12. 03

单位：元

项　　目	总平均	最低收入户	困难户
教育费用	678.59	226.48	181.84
非义务教育学杂费	214.23	79.28	56.66
义务教育学杂费	145.24	117.33	108.29
托幼费	81.77	16.43	11.52
成人教育费	77.48		
家教费	18.84	1.68	0.33
培训班	68.31	7.30	2.14
学校住宿费	19.24	1.71	
其他	53.50	2.76	2.91
居住	**1205.12**	**504.66**	**451.22**
住房	399.60	54.29	48.81
租赁房房租	37.96	32.18	44.72
住房装潢支出	330.57	15.26	
维修用建筑材料	28.38	6.84	4.10
其他	2.69		
水电燃料及其他	704.44	433.76	391.29
水	93.07	59.37	51.38
电	370.43	174.42	158.12
燃料	234.27	198.00	180.58
煤炭	3.06	7.23	8.55
液化石油气	187.09	178.66	156.74
管道煤气	43.84	11.85	15.05
其他燃料	0.28	0.26	0.25
其他	6.67	1.97	1.21
居住服务费	101.08	16.61	11.12
物业管理费	68.05	2.52	0.89
维修服务费	5.32	2.37	0.72
其它	27.71	11.72	9.51
杂项商品和服务	**342.11**	**80.57**	**64.92**
杂项商品	221.38	52.79	47.68
金银珠宝饰品	28.73	1.09	
手表	6.51	0.15	0.17
理发美容用具	2.58	0.29	0.13
化妆品	88.73	17.89	14.07
其他杂品	94.83	33.38	33.31
服务	120.73	27.78	17.24
旅馆住宿费	14.86		
理发洗澡费	38.00	17.76	15.30
美容费	25.54	0.38	0.05
其他服务	42.33	9.64	1.90

续上表

低收入户	中等偏下户	中等收入户	中等偏上户	高收入户	最高收入户
316. 79	515. 19	645. 97	854. 61	1057. 53	1371. 16
121. 32	243. 37	208. 05	224. 28	246. 12	390. 01
126. 42	116. 74	127. 06	169. 80	199. 97	204. 42
24. 18	43. 75	107. 61	86. 64	223. 54	106. 36
11. 70	41. 60	71. 69	123. 89	150. 48	174. 11
1. 27	3. 37	13. 32	27. 90	43. 47	66. 44
13. 97	26. 15	66. 50	106. 40	143. 66	151. 81
1. 12	15. 15	12. 93	29. 88	28. 18	55. 17
16. 80	25. 06	38. 81	85. 83	22. 13	222. 83
592. 11	**765. 40**	**1093. 05**	**1335. 93**	**1729. 13**	**3326. 30**
53. 25	68. 83	319. 59	418. 61	676. 98	1914. 84
13. 38	31. 12	34. 50	62. 46	25. 09	55. 68
33. 64	17. 79	260. 34	330. 91	629. 94	1702. 60
5. 86	14. 88	24. 48	23. 52	9. 55	154. 63
0. 39	5. 04	0. 27	1. 73	12. 40	1. 94
514. 41	650. 75	690. 33	783. 62	866. 46	1095. 44
71. 17	87. 03	88. 18	107. 61	110. 76	137. 54
227. 74	324. 07	365. 22	437. 03	508. 37	622. 68
210. 00	235. 57	232. 74	235. 06	242. 78	300. 30
11. 22	3. 60	1. 61	0. 06	0. 36	
192. 45	206. 18	202. 31	168. 56	156. 53	182. 06
5. 72	25. 52	28. 46	66. 35	85. 57	118. 12
0. 61	0. 27	0. 36	0. 10	0. 33	0. 12
5. 50	4. 08	4. 18	3. 92	4. 55	34. 92
24. 44	45. 82	83. 13	133. 70	185. 69	316. 02
5. 79	18. 87	44. 10	92. 43	150. 62	263. 22
0. 31	2. 62	7. 24	5. 54	6. 96	14. 59
18. 34	24. 33	31. 80	35. 74	28. 11	38. 21
130. 94	**162. 49**	**303. 97**	**427. 69**	**556. 69**	**1036. 06**
90. 61	112. 64	191. 63	298. 87	374. 43	592. 14
3. 78	5. 28	15. 14	48. 74	54. 37	111. 28
0. 14	0. 53	3. 70	15. 55	12. 04	16. 98
0. 69	0. 68	1. 37	3. 79	4. 36	10. 64
33. 53	43. 44	67. 89	121. 56	168. 13	248. 91
52. 47	62. 71	103. 52	109. 23	135. 54	204. 33
40. 32	49. 86	112. 34	128. 82	182. 26	443. 93
4. 51	3. 83	5. 11	15. 61	30. 41	79. 33
26. 97	29. 50	38. 77	43. 72	50. 56	69. 51
1. 62	2. 27	16. 28	25. 87	59. 71	129. 45
7. 22	14. 26	52. 19	43. 62	41. 58	165. 64

单位:%

项　　目	总平均	最低收入户	困难户
消费支出	**100.0**	**100.0**	**100.0**
# 服务性消费支出	31.5	19.7	18.4
食品	**37.0**	**55.7**	**56.4**
粮油类	3.9	10.7	10.9
粮食	2.6	7.1	7.3
大米	1.7	5.5	5.9
面粉	…	…	…
其他粮食	0.1	0.1	0.2
粮食制品	0.8	1.4	1.3
淀粉及薯类	0.1	0.2	0.2
干豆类及豆制品	0.3	0.6	0.6
油脂类	1.0	2.8	2.8
食用植物油	0.9	2.6	2.5
食用动物油	…	0.2	0.3
肉禽蛋水产品类	13.1	27.7	28.2
肉类	6.3	14.9	15.0
猪肉	4.6	11.7	11.9
牛肉	0.5	1.0	1.0
羊肉	0.1	0.2	0.2
其他肉	0.1	0.2	0.1
肉制品	1.0	1.8	1.9
禽类	2.8	5.4	5.4
鸡	1.7	3.3	3.4
鸭	0.3	0.9	0.9
其他禽类	0.1	0.1	0.1
禽制品	0.6	1.0	1.1
蛋类	0.5	1.0	1.1
鲜蛋	0.4	1.0	1.1
蛋制品	…	0.1	0.1
水产品类	3.6	6.3	6.6
鱼	2.4	4.7	4.9
虾	0.4	0.5	0.6
其他水产品	0.5	0.5	0.5
水产制品	0.3	0.6	0.6
蔬菜类	2.9	5.8	6.2
鲜菜	2.6	5.3	5.7
干菜	0.2	0.3	0.3
菜制品	0.1	0.2	0.2

家庭平均每人全年消费支出构成

低收入户	中等偏下户	中等收入户	中等偏上户	高收入户	最高收入户
100.0	**100.0**	**100.0**	**100.0**	**100.0**	**100.0**
21.7	25.4	31.0	34.0	35.2	34.9
51.5	**43.7**	**40.5**	**37.8**	**30.6**	**26.2**
8.5	5.9	4.6	3.3	2.3	1.9
5.7	3.8	3.0	2.2	1.6	1.2
4.2	2.8	2.0	1.3	0.9	0.7
…	…	…	…	…	…
0.1	0.1	0.1	0.1	0.1	0.1
1.3	0.9	0.9	0.8	0.6	0.5
0.2	0.1	0.1	0.1	0.1	0.1
0.5	0.3	0.3	0.2	0.2	0.2
2.1	1.6	1.2	0.8	0.5	0.4
1.9	1.5	1.1	0.8	0.5	0.4
0.2	0.1	…	…	…	…
24.0	19.8	15.7	11.8	8.4	6.4
12.1	9.7	7.3	5.5	3.9	2.9
9.3	7.2	5.3	3.9	2.7	2.1
0.9	0.8	0.6	0.4	0.3	0.2
0.2	0.2	0.1	0.1	0.1	0.1
0.3	0.2	0.1	0.1	…	…
1.6	1.3	1.2	1.1	0.8	0.5
5.4	4.3	3.4	2.4	1.8	1.3
3.4	2.6	2.1	1.5	1.1	0.8
1.0	0.6	0.4	0.2	0.2	0.1
0.2	0.2	0.1	0.1	0.1	0.1
0.9	1.0	0.8	0.6	0.4	0.3
0.9	0.7	0.5	0.4	0.3	0.2
0.9	0.6	0.5	0.4	0.3	0.2
0.1	0.1	…	…	…	…
5.4	5.1	4.4	3.4	2.4	1.9
3.7	3.4	2.9	2.2	1.5	1.2
0.6	0.6	0.4	0.3	0.2	0.2
0.6	0.7	0.7	0.5	0.4	0.3
0.5	0.4	0.4	0.3	0.3	0.2
4.9	4.0	3.4	2.7	2.0	1.7
4.4	3.6	3.0	2.4	1.8	1.5
0.3	0.3	0.2	0.2	0.1	0.1
0.2	0.1	0.1	0.1	0.1	0.1

单位:%

项　目	总平均	最低收入户	困难户
调味品	0.3	0.7	0.7
糖烟酒饮料类	2.3	2.5	2.4
糖类	0.4	0.4	0.4
烟草类	0.9	1.1	1.1
酒类	0.3	0.3	0.3
白酒	0.1	0.1	0.1
果酒	0.1	…	…
啤酒	0.1	…	…
其他酒	0.1	0.1	0.1
饮料	0.7	0.7	0.7
碳酸饮料	0.1	0.1	0.1
果蔬饮料	0.1	…	…
瓶装饮用水	0.1	0.2	0.2
茶叶	0.3	0.3	0.3
咖啡可可粉	…	…	…
其他饮料	0.1	0.1	0.1
干鲜瓜果类	2.1	2.1	2.0
鲜果	1.6	1.6	1.4
鲜瓜	0.1	0.1	0.1
干果	0.1	0.1	0.1
瓜果制品	0.1	0.1	0.1
坚果及果仁	0.2	0.3	0.3
糕点、奶及奶制品	1.9	1.2	0.9
糕点	0.7	0.6	0.5
奶及奶制品	1.2	0.6	0.4
鲜乳品	0.6	0.4	0.2
奶粉	0.3	0.2	0.2
酸奶	0.1	…	…
其他奶制品	0.1	0.1	…
其他食品	0.6	0.4	0.3
#半成品	0.3	0.1	0.1
饮食服务	9.7	4.6	4.8
食品加工服务费	…	…	…
在外饮食	9.7	4.6	4.8
购自食堂	1.3	1.1	1.5
购自饮食业	8.2	3.4	3.3
在亲友家搭伙支出	0.2	0.1	..

续上表

低收入户	中等偏下户	中等收入户	中等偏上户	高收入户	最高收入户
0.6	0.4	0.4	0.3	0.2	0.2
3.0	2.4	2.6	2.6	1.8	1.8
0.5	0.4	0.4	0.4	0.3	0.3
1.3	1.0	1.1	1.1	0.6	0.6
0.3	0.4	0.3	0.4	0.2	0.3
0.1	0.2	0.2	0.2	…	0.1
…	0.1	0.1	0.1	0.1	0.1
0.1	0.1	0.1	0.1	…	…
0.1	0.1	0.1	0.1	…	…
0.8	0.7	0.8	0.8	0.6	0.6
0.1	0.1	0.1	0.1	0.1	0.1
0.1	…	…	0.1	0.1	0.1
0.1	0.1	0.2	0.1	0.2	0.1
0.4	0.3	0.3	0.3	0.2	0.3
…	…	…	…	…	…
0.1	0.1	0.2	0.2	0.1	0.1
2.2	2.3	2.3	2.3	1.9	1.7
1.7	1.7	1.7	1.7	1.4	1.3
0.1	0.2	0.1	0.2	0.2	0.1
0.1	0.1	0.1	0.1	0.1	…
0.1	0.1	0.1	0.1	0.1	0.1
0.3	0.2	0.3	0.2	0.2	0.2
2.1	1.9	2.3	2.1	1.9	1.4
0.8	0.8	0.8	0.7	0.7	0.5
1.3	1.1	1.4	1.3	1.3	0.9
0.7	0.6	0.7	0.7	0.6	0.5
0.3	0.3	0.4	0.3	0.3	0.2
0.1	0.1	0.2	0.1	0.1	0.2
0.1	0.1	0.2	0.1	0.2	0.1
0.6	0.5	0.6	0.7	0.7	0.6
0.2	0.2	0.3	0.3	0.4	0.3
5.7	6.5	8.8	12.1	11.3	10.5
…	…	…	…	…	…
5.7	6.5	8.8	12.1	11.3	10.5
1.1	1.7	1.3	1.4	1.1	1.1
4.6	4.6	7.4	10.2	10.1	9.1
0.1	0.2	0.1	0.5	0.1	0.2

单位:%

项　目	总平均	最低收入户	困难户
衣着	**5.8**	**2.7**	**2.5**
服装	4.3	1.9	1.8
男士服装	1.6	0.8	0.9
女士服装	2.2	0.8	0.6
童装	0.4	0.4	0.4
衣着材料	…	…	…
鞋类	1.3	0.6	0.6
其他衣着用品	0.2	0.1	0.1
衣着加工服务费	…	…	…
家庭设备用品及服务	**5.5**	**3.4**	**3.2**
耐用消费品	2.3	1.3	1.4
家具	0.7	0.4	0.4
成套家具	0.1	…	
其他家具	0.6	0.4	0.4
家庭设备	1.6	0.9	1.0
洗衣机	0.3	0.2	0.3
电风扇	…	…	…
电冰箱	0.2		
冰柜			
微波炉	…	0.1	
空调器	0.5	0.3	0.5
电炊具	0.1	0.1	0.1
淋浴热水器	0.1	…	…
排油烟机	0.1	…	
吸尘器	…		
消毒碗柜	…		
洗碗机	…		
饮水机	0.1		
取暖器	…		
其他	0.1	0.2	0.1
室内装饰品	0.2	…	…
纺织装饰品	…	…	
装饰灯具	…	…	…
其他装饰品	0.1	…	…
床上用品	0.5	0.2	0.1
家庭日用杂品	1.8	1.8	1.7
厨、餐、茶具	0.2	0.2	0.1
家用工具	…	…	…
家居清洁用品	0.4	0.5	0.5
其他日用杂品	1.2	1.1	1.0

续上表

低收入户	中等偏下户	中等收入户	中等偏上户	高收入户	最高收入户
4.2	**4.3**	**5.3**	**6.9**	**6.4**	**6.5**
3.0	3.2	3.9	4.9	4.8	4.9
1.0	1.3	1.5	1.9	1.8	1.8
1.5	1.5	2.0	2.5	2.6	2.7
0.4	0.4	0.4	0.5	0.4	0.4
…	…	…	…	…	…
1.1	0.9	1.1	1.8	1.2	1.3
0.2	0.1	0.2	0.2	0.3	0.2
…	…	…	…	…	…
4.7	**4.1**	**5.2**	**5.6**	**6.1**	**7.0**
1.9	1.4	2.3	2.2	2.3	3.2
0.7	0.2	0.7	0.7	0.5	1.2
	…	0.1	0.2	…	0.2
0.7	0.2	0.6	0.5	0.5	1.0
1.1	1.2	1.5	1.5	1.8	1.9
0.1	0.3	0.2	0.2	0.4	0.3
…	…	0.1	0.1	…	…
0.4	0.3	0.1	0.3	0.3	0.1
…	…	…	…	…	…
0.3	0.3	0.5	0.5	0.5	0.8
…	0.1	0.1	0.1	0.1	0.1
…	…	0.2	0.1	0.1	0.1
…	…	0.1	…	0.1	0.1
	…	…	…	…	…
…	…	…	…	…	…
					…
…	…	…	0.1	0.1	0.1
…		…	…	…	…
0.1	0.1	0.1	0.1	0.2	0.2
0.1	0.1	0.1	0.2	0.1	0.3
…	…	…	…	…	0.1
…	0.1	…	…	…	0.1
…	0.1	0.1	0.1	0.1	0.2
0.5	0.3	0.5	0.6	0.3	0.5
2.1	1.9	1.9	1.9	1.7	1.6
0.2	0.3	0.3	0.3	0.2	0.2
…	…	…	…	…	…
0.5	0.4	0.4	0.4	0.3	0.3
1.4	1.2	1.2	1.3	1.1	1.1

单位:%

项　　目	总平均	最低收入户	困难户
家具材料	…	…	…
家庭服务	0.8	0.1	0.1
家政服务	0.7	…	…
加工维修服务费	0.2	0.1	0.1
医疗保健	**6.1**	**4.2**	**5.6**
医疗器具	…	…	…
保健器具	0.1	…	
药品费	3.3	3.1	4.2
滋补保健品	0.9	0.2	0.2
医疗费	1.6	0.8	1.2
其他	…	…	…
交通和通讯	**16.4**	**8.7**	**8.6**
交通	9.4	3.3	3.6
家庭交通工具	4.5	1.0	1.5
摩托车	0.4	0.9	1.4
自行车	0.1	0.1	0.1
助力车	0.1		
家用汽车	4.0		
其他交通工具	…		
车辆用燃料及零配件	1.5	1.0	1.0
燃料	1.3	0.9	1.0
零配件	0.1	0.1	0.1
其他	…	…	…
交通工具服务支出	1.3	0.5	0.4
维修费	0.3	0.1	0.1
车辆使用税费	0.6	…	
其它车辆使用费用	0.5	0.4	0.3
交通费	2.1	0.8	0.6
飞机	0.3		
火车	0.2	0.1	0.1
长途汽车	0.5	0.2	0.1
市内公共交通	0.7	0.4	0.2
出租汽车费	0.3	0.1	0.1
其他交通费	0.1	0.1	0.1
通信	7.0	5.4	5.0
通信工具	0.9	0.1	…
电话机	…	…	…
移动电话	0.8	…	…

续上表

低收入户	中等偏下户	中等收入户	中等偏上户	高收入户	最高收入户
…	…	…	…	…	…
0.1	0.3	0.5	0.8	1.5	1.4
…	0.1	0.3	0.6	1.4	1.2
0.1	0.2	0.2	0.1	0.1	0.2
4.8	**4.5**	**7.7**	**6.2**	**7.1**	**5.4**
	…	…	…	…	0.2
…	…	0.1	0.2	0.3	0.1
3.4	3.0	4.1	3.5	3.4	2.4
0.5	0.4	0.7	1.0	1.3	1.3
0.9	1.0	2.7	1.5	2.1	1.3
…	0.1	…	…	…	0.1
9.2	**17.8**	**12.3**	**13.4**	**19.9**	**23.3**
3.3	10.5	5.3	5.8	13.1	16.5
0.3	6.5	0.7	1.0	7.6	10.3
	0.4	0.5	0.5	0.1	0.5
0.1	0.1	0.1	0.1	0.1	…
0.2	…	0.1	0.1	0.1	…
	6.0		0.4	7.3	9.7
		…	…		…
1.0	1.1	1.5	1.4	1.4	1.9
0.9	1.0	1.4	1.3	1.3	1.7
0.1	0.1	0.1	0.1	0.1	0.1
…	…	…	…	…	…
0.7	1.6	1.2	1.2	1.4	1.5
0.2	0.2	0.3	0.2	0.3	0.3
0.1	0.9	0.3	0.4	0.7	0.8
0.3	0.5	0.6	0.6	0.4	0.3
1.4	1.3	1.9	2.2	2.6	2.8
	…	0.1	0.2	0.2	1.0
0.1	0.1	0.3	0.2	0.3	0.2
0.5	0.4	0.5	0.4	0.5	0.5
0.6	0.5	0.8	0.9	0.9	0.6
0.1	0.1	0.2	0.4	0.5	0.4
0.2	0.1	0.1	0.2	0.1	0.1
5.9	7.3	7.0	7.6	6.8	6.8
0.4	0.7	0.7	1.2	1.1	0.9
…	…	…	…	…	…
0.3	0.6	0.7	1.1	1.0	0.9

单位:%

项　　目	总平均	最低收入户	困难户
寻呼机			
传真机	…		
其他通信工具	…	…	…
通信服务	6.1	5.4	5.0
电信费	6.0	5.4	4.9
邮费	…	…	…
其他	0.1	…	…
教育文化娱乐服务	**14.8**	**8.9**	**7.6**
文化娱乐用品	3.4	0.9	0.7
彩色电视机	0.3		
影碟机	0.1	…	
录放像机	…	…	
家用电脑	0.9	…	…
整机电脑	0.7		
计算机外部设备	0.1	…	
各种零配件及耗材	0.1	…	…
组合音响	0.1		
录音机	…	…	…
摄像机	0.1		
照相机	0.3		
钢琴	…		
其他中高档乐器	…		
健身器材	…		
电子辞典	…	…	…
音像制品及软件	0.1	…	…
体育用品	…	…	…
书报杂志	0.5	0.3	0.2
纸张文具	0.2	0.2	0.2
其他文娱用品	0.7	0.3	0.2
文化娱乐服务	4.6	1.1	0.8
参观游览	0.5	0.1	…
健身活动	0.1	…	…
团体旅游	3.1	0.1	…
其它文娱活动	0.8	0.8	0.7
文娱用品修理服务费	0.1	0.1	…
教育	6.7	7.0	6.2
教材	0.4	0.6	0.5
课本及参考书	0.4	0.6	0.5
教育软件	…	…	…
其它教材	…	…	…

续上表

低收入户	中等偏下户	中等收入户	中等偏上户	高收入户	最高收入户
				…	
…	…	…	…	…	…
5.5	6.6	6.3	6.4	5.8	5.9
5.5	6.6	6.2	6.3	5.7	5.7
…	…	…	…	…	0.1
…	…	0.1	…	…	0.1
11.2	**12.6**	**14.2**	**16.4**	**17.3**	**14.8**
2.2	2.5	3.3	3.7	4.5	3.6
0.2	0.3	0.3	0.3	0.6	0.2
0.1	…	0.1	0.1	0.1	…
			…		…
0.5	0.8	1.0	1.1	1.4	0.8
0.4	0.8	1.0	0.8	0.9	0.5
…	…	…	0.1	0.2	0.1
…	0.1	…	0.2	0.2	0.2
…	…	…	0.1	…	0.1
0.1	…	…	…	0.1	…
		0.1	…	0.1	0.2
…	…	0.2	0.2	0.5	0.6
			0.1		…
0.1	…	…	…	…	…
	…	…	…	…	…
…	…	…	…	…	…
0.1	…	0.1	0.1	0.1	0.1
…	…	…	…	…	…
0.3	0.5	0.5	0.6	0.5	0.5
0.2	0.2	0.2	0.2	0.1	0.1
0.6	0.5	0.6	0.8	1.0	0.8
2.0	2.2	3.7	5.7	6.6	5.7
0.3	0.4	0.4	0.6	0.9	0.7
…	0.1	0.1	0.1	0.1	0.1
0.7	0.9	2.3	4.1	4.9	4.2
1.0	0.8	0.8	0.8	0.7	0.7
0.1	0.1	0.1	0.1	0.1	0.1
7.0	8.0	7.3	6.9	6.2	5.5
0.6	0.7	0.4	0.3	0.3	0.2
0.6	0.6	0.4	0.3	0.3	0.2
…	…	…	…	…	…
…	…	…	…	…	…

单位:%

项目	总平均	最低收入户	困难户
教育费用	6.3	6.3	5.7
非义务教育学杂费	2.0	2.2	1.8
义务教育学杂费	1.4	3.3	3.4
托幼费	0.8	0.5	0.4
成人教育费	0.7		
家教费	0.2	…	…
培训班	0.6	0.2	0.1
学校住宿费	0.2	…	
其他	0.5	0.1	0.1
居住	**11.3**	**14.1**	**14.1**
住房	3.7	1.5	1.5
租赁房房租	0.4	0.9	1.4
住房装潢支出	3.1	0.4	
维修用建筑材料	0.3	0.2	0.1
其他	…		
水电燃料及其他	6.6	12.1	12.2
水	0.9	1.7	1.6
电	3.5	4.9	4.9
燃料	2.2	5.5	5.6
煤炭	…	0.2	0.3
液化石油气	1.7	5.0	4.9
管道煤气	0.4	0.3	0.5
其他燃料	…	…	…
其他	0.1	0.1	…
居住服务费	0.9	0.5	0.3
物业管理费	0.6	0.1	…
维修服务费	…	0.1	…
其它	0.3	0.3	0.3
杂项商品和服务	**3.2**	**2.3**	**2.0**
杂项商品	2.1	1.5	1.5
金银珠宝饰品	0.3	…	
手表	0.1	…	…
理发美容用具	…	…	…
化妆品	0.8	0.5	0.4
其他杂品	0.9	0.9	1.0
服务	1.1	0.8	0.5
旅馆住宿费	0.1		
理发洗澡费	0.4	0.5	0.5
美容费	0.2	…	…
其他服务	0.4	0.3	0.1

续上表

低收入户	中等偏下户	中等收入户	中等偏上户	高收入户	最高收入户
6.3	7.3	6.8	6.6	5.9	5.3
2.4	3.4	2.2	1.7	1.4	1.5
2.5	1.7	1.3	1.3	1.1	0.8
0.5	0.6	1.1	0.7	1.2	0.4
0.2	0.6	0.8	1.0	0.8	0.7
…	…	0.1	0.2	0.2	0.3
0.3	0.4	0.7	0.8	0.8	0.6
…	0.2	0.1	0.2	0.2	0.2
0.3	0.4	0.4	0.7	0.1	0.9
11.8	**10.8**	**11.6**	**10.3**	**9.6**	**12.8**
1.1	1.0	3.4	3.2	3.8	7.4
0.3	0.4	0.4	0.5	0.1	0.2
0.7	0.3	2.8	2.6	3.5	6.6
0.1	0.2	0.3	0.2	0.1	0.6
…	0.1	…	…	0.1	…
10.3	9.2	7.3	6.1	4.8	4.2
1.4	1.2	0.9	0.8	0.6	0.5
4.6	4.6	3.9	3.4	2.8	2.4
4.2	3.3	2.5	1.8	1.4	1.2
0.2	0.1	…	…	…	
3.8	2.9	2.1	1.3	0.9	0.7
0.1	0.4	0.3	0.5	0.5	0.5
…	…	…	…	…	…
0.1	0.1	…	…	…	0.1
0.5	0.6	0.9	1.0	1.0	1.2
0.1	0.3	0.5	0.7	0.8	1.0
…	…	0.1	…	…	0.1
0.4	0.3	0.3	0.3	0.2	0.1
2.6	**2.3**	**3.2**	**3.3**	**3.1**	**4.0**
1.8	1.6	2.0	2.3	2.1	2.3
0.1	0.1	0.2	0.4	0.3	0.4
…	…	…	0.1	0.1	0.1
…	…	…	…	…	…
0.7	0.6	0.7	0.9	0.9	1.0
1.0	0.9	1.1	0.8	0.8	0.8
0.8	0.7	1.2	1.0	1.0	1.7
0.1	0.1	0.1	0.1	0.2	0.3
0.5	0.4	0.4	0.3	0.3	0.3
…	…	0.2	0.2	0.3	0.5
0.1	0.2	0.6	0.3	0.2	0.6

2004 年按收入等级分的城镇居民家庭

项　　目		总平均	最低收入户	困难户
粮食	（元/公斤）	3.89	3.17	3.06
大米	（元/公斤）	3.29	2.91	2.86
面粉	（元/公斤）	3.38	3.17	3.18
其他粮食	（元/公斤）	3.54	2.93	2.98
粮食制品	（元/公斤）	6.66	4.91	4.53
淀粉及薯类	（元/公斤）	2.86	2.22	2.20
油脂类	（元/公斤）	11.28	10.63	10.65
食用植物油	（元/公斤）	11.29	10.66	10.70
食用动物油	（元/公斤）	11.04	10.26	10.22
肉类	（元/公斤）	18.16	16.33	16.36
猪肉	（元/公斤）	17.13	15.67	15.69
牛肉	（元/公斤）	19.91	19.30	19.34
羊肉	（元/公斤）	21.32	20.27	18.78
其他肉	（元/公斤）	17.16	14.71	14.44
肉制品	（元/公斤）	23.34	19.74	20.16
禽类	（元/公斤）	17.35	15.06	14.89
鸡	（元/公斤）	16.44	14.77	14.65
鸭	（元/公斤）	14.11	12.61	12.40
其他禽类	（元/公斤）	17.13	12.44	10.30
禽制品	（元/公斤）	23.93	20.71	20.20
蛋类	（元/公斤）	7.32	7.22	7.31
鲜蛋	（元/公斤）	7.18	7.13	7.22
蛋制品	（元/公斤）	8.99	9.13	9.42
鱼	（元/公斤）	13.11	10.19	9.84
虾	（元/公斤）	25.69	18.24	17.68
其他水产品	（元/公斤）	20.08	13.09	12.48
鲜菜	（元/公斤）	2.61	2.03	1.97
干菜	（元/公斤）	36.12	31.26	32.12
酒类	（元/公斤）	14.53	7.24	5.70
白酒	（元/公斤）	16.15	6.27	5.51
果酒	（元/公斤）	41.54	34.92	25.32
啤酒	（元/公斤）	6.06	5.39	5.27
其他酒	（元/公斤）	24.78	8.27	6.03
碳酸饮料	（元/公斤）	4.28	3.75	3.40
果蔬饮料	（元/公斤）	6.78	5.12	5.15
瓶装饮用水	（元/公斤）	0.90	0.68	0.90
茶叶	（元/公斤）	75.57	34.73	31.01
咖啡可可粉	（元/公斤）	50.25	65.67	92.33
鲜果	（元/公斤）	5.36	3.55	3.54
鲜瓜	（元/公斤）	2.49	1.86	1.76
干果	（元/公斤）	15.51	12.66	11.72
瓜果制品	（元/公斤）	15.04	12.03	9.78
坚果及果仁	（元/公斤）	11.09	7.90	7.45
糕点	（元/公斤）	18.78	13.61	12.23
鲜乳品	（元/公斤）	7.36	6.90	6.58
奶粉	（元/公斤）	62.21	51.84	47.90
酸奶	（元/公斤）	8.29	7.30	6.77

平均每人全年购买主要食品平均单价

低收入户	中等偏下户	中等收入户	中等偏上户	高收入户	最高收入户
3. 24	3. 51	3. 91	4. 44	4. 84	4. 95
2. 91	3. 14	3. 31	3. 60	3. 79	3. 98
2. 85	3. 32	3. 75	3. 34	3. 29	3. 59
2. 91	3. 30	3. 47	3. 70	3. 90	4. 04
5. 24	5. 66	6. 70	7. 43	8. 24	8. 24
2. 20	2. 81	2. 78	3. 14	3. 12	3. 44
11. 13	11. 16	11. 41	11. 44	11. 64	11. 67
11. 13	11. 16	11. 41	11. 44	11. 64	11. 64
11. 16	11. 02	11. 32	11. 61	11. 70	15. 24
17. 37	17. 87	18. 28	18. 95	18. 93	18. 89
16. 80	17. 01	17. 21	17. 68	17. 50	17. 68
19. 32	19. 69	20. 21	20. 37	20. 18	19. 66
22. 27	22. 99	21. 42	20. 72	19. 81	20. 66
15. 62	16. 74	16. 88	19. 83	21. 19	20. 57
20. 37	22. 23	23. 48	24. 74	25. 61	24. 90
15. 96	17. 32	17. 34	18. 24	18. 12	18. 44
15. 40	16. 25	16. 45	16. 98	17. 26	17. 45
14. 27	14. 85	14. 12	13. 99	14. 18	14. 06
16. 69	17. 72	17. 47	17. 75	16. 85	17. 33
21. 35	23. 76	23. 89	25. 21	24. 79	24. 98
7. 40	7. 26	7. 29	7. 31	7. 37	7. 46
7. 28	7. 14	7. 16	7. 17	7. 22	7. 25
9. 51	8. 89	8. 79	8. 92	8. 70	9. 49
11. 11	12. 97	13. 20	14. 09	13. 81	15. 12
21. 16	24. 85	26. 02	29. 03	28. 15	29. 57
13. 61	17. 98	19. 67	22. 86	24. 17	24. 75
2. 25	2. 46	2. 61	2. 85	2. 92	3. 08
30. 28	34. 77	36. 64	38. 29	36. 90	39. 04
10. 71	10. 69	14. 68	16. 62	16. 39	21. 25
8. 86	9. 63	19. 34	24. 62	15. 41	28. 01
24. 89	22. 91	39. 14	44. 52	63. 48	53. 46
5. 81	5. 54	6. 25	6. 02	6. 33	6. 55
18. 27	21. 27	26. 31	36. 93	34. 47	32. 81
4. 28	3. 71	4. 39	4. 53	4. 46	4. 27
6. 47	5. 73	6. 36	7. 09	7. 10	7. 12
0. 47	0. 80	0. 85	1. 06	0. 86	1. 21
49. 87	59. 77	71. 65	84. 13	86. 67	145. 64
56. 88	45. 00	37. 76	52. 62	42. 80	67. 14
4. 06	4. 59	4. 94	5. 97	6. 05	6. 77
1. 96	2. 24	2. 28	2. 59	2. 79	2. 93
12. 30	14. 43	14. 29	17. 16	16. 98	16. 75
13. 20	15. 26	14. 21	14. 95	15. 68	17. 49
8. 97	9. 32	10. 18	12. 04	13. 30	14. 84
14. 55	17. 11	17. 49	20. 37	20. 38	22. 87
7. 13	6. 94	7. 04	7. 73	7. 67	7. 41
66. 01	50. 15	63. 88	67. 15	68. 31	60. 40
6. 54	8. 07	8. 26	8. 27	8. 23	8. 94

2004 年按收入等级分的城镇居民家庭平

项　　目		总平均	最低收入户	困难户
摩托车	（元/辆）	6301.68	5973.29	8236.78
自行车	（元/辆）	216.61	163.10	152.91
助力车	（元/辆）	2207.29		
家用汽车	（元/辆）	144921.75		
洗衣机	（元/台）	1692.29	994.71	943.58
电风扇	（元/台）	118.41	74.79	78.46
电冰箱	（元/台）	2211.89		
冰柜	（元/台）			
彩色电视机	（元/台）	2201.47		
影碟机	（元/台）	626.66	241.09	
录放像机	（元/台）	562.33	184.00	
家用电脑	（元/台）	4828.75		
组合音响	（元/台）	1662.00		
录音机	（元/台）	252.90		70.17
摄像机	（元/架）	4171.00	135.74	
照相机	（元/架）	2677.32		
钢琴	（元/架）	9293.00		
其他中高档乐器	（元/件）	755.40		
微波炉	（元/台）	558.24		
空调器	（元/台）	2070.16	665.44	1682.00
电炊具	（元/台）	179.93	1636.95	116.54
淋浴热水器	（元/台）	711.74	90.32	330.67
排油烟机	（元/台）	737.00	371.00	
吸尘器	（元/台）	410.29	470.89	
消毒碗柜	（元/台）	530.92		
洗碗机	（元/台）	1236.43		
饮水机	（元/台）	770.25		
取暖器	（元/台）	181.00		
健身器材	（元/件）	1225.67		
普通电话	（元/部）	96.82		72.34
移动电话	（元/部）	1346.93	71.71	97.00
传真机	（元/部）	427.40		

均每百户全年购买耐用消费品平均单价

低收入户	中等偏下户	中等收入户	中等偏上户	高收入户	最高收入户
	4830.80	4947.67	5906.81	7378.44	9137.47
193.85	163.79	261.47	183.79	289.38	302.12
2168.00	2272.25	2276.67	2427.50	2287.27	1071.00
	133122.44		124960.00	155893.62	152690.33
2006.45	1433.53	1443.84	1690.41	1853.12	2118.22
79.61	101.62	105.63	144.94	136.51	115.00
2179.72	1785.17	1720.33	2267.50	2724.61	2791.03
1316.42	2144.29	1660.40	2419.45	2786.77	2352.98
572.67	439.00	674.06	681.81	594.06	604.85
			607.18		375.20
5663.09	4320.06	4501.91	4802.56	5512.72	5163.46
653.14	1061.33	1332.11	1353.24	766.67	2793.79
266.72	126.30	199.03	302.17	253.27	314.28
		6146.00	1002.00	3530.58	4554.86
361.00	340.50	2255.24	3334.50	2652.05	3030.72
			15877.50		3811.71
2123.60	355.00	365.00	675.22	714.46	234.17
583.00	525.33	745.36	434.50	659.56	524.42
1160.39	1882.61	2281.08	1826.72	1951.13	2529.19
92.77	150.79	190.96	191.05	203.16	192.69
285.48	396.08	910.84	558.51	756.09	939.35
366.13	484.57	778.03	596.36	623.79	1308.59
	174.00	150.00	326.33	462.80	548.14
278.09	458.80	701.27	416.74	595.22	591.09
					1236.43
389.30	178.78	367.48	628.13	1123.89	1706.85
118.67		165.88	137.75	299.15	199.88
	3196.00	446.40	2666.67	1793.40	100.17
53.24	85.20	124.74	96.69	112.23	90.78
692.56	1104.52	1061.76	1442.17	1452.20	1718.74
				427.40	

2004年按收入等级分的城镇居民家庭平均每人全年购买主要食品数量

单位：公斤

项　目	总平均	最低收入户	困难户	低收入户	中等偏下户	中等收入户	中等偏上户	高收入户	最高收入户
粮食	71.78	79.67	76.49	88.15	75.79	72.60	62.70	59.11	64.32
大米	56.18	67.36	65.64	73.05	62.55	56.99	45.90	40.73	43.89
面粉	0.58	0.25	0.15	0.78	0.27	0.37	0.50	0.96	1.84
其他粮食	2.48	1.65	1.68	1.60	1.98	2.66	2.68	3.52	3.79
粮食制品	12.54	10.41	9.03	12.73	10.98	12.58	13.61	13.91	14.79
淀粉及薯类	4.08	3.05	2.73	3.60	3.76	4.32	4.21	4.85	5.11
油脂类	9.26	9.43	8.44	9.39	10.07	9.51	9.01	7.21	9.01
食用植物油	8.95	8.82	7.53	8.69	9.58	9.29	8.94	7.18	8.95
食用动物油	0.31	0.61	0.90	0.70	0.49	0.23	0.07	0.03	0.06
肉类	37.12	32.70	29.46	34.97	38.12	37.89	37.55	36.71	40.53
猪肉	28.82	26.59	24.27	27.62	29.85	29.07	28.74	27.90	31.18
牛肉	2.54	1.91	1.61	2.24	2.84	2.71	2.43	2.54	2.79
羊肉	0.52	0.33	0.33	0.37	0.52	0.58	0.50	0.66	0.69
其他肉	0.57	0.52	0.30	0.93	0.69	0.72	0.40	0.28	0.26
肉制品	4.67	3.35	2.96	3.81	4.22	4.80	5.49	5.34	5.61
禽类	17.21	12.86	11.70	17.08	17.71	18.60	16.84	17.89	18.53
鸡	11.12	8.07	7.38	10.90	11.21	12.03	11.19	11.63	12.14
鸭	2.53	2.68	2.38	3.48	2.87	2.83	1.76	2.02	1.97
其他禽类	0.75	0.37	0.26	0.58	0.70	0.73	0.74	1.29	1.08
禽制品	2.81	1.75	1.68	2.12	2.93	3.02	3.15	2.94	3.34
蛋类	6.79	5.10	4.87	6.33	6.39	6.75	7.51	6.99	8.69
鲜蛋	6.27	4.86	4.67	6.01	5.93	6.22	6.89	6.28	7.86
蛋制品	0.52	0.23	0.20	0.33	0.46	0.53	0.62	0.71	0.83
鱼	19.23	16.37	15.86	16.84	18.26	20.63	20.51	19.72	21.12
虾	1.49	1.06	1.17	1.44	1.80	1.53	1.47	1.35	1.43
其他水产品	2.82	1.43	1.34	2.29	2.77	3.28	3.06	3.33	3.08
鲜菜	106.59	93.31	92.40	98.65	102.97	109.91	108.04	108.92	127.72
干菜	0.65	0.36	0.31	0.50	0.66	0.63	0.73	0.71	0.99
酒类	2.41	1.26	1.42	1.57	2.68	2.09	3.12	2.34	3.44
白酒	0.84	0.67	0.75	0.73	1.16	0.74	0.84	0.57	0.91
果酒	0.20	0.03	0.01	0.06	0.24	0.13	0.28	0.22	0.51
啤酒	1.11	0.29	0.29	0.43	0.97	1.03	1.78	1.34	1.75
其他酒	0.25	0.27	0.38	0.34	0.32	0.19	0.21	0.22	0.28
碳酸饮料	2.07	0.85	0.77	0.87	1.44	2.13	2.70	2.65	4.34
果蔬饮料	0.83	0.16	0.17	0.39	0.39	0.59	1.14	1.43	2.48
瓶装饮用水	16.57	9.77	6.06	9.71	11.69	16.72	15.49	37.52	26.18
茶叶	0.39	0.31	0.28	0.43	0.32	0.41	0.44	0.36	0.46
咖啡可可粉	0.03			0.01	0.01	0.03	0.08	0.06	0.05
鲜果	31.47	15.65	13.10	21.01	26.08	33.05	37.62	40.78	49.58
鲜瓜	6.14	2.41	2.09	2.32	4.86	5.99	8.04	10.44	10.22
干果	0.46	0.20	0.15	0.32	0.37	0.43	0.57	0.72	0.73
瓜果制品	0.56	0.19	0.20	0.28	0.43	0.64	0.72	0.84	0.83
坚果及果仁	2.18	1.40	1.26	1.52	1.80	2.40	2.56	2.73	2.88
糕点	4.03	1.58	1.24	2.73	3.32	4.43	4.59	5.98	6.12
鲜乳品	8.97	1.87	0.87	4.93	5.98	9.19	12.45	14.50	15.84
奶粉	0.53	0.13	0.14	0.25	0.45	0.63	0.62	0.83	0.75
酸奶	1.70	0.14	0.07	0.95	0.78	1.77	1.93	3.24	4.53

2004 年按收入等级分的城镇居民家庭平均每百户全年购买耐用消费品数量

项　目		总平均	最低收入户		低收入户	中等偏下户	中等收入户	中等偏上户	高收入户	最高收入户
				困难户						
摩托车	(辆)	2.28	2.04	2.16		1.80	2.88	3.24	1.08	4.08
自行车	(辆)	12.60	9.60	12.00	9.60	13.56	16.20	13.08	10.80	8.88
助力车	(辆)	0.84			1.32	0.48	0.72	1.20	1.80	0.24
家用汽车	(辆)	0.96				1.08		0.12	2.52	4.68
洗衣机	(台)	5.40	2.52	4.32	1.32	4.32	4.56	4.92	12.60	9.96
电风扇	(台)	14.40	5.16	5.52	9.84	11.64	15.00	19.32	18.24	17.88
电冰箱	(台)	3.24			3.00	3.48	2.16	4.56	5.28	3.72
冰柜	(台)									
彩色电视机	(台)	5.16			3.12	3.72	5.40	5.64	11.28	7.20
影碟机	(台)	4.92	1.32		4.32	1.32	6.48	7.44	8.28	4.08
录音机	(台)	4.92	2.28	1.44	4.32	2.40	3.72	4.92	12.00	9.36
录放像机	(台)	0.36	0.72					1.32		0.60
家用电脑	(台)	5.28			1.32	4.20	6.60	6.60	8.88	7.08
组合音响	(套)	1.32			0.84	0.36	1.08	2.52	1.08	3.48
摄像机	(架)	0.60					0.36	0.12	1.44	3.36
照相机	(架)	3.36			0.60	0.96	2.52	1.92	9.36	13.32
钢琴	(架)	0.12						0.24		0.84
其他中高档乐器	(件)	0.60			0.60	0.60	0.24	1.08	1.56	0.72
微波炉	(台)	2.04	1.08		1.32	2.16	1.32	2.88	1.08	4.56
空调器	(台)	8.76	2.64	3.48	5.28	3.72	7.20	10.56	14.04	22.44
取暖器	(台)	0.84				0.36	0.72	1.08	1.20	3.36
电炊具	(台)	16.08	9.36	5.76	3.72	12.24	16.20	21.48	21.84	25.08
淋浴热水器	(台)	5.04	0.48	0.36	2.52	2.88	6.00	6.36	6.84	9.36
排油烟机	(台)	3.00	1.08		0.96	1.68	4.32	3.00	5.04	4.44
消毒碗柜	(台)	1.56			1.32	0.60	1.32	2.76	1.08	4.08
洗碗机	(台)	0.12								0.84
饮水机	(台)	3.36			1.20	2.76	2.52	4.68	6.60	5.52
吸尘器	(台)	1.20			1.08		0.96	1.44	2.40	3.12
健身器材	(套)	…			…	…	…	…	…	…
普通电话	(部)	10.08	3.36	4.56	5.40	8.52	7.44	15.84	12.60	14.64
移动电话	(部)	21.60	1.08	0.48	8.40	13.56	20.04	31.56	36.72	37.80
传真机	(部)	…							0.60	

2004年按收入等级分的城镇居民

项　　目		总平均	最低收入户	困难户
摩托车	（辆）	76.91	57.81	60.24
自行车	（辆）	121.21	176.50	160.36
助力车	（辆）	3.05	2.70	1.84
家用汽车	（辆）	6.56	0.66	
洗衣机	（台）	97.36	78.77	77.50
电风扇	（台）	297.33	276.50	249.47
电冰箱	（台）	93.42	58.43	47.71
冰柜	（台）	0.87	0.05	
彩色电视机	（台）	154.69	116.82	113.59
影碟机	（台）	85.64	69.06	63.86
录音机	（台）	50.43	39.41	41.70
录放像机	（台）	17.97	5.56	4.55
家用电脑	（台）	64.28	17.43	17.38
组合音响	（套）	54.33	31.84	27.66
摄像机	（架）	4.83		
照相机	（架）	64.68	20.92	15.39
钢琴	（架）	3.50	0.05	
其他中高档乐器	（件）	9.24	3.96	1.30
微波炉	（台）	58.65	22.79	23.65
空调器	（台）	155.95	39.06	30.89
取暖器	（台）	11.81	0.24	
电炊具	（台）	116.45	64.74	45.93
淋浴热水器	（台）	105.16	91.65	84.44
排油烟机	（台）	80.43	58.27	48.85
消毒碗柜	（台）	78.75	57.60	57.50
洗碗机	（台）	1.08		
饮水机	（台）	38.57	22.29	18.35
吸尘器	（台）	10.75	0.66	
健身器材	（套）	7.41	1.26	
普通电话	（部）	102.38	99.49	99.38
移动电话	（部）	170.86	71.68	69.18
传真机	（部）	2.51	0.20	0.39

家庭平均每百户年末消费品拥有量

低收入户	中等偏下户	中等收入户	中等偏上户	高收入户	最高收入户
58.13	76.00	88.18	81.18	85.05	73.27
162.08	142.29	121.91	97.14	87.65	69.89
7.13	3.78	2.73	1.71	1.76	2.83
	1.30	3.27	5.17	16.15	29.79
91.19	96.11	97.19	101.83	104.66	107.33
301.11	304.77	300.15	287.58	325.33	287.22
68.03	91.12	97.09	102.33	111.09	111.58
0.86	0.51	0.57	0.62	1.09	3.35
133.29	146.54	150.57	166.30	190.70	177.32
70.76	72.37	84.38	96.06	114.88	94.56
40.93	54.25	47.31	53.51	60.37	53.20
7.50	16.19	17.01	21.47	28.46	27.86
27.10	45.52	69.30	78.83	96.92	108.17
38.59	46.67	51.08	61.23	74.16	79.36
0.24	0.83	2.77	4.10	16.27	16.90
32.54	47.46	56.88	73.72	116.57	119.38
	0.44	2.14	4.03	9.30	12.47
2.57	4.55	7.32	14.27	17.49	15.45
26.77	44.28	60.38	74.68	86.77	86.72
64.98	108.54	151.85	197.40	258.84	269.99
4.19	4.92	13.82	14.21	34.51	12.71
79.50	99.67	116.08	136.01	164.75	147.15
103.33	100.11	102.77	108.28	116.49	117.60
71.67	77.37	80.97	85.68	93.83	90.86
71.85	75.25	80.13	85.29	85.92	88.60
	0.35	0.50	1.00	4.16	3.05
32.78	34.45	34.01	41.56	62.10	49.05
2.74	3.80	9.28	12.81	25.84	26.23
0.67	3.13	5.58	8.33	22.50	15.79
98.71	99.38	101.51	103.67	105.68	110.53
102.87	148.61	176.42	203.43	235.77	230.54
	1.17	1.16	1.36	10.00	8.02

2004年按收入等级分的

项　　目		总平均	最低收入户	困难户
调查户数		**1600.0**	**161.5**	**80.8**
现住房总建筑面积	(平方米/人)	32.5	25.0	24.0
现住房屋总使用面积	(平方米/人)	25.1	19.1	18.3
房屋产权	(%)	100.0	100.0	100.0
租赁公房		8.3	10.7	10.7
租赁私房		1.1	3.8	7.0
原有私房		19.8	37.2	38.6
房改私房		49.7	33.7	25.4
商品房		18.4	7.7	7.5
其他		2.6	6.9	10.8
住宅建筑式样	(%)	100.0	100.0	100.0
单栋住宅		12.2	18.1	15.7
四居室及以上		5.7	3.9	7.2
三居室		37.6	23.6	19.9
二居室		33.0	27.3	28.3
一居室		4.9	7.6	6.8
普通楼房		4.8	10.5	12.8
平房及其他		1.9	9.0	9.2
用水情况	(%)	100.0	100.0	100.0
独用自来水		98.2	95.5	94.6
公用自来水		1.8	4.5	5.4
井、河水及其他				
卫生设备	(%)	100.0	100.0	100.0
无卫生设备		1.3	5.6	5.0
有厕所浴室		92.3	81.8	79.6
有厕所无浴室		4.5	6.5	6.1
公用卫生设备		1.9	6.2	9.3
炊用燃料使用情况	(%)	100.0	100.0	100.0
管道煤气		19.2	6.8	8.1
液化石油气		79.5	89.0	84.9
煤		1.1	4.2	7.1
其他		0.2		
通信设备使用情况				
有无电话	(%)	100.0	100.0	100.0
无		0.2	0.6	1.2
有		99.8	99.4	98.8
独用电话	(线/百户)	102.4	99.5	99.4
移动电话	(部/百户)	170.9	71.7	69.2
使用互联网	(条/百户)	0.3		0.1

城镇居民年末居住情况

低收入户	中等偏下户	中等收入户	中等偏上户	高收入户	最高收入户
160.4	**323.1**	**323.2**	**319.8**	**159.8**	**152.2**
33.7	30.9	32.8	31.8	36.7	41.0
25.7	23.8	25.3	24.9	28.7	31.8
100.0	100.0	100.0	100.0	100.0	100.0
9.6	10.4	8.8	8.1	5.6	3.0
1.1	0.8	1.3	0.8	0.5	
35.3	23.1	21.6	11.0	7.9	8.2
41.7	47.9	50.4	57.5	54.3	53.9
10.9	15.0	15.2	21.1	31.1	31.9
1.5	2.8	2.7	1.6	0.7	3.0
100.0	100.0	100.0	100.0	100.0	100.0
20.8	13.0	14.0	7.4	7.7	7.5
1.7	5.3	4.4	3.8	7.4	17.2
27.2	35.2	33.7	43.7	50.8	48.6
32.1	31.5	36.6	38.3	30.0	25.7
8.7	5.7	4.7	4.1	2.8	1.0
6.3	8.3	4.5	2.3	1.3	
3.2	1.0	2.1	0.4		
100.0	100.0	100.0	100.0	100.0	100.0
99.6	98.7	98.0	98.3	100.0	96.9
0.2	1.3	2.0	1.7		3.2
0.2					
100.0	100.0	100.0	100.0	100.0	100.0
1.2	0.5	1.5	0.8		0.5
85.8	92.7	93.4	95.7	95.9	94.7
8.3	4.7	4.4	2.9	3.2	4.0
4.8	2.1	0.8	0.6	0.9	0.8
100.0	100.0	100.0	100.0	100.0	100.0
2.2	10.2	14.9	28.9	36.1	38.0
94.3	87.7	84.8	71.1	64.0	61.2
3.5	2.1				
		0.4			0.8
100.0	100.0	100.0	100.0	100.0	100.0
0.7	0.4				
99.3	99.6	100.0	100.0	100.0	100.0
98.7	99.4	101.5	103.7	105.7	110.5
102.9	148.6	176.4	203.4	235.8	230.5
0.1	0.2	0.3	0.5	0.6	0.6

2004年按世代层次分的

项　目		总平均	一代人家庭	
			单身户	一对夫妇
调查户数	**（户）**	**1600.00**	**3.00**	**173.08**
平均每户家庭人口	**（人）**	**3.28**	**1.00**	**2.00**
平均每户就业人口	**（人）**	**1.74**	**0.85**	**1.27**
平均每户就业率	**（%）**	**53.05**	**85.00**	**63.50**
平均每人可支配收入	**（元）**	**13627.65**	**66560.10**	**21664.85**
#平均每人工薪收入	（元）	11646.42	57572.01	16368.41
平均每人消费性支出	**（元）**	**10694.79**	**41157.94**	**13964.06**
#服务性消费支出	（元）	3371.35	18452.29	4149.65
食品	（元）	3953.30	8119.89	5634.42
衣着	（元）	620.07	5467.57	743.71
家庭设备用品及服务	（元）	592.66	1150.77	925.60
医疗保健	（元）	649.70	3743.71	1166.83
交通和通信	（元）	1754.12	9139.55	1900.94
教育文化娱乐服务	（元）	1577.70	5513.37	1517.26
居住	（元）	1205.12	2398.08	1537.51
杂项商品和服务	（元）	342.11	5624.99	537.80
平均每人住房使用面积	**（平方米）**	**25.12**	**82.36**	**36.94**
平均每人购买商品情况				
粮食	（公斤）	71.78	29.42	91.93
食用植物油	（公斤）	8.95	2.54	12.02
猪肉	（公斤）	28.82	6.87	36.39
牛羊肉	（公斤）	3.06	0.09	3.90
家禽	（公斤）	17.21	5.68	19.60
蛋	（公斤）	6.79	4.47	8.95
鱼	（公斤）	19.23	4.27	28.19
鲜菜	（公斤）	106.59	44.02	154.77
酒类	（公斤）	2.41	14.03	4.59
鲜瓜果	（公斤）	109.00	58.05	159.36
鲜乳品	（公斤）	8.97	10.56	10.11
服装	（件）	8.41	39.49	10.29
鞋类	（双）	2.34	8.32	2.60
平均每百户主要消费品年末拥有量				
摩托车	（辆）	76.91		61.53
家用汽车	（辆）	6.56		4.50
洗衣机	（台）	97.36	75.57	91.25
电冰箱	（台）	93.42	100.00	94.51
彩色电视机	（台）	154.69	175.57	149.87
影碟机	（台）	85.64	75.57	83.86
家用电脑	（台）	64.28	100.00	51.27
组合音响	（套）	54.33	75.57	52.66
摄像机	（架）	4.83		3.69
微波炉	（台）	58.65	75.57	65.15
空调器	（台）	155.95	251.14	156.50
移动电话	（部）	170.86	100.00	141.62

城镇居民家庭基本情况

二代人家庭					三代人家庭	其他
单亲家庭 一个小孩	一对夫妇 一个小孩	一对夫妇 两个小孩	一对夫妇 多个小孩	其他		
51.00	**841.25**	**175.67**	**14.42**	**35.58**	**231.67**	**74.33**
2.27	**3.00**	**4.00**	**5.00**	**2.99**	**4.47**	**4.28**
1.16	**1.78**	**1.98**	**3.12**	**1.41**	**1.79**	**1.72**
51.10	**59.33**	**49.50**	**62.40**	**47.16**	**40.04**	**40.19**
13867.91	**15380.43**	**10823.97**	**12421.13**	**14216.34**	**9719.09**	**10079.06**
9368.20	14664.66	8181.24	10030.32	9603.55	6998.11	6563.23
13258.32	**12103.40**	**9677.90**	**10622.41**	**11060.95**	**7230.80**	**8210.88**
4746.35	3895.97	3040.46	3517.02	3442.92	1977.19	2935.13
4720.25	4339.16	3309.48	3783.69	4407.26	3088.95	2970.50
703.27	759.26	416.36	1261.31	532.69	376.41	442.71
688.57	670.91	509.16	618.18	617.86	386.61	429.86
831.82	627.21	428.37	817.17	818.66	457.70	1328.11
1400.25	2148.87	1817.95	1387.25	1167.81	1012.73	947.82
1770.27	1913.29	1403.65	1666.64	1513.37	1000.74	1021.44
2367.87	1243.25	1558.71	767.00	1705.06	704.06	879.80
776.03	401.45	234.22	321.18	298.25	203.60	190.63
26.31	**24.57**	**23.89**	**26.95**	**31.28**	**22.98**	**24.05**
77.30	67.54	70.53	86.47	91.15	74.23	71.00
10.54	8.92	7.77	11.36	11.26	8.71	7.93
32.63	28.47	28.70	22.63	35.60	27.31	27.31
3.44	3.30	2.67	3.44	2.85	2.65	2.24
18.32	17.68	16.53	17.70	22.84	15.89	14.39
10.02	7.06	6.49	6.19	8.24	5.56	5.61
21.75	19.32	18.09	18.67	22.85	17.99	14.37
125.26	109.69	97.96	94.92	136.49	91.30	89.23
2.50	2.55	1.48	1.16	2.18	2.10	2.48
127.76	112.24	99.44	96.08	138.67	93.40	91.71
8.65	11.49	4.48	5.27	8.94	6.63	5.61
10.82	9.98	6.23	8.80	7.03	5.65	6.92
2.67	2.66	2.00	4.52	1.98	1.68	1.82
38.70	75.38	97.27	99.64	66.15	85.65	80.79
	6.86	9.86	15.24	5.70	5.76	5.41
96.55	97.66	96.00	105.46	97.00	100.95	98.64
95.42	96.32	87.40	112.33	93.89	86.79	86.58
131.57	155.52	152.24	155.67	142.55	162.86	157.72
63.48	88.57	79.29	83.32	91.15	85.08	84.70
50.72	72.78	66.23	88.37	62.13	48.02	42.34
37.54	57.62	51.88	85.66	49.67	50.42	44.71
0.51	5.58	4.18	15.24	8.19	3.55	3.25
39.99	62.73	52.97	53.20	50.49	50.13	54.78
136.76	165.47	143.09	176.26	130.49	136.53	155.77
121.89	180.62	176.27	248.99	152.21	163.23	158.92

2004 年按世代层次分的城镇居

单位：元

项　　目	总平均	一代人家庭	
		单身户	一对夫妇
家庭总收入	**14953.39**	**70235.80**	**23414.75**
# 可支配收入	13627.65	66560.10	21664.85
工薪收入	11646.42	57572.01	16368.41
工资及补贴收入	11502.42	44655.80	16081.09
其他劳动收入	143.99	12916.22	287.31
经营净收入	738.35		465.20
财产性收入	371.29	643.92	357.50
利息收入	22.71	643.92	100.12
股息与红利收入	87.66		36.50
保险收益	2.76		8.58
其它投资收入	2.65		5.81
出租房屋收入	252.66		204.21
知识产权收入	0.01		
其他财产性收入	2.84		2.27
转移性收入	2197.34	12019.86	6223.64
养老金或离退休金	1360.44	901.43	4386.20
社会救济收入	13.50		22.03
辞退金	63.44		142.29
赔偿收入	0.68		1.21
保险收入	38.28		24.67
# 失业保险金	29.71		24.37
赡养收入	187.62	4744.22	712.75
捐赠收入	326.18	5849.55	386.98
亲友搭伙费	71.74	90.14	352.91
提取住房公积金	5.10		33.81
记帐补贴	83.35	434.52	137.50
其他转移性收入	47.01		23.28
出售财物收入	**95.34**		**11.54**
出售住房收入	78.03		
出售其他物品收入	17.31		11.54
借贷收入	**5131.11**	**22502.70**	**9179.46**
提取储蓄存款	4529.16	20461.14	8785.82
借入款	155.80		233.82
收回借出款	26.19	1622.84	8.92
收回储蓄性保险本	1.00		
兑售有价证券	1.00		
收回投资本金	0.81		
住房贷款	296.78		
汽车贷款	39.60		
教育贷款	3.32		
其他贷款	2.09	98.60	34.80
其他借贷收入	75.36	320.12	116.10

民家庭平均每人全年现金收入

二代人家庭					三代人家庭	其　他
单亲家庭 一个小孩	一对夫妇 一个小孩	一对夫妇 两个小孩	一对夫妇 多个小孩	其　他		
14932.82	**17147.99**	**11630.53**	**13252.84**	**15497.30**	**10413.82**	**10745.79**
13867.91	15380.43	10823.97	12421.13	14216.34	9719.09	10079.06
9368.20	14664.66	8181.24	10030.32	9603.55	6998.11	6563.23
9089.69	14520.84	7970.27	9959.58	9518.81	6930.75	6541.62
278.50	143.83	210.97	70.74	84.74	67.37	21.62
579.66	624.95	1514.40	1667.07	302.45	552.74	805.23
188.89	411.45	418.01	490.31	4.31	321.91	269.87
13.60	21.01	33.38	0.09	1.62	6.28	3.39
	109.27	137.80	129.60		48.62	21.69
	4.17		16.08			
4.93	1.72	1.37			5.97	
170.12	270.19	245.22	344.53	2.69	260.32	244.80
0.25						
	5.10	0.25			0.71	
4796.07	1446.93	1516.87	1065.15	5586.99	2541.06	3107.45
2356.05	684.47	918.06	660.71	4700.38	1919.00	1905.74
102.31	10.50				4.89	67.13
	96.85	1.14		108.36	23.76	
	0.14					9.36
28.20	62.83	21.17	4.83		8.80	5.51
10.25	52.63	3.31			7.26	0.34
1720.59	51.37	12.44		287.66	208.51	595.30
377.53	366.35	316.58	266.75	241.04	253.15	183.56
53.78	42.99	36.86		131.87	30.05	265.94
	3.50	2.23		30.28	0.98	4.93
134.76	96.42	68.36	47.75	78.59	50.76	51.04
22.84	31.49	140.02	85.11	8.81	41.17	18.95
0.52	**188.07**	**2.49**	**0.59**	**1.17**	**2.70**	**2.72**
	156.76					
0.52	31.30	2.49	0.59	1.17	2.70	2.72
9500.64	**6346.38**	**3953.40**	**1971.57**	**2936.71**	**2064.89**	**3567.48**
6286.26	5548.58	3726.98	1842.32	2692.05	1953.20	2643.49
3144.10	48.54	161.28	56.52		3.69	473.82
	33.64	46.16		1.73	8.67	6.80
	2.01					
	2.00				0.04	
	1.02	2.21				
	547.80				29.25	320.58
	79.55					
	0.29				16.18	
0.41	0.11					
69.87	82.83	16.76	72.73	242.93	53.85	122.79

2004 年按世代层次分的城镇居民

单位:%

项　　目	总平均	一代人家庭	
		单身户	一对夫妇
家庭总收入	**100.0**	**100.0**	**100.0**
# 可支配收入	91.1	94.8	92.5
工薪收入	77.9	82.0	69.9
工资及补贴收入	76.9	63.6	68.7
其他劳动收入	1.0	18.4	1.2
经营净收入	4.9		2.0
财产性收入	2.5	0.9	1.5
利息收入	0.2	0.9	0.4
股息与红利收入	0.6		0.2
保险收益	…		…
其它投资收入	…		…
出租房屋收入	1.7		0.9
知识产权收入	…		
其他财产性收入	…		…
转移性收入	14.7	17.1	26.6
养老金或离退休金	9.1	1.3	18.7
社会救济收入	0.1		0.1
辞退金	0.4		0.6
赔偿收入	…		…
保险收入	0.3		0.1
# 失业保险金	0.2		0.1
赡养收入	1.3	6.8	3.0
捐赠收入	2.2	8.3	1.7
亲友搭伙费	0.5	0.1	1.5
提取住房公积金	…		0.1
记帐补贴	0.6	0.6	0.6
其他转移性收入	0.3		0.1
出售财物收入	**100.0**		**100.0**
出售住房收入	81.8		
出售其他物品收入	18.2		100.0
借贷收入	**100.0**	**100.0**	**100.0**
提取储蓄存款	88.3	90.9	95.7
借入款	3.0		2.5
收回借出款	0.5	7.2	0.1
收回储蓄性保险本	…		
兑售有价证券	…		
收回投资本金	…		
住房贷款	5.8		
汽车贷款	0.8		
教育贷款	0.1		
其他贷款	…	0.4	0.4
其他借贷收入	1.5	1.4	1.3

家庭平均每人全年现金收入构成

二代人家庭					三代人家庭	其　他
单亲家庭 一个小孩	一对夫妇 一个小孩	一对夫妇 两个小孩	一对夫妇 多个小孩	其　他		
100.0	**100.0**	**100.0**	**100.0**	**100.0**	**100.0**	**100.0**
92.9	89.7	93.1	93.7	91.7	93.3	93.8
62.7	85.5	70.3	75.7	62.0	67.2	61.1
60.9	84.7	68.5	75.2	61.4	66.6	60.9
1.9	0.8	1.8	0.5	0.5	0.6	0.2
3.9	3.6	13.0	12.6	2.0	5.3	7.5
1.3	2.4	3.6	3.7	…	3.1	2.5
0.1	0.1	0.3	…	…	0.1	…
	0.6	1.2	1.0		0.5	0.2
	…		0.1			
…	…	…			0.1	
1.1	1.6	2.1	2.6	…	2.5	2.3
…						
	…	…			…	
32.1	8.4	13.0	8.0	36.1	24.4	28.9
15.8	4.0	7.9	5.0	30.3	18.4	17.7
0.7	0.1				…	0.6
	0.6	…		0.7	0.2	
						0.1
0.2	0.4	0.2	…		0.1	0.1
0.1	0.3	…			0.1	…
11.5	0.3	0.1		1.9	2.0	5.5
2.5	2.1	2.7	2.0	1.6	2.4	1.7
0.4	0.3	0.3		0.9	0.3	2.5
	…	…		0.2	…	…
0.9	0.6	0.6	0.4	0.5	0.5	0.5
0.2	0.2	1.2	0.6	0.1	0.4	0.2
100.0	**100.0**	**100.0**	**100.0**	**100.0**	**100.0**	**100.0**
	83.4					
100.0	16.6	100.0	100.0	100.0	100.0	100.0
100.0	**100.0**	**100.0**	**100.0**	**100.0**	**100.0**	**100.0**
66.2	87.4	94.3	93.4	91.7	94.6	74.1
33.1	0.8	4.1	2.9		0.2	13.3
	0.5	1.2		0.1	0.4	0.2
	…					
	…				…	
	…	0.1				
	8.6				1.4	9.0
	1.3					
	…				0.8	
…	…					
0.7	1.3	0.4	3.7	8.3	2.6	3.4

2004 年按世代层次分的城镇居

单位：元

项　　目	总平均	一代人家庭	
		单身户	一对夫妇
家庭总支出	**14341.36**	**58197.77**	**23224.24**
消费支出	10694.79	41157.94	13964.06
#服务性消费支出	3371.35	18452.29	4149.65
食品	3953.30	8119.89	5634.42
衣着	620.07	5467.57	743.71
家庭设备用品及服务	592.66	1150.77	925.60
医疗保健	649.70	3743.71	1166.83
交通和通信	1754.12	9139.55	1900.94
教育文化娱乐服务	1577.70	5513.37	1517.26
居住	1205.12	2398.08	1537.51
杂项商品和服务	342.11	5624.99	537.80
购房与建房支出	1054.26		2288.71
购房	965.44		2288.71
建房	88.83		
转移性支出	1497.61	14076.52	5584.75
交纳的个人收入税	195.54	277.88	263.03
捐赠支出	561.37	3690.63	1194.39
购买彩票	15.83		20.82
赡养支出	655.57	10033.50	4001.92
#在外就学子女费用	341.95		3392.29
各种非储蓄性保险支出	25.08	58.41	34.76
#车辆保险支出	13.34		17.65
其他转移性支出	44.22	16.10	69.83
财产性支出	47.85		37.35
非生产性利息支出	47.24		33.36
其他	0.61		3.98
社会保障支出	1046.86	2963.30	1349.36
个人交纳的养老基金	483.85	1984.60	640.87
个人交纳的住房公积金	407.99	149.77	434.96
个人交纳的医疗基金	114.18	553.52	215.95
个人交纳的失业基金	37.90	275.42	53.05
其他社会保障支出	2.94		4.54
借贷支出	**5235.09**	**38691.36**	**8813.04**
存入储蓄款	4663.85	30764.01	8038.74
借出款	34.40	836.53	28.12
归还借款	67.93		63.37
储蓄性保险支出	149.53	2732.65	256.53
购买有价证券	31.16		54.38
其它投资支出	8.81	2788.42	1.60
归还住房贷款	214.39	1569.75	313.58
归还汽车贷款	8.16		
归还教育贷款			
归还其他贷款	0.53		8.29
其他借贷支出	56.33		48.45

民家庭平均每人全年现金支出

二代人家庭					三代人家庭	其　他
单亲家庭 一个小孩	一对夫妇 一个小孩	一对夫妇 两个小孩	一对夫妇 多个小孩	其　他		
20215.67	**16455.27**	**12002.16**	**12482.25**	**13309.92**	**8824.38**	**9872.51**
13258.32	12103.40	9677.90	10622.41	11060.95	7230.80	8210.88
4746.35	3895.97	3040.46	3517.02	3442.92	1977.19	2935.13
4720.25	4339.16	3309.48	3783.69	4407.26	3088.95	2970.50
703.27	759.26	416.36	1261.31	532.69	376.41	442.71
688.57	670.91	509.16	618.18	617.86	386.61	429.86
831.82	627.21	428.37	817.17	818.66	457.70	1328.11
1400.25	2148.87	1817.95	1387.25	1167.81	1012.73	947.82
1770.27	1913.29	1403.65	1666.64	1513.37	1000.74	1021.44
2367.87	1243.25	1558.71	767.00	1705.06	704.06	879.80
776.03	401.45	234.22	321.18	298.25	203.60	190.63
4733.21	1353.74	748.90			98.26	453.74
4733.21	1353.64	98.90			98.26	453.74
	0.10	650.01				
1390.80	1524.84	919.41	1142.11	1296.66	914.04	671.12
149.29	268.46	103.69	66.24	250.06	89.81	99.74
567.39	608.12	390.26	593.79	545.89	431.57	353.68
7.33	17.23	20.82	15.88	9.37	10.14	11.91
295.36	559.14	377.16	256.74	444.82	330.70	170.02
16.95	168.04	143.71	102.48	279.28	172.65	53.65
49.60	29.28	9.82	45.64	17.45	21.76	15.67
13.27	14.16	6.03	3.54		19.16	6.47
321.83	42.61	17.67	163.83	29.06	30.04	20.09
52.49	70.60	21.45			27.12	20.83
52.49	70.37	21.45			25.78	20.83
	0.24				1.34	
780.86	1402.68	634.50	717.72	952.31	554.16	515.94
394.20	629.32	306.45	318.21	493.80	275.79	254.85
277.32	579.73	244.84	201.10	315.22	183.17	175.85
76.11	142.76	60.19	105.89	106.90	69.24	62.93
33.02	47.52	20.55	50.70	36.39	25.23	22.11
0.21	3.35	2.48	41.82		0.72	0.21
4129.44	**6512.61**	**2970.27**	**1752.96**	**4557.36**	**3304.29**	**3790.02**
3800.92	5817.45	2631.46	1631.01	3716.50	2976.91	3062.45
5.67	61.47	0.58			7.75	3.68
36.97	73.54	24.24		546.72	60.38	4.73
41.55	189.48	40.38	49.72	209.14	132.51	39.93
	26.01	103.95	72.23		0.05	
0.12	3.01	46.39				
210.99	284.02	117.27		48.87	102.64	224.51
22.79	12.95			17.22		15.09
2.55						
7.89	44.69	6.01		18.90	24.05	439.64

2004年按世代层次分的城镇居

单位：元

项　　目	总平均	一代人家庭	
		单身户	一对夫妇
消费支出	**10694.79**	**41157.94**	**13964.06**
#服务性消费支出	3371.35	18452.29	4149.65
食品	**3953.30**	**8119.89**	**5634.42**
粮油类	422.41	191.92	565.98
粮食	279.01	134.81	372.75
大米	184.74	58.83	244.33
面粉	1.97		4.78
其他粮食	8.77	3.91	12.56
粮食制品	83.53	72.08	111.08
淀粉及薯类	11.70	7.61	19.55
干豆类及豆制品	27.20	13.40	39.08
油脂类	104.50	36.10	134.61
食用植物油	101.09	30.74	131.17
食用动物油	3.42	5.37	3.44
肉禽蛋水产品类	1405.26	380.05	1811.94
肉类	674.25	187.68	835.14
猪肉	493.77	103.66	610.50
牛肉	50.49	2.16	58.35
羊肉	11.04		16.80
其他肉	9.83	6.31	7.74
肉制品	109.13	75.55	141.74
禽类	298.74	93.69	349.83
鸡	182.84	41.41	203.98
鸭	35.71	17.13	32.96
其他禽类	12.83		15.25
禽制品	67.35	35.15	97.64
蛋类	49.69	32.43	65.77
鲜蛋	45.01	32.43	58.29
蛋制品	4.69		7.49
水产品类	382.58	66.24	561.20
鱼	252.09	49.74	368.46
虾	38.21	6.17	46.74
其他水产品	56.54	6.19	86.91
水产制品	35.74	4.15	59.08
蔬菜类	312.31	137.10	462.71
鲜菜	278.70	117.32	406.29
干菜	23.51	9.83	39.63
菜制品	10.10	9.96	16.79

民家庭平均每人全年消费支出

二代人家庭					三代人家庭	其　他
单亲家庭一个小孩	一对夫妇一个小孩	一对夫妇两个小孩	一对夫妇多个小孩	其　他		
13258.32	**12103.40**	**9677.90**	**10622.41**	**11060.95**	**7230.80**	**8210.88**
4746.35	3895.97	3040.46	3517.02	3442.92	1977.19	2935.13
4720.25	**4339.16**	**3309.48**	**3783.69**	**4407.26**	**3088.95**	**2970.50**
515.76	424.29	383.04	490.90	510.95	393.26	375.18
334.28	278.94	261.03	322.47	338.64	260.40	241.25
193.10	173.63	181.87	239.00	236.25	190.20	176.87
2.80	1.79	1.49	3.73	3.79	1.65	1.65
11.33	10.15	7.17	4.88	10.14	5.77	6.46
127.05	93.36	70.51	74.85	88.47	62.78	56.28
18.82	12.63	8.17	4.69	17.49	9.08	9.83
41.23	27.92	23.28	25.89	32.52	21.86	29.85
121.43	104.80	90.55	137.86	122.30	101.91	94.25
121.39	102.32	87.99	137.05	115.31	97.13	84.88
0.03	2.48	2.56	0.81	6.99	4.78	9.37
1685.53	1434.42	1332.98	1372.84	1756.20	1278.98	1128.31
801.19	680.59	656.71	604.19	810.33	623.82	592.78
558.38	489.66	502.27	413.84	605.41	463.61	449.72
58.25	55.99	42.88	60.34	49.40	42.46	36.07
8.28	10.88	11.34	10.05	8.07	11.16	7.95
7.24	9.23	6.91	1.19	15.42	12.52	15.68
169.04	114.83	93.31	118.77	132.02	94.07	83.36
328.90	310.29	285.19	300.39	383.79	269.39	238.24
185.44	191.61	180.82	180.86	234.01	158.72	154.19
22.99	35.52	36.06	52.69	54.30	36.54	30.84
14.24	14.78	11.01	9.72	14.78	9.98	7.12
106.23	68.37	57.28	57.11	80.70	64.14	46.09
71.41	51.68	46.89	50.77	60.87	40.57	41.85
63.00	46.44	43.31	45.67	55.00	37.41	38.85
8.42	5.24	3.59	5.10	5.87	3.16	3.00
484.02	391.86	344.19	417.49	501.22	345.20	255.44
313.75	255.44	231.33	254.82	321.37	233.64	171.18
58.47	38.40	40.71	75.45	44.96	34.08	18.26
60.78	62.73	35.67	29.57	93.75	49.04	38.69
51.02	35.29	36.48	57.65	41.14	28.44	27.32
370.67	328.66	279.77	284.30	400.81	255.24	245.24
327.61	293.73	252.67	252.32	364.33	225.66	220.66
28.21	24.76	18.08	19.26	24.14	21.22	16.22
14.84	10.16	9.02	12.72	12.33	8.37	8.35

位单：元

项　目	总平均	一代人家庭	
		单身户	一对夫妇
调味品	36.17	17.69	47.38
糖烟酒饮料类	246.38	1629.02	424.97
糖类	38.85	25.98	58.74
烟草类	97.36	99.83	196.29
酒类	34.96	1450.50	69.84
白酒	13.50		24.58
果酒	8.44	1238.06	24.71
啤酒	6.75		10.81
其他酒	6.27	212.44	9.73
饮料	75.21	52.72	100.11
碳酸饮料	8.85	1.50	10.35
果蔬饮料	5.60	9.01	5.97
瓶装饮用水	14.92	16.73	11.73
茶叶	29.44		52.46
咖啡可可粉	1.69	2.16	2.09
其他饮料	14.70	23.31	17.51
干鲜瓜果类	223.73	358.85	341.93
鲜果	168.69	285.77	253.92
鲜瓜	15.30	14.39	19.12
干果	7.12		13.36
瓜果制品	8.44	10.73	12.59
坚果及果仁	24.18	47.95	42.93
糕点、奶及奶制品	203.02	562.90	275.99
糕点	75.62	451.46	117.39
奶及奶制品	127.39	111.44	158.60
鲜乳品	66.05	89.17	73.50
奶粉	32.69		54.30
酸奶	14.10	21.27	17.51
其他奶制品	14.55	0.99	13.29
其他食品	67.77	465.98	101.30
其中：半成品	29.51	24.77	40.48
饮食服务	1036.26	4376.38	1602.22
食品加工服务费	0.37		0.66
在外饮食	1035.88	4376.38	1601.56
购自食堂	136.46		68.72
购自饮食业	873.10	4376.38	1448.22
在亲友家搭伙支出	26.32		84.62

续上表

二代人家庭					三代人家庭	其　他
单亲家庭一个小孩	一对夫妇一个小孩	一对夫妇两个小孩	一对夫妇多个小孩	其　他		
49.97	38.38	30.75	38.70	48.05	30.71	27.28
281.27	276.21	169.19	314.50	227.57	197.60	131.18
45.01	44.49	32.75	33.99	30.24	27.09	26.73
105.04	104.83	63.29	166.73	97.97	86.22	34.84
45.37	36.62	18.62	35.84	40.85	29.73	28.57
13.15	14.05	6.70	12.57	25.12	13.61	9.66
8.61	8.43	4.98	15.03	7.31	5.39	3.23
5.99	8.62	3.37	3.79	6.34	4.10	4.65
17.63	5.53	3.57	4.45	2.08	6.62	11.03
85.85	90.27	54.53	77.94	58.51	54.56	41.04
8.75	11.04	6.76	6.55	6.87	5.76	5.17
8.16	7.13	3.39	5.91	6.25	3.37	3.52
22.04	17.80	15.14	7.56	4.97	10.51	10.32
30.22	35.03	17.14	17.69	29.22	23.88	8.77
1.01	1.89	0.87	4.34	0.91	1.85	1.00
15.66	17.39	11.23	35.88	10.28	9.21	12.27
311.01	254.92	182.14	205.11	233.85	147.28	162.06
224.90	192.29	139.68	146.72	174.37	111.42	124.34
21.30	18.50	12.78	13.85	12.22	8.73	11.33
13.65	7.63	5.12	10.43	9.16	4.73	5.60
16.79	9.77	6.08	9.36	8.99	5.54	4.83
34.37	26.73	18.48	24.74	29.11	16.86	15.96
249.94	239.21	131.55	155.54	193.29	153.54	149.36
109.55	88.50	58.22	56.83	85.14	48.39	42.36
140.39	150.71	73.33	98.71	108.15	105.16	107.01
63.69	85.41	31.84	41.18	68.30	47.82	39.61
35.43	27.72	23.17	36.59	23.43	42.54	45.01
21.33	18.98	8.47	2.73	9.27	6.36	9.64
19.94	18.59	9.84	18.21	7.14	8.44	12.74
90.01	77.13	50.84	122.38	59.86	45.15	51.22
37.49	35.51	21.60	81.50	27.42	15.75	18.87
1166.10	1265.95	749.22	799.42	976.69	587.19	700.66
0.21	0.56	0.06	0.02	0.22	0.15	0.15
1165.89	1265.38	749.16	799.40	976.47	587.04	700.51
191.24	181.25	119.90	43.41	47.79	79.60	81.72
917.50	1052.39	623.60	755.96	926.90	496.18	593.91
57.15	31.74	5.67	0.03	1.78	11.26	24.88

位单：元

项　　目	总平均	一代人家庭	
		单身户	一对夫妇
衣着	**620.07**	**5467.57**	**743.71**
服装	455.20	4715.58	569.55
男士服装	173.46	81.68	211.46
女士服装	235.98	4618.94	338.54
童装	45.76	14.96	19.55
衣着材料	1.51		2.42
鞋类	137.86	533.30	138.55
其他衣着用品	21.70	213.75	26.89
衣着加工服务费	3.80	4.95	6.29
家庭设备用品及服务	**592.66**	**1150.77**	**925.60**
耐用消费品	243.27	66.92	422.41
家具	76.32		128.41
成套家具	11.08		33.36
其他家具	65.24		95.05
家庭设备	166.95	66.92	293.99
洗衣机	27.89		45.28
电风扇	5.20		5.41
电冰箱	21.87		46.93
冰柜			
微波炉	3.48		10.97
空调器	55.34		76.32
电炊具	8.83	66.92	21.96
淋浴热水器	10.95		6.33
排油烟机	6.75		14.01
吸尘器	1.05		4.42
消毒碗柜	2.53		5.66
洗碗机	0.32		
饮水机	7.90		0.60
取暖器	0.66		0.33
其他	14.20		55.78
室内装饰品	17.85	9.01	61.11
纺织装饰品	4.16		7.60
装饰灯具	4.08		23.85
其他装饰品	9.61	9.01	29.66
床上用品	48.79	7.21	106.38

续上表

二代人家庭					三代人家庭	其　他
单亲家庭 一个小孩	一对夫妇 一个小孩	一对夫妇 两个小孩	一对夫妇 多个小孩	其　他		
703.27	**759.26**	**416.36**	**1261.31**	**532.69**	**376.41**	**442.71**
519.45	564.00	298.41	666.02	389.95	267.64	341.96
107.43	218.31	120.36	257.29	185.69	101.47	121.41
358.65	289.37	144.04	389.61	195.81	124.38	182.06
53.37	56.33	34.01	19.12	8.46	41.79	38.49
1.92	1.75	0.87		4.46	0.67	1.93
147.40	163.01	100.48	576.64	117.59	88.84	82.96
29.95	26.13	14.65	17.27	15.65	16.54	11.59
4.55	4.36	1.96	1.38	5.04	2.73	4.27
688.57	**670.91**	**509.16**	**618.18**	**617.86**	**386.61**	**429.86**
337.17	265.77	238.32	248.36	209.17	161.34	137.95
145.46	84.58	96.28	4.84	83.57	33.71	37.66
	7.67	25.17			5.43	14.80
145.46	76.92	71.11	4.84	83.57	28.28	22.86
191.70	181.18	142.03	243.52	125.60	127.63	100.29
3.98	31.69	21.70	39.81	15.98	21.69	24.32
5.20	5.41	6.06	3.19	8.61	4.56	2.60
31.90	17.77	12.63	156.99	46.59	24.80	2.71
	3.70	1.33		6.97	1.11	8.03
40.73	66.29	42.34		14.08	49.28	23.86
9.96	9.61	7.70	14.09	4.38	3.83	8.40
20.96	12.57	14.72		12.36	5.82	8.18
	6.21	13.45		1.16	3.68	4.72
	1.10			2.80	0.60	1.35
9.92	2.65	4.05			0.60	
14.66						
43.98	11.25	6.06		0.73	2.42	
0.51	1.05		2.04		0.33	0.38
9.89	11.88	11.98	27.40	11.95	8.94	15.73
56.86	21.55	7.20	6.12	4.18	4.58	6.24
21.12	5.59	1.53	1.38	0.01	0.97	1.29
25.51	4.05	0.73		0.70	0.09	0.31
10.23	11.92	4.93	4.74	3.47	3.51	4.64
36.44	56.05	35.23	26.86	62.48	32.40	21.08

位单：元

项　　目	总平均	一代人家庭	
		单身户	一对夫妇
家庭日用杂品	193.26	643.78	270.18
厨、餐、茶具	25.77		49.80
家用工具	0.78		1.17
家居清洁用品	38.75	30.24	49.11
其他日用杂品	127.96	613.54	170.09
家具材料	0.84		0.42
家庭服务	88.64	423.84	65.10
家政服务	71.93	334.61	39.32
加工维修服务费	16.71	89.23	25.78
医疗保健	**649.70**	**3743.71**	**1166.83**
医疗器具	4.81		20.86
保健器具	15.84		22.32
药品费	352.36	3220.35	716.39
滋补保健品	96.58	251.52	157.51
医疗费	175.15	271.07	237.86
其他	4.95	0.78	11.89
交通和通讯	**1754.12**	**9139.55**	**1900.94**
交通	1005.58	4893.34	771.99
家庭交通工具	483.05		47.08
摩托车	43.85		41.87
自行车	8.33		5.21
助力车	5.66		
家用汽车	424.56		
其他交通工具	0.66		
车辆用燃料及零配件	156.60	89.23	179.92
燃料	143.56	89.23	160.97
零配件	12.16		18.67
其他	0.88		0.28
交通工具服务支出	139.39	42.94	190.85
维修费	27.53		47.26
车辆使用税费	59.25	42.94	32.97
其它车辆使用费用	52.60		110.61
交通费	226.54	4761.17	354.15
飞机	31.51	1095.06	40.11
火车	22.98	399.61	57.15
长途汽车	48.82	575.10	101.09
市内公共交通	77.67	284.43	94.52
出租汽车费	32.34	2215.61	41.86
其他交通费	13.22	191.36	19.42

续上表

二代人家庭					三代人家庭	其　他
单亲家庭 一个小孩	一对夫妇 一个小孩	一对夫妇 两个小孩	一对夫妇 多个小孩	其　他		
204.77	219.31	159.94	200.53	191.56	140.18	143.31
25.85	29.98	15.78	24.95	27.91	16.71	19.49
1.31	0.71	0.80		1.33	0.91	0.21
44.74	43.39	33.41	45.28	43.30	27.31	34.68
132.87	145.22	109.95	130.30	119.02	95.25	88.94
0.33	1.44	0.04		0.32	0.38	0.09
53.00	106.79	68.44	136.32	150.16	47.73	121.20
25.87	89.11	58.73	125.84	120.93	33.51	104.34
27.13	17.69	9.71	10.48	29.23	14.22	16.86
831.82	**627.21**	**428.37**	**817.17**	**818.66**	**457.70**	**1328.11**
5.95	6.53	0.01		0.06	0.71	1.62
3.41	16.44	20.58	122.79	7.16	6.83	8.69
497.04	338.22	218.28	297.71	548.16	296.59	491.32
94.72	111.69	77.56	79.72	102.21	52.99	100.19
227.50	149.49	107.95	304.94	156.03	96.67	722.32
3.20	4.84	3.99	12.00	5.03	3.92	3.97
1400.25	**2148.87**	**1817.95**	**1387.25**	**1167.81**	**1012.73**	**947.82**
505.40	1286.57	1218.15	583.15	460.28	516.62	420.88
4.60	696.66	685.35	19.78	26.16	175.10	83.62
	59.20	49.05			6.46	70.02
4.60	10.61	7.91	19.78	0.52	5.80	3.12
	7.84	3.13		25.64	0.97	10.48
	617.76	625.26			161.71	
	1.25				0.17	
96.79	166.92	171.39	232.32	127.33	128.34	122.21
81.81	152.74	164.27	198.34	117.09	117.18	108.61
14.97	13.24	5.87	32.14	7.18	11.01	11.75
0.01	0.94	1.26	1.84	3.05	0.16	1.86
68.18	139.57	221.66	246.51	101.57	93.74	64.61
7.86	27.97	28.99	81.79	10.11	24.17	14.29
33.92	53.85	148.88	78.44	45.17	31.92	22.97
26.40	57.75	43.79	86.28	46.29	37.64	27.34
335.84	283.42	139.75	84.54	205.23	119.44	150.45
16.31	45.06	2.75		76.14	16.65	14.85
41.52	23.56	22.67	3.86	21.13	12.94	14.67
61.18	55.02	35.88	6.10	35.10	32.84	34.86
146.83	102.56	54.02	29.15	48.21	31.77	52.16
43.23	44.28	11.98	25.73	16.87	15.12	17.55
26.77	12.94	12.44	19.71	7.78	10.12	16.35

位单：元

项　　目	总平均	一代人家庭	
		单身户	一对夫妇
通信	748.54	4246.21	1128.94
通信工具	94.60	6.71	163.43
电话机	2.98		2.52
移动电话	88.78		154.38
寻呼机			
传真机	0.07		1.28
其他通信工具	2.76	6.71	5.24
通信服务	653.95	4239.50	965.52
电信费	644.85	4182.59	919.54
邮费	2.94	47.90	22.30
其他	6.16	9.01	23.67
教育文化娱乐服务	**1577.70**	**5513.37**	**1517.26**
文化娱乐用品	361.73	940.43	537.08
彩色电视机	34.67		39.40
影碟机	9.41		11.82
录放像机	0.62		
家用电脑	100.57		93.12
整机电脑	77.80		46.44
计算机外部设备	9.14		24.27
各种零配件及耗材	13.63		22.41
组合音响	6.69		3.14
录音机	3.80		7.35
摄像机	7.64		39.79
照相机	27.45		146.63
钢琴	3.40		
其他中高档乐器	1.38		1.27
健身器材	1.35		0.08
电子辞典	2.48		2.39
音像制品及软件	11.00	65.23	9.70
体育用品	4.13		3.95
书报杂志	52.98	130.25	63.17
纸张文具	17.87	0.36	8.29
其他文娱用品	76.29	744.59	106.96
文化娱乐服务	494.98	3041.71	788.35
参观游览	57.20		34.75
健身活动	11.17		11.22
团体旅游	335.95	2652.27	565.97
其它文娱活动	82.68	389.44	162.09
文娱用品修理服务费	7.98		14.32

续上表

二代人家庭					三代人家庭	其　他
单亲家庭 一个小孩	一对夫妇 一个小孩	一对夫妇 两个小孩	一对夫妇 多个小孩	其　他		
894.84	862.29	599.80	804.10	707.53	496.11	526.94
103.44	117.76	68.88	228.78	46.35	43.42	46.86
3.08	3.77	2.01		3.88	2.24	1.70
96.18	110.87	65.01	228.78	41.91	38.69	44.13
4.18	3.12	1.86		0.56	2.49	1.03
791.41	744.53	530.92	575.31	661.18	452.69	480.08
776.29	735.56	526.67	573.64	653.19	449.25	476.38
3.90	2.01	1.10	0.01	2.78	1.40	1.40
11.22	6.96	3.14	1.67	5.21	2.04	2.30
1770.27	**1913.29**	**1403.65**	**1666.64**	**1513.37**	**1000.74**	**1021.44**
231.11	446.87	248.50	152.58	349.82	252.72	184.81
	43.26	14.47			41.83	12.34
12.16	12.16	4.95		8.57	6.65	4.47
	1.24					
26.57	123.03	108.65	0.30	62.34	78.49	33.22
2.53	93.63	97.97		49.74	63.70	27.59
8.81	10.56	9.87		4.54	4.12	0.97
15.23	18.84	0.81	0.30	8.06	10.67	4.67
11.29	10.47	2.88			2.25	3.96
3.40	5.58	2.18		1.28	0.77	0.83
	7.69			69.21	0.39	
4.52	33.15	2.01		33.52	3.43	14.06
	4.88					16.95
	2.36		1.18		0.54	0.25
	1.30			14.44	1.12	3.04
	3.97	0.49			1.51	
17.59	15.54	4.20	4.13	12.77	6.30	3.23
2.17	5.92	1.36	1.65	0.78	3.51	0.09
55.62	64.63	35.42	79.45	71.52	33.86	34.91
19.23	22.86	17.21	8.52	5.44	12.70	9.58
78.57	88.83	54.67	57.37	69.93	59.36	47.88
755.12	567.98	337.60	510.02	969.30	273.44	411.25
54.83	67.92	43.20	288.69	19.92	37.80	51.36
13.77	14.98	4.25	0.08	20.50	7.62	4.72
534.06	386.84	236.99	197.24	779.06	159.29	284.06
138.17	88.96	49.32	23.70	141.82	62.50	65.67
14.29	9.28	3.84	0.32	8.01	6.23	5.43

位单：元

项　　目	总平均	一代人家庭	
		单身户	一对夫妇
教育	720.99	1531.23	191.83
教材	42.41		7.22
课本及参考书	37.65		4.96
教育软件	1.30		0.10
其它教材	3.46		2.15
教育费用	678.59	1531.23	184.61
非义务教育学杂费	214.23		77.32
义务教育学杂费	145.24		1.17
托幼费	81.77		5.74
成人教育费	77.48	1394.21	59.65
家教费	18.84		3.88
培训班	68.31	137.02	12.25
学校住宿费	19.24		21.51
其他	53.50		3.09
居住	**1205.12**	**2398.08**	**1537.51**
住房	399.60	144.88	400.38
租赁房房租	37.96	144.88	91.57
自有房租金折算			
住房装潢支出	330.57		286.07
维修用建筑材料	28.38		22.57
其他	2.69		0.17
水电燃料及其他	704.44	1921.54	991.07
水	93.07	304.69	121.30
电	370.43	1343.82	533.77
燃料	234.27	273.04	322.72
煤炭	3.06		1.66
液化石油气	187.09	273.04	259.66
管道煤气	43.84		61.04
其他燃料	0.28		0.36
其他	6.67		13.29
居住服务费	101.08	331.66	146.06
物业管理费	68.05	150.09	79.51
维修服务费	5.32	0.36	9.81
其它	27.71	181.21	56.74
杂项商品和服务	**342.11**	**5624.99**	**537.80**
杂项商品	221.38	4153.84	334.38
金银珠宝饰品	28.73	138.82	70.93
手表	6.51		1.25
理发美容用具	2.58		4.76
化妆品	88.73	2372.35	110.29
其他杂品	94.83	1642.67	147.16
服务	120.73	1471.15	203.41
旅馆住宿费	14.86	100.06	9.45
理发洗澡费	38.00	913.95	65.22
美容费	25.54	338.85	68.39
其他服务	42.33	118.29	60.35

续上表

二代人家庭					三代人家庭	其　他
单亲家庭 一个小孩	一对夫妇 一个小孩	一对夫妇 两个小孩	一对夫妇 多个小孩	其　他		
784.04	898.44	817.56	1004.03	194.25	474.58	425.39
44.22	53.58	52.92	31.76	9.42	25.05	28.74
41.52	47.29	47.10	31.72	5.50	22.90	26.27
0.86	1.40	3.05			0.38	1.51
1.84	4.89	2.78	0.03	3.92	1.78	0.96
739.82	844.86	764.64	972.27	184.83	449.53	396.65
273.13	272.15	312.90	414.32	2.54	94.02	37.57
147.63	163.79	238.94	328.88	11.87	101.37	64.13
74.86	95.96	70.12	22.94		69.96	148.24
123.62	95.96	41.16	49.59	161.52	50.53	64.16
11.06	31.38	8.50	22.87		6.04	2.29
60.99	92.74	38.91	125.42	8.62	51.68	51.03
12.68	28.57	18.92	0.30		2.11	8.88
35.85	64.31	35.20	7.96	0.28	73.82	20.35
2367.87	**1243.25**	**1558.71**	**767.00**	**1705.06**	**704.06**	**879.80**
1418.06	374.55	842.53	159.01	832.21	63.99	220.05
36.65	43.30	9.39	158.90	60.93	26.31	11.38
1357.38	290.79	813.82		691.46	20.60	183.50
14.50	36.82	16.63	0.11	79.73	15.59	25.17
9.53	3.65	2.70		0.09	1.49	
835.31	741.93	638.17	570.64	787.54	586.93	594.61
114.80	96.57	86.01	76.46	109.55	81.78	78.09
445.14	397.63	342.22	264.36	388.82	287.89	303.11
271.20	239.25	206.23	227.86	286.73	213.36	209.05
1.75	2.17	1.41		3.80	6.39	5.66
194.82	183.23	169.01	183.37	251.89	184.43	173.96
74.61	53.57	35.74	44.16	30.96	22.04	29.27
0.03	0.28	0.06	0.34	0.09	0.50	0.16
4.16	8.48	3.72	1.95	2.43	3.90	4.36
114.51	126.77	78.01	37.35	85.31	53.13	65.14
59.53	91.27	51.11	28.27	32.55	33.29	38.45
8.17	3.69	11.53	0.34	15.42	2.01	7.89
46.80	31.81	15.36	8.74	37.34	17.83	18.80
776.03	**401.45**	**234.22**	**321.18**	**298.25**	**203.60**	**190.63**
282.35	266.12	154.24	231.43	199.95	143.73	106.65
26.01	33.75	8.81	21.05	63.10	20.83	6.98
25.89	9.08	4.10	4.18	4.94	3.11	0.69
5.10	3.22	1.01	0.67	4.02	1.52	1.14
117.54	107.91	68.08	151.72	62.14	52.87	45.25
107.81	112.17	72.24	53.81	65.76	65.39	52.58
493.68	135.33	79.98	89.75	98.30	59.87	83.98
29.10	18.68	8.00	0.17	24.66	8.24	19.81
35.58	39.92	32.47	39.25	43.33	29.95	28.70
82.34	28.36	22.39	30.08	12.65	4.96	16.83
346.66	48.36	17.12	20.25	17.65	16.72	18.64

2004年按世代层次分的城镇居民

单位:%

项　　目	总平均	一代人家庭	
		单身户	一对夫妇
消费支出	**100.0**	**100.0**	**100.0**
#服务性消费支出	31.5	44.8	29.7
食品	**37.0**	**19.7**	**40.3**
粮油类	3.9	0.5	4.1
粮食	2.6	0.3	2.7
大米	1.7	0.1	1.7
面粉	…		…
其他粮食	0.1	…	0.1
粮食制品	0.8	0.2	0.8
淀粉及薯类	0.1	…	0.1
干豆类及豆制品	0.3	…	0.3
油脂类	1.0	0.1	1.0
食用植物油	0.9	0.1	0.9
食用动物油	…	…	…
肉禽蛋水产品类	13.1	0.9	13.0
肉类	6.3	0.5	6.0
猪肉	4.6	0.3	4.4
牛肉	0.5	…	0.4
羊肉	0.1		0.1
其他肉	0.1	…	0.1
肉制品	1.0	0.2	1.0
禽类	2.8	0.2	2.5
鸡	1.7	0.1	1.5
鸭	0.3	…	0.2
其他禽类	0.1		0.1
禽制品	0.6	0.1	0.7
蛋类	0.5	0.1	0.5
鲜蛋	0.4	0.1	0.4
蛋制品	…		0.1
水产品类	3.6	0.2	4.0
鱼	2.4	0.1	2.6
虾	0.4	…	0.3
其他水产品	0.5	…	0.6
水产制品	0.3	…	0.4
蔬菜类	2.9	…	3.3
鲜菜	2.6	0.3	2.9
干菜	0.2	…	0.3
菜制品	0.1	…	0.1

家庭平均每人全年消费支出构成

二代人家庭					三代人家庭	其他
单亲家庭一个小孩	一对夫妇一个小孩	一对夫妇两个小孩	一对夫妇多个小孩	其他		
100.0	**100.0**	**100.0**	**100.0**	**100.0**	**100.0**	**100.0**
35.8	32.2	31.4	33.1	31.1	27.3	35.7
35.6	**35.9**	**34.2**	**35.6**	**39.8**	**42.7**	**36.2**
3.9	3.5	4.0	4.6	4.6	5.4	4.6
2.5	2.3	2.7	3.0	3.1	3.6	2.9
1.5	1.4	1.9	2.2	2.1	2.6	2.2
…	…	…	…	…	…	…
0.1	0.1	0.1	…	0.1	0.1	0.1
1.0	0.8	0.7	0.7	0.8	0.9	0.7
0.1	0.1	0.1	…	0.2	0.1	0.1
0.3	0.2	0.2	0.2	0.3	0.3	0.4
0.9	0.9	0.9	1.3	1.1	1.4	1.1
0.9	0.8	0.9	1.3	1.0	1.3	1.0
…	…	…	…	0.1	0.1	0.1
12.7	11.9	13.8	12.9	15.9	17.7	13.7
6.0	5.6	6.8	5.7	7.3	8.6	7.2
4.2	4.0	5.2	3.9	5.5	6.4	5.5
0.4	0.5	0.4	0.6	0.4	0.6	0.4
0.1	0.1	0.1	0.1	0.1	0.2	0.1
0.1	0.1	0.1	…	0.1	0.2	0.2
1.3	0.9	1.0	1.1	1.2	1.3	1.0
2.5	2.6	2.9	2.8	3.5	3.7	2.9
1.4	1.6	1.9	1.7	2.1	2.2	1.9
0.2	0.3	0.4	0.5	0.5	0.5	0.4
0.1	0.1	0.1	0.1	0.1	0.1	0.1
0.8	0.6	0.6	0.5	0.7	0.9	0.6
0.5	0.4	0.5	0.5	0.6	0.6	0.5
0.5	0.4	0.4	0.4	0.5	0.5	0.5
0.1	…	…	…	0.1	…	…
3.7	3.2	3.6	3.9	4.5	4.8	3.1
2.4	2.1	2.4	2.4	2.9	3.2	2.1
0.4	0.3	0.4	0.7	0.4	0.5	0.2
0.5	0.5	0.4	0.3	0.8	0.7	0.5
0.4	0.3	0.4	0.5	0.4	0.4	0.3
2.8	2.7	2.9	2.7	3.6	3.5	3.0
2.5	2.4	2.6	2.4	3.3	3.1	2.7
0.2	0.2	0.2	0.2	0.2	0.3	0.2
0.1	0.1	0.1	0.1	0.1	0.1	0.1

单位:%

项　　目	总平均	一代人家庭	
		单身户	一对夫妇
调味品	0.3	…	0.3
糖烟酒饮料类	2.3	4.0	3.0
糖类	0.4	0.1	0.4
烟草类	0.9	0.2	1.4
酒类	0.3	3.5	0.5
白酒	0.1		0.2
果酒	0.1	3.0	0.2
啤酒	0.1		0.1
其他酒	0.1	0.5	0.1
饮料	0.7	0.1	0.7
碳酸饮料	0.1	…	0.1
果蔬饮料	0.1	…	…
瓶装饮用水	0.1	…	0.1
茶叶	0.3		0.4
咖啡可可粉	…	…	…
其他饮料	0.1	0.1	0.1
干鲜瓜果类	2.1	0.9	2.4
鲜果	1.6	0.7	1.8
鲜瓜	0.1	…	0.1
干果	0.1		0.1
瓜果制品	0.1	…	0.1
坚果及果仁	0.2	0.1	0.3
糕点、奶及奶制品	1.9	1.4	2.0
糕点	0.7	1.1	0.8
奶及奶制品	1.2	0.3	1.1
鲜乳品	0.6	0.2	0.5
奶粉	0.3		0.4
酸奶	0.1	0.1	0.1
其他奶制品	0.1	…	0.1
其他食品	0.6	1.1	0.7
其中：半成品	0.3	0.1	0.3
饮食服务	9.7	10.6	11.5
食品加工服务费	…		…
在外饮食	9.7	10.6	11.5
购自食堂	1.3		0.5
购自饮食业	8.2	10.6	10.4
在亲友家搭伙支出	0.2		0.6

续上表

二代人家庭					三代人家庭	其　他
单亲家庭一个小孩	一对夫妇一个小孩	一对夫妇两个小孩	一对夫妇多个小孩	其　他		
0.4	0.3	0.3	0.4	0.4	0.4	0.3
2.1	2.3	1.7	3.0	2.1	2.7	1.6
0.3	0.4	0.3	0.3	0.3	0.4	0.3
0.8	0.9	0.7	1.6	0.9	1.2	0.4
0.3	0.3	0.2	0.3	0.4	0.4	0.3
0.1	0.1	0.1	0.1	0.2	0.2	0.1
0.1	0.1	0.1	0.1	0.1	0.1	…
…	0.1	…	…	0.1	0.1	0.1
0.1	…	…	…	…	0.1	0.1
0.6	0.7	0.6	0.7	0.5	0.8	0.5
0.1	0.1	0.1	0.1	0.1	0.1	0.1
0.1	0.1	…	0.1	0.1	…	…
0.2	0.1	0.2	0.1	…	0.1	0.1
0.2	0.3	0.2	0.2	0.3	0.3	0.1
…	…	…	…	…	…	…
0.1	0.1	0.1	0.3	0.1	0.1	0.1
2.3	2.1	1.9	1.9	2.1	2.0	2.0
1.7	1.6	1.4	1.4	1.6	1.5	1.5
0.2	0.2	0.1	0.1	0.1	0.1	0.1
0.1	0.1	0.1	0.1	0.1	0.1	0.1
0.1	0.1	0.1	0.1	0.1	0.1	0.1
0.3	0.2	0.2	0.2	0.3	0.2	0.2
1.9	2.0	1.4	1.5	1.7	2.1	1.8
0.8	0.7	0.6	0.5	0.8	0.7	0.5
1.1	1.2	0.8	0.9	1.0	1.5	1.3
0.5	0.7	0.3	0.4	0.6	0.7	0.5
0.3	0.2	0.2	0.3	0.2	0.6	0.5
0.2	0.2	0.1	…	0.1	0.1	0.1
0.2	0.2	0.1	0.2	0.1	0.1	0.2
0.7	0.6	0.5	1.2	0.5	0.6	0.6
0.3	0.3	0.2	0.8	0.2	0.2	0.2
8.8	10.5	7.7	7.5	8.8	8.1	8.5
…	…	…	…	…	…	…
8.8	10.5	7.7	7.5	8.8	8.1	8.5
1.4	1.5	1.2	0.4	0.4	1.1	1.0
6.9	8.7	6.4	7.1	8.4	6.9	7.2
0.4	0.3	0.1	…	…	0.2	0.3

单位:%

项　　目	总平均	一代人家庭	
		单身户	一对夫妇
衣着	**5.8**	**13.3**	**5.3**
服装	4.3	11.5	4.1
男士服装	1.6	0.2	1.5
女士服装	2.2	11.2	2.4
童装	0.4		0.1
衣着材料	…		…
鞋类	1.3	1.3	1.0
其他衣着用品	0.2	0.5	0.2
衣着加工服务费	…	…	…
家庭设备用品及服务	**5.5**	**2.8**	**6.6**
耐用消费品	2.3	0.2	3.0
家具	0.7		0.9
成套家具	0.1		0.2
其他家具	0.6		0.7
家庭设备	1.6	0.2	2.1
洗衣机	0.3		0.3
电风扇	…		…
电冰箱	0.2		0.3
冰柜			
微波炉	…		0.1
空调器	0.5		0.5
电炊具	0.1	0.2	0.2
淋浴热水器	0.1		…
排油烟机	0.1		0.1
吸尘器	…		…
消毒碗柜	…		…
洗碗机	…		
饮水机	0.1		…
取暖器	…		…
其他	0.1		0.4
室内装饰品	0.2	…	0.4
纺织装饰品	…		0.1
装饰灯具	…		0.2
其他装饰品	0.1	…	0.2
床上用品	0.5	…	0.8

续上表

二代人家庭					三代人家庭	其他
单亲家庭一个小孩	一对夫妇一个小孩	一对夫妇两个小孩	一对夫妇多个小孩	其他		
5.3	**6.3**	**4.3**	**11.9**	**4.8**	**5.2**	**5.4**
3.9	4.7	3.1	6.3	3.5	3.7	4.2
0.8	1.8	1.2	2.4	1.7	1.4	1.5
2.7	2.4	1.5	3.7	1.8	1.7	2.2
0.4	0.5	0.4	0.2	0.1	0.6	0.5
…	…	…		…	…	…
1.1	1.3	1.0	5.4	1.1	1.2	1.0
0.2	0.2	0.2	0.2	0.1	0.2	0.1
…	…	…	…	…	…	0.1
5.2	**5.5**	**5.3**	**5.8**	**5.6**	**5.3**	**5.2**
2.5	2.2	2.5	2.3	1.9	2.2	1.7
1.1	0.7	1.0	…	0.8	0.5	0.5
	0.1	0.3			0.1	0.2
1.1	0.6	0.7	…	0.8	0.4	0.3
1.4	1.5	1.5	2.3	1.1	1.8	1.2
…	0.3	0.2	0.4	0.1	0.3	0.3
…	…	0.1	…	0.1	0.1	…
0.2	0.1	0.1	1.5	0.4	0.3	…
	…	…		0.1	…	0.1
0.3	0.5	0.4		0.1	0.7	0.3
0.1	0.1	0.1	0.1	…	0.1	0.1
0.2	0.1	0.2		0.1	0.1	0.1
	0.1	0.1		…	0.1	0.1
	…			…	…	…
0.1	…	…			…	
0.1						
0.3	0.1	0.1		…	…	
…	…		…		…	…
0.1	0.1	0.1	0.3	0.1	0.1	0.2
0.4	0.2	0.1	0.1	…	0.1	0.1
0.2	…	…	…	…	…	…
0.2	…	…		…	…	…
0.1	0.1	0.1	…	…	…	0.1
0.3	0.5	0.4	0.3	0.6	0.4	0.3

单位:%

项　　目	总平均	一代人家庭	
		单身户	一对夫妇
家庭日用杂品	1.8	1.6	1.9
厨、餐、茶具	0.2		0.4
家用工具	…		…
家居清洁用品	0.4	0.1	0.4
其他日用杂品	1.2	1.5	1.2
家具材料	…		…
家庭服务	0.8	1.0	0.5
家政服务	0.7	0.8	0.3
加工维修服务费	0.2	0.2	0.2
医疗保健	**6.1**	**9.1**	**8.4**
医疗器具	…		0.1
保健器具	0.1		0.2
药品费	3.3	7.8	5.1
滋补保健品	0.9	0.6	1.1
医疗费	1.6	0.7	1.7
其他	…	…	0.1
交通和通讯	**16.4**	**22.2**	**13.6**
交通	9.4	11.9	5.5
家庭交通工具	4.5		0.3
摩托车	0.4		0.3
自行车	0.1		…
助力车	0.1		
家用汽车	4.0		
其他交通工具	…		
车辆用燃料及零配件	1.5	0.2	1.3
燃料	1.3	0.2	1.2
零配件	0.1		0.1
其他	…		…
交通工具服务支出	1.3	0.1	1.4
维修费	0.3		0.3
车辆使用税费	0.6	0.1	0.2
其它车辆使用费用	0.5		0.8
交通费	2.1	11.6	2.5
飞机	0.3	2.7	0.3
火车	0.2	1.0	0.4
长途汽车	0.5	1.4	0.7
市内公共交通	0.7	0.7	0.7
出租汽车费	0.3	5.4	0.3
其他交通费	0.1	0.5	0.1

续上表

二代人家庭					三代人家庭	其　他
单亲家庭 一个小孩	一对夫妇 一个小孩	一对夫妇 两个小孩	一对夫妇 多个小孩	其　他		
1.5	1.8	1.7	1.9	1.7	1.9	1.7
0.2	0.2	0.2	0.2	0.3	0.2	0.2
…	…	…		…	…	…
0.3	0.4	0.3	0.4	0.4	0.4	0.4
1.0	1.2	1.1	1.2	1.1	1.3	1.1
…	…	…		…	…	…
0.4	0.9	0.7	1.3	1.4	0.7	1.5
0.2	0.7	0.6	1.2	1.1	0.5	1.3
0.2	0.1	0.1	0.1	0.3	0.2	0.2
6.3	**5.2**	**4.4**	**7.7**	**7.4**	**6.3**	**16.2**
…	0.1	…		…	…	…
…	0.1	0.2	1.2	0.1	0.1	0.1
3.7	2.8	2.3	2.8	5.0	4.1	6.0
0.7	0.9	0.8	0.8	0.9	0.7	1.2
1.7	1.2	1.1	2.9	1.4	1.3	8.8
…	…	…	0.1	…	0.1	…
10.6	**17.8**	**18.8**	**13.1**	**10.6**	**14.0**	**11.5**
3.8	10.6	12.6	5.5	4.2	7.1	5.1
…	5.8	7.1	0.2	0.2	2.4	1.0
	0.5	0.5			0.1	0.9
…	0.1	0.1	0.2	…	0.1	…
	0.1	…		0.2	…	0.1
	5.1	6.5			2.2	
	…				…	
0.7	1.4	1.8	2.2	1.2	1.8	1.5
0.6	1.3	1.7	1.9	1.1	1.6	1.3
0.1	0.1	0.1	0.3	0.1	0.2	0.1
…	…	…	…	…	…	…
0.5	1.2	2.3	2.3	0.9	1.3	0.8
0.1	0.2	0.3	0.8	0.1	0.3	0.2
0.3	0.4	1.5	0.7	0.4	0.4	0.3
0.2	0.5	0.5	0.8	0.4	0.5	0.3
2.5	2.3	1.4	0.8	1.9	1.7	1.8
0.1	0.4	…		0.7	0.2	0.2
0.3	0.2	0.2	…	0.2	0.2	0.2
0.5	0.5	0.4	0.1	0.3	0.5	0.4
1.1	0.8	0.6	0.3	0.4	0.4	0.6
0.3	0.4	0.1	0.2	0.2	0.2	0.2
0.2	0.1	0.1	0.2	0.1	0.1	0.2

单位：%

项　　目	总平均	一代人家庭	
		单身户	一对夫妇
通信	7.0	10.3	8.1
通信工具	0.9	…	1.2
电话机	…		…
移动电话	0.8		1.1
寻呼机			
传真机	…		…
其他通信工具	…	…	…
通信服务	6.1	10.3	6.9
电信费	6.0	10.2	6.6
邮费	…	0.1	0.2
其他	0.1	…	0.2
教育文化娱乐服务	**14.8**	**13.4**	**10.9**
文化娱乐用品	3.4	2.3	3.8
彩色电视机	0.3		0.3
影碟机	0.1		0.1
录放像机	…		
家用电脑	0.9		0.7
整机电脑	0.7		0.3
计算机外部设备	0.1		0.2
各种零配件及耗材	0.1		0.2
组合音响	0.1		…
录音机	…		0.1
摄像机	0.1		0.3
照相机	0.3		1.1
钢琴	…		
其他中高档乐器	…		…
健身器材	…		…
电子辞典	…		…
音像制品及软件	0.1	0.2	0.1
体育用品	…		…
书报杂志	0.5	0.3	0.5
纸张文具	0.2	…	0.1
其他文娱用品	0.7	1.8	0.8
文化娱乐服务	4.6	7.4	5.6
参观游览	0.5		0.2
健身活动	0.1		0.1
团体旅游	3.1	6.4	4.1
其它文娱活动	0.8	0.9	1.2
文娱用品修理服务费	0.1		0.1

续上表

二代人家庭					三代人家庭	其　他
单亲家庭 一个小孩	一对夫妇 一个小孩	一对夫妇 两个小孩	一对夫妇 多个小孩	其　他		
6.7	7.1	6.2	7.6	6.4	6.9	6.4
0.8	1.0	0.7	2.2	0.4	0.6	0.6
…	…	…		…	…	…
0.7	0.9	0.7	2.2	0.4	0.5	0.5
…	…	…		…	…	…
6.0	6.2	5.5	5.4	6.0	6.3	5.8
5.9	6.1	5.4	5.4	5.9	6.2	5.8
…	…	…	…	…	…	…
0.1	0.1	…	…	…	…	…
13.4	**15.8**	**14.5**	**15.7**	**13.7**	**13.8**	**12.4**
1.7	3.7	2.6	1.4	3.2	3.5	2.3
	0.4	0.1			0.6	0.2
0.1	0.1	0.1		0.1	0.1	0.1
	…					
0.2	1.0	1.1	…	0.6	1.1	0.4
…	0.8	1.0		0.4	0.9	0.3
0.1	0.1	0.1		…	0.1	…
0.1	0.2	…	…	0.1	0.1	0.1
0.1	0.1	…			…	…
…	…	…		…	…	…
	0.1			0.6	…	
…	0.3	…		0.3	…	0.2
	…					0.2
	…		…		…	…
	…			0.1	…	…
	…	…			…	
0.1	0.1	…	…	0.1	0.1	
…	…	…	…	…	…	…
0.4	0.5	0.4	0.7	0.6	0.5	0.4
0.1	0.2	0.2	0.1	…	0.2	0.1
0.6	0.7	0.6	0.5	0.6	0.8	0.6
5.7	4.7	3.5	4.8	8.8	3.8	5.0
0.4	0.6	0.4	2.7	0.2	0.5	0.6
0.1	0.1	…	…	0.2	0.1	0.1
4.0	3.2	2.4	1.9	7.0	2.2	3.5
1.0	0.7	0.5	0.2	1.3	0.9	0.8
0.1	0.1	…	…	0.1	0.1	0.1

单位:%

项　　目	总平均	一代人家庭	
		单身户	一对夫妇
教育	6.7	3.7	1.4
教材	0.4		0.1
课本及参考书	0.4		…
教育软件	…		…
其它教材	…		…
教育费用	6.3	3.7	1.3
非义务教育学杂费	2.0		0.6
义务教育学杂费	1.4		…
托幼费	0.8		…
成人教育费	0.7	3.4	0.4
家教费	0.2		…
培训班	0.6	0.3	0.1
学校住宿费	0.2		0.2
其他	0.5		…
居住	**11.3**	**5.8**	**11.0**
住房	3.7	0.4	2.9
租赁房房租	0.4	0.4	0.7
自有房租金折算			
住房装潢支出	3.1		2.0
维修用建筑材料	0.3		0.2
其他	…		…
水电燃料及其他	6.6	4.7	7.1
水	0.9	0.7	0.9
电	3.5	3.3	3.8
燃料	2.2	0.7	2.3
煤炭	…		…
液化石油气	1.7	0.7	1.9
管道煤气	0.4		0.4
其他燃料	…		…
其他	0.1		0.1
居住服务费	0.9	0.8	1.0
物业管理费	0.6	0.4	0.6
维修服务费	…	…	0.1
其它	0.3	0.4	0.4
杂项商品和服务	**3.2**	**13.7**	**3.9**
杂项商品	2.1	10.1	2.4
金银珠宝饰品	0.3	0.3	0.5
手表	0.1		…
理发美容用具	…		…
化妆品	0.8	5.8	0.8
其他杂品	0.9	4.0	1.1
服务	1.1	3.6	1.5
旅馆住宿费	0.1	0.2	0.1
理发洗澡费	0.4	2.2	0.5
美容费	0.2	0.8	0.5
其他服务	0.4	0.3	0.4

二代人家庭					三代人家庭	其　他
单亲家庭 一个小孩	一对夫妇 一个小孩	一对夫妇 两个小孩	一对夫妇 多个小孩	其　他		
5.9	7.4	8.4	9.5	1.8	6.6	5.2
0.3	0.4	0.5	0.3	0.1	0.3	0.4
0.3	0.4	0.5	0.3		0.3	0.3
…	…	…			…	…
…	…	…	…	…	…	…
5.6	7.0	7.9	9.2	1.7	6.2	4.8
2.1	2.2	3.2	3.9		1.3	0.5
1.1	1.4	2.5	3.1	0.1	1.4	0.8
0.6	0.8	0.7	0.2		1.0	1.8
0.9	0.8	0.4	0.5	1.5	0.7	0.8
0.1	0.3	0.1	0.2		0.1	…
0.5	0.8	0.4	1.2	0.1	0.7	0.6
0.1	0.2	0.2	…		…	0.1
0.3	0.5	0.4	0.1	…	1.0	0.2
17.9	**10.3**	**16.1**	**7.2**	**15.4**	**9.7**	**10.7**
10.7	3.1	8.7	1.5	7.5	0.9	
0.3	0.4	0.1	1.5	0.6	0.4	0.1
10.2	2.4	8.4		6.3	0.3	2.2
0.1	0.3	0.2	…	0.7	0.2	0.3
0.1	…	…		…	…	
6.3	6.1	6.6	5.4	7.1	8.1	7.2
0.9	0.8	0.9	0.7	1.0	1.1	1.0
3.4	3.3	3.5	2.5	3.5	4.0	3.7
2.0	2.0	2.1	2.1	2.6	3.0	2.5
…	…	…		…	0.1	0.1
1.5	1.5	1.7	1.7	2.3	2.6	2.1
0.6	0.4	0.4	0.4	0.3	0.3	0.4
…	…	…	…	…	…	…
…	0.1	…	…	…	0.1	0.1
0.9	1.0	0.8	0.4	0.8	0.7	0.8
0.4	0.8	0.5	0.3	0.3	0.5	0.5
0.1	…	0.1	…	0.1	…	0.1
0.4	0.3	0.2	0.1	0.3	0.2	0.2
5.9	**3.3**	**2.4**	**3.0**	**2.7**	**2.8**	**2.3**
2.1	2.2	1.6	2.2	1.8	2.0	1.3
0.2	0.3	0.1	0.2	0.6	0.3	0.1
0.2	0.1	…	…	…	…	…
…	…	…	…	…	…	…
0.9	0.9	0.7	1.4	0.6	0.7	0.6
0.8	0.9	0.7	0.5	0.6	0.9	0.6
3.7	1.1	0.8	0.8	0.9	0.8	1.0
0.2	0.2	0.1	…	0.2	0.1	0.2
0.3	0.3	0.3	0.4	0.4	0.4	0.3
0.6	0.2	0.2	0.3	0.1	0.1	0.2
2.6	0.4	0.2	0.2	0.2	0.2	0.2

2004 年按世代层次分的城镇居民家庭

项目		总平均	一代人家庭	
			单身户	一对夫妇
粮食	（元/公斤）	3.89	4.58	4.05
大米	（元/公斤）	3.29	3.06	3.45
面粉	（元/公斤）	3.38		3.10
其他粮食	（元/公斤）	3.54	4.62	3.50
粮食制品	（元/公斤）	6.66	7.69	6.95
淀粉及薯类	（元/公斤）	2.86	3.43	2.83
油脂类	（元/公斤）	11.28	11.48	10.94
食用植物油	（元/公斤）	11.29	12.09	10.92
食用动物油	（元/公斤）	11.04	8.89	11.92
肉类	（元/公斤）	18.16	18.11	17.93
猪肉	（元/公斤）	17.13	15.10	16.78
牛肉	（元/公斤）	19.91	24.04	19.07
羊肉	（元/公斤）	21.32		20.07
其他肉	（元/公斤）	17.16	18.91	15.65
肉制品	（元/公斤）	23.34	24.59	24.42
禽类	（元/公斤）	17.35	16.50	17.85
鸡	（元/公斤）	16.44	14.39	16.31
鸭	（元/公斤）	14.11	9.80	13.08
其他禽类	（元/公斤）	17.13		16.75
禽制品	（元/公斤）	23.93	33.43	26.64
蛋类	（元/公斤）	7.32	7.25	7.35
鲜蛋	（元/公斤）	7.18	7.25	7.12
蛋制品	（元/公斤）	8.99		9.82
鱼	（元/公斤）	13.11	11.66	13.07
虾	（元/公斤）	25.69	16.68	27.03
其他水产品	（元/公斤）	20.08	11.14	21.01
鲜菜	（元/公斤）	2.61	2.67	2.63
干菜	（元/公斤）	36.12	41.99	37.63
酒类	（元/公斤）	14.53	103.37	15.23
白酒	（元/公斤）	16.15		14.68
果酒	（元/公斤）	41.54	98.66	48.33
啤酒	（元/公斤）	6.06		5.34
其他酒	（元/公斤）	24.78	143.12	25.96
碳酸饮料	（元/公斤）	4.28	5.54	4.02
果蔬饮料	（元/公斤）	6.78	7.41	5.97
瓶装饮用水	（元/公斤）	0.90	0.75	0.81
茶叶	（元/公斤）	75.57		77.24
咖啡可可粉	（元/公斤）	50.25	30.05	64.52
鲜果	（元/公斤）	5.36	12.63	5.38
鲜瓜	（元/公斤）	2.49	3.56	2.36
干果	（元/公斤）	15.51		13.85
瓜果制品	（元/公斤）	15.04	10.33	15.46
坚果及果仁	（元/公斤）	11.09	46.68	10.68
糕点	（元/公斤）	18.78	68.30	20.10
鲜乳品	（元/公斤）	7.36	8.45	7.27
奶粉	（元/公斤）	62.21		64.65
酸奶	（元/公斤）	8.29	11.98	7.78

平均每人全年购买主要食品平均单价

二代人家庭					三代人家庭	其　他
单亲家庭 一个小孩	一对夫妇 一个小孩	一对夫妇 两个小孩	一对夫妇 多个小孩	其　他		
4.32	4.13	3.70	3.73	3.72	3.51	3.40
3.40	3.39	3.22	3.24	3.25	3.13	3.02
4.37	3.63	3.27	3.38	3.69	2.83	3.91
3.59	3.64	3.43	3.98	3.37	3.31	3.36
7.61	7.14	6.14	7.23	6.15	5.63	5.63
2.90	3.04	2.67	2.70	2.51	2.60	2.68
11.52	11.47	11.28	12.05	10.27	11.14	10.78
11.52	11.47	11.32	12.07	10.24	11.15	10.71
13.00	11.09	10.06	9.54	10.79	11.00	11.50
18.38	18.36	18.23	19.41	17.97	17.88	17.24
17.11	17.20	17.50	18.28	17.01	16.97	16.47
19.21	20.14	19.47	20.26	20.15	19.97	19.55
20.07	20.98	23.98	21.99	20.29	21.53	20.03
19.82	17.97	19.33	24.96	14.95	15.97	15.96
23.65	23.94	21.76	23.68	23.56	22.65	21.62
17.95	17.55	17.25	16.97	16.80	16.95	16.56
16.33	16.73	16.54	15.85	15.92	15.87	15.90
13.21	14.26	14.96	14.97	13.09	13.76	13.82
18.82	17.08	17.76	21.56	17.24	16.89	15.61
23.77	23.80	22.31	24.67	25.70	24.26	23.06
7.12	7.32	7.22	8.20	7.39	7.29	7.47
6.89	7.18	7.11	8.16	7.28	7.17	7.39
9.57	8.86	8.97	8.61	8.53	9.08	8.69
14.42	13.22	12.78	13.65	14.06	12.99	11.91
30.11	26.23	22.86	22.02	28.14	26.32	23.14
18.16	20.52	18.44	17.10	20.08	19.38	20.84
2.62	2.68	2.58	2.66	2.67	2.47	2.47
36.08	35.97	37.11	43.07	34.16	36.30	31.60
18.12	14.36	12.61	30.80	18.71	14.14	11.54
11.99	19.19	15.19	41.93	36.41	13.16	7.78
39.44	43.35	19.38	59.25	43.98	47.76	39.50
8.41	6.15	6.08	7.82	6.40	5.83	6.01
37.02	24.90	15.95	35.40	6.18	26.28	29.03
4.30	4.27	4.58	4.75	4.37	4.11	4.83
7.01	6.91	6.80	9.49	6.88	6.62	5.78
1.10	0.94	0.87	2.58	1.35	0.73	0.99
63.49	85.52	61.49	82.45	65.77	61.89	45.41
63.57	52.52	41.90	20.75	68.85	59.81	36.51
5.15	5.58	5.20	5.25	4.93	4.94	4.76
2.69	2.53	2.58	3.53	2.25	2.22	2.51
14.93	16.09	16.52	23.00	13.37	14.07	15.70
15.19	15.44	12.99	23.46	15.46	14.38	14.33
12.42	11.74	11.22	10.11	10.42	9.81	8.56
20.75	18.97	18.28	18.94	20.88	17.44	15.81
7.36	7.43	7.11	7.81	7.64	7.22	7.06
72.33	61.06	55.05	77.98	54.20	69.74	52.78
8.37	8.33	8.59	9.28	8.49	8.23	7.95

2004年按世代层次分的城镇居民家庭平

项目		总平均	一代人家庭	
			单身户	一对夫妇
摩托车	（元/辆）	6301.68		6978.50
自行车	（元/辆）	216.61		177.08
助力车	（元/辆）	2207.29		
家用汽车	（元/辆）	144921.75		
洗衣机	（元/台）	1692.29		1840.51
电风扇	（元/台）	118.41		79.07
电冰箱	（元/台）	2211.89		2234.94
冰柜	（元/台）			
彩色电视机	（元/台）	2201.47		1601.59
影碟机	（元/台）	626.66		547.31
录放像机	（元/台）	562.33		
家用电脑	（元/台）	4828.75		5528.36
组合音响	（元/台）	1662.00		582.11
录音机	（元/台）	252.90		314.21
摄像机	（元/架）	4171.00		4736.50
照相机	（元/架）	2677.32		3394.29
钢琴	（元/架）	9293.00		
其他中高档乐器	（元/件）	755.40		1057.50
微波炉	（元/台）	558.24		914.05
空调器	（元/台）	2070.16		2051.52
电炊具	（元/台）	179.93	119.93	182.09
淋浴热水器	（元/台）	711.74		390.78
排油烟机	（元/台）	737.00		530.75
吸尘器	（元/台）	410.29		669.55
消毒碗柜	（元/台）	530.92		393.08
洗碗机	（元/台）	861.00		
饮水机	（元/台）	770.25		250.50
取暖器	（元/台）	181.00		78.29
健身器材	（元/件）	1225.67		
普通电话	（元/部）	96.82		51.80
移动电话	（元/部）	1346.93		1628.51
传真机	（元/部）	427.40		427.40

均每百户全年购买耐用消费品平均单价

二代人家庭					三代人家庭	其　他
单亲家庭 一个小孩	一对夫妇 一个小孩	一对夫妇 两个小孩	一对夫妇 多个小孩	其　他		
	6435.00	5839.57			4011.33	6404.28
193.40	232.73	217.93	240.34	56.52	187.91	154.60
	2449.00	2084.40		2202.38	1805.50	2199.94
	171600.44	130261.94			86112.71	
1507.80	1800.84	1268.91	1193.34	2211.61	1616.66	2017.88
82.74	122.90	124.02	147.53	98.81	127.68	128.71
1404.14	2115.71	2215.79	4881.54	2001.17	2100.73	2419.25
	2403.22	1929.48			2135.81	1375.88
548.12	608.20	786.38		328.55	799.19	613.96
	517.00					
4794.00	4681.50	5353.46		3261.08	5161.96	3936.48
508.62	2181.00	738.15			1678.80	1283.09
257.24	263.40	201.86		177.50	151.05	109.96
	3843.40			6386.11	1460.00	
2136.50	2511.00	746.00		3093.26	1829.14	2507.30
	12209.00					4031.80
	655.67		213.00		2033.00	220.00
	462.15	634.43		598.66	460.00	666.47
1223.49	2180.51	1856.89		1948.33	2018.47	1702.68
221.84	175.45	194.52	373.95	95.83	147.28	254.03
944.55	805.54	690.90		879.63	504.37	561.13
	776.50	954.17		192.60	761.39	454.95
	342.25			240.28	371.33	535.56
647.69	473.57	964.43			277.13	
1261.45						
3783.41	852.30	481.17		83.09	375.83	
159.50	238.18		370.00		95.08	96.00
	1620.50			1999.06	4165.00	433.44
187.77	104.60	73.00		73.75	119.53	97.74
919.36	1326.24	1581.74	2330.72	877.47	1084.35	1249.55

2004 年按世代层次分的城镇居民家庭平均每人全年购买主要食品数量

单位：公斤

	总平均	一代人家庭		二代人家庭					三代人家庭	其他
		单身户	一对夫妇	单亲家庭一个小孩	一对夫妇一个小孩	一对夫妇两个小孩	一对夫妇多个小孩	其他		
粮食	71.78	29.42	91.93	77.30	67.54	70.53	86.47	91.15	74.23	71.00
大米	56.18	19.20	70.82	56.81	51.18	56.49	73.79	72.73	60.76	58.66
面粉	0.58		1.54	0.64	0.49	0.45	1.11	1.03	0.58	0.42
其他粮食	2.48	0.85	3.59	3.16	2.79	2.09	1.23	3.00	1.74	1.92
粮食制品	12.54	9.38	15.98	16.69	13.08	11.49	10.36	14.39	11.14	10.00
淀粉及薯类	4.08	2.22	6.91	6.48	4.16	3.06	1.74	6.96	3.49	3.67
油脂类	9.26	3.15	12.30	10.54	9.14	8.03	11.44	11.91	9.15	8.74
食用植物油	8.95	2.54	12.02	10.54	8.92	7.77	11.36	11.26	8.71	7.93
食用动物油	0.31	0.60	0.29		0.22	0.25	0.09	0.65	0.43	0.81
肉类	37.12	10.36	46.58	43.58	37.07	36.02	31.13	45.08	34.90	34.39
猪肉	28.82	6.87	36.39	32.63	28.47	28.70	22.63	35.60	27.31	27.31
牛肉	2.54	0.09	3.06	3.03	2.78	2.20	2.98	2.45	2.13	1.84
羊肉	0.52		0.84	0.41	0.52	0.47	0.46	0.40	0.52	0.40
其他肉	0.57	0.33	0.49	0.36	0.51	0.36	0.05	1.03	0.78	0.98
肉制品	4.67	3.07	5.80	7.15	4.80	4.29	5.01	5.60	4.15	3.86
禽类	17.21	5.68	19.60	18.32	17.68	16.53	17.70	22.84	15.89	14.39
鸡	11.12	2.88	12.51	11.36	11.45	10.93	11.41	14.70	10.00	9.70
鸭	2.53	1.75	2.52	1.74	2.49	2.41	3.52	4.15	2.66	2.23
其他禽类	0.75		0.91	0.76	0.87	0.62	0.45	0.86	0.59	0.46
禽制品	2.81	1.05	3.66	4.47	2.87	2.57	2.31	3.14	2.64	2.00
蛋类	6.79	4.47	8.95	10.02	7.06	6.49	6.19	8.24	5.56	5.61
鲜蛋	6.27	4.47	8.19	9.15	6.46	6.09	5.60	7.55	5.22	5.26
蛋制品	0.52		0.76	0.88	0.59	0.40	0.59	0.69	0.35	0.35
鱼	19.23	4.27	28.19	21.75	19.32	18.09	18.67	22.85	17.99	14.37
虾	1.49	0.37	1.73	1.94	1.46	1.78	3.43	1.60	1.29	0.79
其他水产品	2.82	0.56	4.14	3.35	3.06	1.93	1.73	4.67	2.53	1.86
鲜菜	106.59	44.02	154.77	125.26	109.69	97.96	94.92	136.49	91.30	89.23
干菜	0.65	0.23	1.05	0.78	0.69	0.49	0.45	0.71	0.58	0.51
酒类	2.41	14.03	4.59	2.50	2.55	1.48	1.16	2.18	2.10	2.48
白酒	0.84		1.67	1.10	0.73	0.44	0.30	0.69	1.03	1.24
果酒	0.20	12.55	0.51	0.22	0.19	0.26	0.25	0.17	0.11	0.08
啤酒	1.11		2.03	0.71	1.40	0.55	0.48	0.99	0.70	0.77
其他酒	0.25	1.48	0.37	0.48	0.22	0.22	0.13	0.34	0.25	0.38
碳酸饮料	2.07	0.27	2.58	2.04	2.59	1.48	1.38	1.57	1.40	1.07
果蔬饮料	0.83	1.22	1.00	1.16	1.03	0.50	0.62	0.91	0.51	0.61
瓶装饮用水	16.57	22.37	14.41	20.13	18.93	17.33	2.93	3.68	14.33	10.42
茶叶	0.39		0.68	0.48	0.41	0.28	0.21	0.44	0.39	0.19
咖啡可可粉	0.03	0.07	0.03	0.02	0.04	0.02	0.21	0.01	0.03	0.03
鲜果	31.47	22.62	47.19	43.66	34.47	26.84	27.93	35.41	22.54	26.12
鲜瓜	6.14	4.04	8.11	7.91	7.31	4.95	3.93	5.43	3.93	4.51
干果	0.46		0.96	0.91	0.47	0.31	0.45	0.69	0.34	0.36
瓜果制品	0.56	1.04	0.81	1.11	0.63	0.47	0.40	0.58	0.39	0.34
坚果及果仁	2.18	1.03	4.02	2.77	2.28	1.65	2.45	2.79	1.72	1.86
糕点	4.03	6.61	5.84	5.28	4.66	3.18	3.00	4.08	2.78	2.68
鲜乳品	8.97	10.56	10.11	8.65	11.49	4.48	5.27	8.94	6.63	5.61
奶粉	0.53		0.84	0.49	0.45	0.42	0.47	0.43	0.61	0.85
酸奶	1.70	1.78	2.25	2.55	2.28	0.99	0.29	1.09	0.77	1.21

2004 年按世代层次分的城镇居民家庭平均每百户全年购买耐用消费品数量

项　　目	总平均	一代人家庭		二代人家庭					三代人家庭	其他
		单身户	一对夫妇	单亲家庭一个小孩	一对夫妇一个小孩	一对夫妇两个小孩	一对夫妇多个小孩	其他		
摩托车　（辆）	2.28		1.20		2.76	3.36			0.72	4.68
自行车　（辆）	12.60		5.88	5.40	13.68	14.52	41.16	2.76	13.80	8.64
助力车　（辆）	0.84				0.96	0.60		3.48	0.24	2.04
家用汽车　（辆）	0.96				1.08	1.92			0.84	
洗衣机　（台）	5.40		4.92	0.60	5.28	6.84	16.68	2.16	6.00	5.16
电风扇　（台）	14.40		13.68	14.28	13.20	19.56	10.80	26.04	15.96	8.64
电冰箱　（台）	3.24		4.20	5.16	2.52	2.28	16.08	6.96	5.28	0.48
冰柜　（台）										
彩色电视机　（台）	5.16		4.92		5.40	3.00			8.76	3.84
影碟机　（台）	4.92		4.32	5.04	6.00	2.52		7.80	3.72	3.12
录放像机　（台）	0.36				0.72					
家用电脑　（台）	5.28		1.68	0.12	6.00	7.32		4.56	5.52	3.00
组合音响　（台）	1.32		1.08	5.04	1.44	1.56			0.60	1.32
录音机　（台）	4.92		4.68	3.00	6.36	4.32		2.16	2.28	3.24
摄像机　（架）	0.60		1.68		0.60			3.24	0.12	
照相机　（架）	3.36		8.64	0.48	3.96	1.08		3.24	0.84	2.40
钢琴　（架）	0.12				0.12					1.80
其他中高档乐器（件）	0.60		0.24		1.08		2.76		0.12	0.48
微波炉　（台）	2.04		2.40		2.40	0.84		3.48	1.08	5.16
空调器　（台）	8.76		7.44	7.56	9.12	9.12		2.16	10.92	6.00
电炊具　（台）	16.08	55.80	24.12	10.20	16.44	15.84	18.84	13.68	11.64	14.16
淋浴热水器　（台）	5.04		3.24	5.04	4.68	8.52		4.20	5.16	6.24
排油烟机　（台）	3.00		5.28		2.40	5.64		1.80	2.16	4.44
吸尘器　（台）	0.84		1.32		0.96			3.48	0.72	1.08
消毒碗柜　（台）	1.56		2.88	3.48	1.68	1.68			0.96	
洗碗机　（台）	0.12			2.64						
饮水机　（台）	3.36		0.48	2.64	3.96	5.04		2.64	2.88	
取暖器　（台）	1.20		0.84	0.72	1.32		2.76		1.56	1.68
健身器材　（套）								0.01		0.01
普通电话　（部）	10.08		9.72	3.72	10.80	11.04		15.72	8.40	7.44
移动电话　（部）	21.60		18.96	23.76	25.08	16.44	49.08	14.28	15.96	15.12
传真机　（部）			0.60							

2004年按世代层次分的城镇居民家

项目		总平均	一代人家庭	
			单身户	一对夫妇
调查户数	（户）	1600.00	3.00	173.08
摩托车	（辆）	76.91		61.53
自行车	（辆）	121.21		96.80
助力车	（辆）	3.05		1.74
家用汽车	（辆）	6.56		4.50
洗衣机	（台）	97.36	75.57	91.25
电风扇	（台）	297.33	100.00	280.77
电冰箱	（台）	93.42	100.00	94.51
冰柜	（台）	0.87		0.95
彩色电视机	（台）	154.69	175.57	149.87
影碟机	（台）	85.64	75.57	83.86
录音机	（台）	50.43		38.77
录放像机	（台）	17.97		20.59
家用电脑	（台）	64.28	100.00	51.27
组合音响	（套）	54.33	75.57	52.66
摄像机	（架）	4.83		3.69
照相机	（架）	64.68	100.00	66.91
钢琴	（架）	3.50		1.02
其他中高档乐器	（件）	9.24		6.03
微波炉	（台）	58.65	75.57	65.15
空调器	（台）	155.95	251.14	156.50
取暖器	（台）	11.81		11.54
电炊具	（台）	116.45	175.57	132.02
淋浴热水器	（台）	105.16	175.57	95.30
排油烟机	（台）	80.43	100.00	73.97
消毒碗柜	（台）	78.75	100.00	78.85
洗碗机	（台）	1.08		0.43
饮水机	（台）	38.57	24.43	30.93
吸尘器	（台）	10.75		10.28
健身器材	（套）	7.41		6.21
普通电话	（部）	102.38	124.43	99.54
移动电话	（部）	170.86	100.00	141.62
传真机	（部）	2.51	24.43	1.74

庭平均每百户年末耐用消费品拥有量

二代人家庭					三代人家庭	其　他
单亲家庭 一个小孩	一对夫妇 一个小孩	一对夫妇 两个小孩	一对夫妇 多个小孩	其　他		
51.00	841.25	175.67	14.42	35.58	231.67	74.33
38.70	75.38	97.27	99.64	66.15	85.65	80.79
67.96	112.68	157.98	194.12	122.19	144.62	137.42
	2.96	3.15		2.78	4.79	4.11
	6.86	9.86	15.24	5.70	5.76	5.41
96.55	97.66	96.00	105.46	97.00	100.95	98.64
263.06	285.50	317.92	267.50	295.55	341.71	318.34
95.42	96.32	87.40	112.33	93.89	86.79	86.58
	0.43	2.92		4.95	0.59	0.40
131.57	155.52	152.24	155.67	142.55	162.86	157.72
63.48	88.57	79.29	83.32	91.15	85.08	84.70
39.62	54.35	48.42	77.04	48.08	49.08	42.36
11.89	18.52	11.60	27.93	20.15	17.90	23.07
50.72	72.78	66.23	88.37	62.13	48.02	42.34
37.54	57.62	51.88	85.66	49.67	50.42	44.71
0.51	5.58	4.18	15.24	8.19	3.55	3.25
51.38	70.49	64.58	65.89	57.38	50.24	48.29
7.65	4.62	1.50		10.96	1.45	0.42
13.28	11.18	5.78	2.62	13.15	6.22	7.39
39.99	62.73	52.97	53.20	50.49	50.13	54.78
136.76	165.47	143.09	176.26	130.49	136.53	155.77
8.16	13.34	5.79	8.44	12.69	12.57	9.28
111.55	120.16	106.82	122.94	103.15	103.51	111.10
100.55	104.97	109.03	117.38	99.47	110.27	106.09
83.90	81.29	83.54	92.41	88.17	74.29	86.93
54.70	79.70	74.82	69.98	83.59	83.03	78.56
2.54	0.72	3.08	15.24	1.95		1.11
23.37	39.31	41.90	60.48	39.04	37.92	46.94
10.37	12.05	7.73	15.24	18.62	6.76	11.56
2.70	8.39	1.31	91.45	4.95	6.60	4.52
100.51	101.57	104.41	100.00	106.76	104.96	104.07
121.89	180.62	176.27	248.99	152.21	163.23	158.92
	2.57	4.13	15.24	5.19	1.54	

2004 年按世代层次分的

项　　目		总平均	一代人家庭	
			单身户	一对夫妇
调查户数（户）		**1600.0**	**3.0**	**173.1**
现住房总建筑面积	（平方米/人）	32.5	105.5	47.4
现住房屋总使用面积	（平方米/人）	25.1	82.4	36.9
房屋产权	（%）	100.0	100.0	100.0
租赁公房		8.3		8.6
租赁私房		1.1		2.5
原有私房		19.8		14.9
房改私房		49.7		57.5
商品房		18.4	100.0	13.6
其他		2.6		2.9
住宅建筑式样	（%）	100.0	100.0	100.0
单栋住宅		12.2		8.7
四居室		5.7		6.6
三居室		37.6	75.6	39.8
二居室		33.0		31.5
一居室		4.9	24.4	4.7
普通楼房		4.8		6.8
平房及其他		1.9		1.8
用水情况	（%）	100.0	100.0	100.0
独用自来水		98.2	100.0	99.5
公用自来水		1.8		0.5
井、河水				
其他				
卫生设备	（%）	100.0	100.0	100.0
无卫生设备		1.3		3.0
有厕所浴室		92.3	100.0	88.7
有厕所无浴室		4.5		6.8
公用卫生设备		1.9		1.5
炊用燃料使用情况	（%）	100.0	100.0	100.0
管道煤气		19.2		20.0
液化石油气		79.5	100.0	78.7
煤		1.1		1.2
其他		0.2		
通信设备使用情况				
有无电话	（%）	100.0	100.0	100.0
无		0.2		0.7
有		99.8	100.0	99.3
独用电话	（线/百户）	102.4	124.4	99.5
移动电话	（部/百户）	170.9	100.0	141.6
使用互联网	（条/百户）	0.3	0.8	0.3

城镇居民年末居住情况

二代人家庭					三代人家庭	其　他
单亲家庭一个小孩	一对夫妇一个小孩	一对夫妇两个小孩	一对夫妇多个小孩	其　他		
51.0	**841.3**	**175.7**	**14.4**	**35.6**	**231.7**	**74.3**
33.8	31.6	31.2	36.2	40.9	30.0	31.1
26.3	24.6	23.9	27.0	31.3	23.0	24.1
100.0	100.0	100.0	100.0	100.0	100.0	100.0
12.0	10.6	2.7		3.2	6.4	2.3
0.5	0.6	2.3	5.7		1.7	
12.2	13.1	30.7	57.8	35.3	34.8	26.9
52.9	53.9	38.7	32.3	49.7	41.3	38.0
21.8	19.4	21.4	4.3	11.7	13.6	28.0
0.5	2.4	4.2			2.3	4.7
100.0	100.0	100.0	100.0	100.0	100.0	100.0
0.6	6.9	20.0	38.2	21.5	24.9	23.5
3.1	4.8	9.9	18.3	2.9	5.8	5.5
34.5	37.3	37.9	22.7	38.8	35.5	46.7
40.0	40.1	22.8	13.8	24.7	21.5	15.4
10.1	5.8	1.4		3.2	4.3	2.3
7.3	3.9	5.6	7.0	5.7	4.9	5.1
4.4	1.3	2.5		3.2	3.1	1.4
100.0	100.0	100.0	100.0	100.0	100.0	100.0
97.8	98.4	98.0	100.0	100.0	96.6	97.5
2.2	1.6	2.0			3.3	2.5
					0.1	
100.0	100.0	100.0	100.0	100.0	100.0	100.0
3.3	1.1	0.7		3.2	0.6	1.4
87.5	92.5	92.9	98.4	94.3	94.0	92.0
7.1	3.9	4.4	1.7	2.5	4.7	6.7
2.2	2.5	2.1			0.7	
100.0	100.0	100.0	100.0	100.0	100.0	100.0
21.9	22.6	17.8	13.8	9.8	10.3	13.4
75.1	76.4	80.6	86.2	90.3	87.9	84.2
0.7	0.8	1.6			1.8	2.4
2.4	0.2					
100.0	100.0	100.0	100.0	100.0	100.0	100.0
	0.3					
100.0	99.8	100.0	100.0	100.0	100.0	100.0
100.5	101.6	104.4	100.0	106.8	105.0	104.1
121.9	180.6	176.3	249.0	152.2	163.2	158.9
0.4	0.4	0.3	0.3	0.4	0.2	0.2

2004年各市、县、区

项目		全省	广州市	韶关市
调查户数	**(户)**	**1600.00**	**300.00**	**100.00**
平均每户家庭人口	**(人)**	**3.28**	**3.08**	**3.09**
平均每户就业人口	**(人)**	**1.74**	**1.68**	**1.45**
平均每户就业率	**(人)**	**0.89**	**0.95**	**0.85**
平均每人可支配收入	**(元)**	**13627.65**	**16884.16**	**9929.70**
# 平均每人工薪收入	(元)	11646.42	15705.11	6576.53
平均每人消费性支出	**(元)**	**10694.79**	**13120.83**	**7532.27**
食品	(元)	3953.30	5023.26	3256.80
衣着	(元)	620.07	875.65	449.85
家庭设备用品及服务	(元)	592.66	727.19	403.57
医疗保健	(元)	649.70	798.96	686.41
交通和通信	(元)	1754.12	1727.29	756.25
教育文化娱乐服务	(元)	1577.70	2218.94	977.07
居住	(元)	1205.12	1272.80	739.02
杂项商品和服务	(元)	342.11	476.75	263.30
平均每人住房使用面积	**(平方米)**	**25.12**	**17.58**	**21.35**
平均每人购买商品情况				
粮食	(公斤)	71.78	58.23	81.10
食用植物油	(公斤)	8.95	8.22	10.76
猪肉	(公斤)	28.82	26.83	32.87
牛羊肉	(公斤)	3.06	3.53	2.33
家禽	(公斤)	17.21	17.68	15.63
蛋	(公斤)	6.79	8.35	8.97
鱼	(公斤)	19.23	20.30	16.16
鲜菜	(公斤)	106.59	117.09	122.55
酒类	(公斤)	2.41	3.04	4.40
鲜瓜果	(公斤)	37.61	45.32	52.07
鲜乳品	(公斤)	8.97	13.91	4.59
服装	(件)	8.41	11.29	7.58
鞋类	(双)	2.34	2.92	2.37
平均每百户主要消费品年末拥有量				
摩托车	(辆)	76.91	20.67	56.00
家用汽车	(辆)	6.56	4.00	1.00
洗衣机	(台)	97.36	100.33	94.00
电冰箱	(台)	93.42	102.00	94.00
彩色电视机	(台)	154.69	162.67	145.00
影碟机	(台)	85.64	91.33	78.00
家用电脑	(台)	64.28	84.00	32.00
组合音响	(套)	54.33	61.67	38.00
摄像机	(架)	4.83	5.67	2.00
微波炉	(台)	58.65	68.67	35.00
空调器	(台)	155.95	192.33	126.00
移动电话	(部)	170.86	197.33	130.00

城镇居民家庭基本情况

深圳市	珠海市	汕头市	佛山市	湛江市	肇庆市
100.00	**100.00**	**100.00**	**100.00**	**100.00**	**100.00**
3.23	**3.23**	**3.28**	**3.02**	**3.26**	**3.23**
1.70	**1.53**	**1.54**	**1.78**	**1.68**	**1.65**
0.81	**0.46**	**0.97**	**0.63**	**1.03**	**0.87**
25864.70	**18346.54**	**11300.12**	**16206.71**	**9159.40**	**9261.37**
22840.30	14669.65	10171.46	14633.97	7759.56	6690.44
17810.39	**12826.21**	**8692.45**	**12513.82**	**7168.92**	**7435.56**
5833.18	4434.03	3971.18	4121.54	3127.01	3237.67
1435.42	761.02	450.99	603.61	426.09	275.64
1064.45	1038.80	402.51	716.47	427.20	340.00
1147.30	969.56	511.89	762.08	446.08	649.33
2716.27	1973.07	1115.63	2271.63	769.00	922.32
2980.98	1758.76	1049.15	2066.41	1046.01	1049.16
1986.68	1351.36	880.34	1565.85	646.26	767.45
646.11	539.61	310.77	406.23	281.27	193.99
19.92	**23.42**	**18.17**	**22.65**	**20.59**	**22.40**
69.63	65.26	77.35	61.54	65.17	75.06
10.88	8.16	11.72	6.89	5.79	9.06
33.88	27.33	28.05	24.61	27.54	29.90
2.41	1.55	3.11	2.36	2.29	2.70
16.30	13.50	11.93	14.08	26.15	22.62
9.15	7.72	6.58	6.57	4.69	6.08
16.96	21.72	30.95	17.64	21.56	21.24
121.17	101.75	89.14	108.27	91.01	129.11
3.56	3.33	2.72	1.89	1.41	1.49
56.72	46.93	31.81	45.93	29.29	34.02
14.88	12.31	7.33	10.90	11.47	5.59
12.07	11.23	7.16	10.42	6.36	5.08
3.17	3.14	2.04	2.06	2.03	1.54
6.90	9.00	94.00	139.00	67.00	108.00
17.11	6.00	1.00	8.00		6.00
98.64	94.00	98.00	97.00	98.00	85.00
106.74	99.00	91.00	102.00	92.00	92.00
160.26	165.00	143.00	167.00	134.00	147.00
93.49	84.00	91.00	91.00	84.00	73.00
90.56	70.00	48.00	79.00	42.00	49.00
67.20	55.00	48.00	66.00	36.00	54.00
16.71	3.00	1.00	3.00	1.00	2.00
70.76	62.00	61.00	74.00	37.00	49.00
248.74	204.00	123.00	185.00	92.00	138.00
203.56	194.00	138.00	186.00	125.00	145.00

项　　目		惠州市	梅州市	东莞市
调查户数	**(户)**	**100.00**	**100.00**	**50.00**
平均每户家庭人口	**(人)**	**3.05**	**3.44**	**3.50**
平均每户就业人口	**(人)**	**1.78**	**1.70**	**2.17**
平均每户就业率	**(人)**	**0.83**	**0.81**	**0.76**
平均每人可支配收入	**(元)**	**14744.31**	**8318.23**	**20525.54**
# 平均每人工薪收入	(元)	14106.92	6009.42	17152.95
平均每人消费性支出	**(元)**	**12413.09**	**6588.12**	**18425.76**
食品	(元)	3934.63	2978.70	5040.62
衣着	(元)	772.01	296.34	1133.69
家庭设备用品及服务	(元)	695.60	338.39	924.67
医疗保健	(元)	821.46	426.46	810.70
交通和通信	(元)	3010.33	745.58	4973.71
教育文化娱乐服务	(元)	1620.27	613.54	2673.05
居住	(元)	1191.81	999.12	2517.25
杂项商品和服务	(元)	366.99	189.99	352.07
平均每人住房使用面积	**(平方米)**	**26.78**	**28.32**	**41.58**
平均每人购买商品情况				
粮食	(公斤)	63.62	96.98	64.25
食用植物油	(公斤)	9.74	15.59	7.68
猪肉	(公斤)	32.47	33.78	32.36
牛羊肉	(公斤)	1.95	4.47	3.50
家禽	(公斤)	16.12	13.29	18.39
蛋	(公斤)	6.60	6.79	7.18
鱼	(公斤)	15.20	10.99	19.42
鲜菜	(公斤)	105.21	98.28	118.91
酒类	(公斤)	1.77	2.93	0.98
鲜瓜果	(公斤)	50.40	23.07	43.52
鲜乳品	(公斤)	9.55	5.96	9.71
服装	(件)	10.66	5.47	10.63
鞋类	(双)	2.70	1.84	3.43
平均每百户主要消费品年末拥有量				
摩托车	(辆)	57.00	85.00	180.00
家用汽车	(辆)	6.00		32.00
洗衣机	(台)	98.00	93.00	118.00
电冰箱	(台)	99.00	83.00	132.00
彩色电视机	(台)	159.00	153.00	192.00
影碟机	(台)	84.00	71.00	98.00
家用电脑	(台)	62.00	39.00	108.00
组合音响	(套)	58.00	42.00	80.00
摄像机	(架)	6.00		22.00
微波炉	(台)	57.00	58.00	90.00
空调器	(台)	160.00	113.00	258.00
移动电话	(部)	178.00	140.00	264.00

续上表

佛山市顺德	江门市鹤山	湛江市廉江	茂名市电白	梅州市兴宁	清远市连州	揭阳市普宁
50.00	**50.00**	**50.00**	**50.00**	**50.00**	**50.00**	**50.00**
3.24	**3.24**	**3.92**	**3.66**	**3.90**	**3.35**	**3.67**
1.74	**1.81**	**1.92**	**1.87**	**1.93**	**1.77**	**1.84**
0.44	**0.60**	**1.32**	**1.11**	**1.22**	**1.16**	**1.06**
19857.94	**11171.14**	**6664.82**	**7902.89**	**6981.95**	**8309.75**	**7040.57**
15644.87	9512.92	4788.70	5588.74	5232.75	6674.62	6147.98
16988.20	**7275.53**	**4186.07**	**7455.32**	**5733.44**	**5875.69**	**5963.78**
4486.70	3137.47	2197.05	2707.39	2562.85	2597.36	2928.38
685.38	297.11	160.26	260.05	301.07	450.03	424.91
1523.20	274.76	122.09	297.11	439.52	344.62	346.37
1545.52	323.53	227.99	210.67	359.44	257.89	226.17
3210.57	999.46	468.56	2380.02	597.42	566.32	668.92
2460.09	1227.06	528.53	719.20	667.10	833.96	537.05
2397.96	816.62	388.99	718.02	660.47	647.98	647.78
678.79	199.51	92.60	162.85	145.56	177.54	184.19
37.41	24.99	36.43	33.34	26.17	32.93	23.48
60.14	66.06	81.66	88.17	90.51	79.63	92.44
6.62	7.35	4.04	7.86	13.14	6.94	11.08
23.72	25.18	27.74	26.21	36.40	29.77	31.36
2.08	3.27	3.59	1.92	1.98	3.58	1.59
14.64	19.85	22.27	21.82	8.46	14.51	9.67
5.33	4.85	3.88	5.48	5.46	4.65	8.43
25.90	20.31	13.92	28.28	11.21	8.83	13.72
115.70	114.82	87.43	83.12	93.53	99.48	83.08
2.91	0.97	1.73	1.00	3.54	3.59	0.62
45.79	43.38	13.35	19.39	22.59	49.12	26.53
7.46	7.97	1.69	0.37	8.22	5.06	3.45
9.44	4.56	4.11	4.50	5.09	7.55	5.89
2.26	1.80	1.25	1.99	1.80	1.94	2.37
136.00	84.00	104.00	96.00	98.00	42.00	42.00
28.00	2.00	2.00	2.00		2.00	
110.00	110.00	92.00	88.00	98.00	84.00	100.00
106.00	96.00	30.00	66.00	58.00	80.00	56.00
164.00	150.00	118.00	122.00	154.00	154.00	132.00
98.00	82.00	64.00	74.00	96.00	92.00	86.00
84.00	62.00	30.00	40.00	36.00	34.00	28.00
58.00	60.00	30.00	32.00	54.00	56.00	32.00
6.00				2.00	4.00	6.00
60.00	30.00	36.00	26.00	54.00	20.00	32.00
200.00	116.00	44.00	58.00	86.00	106.00	78.00
226.00	194.00	120.00	102.00	148.00	152.00	114.00

2004年各市、县、区城镇居民

单位：元

项　　目	全　省	广州市	韶关市
家庭总收入	**14953.39**	**19595.07**	**10921.02**
#可支配收入	13627.65	16884.16	9929.70
工薪收入	11646.42	15705.11	6576.53
工资及补贴收入	11502.42	15659.05	6518.45
其他劳动收入	143.99	46.06	58.08
经营净收入	738.35	587.49	988.67
财产性收入	371.29	302.37	38.34
利息收入	22.71	19.69	5.75
股息与红利收入	87.66	65.72	19.44
保险收益	2.76	5.41	
其它投资收入	2.65	1.35	11.64
出租房屋收入	252.66	210.21	1.46
知识产权收入	0.01		
其他财产性收入	2.84		0.06
转移性收入	2197.34	3000.10	3317.48
养老金或离退休金	1360.44	2196.46	2502.96
社会救济收入	13.50	2.62	20.93
辞退金	63.44	50.74	121.00
赔偿收入	0.68		
保险收入	38.28	52.67	45.92
#失业保险金	29.71	49.89	45.92
赡养收入	187.62	120.17	152.42
捐赠收入	326.18	372.38	288.43
亲友搭伙费	71.74	54.03	136.56
提取住房公积金	5.10		19.10
记帐补贴	83.35	113.21	27.32
其他转移性收入	47.01	37.81	2.83
出售财物收入	**95.34**	**417.64**	**7.00**
出售住房收入	78.03	344.34	
出售其他物品收入	17.31	73.30	7.00
借贷收入	**5131.11**	**6051.07**	**1851.07**
提取储蓄存款	4529.16	5575.71	1793.78
借入款	155.80	23.80	55.68
收回借出款	26.19	7.17	1.62
收回储蓄性保险本	1.00	1.06	
兑售有价证券	1.00	1.79	
收回投资本金	0.81	2.25	
住房贷款	296.78	432.79	
汽车贷款	39.60		
教育贷款	3.32		
其他贷款	2.09		
其他借贷收入	75.36	6.49	

家庭平均每人全年现金收入

深圳市	珠海市	汕头市	佛山市	湛江市	肇庆市
27959.14	**20093.83**	**12465.69**	**17410.90**	**9916.47**	**9886.85**
25864.70	18346.54	11300.12	16206.71	9159.40	9261.37
22840.30	14669.65	10171.46	14633.97	7759.56	6690.44
22084.33	14614.56	9879.65	14444.38	7729.94	6443.31
755.97	55.09	291.81	189.58	29.62	247.13
797.32	837.29	256.90	472.43	429.53	901.90
814.19	1220.96	65.15	261.05	103.32	224.31
69.81	29.40	11.68	24.50	7.21	
209.28	446.46	17.81	220.65		215.01
18.08					
		2.41		0.61	
517.01	670.76	33.26	15.90	95.50	9.30
	74.34				
3507.32	3365.93	1972.17	2043.46	1624.05	2070.21
1804.67	1677.50	1258.13	895.76	946.90	1448.21
50.53		17.79	37.72	6.54	
			396.59		160.74
	29.40	1.03			
52.98	70.66	2.12	73.10	116.32	27.55
47.32	43.02	2.12	68.23	74.57	27.55
374.41	734.52	97.32	146.40	112.48	203.63
733.65	395.44	447.38	276.87	348.65	127.83
316.91	169.90	16.46	110.87	17.96	59.27
	55.45	29.90			
160.56	65.05	94.81	99.99	57.11	31.67
13.61	168.01	7.22	6.17	18.09	11.31
	2.77	**0.60**	**1.11**	**1.59**	**1.59**
	2.77	0.60	1.11	1.59	1.59
15361.10	**10745.44**	**2708.39**	**8163.82**	**2290.02**	**1089.03**
15023.97	9140.85	1868.83	6687.41	2217.32	811.76
62.22	54.83	260.14	662.43	41.44	
0.51	299.54	32.31	15.96	29.38	
		6.10			
11.32					
			3.05		
	1006.72		794.91		
		0.58	0.06		
263.08	243.50	540.43		1.88	277.28

单位：元

项　　目	惠州市	梅州市	东莞市
家庭总收入	**16331.38**	**8860.58**	**21875.39**
#可支配收入	14744.31	8318.23	20525.54
工薪收入	14106.92	6009.42	17152.95
工资及补贴收入	13996.53	5971.36	16990.55
其他劳动收入	110.38	38.05	162.40
经营净收入	696.79	602.85	1633.90
财产性收入	160.87	89.00	1553.02
利息收入	5.03	0.66	63.39
股息与红利收入	1.23	8.92	166.55
保险收益			7.96
其它投资收入	82.43		
出租房屋收入	63.65	78.29	1302.65
知识产权收入			
其他财产性收入	8.54	1.13	12.48
转移性收入	1366.81	2159.31	1535.52
养老金或离退休金	627.91	1330.05	556.41
社会救济收入	34.32	1.69	
辞退金	10.50		
赔偿收入			
保险收入	64.83		55.12
#失业保险金	54.57		
赡养收入	155.83	399.39	3.71
捐赠收入	271.63	294.73	465.90
亲友搭伙费	49.43	45.06	50.83
提取住房公积金	66.55		
记帐补贴	74.11	38.31	120.91
其他转移性收入	11.71	50.09	282.63
出售财物收入	**0.79**	**0.22**	
出售住房收入			
出售其他物品收入	0.79	0.22	
借贷收入	**5387.36**	**1290.11**	**8498.94**
提取储蓄存款	4868.21	779.94	7688.79
借入款	112.32	5.81	161.64
收回借出款	6.73		77.36
收回储蓄性保险本		2.91	
兑售有价证券			
收回投资本金			
住房贷款	387.52	472.38	
汽车贷款			571.15
教育贷款	9.85	29.07	
其他贷款			
其他借贷收入	2.73		

佛山市顺德	江门市鹤山	湛江市廉江	茂名市电白	梅州市兴宁	清远市连州	揭阳市普宁
20862.21	**11726.35**	**6813.66**	**8196.05**	**7412.13**	**9038.47**	**7383.13**
19857.94	11171.14	6664.82	7902.89	6981.95	8309.75	7040.57
15644.87	9512.92	4788.70	5588.74	5232.75	6674.62	6147.98
15487.65	9256.63	4765.74	5523.74	5185.63	6545.20	5733.73
157.22	256.29	22.96	65.00	47.12	129.42	414.25
1154.90	542.25	941.77	1077.59	271.33	936.95	754.52
1073.92	276.31	124.69	385.23	82.45	140.85	9.18
24.00	20.14		74.86	8.88	9.16	9.18
	16.78	70.92		9.92	14.31	
	15.63					
1.98	46.30		1.64	2.05	10.14	
1047.95	177.47	53.78	302.68	60.75	107.24	
				0.51		
			6.05	0.34		
2988.52	1394.86	958.49	1144.48	1825.60	1286.05	471.45
1634.85	728.07	711.86	739.52	899.87	791.92	289.74
123.58	102.78			1.49		
	2.16		1.27			
	27.53					
4.21	9.08			8.92	9.16	
	2.22			8.92	6.93	
374.15	151.23	106.12	200.52	417.04	113.34	49.00
431.37	247.71	86.53	93.14	363.94	197.51	71.53
131.62	4.94	23.27	29.24	35.16	101.39	
					16.70	
195.88	104.32	30.71	42.08	31.17	35.73	59.35
92.87	17.02		38.71	68.01	20.31	1.82
4.07	**16.98**			**0.98**	**0.07**	
	15.43					
4.07	1.55			0.98	0.07	
10505.04	**2564.12**	**886.74**	**2553.66**	**1895.75**	**4910.56**	**294.01**
7833.84	2347.48	855.61	2359.67	1068.50	4835.71	294.01
948.50			188.52	444.17	66.80	
82.80	117.28	31.12		353.69		
				2.05		
	3.09					
1564.86						
61.79	96.27			4.64		
13.25			5.46	22.71	8.05	

单位:%

项　　目	全　省	广州市	韶关市
家庭总收入	**100.0**	**100.0**	**100.0**
# 可支配收入	91.1	86.2	90.9
工薪收入	77.9	80.1	60.2
工资及补贴收入	76.9	79.9	59.7
其他劳动收入	1.0	0.2	0.5
经营净收入	4.9	3.0	9.1
财产性收入	2.5	1.5	0.4
利息收入	0.2	0.1	0.1
股息与红利收入	0.6	0.3	0.2
保险收益	…	…	
其它投资收入	…	…	0.1
出租房屋收入	1.7	1.1	…
知识产权收入	…		
其他财产性收入	…		…
转移性收入	14.7	15.3	30.4
养老金或离退休金	9.1	11.2	22.9
社会救济收入	0.1	…	0.2
辞退金	0.4	0.3	1.1
赔偿收入	…		
保险收入	0.3	0.3	0.4
# 失业保险金	0.2	0.3	0.4
赡养收入	1.3	0.6	1.4
捐赠收入	2.2	1.9	2.6
亲友搭伙费	0.5	0.3	1.3
提取住房公积金	…		0.2
记帐补贴	0.6	0.6	0.3
其他转移性收入	0.3	0.2	…
出售财物收入	**100.0**	**100.0**	**100.0**
出售住房收入	81.8	82.5	
出售其他物品收入	18.2	17.6	100.0
借贷收入	**100.0**	**100.0**	**100.0**
提取储蓄存款	88.3	92.1	96.9
借入款	3.0	0.4	3.0
收回借出款	0.5	0.1	0.1
收回储蓄性保险本	…	…	
兑售有价证券	…	…	
收回投资本金	…	…	
住房贷款	5.8	7.2	
汽车贷款	0.8		
教育贷款	0.1		
其他贷款	…		
其他借贷收入	1.5	0.1	

家庭平均每人全年现金收入构成

深圳市	珠海市	汕头市	佛山市	湛江市	肇庆市
100.0	**100.0**	**100.0**	**100.0**	**100.0**	**100.0**
92.5	91.3	90.6	93.1	92.4	93.7
81.7	73.0	81.6	84.1	78.2	67.7
79.0	72.7	79.3	83.0	78.0	65.2
2.7	0.3	2.3	1.1	0.3	2.5
2.9	4.2	2.1	2.7	4.3	9.1
2.9	6.1	0.5	1.5	1.0	2.3
0.2	0.1	0.1	0.1	0.1	
0.7	2.2	0.1	1.3		2.2
0.1					
		…		…	
1.8	3.3	0.3	0.1	1.0	0.1
	0.4				
12.5	16.8	15.8	11.7	16.4	20.9
6.5	8.3	10.1	5.1	9.5	14.6
0.2		0.1	0.2	0.1	
			2.3		1.6
	0.1	…			
0.2	0.4	…	0.4	1.2	0.3
0.2	0.2	…	0.4	0.8	0.3
1.3	3.7	0.8	0.8	1.1	2.1
2.6	2.0	3.6	1.6	3.5	1.3
1.1	0.8	0.1	0.6	0.2	0.6
	0.3	0.2			
0.6	0.3	0.8	0.6	0.6	0.3
…	0.8	0.1	…	0.2	0.1
	100.0	**100.0**	**100.0**	**100.0**	**100.0**
	100.0	100.0	100.0	100.0	100.0
100.0	**100.0**	**100.0**	**100.0**	**100.0**	**100.0**
97.8	85.1	69.0	81.9	96.8	74.5
0.4	0.5	9.6	8.1	1.8	
…	2.8	1.2	0.2	1.3	
		0.2			
0.1					
			…		
	9.4		9.7		
		…	…		
1.7	2.3	20.0		0.1	25.5

单位：%

项　　目	惠州市	梅州市	东莞市
家庭总收入	**100.0**	**100.0**	**100.0**
# 可支配收入	90.3	93.9	93.8
工薪收入	86.4	67.8	78.4
工资及补贴收入	85.7	67.4	77.7
其他劳动收入	0.7	0.4	0.7
经营净收入	4.3	6.8	7.5
财产性收入	1.0	1.0	7.1
利息收入	…	…	0.3
股息与红利收入	…	0.1	0.8
保险收益			…
其它投资收入	0.5		
出租房屋收入	0.4	0.9	6.0
知识产权收入			
其他财产性收入	0.1		0.1
转移性收入	8.4	24.4	7.0
养老金或离退休金	3.8	15.0	2.5
社会救济收入	0.2	…	
辞退金	0.1		
赔偿收入			
保险收入	0.4		0.3
#失业保险金	0.3		
赡养收入	1.0	4.5	…
捐赠收入	1.7	3.3	2.1
亲友搭伙费	0.3	0.5	0.2
提取住房公积金	0.4		
记帐补贴	0.5	0.4	0.6
其他转移性收入	0.1	0.6	1.3
出售财物收入	**100.0**	**100.0**	
出售住房收入			
出售其他物品收入	100.0	100.0	
借贷收入	**100.0**	**100.0**	**100.0**
提取储蓄存款	90.4	60.5	90.5
借入款	2.1	0.5	1.9
收回借出款	0.1		0.9
收回储蓄性保险本		0.2	
兑售有价证券			
收回投资本金			
住房贷款	7.2	36.6	
汽车贷款			6.7
教育贷款	0.2	2.3	
其他贷款			
其他借贷收入	0.1		

续上表

佛山市顺德	江门市鹤山	湛江市廉江	茂名市电白	梅州市兴宁	清远市连州	揭阳市普宁
100.0	**100.0**	**100.0**	**100.0**	**100.0**	**100.0**	**100.0**
95.2	95.3	97.8	96.4	94.2	91.9	95.4
75.0	81.1	70.3	68.2	70.6	73.8	83.3
74.2	78.9	69.9	67.4	70.0	72.4	77.7
0.8	2.2	0.3	0.8	0.6	1.4	5.6
5.5	4.6	13.8	13.1	3.7	10.4	10.2
5.1	2.4	1.8	4.7	1.1	1.6	0.1
0.1	0.2		0.9	0.1	0.1	0.1
	0.1	1.0		0.1	0.2	
	0.1					
…	0.4		…	…	0.1	
5.0	1.5	0.8	3.7	0.8	1.2	
				…		
			0.1	…		
14.3	11.9	14.1	14.0	24.6	14.2	6.4
7.8	6.2	10.4	9.0	12.1	8.8	3.9
0.6	0.9			…		
	…		…			
	0.2					
…	0.1			0.1	0.1	
	…			0.1	0.1	
1.8	1.3	1.6	2.4	5.6	1.3	0.7
2.1	2.1	1.3	1.1	4.9	2.2	1.0
0.6		0.3	0.4	0.5	1.1	
					0.2	
0.9	0.9	0.5	0.5	0.4	0.4	0.8
0.4	0.1		0.5	0.9	0.2	…
100.0	**100.0**	**100.0**		**100.0**	**100.0**	
	90.9					
100.0	9.1			100.0	100.0	
100.0	**100.0**	**100.0**	**100.0**	**100.0**	**100.0**	**100.0**
74.6	91.6	96.5	92.4	56.4	98.5	100.0
9.0			7.4	23.4	1.4	
0.8	4.6	3.5		18.7		
				0.1		
	0.1					
14.9						
0.6	3.8			0.2		
0.1			0.2	1.2	0.2	

2004年各市、县、区城镇居民

单位：元

项　　目	全　省	广州市	韶关市
家庭总支出	**14341.36**	**17872.87**	**9970.35**
消费支出	10694.79	13120.83	7532.27
#务性消费支出	3371.35	4652.84	1948.11
食品	3953.30	5023.26	3256.80
衣着	620.07	875.65	449.85
家庭设备用品及服务	592.66	727.19	403.57
医疗保健	649.70	798.96	686.41
交通和通信	1754.12	1727.29	756.25
教育文化娱乐服务	1577.70	2218.94	977.07
居住	1205.12	1272.80	739.02
杂项商品和服务	342.11	476.75	263.30
购房与建房支出	1054.26	1017.75	210.41
购房	965.44	1017.75	210.41
建房	88.83		
转移性支出	1497.61	1536.96	1352.29
交纳的个人收入税	195.54	455.03	88.62
捐赠支出	561.37	526.92	545.45
购买彩票	15.83	26.15	41.18
赡养支出	655.57	446.38	658.32
#在外就学子女费用	341.95	16.18	566.90
各种非储蓄性保险支出	25.08	20.60	4.49
#车辆保险支出	13.34	0.59	
其他转移性支出	44.22	61.87	14.24
财产性支出	47.85	54.67	
非生产性利息支出	47.24	53.51	
其他	0.61	1.16	
社会保障支出	1046.86	2142.67	875.39
个人交纳的养老基金	483.85	800.60	402.17
个人交纳的住房公积金	407.99	1111.56	318.91
个人交纳的医疗基金	114.18	154.47	127.75
个人交纳的失业基金	37.90	76.04	11.04
其他社会保障支出	2.94		15.52
借贷支出	**5235.09**	**7824.61**	**1808.50**
存入储蓄款	4663.85	7304.14	1480.12
借出款	34.40	7.66	7.63
归还借款	67.93	12.01	99.86
储蓄性保险支出	149.53	227.35	167.74
购买有价证券	31.16	30.30	
其它投资支出	8.81		
归还住房贷款	214.39	236.43	45.37
归还汽车贷款	8.16	2.16	
归还教育贷款			
归还其他贷款	0.53		
其他借贷支出	56.33	4.57	7.77

家庭平均每人全年现金支出

深圳市	珠海市	汕头市	佛山市	湛江市	肇庆市
22711.43	**19131.06**	**11535.97**	**18767.33**	**9364.67**	**9040.46**
17810.39	12826.21	8692.45	12513.82	7168.92	7435.56
6744.12	4668.61	2370.14	4248.33	1980.45	2154.16
5833.18	4434.03	3971.18	4121.54	3127.01	3237.67
1435.42	761.02	450.99	603.61	426.09	275.64
1064.45	1038.80	402.51	716.47	427.20	340.00
1147.30	969.56	511.89	762.08	446.08	649.33
2716.27	1973.07	1115.63	2271.63	769.00	922.32
2980.98	1758.76	1049.15	2066.41	1046.01	1049.16
1986.68	1351.36	880.34	1565.85	646.26	767.45
646.11	539.61	310.77	406.23	281.27	193.99
24.35	2518.66	260.66	2954.92	61.40	408.86
24.35	2518.66	260.66	2954.43	61.40	408.86
			0.50		
3273.84	2413.79	1741.09	2139.66	1520.79	673.35
681.97	309.87	228.98	90.35	86.38	71.12
889.57	707.86	762.78	581.91	612.69	423.28
28.89	41.15	16.99	16.15	18.01	5.76
1487.53	1177.11	694.94	1368.18	754.70	133.51
673.42	499.02	251.78	1041.29	488.30	90.88
65.90	40.67	9.32	36.54	9.67	18.32
63.37	29.32	2.22	22.28	3.75	12.77
119.98	137.13	28.07	46.53	39.34	21.36
350.93	0.03		145.08		
350.93			145.08		
	0.03				
1251.92	1372.38	841.77	1013.85	613.56	522.69
853.30	653.08	427.24	523.41	320.29	305.13
56.10	455.50	335.16	229.83	205.77	136.40
327.77	191.19	64.15	170.59	74.23	64.36
11.90	66.52	15.21	90.03	13.27	16.70
2.85	6.08				0.10
20737.75	**11600.76**	**3169.11**	**6499.96**	**2640.17**	**1334.49**
17690.16	9405.66	2951.15	5903.00	2281.45	991.83
261.28	42.87	7.02	136.20	22.84	
808.13	46.68	25.93		92.25	
498.83	552.98	135.43	152.84	170.18	66.53
427.77			13.25		
	84.83	0.58			
772.48	1197.86	44.87	289.21	72.47	
112.13	80.85				
		0.79			7.75
166.96	189.03	3.35	5.46	0.98	268.39

单位：元

项　　目	惠州市	梅州市	东莞市
家庭总支出	**16558.02**	**8183.30**	**24201.90**
消费支出	12413.09	6588.12	18425.76
# 服务性消费支出	3939.09	1487.46	5456.53
食品	3934.63	2978.70	5040.62
衣着	772.01	296.34	1133.69
家庭设备用品及服务	695.60	338.39	924.67
医疗保健	821.46	426.46	810.70
交通和通信	3010.33	745.58	4973.71
教育文化娱乐服务	1620.27	613.54	2673.05
居住	1191.81	999.12	2517.25
杂项商品和服务	366.99	189.99	352.07
购房与建房支出	781.61	220.93	3098.30
购房	781.61	220.93	2284.60
建房			813.69
转移性支出	2118.42	890.88	1514.92
交纳的个人收入税	293.18	20.66	66.00
捐赠支出	601.99	429.03	891.20
购买彩票	11.44	5.20	4.08
赡养支出	1155.92	403.97	498.24
# 在外就学子女费用	543.16	250.06	235.17
各种非储蓄性保险支出	17.38	12.24	11.69
# 车辆保险支出	10.97	0.96	2.00
其他转移性支出	38.51	19.78	43.70
财产性支出	25.12		
非生产性利息支出	8.21		
其他	16.91		
社会保障支出	1219.78	483.37	1162.93
个人交纳的养老基金	593.01	268.99	515.50
个人交纳的住房公积金	498.90	156.87	435.95
个人交纳的医疗基金	106.15	49.71	146.49
个人交纳的失业基金	21.52	7.69	52.43
其他社会保障支出	0.20	0.11	12.56
借贷支出	**4831.50**	**1257.28**	**2962.16**
存入储蓄款	3917.74	1156.45	2822.31
借出款	39.15	2.91	
归还借款	193.62		
储蓄性保险支出	309.17	52.96	
购买有价证券	14.75		
其它投资支出	0.38		91.38
归还住房贷款	349.15	44.97	48.46
归还汽车贷款			
归还教育贷款			
归还其他贷款			
其他借贷支出	7.55		

续上表

佛山市顺德	江门市鹤山	湛江市廉江	茂名市电白	梅州市兴宁	清远市连州	揭阳市普宁
22431.57	**8792.86**	**5332.31**	**9329.87**	**8273.29**	**8599.05**	**6693.13**
16988.20	7275.53	4186.07	7455.32	5733.44	5875.69	5963.78
6184.13	2295.22	918.25	1621.08	1293.41	1475.62	1172.95
4486.70	3137.47	2197.05	2707.39	2562.85	2597.36	2928.38
685.38	297.11	160.26	260.05	301.07	450.03	424.91
1523.20	274.76	122.09	297.11	439.52	344.62	346.37
1545.52	323.53	227.99	210.67	359.44	257.89	226.17
3210.57	999.46	468.56	2380.02	597.42	566.32	668.92
2460.09	1227.06	528.53	719.20	667.10	833.96	537.05
2397.96	816.62	388.99	718.02	660.47	647.98	647.78
678.79	199.51	92.60	162.85	145.56	177.54	184.19
2560.56	41.07	612.24	574.26	692.26	924.46	
2560.56	41.07		574.26	692.01	924.46	
		612.24		0.26		
2101.25	1029.36	415.88	1052.44	1449.48	1118.38	457.07
94.48	4.15		3.24	0.90	23.61	10.94
761.44	530.37	297.25	245.67	820.77	462.67	187.01
24.08	22.54	4.49	3.77	11.69	6.28	0.79
872.77	320.84	104.49	791.42	543.36	604.60	244.86
355.05	125.03	71.53	636.90	448.69	467.24	61.91
246.90	143.70	0.66		3.29	8.98	
194.73	0.18			1.02	1.41	
101.57	7.76	8.98	8.34	69.47	12.24	13.47
67.64	0.16				11.13	
64.28	0.16				11.13	
3.36						
713.91	446.74	118.12	247.84	398.11	669.39	272.27
416.24	277.66	41.93	189.50	245.12	391.62	134.03
160.29	96.65	66.84	18.69	118.64	140.91	137.17
93.15	27.09	7.97	13.72	24.65	126.81	0.05
44.22	5.21	1.39	3.30	9.69	10.05	0.69
	40.13		22.63			0.34
8895.98	**4462.27**	**1371.35**	**972.90**	**1202.83**	**5191.67**	**1020.03**
6169.97	4071.23	1331.63	830.60	986.03	5057.96	1019.87
9.27			2.68		36.38	
1.24		9.69	139.34	47.93	11.93	0.16
131.25	46.75	8.34		168.87	85.40	
	148.85					
30.90						
1694.81	36.88					
	129.95					
858.55	28.60	21.68	0.27			

2004年各市、县、区城镇居民

单位：元

项目	全省	广州市	韶关市
消费支出	**10694.79**	**13120.83**	**7532.27**
#服务性消费支出	3371.35	4652.84	1948.11
食品	**3953.30**	**5023.26**	**3256.80**
粮油类	422.41	420.56	465.88
粮食	279.01	276.69	284.42
大米	184.74	152.13	206.29
面粉	1.97	1.27	2.77
其他粮食	8.77	11.85	8.80
粮食制品	83.53	111.44	66.56
淀粉及薯类	11.70	15.88	21.58
干豆类及豆制品	27.20	28.42	37.67
油脂类	104.50	99.57	122.21
食用植物油	101.09	99.17	122.07
食用动物油	3.42	0.40	0.15
肉禽蛋水产品类	1405.26	1494.93	1221.82
肉类	674.25	709.07	650.14
猪肉	493.77	456.45	504.90
牛肉	50.49	56.60	30.64
羊肉	11.04	10.79	9.97
其他肉	9.83	6.76	5.32
肉制品	109.13	178.49	99.31
禽类	298.74	328.74	265.62
鸡	182.84	203.36	169.79
鸭	35.71	16.03	28.19
其他禽类	12.83	16.53	3.14
禽制品	67.35	92.83	64.50
蛋类	49.69	56.99	63.22
鲜蛋	45.01	49.59	57.34
蛋制品	4.69	7.40	5.88
水产品类	382.58	400.13	242.85
鱼	252.09	254.40	160.77
虾	38.21	33.64	21.25
其他水产品	56.54	75.31	44.33
水产制品	35.74	36.77	16.49
蔬菜类	312.31	360.84	303.70
鲜菜	278.70	322.86	265.89
干菜	23.51	29.07	27.14
菜制品	10.10	8.91	10.67

家庭平均每人全年消费支出

深圳市	珠海市	汕头市	佛山市	湛江市	肇庆市
17810.39	**12826.21**	**8692.45**	**12513.82**	**7168.92**	**7435.56**
6744.12	4668.61	2370.14	4248.33	1980.45	2154.16
5833.18	**4434.03**	**3971.18**	**4121.54**	**3127.01**	**3237.67**
552.91	418.25	441.92	381.29	367.00	417.38
358.53	283.05	291.20	266.13	269.96	275.26
192.15	162.33	194.11	162.73	150.10	197.45
8.49	4.14	1.32	1.89	1.06	0.68
17.42	8.70	10.38	9.11	6.79	6.94
140.47	107.89	85.39	92.39	112.00	70.19
24.38	16.79	11.98	12.24	11.65	9.80
52.53	28.72	24.31	20.14	17.91	19.85
117.48	89.69	114.44	82.78	67.48	112.46
116.72	89.35	109.42	82.75	67.42	112.42
0.77	0.34	5.01	0.03	0.06	0.04
1506.39	1270.00	1841.55	1108.68	1573.76	1311.62
745.76	578.50	687.01	541.88	575.00	643.47
576.38	456.87	488.52	409.55	474.07	482.31
41.86	21.85	59.67	35.87	35.29	34.22
10.85	9.41	17.50	8.27	6.54	14.73
5.43	4.19	4.04	2.79	0.75	6.16
111.25	86.19	117.28	85.39	58.35	106.04
292.48	211.64	259.69	229.35	445.20	314.40
196.33	141.68	64.96	147.39	246.41	184.38
41.36	21.60	16.66	15.91	98.86	55.61
6.09	5.42	13.69	7.59	15.95	20.16
48.71	42.94	164.38	58.46	83.98	54.25
68.42	55.57	55.16	45.10	42.88	39.71
60.52	49.61	51.46	39.93	37.44	36.33
7.90	5.96	3.70	5.17	5.44	3.38
399.73	424.29	839.70	292.35	510.67	314.04
264.37	286.06	514.59	208.33	319.50	222.93
42.63	52.94	99.68	18.75	72.49	17.22
45.25	52.20	149.55	45.17	88.72	39.98
47.47	33.08	75.88	20.10	29.97	33.90
491.70	334.53	311.67	295.68	251.87	293.67
445.44	305.12	261.97	267.15	230.93	260.16
26.37	21.76	31.46	19.89	12.68	26.19
19.88	7.65	18.23	8.63	8.26	7.31

单位：元

项　　目	惠州市	梅州市	东莞市
消费支出	**12413.09**	**6588.12**	**18425.76**
#服务性消费支出	3939.09	1487.46	5456.53
食品	**3934.63**	**2978.70**	**5040.62**
粮油类	419.89	504.69	397.10
粮食	257.08	287.14	277.68
大米	183.83	228.77	187.26
面粉	4.04	1.07	5.72
其他粮食	6.71	5.20	8.05
粮食制品	62.51	52.09	76.65
淀粉及薯类	11.32	6.52	2.54
干豆类及豆制品	32.35	32.75	27.03
油脂类	119.13	178.28	89.85
食用植物油	118.92	155.10	89.46
食用动物油	0.22	23.18	0.39
肉禽蛋水产品类	1289.43	1289.23	1650.86
肉类	704.14	836.18	800.44
猪肉	570.33	578.12	615.42
牛肉	36.87	87.57	53.93
羊肉	5.61	9.67	12.46
其他肉	2.49	53.04	3.14
肉制品	88.84	107.78	115.50
禽类	270.73	227.94	324.24
鸡	194.63	157.96	230.99
鸭	35.68	33.82	20.82
其他禽类	6.43	1.93	30.00
禽制品	33.99	34.22	42.42
蛋类	50.00	49.07	54.97
鲜蛋	46.35	47.60	48.56
蛋制品	3.65	1.47	6.41
水产品类	264.57	176.04	471.21
鱼	178.56	111.58	304.66
虾	27.72	13.08	40.77
其他水产品	40.20	38.03	38.75
水产制品	18.09	13.35	87.03
蔬菜类	320.20	289.41	407.77
鲜菜	283.93	257.16	362.42
干菜	23.41	24.05	33.76
菜制品	12.86	8.20	11.59

续上表

佛山市顺德	江门市鹤山	湛江市廉江	茂名市电白	梅州市兴宁	清远市连州	揭阳市普宁
16988.20	**7275.53**	**4186.07**	**7455.32**	**5733.44**	**5875.69**	**5963.78**
6184.13	2295.22	918.25	1621.08	1293.41	1475.62	1172.95
4486.70	**3137.47**	**2197.05**	**2707.39**	**2562.85**	**2597.36**	**2928.38**
396.64	379.37	323.51	402.79	461.76	374.08	494.07
276.78	270.98	243.25	275.47	273.31	247.31	324.74
172.91	164.11	191.71	243.05	198.62	210.31	210.24
1.47	0.85	0.64	0.26	1.51	0.64	2.20
14.98	7.33	6.85	2.36	5.12	2.24	9.42
87.43	98.68	44.06	29.80	68.05	34.12	102.87
16.85	5.04	6.47	4.99	12.50	8.92	10.17
19.68	14.15	15.11	20.32	50.10	35.14	44.74
83.32	89.20	58.68	102.01	125.85	82.71	114.41
83.32	88.33	55.46	101.60	122.42	81.26	104.84
	0.87	3.22	0.41	3.43	1.46	9.57
1170.76	1206.29	1241.26	1575.64	1098.03	958.04	1284.00
527.27	600.12	606.12	596.76	746.83	550.06	717.59
375.41	398.56	499.06	515.58	596.10	414.82	534.47
30.42	30.71	62.48	25.30	26.99	64.52	30.88
12.55	26.91	9.33	19.41	12.21	2.64	2.37
6.42	12.80	0.93	7.54	2.94	1.41	1.31
102.47	131.14	34.32	28.92	108.59	66.66	148.55
231.98	271.30	353.03	405.96	146.40	229.45	178.31
133.94	169.22	217.68	261.84	100.33	166.48	56.38
17.44	6.72	97.85	75.51	5.97	25.07	8.09
12.11	52.86	5.29	24.72	3.81	1.35	1.84
68.49	42.50	32.21	43.89	36.30	36.56	112.00
36.89	33.18	31.28	43.84	37.42	38.35	57.06
32.55	29.29	30.89	42.06	34.19	35.64	55.71
4.33	3.89	0.39	1.78	3.23	2.71	1.35
374.62	301.68	250.84	529.08	167.38	140.19	331.05
294.72	237.51	145.78	405.36	104.05	102.14	184.75
16.13	11.53	55.94	70.76	2.10	3.87	44.85
37.88	25.98	22.43	25.64	30.39	16.29	64.85
25.90	26.67	26.70	27.32	30.84	17.88	36.60
311.80	289.86	182.64	200.30	231.77	210.58	303.63
277.12	254.14	169.44	182.68	206.07	187.31	236.76
29.87	29.10	6.58	9.28	16.33	12.99	35.26
4.81	6.62	6.62	8.35	9.36	10.29	31.62

单位：元

项　　目	全　省	广州市	韶关市
调味品	36.17	39.77	33.56
糖烟酒饮料类	246.38	306.63	239.21
糖类	38.85	43.03	30.08
烟草类	97.36	107.51	123.54
酒类	34.96	47.98	40.21
白酒	13.50	16.58	17.84
果酒	8.44	15.20	11.25
啤酒	6.75	9.80	6.63
其他酒	6.27	6.40	4.49
饮料	75.21	108.10	45.38
碳酸饮料	8.85	14.01	6.41
果蔬饮料	5.60	9.30	2.45
瓶装饮用水	14.92	29.81	5.42
茶叶	29.44	34.77	21.32
咖啡可可粉	1.69	3.00	0.61
其他饮料	14.70	17.20	9.17
干鲜瓜果类	223.73	287.01	235.24
鲜果	168.69	202.85	173.74
鲜瓜	15.30	26.04	13.06
干果	7.12	10.82	6.17
瓜果制品	8.44	14.09	8.46
坚果及果仁	24.18	33.20	33.81
糕点、奶及奶制品	203.02	315.71	147.92
糕点	75.62	117.49	63.57
奶及奶制品	127.39	198.22	84.34
鲜乳品	66.05	103.76	33.18
奶粉	32.69	39.86	36.03
酸奶	14.10	30.30	7.12
其他奶制品	14.55	24.30	8.01
其他食品	67.77	109.29	69.96
其中：半成品	29.51	58.13	18.76
饮食服务	1036.26	1688.52	539.50
食品加工服务费	0.37	0.04	0.39
在外饮食	1035.88	1688.47	539.10
购自食堂	136.46	193.48	62.43
购自饮食业	873.10	1466.43	460.31
在亲友家搭伙支出	26.32	28.56	16.36

续上表

深圳市	珠海市	汕头市	佛山市	湛江市	肇庆市
63. 22	36. 34	34. 45	33. 18	27. 91	30. 20
526. 34	328. 24	352. 89	254. 96	90. 67	134. 56
66. 37	45. 13	32. 59	69. 12	23. 30	26. 23
210. 31	112. 13	168. 84	88. 23	27. 73	59. 60
84. 55	46. 96	40. 59	27. 41	13. 69	13. 71
44. 16	9. 59	5. 23	10. 82	5. 55	6. 59
18. 26	9. 58	11. 88	9. 14	4. 32	1. 57
14. 94	11. 90	11. 59	4. 71	3. 07	3. 60
7. 19	15. 89	11. 90	2. 74	0. 75	1. 95
165. 12	124. 02	110. 86	70. 18	25. 95	35. 03
25. 31	14. 66	8. 96	9. 48	6. 20	4. 89
16. 24	6. 61	8. 23	8. 65	2. 04	1. 07
31. 46	52. 66	1. 83	5. 41	3. 93	7. 55
58. 81	28. 94	80. 10	18. 61	5. 38	13. 92
5. 65	3. 11	1. 59	0. 92	1. 22	0. 56
27. 64	18. 04	10. 16	27. 12	7. 19	7. 04
408. 27	295. 16	196. 63	266. 70	175. 54	166. 44
304. 95	227. 72	153. 23	198. 68	137. 66	124. 24
33. 31	20. 78	9. 51	17. 77	7. 46	9. 03
9. 78	6. 09	6. 14	3. 67	9. 80	6. 47
13. 99	9. 24	6. 13	16. 67	5. 88	5. 90
46. 22	31. 33	21. 63	29. 91	14. 74	20. 81
362. 55	282. 99	161. 63	222. 05	168. 63	136. 52
127. 89	90. 62	51. 53	102. 58	57. 06	57. 24
234. 66	192. 37	110. 10	119. 47	111. 57	79. 28
110. 03	91. 75	61. 80	66. 45	65. 62	44. 55
70. 07	60. 86	30. 10	27. 92	28. 85	26. 10
29. 64	26. 05	9. 84	10. 17	11. 17	4. 83
24. 93	13. 71	8. 37	14. 92	5. 92	3. 80
81. 93	112. 21	35. 59	93. 12	19. 84	33. 18
42. 34	12. 87	16. 69	45. 34	2. 92	9. 39
1839. 87	1356. 31	594. 85	1465. 90	451. 80	714. 12
0. 46	5. 12	0. 04	0. 48	0. 88	0. 26
1839. 41	1351. 19	594. 81	1465. 42	450. 93	713. 85
328. 44	240. 12	1. 04	294. 11	34. 48	61. 26
1509. 57	1035. 83	593. 54	1087. 91	401. 19	628. 06
1. 40	75. 24	0. 23	83. 40	15. 26	24. 53

单位：元

项　　目	惠州市	梅州市	东莞市
调味品	33.81	42.23	47.71
糖烟酒饮料类	345.34	267.45	203.85
糖类	51.87	23.85	48.77
烟草类	182.22	135.90	56.19
酒类	31.71	45.97	17.58
白酒	9.75	23.17	4.08
果酒	4.41	1.31	7.24
啤酒	4.89	6.50	3.90
其他酒	12.65	14.99	2.36
饮料	79.54	61.74	81.31
碳酸饮料	5.96	4.01	6.15
果蔬饮料	4.59	1.51	3.81
瓶装饮用水	11.74	12.00	16.27
茶叶	28.43	37.06	22.56
咖啡可可粉	1.23	0.55	3.17
其他饮料	27.59	6.62	29.35
干鲜瓜果类	286.24	109.71	334.50
鲜果	226.45	84.29	271.95
鲜瓜	16.82	6.56	19.25
干果	8.41	4.32	14.89
瓜果制品	5.57	1.13	3.49
坚果及果仁	28.99	13.41	24.92
糕点、奶及奶制品	236.91	104.38	225.78
糕点	78.01	32.94	59.24
奶及奶制品	158.90	71.44	166.53
鲜乳品	74.60	47.24	83.09
奶粉	52.94	19.69	40.76
酸奶	16.05	2.01	11.13
其他奶制品	15.30	2.50	31.55
其他食品	89.39	24.21	145.59
其中：半成品	11.61	7.12	69.26
饮食服务	913.42	347.39	1627.47
食品加工服务费	0.30	0.83	
在外饮食	913.12	346.56	1627.47
购自食堂	161.13	45.07	84.29
购自饮食业	612.46	299.26	1542.85
在亲友家搭伙支出	139.53	2.24	0.33

续上表

佛山市顺德	江门市鹤山	湛江市廉江	茂名市电白	梅州市兴宁	清远市连州	揭阳市普宁
29.56	26.27	21.96	26.97	24.31	19.23	29.21
240.63	145.41	51.15	58.40	265.02	204.89	346.83
41.40	29.71	11.79	31.45	19.08	24.02	59.30
89.47	52.44	7.57	6.86	118.62	120.44	119.15
46.71	12.79	9.10	7.07	43.94	33.62	11.58
14.31	5.02	5.05	2.91	10.45	19.26	7.91
21.54	2.54		0.91	0.31	4.49	
7.11	2.85	0.96	1.52	3.66	6.69	3.10
3.74	2.38	3.09	1.74	29.52	3.18	0.57
63.04	50.46	22.68	13.03	83.38	26.81	156.81
8.54	6.06	1.04	3.30	4.39	4.91	3.67
5.74	1.13	0.16	0.40	1.97	3.26	2.43
15.01	22.94	11.70	2.57	12.62	2.00	2.25
16.26	7.55	6.03	5.21	43.15	10.78	123.13
	0.58	0.16	0.47	0.40		0.05
17.49	12.20	3.59	1.08	20.85	5.87	25.28
301.56	232.12	65.17	98.23	118.90	160.57	154.96
230.92	182.71	55.20	84.99	82.50	122.31	128.95
22.56	12.19	0.53	1.64	3.48	11.02	5.27
5.11	2.50	0.87	1.44	12.97	2.58	1.17
9.00	8.40	0.74	5.00	2.07	5.16	13.56
33.97	26.31	7.83	5.16	17.88	19.50	6.01
259.71	130.95	62.25	74.09	122.61	117.30	131.25
125.72	59.47	23.66	45.25	35.88	39.58	39.09
133.99	71.47	38.59	28.85	86.73	77.71	92.16
60.70	43.33	6.86	2.37	65.73	44.08	29.67
42.21	14.89	15.61	12.85	14.69	24.83	37.34
20.23	4.73	0.03	5.79	3.65	4.19	7.27
10.85	8.53	16.10	7.84	2.65	4.61	17.89
96.75	41.88	11.97	8.63	61.65	31.55	51.69
36.97	3.23	0.48	0.36	1.70	4.94	5.43
1679.29	685.33	237.15	262.33	178.79	521.11	132.73
0.01	0.28	0.07	0.05	0.30	0.41	
1679.28	685.06	237.08	262.28	178.50	520.70	132.73
369.06	183.53	36.19	103.60	37.34	52.55	19.33
1203.64	477.54	175.26	158.68	141.15	452.29	113.40
106.59	23.98	25.63			15.86	

单位：元

项　　目	全　省	广州市	韶关市
衣着	**620.07**	**875.65**	**449.85**
服装	455.20	623.77	324.03
男士服装	173.46	240.42	109.83
女士服装	235.98	330.51	188.01
童装	45.76	52.84	26.19
衣着材料	1.51	1.83	5.10
鞋类	137.86	214.79	96.48
其他衣着用品	21.70	29.82	19.92
衣着加工服务费	3.80	5.43	4.32
家庭设备用品及服务	**592.66**	**727.19**	**403.57**
耐用消费品	243.27	301.07	180.80
家具	76.32	82.57	29.35
成套家具	11.08	7.07	
其他家具	65.24	75.51	29.35
家庭设备	166.95	218.50	151.45
洗衣机	27.89	34.94	29.85
电风扇	5.20	8.17	3.97
电冰箱	21.87	36.09	25.31
冰柜			
微波炉	3.48	5.42	1.13
空调器	55.34	62.85	50.95
电炊具	8.83	11.38	11.49
淋浴热水器	10.95	20.90	2.49
排油烟机	6.75	5.64	3.88
吸尘器	1.05	1.34	
消毒碗柜	2.53	2.76	4.86
洗碗机	0.32	1.39	
饮水机	7.90	16.31	1.07
取暖器	0.66	1.39	2.41
其他	14.20	9.92	14.03
室内装饰品	17.85	23.18	7.14
纺织装饰品	4.16	5.36	2.47
装饰灯具	4.08	1.45	0.32
其他装饰品	9.61	16.37	4.34
床上用品	48.79	55.15	30.21
家庭日用杂品	193.26	222.06	142.28
厨、餐、茶具	25.77	35.43	19.31
家用工具	0.78	1.37	0.86
家居清洁用品	38.75	46.59	30.69
其他日用杂品	127.96	138.67	91.41

续上表

深圳市	珠海市	汕头市	佛山市	湛江市	肇庆市
1435.42	**761.02**	**450.99**	**603.61**	**426.09**	**275.64**
1074.41	549.52	335.45	471.59	322.33	206.50
411.79	192.44	128.28	176.99	114.72	75.42
573.51	296.75	162.65	250.69	170.46	110.82
89.10	60.32	44.52	43.91	37.15	20.25
1.32	0.58	1.09	1.48	4.01	0.75
295.20	181.02	96.92	100.09	83.28	55.93
57.13	24.41	13.67	26.08	14.17	8.64
7.35	5.48	3.86	4.38	2.29	3.83
1064.45	**1038.80**	**402.51**	**716.47**	**427.20**	**340.00**
381.31	532.15	103.56	288.28	196.97	159.42
173.51	304.92	15.87	87.03	43.01	36.76
	126.85		15.58		
173.51	178.08	15.87	71.45	43.01	36.76
207.80	227.22	87.69	201.25	153.96	122.66
27.32	37.15	24.46	30.07	45.53	22.28
9.62	2.37	7.11	5.91	3.66	1.45
	49.99		43.51	24.55	6.35
4.42	2.91	2.73	4.79	4.59	1.76
82.60	81.89	28.68	61.86	42.42	45.61
9.00	7.24	10.47	13.46	4.61	8.84
19.97	11.70	7.80	4.58	4.04	7.06
0.93	9.48		13.47	9.49	
1.48	3.60	1.18	2.38	1.65	1.23
3.02	0.65	0.64	6.39	2.24	1.39
35.08	3.18		1.32	0.26	0.61
1.11	1.73	0.57		0.26	
13.25	15.34	4.04	13.52	10.65	26.07
34.24	52.96	2.80	32.61	0.88	5.49
4.55	24.27		3.96	0.34	2.70
9.70	14.60	2.30	11.25	0.20	1.14
19.99	14.09	0.50	17.41	0.34	1.65
88.74	72.37	41.34	66.20	27.78	25.91
332.32	266.66	172.40	202.58	148.05	131.10
41.59	47.52	20.28	29.31	21.88	17.22
1.28	1.18	0.02	1.08	0.31	1.42
60.99	36.62	39.95	36.48	28.07	34.31
228.46	181.34	112.14	135.71	97.78	78.14

单位：元

项目	惠州市	梅州市	东莞市
衣着	**772.01**	**296.34**	**1133.69**
服装	566.34	221.27	790.49
男士服装	219.70	96.95	319.96
女士服装	272.88	102.53	395.09
童装	73.76	21.79	75.44
衣着材料	1.71	0.59	0.57
鞋类	172.58	64.04	300.22
其他衣着用品	28.13	9.29	39.11
衣着加工服务费	3.24	1.15	3.30
家庭设备用品及服务	**695.60**	**338.39**	**924.67**
耐用消费品	291.96	151.14	383.73
家具	86.44	61.36	93.71
成套家具	12.09		45.69
其他家具	74.36	61.36	48.02
家庭设备	205.53	89.78	290.02
洗衣机	31.65	25.38	35.96
电风扇	9.14	3.60	6.96
电冰箱	33.03	6.25	44.89
冰柜			
微波炉	7.43	3.92	2.08
空调器	70.76	21.72	89.23
电炊具	7.89	4.78	16.72
淋浴热水器	15.92	2.79	7.59
排油烟机	6.30	7.65	18.93
吸尘器			
消毒碗柜		0.81	6.85
洗碗机			
饮水机	5.09	3.58	21.46
取暖器			1.47
其他	18.31	9.30	37.85
室内装饰品	17.58	16.50	1.59
纺织装饰品	3.07	0.44	0.86
装饰灯具	2.04	7.69	
其他装饰品	12.48	8.37	0.74
床上用品	58.92	29.98	79.25
家庭日用杂品	228.65	130.59	358.57
厨、餐、茶具	36.91	21.65	17.08
家用工具	0.28	0.43	0.78
家居清洁用品	37.22	29.18	74.17
其他日用杂品	154.24	79.33	266.54

续上表

佛山市顺德	江门市鹤山	湛江市廉江	茂名市电白	梅州市兴宁	清远市连州	揭阳市普宁
685.38	**297.11**	**160.26**	**260.05**	**301.07**	**450.03**	**424.91**
493.04	203.82	126.35	206.49	231.58	351.66	322.75
145.70	70.35	45.45	91.16	92.15	99.09	114.74
269.13	115.87	51.84	84.95	118.99	210.55	146.26
78.22	17.60	29.07	30.38	20.44	42.02	61.75
1.67	1.59	0.31	0.64	4.77	2.99	0.05
143.00	73.38	30.39	47.59	55.34	83.14	85.65
39.66	15.07	2.26	3.67	7.70	9.33	15.47
8.01	3.25	0.96	1.67	1.69	2.90	0.98
1523.20	**274.76**	**122.09**	**297.11**	**439.52**	**344.62**	**346.37**
723.42	70.57	28.30	72.67	220.66	194.07	103.13
264.81	3.39	4.74	19.90	68.26	90.99	27.66
29.97		0.50	1.30	23.07	23.86	20.69
234.84	3.39	4.23	18.60	45.20	67.13	6.97
458.61	67.18	23.56	52.78	152.40	103.07	75.47
72.78	22.68		6.34	24.66		3.27
1.95	1.05	0.64	2.96	3.23	0.20	2.68
52.95				11.02		25.05
5.05				6.76		
157.75	23.95	9.18	35.74	89.81	75.75	26.41
10.97	1.88	3.68	0.44	3.09	4.06	1.98
36.57	1.54	1.17	5.46	6.24	17.52	1.20
26.08		2.55		5.72	2.56	
4.00						
5.44						2.01
2.21	8.15		0.48	0.74	0.79	
					0.87	2.31
82.85	7.92	6.33	1.37	1.13	1.33	10.56
104.58	6.98	0.78	7.14	7.29	2.98	8.96
45.61	1.40		0.09	2.77	2.98	5.23
25.99				0.82		
32.98	5.59	0.78	7.06	3.70		3.73
116.34	17.71	4.82	36.76	17.16	33.35	21.25
264.80	167.60	80.31	122.89	160.67	99.99	181.13
35.16	10.24	8.99	16.92	16.42	18.55	20.23
0.77	3.89		0.16			
44.53	43.05	13.81	18.40	31.48	20.24	48.14
184.35	110.42	57.50	87.41	112.78	61.20	112.76

单位：元

项　　目	全　省	广州市	韶关市
家具材料	0.84	1.70	0.03
家庭服务	88.64	124.02	43.11
家政服务	71.93	100.89	24.86
加工维修服务费	16.71	23.13	18.26
医疗保健	**649.70**	**798.96**	**686.41**
医疗器具	4.81	2.45	
保健器具	15.84	31.29	30.91
药品费	352.36	443.99	438.81
滋补保健品	96.58	112.88	94.32
医疗费	175.15	205.49	121.94
其他	4.95	2.86	0.44
交通和通讯	**1754.12**	**1727.29**	**756.25**
交通	1005.58	781.17	337.37
家庭交通工具	483.05	153.29	122.44
摩托车	43.85		107.15
自行车	8.33	5.64	5.65
助力车	5.66	2.38	8.03
家用汽车	424.56	142.82	
其他交通工具	0.66	2.45	1.62
车辆用燃料及零配件	156.60	61.32	45.44
燃料	143.56	56.31	43.50
零配件	12.16	4.83	1.62
其他	0.88	0.18	0.32
交通工具服务支出	139.39	94.40	48.63
维修费	27.53	11.28	6.64
车辆使用税费	59.25	46.03	6.30
其它车辆使用费用	52.60	37.09	35.69
交通费	226.54	472.16	120.85
飞机	31.51	57.36	3.27
火车	22.98	28.31	51.32
长途汽车	48.82	63.60	27.43
市内公共交通	77.67	231.84	11.34
出租汽车费	32.34	83.64	22.53
其他交通费	13.22	7.42	4.97
通信	748.54	946.12	418.88
通信工具	94.60	154.55	53.45
电话机	2.98	5.21	1.49
移动电话	88.78	143.59	51.30

深圳市	珠海市	汕头市	佛山市	湛江市	肇庆市
5.44	0.15				1.00
222.39	114.51	82.42	126.80	53.52	17.08
204.63	84.48	55.69	107.85	36.50	3.15
17.76	30.03	26.73	18.95	17.02	13.94
1147.30	**969.56**	**511.89**	**762.08**	**446.08**	**649.33**
5.43	3.34	0.11	37.85	0.01	0.10
27.61	6.39	0.72	30.45	2.66	0.26
493.80	525.29	281.43	395.10	270.89	465.83
229.89	121.35	62.04	147.77	62.11	38.00
377.58	309.39	166.66	148.60	108.69	144.68
12.99	3.78	0.94	2.31	1.71	0.45
2716.27	**1973.07**	**1115.63**	**2271.63**	**769.00**	**922.32**
1203.06	835.50	491.53	1408.36	281.08	385.58
15.29	16.08	20.02	693.17	27.31	115.79
		15.56	148.37		107.82
15.29	7.77	4.46	8.24	8.03	1.69
	8.30			19.28	6.20
			536.57		
					0.08
236.61	101.88	177.52	346.40	54.24	108.38
225.48	95.66	164.33	314.29	45.80	101.28
8.30	5.46	13.20	31.77	7.56	7.00
2.84	0.76		0.34	0.88	0.09
222.92	107.89	182.05	230.40	60.23	88.38
51.44	40.58	42.90	49.03	12.34	22.03
164.15	41.90	10.82	67.42		1.23
7.34	25.41	128.32	113.95	47.89	65.11
728.23	609.66	111.93	138.38	139.31	73.04
251.73	91.19	30.88	4.60		
113.94	31.99	5.03	26.30	14.54	2.42
97.71	129.48	14.13	67.14	54.41	40.39
201.86	234.04	22.41	19.81	37.22	17.39
55.68	88.86	14.59	12.48	23.50	7.71
7.31	34.10	24.89	8.04	9.64	5.13
1513.21	1137.57	624.10	863.27	487.91	536.74
142.93	152.20	85.55	108.92	76.05	38.54
3.90	3.90	1.04	2.64	1.30	0.97
135.69	146.11	84.06	102.72	73.86	34.79

单位：元

项　　目	惠州市	梅州市	东莞市
家具材料	0.02	0.14	
家庭服务	98.45	10.05	101.53
家政服务	84.15	1.33	95.54
加工维修服务费	14.30	8.72	5.99
医疗保健	**821.46**	**426.46**	**810.70**
医疗器具	4.31		
保健器具	3.31	5.06	29.56
药品费	502.72	282.23	314.97
滋补保健品	82.52	64.43	239.90
医疗费	224.85	74.70	197.38
其他	3.75	0.05	28.89
交通和通讯	**3010.33**	**745.58**	**4973.71**
交通	1990.78	272.46	3930.48
家庭交通工具	1282.95	45.34	3056.66
摩托车	39.41	31.34	70.25
自行车	6.16	14.00	13.83
助力车	20.95		29.70
家用汽车	1216.42		2942.00
其他交通工具			0.89
车辆用燃料及零配件	140.30	114.58	482.68
燃料	114.61	99.50	462.46
零配件	20.15	15.08	14.71
其他	5.53		5.52
交通工具服务支出	313.97	51.69	286.03
维修费	50.19	11.62	84.57
车辆使用税费	135.87		132.07
其它车辆使用费用	127.91	40.07	69.38
交通费	253.56	60.86	105.10
飞机	20.23		
火车	49.13	14.12	28.05
长途汽车	75.58	28.74	30.27
市内公共交通	38.74	4.82	18.54
出租汽车费	68.19	8.84	10.91
其他交通费	1.70	4.35	17.34
通信	1019.55	473.11	1043.23
通信工具	85.71	31.84	133.89
电话机	7.08	1.10	1.96
移动电话	77.10	30.33	129.39

续上表

佛山市顺德	江门市鹤山	湛江市廉江	茂名市电白	梅州市兴宁	清远市连州	揭阳市普宁
0.50	0.14	1.43				
313.56	11.76	6.46	57.64	33.75	14.23	31.90
286.74	4.75		43.00	25.27	6.67	21.76
26.81	7.01	6.46	14.64	8.48	7.56	10.14
1545.52	**323.53**	**227.99**	**210.67**	**359.44**	**257.89**	**226.17**
1.44	0.06	0.64		0.15		
17.64	0.36		1.27	2.05	0.35	5.23
476.71	218.66	197.95	169.23	238.38	143.76	164.16
57.56	23.58	5.95	26.64	57.40	14.78	26.21
979.96	61.86	22.03	6.01	58.23	96.22	30.54
12.22	19.01	1.43	7.53	3.21	2.79	0.04
3210.57	**999.46**	**468.56**	**2380.02**	**597.42**	**566.32**	**668.92**
2192.68	398.30	212.26	1901.76	167.05	161.32	216.88
1328.39	134.95	47.14	1474.55	11.32	18.44	49.89
209.35	130.62	31.33	39.89	2.82		
0.62	4.33	4.71	9.52	8.50	18.44	8.78
		11.10				41.11
1118.42			1425.14			
358.81	126.99	67.84	112.41	55.10	34.63	41.63
292.02	89.58	64.41	107.61	49.81	29.92	38.65
66.51	5.17	3.40	4.65	4.35	4.59	2.56
0.29	32.23	0.02	0.15	0.94	0.12	0.41
305.01	77.86	46.84	261.58	31.98	31.10	44.93
15.42	10.14	11.80	34.17	15.37	4.70	19.99
240.75	26.96	11.66	205.11	0.58	22.43	1.55
48.85	40.76	23.38	22.29	16.02	3.97	23.38
200.47	58.50	50.45	53.22	68.65	77.15	80.44
24.72					0.60	
6.61	0.33	2.84	1.37	18.85	4.00	
53.06	37.32	33.65	28.43	18.73	34.92	9.86
4.49	11.82	0.56	6.48	1.62	8.75	0.14
38.34	2.82	5.88	1.05	2.24	0.15	6.59
73.26	6.21	7.52	15.88	27.20	28.74	63.85
1017.88	601.16	256.29	478.26	430.37	405.00	452.04
135.60	84.22	48.33	17.09	31.62	64.40	25.91
5.13	0.20	0.82	6.70	1.95	0.64	3.21
118.59	81.10	47.01	10.38	29.67	62.74	17.64

单位：元

项目	全省	广州市	韶关市
寻呼机			
传真机	0.07		
其他通信工具	2.76	5.76	0.65
通信服务	653.95	791.56	365.44
电信费	644.85	784.46	352.11
邮费	2.94	2.56	1.44
其他	6.16	4.54	11.89
教育文化娱乐服务	**1577.70**	**2218.94**	**977.07**
文化娱乐用品	361.73	548.11	230.61
彩色电视机	34.67	50.88	2.91
影碟机	9.41	14.09	10.68
录放像机	0.62	0.28	
家用电脑	100.57	160.03	84.95
整机电脑	77.80	100.20	75.03
计算机外部设备	9.14	21.86	0.42
各种零配件及耗材	13.63	37.97	9.51
组合音响	6.69	18.50	
录音机	3.80	8.80	0.75
摄像机	7.64		
照相机	27.45	51.40	24.54
钢琴	3.40		
其他中高档乐器	1.38	0.41	6.02
健身器材	1.35	2.70	
电子辞典	2.48	1.78	1.94
音像制品及软件	11.00	20.76	2.79
体育用品	4.13	7.76	1.79
书报杂志	52.98	92.56	33.21
纸张文具	17.87	21.19	13.79
其他文娱用品	76.29	96.95	47.24
文化娱乐服务	494.98	848.38	284.72
参观游览	57.20	59.39	18.29
健身活动	11.17	24.29	3.37
团体旅游	335.95	631.32	172.21
其它文娱活动	82.68	122.70	85.40
文娱用品修理服务费	7.98	10.68	5.45
教育	720.99	822.45	461.74
教材	42.41	33.74	10.07
课本及参考书	37.65	28.98	8.10
教育软件	1.30	2.63	0.06
其它教材	3.46	2.14	1.90

深圳市	珠海市	汕头市	佛山市	湛江市	肇庆市
3.34	2.19	0.45	3.56	0.88	2.78
1370.28	985.37	538.55	754.35	411.86	498.20
1354.99	959.42	534.86	721.79	407.41	495.48
4.83	12.32	1.64	12.22	1.45	0.42
10.46	13.63	2.06	20.34	3.00	2.30
2980.98	**1758.76**	**1049.15**	**2066.41**	**1046.01**	**1049.16**
763.96	426.72	223.18	434.24	193.50	191.30
47.10	27.72	2.90	65.21	11.56	11.64
4.53	17.01	4.03	18.29	2.70	4.80
					5.16
200.20	82.43	77.46	88.61	20.12	68.38
164.77	64.01	64.39	78.30	11.21	48.18
15.67	2.46	4.88	3.63	0.37	7.28
19.76	15.95	8.19	6.69	8.55	12.92
2.97	21.99	5.64	7.29	3.84	1.23
4.64	1.19	4.12	1.06	7.93	7.07
33.77			13.67		
78.53	37.45	15.07	39.08	14.31	18.50
65.02					
1.81	2.63			6.14	
5.80		0.32			
0.87	2.88	1.22	7.65	4.21	1.85
26.25	24.10	4.71	12.81	9.88	4.32
16.06	5.74	1.23	4.89	1.87	1.12
78.06	82.82	45.76	49.80	40.28	26.12
38.50	27.75	20.90	19.51	14.83	7.80
159.86	92.99	39.81	106.38	55.83	33.30
945.44	463.73	270.84	569.79	206.03	389.89
147.54	83.27	17.19	57.93	19.30	54.44
35.24	22.87	10.79	19.34	2.67	1.79
594.43	237.88	161.59	389.93	89.59	280.77
161.45	109.33	69.74	89.80	90.59	47.27
6.79	10.38	11.53	12.78	3.88	5.62
1271.57	868.31	555.13	1062.38	646.49	467.97
126.50	24.81	41.48	92.67	51.63	19.41
98.20	22.39	39.72	83.95	43.94	18.32
8.00	0.32	0.92		0.74	0.11
20.29	2.10	0.84	8.72	6.95	0.98

单位：元

项　　目	惠州市	梅州市	东莞市
寻呼机			
传真机			
其他通信工具	1.53	0.42	2.54
通信服务	933.84	441.27	909.33
电信费	916.71	438.68	906.33
邮费	5.45	0.21	1.42
其他	11.67	2.38	1.58
教育文化娱乐服务	**1620.27**	**613.54**	**2673.05**
文化娱乐用品	301.07	145.79	509.06
彩色电视机	21.07	38.66	23.70
影碟机	15.65	10.45	7.53
录放像机			3.43
家用电脑	66.89	35.28	128.50
整机电脑	52.57	33.43	103.83
计算机外部设备	0.77	0.20	23.99
各种零配件及耗材	13.55	1.65	0.68
组合音响	1.15	1.65	3.43
录音机	2.09		
摄像机	5.19		43.01
照相机	11.37		17.82
钢琴			
其他中高档乐器	7.23	1.02	1.77
健身器材			2.51
电子辞典	1.97	2.61	4.29
音像制品及软件	20.04	2.54	8.98
体育用品	6.69	1.10	0.67
书报杂志	47.59	23.22	74.31
纸张文具	22.22	7.75	31.09
其他文娱用品	71.93	21.50	158.02
文化娱乐服务	467.95	140.15	943.12
参观游览	12.33	21.89	190.00
健身活动	19.40	0.15	
团体旅游	334.20	62.22	670.61
其它文娱活动	94.52	54.01	82.10
文娱用品修理服务费	7.50	1.87	0.41
教育	851.25	327.61	1220.86
教材	56.08	49.70	14.00
课本及参考书	50.05	49.41	12.00
教育软件	1.58	0.06	0.33
其它教材	4.45	0.23	1.67

续上表

佛山市顺德	江门市鹤山	湛江市廉江	茂名市电白	梅州市兴宁	清远市连州	揭阳市普宁
2.60						
9.29	2.92	0.51			1.02	5.05
882.28	516.94	207.97	461.17	398.75	340.60	426.14
873.39	490.50	205.77	459.91	396.76	321.49	423.75
2.58	11.16	1.27	0.49	0.55	0.24	0.06
6.30	15.28	0.92	0.77	1.44	18.87	2.32
2460.09	**1227.06**	**528.53**	**719.20**	**667.10**	**833.96**	**537.05**
657.43	229.09	86.23	145.49	175.55	326.46	118.36
103.81	52.04		32.13	5.13	20.91	3.43
17.10	28.40		1.04	3.08	7.16	10.67
228.00	55.20	22.65	63.78	47.33	131.27	23.52
199.80	53.70	20.76	63.39	43.60	131.27	18.24
15.40			0.33			
12.79	1.49	1.89	0.07	3.73		5.28
	4.94				2.27	
3.99	0.76	1.57				0.38
					38.17	
19.16					43.54	
10.38	9.15					
	6.94			20.50		
2.46	0.88			2.82		2.18
17.53	1.57	1.89		2.79	2.84	6.20
4.32	1.08	4.58	0.08		0.12	0.33
58.38	30.84	20.05	17.76	24.98	24.00	27.84
14.82	14.02	7.71	11.38	8.12	10.28	22.89
177.49	23.27	27.78	19.32	60.81	45.90	20.93
619.63	420.77	45.30	109.92	139.14	280.35	38.55
62.50	66.49	6.40	57.85	49.26	18.54	0.30
2.29	2.42	0.56	0.06			
447.57	279.01	7.65		48.97	232.49	24.77
99.98	41.66	29.15	28.52	36.81	28.04	7.00
7.30	31.19	1.53	23.50	4.10	1.28	6.48
1183.02	577.20	397.00	463.79	352.41	227.16	380.14
30.24	14.56	11.52	25.01	7.37	20.72	12.56
26.17	11.46	11.52	24.59	1.87	17.26	11.25
3.24	2.55		0.16	0.08		
0.83	0.55		0.26	5.42	3.45	1.31

单位：元

项　　目	全　省	广州市	韶关市
教育费用	678.59	788.71	451.68
非义务教育学杂费	214.23	306.98	195.16
义务教育学杂费	145.24	104.90	82.55
托幼费	81.77	125.84	25.33
成人教育费	77.48	71.18	107.87
家教费	18.84	22.17	15.05
培训班	68.31	88.81	22.79
学校住宿费	19.24	19.37	2.59
其他	53.50	49.47	0.34
居住	**1205.12**	**1272.80**	**739.02**
住房	399.60	359.57	164.76
租赁房房租	37.96	79.24	41.94
自有房租金折算			
住房装潢支出	330.57	229.52	104.13
维修用建筑材料	28.38	50.78	18.63
其他	2.69	0.04	0.06
水电燃料及其他	704.44	768.98	537.30
水	93.07	120.33	47.54
电	370.43	432.80	235.43
燃料	234.27	213.04	242.42
煤炭	3.06	0.03	2.82
液化石油气	187.09	133.40	224.18
管道煤气	43.84	79.44	15.30
其他燃料	0.28	0.18	0.13
其他	6.67	2.80	11.91
居住服务费	101.08	144.25	36.96
物业管理费	68.05	103.22	16.28
维修服务费	5.32	10.43	4.20
其它	27.71	30.60	16.47
杂项商品和服务	**342.11**	**476.75**	**263.30**
杂项商品	221.38	313.64	146.37
金银珠宝饰品	28.73	54.64	19.70
手表	6.51	18.54	3.09
理发美容用具	2.58	4.36	2.89
化妆品	88.73	127.25	59.20
其他杂品	94.83	108.87	61.50
服务	120.73	163.11	116.93
旅馆住宿费	14.86	21.26	7.67
理发洗澡费	38.00	37.23	15.51
美容费	25.54	39.05	18.25
其他服务	42.33	65.56	75.49

续上表

深圳市	珠海市	汕头市	佛山市	湛江市	肇庆市
1145.07	843.50	513.65	969.72	594.85	448.56
348.29	157.60	177.51	370.27	143.19	141.64
232.51	140.84	80.32	87.93	102.53	92.65
75.51	137.74	37.48	157.47	57.04	73.85
94.79	219.90	118.92	180.82	64.08	73.89
101.69	24.06	17.80	24.48	7.64	9.49
172.65	126.15	72.43	83.09	64.85	36.88
83.00	12.41	0.92	20.04	7.55	7.53
36.64	24.79	8.28	45.62	147.97	12.64
1986.68	**1351.36**	**880.34**	**1565.85**	**646.26**	**767.45**
457.33	481.86	75.06	657.47	81.25	56.77
87.96	58.61	26.86	67.05	4.89	10.64
349.72	387.00	32.88	559.89	15.35	11.38
19.27	35.73	14.92	25.09	61.01	34.59
0.38	0.51	0.39	5.43		0.16
1144.36	699.93	761.75	781.05	505.59	666.52
135.36	94.99	92.33	80.44	75.95	80.19
653.63	403.37	435.20	411.97	226.80	338.74
333.81	201.58	234.18	252.07	200.59	247.47
	0.18	1.53	0.99	2.46	3.86
192.32	199.61	186.00	139.48	192.96	238.86
141.49	1.72	46.25	111.53	4.16	4.35
	0.07	0.40	0.07	1.01	0.40
21.57		0.04	36.56	2.25	0.12
384.99	169.56	43.54	127.34	59.43	44.17
375.47	155.45	24.53	62.73	19.47	
9.12	5.55	1.82	2.15	1.51	1.91
0.40	8.55	17.18	62.45	38.44	42.25
646.11	**539.61**	**310.77**	**406.23**	**281.27**	**193.99**
454.27	374.23	191.58	251.84	174.40	120.03
66.67	47.02	6.35	46.66	20.69	5.11
12.75	10.91	0.86	3.56	2.74	0.22
4.37	6.08	0.70	1.71	1.02	0.93
192.85	173.59	51.27	93.37	60.06	51.80
177.65	136.64	132.41	106.55	89.88	61.97
191.84	165.39	119.19	154.39	106.87	73.96
63.17	27.88	1.10	28.74	2.81	
29.20	35.18	81.37	29.29	43.56	19.22
36.74	40.28	15.08	34.07	15.89	4.47
62.73	62.04	21.64	62.29	44.61	50.27

单位：元

项　　目	惠州市	梅州市	东莞市
教育费用	795.17	277.90	1206.87
非义务教育学杂费	217.89	88.53	224.88
义务教育学杂费	109.30	63.35	595.80
托幼费	148.87	27.30	106.22
成人教育费	93.95	50.12	8.54
家教费	9.13	8.69	23.99
培训班	181.85	20.93	69.94
学校住宿费	22.89		77.08
其他	11.31	18.98	100.42
居住	**1191.81**	**999.12**	**2517.25**
住房	357.75	356.92	1534.98
租赁房房租	38.10	8.18	
自有房租金折算			
住房装潢支出	308.67	333.66	1513.02
维修用建筑材料	10.98	15.07	4.68
其他			17.28
水电燃料及其他	729.92	614.43	814.17
水	74.85	73.46	111.90
电	398.67	275.51	446.80
燃料	244.22	265.43	254.27
煤炭	0.11	13.27	0.67
液化石油气	161.55	248.94	232.29
管道煤气	82.56	3.19	21.19
其他燃料	0.01	0.03	0.12
其他	12.18	0.03	1.20
居住服务费	104.14	27.77	168.10
物业管理费	59.93	9.32	144.43
维修服务费	1.15	4.77	11.03
其它	43.06	13.68	12.64
杂项商品和服务	**366.99**	**189.99**	**352.07**
杂项商品	241.52	103.81	235.24
金银珠宝饰品	6.58	5.03	13.61
手表	0.73		1.99
理发美容用具	6.14	0.93	3.04
化妆品	105.90	33.69	137.61
其他杂品	122.17	64.16	78.98
服务	125.47	86.18	116.83
旅馆住宿费	18.41	2.09	4.57
理发洗澡费	34.74	57.50	41.64
美容费	32.51	4.38	60.69
其他服务	39.81	22.20	9.94

佛山市顺德	江门市鹤山	湛江市廉江	茂名市电白	梅州市兴宁	清远市连州	揭阳市普宁
1152.78	562.65	385.48	438.78	345.05	206.44	367.58
197.48	270.54	44.11	210.63	129.00	37.29	115.26
102.90	46.21	194.56	186.97	82.39	74.45	119.96
183.11	77.86	14.98	2.46	22.57	19.50	41.49
108.14	44.12	41.74		26.35	65.26	9.34
2.94	2.10		1.26		1.73	9.28
139.41	27.30	15.92	27.46	5.64	6.92	50.10
45.16	24.69		1.26		1.19	15.45
373.65	69.82	74.17	8.74	79.10	0.09	6.70
2397.96	**816.62**	**388.99**	**718.02**	**660.47**	**647.98**	**647.78**
1414.45	203.43	4.82	60.56	102.20	185.64	9.11
	1.33	3.62	19.12	59.55	15.10	1.63
1330.84	196.30		19.60	31.42	158.75	6.77
83.20	5.77	0.73	7.99	11.10	11.59	
0.41	0.03	0.46	13.85	0.13	0.21	0.71
844.34	552.96	375.18	649.21	525.83	445.19	606.10
123.11	61.98	55.93	99.83	61.14	40.65	75.26
493.80	300.72	139.42	291.38	227.62	246.57	324.40
225.30	186.44	178.26	252.05	226.50	157.98	206.44
3.92	0.02	1.08	1.36	30.03	9.10	
210.36	186.42	176.33	250.22	196.35	148.71	206.19
10.19						
0.83		0.86	0.47	0.13	0.17	0.25
2.13	3.83	1.57	5.94	10.57		
139.17	60.23	8.99	8.25	32.44	17.14	32.58
21.86	7.87	1.17		13.62	0.36	
0.62	5.08	0.60	2.79	18.37	0.60	0.08
116.69	47.28	7.22	5.46	0.45	16.19	32.49
678.79	**199.51**	**92.60**	**162.85**	**145.56**	**177.54**	**184.19**
467.51	100.78	71.06	98.15	123.49	107.41	135.57
86.78	18.09		0.21	2.52	22.16	2.34
21.46	3.46	0.26		0.13	0.23	0.73
14.21	0.44		0.10		1.11	
174.07	41.99	28.69	33.71	28.20	48.40	48.51
170.99	36.80	42.11	64.13	92.64	35.51	84.00
211.28	98.74	21.54	64.70	22.08	70.13	48.62
52.93	6.77	6.12		0.38	8.30	
46.78	22.93	7.79	40.25	14.82	13.20	33.48
42.15	12.85	0.98	0.81	4.09	38.19	4.33
69.41	56.19	6.65	23.64	2.78	10.43	10.80

单位:%

项　　目	全　省	广州市	韶关市
消费支出	**100.0**	**100.0**	**100.0**
#服务性消费支出	31.5	35.5	25.9
食品	**37.0**	**38.3**	**43.2**
粮油类	3.9	3.2	6.2
粮食	2.6	2.1	3.8
大米	1.7	1.2	2.7
面粉	…	…	…
其他粮食	0.1	0.1	0.1
粮食制品	0.8	0.8	0.9
淀粉及薯类	0.1	0.1	0.3
干豆类及豆制品	0.3	0.2	0.5
油脂类	1.0	0.8	1.6
食用植物油	0.9	0.8	1.6
食用动物油	…	…	…
肉禽蛋水产品类	13.1	11.4	16.2
肉类	6.3	5.4	8.6
猪肉	4.6	3.5	6.7
牛肉	0.5	0.4	0.4
羊肉	0.1	0.1	0.1
其他肉	0.1	0.1	0.1
肉制品	1.0	1.4	1.3
禽类	2.8	2.5	3.5
鸡	1.7	1.5	2.3
鸭	0.3	0.1	0.4
其他禽类	0.1	0.1	…
禽制品	0.6	0.7	0.9
蛋类	0.5	0.4	0.8
鲜蛋	0.4	0.4	0.8
蛋制品	…	0.1	0.1
水产品类	3.6	3.0	3.2
鱼	2.4	1.9	2.1
虾	0.4	0.3	0.3
其他水产品	0.5	0.6	0.6
水产制品	0.3	0.3	0.2
蔬菜类	2.9	2.8	4.0
鲜菜	2.6	2.5	3.5
干菜	0.2	0.2	0.4
菜制品	0.1	0.1	0.1

家庭平均每人全年消费支出构成

深圳市	珠海市	汕头市	佛山市	湛江市	肇庆市
100.0	**100.0**	**100.0**	**100.0**	**100.0**	**100.0**
37.9	36.4	27.3	33.9	27.6	29.0
32.8	**34.6**	**45.7**	**32.9**	**43.6**	**43.5**
3.1	3.3	5.1	3.0	5.1	5.6
2.0	2.2	3.4	2.1	3.8	3.7
1.1	1.3	2.2	1.3	2.1	2.7
…	…	…	…	…	…
0.1	0.1	0.1	0.1	0.1	0.1
0.8	0.8	1.0	0.7	1.6	0.9
0.1	0.1	0.1	0.1	0.2	0.1
0.3	0.2	0.3	0.2	0.2	0.3
0.7	0.7	1.3	0.7	0.9	1.5
0.7	0.7	1.3	0.7	0.9	1.5
…	…	…	…	…	…
8.5	9.9	21.2	8.9	22.0	17.6
4.2	4.5	7.9	4.3	8.0	8.7
3.2	3.6	5.6	3.3	6.6	6.5
0.2	0.2	0.7	0.3	0.5	0.5
0.1	0.1	0.2	0.1	0.1	0.2
…	…	…	…	…	0.1
0.6	0.7	1.3	0.7	0.8	1.4
1.6	1.7	3.0	1.8	6.2	4.2
1.1	1.1	0.7	1.2	3.4	2.5
0.2	0.2	0.2	0.1	1.4	0.7
…	…	0.2	0.1	0.2	0.3
0.3	0.3	1.9	0.5	1.2	0.7
0.4	0.4	0.6	0.4	0.6	0.5
0.3	0.4	0.6	0.3	0.5	0.5
…	…	…	…	0.1	…
2.2	3.3	9.7	2.3	7.1	4.2
1.5	2.2	5.9	1.7	4.5	3.0
0.2	0.4	1.1	0.1	1.0	0.2
0.3	0.4	1.7	0.4	1.2	0.5
0.3	0.3	0.9	0.2	0.4	0.5
2.8	2.6	3.6	2.4	3.5	3.9
2.5	2.4	3.0	2.1	3.2	3.5
0.1	0.2	0.4	0.2	0.2	0.4
0.1	0.1	0.2	0.1	0.1	0.1

单位:%

项　　目	惠州市	梅州市	东莞市
消费支出	**100.0**	**100.0**	**100.0**
# 服务性消费支出	31.7	22.6	29.6
食品	**31.7**	**45.2**	**27.4**
粮油类	3.4	7.7	2.2
粮食	2.1	4.4	1.5
大米	1.5	3.5	1.0
面粉	…	…	…
其他粮食	0.1	0.1	…
粮食制品	0.5	0.8	0.4
淀粉及薯类	0.1	0.1	…
干豆类及豆制品	0.3	0.5	0.1
油脂类	1.0	2.7	0.5
食用植物油	1.0	2.4	0.5
食用动物油	…	0.4	…
肉禽蛋水产品类	10.4	19.6	9.0
肉类	5.7	12.7	4.3
猪肉	4.6	8.8	3.3
牛肉	0.3	1.3	0.3
羊肉	…	0.1	0.1
其他肉	…	0.8	…
肉制品	0.7	1.6	0.6
禽类	2.2	3.5	1.8
鸡	1.6	2.4	1.3
鸭	0.3	0.5	0.1
其他禽类	0.1	…	0.2
禽制品	0.3	0.5	0.2
蛋类	0.4	0.7	0.3
鲜蛋	0.4	0.7	0.3
蛋制品	…	…	…
水产品类	2.1	2.7	2.6
鱼	1.4	1.7	1.7
虾	0.2	0.2	0.2
其他水产品	0.3	0.6	0.2
水产制品	0.1	0.2	0.5
蔬菜类	2.6	4.4	2.2
鲜菜	2.3	3.9	2.0
干菜	0.2	0.4	0.2
菜制品	0.1	0.1	0.1

佛山市顺德	江门市鹤山	湛江市廉江	茂名市电白	梅州市兴宁	清远市连州	揭阳市普宁
100.0	**100.0**	**100.0**	**100.0**	**100.0**	**100.0**	**100.0**
36.4	31.5	21.9	21.7	22.6	25.1	19.7
26.4	**43.1**	**52.5**	**36.3**	**44.7**	**44.2**	**49.1**
2.3	5.2	7.7	5.4	8.1	6.4	8.3
1.6	3.7	5.8	3.7	4.8	4.2	5.4
1.0	2.3	4.6	3.3	3.5	3.6	3.5
…	…	…	…	…	…	…
0.1	0.1	0.2	…	0.1	…	0.2
0.5	1.4	1.1	0.4	1.2	0.6	1.7
0.1	0.1	0.2	0.1	0.2	0.2	0.2
0.1	0.2	0.4	0.3	0.9	0.6	0.8
0.5	1.2	1.4	1.4	2.2	1.4	1.9
0.5	1.2	1.3	1.4	2.1	1.4	1.8
	…	0.1	…	0.1	…	0.2
6.9	16.6	29.7	21.1	19.2	16.3	21.5
3.1	8.2	14.5	8.0	13.0	9.4	12.0
2.2	5.5	11.9	6.9	10.4	7.1	9.0
0.2	0.4	1.5	0.3	0.5	1.1	0.5
0.1	0.4	0.2	0.3	0.2	…	…
…	0.2	…	0.1	0.1	…	…
0.6	1.8	0.8	0.4	1.9	1.1	2.5
1.4	3.7	8.4	5.4	2.6	3.9	3.0
0.8	2.3	5.2	3.5	1.7	2.8	0.9
0.1	0.1	2.3	1.0	0.1	0.4	0.1
0.1	0.7	0.1	0.3	0.1	…	…
0.4	0.6	0.8	0.6	0.6	0.6	1.9
0.2	0.5	0.7	0.6	0.7	0.7	1.0
0.2	0.4	0.7	0.6	0.6	0.6	0.9
…	0.1	…	…	0.1	…	…
2.2	4.1	6.0	7.1	2.9	2.4	5.6
1.7	3.3	3.5	5.4	1.8	1.7	3.1
0.1	0.2	1.3	0.9	…	0.1	0.8
0.2	0.4	0.5	0.3	0.5	0.3	1.1
0.2	0.4	0.6	0.4	0.5	0.3	0.6
1.8	4.0	4.4	2.7	4.0	3.6	5.1
1.6	3.5	4.0	2.5	3.6	3.2	4.0
0.2	0.4	0.2	0.1	0.3	0.2	0.6
…	0.1	0.2	0.1	0.2	0.2	0.5

单位:%

项　　目	全　省	广州市	韶关市
调味品	0.3	0.3	0.4
糖烟酒饮料类	2.3	2.3	3.2
糖类	0.4	0.3	0.4
烟草类	0.9	0.8	1.6
酒类	0.3	0.4	0.5
白酒	0.1	0.1	0.2
果酒	0.1	0.1	0.1
啤酒	0.1	0.1	0.1
其他酒	0.1	…	0.1
饮料	0.7	0.8	0.6
碳酸饮料	0.1	0.1	0.1
果蔬饮料	0.1	0.1	…
瓶装饮用水	0.1	0.2	0.1
茶叶	0.3	0.3	0.3
咖啡可可粉	…	…	…
其他饮料	0.1	0.1	0.1
干鲜瓜果类	2.1	2.2	3.1
鲜果	1.6	1.5	2.3
鲜瓜	0.1	0.2	0.2
干果	0.1	0.1	0.1
瓜果制品	0.1	0.1	0.1
坚果及果仁	0.2	0.3	0.4
糕点、奶及奶制品	1.9	2.4	2.0
糕点	0.7	0.9	0.8
奶及奶制品	1.2	1.5	1.1
鲜乳品	0.6	0.8	0.4
奶粉	0.3	0.3	0.5
酸奶	0.1	0.2	0.1
其他奶制品	0.1	0.2	0.1
其他食品	0.6	0.8	0.9
# 半成品	0.3	0.4	0.2
饮食服务	9.7	12.9	7.2
食品加工服务费	…	…	…
在外饮食	9.7	12.9	7.2
购自食堂	1.3	1.5	0.8
购自饮食业	8.2	11.2	6.1
在亲友家搭伙支出	0.2	0.2	0.2

续上表

深圳市	珠海市	汕头市	佛山市	湛江市	肇庆市
0.4	0.3	0.4	0.3	0.4	0.4
3.0	2.6	4.1	2.0	1.3	1.8
0.4	0.4	0.4	0.6	0.3	0.4
1.2	0.9	1.9	0.7	0.4	0.8
0.5	0.4	0.5	0.2	0.2	0.2
0.2	0.1	0.1	0.1	0.1	0.1
0.1	0.1	0.1	0.1	0.1	…
0.1	0.1	0.1	…	…	…
…	0.1	0.1	…	…	…
0.9	1.0	1.3	0.6	0.4	0.5
0.1	0.1	0.1	0.1	0.1	0.1
0.1	0.1	0.1	0.1	…	…
0.2	0.4	…	…	0.1	0.1
0.3	0.2	0.9	0.1	0.1	0.2
…	…	…	…	…	…
0.2	0.1	0.1	0.2	0.1	0.1
2.3	2.3	2.3	2.1	2.4	2.2
1.7	1.8	1.8	1.6	1.9	1.7
0.2	0.2	0.1	0.1	0.1	0.1
0.1		0.1	…	0.1	0.1
0.1	0.1	0.1	0.1	0.1	0.1
0.3	0.2	0.2	0.2	0.2	0.3
2.0	2.2	1.9	1.8	2.4	1.8
0.7	0.7	0.6	0.8	0.8	0.8
1.3	1.5	1.3	1.0	1.6	1.1
0.6	0.7	0.7	0.5	0.9	0.6
0.4	0.5	0.3	0.2	0.4	0.4
0.2	0.2	0.1	0.1	0.2	0.1
0.1	0.1	0.1	0.1	0.1	0.1
0.5	0.9	0.4	0.7	0.3	0.4
0.2	0.1	0.2	0.4	…	0.1
10.3	10.6	6.8	11.7	6.3	9.6
…	…	…	…	…	…
10.3	10.5	6.8	11.7	6.3	9.6
1.8	1.9	…	2.4	0.5	0.8
8.5	8.1	6.8	8.7	5.6	8.4
…	0.6	…	0.7	0.2	0.3

单位:%

项　　目	惠州市	梅州市	东莞市
调味品	0.3	0.6	0.3
糖烟酒饮料类	2.8	4.1	1.1
糖类	0.4	0.4	0.3
烟草类	1.5	2.1	0.3
酒类	0.3	0.7	0.1
白酒	0.1	0.4	…
果酒	…	…	…
啤酒	…	0.1	…
其他酒	0.1	0.2	…
饮料	0.6	0.9	0.4
碳酸饮料	…	0.1	…
果蔬饮料	…	…	…
瓶装饮用水	0.1	0.2	0.1
茶叶	0.2	0.6	0.1
咖啡可可粉	…	…	…
其他饮料	0.2	0.1	0.2
干鲜瓜果类	2.3	1.7	1.8
鲜果	1.8	1.3	1.5
鲜瓜	0.1	0.1	0.1
干果	0.1	0.1	0.1
瓜果制品	…	…	…
坚果及果仁	0.2	0.2	0.1
糕点、奶及奶制品	1.9	1.6	1.2
糕点	0.6	0.5	0.3
奶及奶制品	1.3	1.1	0.9
鲜乳品	0.6	0.7	0.5
奶粉	0.4	0.3	0.2
酸奶	0.1	…	0.1
其他奶制品	0.1	…	0.2
其他食品	0.7	0.4	0.8
# 半成品	0.1	0.1	0.4
饮食服务	7.4	5.3	8.8
食品加工服务费	…	…	
在外饮食	7.4	5.3	8.8
购自食堂	1.3	0.7	0.5
购自饮食业	4.9	4.5	8.4
在亲友家搭伙支出	1.1	…	…

续上表

佛山市顺德	江门市鹤山	湛江市廉江	茂名市电白	梅州市兴宁	清远市连州	揭阳市普宁
0.2	0.4	0.5	0.4	0.4	0.3	0.5
1.4	2.0	1.2	0.8	4.6	3.5	5.8
0.2	0.4	0.3	0.4	0.3	0.4	1.0
0.5	0.7	0.2	0.1	2.1	2.0	2.0
0.3	0.2	0.2	0.1	0.8	0.6	0.2
0.1	0.1	0.1	…	0.2	0.3	0.1
0.1	…		…	…	0.1	
…	…	…	…	0.1	0.1	0.1
…	…	0.1	…	0.5	0.1	…
0.4	0.7	0.5	0.2	1.5	0.5	2.6
0.1	0.1	…	…	0.1	0.1	0.1
…	…	…	…	…	0.1	…
0.1	0.3	0.3	…	0.2	…	…
0.1	0.1	0.1	0.1	0.8	0.2	2.1
	…	…	…	…		…
0.1	0.2	0.1	…	0.4	0.1	0.4
1.8	3.2	1.6	1.3	2.1	2.7	2.6
1.4	2.5	1.3	1.1	1.4	2.1	2.2
0.1	0.2	…	…	0.1	0.2	0.1
…	…	…	…	0.2	…	…
0.1	0.1	…	0.1	…	0.1	0.2
0.2	0.4	0.2	0.1	0.3	0.3	0.1
1.5	1.8	1.5	1.0	2.1	2.0	2.2
0.7	0.8	0.6	0.6	0.6	0.7	0.7
0.8	1.0	0.9	0.4	1.5	1.3	1.5
0.4	0.6	0.2	…	1.1	0.8	0.5
0.2	0.2	0.4	0.2	0.3	0.4	0.6
0.1	0.1	…	0.1	0.1	0.1	0.1
0.1	0.1	0.4	0.1	…	0.1	0.3
0.6	0.6	0.3	0.1	1.1	0.5	0.9
0.2	…	…	…	…	0.1	0.1
9.9	9.4	5.7	3.5	3.1	8.9	2.2
…	…	…	…	…	…	
9.9	9.4	5.7	3.5	3.1	8.9	2.2
2.2	2.5	0.9	1.4	0.7	0.9	0.3
7.1	6.6	4.2	2.1	2.5	7.7	1.9
0.6	0.3	0.6			0.3	

单位:%

项　　目	全　省	广州市	韶关市
衣着	**5.8**	**6.7**	**6.0**
服装	4.3	4.8	4.3
男士服装	1.6	1.8	1.5
女士服装	2.2	2.5	2.5
童装	0.4	0.4	0.3
衣着材料	…	…	0.1
鞋类	1.3	1.6	1.3
其他衣着用品	0.2	0.2	0.3
衣着加工服务费	…	…	0.1
家庭设备用品及服务	**5.5**	**5.5**	**5.4**
耐用消费品	2.3	2.3	2.4
家具	0.7	0.6	0.4
成套家具	0.1	0.1	
其他家具	0.6	0.6	0.4
家庭设备	1.6	1.7	2.0
洗衣机	0.3	0.3	0.4
电风扇	…	0.1	0.1
电冰箱	0.2	0.3	0.3
冰柜			
微波炉	…	…	…
空调器	0.5	0.5	0.7
电炊具	0.1	0.1	0.2
淋浴热水器	0.1	0.2	…
排油烟机	0.1	…	0.1
吸尘器	…	…	
消毒碗柜	…	…	0.1
洗碗机	…	…	
饮水机	0.1	0.1	…
取暖器	…	…	…
其他	0.1	0.1	0.2
室内装饰品	0.2	0.2	0.1
纺织装饰品	…	…	…
装饰灯具	…	…	…
其他装饰品	0.1	0.1	0.1
床上用品	0.5	0.4	0.4
家庭日用杂品	1.8	1.7	1.9
厨、餐、茶具	0.2	0.3	0.3
家用工具	…	…	…
家居清洁用品	0.4	0.4	0.4
其他日用杂品	1.2	1.1	1.2

续上表

深圳市	珠海市	汕头市	佛山市	湛江市	肇庆市
8.1	**5.9**	**5.2**	**4.8**	**5.9**	**3.7**
6.0	4.3	3.9	3.8	4.5	2.8
2.3	1.5	1.5	1.4	1.6	1.0
3.2	2.3	1.9	2.0	2.4	1.5
0.5	0.5	0.5	0.4	0.5	0.3
…	…	…	…	0.1	…
1.7	1.4	1.1	0.8	1.2	0.8
0.3	0.2	0.2	0.2	0.2	0.1
…	…	…	…	…	0.1
6.0	**8.1**	**4.6**	**5.7**	**6.0**	**4.6**
2.1	4.1	1.2	2.3	2.7	2.1
1.0	2.4	0.2	0.7	0.6	0.5
	1.0		0.1		
1.0	1.4	0.2	0.6	0.6	0.5
1.2	1.8	1.0	1.6	2.1	1.6
0.2	0.3	0.3	0.2	0.6	0.3
0.1	…	0.1	…	0.1	…
	0.4		0.3	0.3	0.1
…	…	…	…	0.1	…
0.5	0.6	0.3	0.5	0.6	0.6
0.1	0.1	0.1	0.1	0.1	0.1
0.1	0.1	0.1	…	0.1	0.1
…	0.1		0.1	0.1	
…	…	…	…	…	…
…	…	…	0.1	…	…
0.2	…		…	…	…
…	…	…		…	
0.1	0.1	…	0.1	0.1	0.4
0.2	0.4	…	0.3	…	0.1
…	0.2		…	…	…
0.1	0.1	…	0.1	…	…
0.1	0.1	…	0.1	…	…
0.5	0.6	0.5	0.5	0.4	0.3
1.9	2.1	2.0	1.6	2.1	1.8
0.2	0.4	0.2	0.2	0.3	0.2
…	…	…	…	…	…
0.3	0.3	0.5	0.3	0.4	0.5
1.3	1.4	1.3	1.1	1.4	1.1

单位:%

项　　目	惠州市	梅州市	东莞市
衣着	**6.2**	**4.5**	**6.2**
服装	4.6	3.4	4.3
男士服装	1.8	1.5	1.7
女士服装	2.2	1.6	2.1
童装	0.6	0.3	0.4
衣着材料	…	…	…
鞋类	1.4	1.0	1.6
其他衣着用品	0.2	0.1	0.2
衣着加工服务费	…	…	…
家庭设备用品及服务	**5.6**	**5.1**	**5.0**
耐用消费品	2.4	2.3	2.1
家具	0.7	0.9	0.5
成套家具	0.1		0.2
其他家具	0.6	0.9	0.3
家庭设备	1.7	1.4	1.6
洗衣机	0.3	0.4	0.2
电风扇	0.1	0.1	…
电冰箱	0.3	0.1	0.2
冰柜			
微波炉	0.1	0.1	…
空调器	0.6	0.3	0.5
电炊具	0.1	0.1	0.1
淋浴热水器	0.1	…	…
排油烟机	0.1	0.1	0.1
吸尘器			
消毒碗柜		…	…
洗碗机			
饮水机	…	0.1	0.1
取暖器			…
其他	0.1	0.1	0.2
室内装饰品	0.1	0.3	…
纺织装饰品	…	…	…
装饰灯具	…	0.1	
其他装饰品	0.1	0.1	…
床上用品	0.5	0.5	0.4
家庭日用杂品	1.8	2.0	1.9
厨、餐、茶具	0.3	0.3	0.1
家用工具	…	…	…
家居清洁用品	0.3	0.4	0.4
其他日用杂品	1.2	1.2	1.4

续上表

佛山市顺德	江门市鹤山	湛江市廉江	茂名市电白	梅州市兴宁	清远市连州	揭阳市普宁
4.0	**4.1**	**3.8**	**3.5**	**5.3**	**7.7**	**7.1**
2.9	2.8	3.0	2.8	4.0	6.0	5.4
0.9	1.0	1.1	1.2	1.6	1.7	1.9
1.6	1.6	1.2	1.1	2.1	3.6	2.5
0.5	0.2	0.7	0.4	0.4	0.7	1.0
…	…	…	…	0.1	0.1	…
0.8	1.0	0.7	0.6	1.0	1.4	1.4
0.2	0.2	0.1	…	0.1	0.2	0.3
…	…	…	…	…	…	…
9.0	**3.8**	**2.9**	**4.0**	**7.7**	**5.9**	**5.8**
4.3	1.0	0.7	1.0	3.8	3.3	1.7
1.6	…	0.1	0.3	1.2	1.5	0.5
0.2		…	…	0.4	0.4	0.3
1.4	…	0.1	0.2	0.8	1.1	0.1
2.7	0.9	0.6	0.7	2.7	1.8	1.3
0.4	0.3		0.1	0.4		0.1
…	…	…	…	0.1	…	…
0.3				0.2		0.4
…				0.1		
0.9	0.3	0.2	0.5	1.6	1.3	0.4
0.1	…	0.1	…	0.1	0.1	…
0.2	…	…	0.1	0.1	0.3	…
0.2		0.1		0.1	…	
…						
…						…
…	0.1		…	…	…	
					…	…
0.5	0.1	0.2	…	…	…	0.2
0.6	0.1	…	0.1	0.1	0.1	0.2
0.3	…		…	…	0.1	0.1
0.2				…		
0.2	0.1	…	0.1	0.1		0.1
0.7	0.2	0.1	0.5	0.3	0.6	0.4
1.6	2.3	1.9	1.6	2.8	1.7	3.0
0.2	0.1	0.2	0.2	0.3	0.3	0.3
…	0.1		…			
0.3	0.6	0.3	0.2	0.5	0.3	0.8
1.1	1.5	1.4	1.2	2.0	1.0	1.9

单位:%

项　　目	全　省	广州市	韶关市
家具材料	…	…	…
家庭服务	0.8	0.9	0.6
家政服务	0.7	0.8	0.3
加工维修服务费	0.2	0.2	0.2
医疗保健	**6.1**	**6.1**	**9.1**
医疗器具	…	…	
保健器具	0.1	0.2	0.4
药品费	3.3	3.4	5.8
滋补保健品	0.9	0.9	1.3
医疗费	1.6	1.6	1.6
其他	…	…	…
交通和通讯	**16.4**	**13.2**	**10.0**
交通	9.4	6.0	4.5
家庭交通工具	4.5	1.2	1.6
摩托车	0.4		1.4
自行车	0.1	…	0.1
助力车	0.1	…	0.1
家用汽车	4.0	1.1	
其他交通工具	…	…	…
车辆用燃料及零配件	1.5	0.5	0.6
燃料	1.3	0.4	0.6
零配件	0.1	…	…
其他	…	…	…
交通工具服务支出	1.3	0.7	0.6
维修费	0.3	0.1	0.1
车辆使用税费	0.6	0.4	0.1
其它车辆使用费用	0.5	0.3	0.5
交通费	2.1	3.6	1.6
飞机	0.3	0.4	…
火车	0.2	0.2	0.7
长途汽车	0.5	0.5	0.4
市内公共交通	0.7	1.8	0.2
出租汽车费	0.3	0.6	0.3
其他交通费	0.1	0.1	0.1
通信	7.0	7.2	5.6
通信工具	0.9	1.2	0.7
电话机	…	…	…
移动电话	0.8	1.1	0.7

续上表

深圳市	珠海市	汕头市	佛山市	湛江市	肇庆市
…	…				…
1.2	0.9	0.9	1.0	0.7	0.2
1.1	0.7	0.6	0.9	0.5	…
0.1	0.2	0.3	0.2	0.2	0.2
6.4	**7.6**	**5.9**	**6.1**	**6.2**	**8.7**
…	…	…	0.3	…	…
0.2	…	…	0.2	…	…
2.8	4.1	3.2	3.2	3.8	6.3
1.3	0.9	0.7	1.2	0.9	0.5
2.1	2.4	1.9	1.2	1.5	1.9
0.1	…	…	…	…	…
15.3	**15.4**	**12.8**	**18.2**	**10.7**	**12.4**
6.8	6.5	5.7	11.3	3.9	5.2
0.1	0.1	0.2	5.5	0.4	1.6
		0.2	1.2		1.5
0.1	0.1	0.1	0.1	0.1	…
	0.1			0.3	0.1
			4.3		
					…
1.3	0.8	2.0	2.8	0.8	1.5
1.3	0.7	1.9	2.5	0.6	1.4
…	…	0.2	0.3	0.1	0.1
…	…		…	…	…
1.3	0.8	2.1	1.8	0.8	1.2
0.3	0.3	0.5	0.4	0.2	0.3
0.9	0.3	0.1	0.5		…
…	0.2	1.5	0.9	0.7	0.9
4.1	4.8	1.3	1.1	1.9	1.0
1.4	0.7	0.4	…		
0.6	0.2	0.1	0.2	0.2	…
0.5	1.0	0.2	0.5	0.8	0.5
1.1	1.8	0.3	0.2	0.5	0.2
0.3	0.7	0.2	0.1	0.3	0.1
…	0.3	0.3	0.1	0.1	0.1
8.5	8.9	7.2	6.9	6.8	7.2
0.8	1.2	1.0	0.9	1.1	0.5
…	…	…	…	…	…
0.8	1.1	1.0	0.8	1.0	0.5

单位:%

项　　目	惠州市	梅州市	东莞市
家具材料	…	…	
家庭服务	0.8	0.2	0.6
家政服务	0.7	…	0.5
加工维修服务费	0.1	0.1	…
医疗保健	**6.6**	**6.5**	**4.4**
医疗器具	…		
保健器具	…	0.1	0.2
药品费	4.0	4.3	1.7
滋补保健品	0.7	1.0	1.3
医疗费	1.8	1.1	1.1
其他	…	…	0.2
交通和通讯	**24.3**	**11.3**	**27.0**
交通	16.0	4.1	21.3
家庭交通工具	10.3	0.7	16.6
摩托车	0.3	0.5	0.4
自行车	…	0.2	0.1
助力车	0.2		0.2
家用汽车	9.8		16.0
其他交通工具			…
车辆用燃料及零配件	1.1	1.7	2.6
燃料	0.9	1.5	2.5
零配件	0.2	0.2	0.1
其他	…		…
交通工具服务支出	2.5	0.8	1.6
维修费	0.4	0.2	0.5
车辆使用税费	1.1		0.7
其它车辆使用费用	1.0	0.6	0.4
交通费	2.0	0.9	0.6
飞机	0.2		
火车	0.4	0.2	0.2
长途汽车	0.6	0.4	0.2
市内公共交通	0.3	0.1	0.1
出租汽车费	0.5	0.1	0.1
其他交通费	…	0.1	0.1
通信	8.2	7.2	5.7
通信工具	0.7	0.5	0.7
电话机	0.1	…	…
移动电话	0.6	0.5	0.7

续上表

佛山市顺德	江门市鹤山	湛江市廉江	茂名市电白	梅州市兴宁	清远市连州	揭阳市普宁
…	…	…				
1. 8	0. 2	0. 2	0. 8	0. 6	0. 2	0. 5
1. 7	0. 1		0. 6	0. 4	0. 1	0. 4
0. 2	0. 1	0. 2	0. 2	0. 1	0. 1	0. 2
9. 1	**4. 4**	**5. 4**	**2. 8**	**6. 3**	**4. 4**	**3. 8**
…	…	…		…		
0. 1	…		…	…	…	0. 1
2. 8	3. 0	4. 7	2. 3	4. 2	2. 4	2. 8
0. 3	0. 3	0. 1	0. 4	1. 0	0. 3	0. 4
5. 8	0. 9	0. 5	0. 1	1. 0	1. 6	0. 5
0. 1	0. 3	…	0. 1	0. 1	…	…
18. 9	**13. 7**	**11. 2**	**31. 9**	**10. 4**	**9. 6**	**11. 2**
12. 9	5. 5	5. 1	25. 5	2. 9	2. 7	3. 6
7. 8	1. 9	1. 1	19. 8	0. 2	0. 3	0. 8
1. 2	1. 8	0. 7	0. 5	…		
…	0. 1	0. 1	0. 1	0. 1	0. 3	0. 1
		0. 3				0. 7
6. 6			19. 1			
2. 1	1. 7	1. 6	1. 5	1. 0	0. 6	0. 7
1. 7	1. 2	1. 5	1. 4	0. 9	0. 5	0. 6
0. 4	0. 1	0. 1	0. 1	0. 1	0. 1	…
…	0. 4	…	…	…	…	…
1. 8	1. 1	1. 1	3. 5	0. 6	0. 5	0. 8
0. 1	0. 1	0. 3	0. 5	0. 3	0. 1	0. 3
1. 4	0. 4	0. 3	2. 8	…	0. 4	…
0. 3	0. 6	0. 6	0. 3	0. 3	0. 1	0. 4
1. 2	0. 8	1. 2	0. 7	1. 2	1. 3	1. 3
0. 1					…	
…	…	0. 1	…	0. 3	0. 1	
0. 3	0. 5	0. 8	0. 4	0. 3	0. 6	0. 2
…	0. 2	…	0. 1	…	0. 1	…
0. 2	…	0. 1	…	…	…	0. 1
0. 4	0. 1	0. 2	0. 2	0. 5	0. 5	1. 1
6. 0	8. 3	6. 1	6. 4	7. 5	6. 9	7. 6
0. 8	1. 2	1. 2	0. 2	0. 6	1. 1	0. 4
…	…	…	0. 1	…	…	0. 1
0. 7	1. 1	1. 1	0. 1	0. 5	1. 1	0. 3

单位:%

项目	全省	广州市	韶关市
寻呼机			
传真机	…		
其他通信工具	…	…	…
通信服务	6.1	6.0	4.9
电信费	6.0	6.0	4.7
邮费	…	…	…
其他	0.1	…	0.2
教育文化娱乐服务	**14.8**	**16.9**	**13.0**
文化娱乐用品	3.4	4.2	3.1
彩色电视机	0.3	0.4	…
影碟机	0.1	0.1	0.1
录放像机	…	…	
家用电脑	0.9	1.2	1.1
整机电脑	0.7	0.8	1.0
计算机外部设备	0.1	0.2	…
各种零配件及耗材	0.1	0.3	0.1
组合音响	0.1	0.1	
录音机	…	0.1	…
摄像机	0.1		
照相机	0.3	0.4	0.3
钢琴	…		
其他中高档乐器	…	…	0.1
健身器材	…	…	
电子辞典	…	…	…
音像制品及软件	0.1	0.2	…
体育用品	…	0.1	…
书报杂志	0.5	0.7	0.4
纸张文具	0.2	0.2	0.2
其他文娱用品	0.7	0.7	0.6
文化娱乐服务	4.6	6.5	3.8
参观游览	0.5	0.5	0.2
健身活动	0.1	0.2	…
团体旅游	3.1	4.8	2.3
其它文娱活动	0.8	0.9	1.1
文娱用品修理服务费	0.1	0.1	0.1
教育	6.7	6.3	6.1
教材	0.4	0.3	0.1
课本及参考书	0.4	0.2	0.1
教育软件	…	…	…
其它教材	…	…	…

续上表

深圳市	珠海市	汕头市	佛山市	湛江市	肇庆市
…	…	…	…	…	…
7.7	7.7	6.2	6.0	5.7	6.7
7.6	7.5	6.2	5.8	5.7	6.7
…	0.1	…	0.1	…	…
0.1	0.1	…	0.2	…	…
16.7	**13.7**	**12.1**	**16.5**	**14.6**	**14.1**
4.3	3.3	2.6	3.5	2.7	2.6
0.3	0.2	…	0.5	0.2	0.2
…	0.1	…	0.1	…	0.1
					0.1
1.1	0.6	0.9	0.7	0.3	0.9
0.9	0.5	0.7	0.6	0.2	0.6
0.1	…	0.1	…	…	0.1
0.1	0.1	0.1	0.1	0.1	0.2
…	0.2	0.1	0.1	0.1	…
…	…	…	…	0.1	0.1
0.2			0.1		
0.4	0.3	0.2	0.3	0.2	0.2
0.4					
…	…			0.1	
…		…			
…	…	…	0.1	0.1	…
0.1	0.2	0.1	0.1	0.1	0.1
0.1	…	…	…	…	…
0.4	0.6	0.5	0.4	0.6	0.4
0.2	0.2	0.2	0.2	0.2	0.1
0.9	0.7	0.5	0.9	0.8	0.4
5.3	3.6	3.1	4.6	2.9	5.2
0.8	0.6	0.2	0.5	0.3	0.7
0.2	0.2	0.1	0.2	…	…
3.3	1.9	1.9	3.1	1.2	3.8
0.9	0.9	0.8	0.7	1.3	0.6
…	0.1	0.1	0.1	0.1	0.1
7.1	6.8	6.4	8.5	9.0	6.3
0.7	0.2	0.5	0.7	0.7	0.3
0.6	0.2	0.5	0.7	0.6	0.2
…	…	…		…	…
0.1	…	…	0.1	…	…

单位:%

项　　目	惠州市	梅州市	东莞市
寻呼机			
传真机			
其他通信工具	…	…	…
通信服务	7.5	6.7	4.9
电信费	7.4	6.7	4.9
邮费	…	…	…
其他	0.1	…	…
教育文化娱乐服务	**13.1**	**9.3**	**14.5**
文化娱乐用品	2.4	2.2	2.8
彩色电视机	0.2	0.6	0.1
影碟机	0.1	0.2	…
录放像机			…
家用电脑	0.5	0.5	0.7
整机电脑	0.4	0.5	0.6
计算机外部设备	…	…	0.1
各种零配件及耗材	0.1	…	…
组合音响	…	…	…
录音机	…		
摄像机	…		0.2
照相机	0.1		0.1
钢琴			
其他中高档乐器	0.1	…	…
健身器材			…
电子辞典	…	…	…
音像制品及软件	0.2	…	…
体育用品	0.1	…	…
书报杂志	0.4	0.4	0.4
纸张文具	0.2	0.1	0.2
其他文娱用品	0.6	0.3	0.9
文化娱乐服务	3.8	2.1	5.1
参观游览	0.1	0.3	1.0
健身活动	0.2	…	
团体旅游	2.7	0.9	3.6
其它文娱活动	0.8	0.8	0.4
文娱用品修理服务费	0.1	…	…
教育	6.9	5.0	6.6
教材	0.5	0.8	0.1
课本及参考书	0.4	0.7	0.1
教育软件	…	…	…
其它教材	…	…	…

续上表

佛山市顺德	江门市鹤山	湛江市廉江	茂名市电白	梅州市兴宁	清远市连州	揭阳市普宁
…						
0.1	…	…			…	0.1
5.2	7.1	5.0	6.2	7.0	5.8	7.1
5.1	6.7	4.9	6.2	6.9	5.5	7.1
…	0.2	…	…	…	…	…
…	0.2	…	…	…	0.3	…
14.5	**16.9**	**12.6**	**9.6**	**11.6**	**14.2**	**9.0**
3.9	3.1	2.1	2.0	3.1	5.6	2.0
0.6	0.7		0.4	0.1	0.4	0.1
0.1	0.4		…	0.1	0.1	0.2
1.3	0.8	0.5	0.9	0.8	2.2	0.4
1.2	0.7	0.5	0.9	0.8	2.2	0.3
0.1			…			
0.1	…	…	…	0.1		0.1
	0.1				…	
…	…	…				…
					0.6	
0.1					0.7	
0.1	0.1					
	0.1			0.4		
…	…			…		…
0.1	…	…		…	…	0.1
…	…	0.1	…		…	…
0.3	0.4	0.5	0.2	0.4	0.4	0.5
0.1	0.2	0.2	0.2	0.1	0.2	0.4
1.0	0.3	0.7	0.3	1.1	0.8	0.4
3.6	5.8	1.1	1.5	2.4	4.8	0.6
0.4	0.9	0.2	0.8	0.9	0.3	…
…	…	…	…			
2.6	3.8	0.2		0.9	4.0	0.4
0.6	0.6	0.7	0.4	0.6	0.5	0.1
…	0.4	…	0.3	0.1	…	0.1
7.0	7.9	9.5	6.2	6.1	3.9	6.4
0.2	0.2	0.3	0.3	0.1	0.4	0.2
0.2	0.2	0.3	0.3	…	0.3	0.2
…	…		…	…		
…	…		…	0.1	0.1	

单位:%

项　　目	全　省	广州市	韶关市
教育费用	6.3	6.0	6.0
非义务教育学杂费	2.0	2.3	2.6
义务教育学杂费	1.4	0.8	1.1
托幼费	0.8	1.0	0.3
成人教育费	0.7	0.5	1.4
家教费	0.2	0.2	0.2
培训班	0.6	0.7	0.3
学校住宿费	0.2	0.1	…
其他	0.5	0.4	…
居住	**11.3**	**9.7**	**9.8**
住房	3.7	2.7	2.2
租赁房房租	0.4	0.6	0.6
自有房租金折算			
住房装潢支出	3.1	1.7	1.4
维修用建筑材料	0.3	0.4	0.2
其他	…	…	…
水电燃料及其他	6.6	5.9	7.1
水	0.9	0.9	0.6
电	3.5	3.3	3.1
燃料	2.2	1.6	3.2
煤炭	…	…	…
液化石油气	1.7	1.0	3.0
管道煤气	0.4	0.6	0.2
其他燃料	…	…	…
其他	0.1	…	0.2
居住服务费	0.9	1.1	0.5
物业管理费	0.6	0.8	0.2
维修服务费	…	0.1	0.1
其它	0.3	0.2	0.2
杂项商品和服务	**3.2**	**3.6**	**3.5**
杂项商品	2.1	2.4	1.9
金银珠宝饰品	0.3	0.4	0.3
手表	0.1	0.1	…
理发美容用具	…	…	…
化妆品	0.8	1.0	0.8
其他杂品	0.9	0.8	0.8
服务	1.1	1.2	1.6
旅馆住宿费	0.1	0.2	0.1
理发洗澡费	0.4	0.3	0.2
美容费	0.2	0.3	0.2
其他服务	0.4	0.5	1.0

续上表

深圳市	珠海市	汕头市	佛山市	湛江市	肇庆市
6.4	6.6	5.9	7.7	8.3	6.0
2.0	1.2	2.0	3.0	2.0	1.9
1.3	1.1	0.9	0.7	1.4	1.2
0.4	1.1	0.4	1.3	0.8	1.0
0.5	1.7	1.4	1.4	0.9	1.0
0.6	0.2	0.2	0.2	0.1	0.1
1.0	1.0	0.8	0.7	0.9	0.5
0.5	0.1	…	0.2	0.1	0.1
0.2	0.2	0.1	0.4	2.1	0.2
11.2	**10.5**	**10.1**	**12.5**	**9.0**	**10.3**
2.6	3.8	0.9	5.3	1.1	0.8
0.5	0.5	0.3	0.5	0.1	0.1
2.0	3.0	0.4	4.5	0.2	0.2
0.1	0.3	0.2	0.2	0.9	0.5
…	…	…	…		…
6.4	5.5	8.8	6.2	7.1	9.0
0.8	0.7	1.1	0.6	1.1	1.1
3.7	3.1	5.0	3.3	3.2	4.6
1.9	1.6	2.7	2.0	2.8	3.3
	…	…	…	…	0.1
1.1	1.6	2.1	1.1	2.7	3.2
0.8	…	0.5	0.9	0.1	0.1
	…	…	…	…	…
0.1		…	0.3	…	…
2.2	1.3	0.5	1.0	0.8	0.6
2.1	1.2	0.3	0.5	0.3	
0.1	…	…	…	…	…
	0.1	0.2	0.5	0.5	0.6
3.6	**4.2**	**3.6**	**3.2**	**3.9**	**2.6**
2.6	2.9	2.2	2.0	2.4	1.6
0.4	0.4	0.1	0.4	0.3	0.1
0.1	0.1	…	…	…	…
…	…	…	…	…	…
1.1	1.4	0.6	0.7	0.8	0.7
1.0	1.1	1.5	0.9	1.3	0.8
1.1	1.3	1.4	1.2	1.5	1.0
0.4	0.2	…	0.2	…	
0.2	0.3	0.9	0.2	0.6	0.3
0.2	0.3	0.2	0.3	0.2	0.1
0.4	0.5	0.2	0.5	0.6	0.7

单位:%

项目	惠州市	梅州市	东莞市
教育费用	6.4	4.2	6.5
非义务教育学杂费	1.8	1.3	1.2
义务教育学杂费	0.9	1.0	3.2
托幼费	1.2	0.4	0.6
成人教育费	0.8	0.8	…
家教费	0.1	0.1	0.1
培训班	1.5	0.3	0.4
学校住宿费	0.2		0.4
其他	0.1	0.3	0.5
居住	**9.6**	**15.2**	**13.7**
住房	2.9	5.4	8.3
租赁房房租	0.3	0.1	
自有房租金折算			
住房装潢支出	2.5	5.1	8.2
维修用建筑材料	0.1	0.2	…
其他			0.1
水电燃料及其他	5.9	9.3	4.4
水	0.6	1.1	0.6
电	3.2	4.2	2.4
燃料	2.0	4.0	1.4
煤炭	…	0.2	…
液化石油气	1.3	3.8	1.3
管道煤气	0.7	…	0.1
其他燃料	…	…	…
其他	0.1	…	…
居住服务费	0.8	0.4	0.9
物业管理费	0.5	0.1	0.8
维修服务费	…	0.1	0.1
其它	0.3	0.2	0.1
杂项商品和服务	**3.0**	**2.9**	**1.9**
杂项商品	1.9	1.6	1.3
金银珠宝饰品	0.1	0.1	0.1
手表	…		…
理发美容用具	…	…	…
化妆品	0.9	0.5	0.7
其他杂品	1.0	1.0	0.4
服务	1.0	1.3	0.6
旅馆住宿费	0.1	…	…
理发洗澡费	0.3	0.9	0.2
美容费	0.3	0.1	0.3
其他服务	0.3	0.3	0.1

续上表

佛山市顺德	江门市鹤山	湛江市廉江	茂名市电白	梅州市兴宁	清远市连州	揭阳市普宁
6.8	7.7	9.2	5.9	6.0	3.5	6.2
1.2	3.7	1.1	2.8	2.2	0.6	1.9
0.6	0.6	4.6	2.5	1.4	1.3	2.0
1.1	1.1	0.4	…	0.4	0.3	0.7
0.6	0.6	1.0		0.5	1.1	0.2
…	…		…		…	0.2
0.8	0.4	0.4	0.4	0.1	0.1	0.8
0.3	0.3		…		…	0.3
2.2	1.0	1.8	0.1	1.4	…	0.1
14.1	**11.2**	**9.3**	**9.6**	**11.5**	**11.0**	**10.9**
8.3	2.8	0.1	0.8	1.8	3.2	0.2
	…	0.1	0.3	1.0	0.3	…
7.8	2.7		0.3	0.5	2.7	0.1
0.5	0.1	…	0.1	0.2	0.2	
…	…	…	0.2	…	…	…
5.0	7.6	9.0	8.7	9.2	7.6	10.2
0.7	0.9	1.3	1.3	1.1	0.7	1.3
2.9	4.1	3.3	3.9	4.0	4.2	5.4
1.3	2.6	4.3	3.4	4.0	2.7	3.5
…	…	…	…	0.5	0.2	
1.2	2.6	4.2	3.4	3.4	2.5	3.5
0.1						
…		…	…	…	…	…
…	0.1	…	0.1	0.2		
0.8	0.8	0.2	0.1	0.6	0.3	0.5
0.1	0.1	…		0.2	…	
…	0.1	…	…	0.3	…	…
0.7	0.6	0.2	0.1	…	0.3	0.5
4.0	**2.7**	**2.2**	**2.2**	**2.5**	**3.0**	**3.1**
2.8	1.4	1.7	1.3	2.2	1.8	2.3
0.5	0.2		…	…	0.4	…
0.1	…	…		…	…	…
0.1	…		…		…	
1.0	0.6	0.7	0.5	0.5	0.8	0.8
1.0	0.5	1.0	0.9	1.6	0.6	1.4
1.2	1.4	0.5	0.9	0.4	1.2	0.8
0.3	0.1	0.1		…	0.1	
0.3	0.3	0.2	0.5	0.3	0.2	0.6
0.2	0.2	…	…	0.1	0.6	0.1
0.4	0.8	0.2	0.3	…	0.2	0.2

2004年各市、县、区城镇居民家庭

项　　目		全　省	广州市	韶关市
粮食	（元/公斤）	3.89	4.75	3.51
大米	（元/公斤）	3.29	3.77	3.21
面粉	（元/公斤）	3.38	3.56	3.34
其他粮食	（元/公斤）	3.54	3.61	2.95
粮食制品	（元/公斤）	6.66	7.85	5.09
淀粉及薯类	（元/公斤）	2.86	3.16	2.88
油脂类	（元/公斤）	11.28	12.07	11.34
食用植物油	（元/公斤）	11.29	12.06	11.34
食用动物油	（元/公斤）	11.04	15.21	10.71
肉类	（元/公斤）	18.16	18.89	16.28
猪肉	（元/公斤）	17.13	17.01	15.36
牛肉	（元/公斤）	19.91	18.93	17.91
羊肉	（元/公斤）	21.32	20.02	15.99
其他肉	（元/公斤）	17.16	19.56	17.67
肉制品	（元/公斤）	23.34	26.12	22.47
禽类	（元/公斤）	17.35	18.59	17.00
鸡	（元/公斤）	16.44	17.12	15.87
鸭	（元/公斤）	14.11	13.71	12.77
其他禽类	（元/公斤）	17.13	18.23	18.16
禽制品	（元/公斤）	23.93	24.91	25.31
蛋类	（元/公斤）	7.32	6.82	7.05
鲜蛋	（元/公斤）	7.18	6.65	6.91
蛋制品	（元/公斤）	8.99	8.32	8.72
鱼	（元/公斤）	13.11	12.53	9.95
虾	（元/公斤）	25.69	26.83	28.44
其他水产品	（元/公斤）	20.08	22.65	16.51
鲜菜	（元/公斤）	2.61	2.76	2.17
干菜	（元/公斤）	36.12	40.65	31.36
酒类	（元/公斤）	14.53	15.81	9.14
白酒	（元/公斤）	16.15	20.71	7.58
果酒	（元/公斤）	41.54	38.76	30.92
啤酒	（元/公斤）	6.06	5.82	4.62
其他酒	（元/公斤）	24.78	40.00	18.14
碳酸饮料	（元/公斤）	4.28	4.09	3.56
果蔬饮料	（元/公斤）	6.78	7.50	4.82
瓶装饮用水	（元/公斤）	0.90	0.85	1.07
茶叶	（元/公斤）	75.57	92.31	58.19
咖啡可可粉	（元/公斤）	50.25	78.67	60.19
鲜果	（元/公斤）	5.36	5.68	3.96
鲜瓜	（元/公斤）	2.49	2.72	1.59
干果	（元/公斤）	15.51	17.40	12.06
瓜果制品	（元/公斤）	15.04	14.86	15.55
坚果及果仁	（元/公斤）	11.09	12.57	7.60
糕点	（元/公斤）	18.78	20.73	16.80
鲜乳品	（元/公斤）	7.36	7.46	7.24
奶粉	（元/公斤）	62.21	83.68	55.48
酸奶	（元/公斤）	8.29	8.17	11.86

平均每人全年购买主要食品平均单价

深圳市	珠海市	汕头市	佛山市	湛江市	肇庆市
5.15	4.34	3.76	4.32	4.14	3.67
4.29	3.49	3.19	3.47	3.14	3.32
3.99	2.95	2.92	3.24	3.06	3.07
4.43	3.37	3.92	3.41	3.25	3.21
7.47	7.29	6.38	8.13	7.49	5.30
4.10	3.20	2.77	2.84	2.35	2.61
10.73	10.95	9.36	12.02	11.63	12.41
10.72	10.95	9.34	12.02	11.63	12.41
11.14	9.76	9.84	8.38	7.00	10.40
17.96	17.67	18.95	17.64	17.77	17.02
17.01	16.71	17.42	16.64	17.21	16.13
21.55	19.37	24.77	19.21	17.45	18.62
22.97	22.52	24.90	16.75	24.10	17.22
22.06	17.97	34.62	18.36	22.18	16.87
22.36	23.81	23.62	23.82	23.48	21.86
17.94	15.68	21.77	16.29	17.02	13.90
17.55	15.01	15.67	15.65	16.78	14.29
14.86	11.81	15.65	11.96	13.94	10.60
19.63	15.69	24.45	15.16	21.61	11.20
24.11	22.83	26.68	20.62	23.10	20.37
7.48	7.20	8.38	6.87	9.14	6.53
7.27	7.08	8.24	6.65	9.00	6.39
9.66	8.34	11.03	9.20	10.23	8.56
15.59	13.17	16.63	11.81	14.82	10.50
31.10	23.01	26.43	25.26	23.11	25.02
21.99	19.31	20.22	23.38	15.77	20.56
3.68	3.00	2.94	2.47	2.54	2.02
30.71	39.85	44.94	33.59	38.24	33.78
23.76	14.12	14.94	14.49	9.71	9.23
51.85	41.88	19.61	19.59	8.01	9.70
63.19	38.58	36.28	35.17	36.28	28.09
7.07	5.32	6.09	5.35	5.45	5.85
23.52	25.97	54.54	13.74	21.21	14.40
4.97	4.03	4.44	3.49	4.68	3.68
6.97	6.02	6.46	6.81	5.04	4.63
1.49	0.63	3.21	2.08	1.43	1.31
205.32	105.78	61.87	91.63	84.87	36.53
100.00	45.91	66.92	34.92	27.36	35.12
6.78	5.84	5.58	5.17	5.12	4.21
2.84	2.61	2.19	2.38	3.12	2.01
19.41	15.79	15.75	14.64	14.35	10.03
15.84	18.42	18.03	13.32	17.06	13.84
14.53	12.87	9.27	15.08	10.33	8.58
23.39	26.02	15.10	21.36	14.72	17.00
7.40	7.45	8.43	6.10	5.72	7.97
76.85	84.05	56.58	52.78	53.86	49.19
8.79	9.17	8.83	9.01	5.50	8.20

项　　目		惠州市	梅州市	东莞市
粮食	（元/公斤）	4.04	2.96	4.32
大米	（元/公斤）	3.53	2.83	3.72
面粉	（元/公斤）	3.71	3.18	3.24
其他粮食	（元/公斤）	3.63	2.95	4.44
粮食制品	（元/公斤）	7.31	3.75	7.39
淀粉及薯类	（元/公斤）	3.05	2.68	3.92
油脂类	（元/公斤）	12.21	10.12	11.64
食用植物油	（元/公斤）	12.21	9.95	11.65
食用动物油	（元/公斤）	16.67	11.50	10.62
肉类	（元/公斤）	18.33	17.60	19.43
猪肉	（元/公斤）	17.57	17.11	19.02
牛肉	（元/公斤）	22.08	21.63	19.05
羊肉	（元/公斤）	20.04	22.78	18.58
其他肉	（元/公斤）	21.60	15.17	20.99
肉制品	（元/公斤）	22.87	18.74	22.25
禽类	（元/公斤）	16.79	17.15	17.63
鸡	（元/公斤）	17.02	15.96	17.81
鸭	（元/公斤）	12.53	15.64	13.74
其他禽类	（元/公斤）	17.04	23.18	14.54
禽制品	（元/公斤）	23.26	29.85	23.02
蛋类	（元/公斤）	7.58	7.22	7.66
鲜蛋	（元/公斤）	7.43	7.16	7.54
蛋制品	（元/公斤）	10.07	10.00	8.66
鱼	（元/公斤）	11.75	10.15	15.69
虾	（元/公斤）	32.02	36.57	29.53
其他水产品	（元/公斤）	24.39	21.53	27.84
鲜菜	（元/公斤）	2.70	2.62	3.05
干菜	（元/公斤）	40.89	32.25	33.19
酒类	（元/公斤）	17.90	15.69	17.95
白酒	（元/公斤）	20.39	17.26	13.10
果酒	（元/公斤）	44.62	51.47	48.36
啤酒	（元/公斤）	5.57	5.98	10.50
其他酒	（元/公斤）	39.88	31.44	16.10
碳酸饮料	（元/公斤）	3.32	4.68	7.41
果蔬饮料	（元/公斤）	4.84	5.84	7.91
瓶装饮用水	（元/公斤）	0.73	0.49	2.51
茶叶	（元/公斤）	83.21	50.07	110.82
咖啡可可粉	（元/公斤）	45.26	40.10	22.93
鲜果	（元/公斤）	5.29	4.42	7.21
鲜瓜	（元/公斤）	2.21	1.64	3.33
干果	（元/公斤）	15.16	13.46	16.86
瓜果制品	（元/公斤）	21.06	16.57	16.88
坚果及果仁	（元/公斤）	9.38	7.10	12.95
糕点	（元/公斤）	25.56	14.30	16.32
鲜乳品	（元/公斤）	7.81	7.93	8.55
奶粉	（元/公斤）	83.54	45.33	36.99
酸奶	（元/公斤）	7.78	7.21	9.58

续上表

佛山市顺德	江门市鹤山	湛江市廉江	茂名市电白	梅州市兴宁	清远市连州	揭阳市普宁
4.60	4.10	2.98	3.12	3.02	3.11	3.51
3.67	3.37	2.72	3.00	2.71	2.95	3.02
3.82	2.71	2.21	3.52	2.85	3.35	3.29
4.14	3.48	2.76	3.15	2.69	1.94	3.91
9.64	6.58	5.25	4.79	4.63	4.81	5.23
2.69	2.41	1.55	2.17	3.32	2.31	1.98
12.58	12.01	13.30	12.93	9.29	11.60	9.55
12.58	12.01	13.72	12.93	9.32	11.71	9.46
	12.19	8.76	12.50	8.43	7.67	10.63
17.66	17.25	18.44	20.07	16.88	15.07	17.66
15.82	15.83	17.99	19.67	16.38	13.93	17.04
20.85	17.35	19.33	18.80	19.58	18.82	20.83
20.28	17.98	25.86	34.27	20.48	17.05	20.88
34.84	16.01	31.19	27.30	16.42	21.38	21.95
26.49	23.70	22.73	21.56	19.12	21.62	19.51
15.85	13.67	15.85	18.60	17.30	15.82	18.44
14.75	13.08	15.47	17.96	16.07	15.16	14.91
11.01	8.98	15.66	18.17	12.58	12.62	14.84
15.64	12.46	19.94	22.40	22.33	24.56	15.12
21.42	22.19	19.11	22.16	23.05	24.61	21.45
6.91	6.84	8.06	8.00	6.86	8.24	6.76
6.63	6.80	8.05	7.94	6.71	8.14	6.74
10.20	7.19	9.38	9.54	8.99	9.77	8.01
11.38	11.70	10.47	14.34	9.28	11.57	13.47
29.43	23.16	21.72	21.69	25.21	41.87	29.06
29.44	18.09	12.47	13.92	23.98	5.92	27.07
2.40	2.21	1.94	2.20	2.20	1.88	2.85
54.44	25.16	29.14	31.58	22.24	26.03	43.77
16.03	13.19	5.25	7.05	12.41	9.36	18.73
9.52	16.18	3.36	6.02	5.87	13.74	37.70
86.73	52.81		36.89	58.82	34.38	
6.27	5.71	6.53	5.63	7.20	6.57	8.90
131.17	21.00	38.09	7.71	23.67	3.05	9.54
4.44	5.22	4.77	5.03	5.66	3.56	5.50
5.58	6.24	5.53	3.98	6.10	5.78	7.61
0.97	2.30	0.71	1.62	0.52	1.77	2.66
100.15	44.63	85.58	60.66	48.13	77.63	83.40
	23.24	66.63	34.12	37.94		18.38
6.07	4.64	4.21	4.51	4.04	3.00	5.31
2.91	3.04	2.23	3.05	1.62	1.32	2.34
16.74	12.70	11.04	7.93	21.07	14.07	13.78
14.59	12.00	12.45	21.25	11.58	14.84	12.49
12.74	14.12	7.37	8.11	9.68	7.04	19.86
24.60	16.49	9.81	14.34	12.64	16.25	11.81
8.14	5.44	4.05	6.40	7.99	8.71	8.60
109.80	31.31	74.54	67.57	83.08	65.09	53.01
9.33	5.95	4.88	7.47	10.25	11.59	8.72

2004年各市、县、区城镇居民家庭平均

项　　目		全　省	广州市	韶关市
摩托车	（元/辆）	6301.68		6567.45
自行车	（元/辆）	216.61	237.30	134.65
助力车	（元/辆）	2207.29	2037.00	2583.38
家用汽车	（元/辆）	144921.75	122222.33	
洗衣机	（元/台）	1692.29	1470.44	1829.36
电风扇	（元/台）	118.41	132.72	102.25
电冰箱	（元/台）	2211.89	1971.57	1551.60
冰柜	（元/台）			
彩色电视机	（元/台）	2201.47	2612.78	937.50
影碟机	（元/台）	626.66	682.60	550.00
录放像机	（元/台）	562.33	240.67	
家用电脑	（元/台）	4828.75	4435.40	4598.62
组合音响	（元/台）	1662.00	2158.73	
录音机	（元/台）	252.90	301.37	239.63
摄像机	（元/架）	4171.00		
照相机	（元/架）	2677.32	2999.30	2526.68
钢琴	（元/架）	9293.00		
其他中高档乐器	（元/件）	755.40	352.00	620.32
微波炉	（元/台）	558.24	556.44	364.63
空调器	（元/台）	2070.16	1876.29	1580.33
电炊具	（元/台）	179.93	150.58	187.18
淋浴热水器	（元/台）	711.74	745.22	256.00
排油烟机	（元/台）	737.00	657.59	1250.00
吸尘器	（元/台）	410.29	313.64	
消毒碗柜	（元/台）	530.92	373.37	1562.50
洗碗机	（元/台）	861.00	1191.67	
饮水机	（元/台）	770.25	890.89	162.24
取暖器	（元/台）	181.00	323.73	188.39
健身器材	（元/件）	1225.67	2314.00	
电话机	（元/部）	96.82	87.39	46.27
移动电话	（元/部）	1346.93	1302.62	880.50
传真机	（元/部）			

每百户全年购买耐用消费品平均单价

深圳市	珠海市	汕头市	佛山市	湛江市	肇庆市
		5312.50	6436.07		5800.00
262.17	278.89	181.97	249.80	163.91	138.00
	1313.71			2093.32	2083.38
			168750.00		
3676.45	1491.67	1336.00	3026.00	1489.06	1815.67
136.22	95.27	116.37	126.99	119.67	92.86
	2689.66		2189.66	1586.50	2135.38
1980.64	2260.09	989.63	3281.16	1846.59	1841.65
609.00	683.09	440.28	613.56	430.41	391.42
					555.32
5217.40	4100.19	4187.10	4690.29	3802.13	5183.32
1142.86	3480.41	1927.13	2291.63	1302.13	414.63
222.91	188.24	167.79	106.32	321.39	229.22
6059.53			4300.00		
4497.26	2015.00	5145.88	1966.50	1553.32	1990.00
8333.29					
324.53	416.65			2083.38	
792.33	460.29	438.71	709.29	498.68	591.63
2925.26	1882.91	2373.73	2075.11	1718.91	2453.34
201.97	166.56	149.00	225.72	250.34	150.47
1791.43	419.77	851.68	349.00	332.58	760.00
192.85	510.00		806.95	780.30	
498.13	569.12	404.13	749.00	560.38	194.12
677.08	218.75	218.75	643.32	357.82	468.75
3045.94	258.85		415.63	88.50	206.25
214.29	185.68	62.32		89.63	
1952.38		108.38			
120.80	97.06	49.12	80.10	70.84	79.30
1615.95	1239.96	1147.88	1412.23	1411.97	1017.03

项　　目		惠州市	梅州市	东莞市
摩托车	（元/辆）	5882.35	5284.29	12058.82
自行车	（元/辆）	233.46	219.36	303.38
助力车	（元/辆）	2126.68		2626.27
家用汽车	（元/辆）	181568.65		171700.00
洗衣机	（元/台）	1384.91	1732.14	1566.16
电风扇	（元/台）	138.90	103.25	150.37
电冰箱	（元/台）	2539.91	2239.63	3969.70
冰柜	（元/台）			
彩色电视机	（元/台）	1273.21	1654.22	2095.97
影碟机	（元/台）	794.16	713.29	665.67
录放像机	（元/台）			588.24
家用电脑	（元/台）	4042.42	5637.24	6060.00
组合音响	（元/台）	364.63	591.63	588.24
录音机	（元/台）	126.00		
摄像机	（元/架）	1645.88		3803.03
照相机	（元/架）	874.48		1575.76
钢琴	（元/架）			
其他中高档乐器	（元/件）	2291.63	364.63	303.94
微波炉	（元/台）	754.00	661.76	357.82
空调器	（元/台）	2679.73	1886.36	2225.50
电炊具	（元/台）	200.08	273.84	224.88
淋浴热水器	（元/台）	696.69	470.59	443.00
排油烟机	（元/台）	639.32	664.15	1105.00
吸尘器	（元/台）			
消毒碗柜	（元/台）		291.63	1176.47
洗碗机	（元/台）			
饮水机	（元/台）	391.42	310.61	754.61
取暖器	（元/台）			252.94
健身器材	（元/件）			431.35
电话机	（元/部）	239.56	125.68	69.07
移动电话	（元/部）	978.17	1159.11	1887.84
传真机	（元/部）			

续上表

佛山市顺德	江门市鹤山	湛江市廉江	茂名市电白	梅州市兴宁	清远市连州	揭阳市普宁
8427.87	7053.34	3101.00	3686.88	539.24		
98.06	234.00	185.54	218.42	184.22	171.78	123.88
		2133.35				2516.66
91414.15			131717.18			
2365.06	1856.06		1137.24	1196.52		588.24
78.36	56.66	63.12	49.27	126.51	32.35	99.00
2856.66				2107.82		1533.34
2800.00	2097.01		1462.43	980.41	1168.66	617.65
688.55	923.70		186.29	588.24	606.06	653.34
6492.98	4393.94	3990.18	3866.66	4295.97	5475.12	3284.29
	784.29				372.53	
325.76	62.12	155.06				68.65
					6274.53	
3039.24					3686.88	
1647.06	749.00					
272.66				665.67		
1960.83	1959.61	1764.71	3303.03	1595.63	1809.12	2449.48
177.14	75.87	120.33	78.41	121.08	343.42	183.33
1972.66	245.12	225.47	505.06	406.00	979.34	215.71
847.39		490.18		563.12	421.59	
327.27						
444.45						362.76
351.00	265.06		85.29	73.24	130.41	
					73.24	141.66
	375.00			3921.59		
276.66	31.35	80.82	174.79	126.66	104.88	73.93
1279.50	1094.90	1535.50	959.61	964.83	1498.57	1636.36
411.76						

单位：公斤

项　　目	全　省	广州市	韶关市	深圳市	珠海市	汕头市	佛山市	湛江市	肇庆市
粮食	71.78	58.23	81.10	69.63	65.26	77.35	61.54	65.17	75.06
大米	56.18	40.40	64.21	44.76	46.48	60.87	46.93	47.78	59.43
面粉	0.58	0.36	0.83	2.13	1.40	0.45	0.58	0.35	0.22
其他粮食	2.48	3.29	2.99	3.93	2.58	2.65	2.67	2.09	2.16
粮食制品	12.54	14.19	13.07	18.82	14.79	13.38	11.36	14.95	13.24
淀粉及薯类	4.08	5.03	7.49	5.94	5.24	4.32	4.31	4.95	3.75
油脂类	9.26	8.25	10.77	10.95	8.19	12.23	6.89	5.80	9.06
食用植物油	8.95	8.22	10.76	10.88	8.16	11.72	6.89	5.79	9.06
食用动物油	0.31	0.03	0.01	0.07	0.03	0.51		0.01	
肉类	37.12	37.53	39.93	41.51	32.73	36.24	30.71	32.35	37.81
猪肉	28.82	26.83	32.87	33.88	27.33	28.05	24.61	27.54	29.90
牛肉	2.54	2.99	1.71	1.94	1.13	2.41	1.87	2.02	1.84
羊肉	0.52	0.54	0.62	0.47	0.42	0.70	0.49	0.27	0.86
其他肉	0.57	0.35	0.30	0.25	0.23	0.12	0.15	0.03	0.36
肉制品	4.67	6.83	4.42	4.98	3.62	4.97	3.59	2.49	4.85
禽类	17.21	17.68	15.63	16.30	13.50	11.93	14.08	26.15	22.62
鸡	11.12	11.88	10.70	11.19	9.44	4.14	9.42	14.69	12.91
鸭	2.53	1.17	2.21	2.78	1.83	1.06	1.33	7.09	5.25
其他禽类	0.75	0.91	0.17	0.31	0.35	0.56	0.50	0.74	1.80
禽制品	2.81	3.73	2.55	2.02	1.88	6.16	2.84	3.64	2.66
蛋类	6.79	8.35	8.97	9.15	7.72	6.58	6.57	4.69	6.08
鲜蛋	6.27	7.46	8.30	8.33	7.01	6.24	6.01	4.16	5.68
蛋制品	0.52	0.89	0.67	0.82	0.72	0.34	0.56	0.53	0.39
鱼	19.23	20.30	16.16	16.96	21.72	30.95	17.64	21.56	21.24
虾	1.49	1.25	0.75	1.37	2.30	3.77	0.74	3.14	0.69
其他水产品	2.82	3.32	2.69	2.06	2.70	7.40	1.93	5.62	1.94
鲜菜	106.59	117.09	122.55	121.17	101.75	89.14	108.27	91.01	129.11
干菜	0.65	0.72	0.87	0.86	0.55	0.70	0.59	0.33	0.78
酒类	2.41	3.04	4.40	3.56	3.33	2.72	1.89	1.41	1.49
白酒	0.84	0.80	2.36	0.85	0.23	0.27	0.55	0.69	0.68
果酒	0.20	0.39	0.36	0.29	0.25	0.33	0.26	0.12	0.06
啤酒	1.11	1.68	1.44	2.11	2.24	1.90	0.88	0.56	0.62
其他酒	0.25	0.16	0.25	0.31	0.61	0.22	0.20	0.03	0.14
碳酸饮料	2.07	3.43	1.80	5.09	3.64	2.02	2.72	1.32	1.33
果蔬饮料	0.83	1.24	0.51	2.33	1.10	1.27	1.27	0.40	0.23
瓶装饮用水	16.57	34.94	5.05	21.14	84.17	0.57	2.60	2.75	5.77
茶叶	0.39	0.38	0.37	0.29	0.27	1.29	0.20	0.06	0.38
咖啡可可粉	0.03	0.04	0.01	0.06	0.07	0.02	0.03	0.04	0.02
鲜果	31.47	35.73	43.87	44.99	38.96	27.47	38.45	26.90	29.52
鲜瓜	6.14	9.59	8.20	11.73	7.97	4.34	7.48	2.39	4.50
干果	0.46	0.62	0.51	0.50	0.39	0.39	0.25	0.68	0.65
瓜果制品	0.56	0.95	0.54	0.88	0.50	0.34	1.25	0.34	0.43
坚果及果仁	2.18	2.64	4.45	3.18	2.43	2.33	1.98	1.43	2.42
糕点	4.03	5.67	3.78	5.47	3.48	3.41	4.80	3.87	3.37
鲜乳品	8.97	13.91	4.59	14.88	12.31	7.33	10.90	11.47	5.59
奶粉	0.53	0.48	0.65	0.91	0.72	0.53	0.53	0.54	0.53
酸奶	1.70	3.71	0.60	3.37	2.84	1.11	1.13	2.03	0.59

庭平均每人全年购买主要食品数量

惠州市	梅州市	东莞市	佛山市 顺德	江门市 鹤山	湛江市 廉江	茂名市 电白	梅州市 兴宁	清远市 连州	揭阳市 普宁
63.62	96.98	64.25	60.14	66.06	81.66	88.17	90.51	79.63	92.44
52.12	80.98	50.30	47.07	48.64	70.50	81.12	73.38	71.19	69.70
1.09	0.34	1.77	0.38	0.31	0.29	0.07	0.53	0.19	0.67
1.85	1.77	1.81	3.62	2.11	2.48	0.75	1.91	1.16	2.41
8.56	13.90	10.37	9.07	15.00	8.38	6.22	14.70	7.10	19.65
3.71	2.44	0.65	6.27	2.09	4.19	2.30	3.76	3.86	5.14
9.75	17.61	7.72	6.62	7.42	4.41	7.89	13.54	7.13	11.98
9.74	15.59	7.68	6.62	7.35	4.04	7.86	13.14	6.94	11.08
0.01	2.02	0.04		0.07	0.37	0.03	0.41	0.19	0.90
38.42	47.50	41.20	29.85	34.78	32.87	29.74	44.23	36.50	40.64
32.47	33.78	32.36	23.72	25.18	27.74	26.21	36.40	29.77	31.36
1.67	4.05	2.83	1.46	1.77	3.23	1.35	1.38	3.43	1.48
0.28	0.42	0.67	0.62	1.50	0.36	0.57	0.60	0.15	0.11
0.12	3.50	0.15	0.18	0.80	0.03	0.28	0.18	0.07	0.06
3.88	5.75	5.19	3.87	5.53	1.51	1.34	5.68	3.08	7.62
16.12	13.29	18.39	14.64	19.85	22.27	21.82	8.46	14.51	9.67
11.43	9.90	12.97	9.08	12.94	14.07	14.58	6.24	10.98	3.78
2.85	2.16	1.52	1.58	0.75	6.25	4.16	0.47	1.99	0.54
0.38	0.08	2.06	0.77	4.24	0.27	1.10	0.17	0.06	0.12
1.46	1.15	1.84	3.20	1.92	1.69	1.98	1.58	1.49	5.22
6.60	6.79	7.18	5.33	4.85	3.88	5.48	5.46	4.65	8.43
6.24	6.65	6.44	4.91	4.31	3.84	5.30	5.10	4.38	8.27
0.36	0.15	0.74	0.42	0.54	0.04	0.19	0.36	0.28	0.17
15.20	10.99	19.42	25.90	20.31	13.92	28.28	11.21	8.83	13.72
0.87	0.36	1.38	0.55	0.50	2.58	3.26	0.08	0.09	1.54
1.65	1.77	1.39	1.29	1.44	1.80	1.84	1.27	2.75	2.40
105.21	98.28	118.91	115.70	114.82	87.43	83.12	93.53	99.48	83.08
0.57	0.75	1.02	0.55	1.16	0.23	0.29	0.73	0.50	0.81
1.77	2.93	0.98	2.91	0.97	1.73	1.00	3.54	3.59	0.62
0.48	1.34	0.31	1.50	0.31	1.50	0.48	1.78	1.40	0.21
0.10	0.03	0.15	0.25	0.05		0.02		0.13	
0.88	1.09	0.37	1.13	0.50	0.15	0.27	0.51	1.02	0.35
0.32	0.48	0.15	0.03	0.11	0.08	0.23	1.25	1.04	0.06
1.79	0.86	0.83	1.92	1.16	0.22	0.66	0.78	1.38	0.67
0.95	0.26	0.48	1.03	0.18	0.03	0.10	0.32	0.56	0.32
16.16	24.48	6.49	15.47	9.98	16.48	1.58	24.51	1.13	0.85
0.34	0.74	0.20	0.16	0.17	0.07	0.09	0.90	0.14	1.48
0.03	0.01	0.14		0.03	…	0.01	0.01		…
42.78	19.08	37.74	38.03	39.37	13.11	18.85	20.44	40.77	24.27
7.62	3.99	5.78	7.76	4.01	0.24	0.54	2.15	8.35	2.26
0.55	0.32	0.88	0.31	0.20	0.08	0.18	0.62	0.18	0.09
0.26	0.07	0.21	0.62	0.70	0.06	0.24	0.18	0.35	1.09
3.09	1.89	1.92	2.67	1.86	1.06	0.64	1.85	2.77	0.30
3.05	2.30	3.63	5.11	3.61	2.41	3.15	2.84	2.44	3.31
9.55	5.96	9.71	7.46	7.97	1.69	0.37	8.22	5.06	3.45
0.63	0.43	1.10	0.38	0.48	0.21	0.19	0.18	0.38	0.70
2.06	0.28	1.16	2.17	0.79	…	0.78	0.36	0.36	0.83

2004 年各市、县、区城镇居民家庭平

项　　目	全　省	广州市	韶关市	深圳市	珠海市	汕头市	佛山市	湛江市	肇庆市
摩托车　（辆）	2. 28		5. 04			0. 96	6. 96		6. 00
自行车　（辆）	12. 60	7. 32	12. 96	18. 84	9. 00	8. 04	9. 96	15. 96	3. 96
助力车　（辆）	0. 84	0. 36	0. 96		2. 04			3. 00	0. 96
家用汽车　（辆）	0. 96	0. 36					0. 96		
洗衣机　（台）	5. 40	7. 32	5. 04	2. 40	8. 04	6. 00	3. 00	9. 96	3. 96
电风扇　（台）	14. 40	18. 96	12. 00	22. 80	8. 04	20. 04	14. 04	9. 96	5. 04
电冰箱　（台）	3. 24	5. 64	5. 04		6. 00		6. 00	5. 04	0. 96
冰柜　（台）									
彩色电视机　（台）	5. 16	6. 00	0. 96	7. 68	3. 96	0. 96	6. 00	2. 04	2. 04
影碟机　（台）	4. 92	6. 36	6. 00	2. 40	8. 04	3. 00	9. 00	2. 04	3. 96
录放像机　（台）	0. 36	0. 36							3. 00
家用电脑　（台）	5. 28	6. 96	5. 04	10. 20	5. 04	5. 04	5. 04	0. 96	3. 00
组合音响　（台）	1. 32	2. 64		0. 84	2. 04	0. 96	0. 96	0. 96	0. 96
录音机　（台）	4. 92	9. 00	0. 96	6. 72	2. 04	8. 04	3. 00	8. 04	9. 96
摄像机　（架）	0. 60			1. 80			0. 96		
照相机　（架）	3. 36	5. 28	3. 00	5. 64	6. 00	0. 96	6. 00	3. 00	3. 00
钢琴　（架）	0. 12			2. 52					
其他中高档乐器（件）	0. 60	0. 36	3. 00	1. 80	2. 04			0. 96	
微波炉　（台）	2. 04	3. 00	0. 96	1. 80	2. 04	2. 04	2. 04	3. 00	0. 96
空调器　（台）	8. 76	10. 32	9. 96	9. 12	14. 04	3. 96	9. 00	8. 04	6. 00
电炊具　（台）	16. 08	23. 28	18. 96	14. 40	14. 04	23. 04	18. 00	6. 00	18. 96
淋浴热水器　（台）	5. 04	8. 64	3. 00	3. 60	9. 00	3. 00	3. 96	3. 96	3. 00
排油烟机　（台）	3. 00	2. 64	0. 96	1. 56	6. 00		5. 04	3. 96	
吸尘器　（台）	0. 84	1. 32		0. 96	2. 04	0. 96	0. 96	0. 96	2. 04
消毒碗柜　（台）	1. 56	2. 28	0. 96	1. 44	0. 96	0. 96	3. 00	2. 04	0. 96
洗碗机　（台）	0. 12	0. 36							
饮水机　（台）	3. 36	5. 64	2. 04	3. 72	3. 96		0. 96	0. 96	0. 96
取暖器　（台）	1. 20	1. 32	3. 96	1. 68	3. 00	3. 00		0. 96	
健身器材　（件）									
电话机　（部）	10. 08	18. 36	9. 96	10. 44	12. 96	6. 96	9. 96	6. 00	3. 96
移动电话　（部）	21. 60	33. 96	18. 00	27. 12	38. 04	24. 00	21. 96	17. 04	11. 04
传真机　（部）	…								

均每百户全年购买耐用消费品数量

惠州市	梅州市	东莞市	佛山市 顺德	江门市 鹤山	湛江市 廉江	茂名市 电白	梅州市 兴宁	清远市 连州	揭阳市 普宁
2.04	2.04	2.04	8.04	6.00	3.96	3.96	2.04		
8.04	21.96	15.96	2.04	6.00	9.96	15.96	18.00	36.00	26.04
3.00		3.96			2.04				6.00
2.04		6.00	3.96			3.96			
6.96	5.04	8.04	9.96	3.96		2.04	8.04		2.04
20.04	12.00	16.20	8.04	6.00	3.96	21.96	9.96	2.04	9.96
3.96	0.96	3.96	6.00				2.04		6.00
5.04	8.04	3.96	12.00	8.04		8.04	2.04	6.00	2.04
6.00	5.04	3.96	8.04	9.96		2.04	2.04	3.96	6.00
		2.04							
3.96	2.04	6.00	9.96	3.96	2.04	6.00	3.96	8.04	2.04
0.96	0.96	2.04		2.04				2.04	
5.04			3.96	3.96	3.96				2.04
0.96		3.96						2.04	
3.96		3.96	2.04					3.96	
0.96	0.96	2.04	2.04	3.96					
3.00	2.04	2.04	6.00				3.96		
8.04	3.96	14.04	26.04	3.96	2.04	3.96	21.96	14.04	3.96
12.00	6.00	26.04	20.04	8.04	12.00	2.04	9.96	3.96	3.96
6.96	2.04	6.00	6.00	2.04	2.04	3.96	6.00	6.00	2.04
3.00	3.96	6.00	9.96		2.04		3.96	2.04	
			3.96						
	0.96	2.04	3.96						2.04
3.96	3.96	9.96	2.04	9.96		2.04	3.96	2.04	
		2.04						3.96	6.00
		0.01		0.02					
9.00	3.00	9.96	6.00	2.04	3.96	14.04	6.00	2.04	15.96
24.00	9.00	24.00	30.00	24.00	12.00	3.96	12.00	14.04	3.96
			2.04						

2004年各市、县、区城镇居民家

项　目		全　省	广州市	韶关市	深圳市	珠海市	汕头市	佛山市	湛江市	肇庆市
摩托车	（辆）	76.91	20.67	56.00	6.90	9.00	94.00	139.00	67.00	108.00
自行车	（辆）	121.21	78.00	115.00	75.71	89.00	97.00	107.00	151.00	134.00
助力车	（辆）	3.05		2.00	1.60	4.00	2.00	3.00	7.00	3.00
家用汽车	（辆）	6.56	4.00	1.00	17.11	6.00	1.00	8.00		6.00
洗衣机	（台）	97.36	100.33	94.00	98.64	94.00	98.00	97.00	98.00	85.00
电风扇	（台）	297.33	287.00	290.00	227.54	247.00	216.00	334.00	269.00	320.00
电冰箱	（台）	93.42	102.00	94.00	106.74	99.00	91.00	102.00	92.00	92.00
冰柜	（台）	0.87		2.00	5.96				1.00	1.00
彩色电视机	（台）	154.69	162.67	145.00	160.26	165.00	143.00	167.00	134.00	147.00
影碟机	（台）	85.64	91.33	78.00	93.49	84.00	91.00	91.00	84.00	73.00
录音机	（台）	50.43	51.00	24.00	52.16	45.00	53.00	51.00	57.00	50.00
录放像机	（台）	17.97	26.33	9.00	13.69	19.00	9.00	16.00	5.00	14.00
家用电脑	（台）	64.28	84.00	32.00	90.56	70.00	48.00	79.00	42.00	49.00
组合音响	（台）	54.33	61.67	38.00	67.20	55.00	48.00	66.00	36.00	54.00
摄像机	（架）	4.83	5.67	2.00	16.71	3.00	1.00	3.00	1.00	2.00
照相机	（架）	64.68	87.67	53.00	103.09	69.00	44.00	85.00	45.00	51.00
钢琴	（架）	3.50	5.00	2.00	9.34	5.00	3.00	1.00		2.00
其他中高档乐器	（件）	9.24	14.33	10.00	12.06	23.00	10.00	8.00	7.00	5.00
微波炉	（台）	58.65	68.67	35.00	70.76	62.00	61.00	74.00	37.00	49.00
空调器	（台）	155.95	192.33	126.00	248.74	204.00	123.00	185.00	92.00	138.00
取暖器	（台）	11.81	15.67	32.00	14.30	19.00	7.00	14.00	1.00	5.00
电炊具	（台）	116.45	142.67	124.00	90.84	97.00	104.00	163.00	73.00	67.00
淋浴热水器	（台）	105.16	100.33	97.00	105.60	101.00	99.00	106.00	100.00	103.00
排油烟机	（台）	80.43	86.67	71.00	95.66	88.00	73.00	70.00	81.00	69.00
消毒碗柜	（台）	78.75	78.33	70.00	75.93	77.00	73.00	92.00	83.00	68.00
洗碗机	（台）	1.08	0.67		4.13		1.00	1.00		
饮水机	（台）	38.57	46.67	22.00	42.29	77.00	7.00	21.00	28.00	29.00
吸尘器	（台）	10.75	19.67	4.00	23.30	11.00	4.00	11.00	4.00	5.00
健身器材	（套）	7.41	7.00	6.00	8.26	5.00	5.00	9.00	5.00	6.00
普通电话	（部）	102.38	103.33	101.00	105.13	103.00	100.00	99.00	99.00	100.00
移动电话	（部）	170.86	197.33	130.00	203.56	194.00	138.00	186.00	125.00	145.00
传真机	（部）	2.51	3.33	1.00	7.09	4.00	1.00	3.00		1.00

庭平均每百户年末消费品拥有量

惠州市	梅州市	东莞市	佛山市 顺德	江门市 鹤山	湛江市 廉江	茂名市 电白	梅州市 兴宁	清远市 连州	揭阳市 普宁
57. 00	85. 00	180. 00	136. 00	84. 00	104. 00	96. 00	98. 00	42. 00	42. 00
82. 00	196. 00	152. 00	102. 00	134. 00	184. 00	128. 00	234. 00	148. 00	182. 00
4. 00	9. 00	4. 00			6. 00	4. 00			6. 00
6. 00		32. 00	28. 00	2. 00	2. 00	2. 00		2. 00	
98. 00	93. 00	118. 00	110. 00	110. 00	92. 00	88. 00	98. 00	84. 00	100. 00
272. 00	341. 00	324. 00	344. 00	336. 00	294. 00	276. 00	414. 00	372. 00	212. 00
99. 00	83. 00	132. 00	106. 00	96. 00	30. 00	66. 00	58. 00	80. 00	56. 00
		4. 00		2. 00			4. 00	2. 00	2. 00
159. 00	153. 00	192. 00	164. 00	150. 00	118. 00	122. 00	154. 00	154. 00	132. 00
84. 00	71. 00	98. 00	98. 00	82. 00	64. 00	74. 00	96. 00	92. 00	86. 00
50. 00	46. 00	66. 00	48. 00	62. 00	50. 00	44. 00	48. 00	48. 00	26. 00
10. 00	22. 00	38. 00	12. 00	8. 00	4. 00	10. 00	20. 00	16. 00	10. 00
62. 00	39. 00	108. 00	84. 00	62. 00	30. 00	40. 00	36. 00	34. 00	28. 00
58. 00	42. 00	80. 00	58. 00	60. 00	30. 00	32. 00	54. 00	56. 00	32. 00
6. 00		22. 00	6. 00				2. 00	4. 00	6. 00
54. 00	40. 00	106. 00	68. 00	60. 00	22. 00	14. 00	38. 00	38. 00	18. 00
6. 00	3. 00	10. 00	2. 00	8. 00				2. 00	2. 00
4. 00	2. 00	8. 00	22. 00	18. 00	4. 00	6. 00	10. 00	4. 00	2. 00
57. 00	58. 00	90. 00	60. 00	30. 00	36. 00	26. 00	54. 00	20. 00	32. 00
160. 00	113. 00	258. 00	200. 00	116. 00	44. 00	58. 00	86. 00	106. 00	78. 00
5. 00	2. 00	20. 00	26. 00	18. 00	2. 00		14. 00	34. 00	
111. 00	94. 00	154. 00	166. 00	144. 00	66. 00	62. 00	116. 00	138. 00	58. 00
108. 00	101. 00	122. 00	138. 00	98. 00	108. 00	112. 00	94. 00	108. 00	112. 00
84. 00	76. 00	98. 00	94. 00	62. 00	76. 00	72. 00	80. 00	68. 00	96. 00
85. 00	73. 00	76. 00	102. 00	76. 00	96. 00	64. 00	86. 00	74. 00	82. 00
		8. 00							
36. 00	55. 00	68. 00	34. 00	70. 00	58. 00	28. 00	54. 00	12. 00	16. 00
7. 00	3. 00	18. 00	14. 00	6. 00	2. 00	4. 00	2. 00	4. 00	
5. 00	2. 00	26. 00	8. 00	6. 00	2. 00	6. 00	8. 00	10. 00	
104. 00	99. 00	112. 00	118. 00	100. 00	104. 00	100. 00	104. 00	98. 00	100. 00
178. 00	140. 00	264. 00	226. 00	194. 00	120. 00	102. 00	148. 00	152. 00	114. 00
1. 00		8. 00	8. 00						2. 00

项　　目		全　省	广州市	韶关市
调查户数		**1600.0**	**300.0**	**100.0**
现住房总建筑面积	(平方米/人)	32.5	22.5	24.8
现住房屋总使用面积	(平方米/人)	25.1	17.6	21.4
房屋产权	(%)	100.0	100.0	100.0
租赁公房		8.3	15.0	15.0
租赁私房		1.1	1.0	2.0
原有私房		19.8	12.0	9.0
房改私房		49.7	56.0	61.0
商品房		18.4	16.0	13.0
其他		2.6		
住宅建筑式样	(%)	100.0	100.0	100.0
单栋住宅		12.2	1.3	1.0
四居室		5.7	2.0	3.0
三居室		37.6	24.3	34.0
二居室		33.0	54.0	45.0
一居室		4.9	11.0	9.0
普通楼房		4.8	5.0	3.0
平房及其他		1.9	2.3	5.0
用水情况	(%)	100.0	100.0	100.0
独用自来水		98.2	99.7	94.0
公用自来水		1.8	0.3	6.0
井、河水				
其他				
卫生设备	(%)	100.0	100.0	100.0
无卫生设备		1.3	3.0	3.0
有厕所浴室		92.3	95.0	84.0
有厕所无浴室		4.5		12.0
公用		1.9	2.0	1.0
炊用燃料使用情况	(%)	100.0	100.0	100.0
管道煤气		19.2	37.0	9.0
液化石油气		79.5	62.7	90.0
煤		1.1		1.0
其他		0.2	0.3	
通信设备使用情况				
有无电话	(%)	100.0	100.0	100.0
是		0.2		
否		99.8	100.0	100.0
独用电话	(线/百户)	102.4	103.3	101.0
移动电话	(部/百户)	170.9	197.3	130.0
使用互联网	(条/百户)	0.3	0.5	

城镇居民年末居住情况

深圳市	珠海市	汕头市	佛山市	湛江市	肇庆市
100.0	**100.0**	**100.0**	**100.0**	**100.0**	**100.0**
26.5	27.3	23.4	28.9	27.4	26.9
19.9	23.4	18.2	22.7	20.6	22.4
100.0	100.0	100.0	100.0	100.0	100.0
	2.0	4.0	15.0	4.0	4.0
1.8	4.0	3.0	1.0		
	13.0	9.0	5.0	6.0	10.0
63.0	40.0	50.0	61.0	75.0	56.0
29.5	41.0	22.0	18.0	15.0	26.0
5.7		12.0			4.0
100.0	100.0	100.0	100.0	100.0	100.0
	7.0	1.0		1.0	1.0
15.1	8.0		8.0		15.0
56.6	54.0	25.0	36.0	51.0	51.0
25.7	20.0	57.0	47.0	45.0	21.0
0.9	3.0	9.0	6.0	1.0	2.0
1.7	7.0	6.0	1.0	1.0	7.0
	1.0	2.0	2.0	1.0	3.0
100.0	100.0	100.0	100.0	100.0	100.0
89.3	98.0	99.0	100.0	100.0	95.0
10.7	1.0	1.0			5.0
	1.0				
100.0	100.0	100.0	100.0	100.0	100.0
0.9				1.0	3.0
91.8	99.0	97.0	96.0	96.0	66.0
4.9		1.0	4.0		30.0
2.4	1.0	2.0		3.0	1.0
100.0	100.0	100.0	100.0	100.0	100.0
42.0	3.0	15.0	46.0	2.0	5.0
58.0	97.0	85.0	54.0	98.0	95.0
100.0	100.0	100.0	100.0	100.0	100.0
		1.0		1.0	
100.0	100.0	99.0	100.0	99.0	100.0
105.1	103.0	100.0	99.0	99.0	100.0
203.6	194.0	138.0	186.0	125.0	145.0
0.5	0.5	0.3	0.4	0.1	0.1

项　　目		惠州市	梅州市	东莞市
调查户数		**100.0**	**100.0**	**50.0**
现住房总建筑面积	（平方米/人）	34.9	37.5	54.4
现住房屋总使用面积	（平方米/人）	26.8	28.3	41.6
房屋产权	（%）	100.0	100.0	100.0
租赁公房		4.0	4.0	
租赁私房		2.0		
原有私房		4.0	36.0	38.0
房改私房		60.0	46.0	34.0
商品房		26.0	12.0	28.0
其他		4.0	2.0	
住宅建筑式样	（%）	100.0	100.0	100.0
单栋住宅		2.0	22.0	36.0
四居室		12.0	5.0	8.0
三居室		67.0	46.0	52.0
二居室		18.0	11.0	4.0
一居室				
普通楼房		1.0	14.0	
平房及其他			2.0	
用水情况	（%）	100.0	100.0	100.0
独用自来水		100.0	94.0	100.0
公用自来水			6.0	
井、河水				
其他				
卫生设备	（%）	100.0	100.0	100.0
无卫生设备				
有厕所浴室		30.0	95.0	100.0
有厕所无浴室		69.0		
公用		1.0	5.0	
炊用燃料使用情况	（%）	100.0	100.0	100.0
管道煤气		34.0	3.0	6.0
液化石油气		66.0	91.0	94.0
煤			6.0	
其他				
通信设备使用情况				
有无电话	（%）	100.0	100.0	100.0
是				
否		100.0	100.0	100.0
独用电话	（线/百户）	104.0	99.0	112.0
移动电话	（部/百户）	178.0	140.0	264.0
使用互联网	（条/百户）	0.3	0.2	0.4

续上表

佛山市顺德	江门市鹤山	湛江市廉江	茂名市电白	梅州市兴宁	清远市连州	揭阳市普宁
50.0	**50.0**	**50.0**	**50.0**	**50.0**	**50.0**	**50.0**
47.9	33.2	48.1	44.3	32.5	43.0	31.3
37.4	25.0	36.4	33.3	26.2	32.9	23.5
100.0	100.0	100.0	100.0	100.0	100.0	100.0
		14.0	12.0	8.0	4.0	2.0
			2.0	4.0	4.0	2.0
18.0	2.0	72.0	46.0	20.0	44.0	10.0
14.0	56.0	14.0	40.0	26.0	30.0	34.0
56.0	42.0			40.0	2.0	52.0
12.0				2.0	16.0	
100.0	100.0	100.0	100.0	100.0	100.0	100.0
32.0		56.0	36.0	10.0	40.0	
8.0	34.0	2.0	6.0	24.0	4.0	14.0
46.0	32.0	14.0	34.0	42.0	36.0	56.0
10.0	34.0	24.0	8.0	10.0	12.0	22.0
2.0		4.0			6.0	
2.0			10.0	8.0	2.0	6.0
			6.0	6.0		2.0
100.0	100.0	100.0	100.0	100.0	100.0	100.0
100.0	100.0	100.0	100.0	100.0	100.0	100.0
100.0	100.0	100.0	100.0	100.0	100.0	100.0
			2.0		2.0	
100.0	92.0	100.0	92.0	100.0	98.0	26.0
	8.0					74.0
			6.0			
100.0	100.0	100.0	100.0	100.0	100.0	100.0
6.0						
94.0	100.0	98.0	98.0	84.0	94.0	100.0
		2.0	2.0	16.0	4.0	
					2.0	
100.0	100.0	100.0	100.0	100.0	100.0	100.0
					2.0	
100.0	100.0	100.0	100.0	100.0	98.0	100.0
118.0	100.0	104.0	100.0	104.0	98.0	100.0
226.0	194.0	120.0	102.0	148.0	152.0	114.0
0.4	0.2		0.1	0.2	0.2	0.1

历年各省、市、区城镇居

单位：元

地　区	1992	1993	1994	1995	1996	1997
北　京	2363.68	3296.00	4731.22	5868.32	6885.56	7813.16
天　津	2080.08	2579.06	3724.75	4626.40	5525.48	6608.39
河　北	1689.48	2114.79	2906.42	3592.46	4072.24	4958.67
山　西	1420.63	1714.87	2245.54	2927.15	3290.91	3989.92
内蒙古	1344.47	1712.06	2275.47	2587.02	3101.73	3944.67
辽　宁	1738.57	2065.01	2750.73	3306.51	3746.13	4518.10
吉　林	1470.84	1761.04	2311.48	2914.07	3453.70	4190.58
黑龙江	1428.45	1745.51	2317.58	2968.38	3324.84	4090.72
上　海	2009.00	4277.00	5868.00	7172.00	8159.00	8439.00
江　苏	1937.35	2525.80	3461.12	4209.05	4688.80	5765.20
浙　江	2414.90	3370.92	4690.50	5718.16	6345.32	7358.72
安　徽	1622.72	2025.74	2766.56	3405.98	4027.16	4599.27
福　建	2021.28	2525.25	3267.63	4023.88	4586.01	6143.64
江　西	1372.04	1725.99	2521.12	3046.08	3401.57	4071.32
山　东	1836.48	2338.00	3198.92	3953.04	4494.00	5190.79
河　南	1459.15	1792.88	2398.35	3029.47	3450.11	4093.62
湖　北	1674.89	2191.16	3005.09	3605.96	3854.62	4673.15
湖　南	1803.77	2311.55	3365.47	4069.63	4280.14	5209.74
广　东	3183.78	4277.23	5877.14	6849.65	7487.89	8561.71
广　西	1886.01	2611.76	3560.34	4288.98	4457.88	5110.29
海　南	2094.72	2774.35	3556.24	4345.72	4436.37	4849.93
重　庆	2195.33	2780.62	3634.33	4375.43	5022.96	5322.66
四　川	1791.72	2179.20	2980.57	3586.35	4000.26	4763.26
贵　州	1637.46	2006.53	2803.28	3426.70	3675.04	4441.91
云　南	1848.23	2375.66	3109.96	3683.78	4466.46	5558.29
西　藏	2208.38		3595.60		5912.29	
陕　西	1560.52	1920.00	2468.54	3048.18	3487.57	4001.30
甘　肃	1567.21	1839.37	2457.35	2893.59	3108.25	3592.43
青　海	1610.15	1917.63	2576.42	3051.57	3571.65	3999.36
宁　夏	1603.00	1906.87	2657.66	3026.47	3276.58	3836.54
新　疆	1753.14	2215.32	2868.97	3852.85	4275.23	4844.72

民家庭人均可支配收入

1998	1999	2000	2001	2002	2003	2004
8471.98	9182.76	10349.69	11577.80	12963.92	13882.62	15637.84
7110.54	7649.83	8140.50	8958.70	9337.56	10312.91	11467.16
5084.64	5365.03	5661.16	5984.80	6679.68	7239.06	7951.31
4098.73	4342.61	4724.11	5391.10	6234.36	7005.03	7902.86
4353.02	4770.53	5129.05	5535.90	6051.00	7012.90	8122.99
4617.24	4898.61	5357.79	5797.00	6524.52	7240.58	8007.56
4206.64	4480.01	4810.00	5340.50	6260.16	7005.17	7840.61
4268.50	4595.14	4912.88	5425.90	6100.56	6678.90	7470.71
8773.00	10932.00	11718.00	12883.00	13250.00	14867.49	16682.82
6017.85	6538.20	6800.23	7375.10	8177.64	9262.46	10481.93
7836.76	8427.95	9279.16	10464.70	11715.60	13179.53	14546.38
4770.47	5064.60	5293.55	5668.80	6032.40	6778.03	7511.43
6485.63	6859.81	7432.26	8313.10	9189.36	9999.54	11175.37
4251.42	4720.58	5103.58	5506.00	6335.64	6901.42	7559.64
5380.08	5808.96	6280.00	7101.10	7614.36	8399.91	9437.80
4219.42	4532.36	4766.30	4766.26	6245.40	6926.12	7704.90
4826.36	5212.82	5524.50	5856.00	6788.52	7321.98	8022.75
5434.26	5815.37	6218.70	6780.60	6958.56	7674.20	8617.48
8839.68	9125.20	9761.60	10415.20	11137.70	12380.43	13627.65
5412.24	5619.54	5834.40	6665.70	7315.32	7785.04	8689.99
4852.87	5338.31	5358.30	5838.80	6822.72	7259.25	7735.78
5466.57	5895.97	6276.00	6721.10	7238.04	8093.67	9220.96
5127.08	5477.89	5894.30	6360.50	6610.80	7041.87	7709.87
4565.39	4934.04	5122.20	5451.90	5944.08	6569.23	7322.05
6042.78	6178.68	6324.60	6797.70	7240.56	7643.57	8870.88
	6908.67	7426.30	7869.20	8079.12	8765.45	9167.42
4220.24	4654.06	5124.20	5483.70	6330.84	6806.35	7492.47
4009.61	4475.23	4916.30	5382.90	6151.44	6617.24	7376.74
4240.13	4703.44	5170.00	5853.70	6170.52	6745.32	7319.67
4112.41	4472.91	4912.40	5544.20	6067.44	6530.48	7217.87
5000.79	5319.76	5644.90	6395.00	6899.64	7173.54	7503.42

2004 年各省、市、区城镇居民家庭人均现金收入

单位：元

地区	一、家庭总收入	工薪收入	经营净收入	财产性收入	转移性收入	二、出售财物收入	三、借贷收入
全国	10128.51	7152.76	493.87	161.15	2320.73	176.82	2831.44
北京	17116.46	11590.45	177.54	146.45	5202.02	65.10	4682.97
天津	12279.73	7508.72	600.40	123.55	4047.06	743.13	5312.91
河北	8381.42	5589.89	334.28	108.97	2348.28	138.35	2293.25
山西	8428.81	6338.80	335.91	141.19	1612.92	26.75	1993.66
内蒙古	8488.13	5893.79	757.82	98.59	1737.93	90.94	1894.18
辽宁	8706.46	5806.05	333.47	79.35	2487.58	137.11	1827.99
吉林	8226.78	5447.36	791.60	69.69	1918.14	55.49	1497.34
黑龙江	7803.41	5031.88	611.30	46.04	2114.18	60.67	927.34
上海	18501.66	13156.67	506.77	214.74	4623.47	2078.62	5374.02
江苏	11236.68	6869.00	752.10	202.02	3413.56	180.03	2424.89
浙江	15881.63	10752.74	1336.37	383.55	3408.98	596.30	4204.48
安徽	7993.55	5583.71	513.20	117.96	1778.68	125.23	1556.20
福建	12117.93	7996.08	729.86	347.97	3044.02	53.59	4662.61
江西	7876.70	5541.74	433.67	88.52	1812.77	20.07	1287.23
山东	10187.12	8327.11	299.94	116.84	1443.23	23.67	5618.86
河南	8073.36	5322.07	429.33	126.04	2195.92	43.18	1305.56
湖北	8522.06	6390.81	291.87	122.72	1716.66	46.01	1699.60
湖南	9190.21	6807.36	494.07	92.90	1795.88	31.70	2158.11
广东	14953.39	11646.42	738.35	371.29	2197.34	95.34	5131.11
广西	9324.00	6737.70	341.90	174.20	2070.21	3.62	1915.95
海南	8121.85	5599.27	261.99	267.81	1992.78	67.83	1349.48
重庆	9910.09	7162.69	228.53	109.67	2409.20	101.37	2265.34
四川	8261.44	5461.35	439.25	197.40	2163.45	178.75	2382.32
贵州	7518.72	5135.14	576.33	54.21	1753.04	19.85	1114.84
云南	9546.29	6138.33	518.17	334.41	2555.38	73.19	3570.75
西藏	10474.95	10284.58	45.45	1.41	143.50		465.88
陕西	8043.23	5725.33	201.25	138.45	1978.20	23.00	2195.87
甘肃	7990.65	6087.37	330.43	53.37	1519.49	205.43	2536.38
青海	7785.09	5022.57	299.21	67.25	2396.05	140.73	3736.49
宁夏	7748.53	5166.44	495.12	60.03	2026.93	120.98	3020.23
新疆	8201.82	6394.50	371.74	62.95	1372.63	45.89	1417.75

2004年各省、市、区城镇居民家庭人均现金支出

单位：元

地区	一、家庭总支出	消费性支出	购房与建房支出	转移性支出	财产性支出	社会保障支出	二、借贷支出
全国	9714.02	7182.10	801.48	1116.84	15.07	598.53	3091.96
北京	16162.29	12200.40	1580.43	1212.81	13.69	1154.96	4854.34
天津	13322.83	8802.44	2762.24	1039.75	8.86	709.54	4009.44
河北	7747.18	5819.18	670.96	893.97	5.50	357.57	2875.99
山西	7977.69	5654.15	534.37	1322.62	2.42	464.14	2248.19
内蒙古	7917.48	6219.26	373.86	1021.60	2.39	300.38	2393.60
辽宁	8862.67	6543.28	582.18	1115.02	11.81	610.38	1621.94
吉林	7648.88	6068.99	190.49	1064.49	0.25	324.66	2015.85
黑龙江	7052.19	5567.53	221.30	975.65	1.62	286.09	1593.27
上海	20272.23	12631.03	4651.14	1415.95	53.96	1520.14	4141.96
江苏	10139.89	7332.26	1043.61	1111.79	11.25	640.98	3116.81
浙江	15219.75	10636.14	1844.38	1601.81	48.35	1089.06	4932.51
安徽	7845.57	5711.33	480.73	1212.22	14.37	426.91	1632.54
福建	10858.22	8161.15	651.93	1221.76	15.75	807.62	5501.15
江西	6849.30	5337.84	222.94	1017.26	1.90	269.36	2060.81
山东	9025.61	6673.75	495.84	1174.46	2.99	678.58	6833.92
河南	6734.01	5294.19	294.52	833.43	4.74	307.13	2506.71
湖北	8076.12	6398.52	242.78	1007.78	0.39	426.65	2113.31
湖南	9448.20	6884.61	575.28	1494.51	2.59	491.21	1733.76
广东	14341.36	10694.79	1054.26	1497.61	47.85	1046.86	5235.09
广西	8230.69	6445.73	387.79	874.60	0.22	522.35	2640.73
海南	7345.90	5802.40	249.24	988.29		305.98	2171.67
重庆	10235.87	7973.05	680.67	912.90	80.88	588.37	1651.89
四川	8775.82	6371.14	930.13	948.24	31.15	495.16	1730.55
贵州	6799.94	5494.45	179.93	947.08	2.28	176.20	1496.31
云南	8716.40	6837.01	317.73	996.71	3.82	561.13	4146.60
西藏	10445.38	8446.24	1.77	732.93	1.51	1262.94	509.87
陕西	8315.11	6233.07	759.68	836.64	1.50	484.21	1727.27
甘肃	8001.65	5937.30	664.92	843.76	1.28	554.40	2548.56
青海	7616.90	5758.95	570.27	859.97	3.07	424.65	3977.70
宁夏	8301.16	5821.38	1020.39	961.47	15.24	482.68	2586.17
新疆	7425.28	5773.62	210.93	802.63	0.63	637.46	1987.97

2004年各省、市、区城镇

单位：元

地　区	消费性支出	食品	衣着	家庭设备用品及服务
全　国	7182.10	2709.60	686.79	407.37
北　京	12200.40	3925.54	1062.47	823.84
天　津	8802.44	3278.24	624.61	497.48
河　北	5819.18	2142.36	630.93	343.21
山　西	5654.15	1917.75	747.43	314.82
内蒙古	6219.26	2024.87	897.88	360.31
辽　宁	6543.28	2643.95	651.66	276.89
吉　林	6068.99	2180.09	739.52	254.33
黑龙江	5567.53	1972.24	719.28	215.07
上　海	12631.03	4593.32	796.72	780.26
江　苏	7332.26	2931.70	610.96	493.53
浙　江	10636.14	3851.23	941.80	596.62
安　徽	5711.33	2509.02	637.88	257.01
福　建	8161.15	3394.63	598.37	435.32
江　西	5337.84	2296.48	513.57	328.18
山　东	6673.75	2310.66	829.22	457.33
河　南	5294.19	1855.44	650.30	332.06
湖　北	6398.52	2516.20	710.96	334.12
湖　南	6884.61	2479.58	689.48	388.15
广　东	10694.79	3953.30	620.07	592.66
广　西	6445.73	2727.09	423.17	397.33
海　南	5802.40	2722.84	300.17	302.41
重　庆	7973.05	3015.32	779.68	474.15
四　川	6371.14	2560.35	557.94	384.08
贵　州	5494.45	2260.46	585.18	286.56
云　南	6837.01	2895.60	651.72	302.04
西　藏	8446.24	3881.76	1092.12	452.71
陕　西	6233.07	2236.48	609.33	409.00
甘　肃	5937.30	2204.04	736.19	336.20
青　海	5758.95	2056.06	621.98	438.44
宁　夏	5821.38	2156.34	636.81	364.07
新　疆	5773.62	2083.13	766.73	292.14

居民家庭人均消费性支出

医疗保健	交通通讯	娱乐教育文化及服务	居住	杂项商品及服务
528.15	843.62	1032.80	733.53	240.24
1182.81	1562.19	2115.89	1065.67	461.98
823.99	787.71	1232.38	1230.17	327.86
550.29	595.95	682.87	705.18	168.39
401.75	587.00	901.40	614.20	169.80
473.64	699.66	858.38	627.02	277.50
541.26	652.40	845.37	661.80	269.96
527.32	643.16	795.04	700.04	229.51
537.44	548.39	762.49	611.44	201.18
761.70	1702.86	2195.15	1326.69	474.33
496.77	765.17	1031.14	760.71	242.28
828.81	1419.09	1681.09	971.33	346.17
395.74	564.92	623.48	534.30	188.99
476.75	1055.59	1050.30	869.25	280.93
268.11	498.45	785.66	505.47	141.93
484.42	801.23	983.07	601.54	206.28
436.53	569.85	694.56	578.60	176.84
461.40	600.48	938.62	641.62	195.12
475.61	881.89	1091.29	640.73	237.87
649.70	1754.12	1577.70	1205.12	342.11
461.67	584.12	960.77	660.26	231.31
350.17	701.92	686.75	564.86	173.29
537.95	865.45	1200.52	903.22	196.77
433.36	769.24	874.37	600.67	191.15
301.26	601.08	793.40	468.21	198.30
623.22	882.19	725.08	592.93	164.21
327.27	1194.00	604.22	495.16	398.99
513.27	583.19	1025.76	646.92	209.10
411.95	601.16	853.31	572.49	221.96
451.95	566.97	746.89	664.20	212.47
440.77	646.97	651.14	660.19	265.08
375.18	615.19	840.59	566.99	233.66

历年各省、市、区城镇居

单位：元

地　区	1992	1993	1994	1995	1996	1997
北　京	2134.83	2939.60	4134.04	5019.77	5729.52	6531.81
天　津	1907.17	2322.19	3301.37	4064.10	4679.61	5204.19
河　北	1546.93	1897.94	2512.84	3161.99	3424.35	4003.71
山　西	1302.59	1559.68	2043.34	2640.73	3035.59	328.71
内蒙古	1253.70	1584.84	2110.91	2482.15	2767.84	3032.30
辽　宁	1639.36	1976.56	2587.83	3113.39	3493.02	3719.91
吉　林	1374.68	1595.95	2096.44	2597.96	3037.32	3408.03
黑龙江	1377.96	1660.13	2164.32	21776.49	3110.92	3213.42
上　海	2509.49	3530.07	4668.96	5868.11	6763.12	6819.94
江　苏	1769.36	2310.51	3079.75	3772.28	4057.50	4533.57
浙　江	2154.14	2855.92	4078.64	5263.41	5764.27	6170.14
安　徽	1520.81	1846.14	2550.97	3161.41	3607.43	3693.55
福　建	1884.11	2340.57	3157.21	3848.11	4248.47	4935.95
江　西	1253.07	1577.18	2200.08	2712.44	2942.11	3199.61
山　东	1598.89	1946.83	2635.21	3285.50	3770.99	4040.63
河　南	1342.58	1609.24	2155.15	2673.95	3009.35	3378.02
湖　北	1577.68	2047.89	2733.10	2433.70	3713.51	3855.59
湖　南	1653.86	2086.95	3138.15	3885.64	4098.26	4317.16
广　东	2830.62	3777.43	5181.30	6253.68	6736.09	6853.48
广　西	1739.89	2303.03	3326.82	4045.83	4339.42	4452.70
海　南	1851.08	2403.81	3013.74	3760.29	3815.28	3908.57
重　庆	1928.63	2397.08	3126.56	4051.53	4467.12	4919.63
四　川	1651.41	2034.00	2806.08	3429.00	3787.59	4092.59
贵　州	1564.34	1876.24	2531.78	3250.55	3572.78	3555.69
云　南	1704.15	2186.30	2843.68	3448.27	4007.48	4537.08
西　藏	1886.68		3093.90		4536.68	
陕　西	1405.25	1714.01	2245.66	2837.69	3211.24	3462.33
甘　肃	1457.40	1679.74	2209.08	2617.74	2838.52	2946.27
青　海	1533.43	1869.60	2422.06	2870.07	3177.78	3300.49
宁　夏	1505.64	1877.41	2477.76	2865.71	3038.95	3271.32
新　疆	1490.54	1834.72	2478.51	3186.76	3457.14	3887.06

民家庭人均消费性支出

1998	1999	2000	2001	2002	2003	2004
6970.32	7498.48	8493.50	8922.70	10284.60	11123.84	12200.40
5471.01	5851.53	6121.04	6987.20	7191.96	7867.53	8802.44
3834.43	4026.30	4348.47	4479.80	5069.28	5439.77	5819.18
3267.70	3492.98	3941.87	4123.00	4710.96	5105.38	5654.15
3105.74	3468.99	3927.25	4195.60	4859.88	5419.14	6219.26
3890.74	3989.93	4356.06	4654.40	5342.64	6077.92	6543.28
3449.74	3661.68	4020.87	4337.20	4973.88	5492.10	6068.99
3303.15	3481.74	3824.44	4192.40	4462.08	5015.19	5567.53
6866.41	8247.69	8868.19	9336.10	10464.00	11040.34	12631.03
4889.43	5010.91	5323.18	5532.70	6042.60	6708.58	7332.26
6217.93	6521.54	7020.22	7952.40	8713.08	9712.89	10636.14
3777.41	3901.81	4232.98	4517.70	4736.52	5064.34	5711.33
5181.45	5266.69	5638.74	6015.10	6631.68	7356.26	8161.15
3266.81	3482.33	3623.56	3894.50	4549.32	4914.55	5337.84
4143.96	4515.05	5222.00	5252.40	5596.32	6069.35	6673.75
3415.65	3497.53	3830.71	4110.20	4504.68	4941.60	5294.19
4074.38	4340.55	4644.50	4804.80	5608.92	5963.25	6398.52
4370.95	4799.51	5218.79	5546.20	5574.72	6082.62	6884.61
7054.09	7517.81	8016.91	8099.60	8988.48	9636.27	10694.79
4381.09	4587.22	4852.31	5224.70	5413.44	5763.50	6445.73
3832.44	4017.55	4082.56	4367.90	5459.64	5502.43	5802.40
4956.80	5376.69	6471.70	5724.90	6360.20	7118.06	7973.05
4382.59	4499.19	4855.78	5176.20	5413.08	5759.21	6371.14
3799.38	3964.35	4278.28	4273.90	4598.28	4948.98	5494.45
5032.67	4941.26	5185.31	5252.60	5827.92	6023.56	6837.01
	5309.12	5554.42	5994.40	6952.44	8045.34	8446.24
3538.52	3953.25	4276.67	4637.70	5378.04	566.54	6233.07
3099.36	3681.50	4126.47	4420.30	5064.24	5298.51	5937.30
3580.47	3903.76	4185.73	4698.60	5042.52	5400.24	5758.95
3379.82	3547.19	4200.50	4595.40	5104.92	5330.34	5821.38
3714.10	4163.98	4422.93	4931.40	5636.40	5540.61	5773.62

主要统计指标解释

城镇居民家庭可支配收入 是指居民家庭在支付个人所得税和交纳的社会保障支出之后，所余下的实际收入。即用实际收入减掉个人所得税减掉个人交纳的社会保障支出以及记帐补贴。

城镇居民家庭消费性支出 是指调查户用于日常生活的全部支出，包括购买各种商品支出和文化生活、服务等非商品支出。

第三部分
各市社会经济发展主要指标

DI SAN BU FEN GE SHI SHE HUI JING JI FA ZHAN ZHU YAO ZHI BIAO

城市社会经济发展主要指标

指　　标		2000 年	2001 年	2002 年	2003 年	2004 年
土地面积	（平方公里）	18160	18784	24977	29150	31351
# 建成区面积		1442	1549	1929	2461	2326
年末总人口	（万人）	1923. 67	1982. 89	2434. 25	2899. 99	2982. 16
# 非农业人口		1175. 32	1216. 14	1542. 46	2383. 60	2485. 76
年末总户数	（万户）	538. 64	570. 42	716. 03	824. 18	849. 34
年末单位从业人员数	（万人）	620. 67	468. 15	510. 88	566. 16	617. 63
城镇私营和个体从业人员数	（万人）			375. 48	535. 87	609. 31
地区生产总值（当年价）	（亿元）	6364. 21	7280. 12	9339. 81	11756. 68	13965. 99
第一产业		237. 21	265. 62	367. 19	437. 99	468. 51
第二产业		3152. 91	3571. 98	4622. 04	6138. 53	7516. 67
# 工业			3139. 56	4121. 50	5520. 67	6801. 22
第三产业		2974. 09	3442. 53	4350. 60	5187. 95	5980. 80
地区生产总值构成	（%）	100	100. 0	100. 0	100. 0	100. 0
第一产业		3. 7	3. 6	3. 9	3. 7	3. 4
第二产业		49. 5	49. 1	49. 5	52. 2	53. 8
# 工业			43. 1	44. 1	47. 0	48. 7
第三产业		46. 7	47. 3	46. 6	44. 1	42. 8
工业企业数	（个）	11394	12024	16295	18574	20053
工业总产值（当年价）	（亿元）	9141. 93	10068. 38	13801. 33	19012. 96	23722. 04
内资企业		3171. 79	3252. 93	4970. 58	6490. 63	7871. 21
港、澳、台商投资企业		3587. 55	4163. 57	5270. 19	6803. 88	7837. 44
外商投资企业		2165. 58	2649. 88	3560. 57	5718. 45	7125. 40
产品销售收入	（亿元）	8960. 02	10134. 45	13847. 64	19160. 50	23478. 06
利润总额	（亿元）	515. 37	559. 95	713. 93	1015. 97	1259. 75
邮电业务总量	（亿元）	490. 55	484. 55	613. 80	643. 57	824. 82
# 邮政业务总量			43. 39	38. 93	39. 99	42. 26
电信业务总量			441. 16	574. 87	603. 58	782. 56
本地电话机用户数	（万户）	794. 84	996. 04	1326. 04	1789. 78	2174. 93
年末移动电话用户数	（万户）	1586. 54		2532. 06	3841. 21	4520. 13
国际互联网用户数	（万户）	351. 38		702. 71	756. 06	690. 15
全年供水量	（万立方米）	368859	464312	502732	597660	686098
# 生活用水量		229007	231211	220775	238951	286481

续上表

指　　标		2000 年	2001 年	2002 年	2003 年	2004 年
全年用电量	（亿千瓦时）	782.39	867.93	1239.33	1551.73	1821.61
#工业用电量		483.75	532.63	816.12	1015.02	1201.59
城乡居民生活用电量		140.35	149.78	171.15	191.04	193.70
全社会固定资产投资额	（亿元）	1771.15	2441.71	3030.65	3940.02	4617.89
房地产开发投资额	（亿元）	767.62	861.74	1045.84	1158.06	1266.43
#住宅		518.88	583.01	733.05	765.17	833.42
社会消费品零售总额	（亿元）	2556.72	2888.87	3618.88	4286.39	4876.75
外商直接投资						
新签项目（合同）数	（个）	9269	4385	5712	6327	7409
合同外资额	（亿美元）	67.29	103.09	132.93	176.95	163.61
实际利用外资额	（亿美元）	87.53	115.15	105.54	133.53	120.36
地方财政一般预算内收入	（亿元）	362.53	731.19	789.42	893.16	983.49
地方财政一般预算内支出	（亿元）	405.95	831.42	1016.60	1179.17	1317.71
教育事业费支出		72.03	72.21	89.71	153.39	223.03
城镇居民储蓄存款年末余额	（亿元）	5658.51	6677.55	9578.71	11637.33	13580.99
在岗职工平均人数	（万人）	462.08	456.08	481.15	552.17	601.13
在岗职工工资总额	（亿元）	794.84	879.47	1056.75	1286.07	1515.24
高等学校学校数	（所）	50	58	70	75	90
中等专业学校学校数	（所）	215	208	228	256	299
普通中学学校数	（所）	1032	1129	1410	1661	1533
小学学校数	（所）	4324	4372	5211	5946	4869
高等学校在校学生数	（人）	302660	388139	479390	585618	700295
中等专业学校在校学生数	（人）	227279	229447	225302	347782	372938
普通中学在校学生数	（万人）	121.93	137.05	181.95	221.60	205.38
小学在校学生数	（万人）	249.80	267.33	335.09	416.44	364.91
医院、卫生院数	（个）	675	798	899	811	1031
医生数	（个）	57619	63369	62934	60007	72312
每万人拥有医生数	（个）	29.95	31.97	25.85	20.69	24.25
年末实有铺装道路面积	（万平方米）	24981	20041	22856	28491	34821
园林绿地面积	（公顷）	132666	148538	160606	244124	257094
液化石油气供气总量	（万吨）	252.48	190.66	208.88	285.87	283.62

注：表中数据按各市的上报数汇总。

2004年各市土地面积和人口情况

市　　别	土地面积（平方公里）	年末总人口（万人）	非农业人口（万人）	非农业人口占总人口比重（%）	年出生人口（人）	年死亡人口（人）	年末总户数（户）
广　州	3719	599.91	473.28	78.9	51212	34132	187.61
深　圳	1953	165.14	164.77	99.8	19749	2335	52.04
珠　海	1688	86.17	86.17	100.0	8592	2541	24.29
汕　头	1956	480.27	480.27	100.0	53679	23560	105.04
佛　山	3848	350.89	350.89	100.0	35751	19477	103.96
韶　关	2856	90.09	59.95	66.5	10472	4847	29.10
河　源	450	28.69	28.45	99.2	3666	545	11.55
梅　州	298	30.61	23.53	76.9	2437	1499	9.54
惠　州	2672	111.57	63.47	56.9	10144	4376	33.23
汕　尾	150	45.72	45.72	100.0	6814	668	10.91
东　莞	2465	161.97	61.48	38.0	17312	7814	45.46
中　山	1800	139.45	59.59	42.7	14767	8366	38.79
江　门	1818	133.08	133.08	100.0	11604	8008	42.86
阳　江	658	63.31	44.19	69.8	7226	2697	18.72
湛　江	1460	144.17	77.62	53.8	17946	4744	41.15
茂　名	874	119.88	117.65	98.1	14682	3891	30.40
肇　庆	664	48.00	35.90	74.8	4214	2061	14.68
清　远	927	54.59	54.33	99.5	5182	4594	16.51
潮　洲	152	34.31	31.06	90.5	2321	1957	9.08
揭　阳	181	66.03	66.03	100.0	6269	3129	16.12
云　浮	762	28.32	28.32	100.0	2817	1259	8.30

2004 年各市从业人员数

单位：万人

市别	年末单位从业人员	第一产业	第二产业	第三产业	私营和个体从业人员	年末城镇登记失业人员
广州	180.53	0.89	79.06	100.58	105.92	6.26
深圳	137.04	0.70	74.99	61.35	149.15	2.61
珠海	41.28	0.90	29.81	10.57	31.44	1.11
汕头	29.22	0.05	11.43	17.74	41.06	1.68
佛山	48.99	0.06	26.30	22.63	97.80	2.85
韶关	11.96	0.06	6.72	5.18	9.96	
河源	5.88	0.03	3.17	2.68	1.22	0.35
梅州	4.45	0.07	1.34	3.04	2.36	0.26
惠州	40.30	0.08	31.33	8.89	15.70	0.89
汕尾	4.01	0.11	1.69	2.21		0.24
东莞	18.35	0.06	7.89	10.40	15.72	0.55
中山	18.15	0.04	10.74	7.37	82.62	1.34
江门	17.49	0.02	10.05	7.42	13.89	3.15
阳江	6.64	0.13	2.23	4.28	5.87	3.09
湛江	16.37	0.36	5.46	10.55	9.18	0.76
茂名	9.09	0.03	3.65	5.41	5.02	0.71
肇庆	9.84	0.03	5.46	4.35	4.62	0.51
清远	5.56	0.03	2.05	3.48	3.85	0.25
潮洲	4.91	0.01	2.36	2.54	7.07	0.44
揭阳	4.92	0.01	1.94	2.97	5.84	0.35
云浮	2.65	0.01	1.34	1.30	1.02	0.24

2004年各市单位从业人员产业构成

单位:%

市　　别	年末单位从业人员	第一产业	第二产业	第三产业
广　州	100.00	0.49	43.79	55.71
深　圳	100.00	0.51	54.72	44.77
珠　海	100.00	2.18	72.21	25.61
汕　头	100.00	0.17	39.12	60.71
佛　山	100.00	0.12	53.68	46.19
韶　关	100.00	0.50	56.19	43.31
河　源	100.00	0.51	53.91	45.58
梅　州	100.00	1.57	30.11	68.31
惠　州	100.00	0.20	77.74	22.06
汕　尾	100.00	2.74	42.14	55.11
东　莞	100.00	0.33	43.00	56.68
中　山	100.00	0.22	59.17	40.61
江　门	100.00	0.11	57.46	42.42
阳　江	100.00	1.96	33.58	64.46
湛　江	100.00	2.20	33.35	64.45
茂　名	100.00	0.33	40.15	59.52
肇　庆	100.00	0.30	55.49	44.21
清　远	100.00	0.58	36.84	62.58
潮　洲	100.00	0.20	48.07	51.73
揭　阳	100.00	0.20	39.43	60.37
云　浮	100.00	0.38	50.57	49.06

2004年各市地区生产总值及增长率

市　　别	地区生产总值（当年价格）（亿元）	第一产业	第二产业	工业	第三产业	人均GDP（元）	地区生产总值增长率（%）	人均GDP增长率（%）
广　州	3771.00	81.33	1598.22	1424.60	2091.45	63456	15.6	13.7
深　圳	3422.80	14.18	2108.14	1912.96	1300.48	59271	17.3	7.8
珠　海	546.28	18.63	311.44	261.35	216.20	41848	13.8	9.5
汕　头	596.68	48.83	301.40	279.68	246.46	12456	11.1	10.1
佛　山	1656.46	82.31	957.76	912.21	616.39	42658	16.3	14.3
韶　关	166.78	11.99	94.50	83.50	60.28	18614	12.8	13.2
河　源	34.73	2.38	19.21	13.35	13.14	11824	29.0	17.6
梅　州	48.81	2.24	31.26	29.00	15.31	15706	37.6	11.2
惠　州	415.06	19.87	272.98	236.58	122.20	37681	16.3	13.1
汕　尾	48.74	9.99	21.80	16.89	16.95	10193	26.1	12.6
东　莞	1155.30	27.74	640.60	599.51	486.96	71995	19.6	17.4
中　山	610.14	30.51	396.49	371.99	183.14	44006	18.7	16.0
江　门	408.11	22.74	194.29	183.24	191.08	30791	16.2	11.0
阳　江	118.49	21.74	44.28	28.80	52.47	18778	12.9	11.6
湛　江	325.19	18.18	193.69	170.51	113.32	24248	14.8	10.3
茂　名	246.55	21.14	128.52	113.64	96.90	20541	22.5	13.0
肇　庆	126.71	8.68	53.70	44.73	64.33	26468	11.9	12.7
清　远	65.67	9.71	32.64	20.70	23.31	12005	23.2	15.5
潮　洲	57.37	1.19	30.11	24.16	26.08	16714	8.0	10.7
揭　阳	101.85	6.15	64.11	58.87	31.58	15422	7.7	5.7
云　浮	43.27	7.93	21.52	14.94	13.82	15294	15.7	13.2

2004年各市地区生产总值产业构成

单位:%

市别	地区生产总值	第一产业	第二产业	工业	第三产业
广州	100.0	2.2	42.4	37.8	55.5
深圳	100.0	0.4	61.6	55.9	38.0
珠海	100.0	3.4	57.0	47.8	39.6
汕头	100.0	8.2	50.5	46.9	41.3
佛山	100.0	5.0	57.8	55.1	37.2
韶关	100.0	7.2	56.7	50.1	36.1
河源	100.0	6.9	55.3	38.4	37.8
梅州	100.0	4.6	64.0	59.4	31.4
惠州	100.0	4.8	65.8	57.0	29.4
汕尾	100.0	20.5	44.7	34.7	34.8
东莞	100.0	2.4	55.4	51.9	42.2
中山	100.0	5.0	65.0	61.0	30.0
江门	100.0	5.6	47.6	44.9	46.8
阳江	100.0	18.3	37.4	24.3	44.3
湛江	100.0	5.6	59.6	52.4	34.8
茂名	100.0	8.6	52.1	46.1	39.3
肇庆	100.0	6.9	42.4	35.3	50.8
清远	100.0	14.8	49.7	31.5	35.5
潮洲	100.0	2.1	52.5	42.1	45.5
揭阳	100.0	6.0	62.9	57.8	31.0
云浮	100.0	18.3	49.7	34.5	31.9

2004 年各市工业企业数和工业总产值

市　　别	工业企业数（个）	内资企业	港澳台商投资企业	外商投资企业	工业总产值（当年价）（亿元）	内资企业	港澳台商投资企业	外商投资企业
广　州	3657	2079	1120	458	4433.57	1432.92	1172.29	1828.36
深　圳	2355	505	1495	355	6509.27	1358.03	2472.08	2679.16
珠　海	847	254	453	140	1262.67	270.86	332.92	658.88
汕　头	1316	958	251	107	545.05	381.03	127.64	111.68
佛　山	4078	2991	929	158	3331.31	1959.44	1065.86	306.01
韶　关	171	147	16	8	229.06	200.00	22.60	6.46
河　源	69	30	34	5	39.25	13.86	22.00	3.38
梅　州	46	33	13		49.43	14.50	34.93	
惠　州	593	131			970.33	44.21		
汕　尾	45	23	21	1	46.27	11.80	34.46	0.01
东　莞	2049	415	1346	288	2583.22	373.45	1325.58	884.19
中　山	2542	1585	787	170	1694.71	614.53	726.87	353.31
江　门	1092	763	266	63	692.00	342.52	148.46	201.02
阳　江	137	123	12	2	70.58	58.92	11.00	0.66
湛　江	284	195	53	36	403.16	141.40	229.16	33.11
茂　名	149	121	19	9	509.84	470.94	34.74	4.16
肇　庆	177	92	58	27	146.02	59.35	18.69	38.19
清　远	78	35	34	9	59.19	36.00	15.63	7.56
潮　州	170	118	43	9	51.78	30.17	17.41	3.87
揭　阳	159	119	31	9	64.34	39.10	19.90	5.10
云　浮	39	29	8	2	30.89	18.17	4.89	0.28

注：工业统计范围为国有及年销售收入500万元以上的非国有工业企业（下表同此）。

2004年各市产品销售收入、税赋及利润总额

单位：亿元

市　　别	产品销售收入	产品销售税金及附加	本年应交增值税	利润总额
广　州	4538.22	72.47	162.85	373.65
深　圳	6333.49	24.28	95.07	400.04
珠　海	1293.30	1.66	18.35	50.49
汕　头	610.94	3.22	16.54	23.43
佛　山	2955.38	9.91	61.25	85.63
韶　关	238.00	10.63	15.80	17.31
河　源	43.74	0.09	0.97	2.96
梅　州	56.16	16.99	5.42	0.99
惠　州	985.24	0.45	10.99	23.65
汕　尾	49.81	0.06	0.54	2.16
东　莞	2733.19	2.72	52.64	145.40
中　山	1622.30	2.50	35.98	43.73
江　门	691.32	9.41	13.55	17.39
阳　江	64.35	0.45	0.75	-0.03
湛　江	380.17	10.18	13.78	52.64
茂　名	539.84	12.71	16.86	24.30
肇　庆	112.73	0.95	3.73	1.90
清　远	68.45	0.17	1.68	-1.01
潮　洲	63.79	0.19	1.90	2.10
揭　阳	74.47	0.18	1.51	-8.04
云　浮	23.16	1.68	1.37	1.04

2004 年各市邮电业务总量

市　　别	邮电业务总量（亿元）（2000 年不变价）	邮政业务收入（亿元）	电信业务收入（亿元）	固定电话用户（万户）	年末移动电话用户（万户）	国际互联网用户（万户）
广　　州	248.28	11.85	236.43	482.39	1017.62	234.16
深　　圳	266.01	10.10	255.91	387.27	986.00	231.31
珠　　海	24.93	1.66	23.27	68.34	180.90	19.55
汕　　头	37.44	1.60	35.85	146.22	191.31	15.24
佛　　山	73.56	4.04	69.52	227.21	566.43	48.48
韶　　关	7.88	0.59	7.29	44.20	14.05	
河　　源	1.43	0.20	1.23	12.09	20.21	
梅　　州	5.99	0.30	5.70	15.08	20.47	3.37
惠　　州	0.89	0.89	0.00	79.09	129.50	8.96
汕　　尾	0.15	0.15		12.32	18.04	0.47
东　　莞	50.14	5.31	44.83	274.37	841.05	50.42
中　　山	34.05	2.00	32.05	119.52	243.45	31.81
江　　门	7.85	1.09	6.76	98.65		11.08
阳　　江	6.37	0.35	6.02	22.22	39.88	1.27
湛　　江	11.52	0.65	10.86	55.32	73.56	12.25
茂　　名	10.20	0.43	9.78	30.53		2.68
肇　　庆	9.01	0.30	8.71	27.71	51.08	9.75
清　　远	8.10	0.18	7.91	18.24	32.88	3.07
潮　　洲	16.69		16.69	14.09	10.55	4.23
揭　　阳	2.00	0.33	1.67	26.57	70.44	2.06
云　　浮	2.33	0.23	2.10	13.50	12.72	

2004年各市交通运输量

市别	铁路		公路		水运		民用航空	
	客运量（万人）	货运量（万吨）	客运量（万人）	货运量（万吨）	客运量（万人）	货运量（万吨）	客运量（万人）	货运量（吨）
广州	6042.00	6962.00	27845.00	17585.00	137.00	10631.00	664.00	260668
深圳	1448.00	353.80	9891.00	6388.00	194.70	1200.00	744.16	119000
珠海			3942.00	2100.00	378.00	2269.00	77.23	13705
汕头	118.90	119.90	2071.00	1310.00	294.00	305.00	108.00	10000
佛山			13438.00	12138.00	100.40	3580.00		
韶关	469.00	797.00	3435.00	5360.00				
河源			1936.00	906.00	50.00	17.00		
梅州	146.85	345.00	5928.00	5691.00			4.66	
惠州	223.00	284.00	4994.00	2988.00		930.00		
汕尾			3963.00	1162.00	45.00	8.00		
东莞			33240.00	6054.00	40.00	1804.00		
中山			9123.00	3639.00	113.00	1069.00		
江门			8189.00	2101.00	115.00	2014.00		
阳江		74.10	5562.00	2899.00	13.00	890.00		
湛江	170.00	1546.00	6130.00	3404.00	234.00	1177.00	40.00	2800
茂名	82.00	868.00	21861.00	9050.00	63.00	116.00		
肇庆	65.00	76.00	4149.00	2795.00	56.00	402.00		
清远	109.50	108.80	4377.00	2306.60	80.60	467.40		
潮洲	24.00	10.00	1681.00	1623.00		270.00		
揭阳			3095.00	2141.00		26.00		
云浮			8322.00	13032.00	141.00	1663.50		

2004年各市城市建设用地情况

单位：平方公里

市　　别	行政区域土地面积	建成区面积	城市建设用地面积	居住用地面积	公共设施用地面积	工业用地面积
广　州	3718.50	670.48	670.48	211.24	51.59	164.53
深　圳	1949.00	551.00	568.12	170.60	71.68	165.23
珠　海	1688.00	105.55	163.50	56.32	21.13	26.23
汕　头	1956.00	192.93	223.61	78.73	25.70	39.62
佛　山	3848.00	123.00	108.00	39.00	14.00	30.00
韶　关	2856.00	56.00	55.00	9.30	5.10	9.80
河　源	450.00	11.95	11.95	2.00	1.12	1.93
梅　州	298.00	48.00	30.00	9.00	3.00	5.00
惠　州	2672.00	74.47	74.00	27.00	8.00	15.00
汕　尾	150.00	12.68	82.00	23.00	10.00	15.00
东　莞	2465.00	39.00		11.00	3.10	6.10
中　山	1800.00	33.00	79.00	22.00	12.00	17.00
江　门	1818.00	95.00	108.00	34.00	10.00	29.00
阳　江	658.00	34.50	62.50	11.30	5.00	7.20
湛　江	1460.00	70.00	74.00	25.00	5.00	18.00
茂　名	874.00	35.10	35.03	10.80	2.65	10.95
肇　庆	664.00	52.00	52.00	14.00	8.00	9.00
清　远	927.00	38.20	53.20	19.38	4.15	12.15
潮　洲	152.00	38.00	20.79	12.89	2.80	5.10
揭　阳	181.00	27.00	27.60	10.00	5.00	4.00
云　浮	762.00	18.00	8.00	5.00	2.00	1.00

2004年各市固定资产投资和商品房销售各项指标

市　　别	全社会固定资产投资总额（亿元）	房地产开发投资完成额（亿元）	住　宅	商品房销售面积（万平方米）	销售给个人	商品房销售额（亿元）	销售给个人
广　州	1242.03	412.74	323.33	772.00	743.00	366.65	349.97
深　圳	1092.55	431.81	248.55	384.61	333.62	259.67	217.49
珠　海	179.80	40.46	32.27	115.69	115.49	38.00	37.70
汕　头	130.20	17.14	13.50	128.04		27.57	
佛　山	565.40	96.40	60.10	392.36	385.54	113.57	111.16
韶　关	65.24	5.50	4.65	45.71	45.60	6.50	6.49
河　源	26.22	5.37		18.92		2.86	
梅　州	31.84	2.23	1.78	13.94	13.94	1.67	1.67
惠　州	247.26	26.76					
汕　尾	23.85	0.47	0.40	8.21	7.09	0.93	0.89
东　莞	433.90	93.45	66.68	160.58	143.29	59.18	53.18
中　山	291.29	62.46	32.64	159.27	153.67	40.63	38.83
江　门	95.34	15.44	14.53	109.30	96.48	19.77	16.34
阳　江	35.90	8.44	4.70	29.18	27.79	4.28	4.11
湛　江	100.58	10.34	8.04	35.67	35.10	6.73	6.58
茂　名	53.45	4.65	2.52	54.48	54.48	8.48	8.48
肇　庆	41.80	14.08	9.87	66.87	66.70	14.02	14.00
清　远	71.35	13.15	5.97	35.27	33.84	6.00	5.90
潮　洲	36.29	2.15	1.58	23.39	21.78	2.86	2.46
揭　阳	23.62	1.70	1.36	23.66	23.66	2.74	2.47
云　浮	29.97	1.70	0.96			1.11	1.00

2004年各市城市市政公用事业情况

市别	年末实有铺装道路面积（万平方米）	年末实有公共汽（电）车营运车辆数（辆）	全年公共汽（电）车客运总量（万人次）	年末实有出租汽车数（辆）	城市园林绿地面积（公顷）	公共绿地面积（公顷）	建成区绿化覆盖面积（公顷）
广州	7706	8105	196505	16918	109014	6202	23487
深圳	7216	18991	101092	10305	97580	9566	24794
珠海	2511	1138	26002	1882	4840	1793	4444
汕头	1485	439	7331	2109	4848	1152	5361
佛山	1710	798	8845	2098	4668	1145	4381
韶关	504	211	3164	886	1606	605	1646
河源	199	65	756	195	379	212	404
梅州	442	93	800	317	897	287	980
惠州	810	544	7595	778	2286	544	2532
汕尾	110	95	808		452	100	408
东莞	7824	1068	14474		11404	3270	6317
中山	539	691	8876	1034	1158	262	1254
江门	1084	500	7634	436	8244	787	3777
阳江	239	140	1968	357	888	126	871
湛江	692	318	2900	800	2238	452	2429
茂名	245	135	1203	435	1239	304	1328
肇庆	405	257	1306	595	1707	389	1987
清远	538	153	2419	239	716	110	768
潮州	202	100	422	470	1465	603	1494
揭阳	303	69	28	850	851	124	857
云浮	58	55	256	95	614	131	629

续上表

市别	供水总量（万吨）	居民家庭用水量	液化石油气供气总量（吨）	居民家庭用气量	全年用电量（亿千瓦时）	工业用电量	城乡居民生活用电量
广州	188675	75572	686628	452138	303.55	148.55	57.14
深圳	135026	52842	880513	311774	390.31	223.48	46.10
珠海	23051	13747	92500	65500	52.23	32.21	6.71
汕头	27548	11630	198547	179201	75.23	46.25	15.71
佛山	55215	16565	347524	95667	292.00	227.44	29.65
韶关	11108	3615	29377				
河源	2930	950	1000	880	14.19	4.01	1.01
梅州	2401	1397	25000	20000	4.70	2.82	0.70
惠州	16327	5774	68094	66684	55.48	36.08	6.40
汕尾	2051	1411	20000	18000	4.53	1.70	0.68
东莞	146000	65700			350.28	296.61	
中山	7548	5597	44744	31153	111.05	73.56	11.39
江门	16295	7566	60971	45737	53.91	33.10	3.91
阳江	4582	2967	186119	43967	9.20	5.51	0.65
湛江	11560	6140	30826	30826	23.15	13.91	2.98
茂名	11700	2951	30120	16127	23.56	19.56	1.60
肇庆	7887	3035	20474	15522	13.57	8.68	1.78
清远	3643	1570	17500	16750	12.58	8.37	1.68
潮洲	5725	3109	64323	8708	8.63	2.25	3.28
揭阳	5303	3587	25500	20500	17.83	13.66	1.97
云浮	1523	756	6450	5395	5.62	3.82	0.35

2004年各市批发零售贸易额和外商直接投资各项指标

市　别	限额以上批发零售贸易业商品销售总额（亿元）	社会消费品零售额（亿元）	外商直接投资新签项目合同数（个）	外商直接投资合同外资额（亿美元）	外商直接投资实际使用外资额（亿美元）
广　州	3183.59	1566.97	955	28.53	21.72
深　圳	2031.62	915.45	2718	41.21	23.50
珠　海	300.86	179.89	475	17.66	5.10
汕　头	119.71	286.83	76	1.74	0.78
佛　山	730.77	542.19	542	18.17	17.25
韶　关	49.21	79.60	47	1.52	1.30
河　源	16.37	17.54	68	2.58	1.19
梅　州	4.18	12.41	42	1.63	0.76
惠　州		121.26	332	8.79	3.19
汕　尾	8.44	25.20	28	1.15	1.12
东　莞		389.04	1032	13.40	21.39
中　山	292.58	178.84	380	8.22	5.10
江　门	255.73	112.87	234	4.91	2.72
阳　江	12.24	44.78	23	0.85	0.27
湛　江	67.64	119.28	38	1.22	0.55
茂　名	373.42	91.95	23	0.47	0.26
肇　庆	67.19	58.35	47	1.56	0.82
清　远	14.33	38.91	53	1.56	0.26
潮　洲	0.24	30.36	33	0.70	0.22
揭　阳	14.82	51.51	5	0.11	0.18
云　浮	8.45	13.52	22	0.42	0.07

2004 年各市地方财政预算收支

单位：亿元

市　　别	地方财政一般预算收入	地方财政一般预算支出	科学支出	教育事业费支出	医疗卫生支出	抚恤和社会福利救济	社会保障补助支出
广　州	288.48	388.19	2.45	41.03	17.92	6.50	5.20
深　圳	327.71	386.29	1.38	42.00	12.91	2.88	3.62
珠　海	34.46	50.89	0.43	6.84	1.95	0.74	0.39
汕　头	24.40	43.10	0.18	11.05	2.31	1.67	1.64
佛　山	95.29	130.93	1.70	21.26	4.98	2.43	2.92
韶　关	11.63	24.35	0.07	2.46	1.18	0.55	5.34
河　源	2.20	7.33	0.04	0.96	0.26	0.19	0.09
梅　州	5.01	10.20	0.06	1.20	0.46	0.20	0.86
惠　州	19.59	30.51	0.11	4.47	1.72	0.65	1.33
汕　尾	1.99	5.41	0.02	0.82	0.19	0.19	0.50
东　莞	82.64	94.16	0.64	13.93	0.96	0.97	1.45
中　山	34.54	43.18	0.16	8.22	1.34	0.74	0.59
江　门	16.99	26.29	0.24	4.48	1.17	0.45	0.65
阳　江	2.62	7.69	0.04	1.41	0.32	0.24	0.50
湛　江	5.16	10.29	0.01	2.38	0.33	0.43	0.12
茂　名	11.55	17.85	0.05	2.72	0.73	0.49	0.99
肇　庆	5.98	11.55	0.07	1.59	0.44	0.19	0.53
清　远	3.30	8.24	0.05	1.47	0.38	0.27	0.35
潮　洲	3.08	7.14	0.01	1.07	0.42	0.20	0.20
揭　阳	3.85	8.68		1.25			1.05
云　浮	3.02	5.44	0.05	0.68	0.34	0.10	0.20

2004 年各市金融和保险

单位：亿元

市别	年末金融机构存款余额	城乡居民储蓄年末余额	年末金融机构各项贷款余额	保费收入	赔款给付
广州	9268.35	4016.64	6394.62	130.39	27.03
深圳	7100.75	2625.39	5242.77	91.77	24.61
珠海	769.71	408.57	417.18		
汕头	833.69	637.83	417.75	12.43	1.60
佛山	3258.85	2028.81	2030.12	45.43	12.11
韶关	240.62	158.22	127.63	4.09	0.69
河源				0.85	0.21
梅州	50.28	33.96	16.85		
惠州	464.18	287.63	298.75		
汕尾	47.29	28.01	37.58		
东莞	2462.87	1431.68	1405.25	28.82	5.15
中山	959.72	614.92	477.42	17.06	3.25
江门	572.12	389.12	404.07	9.56	1.54
阳江	115.68	84.77	74.12	2.24	0.68
湛江	372.45	249.58	230.51	6.90	1.79
茂名	206.54	132.41	143.20	7.34	0.69
肇庆	218.88	130.22	170.38		
清远	135.84	87.99	120.25		
潮洲	140.92	99.86	85.82	3.08	0.44
揭阳	123.97	88.18	96.45	1.18	0.47
云浮	67.26	47.19	58.78	0.00	0.00

2004 年各市在岗职工人数和城镇居民收支情况

市别	在岗职工平均人数（万人）	在岗职工工资总额（亿元）	在岗职工平均工资（元）	居民人均可支配收入（元）	居民人均消费支出（元）	居民消费价格指数（上年为 100）（%）
广　州	173.24	564.10	32561	16884	13121	101.7
深　圳	135.88	419.28	30857	27596	19569	101.3
珠　海	41.00	79.70	19439	18347	12826	102.9
汕　头	28.34	45.30	15985	9930	8393	103.0
佛　山	47.63	92.83	19490	16045	12774	102.7
韶　关	8.22	16.63	20231	9930	7532	103.6
河　源	5.85	9.21	15738			102.8
梅　州	4.39	7.38	16811	8049	6529	103.4
惠　州	40.06	58.02	14484	13822	11929	102.1
汕　尾	3.84	5.50	14323	8056	7068	
东　莞	17.54	43.29	24680	20526	18426	103.0
中　山	17.82	38.64	21681	15836	12487	103.1
江　门	17.13	27.66	16149	11958	9228	102.5
阳　江	6.55	9.11	13908			102.8
湛　江	15.79	28.73	18195	8919	7447	104.0
茂　名	8.88	20.64	23243	8269	6431	102.3
肇　庆	10.59	17.33	16364	9261	7436	103.1
清　远	5.39	9.93	18431	8182	6604	103.0
潮　洲	4.79	7.73	16135	8351	7455	102.5
揭　阳	5.01	6.12	12216	8508	7212	102.3
云　浮	3.19	5.11	16019	7199		101.9

2004年各市社会保险参保人数及社会福利情况

市别	基本养老保险参保人数（万人）	基本医疗保险参保人数（万人）	失业保险参保人数（万人）	社会福利院（个）	社会福利院床位数（张）	社区服务设施（个）
广州	174.19	190.45	209.64	135	15774	1544
深圳	295.89	231.36	128.15	22	2070	592
珠海	42.20	46.68	39.32	3	190	171
汕头	37.29	16.49	33.04	7	683	1071
佛山	126.60	107.97	96.30	91	8529	900
韶关	13.88	20.66	15.75	4	592	
河源	4.07	2.19	4.01	9	290	35
梅州	6.71	5.00	6.04	1	200	38
惠州	33.45	26.93	31.00	23	622	11
汕尾	4.65	2.35	4.58	2	260	2
东莞	3.67	105.95	100.08	3	598	
中山	66.05	69.54	65.65	1	160	385
江门	14.13	16.30	11.00	20	1059	133
阳江	8.90	4.90	6.89	2	356	49
湛江	24.73	23.51	17.34	1	460	96
茂名	14.73	11.77	9.07	3	450	766
肇庆	11.99	13.18	11.41	10	739	66
清远	6.51	5.36	4.16	2	300	342
潮洲	6.01	1.83	5.85	1	120	53
揭阳	6.94	2.12	6.18	1	60	
云浮	3.63	3.46	3.18	1	26	82

2004年各市各级学校、在校学生和专任教师数

市别	高等学校			中等专业学校		
	学校数（所）	在校学生数（人）	专任教师（人）	学校数（所）	在校学生数（人）	专任教师（人）
广州	50	451988	28802	61	98883	3950
深圳	9	41251	2572	4	987	214
珠海				3	5511	171
汕头	1					
佛山	3	25712	1189	57	61558	3751
韶关	2	19779	1058	6	5890	1686
河源	2	3641	205	5	5381	224
梅州	1	12924	745	23	16551	851
惠州	1	8046	496	18	26429	834
汕尾	1	2023	73	2	2477	100
东莞	2	9104	560	4	5196	347
中山	3	8772	460	2	3259	1298
江门	1	8791	541	14	28178	1070
阳江	1	4754	219	5	8268	529
湛江	3	48066	2519	35	27188	1424
茂名	2	14376	916	11	14737	524
肇庆	4	16237	1019	29	43045	1793
清远	1	7885	240	3	6870	336
潮洲	1	8925	388	11	7991	525
揭阳	2	8021	220	3	2912	182
云浮				3	1627	231

续上表

市别	普通中学			小学		
	学校数（所）	在校学生数（万人）	专任教师（人）	学校数（所）	在校学生数（万人）	专任教师（人）
广州	360	42.66	25172	948	68.95	32389
深圳	216	21.12	11625	378	52.64	19660
珠海	52	7.44	4025	140	12.08	5080
汕头						
佛山	177	30.28	17440	519	42.30	17546
韶关	22	2.37	2476	40	4.62	1906
河源	17	2.29	1263	46	3.87	1469
梅州	19	3.14	1739	55	3.63	1719
惠州	65	9.38	4841	405	18.71	8204
汕尾	24	3.14	1511	86	6.08	2348
东莞	114	17.13	8437	498	44.83	15512
中山	86	12.64	6529	266	20.87	7354
江门	104	9.58	5830	220	13.53	6069
阳江	25	4.91	2359	145	7.42	3181
湛江	77	12.87	5834	383	20.20	7928
茂名	63	9.18	4648	307	16.66	6602
肇庆	23	3.44	1791	88	4.95	1782
清远	34	3.94	2140	100	5.85	2349
潮州	20	2.83	1591	57	4.22	1609
揭阳	31	5.46	2256	105	10.01	3042
云浮	4	1.58	629	83	3.50	662

2004 年各市医院、医院床数和医生数

市　　别	医院、卫生院数（个）	医院、卫生院床位数（张）	医生数（人）	每万人拥有医生数（人）
广　州	228	36936	22528	37. 55
深　圳	87	14186	9846	59. 63
珠　海	48	4273	2410	27. 97
汕　头	73	7254	4562	9. 50
佛　山	169	16447	7318	20. 86
韶　关	52	3819	2031	22. 54
河　源	10	991	880	30. 67
梅　州	15	1494	915	29. 89
惠　州	56	4016	2630	23. 57
汕　尾	14	720	596	13. 04
东　莞	53	10528	4870	30. 07
中　山	29	5438	2975	21. 33
江　门	42	4643	2607	19. 59
阳　江	21	1808	758	11. 97
湛　江	34	5725	1871	12. 98
茂　名	22	2540	903	7. 53
肇　庆	21	2682	1412	29. 42
清　远	19	1657	880	16. 12
潮　洲	17	1139	1019	29. 70
揭　阳	15	1287	864	13. 08
云　浮	6	774	437	15. 43

2004年各市成人在校生、专业技术人员和文体设施

市　　别	成人高等教育学校在校学生（万人）	各类专业技术人员（万人）	中级职称以上人员（万人）	体育场馆数（个）	剧场、影剧院数（个）	公共图书馆图书总藏量（千册）
广　　州	16.01	43.04	16.62		13	9390.00
深　　圳	1.06	66.34	23.37	100	69	3850.00
珠　　海	0.32	8.47	3.16	3	11	350.00
汕　　头		14.67	4.81	7	5	857.00
佛　　山	1.22	7.29	5.21	49	50	1743.80
韶　　关	2.05			2	3	200.00
河　　源	0.39		2.53	1	1	91.00
梅　　州	0.51	1.14	0.56	250	2	31.00
惠　　州		4.45	1.53		4	277.00
汕　　尾	0.25	1.60	0.50	5	7	
东　　莞	1.06			43	78	6306.00
中　　山	0.77	16.83	3.87	18	38	524.00
江　　门	2.10	3.75	1.19	15	12	908.00
阳　　江	0.49			1	1	389.00
湛　　江	0.80	5.24	2.11	3	2	629.00
茂　　名	0.69	1.91	0.80	9	2	225.00
肇　　庆	0.76	1.48	0.51	6	4	225.00
清　　远		2.20	0.85	2	2	348.00
潮　　洲	0.17	1.79	0.36	1	3	251.00
揭　　阳	0.28	2.88	0.94		2	260.00
云　　浮	0.14	1.85	0.55	2	2	82.00

主要统计指标解释

总人口　指一定时点、一定地区范围内有生命的个人的总和。按不同的统计范围可分为常住人口和户籍人口；统计时点通常为每年 12 月 31 日 24 时。

非农业人口　指按常住户口性质划分的人口。具体为：（1）设区市的市区和不设区市的市区所辖街道办事处区域内的常住人口；（2）市辖镇、县辖镇所辖居民委员会或镇政府驻地村民委员会区域内的常住人口。

单位从业人员　指在各级国家机关、政党机关、社会团体及企业、事业单位中工作，并取得劳动报酬的全部人员。包括在岗职工和其他从业人员。各单位的从业人员反映了各单位实际参加生产或工作的全部劳动力。

国内（地区）生产总值　指按市场价格计算的一个国家（或地区）所有常住单位在一定时期内生产活动的最终成果。国内（地区）生产总值有三种计算方法，即生产法、收入法和支出法。三种方法分别从不同的方面反映国内生产总值及其构成。

当年价格　是报告期的实际价格，如工厂的出厂价格，农产品的收购价格，商品的零售价格等。按当年价格计算，是指一些以货币表现的物量指标，如工业总产值、国内生产总值等，按照当年的实际价格来计算总量。按当年价格计算的价值指标，在不同年份之间进行对比时，因为包含有各年间价格变动的因素，不能确切地反映实物量的增减变动。因此，在计算增长速度时都使用按可比价格计算的数字。

三次产业　根据社会生产活动历史发展的顺序对产业结构的划分，产品直接取自自然界的部门称为第一产业，初级产品进行再加工的部门称为第二产业，为生产和消费提供各种服务的部门称为第三产业。它是世界上通用的产业结构分类，但各国的划分不尽一致。我国的三次产业划分是：

第一产业是指农、林、牧、渔业。

第二产业是指采矿业，制造业，电力、燃气及水的生产和供应业，建筑业。

第三产业是指除第一、二产业以外的其他行业。第三产业包括：交通运输、仓储和邮政业，信息传输、计算机服务和软件业，批发和零售业，住宿和餐饮业，金融业，房地产业，租赁和商务服务业，科学研究、技术服务和地质勘查业，水利、环境和公共设施管理业，居民服务和其他服务业，教育，卫生、社会保障和社会福利业，文化、体育和娱乐业，公共管理和社会组织，国际组织。

工业增加值　是指工业行业在报告期内以货币表现的工业生产活动的最终成果，是企业全部生产活动的总成果扣除了在生产过程中消耗或转移的物质产品和劳务价值后的余额，是企业生产过程中新增加的价值。

工业总产值　是以货币表现的工业企业在一定时期内生产的已出售或可供出售工业产品总量，它反映一定时间内工业生产的总规模和总水平。它包括：在本企业内不再进行加工，经检验、包装入库（规定不需包装的产品除外）的成品价值，对外加工费收入，自制半成品、在产品期末期初差额价值。工业总产值采用“工厂法”计算，即以工业企业作为一个整体，按企业工业生产活动的最终成果来计算，企业内部不允许重复计算，不能把企业内部各个车间（分厂）生产的成果相加。但在企业之间、行业之间、地区之间存在着重复计算。

轻重工业总产值的划分也是按“工厂法”计算的，即一个工业企业在正常情况下生产的主要产品的性质属于轻工业，则该企业的全部总产值作为轻工业总产值；一个工业企业生产的主要产品的性质属于重工业，则该企业的全部总产值作为重工业总产值。

产品销售收入　指企业销售产品和提供劳务等主要经营业务取得的业务总额。

产品销售利润　指企业销售产品和提供工业性劳务等主要经营业务收入扣除其成本、费用、税金后的利润。

利润总额　指企业实现的利润。

邮电业务总量 指以货币表现的邮电部门为用户传递信息和提供其他邮电服务的总量。它用各种邮电分类业务量，如函件件数、电报份数、长话张数、市内电话和农村电话的年均户数、订销报刊、累计份数等，分别乘以相应的平均单价（不变价），加总后再加上出租电路和设备收入，代用户维护电话交换机和线路等设备的收入，其他业务收入求得。邮电业务总量综合反映了一定时期邮电工作的总成果，是研究邮电业务量构成和发展趋势的重要指标。

固定资产投资额 是以货币形式表现的在一定时期内建造和购置固定资产的工作量以及与此有关的费用的总称。它是反映固定资产投资规模、结构和发展速度的综合性指标，又是观察工程进度和考核投资效果的重要依据。全社会固定资产投资包括国有经济单位投资、城乡集体及其他各种登记注册类型的单位投资和城乡居民个人投资。按照国家统计制度规定，固定资产投资统计范围包括：基本建设投资、更新改造投资、房地产开发投资和其他固定资产投资四个部分。城乡集体经济单位投资包括城镇集体所有制单位投资和农村集体所有制单位投资；其它各种经济类型单位投资包括联营经济、股份制经济、中外合资经济、中外合作经济、外资、与大陆合资经营、与大陆合作经营、港澳台独资及其它经济的单位投资；城乡居民个人投资包括城市、县城、镇、工矿区所辖范围内的个人建房和农村个人建房及购买生产性固定资产的投资。

房地产开发投资 各种登记注册类型的房地产开发公司 、商品房建设公司及其他房地产开发单位统一开发的包括统代建、拆迁还建的住宅、厂房、仓库、饭店、宾馆、度假村、写字楼、办公楼等房屋建筑物和配套的服务设施、土地开发工程，如道路、给水、排水、供电 、供热、通讯、平整场地等基础设施工程的投资。包括实际从事房地产开发或经营活动的附营房地产开发单位。不包括单纯的土地交易活动。

社会消费品零售总额 指各种经济类型的批发零售贸易业、餐饮业、制造业和其他行业，对城乡居民和社会集团的消费品零售额，以及农民对非农业居民零售额的总和。

财政收入 是国家财政参与社会产品分配所取得的收入，是实现国家职能的财力保证。财政收入所包括的内容几经变化，目前主要包括：

（1）各项税收：包括增值税、营业税、消费税、土地增值税、城市维护建设税、资源税、城市土地使用税、印花税、个人所得税、企业所得税、关税、农牧业税和耕地占用税等。

（2）专项收入：包括征收排污费收入、征收城市水资源费收入、教育费附加收入等。

（3）其他收入：包括基本建设贷款归还收入、基本建设收入、捐赠收入等。

（4）国有企业亏损补贴：这项为负收入，冲减财政收入。

财政支出 国家财政将筹集起来的资金进行分配使用，以满足经济建设和各项事业的需要，主要包括基本建设支出、企业挖潜改造资金、地质勘探费用、科技三项费用、支援农村生产支出、农林水利气象等部门的事业费用、工业交通商业等部门的事业费、文教科学卫生事业费、抚恤和社会福利救济费、国防支出、行政管理费、价格补贴支出等科目。

城乡居民储蓄存款余额 指某一时点城乡居民存入银行及农村信用社的储蓄金额，包括城镇居民储蓄存款和农民个人储蓄存款，不包括居民的手存现金和工矿企业、部队、机关、团体等单位存款。

在岗职工 指在调查时期（点）在国有经济、城镇集体经济、联营经济、股份制经济、外商和港、澳、台投资经济、其他经济单位及其附属机构中有工作岗位，并参加实际工作和在本单位领取工资的各类人员。

外商直接投资 指外国企业和经济组织或个人（包括华侨、港澳同胞以及我在境外注册的企业）按我国有关政策、法规，在我国境内开办外商独资企业，与我国境内的企业或经济组织共同举办中外合资企业、合作经营企业或合作开发资源的投资，以及外商从企业得到收益的再投资。2002 年起“外商直接投资”统计口径调整，“企业投资总额内的境外借款”只包括“企业投资总额内直接投资者对企业的贷款，即外方股东贷款”。不包括“直接投资者提供担保的第三方对企业的贷款即外方股东担保贷款”和“其他方式的企业境外借款即其他境外借款。”

普通高等学校 指按照国家规定的设置标准和审批程序批准举办，通过国家统一招生考试，收高中毕业生为主要培养对象，实施高等教育的全日制大学、独立设置的学院和高等专科学校短期职业大学。

医生 指经卫生部门审查合格，具有执业资格的医疗专业人员。

建成区土地面积 是指城市建筑基本连片、公用设施达到的地区，区域中的水域面积（包括河流、湖泊）亦计算在内。

年末实有铺装道路 指除土路外，路面经过铺装宽度在3．5米以上的道路，包括高级、次高级道路和普通道路。

城市园林绿地面积 指城市公共绿地、专用绿地、生产绿地、防护绿地、郊区风景名胜区的全部面积。

年末实有公共汽（电）车 指年底可参加营运的全部车辆数，包括年底营运车辆数和库存查封未参加营运的车辆。不包括非营运车辆，如架线车、油罐车、工程车、货车及其他专用车辆和借入的客运车辆。

全年供水总量 指公用自来水和自备水源的社会单位全年的供水总量，包括有效供水量及损失水量。

生活用水量 指居民日常生活与公共福利设施的用水量。包括居民、饮食店、旅馆、医院、理发店、浴池、洗衣店、游泳池、商店、学校、机关、部队等单位的用水量。

第四部分
部分国家和地区统计指标

DI SI BU FEN BU FEN GUO JIA HE DI QU TONG JI ZHI BIAO

部分国家和地区个人收入分配

国家和地区	年份	基尼系数	各组占全部收入或消费的比重（%）				
			最低的20%	第二个20%	第三个20%	第四个20%	最高的20%
中国①	2001	0.45	4.7	9.0	14.2	22.1	50.0
中国香港	1996	0.43	5.3	9.4	13.9	20.7	50.7
孟加拉国	2000	0.32	9.0	12.5	15.9	21.2	41.4
印度	2000	0.33	8.9	12.3	16.0	21.2	41.6
印度尼西亚	2002	0.34	8.4	11.9	15.4	21.0	43.3
伊朗	1998	0.43	5.1	9.4	14.1	21.5	49.9
以色列	1997	0.36	6.9	11.4	16.3	22.9	44.3
日本	1993	0.25	10.6	14.2	17.6	22.0	35.7
哈萨克斯坦	2001	0.31	8.2	12.5	16.8	22.9	39.6
韩国	1998	0.32	7.9	13.6	18.0	23.1	37.5
马来西亚	1997	0.49	4.4	8.1	12.9	20.3	54.3
蒙古	1998	0.44	5.6	10.0	13.8	19.4	51.2
巴基斯坦	1999	0.33	8.8	12.5	15.9	20.6	42.3
菲律宾	2000	0.46	5.4	8.8	13.1	20.5	52.3
新加坡	1998	0.42	5.0	9.4	14.6	22.0	49.0
斯里兰卡	1995	0.34	8.0	11.8	15.8	21.5	42.8
泰国	2000	0.43	6.1	9.5	13.5	20.9	50.0
土耳其	2000	0.40	6.1	10.6	14.9	21.8	46.7
越南	1998	0.36	8.0	11.4	15.2	20.9	44.5
埃及	1999	0.34	8.6	12.1	15.4	20.4	43.6
尼日利亚	1997	0.51	4.4	8.2	12.5	19.3	55.7
南非	1995	0.59	2.0	4.3	8.3	18.9	66.5
加拿大	1998	0.33	7.0	12.7	17.0	22.9	40.4
墨西哥	2000	0.55	3.1	7.2	11.7	19.0	59.1
美国	2000	0.41	5.4	10.7	15.7	22.4	45.8
阿根廷	2001	0.52	3.1	7.2	12.3	21.0	56.4
巴西	2001	0.58	2.4	5.9	10.4	18.1	63.2
委内瑞拉	1998	0.49	3.0	8.4	13.7	21.6	53.4
白俄罗斯	2000	0.30	8.4	13.0	17.0	22.5	39.1
保加利亚	2001	0.32	6.7	13.1	17.9	23.4	38.9
捷克	1996	0.25	10.3	14.5	17.7	21.7	35.9
法国	1995	0.33	7.2	12.6	17.2	22.8	40.2
德国	2000	0.28	8.5	13.7	17.8	23.1	36.9
意大利	2000	0.36	6.5	12.0	16.8	22.8	42.0
荷兰	1994	0.33	7.3	12.7	17.2	22.8	40.1
波兰	1999	0.32	7.3	11.8	16.2	22.2	42.5
罗马尼亚	2000	0.30	8.2	13.1	17.4	22.9	38.5
俄罗斯联邦	2000	0.46	4.9	9.5	14.1	20.3	51.3
西班牙	1990	0.33	7.5	12.6	17.0	22.6	40.3
乌克兰	1999	0.29	8.8	13.3	17.4	22.7	37.8
英国	1995	0.36	6.1	11.4	16.0	22.5	44.0
澳大利亚	1994	0.35	5.9	12.0	17.2	23.6	41.3
新西兰	1997	0.36	6.4	11.4	15.8	22.6	43.8

注：1. ①世界银行统计数据。
2. 资料来源：世界银行数据库。

部分国家和地区住户消费支出及增长率

国家和地区	人均住户最终消费支出（1995 年价格，美元）		1991～2002 年均人均住户最终消费支出增长率（%）
	1990 年	2002 年	
世界	**2979.7**	**3466.4**	**1.3**
高收入国家	**14569.5**	**18035.8**	**1.8**
中等收入国家	**913.1**	**1181.9**	**2.2**
低收入国家	**258.3**	**332.2**	**2.1**
中国①	174.6	422.5	7.6
中国香港	10878.6	14447.9	2.4
中国澳门	4579.0	6155.7	2.5
孟加拉国	246.1	281.0	1.1
印度	221.7	306.2	2.7
印度尼西亚	457.0	749.5	4.2
伊朗	773.2	996.3	2.1
以色列	7802.4	10570.3	2.6
日本	21290.6	24962.9	1.3
哈萨克斯坦	1728.6	1163.0	-3.2
韩国	4375.1	7363.5	4.4
马来西亚	1579.1	2178.1	2.7
蒙古	322.4		
巴基斯坦	322.5	381.7	1.4
菲律宾	767.8	893.8	1.3
新加坡	8187.9	11320.2	2.7
斯里兰卡	451.6	698.0	3.7
泰国	1113.7	1598.2	3.1
土耳其	1856.4	2202.0	1.4
越南	198.6②	271.1	2.6④
埃及	712.5	914.2	2.1
尼日利亚	243.5	194.3	
南非	2466.5	2548.5	0.3
加拿大	11041.9	12866.2③	1.4⑤
墨西哥	2191.7	2563.6	1.3
美国	17561.3	22325.9	2.0
阿根廷	5203.5⑥	4576.8	-1.6⑦
巴西	1946.4	2629.6	2.5
委内瑞拉	2441.4	2103.5	-1.2
白俄罗斯	1265.2	1504.9③	1.6⑤
保加利亚	1458.9	1293.9	-1.0
捷克	2602.8	3118.2	1.5
法国	14654.7	16749.8	1.1
德国	15863.8	18600.1	1.3
意大利	10888.9	12892.4	1.4
荷兰	12593.1	15682.7	1.8
波兰	1441.9	2429.1	4.4
罗马尼亚	1116.7	1274.2	1.1
俄罗斯联邦	1508.2	1708.5	1.0
西班牙	8483.0	10677.2	1.9
乌克兰	941.0	580.2	-3.9
英国	11724.2	16278.5	2.8
澳大利亚	11296.0	14840.5	2.3
新西兰	9185.3	11201.3	1.7

注：1. ①世界银行统计数据。②1994 年数据。③2001 年数据。④1995－2002 年均增长率。⑤1991－2001 年均增长率。⑥1993 年数据。⑦1994－2002 年均增长率。

2. 资料来源：世界银行数据库。

部分国家和地区住户消费支出构成

单位:%

国家和地区	年　份	食品、饮料和烟草	服装和鞋类	住房、水、电、气和其他燃料	家具、家用设备及住房日常维修支出
韩国	2001	16.9	3.8	17.6	4.4
日本	2000	17.3	6.0	25.4	4.6
加拿大	2001	13.8	5.4	23.5	6.6
墨西哥	2000	26.3	3.6	13.2	8.4
美国	2000	9.3	5.3	16.8	5.1
法国	2001	17.9	4.8	23.5	6.2
德国	2000	15.6	6.4	24.5	7.2
意大利	2001	16.9	9.5	19.6	9.2
荷兰	1999	14.8	6.2	20.8	7.4
西班牙	2000	18.5	6.5	14.1	6.0
英国	2001	14.1	5.8	18.0	6.1
澳大利亚	2000	14.7	3.8	20.8	5.3
新西兰	2000	16.3	4.7	19.7	10.8

续上表

单位:%

国家和地区	年份	医疗保健	交通和通信	教育、休闲与文化	饭店和旅馆	其他
韩国	2001	8.0	16.6	12.7	7.1	12.8
日本	2000	3.5	12.7	11.9	7.4	11.1
加拿大	2001	4.4	17.2	12.0	7.8	9.4
墨西哥	2000	4.2	19.5	6.1	8.1	10.6
美国	2000	16.4	13.3	11.4	6.3	16.1
法国	2001	3.5	17.4	9.5	7.5	9.6
德国	2000	4.0	16.9	10.4	5.0	9.9
意大利	2001	2.9	15.2	8.6	9.7	8.3
荷兰	1999	4.0	15.6	11.7	5.9	13.6
西班牙	2000	3.4	15.4	10.4	19.0	6.7
英国	2001	1.6	16.9	13.8	11.6	12.1
澳大利亚	2000	4.6	14.7	14.5	7.6	13.8
新西兰	2000	3.1	14.8	11.5	8.2	10.9

注：资料来源：《韩国社会指标》2002 年。

部分国家和地区大中小学生入学率

单位:%

国家和地区	大学生粗入学率		中学生净入学率		小学生净入学率	
	1990 年	2001 年	1990 年	2001 年	1990 年	2001 年
世界	**16.0**	**23.9②**				**87.9②**
高收入国家	**47.4**	**61.1②**	**87.1**	**91.1②**	**97.6**	**97.4②**
中等收入国家	**13.1**	**22.0②**			**94.5**	**91.6②**
低收入国家	**5.4**	**9.6②**				**79.5②**
中国①	3.0	12.7①②			97.4	92.8②
中国香港	19.1	27.4③		69.0		
中国澳门	25.4	66.4	53.0④	71.6	81.2④	85.7
孟加拉国	4.2	6.1	18.0	43.8	64.0	86.6
印度	6.1	10.6②				83.3②
印度尼西亚	9.2	15.1	37.9		97.5	92.1
伊朗	10.0	19.2			99.2④	86.5
以色列	33.5	52.7②		88.4②		99.9②
日本	29.6	47.7②	96.8	100.0②	99.7	100.0②
哈萨克斯坦	40.1	38.7		84.1		89.5
韩国	38.6	82.0	85.8	90.9②	100.0	98.5②
马来西亚	7.3	26.0		69.4		95.2
蒙古	14.0	34.7	55.9⑤	71.5	75.3⑤	86.6
缅甸	4.1	11.5		35.3		81.9
巴基斯坦	2.9					66.9②
菲律宾	28.2	30.4	56.6⑥	56.5	97.5④	93.0
新加坡	18.6					
斯里兰卡	4.6					
泰国	16.7	36.8				86.3
土耳其	13.1	24.5	41.4		89.4	87.9
越南	1.9	10.0		65.3		94.0
埃及	15.8		65.2⑦	78.3②	88.3⑦	89.9②
尼日利亚	4.2					
南非	13.2	14.6	50.5④	62.0②	102.6④	89.5
加拿大	94.7	59.1②	88.7	97.6②	96.9	99.6②
墨西哥	14.5	20.5②	44.8	58.2②	100.3	99.4②
美国	75.2	70.7②	85.8	87.1②	96.0	94.3②
阿根廷	38.8	56.6		80.8		99.8
巴西	11.2	17.9	15.5	71.6	86.4	96.5
委内瑞拉	29.0	17.7	18.6	57.5	88.1	92.4
白俄罗斯	47.6	62.1		77.5		94.2
保加利亚	31.1	40.1②	63.6	86.7	86.1	90.4
捷克	16.0	29.8②	86.1⑦	88.3②	91.2⑦	90.3②
法国	39.6	53.6②	85.8④	92.3②	100.9	99.9②
德国	33.9		89.0⑧	88.3②	83.7⑧	
意大利	32.1	49.9②				99.8②
荷兰	39.8	55.0②	83.6	89.9②	95.3	99.5②
波兰	21.7	55.5②	75.8	90.8②	96.6	97.7②
罗马尼亚	9.7	27.3②	72.8⑦	79.6②	76.9⑧	92.8②
俄罗斯联邦	52.1	68.4			95.4⑦	
西班牙	36.7	56.8②		92.6②	100.0	99.7②
乌克兰	46.6	57.2		90.5		81.5
英国	30.2	59.0②	79.1	94.6②	97.0	99.9②
澳大利亚	35.5	64.6	62.2	88.5	69.4	96.0
新西兰	39.7	71.7	78.6	91.6②	99.2	98.4

注：1. ①数据来源于世界银行。②2000 年数据。③1997 年数据。④1991 年数据。⑤1994 年数据。⑥1995 年数据。⑦1993 年数据。⑧1992 年数据。
2. 资料来源：世界银行数据库。

部分国家和地区15岁及以上成人识字率

单位：%

国家和地区	总计		男性		女性	
	1990年	2002年	1990年	2002年	1990年	2002年
世界	**69.6**	**79.1①**	**77.4**	**84.6①**	**61.6**	**73.5①**
中等收入国家	**80.1**	**90.2①**	**86.5**	**93.4①**	**73.4**	**86.9①**
低收入国家	**49.9**	**63.9②**	**61.4**	**70.7①**	**38.2**	**51.5①**
中国	78.3	88.4	87.2	93.6	68.9	83.1
中国澳门	90.5	91.3②	94.6	95.3②	86.8	87.8②
孟加拉国	34.2	41.1	44.3	50.3	23.7	31.4
印度	49.3	61.3②	61.9	68.4①	35.9	45.4①
印度尼西亚	79.5	87.9	86.7	92.5	72.5	83.4
伊朗	63.2	77.1②	72.2	83.5	54.0	70.4
以色列	91.4	95.3	94.9	97.3	88.0	93.4
哈萨克斯坦	98.8	99.4	99.5	99.7	98.2	99.2
马来西亚	80.7	88.7①	86.9	92.0①	74.4	85.4①
蒙古	97.8	97.8①	98.5	98.0①	97.1	97.5①
缅甸	80.7	85.3	87.4	89.2	74.2	81.4
巴基斯坦	35.4	41.5③	49.3	53.4③	20.1	28.5③
菲律宾	91.7	92.6①	92.2	92.5①	91.2	92.7①
新加坡	88.8	92.5①	94.4	96.6①	83.2	88.6①
斯里兰卡	88.7	92.1	92.9	94.7	84.7	89.6
泰国	92.4	92.6①	95.3	94.9①	89.5	90.5①
土耳其	77.9	86.5①	89.2	94.4①	66.4	78.5①
越南	90.4	90.3④	94.0	93.9④	87.1	86.9④
埃及	47.1	55.6⑤	60.4	67.2⑤	33.6	43.6⑤
尼日利亚	48.7	66.8	59.4	74.4	38.4	59.4
南非	81.2	86.0	82.2	86.7	80.2	85.3
墨西哥	87.3	90.5①	90.6	92.6①	84.3	88.7①
阿根廷	95.7	97.0	95.9	97.0	95.6	97.0
巴西	82.0	86.4①	82.9	86.2①	81.2	86.5①
委内瑞拉	88.9	93.1	90.1	93.5	87.7	92.7
白俄罗斯	99.5	99.7	99.7	99.8	99.3	99.6
保加利亚	97.2	98.6	98.3	99.1	96.2	98.1
意大利	97.7	98.5	98.3	98.9	97.1	98.2
罗马尼亚	97.1	97.3	98.6	98.4	95.6	96.3
俄罗斯联邦	99.2	99.6	99.6	99.7	98.9	99.5
西班牙	96.3	97.8	97.8	98.7	94.8	97.0
乌克兰	99.4	99.6	99.7	99.8	99.2	99.5

注：1. ①2000年数据。②2001年数据。③1998年数据。④1999年数据。⑤1996年数据。
2. 资料来源：世界银行数据库。

部分国家和地区电视机、有线电视用户及个人计算机普及率

单位：台/千人

国家和地区	电视机		有线电视用户（个）		个人计算机	
	1990 年	2002 年	1990 年	2002 年	1990 年	2002 年
世界	**185.7**	**275.5②**		**65.5②**	**25.1**	**100.8**
高收入国家	**552.1**	**735.0②**	**114.4**	**191.0**	**111.3**	**466.9**
中等收入国家	**173.6**	**326.3**		**57.6**	**2.5**	**45.3**
低收入国家	**34.0**	**90.9②**		**23.7②**		**7.5**
中国①	155.8	350.3	9.6	75.0	0.4	27.6
中国香港	281.9	504.1②	6.2③	90.6	47.3	422.0
中国澳门	285.7	290.2		12.6		208.3
孟加拉国	7.4	59.0		27.0		3.4
印度	31.9	82.8②	8.1④	38.9②	0.3	7.2
印度尼西亚	61.3	153.0②	0.1⑤	0.3②	1.1	11.9
伊朗	66.4	172.9				75.0
以色列	258.5	330.4②	134.2⑥	184.0	63.3	242.6
日本	610.8	784.7	54.7	183.1	59.9	382.2
哈萨克斯坦	216.0	338.0②		6.6		
韩国	207.4	363.3②	101.1④	132.0②	37.2	555.8
马来西亚	148.6	209.6		3.3⑦	8.4	146.8
蒙古	66.3	79.2	2.9⑨	18.5		28.4
缅甸	2.8	7.6				5.1
巴基斯坦	25.8	150.2②	0.1⑨	0.2⑪	1.3	4.2②
菲律宾	49.4	182.4	3.8④	37.0	3.5	27.7
新加坡	336.4	302.6	7.6③	84.5	66.3	622.0
斯里兰卡	36.4	117.4②		0.3②	0.2	13.2
泰国	108.2	300.4②	1.6⑥	12.9	4.2	39.8
土耳其	230.0	423.1	0.3⑩	14.2	5.3	44.6
越南	39.3	197.4				9.8
埃及	116.5	228.8				16.6
尼日利亚	36.4	102.6②		0.5②		7.1
南非	104.3	177.2			7.0	72.6
加拿大	627.9	690.6②	261.9	252.9②	107.1	487.0
墨西哥	149.5	282.0②	7.4	24.3	8.2	82.0
美国	776.0	937.5②	219.5	255.0	216.8	658.9
阿根廷	249.0	325.8②	106.3④	162.9②	7.2	82.0
巴西	212.8	349.2②	2.6③	13.8②	3.1	74.8
委内瑞拉	164.1	186.1②	4.6⑨	36.3	10.3	60.9
白俄罗斯	269.9	361.8②		77.2		
保加利亚	250.3	453.0⑪	16.7⑦	93.5		51.9
捷克	330.0	538.0②	25.2⑥	94.4②	11.6	177.4
法国	539.1	631.9②	9.1	57.5	70.5	347.1
德国	525.3	660.6	111.4	249.9	89.9	431.3
意大利	419.7	493.9⑪	0.3⑦	1.4②	36.4	230.7
荷兰	481.6	648.3	291.8	401.4	93.6	466.6
波兰	265.0	421.9②	5.2⑩	91.4	7.9	105.6
罗马尼亚	193.9	697.4	35.2③	152.2	2.2	69.2
俄罗斯联邦	365.1	537.7⑪	45.1③	43.6	3.4	88.7
西班牙	388.6	564.0②	2.8	19.9	27.6	196.0
乌克兰	327.0	455.8⑪	15.7⑧	38.6	1.9	19.0
英国	432.6	950.5②	2.6	57.2	107.7	405.7
澳大利亚	521.5	730.8②	17.3⑦	76.3	149.8	565.1
新西兰	442.8	557.5②	0.3③	7.1②		413.8

注：1. ①世界银行统计数据。②2001 年数据。③1994 年数据。④1993 年数据。⑤1998 年数据。⑥1992 年数据。⑦1996 年数据。⑧1997 年数据。⑨1995 年数据。⑩1991 年数据。⑪2000 年数据。

2. 资料来源：世界银行数据库。

部分国家和地区电话主线和移动电话普及率

国家和地区	电话主线（条/千人）			移动电话（部/千人）		
	1990 年	2001 年	2002 年	1990 年	2001 年	2002 年
世界	**99.7**	**170.3**	**175.9**		**92.8**	**109.7**
高收入国家	**457.4**	**590.8**	**585.4**	**5.9**	**598.8**	**697.6**
中等收入国家	**43.2**	**152.1**	**166.7**		**109.2**	**149.1**
低收入国家	**6.8**	**25.8**	**27.8**		**6.3**	**12.6**
中国		25.9①	33.6①		112.0	161.0
中国香港	450.2	579.6	564.7	24.4	859.0	942.5
中国澳门	255.2	404.1	398.8	6.1	445.3	625.3
孟加拉国	2.0	4.3	5.1		4.0	8.1
印度	6.0	37.5	39.8		6.3	12.2
印度尼西亚	5.9	34.5	36.5	0.1	31.2	55.2
伊朗	40.4	168.7	186.6		32.3	33.5
以色列	343.2	466.0	467.2	3.2	906.6	954.5
日本	441.1	576.0	558.3	7.0	587.8	636.5
哈萨克斯坦	80.0	120.5	130.4		36.2	64.3
韩国	306.0	485.7	488.6	1.8	620.8	679.5
马来西亚	89.3	197.1	190.4	4.9	312.9	376.8
蒙古	32.0	51.8	52.7		81.2	88.9
缅甸	1.7	6.1	7.0		0.5	1.0
巴基斯坦	7.5	22.8	25.0	…	5.7	8.5
菲律宾	10.0	42.4	41.7		155.4	191.3
新加坡	345.9	471.4	462.9	17.0	724.1	795.6
斯里兰卡	7.4	44.3	46.6	0.1	35.6	49.2
泰国	24.3	98.8	105.0	1.2	123.3	260.4
土耳其	121.5	285.2	281.2	0.6	295.3	347.5
越南	1.5	37.6	48.4		15.4	23.4
埃及	30.1	103.6	110.4	0.1	43.3	66.8
尼日利亚	3.0	4.6	5.8		3.4	13.4
南非	93.4	110.5	106.6	0.2	242.1	303.9
加拿大	564.9	653.7	635.5	21.6	349.1	377.2
墨西哥	64.8	137.2	146.7	0.8	216.8	254.5
美国	547.3	670.6	645.8	21.2	450.8	488.1
阿根廷	93.1	223.8	218.8	0.4	192.6	177.6
巴西	65.0	217.8	223.2		167.3	200.6
委内瑞拉	76.3	109.4	112.7	0.4	261.8	256.4
白俄罗斯	154.5	287.6	299.4		13.9	46.7
保加利亚	242.0	359.4	367.7		191.2	333.0
捷克	157.6	377.6	362.3		679.5	848.8
法国	495.2	573.5	568.9	5.0	605.3	647.0
德国	440.8	634.2	650.9	3.8	682.3	727.5
意大利	387.6	471.5	480.7	4.6	883.3	938.7
荷兰	464.2	621.1	617.7	5.3	767.0	744.7
波兰	86.4	295.1			259.0	362.6
罗马尼亚	101.9	183.8	194.4		171.7	235.7
俄罗斯联邦	140.0	226.8	242.2		52.8	120.1
西班牙	316.0	433.6	506.2	1.4	733.5	824.2
乌克兰	135.6	212.1	216.1		44.2	83.8
英国	440.7	593.6	590.6	19.4	770.4	840.7
澳大利亚	456.3	540.8	538.6	10.8	574.2	639.8
新西兰	433.6	477.1	448.1	16.0	598.8	621.7

注：1. ①电话普及率（部/百人）。

2. 资料来源：世界银行数据库。

部分国家和地区国际互联网用户

单位：个/千人

国家和地区	1990 年	1995 年	2000 年	2001 年	2002 年
世界	**1.80**	**9.59**	**84.70**	**106.03**	**130.69**
高收入国家	**2.66**	**24.75**	**249.90**	**310.82**	**363.50**
中等收入国家		**1.88**	**38.70**	**53.26**	**80.10**
低收入国家		**0.06**	**3.74**	**5.77**	**10.21**
中国①		0.05	17.37	25.67	46.01
中国香港		32.49	278.35	386.82	430.11
中国澳门		2.82	136.36	231.28	260.42
孟加拉国			0.77	1.42	1.53
印度		0.27	5.43	6.82	15.91
印度尼西亚		0.26	9.70	19.12	37.72
伊朗		0.04	9.82	15.56	48.46
以色列	1.06	8.90	202.56	276.58	301.40
日本	0.20	15.93	299.40	384.16	448.86
哈萨克斯坦		0.11	6.16	9.32	15.66
韩国	0.23	8.21	414.05	521.05	551.89
马来西亚		1.49	213.88	265.19	319.69
蒙古		0.09	12.64	16.66	20.58
缅甸			0.15	0.21	0.51
巴基斯坦			2.16	3.51	10.28
菲律宾		0.29	20.13	25.57	44.04
新加坡		28.36	323.57	411.50	504.36
斯里兰卡		0.06	6.58	8.01	10.56
泰国		0.96	37.95	57.73	77.56
土耳其		0.81	30.63	60.35	72.84
越南			2.51	12.45	18.46
埃及		0.34	7.09	9.30	28.23
尼日利亚			0.70	0.98	3.50
南非		7.09	54.94	64.85	68.20
加拿大	3.69	42.76	421.26	450.01	512.83
墨西哥		1.00	27.43	36.22	98.48
美国	8.04	94.50	440.62	501.49	551.38
阿根廷		0.88	72.52	100.76	112.02
巴西		1.09	29.45	46.56	82.24
委内瑞拉		1.25	33.93	46.62	50.56
白俄罗斯		0.03	18.72	43.24	81.58
保加利亚		1.19	52.77	74.63	80.76
捷克		14.51	97.34	146.71	256.31
法国	0.53	16.42	143.65	263.77	313.83
德国	1.38	18.33	301.48	373.60	411.94
意大利	0.17	5.23	230.37	268.88	352.44
荷兰	3.34	64.54	437.85	490.52	506.33
波兰		6.48	72.46	98.37	230.00
罗马尼亚		0.75	35.67	44.66	83.02
俄罗斯联邦		1.49	19.74	29.30	40.93
西班牙	0.13	3.83	136.73	182.74	156.30
乌克兰		0.43	6.94	11.93	17.95
英国	0.87	18.77	264.36	329.59	423.10
澳大利亚	5.86	27.68	344.52	371.38	481.74
新西兰		49.58	401.29	461.17	484.37

注：1. ①世界银行统计数据。
2. 资料来源：世界银行数据库。

部分国家和地区每千人口医生数和病床数

国家和地区	每千人口医生数（人）			每千人口床位数（张）		
	1990 年	2000 年	2001 年	1990 年	2000 年	2001 年
世界	**1.6**			**4.0**		
高收入国家	**2.4**	**2.8①**		**7.9**	**7.4**	
中等收入国家	**1.7**	**1.9①**		**3.8**	**3.7①**	
中国	1.6	1.7	1.7	2.3	2.4	2.4
孟加拉国	0.2	0.2②		0.3	0.3③	
印度尼西亚	0.1	0.2③		0.7	0.7③	
伊朗		0.9④		1.4	1.6④	
以色列	3.2	3.8	3.7	6.2	6.1	6.2
日本	1.7	1.9		16.0	16.5	
哈萨克斯坦	4.0	3.3	3.5	13.7	7.2	7.0
韩国	0.8	1.3	1.4	3.1	6.1	
马来西亚	0.4	0.7②		2.1	2.0④	
蒙古	2.5	2.4⑤				
缅甸	0.1	0.3①		0.6		
巴基斯坦	0.5	0.6②		0.6		
菲律宾	0.1	1.2④		1.4		
新加坡	1.3	1.6⑤		3.6	3.6③	
斯里兰卡		0.4①		2.7		
泰国	0.2	0.4④		1.6	2.0⑥	
土耳其	0.9	1.3	1.3	2.1	2.6	
越南	0.4	0.5⑤		3.8	1.7②	
埃及	0.8	1.6②		2.1	2.1②	
尼日利亚				1.7		
南非		0.6④				
加拿大	2.1	2.1	2.1	6.3	3.9①	
墨西哥	1.1	1.4	1.5	0.8	1.1	
美国	2.4	2.7①		4.9	3.6	
阿根廷	2.7	2.7⑥		4.6	3.3④	
巴西	1.4	1.3④		3.3	3.1④	
委内瑞拉	1.6	2.4②		2.7	1.5④	
白俄罗斯	3.6	4.6	4.5	13.2	12.6	12.6
保加利亚	3.2	3.4	3.4	9.8	7.4	7.2
捷克	2.8	3.4	3.4	11.3	8.8	
法国	2.6	3.3	3.3	9.7	8.2	
德国	3.1	3.3	3.3	10.4	9.1	
意大利	4.7	4.1	4.3	7.2	4.9①	
荷兰	2.5	3.2	3.3	11.5	10.8	
波兰	2.1	2.2	2.2	5.7	4.9	
罗马尼亚	1.8	1.9	1.9	8.9	7.4	7.5
俄罗斯联邦	4.1	4.2	4.2	13.1	10.9	10.8
西班牙	2.3	3.3		4.3	4.1	
乌克兰	4.3	3.0	3.0	13.0	8.8	8.7
英国	1.4	2.0		5.9	4.1	
澳大利亚		2.4	2.5		7.9①	
新西兰	1.9	2.2		8.5	6.2⑤	

注：1. ①1999 年数据。②1997 年数据。③1994 年数据。④1996 年数据。⑤1998 年数据。⑥1995 年数据。
2. 资料来源：世界银行数据库。

部分国家和地区婴儿死亡率和平均预期寿命

国家和地区	婴儿死亡率（‰）		平均预期寿命（岁）	
	1990 年	2001 年	1990 年	2001 年
世界	**63.9**	**55.0**	**65.3**	**66.7**
中国	32.9	28.4①	68.3	71.4①
中国香港	6.2	2.7②	77.6	80.0②
中国澳门	9.6	4.0②	76.9	79.2②
孟加拉国	90.6	48.0	54.8	62.1
印度	84.0	65.0	59.1	63.4
印度尼西亚	60.0	32.0	61.7	66.7
伊朗	54.0	34.0	64.7	69.3
以色列	10.0	6.0	76.1	78.7
日本	5.0	3.0	78.8	81.6
哈萨克斯坦	41.0	76.0	68.3	61.7
朝鲜	26.0	42.0	65.5	62.4
韩国	8.0	5.0	70.3	73.9
马来西亚	16.0	8.0	70.5	72.8
蒙古	77.0	58.0	62.7	65.5
缅甸	91.0	77.0	54.7	57.2
巴基斯坦	96.0	76.0	59.1	63.8
菲律宾	45.0	28.0	65.6	69.8
新加坡	7.0	3.0	74.3	…
斯里兰卡	22.0	16.0	70.2	73.8
泰国	34.0	24.0	68.5	69.2
土耳其	64.0	35.0	66.1	69.9
越南	38.0	20.0	64.8	69.7
埃及	76.0	33.0	62.8	68.9
尼日利亚	115.0	100.0	49.1	45.3
南非	45.0	52.0	61.9	46.5
加拿大	7.0	5.0	77.2	79.2
墨西哥	37.0	24.0	70.8	73.6
美国	9.0	7.0	75.2	77.3
阿根廷	25.0	16.0	71.6	74.3
巴西	50.0	33.0	65.6	68.6
委内瑞拉	23.0	19.0	71.2	73.7
白俄罗斯	18.0	17.0	70.8	68.2
保加利亚	14.0	14.0	71.4	71.8
捷克	10.0	4.0	71.7	75.0
法国	8.0	4.0	76.7	79.2
德国	7.0	4.0	75.1	78.1
意大利	9.0	4.0	77.1	78.4
荷兰	7.0	5.0	76.9	78.3
波兰	16.0	8.0	70.9	73.8
罗马尼亚	27.0	19.0	69.7	70.0
俄罗斯联邦	21.0	18.0	68.9	65.8
西班牙	8.0	5.0	76.7	78.3
乌克兰	18.0	16.0	70.1	68.2
英国	8.0	5.0	75.6	77.5
澳大利亚	8.0	6.0	77.0	79.2
新西兰	10.0	6.0	75.3	78.4

注：1. ①2000 年数据。②2001 年数据。
2. 资料来源：世界银行数据库。

部分国家和地区居民住宅情况

国家和地区	年　份	住宅总计 （万套）	平均每千人 拥有住宅数 （套）	平均每户居室数 （间）
亚洲				
日本	1993	4077.3	326.6	4.9
	1998	4392.2	347.5	4.8
塞浦路斯	1999	28.2	42.3	5.9
	2000	28.7	42.8	5.9
北美洲				
美国	1991	10459.2	529.4	
	1999	11229.2	428.0	
欧洲				
爱尔兰	1999	125.1	334.0	5.2
	2000	129.3	341.0	5.2
英国	1999	2504.0		
	2000	2521.7		
意大利	1991			4.2
	1996			4.0
爱沙尼亚	1999	62.3	432.0	3.8
	2000	62.2	434.0	3.8
澳大利亚	1999	323.0	404.0	4.1
	2000	326.1	405.0	4.3
荷兰	1999	659.0	418.0	3.9
	2000	665.1	416.1	3.8
瑞士	1999	354.2	515.4	4.2
	2000	357.5	520.1	4.2
瑞典	1999	428.3	483.0	3.8
	2000	429.4	483.4	4.0
斯洛文尼亚	1999	70.6	355.0	4.2
	2000	71.2	358.0	4.0
丹麦	1999	248.9	468.4	
	2000	250.9	470.6	
德国	1991	3417.4	426.0	4.5
	1996	3649.2	445.0	4.3
挪威	1999	192.1	427.0	4.8
	2000	194.0	429.3	5.0
匈亚利	1999	406.1	404.0	4.1
	2000	407.7	406.7	4.1
芬兰	1996	239.1	466.6	
	1999	247.8	490.0	3.9
法国	1991	2675.6	472.4	
	1996	2822.1	483.5	
保加利亚	1999	344.7	421.0	2.6
	2000	345.5	424.0	2.6
比利时	1991	374.8	375.6	
	1996	397.4	391.3	
波兰	1996	1154.7	299.0	4.5
	1999	1176.3	304.0	4.1
罗马利亚	1999	788.5	351.1	4.1
	2000	790.7	352.4	4.3
卢森堡	1996			4.5
	1999			4.8
俄罗斯联邦	1999	276.1①	19.1②	2.6
	2000	277.9①	19.3②	2.6

注：1. ①单位是百万平方米。②单位是平方米。
　　2. 资料来源：日本《世界统计》2004 年。

世界主要城市空气污染状况

国家和地区	城　市	城市人口（万人）2000年	总悬浮颗粒物（微克/立方米）1999年	二氧化硫（微克/立方米）1995－2001年	二氧化氮（微克/立方米）1995－2001年
中国①	上海	1037	87	53	73
	北京	930	106	90	122
	天津	733	149	82	50
印度	孟买	1598	79	33	39
	德里	1056	187	24	41
	加尔各答	1382	153	49	34
印度尼西亚	雅加达	1085	103		
伊朗	德黑兰	769	71	209	
日本	东京	1248	43	18	68
	大阪	263	39	19	63
	横滨	337	32	100	13
韩国	汉城	1155	45	44	60
	大丘	242	49	81	62
	釜山	408	43	60	51
马来西亚	吉隆坡	153	24	24	
菲律宾	马尼拉	1043	60	33	
新加坡	新加坡	316	41	20	30
泰国	曼谷	730	82	11	23
土耳其	伊斯坦布尔	929	62	120	
	安卡拉	370	53	55	46
埃及	开罗	794	178	69	
南非	开普敦	294	15	21	72
	德班	136	29	31	
	约翰内斯堡	234	30	19	31
加拿大	多伦多	454	26	17	43
	蒙特利尔	352	22	10	42
	温哥华	188	15	14	37
墨西哥	墨西哥城	1802	69	74	130

续上表

国家和地区	城　市	城市人口（万人）2000 年	总悬浮颗粒物（微克/立方米）1999 年	二氧化硫（微克/立方米）1995－2001 年	二氧化氮（微克/立方米）1995－2001 年
美国	纽约	2095	23	26	79
	洛杉矶	1620	38	9	74
	芝加哥	902	27	14	57
阿根廷	科尔多瓦	137	52		97
巴西	圣保罗	998	46	43	83
	里约热内卢	590	40	129	
委内瑞拉	加拉加斯	349	18	33	57
保加利亚	索非亚	118	83	39	122
捷克	布拉格	121	27	14	33
法国	巴黎	985	15	14	57
德国	法兰克福	67	22	11	45
	柏林	356	25	18	26
	慕尼黑	128	22	8	53
意大利	米兰	138	36	31	248
	都灵	97	53		
	罗马	271	35		
荷兰	阿姆斯特丹	113	37	10	58
波兰	华沙	172	49	16	32
	罗兹	87	45	21	43
罗马利亚	布加勒斯特	207	25	10	71
俄罗斯联邦	莫斯科	881	27	109	
	鄂木斯克	121	28	20	34
西班牙	马德里	307	37	24	66
	巴塞罗那	165	43	11	43
乌克兰	基辅	262	45	14	51
英国	伦敦	781	23	25	77
	伯明翰	234	17	9	45
	曼彻斯特	233	19	26	49
澳大利亚	悉尼	286	22	28	81
	墨尔本	329	15	0	30
	帕斯	125	15	5	19
新西兰	奥克兰	99	15	3	20

注：1. ①数据来源于世界银行。
2. 资料来源：世界银行《世界发展指标》2004 年。

部分国家和地区失业率

单位:%

国家和地区	1990 年	1999 年	2000 年	2001 年	2002 年
中国①	2.5	3.1	3.1	3.6	4.0
中国香港	1.3	6.2	4.9	5.1	7.3
中国澳门②	3.2	6.3	6.8	6.4	6.3
阿塞拜疆		1.2	1.2	1.3	1.3
孟加拉国	1.9		3.3		
塞浦路斯③	1.8②	3.6	3.4	2.9	3.1
格鲁吉亚		13.8	10.8	11.0	12.3
印度尼西亚		6.4	6.1	8.1	9.1
以色列	9.6	8.9	8.8	9.4	10.3
日本	2.1	4.7	4.7	5.0	
哈萨克斯坦③		3.9	3.7	2.9	2.6
韩国	2.4	6.3	4.2	3.8	3.1
马来西亚⑤	5.1	3.4	3.1	3.6	3.8
蒙古③		4.7	4.6	4.6	3.4
巴基斯坦④	3.1	5.9	7.8		
菲律宾	8.1	9.6	10.1	9.8	
新加坡	1.7	4.6	4.4	3.4	5.2
斯里兰卡④	14.4	9.1	8.0	7.7	8.7
叙利亚				11.2	11.7
泰国⑥	2.2	3.0	2.4	2.6	
土耳其	7.5⑦	7.7⑦	6.6	8.5	10.6
阿联酋			2.3		
约旦河西岸和加沙地带		11.8	14.2	25.5	31.3
阿尔及利亚⑳	19.8		29.8	27.3	
埃及⑤	8.6	8.1	9.0		
摩洛哥⑲	15.8	22.0	21.5	19.5	18.3
阿根廷④⑲	7.3	14.1	15.0	17.4	19.6
巴巴多斯	15.0	10.5	9.4	9.9	
玻利维亚④⑲	7.3	7.2	7.4		
巴西④	3.7	9.6		9.4	
加拿大	8.1	7.6	6.8	7.2	7.7
哥伦比亚⑦	10.2	20.1	20.5	14.7	15.7
哥斯达黎加⑦	4.6	6.0	5.2	6.1	
智利	5.7	8.9	8.3	7.9	7.8
厄瓜多尔④	6.1	14.0	9.0	11.0	9.3
洪都拉斯④	4.8	3.7		4.2	
萨尔瓦多④	10.0⑲	7.0	7.0	7.0	6.2
牙买加②	15.7				
墨西哥⑦		1.7	1.6	1.7	1.9
荷属安的列斯	17.0		14.0		
尼加拉瓜④	11.1	10.9	9.8	11.3	12.2
巴拿马		11.8			
秘鲁②⑲		8.0	7.4	7.9	
波多黎各⑧	14.1	11.8	10.1	11.4	12.3
苏里南②	15.8	14.0			
特立尼达和多巴哥	20.0	13.1	12.2	10.8	

续上表

单位:%

国家和地区	1990 年	1999 年	2000 年	2001 年	2002 年
美国⑧	5.6	4.2	4.0	4.8	5.8
乌拉圭②⑲	8.5	11.3	13.6	15.3	
委内瑞拉	10.4	14.9	13.9	13.2	15.8
美属维尔京群岛③⑨	2.8				
阿尔巴尼亚	9.5	18.4	16.8	16.4	15.8
奥地利	3.2③	3.8	3.6	3.6	4.0
白俄罗斯③		2.1	2.1	2.3	3.0
比利时	7.2	8.6	7.0	6.6	7.5
保加利亚		14.1	16.3	19.4	17.6
克罗地亚		13.5	16.1	15.8	14.8
捷克		8.7	8.8	8.1	7.3
丹麦⑩			4.6	4.8	4.7
爱沙尼亚⑫	0.6⑪	12.2	13.6	12.6	10.3
芬兰⑫	3.1	10.1	9.7	9.1	9.1
法国	8.9	11.7	10.0	8.8	8.9
德国		8.8	7.9	7.9	8.7
希腊	7.0②	11.7	11.1	10.2	9.6
匈牙利⑫		7.0	6.4	5.7	5.8
冰岛⑬		2.0	2.3	2.3	3.3
爱尔兰	12.9	5.7	4.3	3.7	
意大利	11.0②	11.4	10.5	9.5	9.0
拉脱维亚		14.3	14.4	13.1	12.0
立陶宛		14.1②	16.4	17.4	13.8
卢森堡③⑭	1.3	2.9	2.7	2.7	3.0
马其顿⑮	23.6			30.5	31.9
马尔他③⑯	3.9		6.5	6.5	6.8
摩尔多瓦③		2.1	2.1	2.0	
荷兰⑤	7.5	3.5	3.3	2.7	
挪威⑬	5.2	3.2	3.4	3.6	3.9
波兰		13.9	16.1	18.2	19.9
葡萄牙	4.7④	4.4	4.0	4.1	5.1
罗马尼亚		6.8	7.1	6.6	8.4
俄罗斯联邦⑰		13.4			
圣马力诺③	5.5②	3.0	2.8	2.6	3.6
斯洛伐克		16.2	18.6	19.2	18.5
斯洛文尼亚		7.4	7.2	5.9	5.9
西班牙⑧	16.3	15.9	13.9	10.5	11.4
瑞士		3.1	2.7	2.5	2.9
瑞典⑭	1.6	5.6	4.7	4.0	4.0
乌克兰⑱		11.9	11.7	11.1	10.2
英国⑧	6.8	6.0	5.5	4.8	5.1
澳大利亚	6.9	7.0	6.4	6.8	6.3
斐济	6.4				
关岛⑧	2.8				
新西兰	7.8	6.8	6.0	5.3	5.2

注：1. ①城镇登记失业率。②14 岁及以上。③登记失业率。④10 岁及以上。⑤15 岁至 64 岁。⑥13 岁及以上。⑦12 岁及以上。⑧16 岁及以上。⑨16 至 65 岁。⑩15 至 66 岁。⑪15 至 69 岁。⑫15 至 74 岁。⑬16 至 74 岁。⑭16 至 64 岁。⑮申请失业率。⑯16 至 61 岁。⑰15 至 72 岁。⑱15 至 70 岁。⑲城镇失业率。⑳16 至 60 岁。

2. 资料来源：国际劳工组织《劳工统计年鉴》2003。

部分国家和地区居民消费价格指数

(1990 = 100)

国家和地区	1990年	2000年	2001年	2002年	2003年
中国①					
总指数		100	101	99	101
食品		97	100	99	103
中国香港					
总指数		169	166	161	
食品		158	156	153	
孟加拉国②					
总指数		140	142	147	
食品			143	147	
印度③					
总指数	100	237	246	257	267
食品	100	237	242	248	257
印度尼西亚					
总指数	100	348	387	434	462
食品	100	426	462	512	516
伊朗					
总指数	100	882	981	1122	1307
食品	100	958	1021	1186	1398
以色列					
总指数	100	249	251	266	250
食品	100	223	229	235	
日本					
总指数	100	109	108	107	107
食品	100	107	106	105	105
马来西亚					
总指数	100	142	144	146	148
食品	100	161	163	164	166
缅甸（仰光）④					
总指数	100	152	184	289	
食品	100	148	253	299	
韩国					
总指数	100	164	171	176	182
食品	100	170	176	183	191
巴基斯坦					
总指数	100	241	249	259	267
食品	100	246	250	260	267
菲律宾					
总指数	100	227	241	248	
食品	100	205	213	218	
新加坡					
总指数	100	119	120	120	120
食品	100	116	117	117	118
斯里兰卡（科伦坡）					
总指数	100	252	288	315	335
食品	100	258	297	329	248

续上表

(1990 = 100)

国家和地区	1990年	2000年	2001年	2002年	2003年
泰国（曼谷）					
总指数	100	155	158	159	162
食品	100	164	166	167	173
土耳其②					
总指数	455	2970	4586	6649	9622
食品	510	2587	3887	5805	7502
越南					
总指数		419	418	434	
食品		450	443		
埃及					
总指数	100	224	229	236	
食品	100	209	211	220	
南非					
总指数	100	236	249	272	288
食品	100	276	291	337	364
加拿大					
总指数	100	122	125	128	131
食品	100	117	122	126	128
墨西哥					
总指数	100	539	573	602	629
食品	100	503	531	552	580
美国					
总指数	100	132	136	138	141
食品	100	128	131	133	136
阿根廷（布宜诺斯艾利斯）					
总指数		402	398	501	568
食品		369	362	487	580
巴西②					
总指数		238	254	276	
食品		189	202	221	
白俄罗斯⑤					
总指数		11094570	17877800	25490200	32718600
食品		13945720	21869300	30381100	37310300
保加利亚⑥					
总指数		3447	3701	3916	4008
食品		3023	3214	3215	3186
捷克②					
总指数		350	367	373	371
食品		120	125	125	124

续上表

(1990 = 100)

国家和地区	1990 年	2000 年	2001 年	2002 年	2003 年
法国					
总指数	100	119	121	123	125
食品	100	114	119	123	125
德国⑦					
总指数		123	126	127	128
食品		101	112	112	112
意大利					
总指数	100	144	148	152	156
食品	100	135	141	146	150
荷兰					
总指数	100	127	133	137	140
食品	100	106	113	117	118
波兰⑨					
总指数		118	125	127	128
食品		112	118	117	115
罗马尼亚⑦					
总指数		41361	55617	68152	78562
食品		34188	46391	54880	62927
西班牙					
总指数	100	146	152	156	107
食品	100	121	126	132	109
英国					
总指数	100	135	138	140	144
食品	100	120	124	125	127
俄罗斯联邦⑦					
总指数		934450	1135160		
食品		952100	1148070		
澳大利亚					
总指数	100	124	130	134	138
食品	100	130	138	143	148
新西兰					
总指数	100	119	122	125	128
食品	100	114	120	124	124

注：1. ①上年为100。②1994 年为100。③指产业工人。④1997 年为100。⑤1992 年为100。⑥1995 年为100。⑦1991 年为100。⑧1996 年为100。⑨1998 年为100。

2. 资料来源：联合国《统计月报》在线数据。

主要统计指标解释

住户最终消费支出（或称个人消费） 是指由家庭购买的包括耐用消费品（比如小汽车、洗衣机和家用电脑）在内的各种产品和服务的市场价值。它不包括购买的住房，但包括自有住房的虚拟房租。

基尼系数 反映个人或家庭收入分配（或消费）与完全平均收入分配之间差异程度的指标，介于“0”和“1”之间。“0”表示收入分配绝对平均，即每个家庭或每个人都得到同样份额的收入；“1”表示收入分配极端不平等，一个家庭或个人拥有全社会的收入。

成人识字率 是指15岁及以上人口中有一定理解、阅读、使用文字能力的人口占总人口的百分比。

粗入学率 是指入学总人数（不考虑年龄）与适龄入学人数之比。

净入学率 是指官方入学年龄（国家教育制度制定的年龄）儿童中已入学人数与相应官方学龄人口数之比。

移动电话 指手提式电话用户。利用蜂窝技术，这些用户被接入公共交换电话网的自动公共移动电话服务系统。

电话主线 是指将客户的设备接入公共交换电话网的电话线。

（粗）出生率 指在一定时期（通常为一年）内所出生的人数与年中人数之比，一般用千分率表示。为估计数。

（粗）死亡率 指在一定时期（通常为一年）内死亡人数与年中人数之比，一般用千分率表示。为估计数。

失业率 反映了失业的严重程度。失业率是参考期内（一般是特定的一天或一周）特定分组的失业人数和同一时间该组就业、失业人数之和相比得出的。对其他来源的失业人员比例的解释应考虑到其代表性。

湛江市

湛江市位于中国大陆最南端、广东省西南部，坐落在雷州半岛，居粤琼桂三省（区）交汇处。全市面积1.3万平方公里，人口715万，是广东省人口第二大市。现辖雷州、廉江、吴川三市，徐闻、遂溪二县和赤坎、霞山、坡头、麻章四个区，拥有1个国家级经济技术开发区和5个省级经济开发试验区。湛江是我国首批对外开放的沿海城市，国家一类城市，全国综合实力50强城市。近年来，先后获得“全国双拥模范城市”、“全国绿化达标城市”、“广东卫生城市”、“中国优秀旅游城市”、“全国投资硬环境40优城市”等荣誉称号。

湛江是我国重要区域性交通枢纽城市。湛江港是国家级主枢纽港、综合运输体系的重要枢纽、集装箱内贸运输华南主枢纽港，现为粤西、环北部湾地区最大的港口，拥有万吨级以至5万吨级泊位20多个，拥有全国第一座30万吨级油码头、20万吨级现代化铁矿石码头和华南最深水航道，可乘潮进出15万吨级以上的轮船。铁路枢纽：有黎湛线、三茂线及粤海铁路与国家铁路干线连通；公路枢纽：有国道207线、325线纵横贯通，广湛，渝湛两条高速公路将在雷州半鸟交汇。湛江民航机场已开通北京、上海、广州、成都、重庆、长沙、香港等30多条航线。发达的海、陆、空立体交通网，使湛江具备了人流、物流大进大出的有利条件。

湛江地处南亚热带地区，海洋景观极具特色，海水、海岛、海滩、阳光、林带景色迷人。同时，独特的地理环境和气候条件，使湛江拥有丰富的光热资源、农业资源、海产资源、矿产资源、油气资源、旅游资源。利用湛江地处南亚热带的区位优势，发展南亚热带高效农业、绿色产业、加工业和旅游业前景广阔。

湛江是一座充满生机、潜能巨大的海滨城市，目前正处于发展的最好、最佳时机。700多万湛江人民正紧紧抓住机遇，加快发展，全力建设现代化新兴港口工业城市，在经济总量上五年再造一个湛江。湛江人民将以创业激情和团结实干，向世人展现中国南方大港的希望。

中共中央总书记胡锦涛在湛江市调研

天然深水港

湛江市人民政府行政服务中心

中共中央政治局委员广东省委书记在湛江调研

湛江市人民政府行政服务中心于2002年11月25日正式对外开放办公。近三年来，在湛江市委、市政府的直接领导下，为改善湛江市的投资软环境，促进经济发展，转变政府职能和机关工作作风，提高办事效率，加强廉政建设，提升政府形象做出了贡献，得到了各级领导和社会各界的广泛认同。省委书张德江、省长黄华华、省纪委书记王华元、副省长汤炳权和香港特区行政长官曾荫权等领导先后到中心视察指导工作，对中心的工作给予了充分的肯定。原市委书记邓维龙、时任市长的市委书记徐少华和阮日生常务副市长对中心非常关心，从筹建到运作、发展都给予具体的指导，使中心的工作连年上新台阶。由于工作成绩显著，中心连续两年被市直机关工委评为优秀党支部，被市委评为优秀基层组织，2004年中心被广东省政府授予“广东省人民满意的公务员集体”荣誉称号，今年上半年又被市评为固本强基先进单位。

一、基本情况

根据中共湛江市委〔2002〕17号文和湛江市机构编制委员会〔2002〕44号文件规定，行政服务中心是市人民政府综合协调管理进入中心各单位有关事务的机构，行政级别正处级，属事业编制，参照公务员管理。所需经费由市财政全额拨款。进驻中心设立窗口的单位40个，其中行政事业单位35个，企业单位5个，进驻窗口工作人员近150个，涉及行政审批，审核事项417项，依法核定的收费项目174个，包括市民、企业和中外投资的报批、办证、收费等服务内容。中心成立两年多来，累计受理各类审批事项36.5万件，其中即办件28.3万件，承诺件8.2万件，办结率达99.3%。

二、主要做法

市政府行政服务中心的设立，适应了人民群众对建立廉洁高效、公开透明、勤政为民政府的迫切要求；从根本上改变了过去“门难进，脸难看，事难办”的状况。

我们的做法概括起来主要体现在“一二三四五”与“四化七制”两方面

“一二三四五”是中心运作的基本做法，即：

围绕实现一个目标人民满意。努力达到两个转变政府职能的转变，机关作风的转变。利用办公自动化系统积极建设三个模块集中登记模块、网上监督模块、考评管理模块。针对人员管理、提高素质切实采取四个措施学习教育：做到党组有学习方案，个人有学习计划，半年交流一次学习心得体会，每年都开展专题教育；岗前培训：对新上岗人员的政治、业务进行岗前考试，考试合格者方可上岗。每年中心都会统一组织一次政治、法律、规章制度和业务运作的培训；走访交流：每年都安排时间到窗口单位走访，互通情况，及时解决窗口运作存在的问题。每年都有计划组织人员外出向同行单位学习，取长补短；人本管理：在管理上既从严要求，又积极主动当好窗口的后勤部长，真诚为其排忧解难。行政服务中心运行始终坚持五个机制——一个窗口受理，确保审批事项集中在窗口。坚持单轨运行原则，最大可能集中审批事项；一站式服务，确保业务科室进中心。充分授权，在窗口这“一站”把业务输完毕；一体化管理，确保窗口与单位前后联动。从窗口受理到科室办理的交接、登记、分办各个环节明确责任，分解时限，分级审批，落实督办；一条快车道，确保联审项目一路畅通。对急办的投资项目，特别是重大项目，实行联合审批，特事特办，为境内、境外客商提供快捷优质服务；一系列制度，确保中心规范运作。中心先后制定了《窗口作风建设暂行规定》、《考评办法》等20个规章制度，以制度管人，以制度管事。

“四化六制”是中心创新管理的基本做法

“四化”是为强化职能、提高管理监督水平而创新的管理方式。

群众评议经常化：将窗口审批（核）事项的办理过程、结果及工作人员的服务态度、服务质量、办事效率、廉洁情况由办事群众投票评议。

回访督察社会化：坚持每日回访20名办事群众，对窗口所办业务进行随机抽查。从社会各界聘请了31名义务督察员，经常听取他们的意见和建议，不断改善中心的工作。

日查周报制度化：日查是每日对各窗口业务办理情况进行检查核对、跟踪服务、时限监督及检查执行《行政许可法》的情况。周报是对一周检查的情况进行汇总，分析存在问题，提出整改措施，写出书面报告。

月讲季评规范化：中心坚持每月对窗口工作进行一次讲评，每季度对窗口工作进行一次全面考评。通过月讲季评，达到激励上进，鞭策后进和争先创优的目的。“六制”：是为强化服务、提高服务质量而创新的工作制度

两个工作日制：即市长办公日制和局长工作日制度。市长办公日制度规定，每月下旬，市长或副市长到行政服务中心召集有关职能部门领导集中办公，现场解决重要审批事项和疑难问题；局长工作日制度规定，各派驻中心窗口单位的局长或副局长，每周五下午定期到中心窗口现场办公，处理审批事项。

联合审批制；即由行政服务中心牵头，采取“一门受理，抄告相关，同步审批，限时办结”的联合并行审批。联审实行宽进严管原则，根据项目特点和要求，分一般联审、绿色通道和特事特办三种程序。这个制度的实行，缩短审批时限，提高办事效率，收到了显著的效果。

行政预约制：是指投资者或办事群众到市政府行政服务中心办事中遇到急、难、重等问题，而窗口工作人员又难以解决，需要约请市政府领导或有关行政（事业）单位领导到中心窗口或现场帮助解决的一种工作方式。

集中年检制：是指将各职能部门分散办理的年审（检）事项集中在行政服务中心年审（检）办理，行成一条龙服务，方便办事群众，提高年审（检）效率。

集中受理制：是指凡进入中心办事的群众、投资者、法人申办工程建设项目，企业设立登记事项时通过中心“事前登记分办，事中跟踪服务，事后监督管理”，中心依法代表或引导申办人办理其所办事项的一种新的工作机制。

业务办结公布制：是指各窗口将每周业务办结情况按规定的时间和要求公布于众的一项政务公开制度，接受办事者和社会群众的监督。

窗口作风测评制：是指中心依据“作风建设、工作纪律、工作技能、工作实绩、群众评议”五项内容对窗口实施考评，并将考评结果列入年度市机关作风测评内容的一项奖惩制度。

三、几点体会

1、**市委、市政府的高度重视和大力支持，是办好行政服务中心的根本保证**。市委、市政府主要为行政服务中心的成功运行和发展倾注了不少心血，并在政策、人力、物力上对行政服务中心给予大力支持，徐少华书记，原市委书记邓维龙和阮日生常务副市长等主要领导多次亲临中心检查和指导工作。实践使我们深深体会到：市委市政府对中心的高度重视和大力支持，是办好中心重要保证，也使我们增强了办好行政服务中心的信心。

2、**各派驻窗口单位领导的密切配合以及身体力行，是办好行政服务中心的重要条件**。各窗口单位高度重视，一是严格把关，为行政服务中心选调了一批思想作风好、文化水平高、业务能力强的骨干力量。二是积极推行一站式服务。三是不断调整和充实窗口业务，精简提速。进入中心的审批审核事项由开始的260项增加至417项，收费项目从130个增至174个，约占全市审批审核事项三分之二。并对一些具体审批事项进行了精简提速，有82个承诺件改为即办件，23个项目缩短了审批时间，深受群众欢迎。四是积极配合搞好联合审批和行政预约制，为企业开辟绿色通道。五是各窗口单位的领导身体力行地支持“两个工作日”制度，坚持到窗口处理审批各种事务，接待办事群众咨询，解决各种疑难问题，为转变机关作风，提高窗口服务质量。

3、**实施政府创新和严格履行职责，是办好行政服务中心的主要途径**。两年多来，我们认真学习外地同行在行政审批改革等方面的好经验和好做法。积极探索行政审批改革的新路子，大胆创新，先后制定和推行了集中受理、集中年检、行政预约制等20项规章，有效地规范和确保了窗口的正常运行。

揭　阳　市

2004年8月8日，中共中央政治局委员、广东省委书记张德江在揭阳市委副书记、市长万庆良等陪同下，考察了惠来县。

在揭阳市招商引资重点项目签约暨中国五金基地市揭阳授匾仪式上，揭阳市长陈弘平从中国五金制品协会副理事长兼秘书长石僧兰手中接过“揭阳市‘中国五金基地市’”牌匾。

揭阳市是1991年12月经国务院批准设立的地级市，辖普宁市、榕城区和揭东、惠来、揭西三县。全市总面积5240.5平方公里，总人口600多万人，旅居海外侨胞300多万人，是广东沿海开放区的主要埠市和重点侨乡，也是目前粤东地区面积最大、人口最多的地级市。

揭阳市位于广东省东南部，北靠兴梅，南濒南海，东邻汕头、潮州，西接汕尾。地处粤东、闽南、赣西南与珠三角的联系通道，地理位置得天独厚。境内的榕江是广东著名的黄金水道，5000吨级货轮可由市区港口直航广州、香港、上海、大连等地。广梅汕铁路在境内通过。潮汕国际机场在揭阳的境内兴建。揭阳气候温和，四季常春，山川灵秀，商贸活跃，文物丰富，适于现代生态农业及旅游业的发展。

揭阳自1992年建市以来，充分利用优越条件，抓住改革开放机遇，放手发展生产力，采取引进外资新举措，经济保持快速、健康发展的势头，各项社会事业也有显著的进步。全市各类工业企业3万多家，利用外资企业5千多家，初步形成五金机械、塑料化工、食品医药、纺织、服装等工业体系。2005年被授予“亚洲玉都”、“中国五金基地市”等称号。农业产业化经营发展势头良好。全市已形成6大农业支柱产业和12大农业商品基地。揭东县和揭西县分别建成全省最大野鸭和全国最大鹧鸪生产基地，普宁市和惠来县分别进入全国水果、水产百强县行列。惠来县被评为“中国荔枝之乡”，普宁市被评为“中国青梅之乡”、“中国蕉柑之乡”、“中国青揽之乡”。揭东县被评为“中国竹笋之乡”。全市有惠来润亚庄园、揭西京明茶叶公司等18家省、市级农业龙头企业和27家年销售额在1000万元以上农产品加工企业。2001-2004年，全市生产总值年均增长8.1%；工业总产值年均增长10.5%；农林牧渔业总产值年均增长4.4%；社会消费品零售总额年均增长11.2%。

揭阳旅游资源十分丰富。市区因榕树而知名，固称“榕城”；榕城北依莲花山系，且处在潮汕三大江之一的榕江南北河环绕中，地形貌似莲花，素有“莲花”之称。1990年榕城被省政府列定为省级历史文化名城。仅揭东县和榕城区被载入《广东文物地图册》的文物景点，就达98处。其中：有省级重点文物保护单位的揭阳学宫（孔庙），有潮汕三大名刹之一的“双峰寺”，还有揭西的“霖田祖庙”和“广德庵”等一批既有历史价值，又有革命纪念意义的名胜迹地。

市区夜景

中心古老的标志性建筑榕城进贤门古城楼

揭阳历经修葺和开发，现已形成一批风格迥异的特色景点：有“岐山榕水”之名的岐山景区和双溪明月等；有“田园潮风”之称的洪阳万花园、埔田竹林等；有“云峰揽胜”之誉的风门古径和大洋云景等；有“滨海怡情”之赞的亚洲第一航标塔和客鸟尾石笋区。

揭阳城市建设稳步推进。建市后，市委、市政府加大了城市综合治理力度，环境卫生工作突出，获得了“全国卫生城市”荣誉称号。至2004年底,市区建成区面积由建市之初的7.8平方公里扩大至27.6平方公里。市政基础设施日臻完善。自来水生产能力达28万吨/日，受益人口68万人左右。市区电力供应充足，目前已形成了以220千伏输变电线路为骨干、110千伏线路为配套的供电网络，供电能力明显增强。市区绿化覆盖率达32%，人均占有公用绿化面积5.03平方米。市区现有公园3个，面积合计49.2公顷，为居民健身、休闲提供良好的环境。

揭阳市今后一个时期总体发展思路是：以邓小平理论和“三个代表”重要思想为指导，以科学发展观统领经济社会发展全局，认真贯彻党的十六届四中全会、胡锦涛总书记视察广东重要讲话精神和省委九届五次、六次全会精神，围绕建设“工业强市、文化大市、和谐揭阳”的战略目标，全力以赴组织“三个新突破”，打造“四大产业带”，实施“五大工程”，推进物质文明、政治文明、精神文明建设协调发展，全面加强党的建设，切实提高党的执政能力，努力实现经济和社会的跨越式发展，力争三年打基础，五年上台阶，十年变个样。

揭西京明度假村

揭阳市区临江北路绿化带

中 山 市

广东省政协主席陈绍基（右）、广东省副省长游宁丰（左）在市领导陪同下莅临服装节开幕式会场。

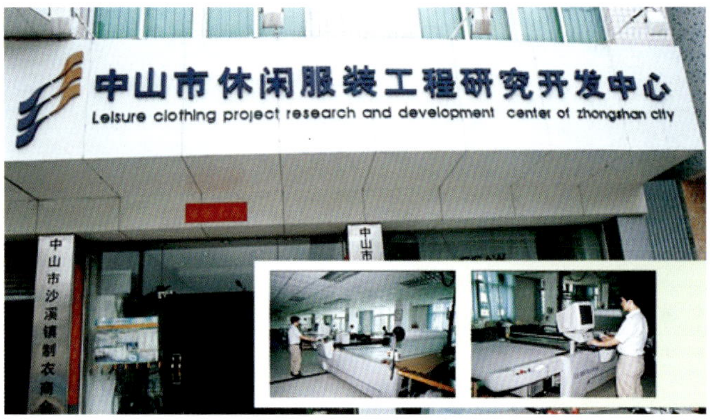

中山市休闲服装工程研究开发中心

中山市是民主革命先驱孙中山先生的故乡。近年来，中山人民努力构建适宜创业和适宜居住的和谐美好家园，先后获得国家卫生城市、全国园林城市、环保模范城市等多项荣誉称号。中山大力实施工业强市、产业强市战略，注重内外源经济协调发展，重视培育和引进各类人才，不断构建合作平台，经济保持持续快速健康发展。2004年全年实现生产总值610亿元，工业总产值2004亿元。

依托毗邻港澳的区位优势，中山市以纺织服装业为支柱产业，大力发展并逐渐形成以服装制造业、织造印染业、化纤原料业为主的纺织业体系。2002年被中国纺织工业协会、中国服装协会授予“中国纺织产业基地市”称号，成为广东省乃至全国重要的纺织服装生产基地和出口加工基地。

中山市始终坚持“特色即是优势”的发展思路。根据产业聚集、配套完善、错位发展的思路，设立了中山纺织工业城、民三工业区、隆兴工业区等市级纺织产业工业园区，积极发展沙溪休闲服装、大涌牛仔、小榄内衣裤、三角织造印染、民众纺织和布业市场等具有区域特色优势和产业优势的纺织服装专业镇，其中沙溪镇和大涌镇被中国纺织工业协会分别授予“中国休闲服装名镇”和“中国牛仔服装名镇”的称号。中山市积极推动科技创新，提升产业整体水平。引导和扶持企业建立技术研发中心和设计师工作室，大大增强企业的技术研发和创新能力。目前拥有市休闲服装工程研究开发中心、市牛仔服装工程技术中心。中山市注重实施名厂、名师、名牌的“三名”工程，提高纺织服装业知名度。全市拥有纺织服装类名牌、名标产品企业7个，其中获中国名牌产品1个、广东省名牌产品6个、广东省名标产品2个。此外，中山市积极转变政府职能，优化政府服务。强化中介组织作用，规范纺织服装企业健康发展，努力构建市场化、社会化的全方位投资服务体系，营造“安商、亲商、富商”的社会氛围，成功举办了六届“中国休闲服装博览会”，确立了沙溪镇在中国休闲服装业的龙头地位。

展望未来，中山市将继续利用“中国纺织产业基地市”、“中国休闲服装名镇”、“中国牛仔服装名镇”等品牌优势，加大力度实施名牌战略，重点发展超细复合功能化、差别化纤维及高档纺织面料、功能性印染织物、环保印染织物，提高产品质量和档次，扩大中山纺织服装业在国内外的市场占有率和知名度。

繁荣中山充满现代气息

每届服博会集众多海内外商家

在服装产业带动下，沙溪面貌日新月异

美好人居环境清晰展现

中国休闲服装生产基地

阳 江 市

[概况] 阳江市于1988年经国务院批准设立，现辖江城区、阳东县、阳西县，设海陵岛经济开发试验区、高新技术产业开发区、岗侨管理区，代管阳春市。全市总面积7813平方公里，人口262.8万。

阳江区位条件优越，交通便利。阳江位于广东省西南沿海，距广州210公里，距香港143海里，距澳门129海里，是连接粤中与粤西的交通、经济走廊，也是广东沟通广西、云南、贵州、四川、重庆、海南等六省市的重要陆路交通咽喉。广湛高速公路、广东西部沿海高速公路、三茂铁路、阳阳铁路和一级公路325国道以及正在建设的阳江港至云浮高速公路（接建设中的广州至广西高速公路）横穿市境。还有国家一类对外开放口岸阳江港。发达的交通网络，使阳江融入珠三角两小时经济圈，并成为泛珠三角地区的重要战略出入口。

阳江是中国刀剪之都。 阳江传统手工业产品久负盛名，小刀、漆器、豆豉“三宝”驰名中外。五金刀剪行业发展迅速，全市共有五金刀剪生产企业1400多家，产量占全国的64%，出口量占83%。中国小刀中心、中国菜刀中心、中国剪刀中心先后落户阳江，阳江也因此被命名为“中国刀剪之都”和“中国五金制品（阳江刀剪工具）出口基地”。

阳江是发展临港工业的重要基地。全市海岸线长达476公里，岸线多处水深在10米以上，有的达到20米。其中，阳江港是国家一类口岸，10万吨级轮船可以直接进入，现建有4个万吨级码头，还有2个在建的5万吨、10万吨级码头。发展临港工业的主要载体阳江高新技术产业开发区日臻完善，总规划面积45.6平方公里，已引进发展了一批电力、钢铁、化工、医药、海洋生物、食品加工等工业项目。其中总投资1000多亿元的阳江核电站、阳江抽水蓄能电站和阳西燃煤电厂等三大电力项目正陆续上马建设，建成后的装机总容量将超过1200万千瓦，相当于目前全省的三分之一，成为广东省电力能源基地。阳江正加快阳江港保税物流中心建设，打造面向西南地区的物流配送基地。

阳江是中国优秀旅游城市。阳江市内自然景观秀丽，旅游名胜遍布，有中国最美的十大海岛之一海陵岛、国家AAAA级滨海旅游景区海陵岛大角湾风景区、国家地质公园阳春春湾凌霄岩、载入吉尼斯世界纪录的十里银滩、多处温润宜人的温泉、广袤葱茏的森林、旖旎秀美的江河湖泊和泼珠泻玉的瀑布等，被国家旅游局命名为“中国优秀旅游城市”。优美秀丽的自然风光、日臻完善的基础设施和优质高效的服务质量，使阳江日益成为国内外旅游度假、会议展览、体育竞赛的胜地。

阳江是海洋渔业大市和南药生产基地。全市海域面积1.02万平方公里，拥有1.27万公倾可供开发的浅海滩涂，6个国家级和省级重点渔港，水产品总量和人均占有量连续6年居广东省首位，素有“广东鱼仓”的美誉。目前，阳江的海洋产业发展方向已从海洋捕捞、海水养殖向以海洋化工、生物制药、保健品、化妆品等为重点的海洋加工业转移，努力打造海产品深加工的重要基地。同时，境内传统中药材资源丰富，品种繁多，著名的有春砂仁、穿心莲、板兰根、藿香等品种，并已大规模种植，南药加工市场前景和经济效益良好。

阳江素有文化之乡美称。阳江群众性的文化、艺术活动源远流长，书法、对联、咸水歌、山歌擂台闻名遐迩，文学、戏剧、舞蹈、音乐、曲艺、摄影、书画等群众性文化活动丰富多彩，先后被命名为“中国诗词之市”、“中国楹联文化城市”。阳江风土人情别具特色，阳江风筝放飞有1300多年的历史，被国家体委授予“全国风筝之乡”称号。在阳江发现的中国宋代沉船“南海一号”是目前世界上发现年代最早、船体最大、保存最完整的古代贸易商船，被考古界称为“海上敦煌”。目前，阳江正在建设海上丝绸之路博物馆。此外，阳江还是中国公益明星城市、全国双拥模范城、全国无偿献血先进城市和广东省文明城市。

【国民经济迈上新台阶】牢固树立和落实科学发展观，以发展为第一要务，以增强综合实力和城市竞争力为核心，调整完善工作思路，把工作重点从发展轻工、旅游业调整到打造广东电力能源基地、发展临港工业、建设面向西南的物流配送基地上来，加大招商引资力度，强化经济发展动力，促进国民经济持续快速健康发展。2004年，全市完成生产总值273.9亿元，增长12.6%。GDP总量在全省排名由上年的第16位上升到第15位。三大产业比例由上年的32.9：34.9：32.2调整为30.4：38.0：31.6。

【新型工业化进程加快】阳江核电站等四大电力项目建设进展顺利，电力相关配套产业进一步发展。临港工业发展加快，2004年全市新上工业项目516个，总投资58.4亿元。实施名牌战略有新进展，全市新增中国驰名商标1 件，中国名牌产品1个，广东省著名商标11件，广东省名牌产品6个。产业结构进一步优化，在规模以上工业中，重工业增速比轻工业高22.2个百分点。举办第三届中国（阳江）国际刀剪博览会，构筑五金刀剪全球交易平台，继2001年阳江获得“中国刀剪之都”荣誉后，2004年又被命名为“中国五金制品（刀剪工具）出口基地”，全年五金刀剪产业完成产值62亿元，增长17%。全年实现工业总产值280亿元，增长20%。工业对经济增长的贡献率为46.3%，比上年提高9个百分点。

【临港物流业稳步发展】进一步完善了物流基地和商业网点规划，推进了五金刀剪等一批专业特色批发市场和阳江港保税物流中心、阳江烟草配送中心、粤西粮油批发配送中心的规划建设。全年新增规模以上连锁经营店、仓储式商场、超市等商业网点10个，经营面积6.5万平方米。完成社会消费品零售总额109.8亿元，增长13%。第三产业实现增加值86.6亿元，增长10.8%。

【区域特色经济活力增强】民营经济实力壮大。全年净增民营企业、个体工商户3267户，其中工业企业、个体工业户777户，民营经济实现增加值158亿元，拉动经济增长8.1个百分点。旅游业发展加快。兴建了海陵岛东方银滩欢乐广场，推进了阳西月亮湾健康旅游度假村、海陵岛雪流湾旅游度假村、涛景度假村等旅游娱乐项目的建设，成功举办了阳江第五届旅游文化节、第二届南海（阳江）开渔节和第一届阳江美食节，展示阳江旅游文化、渔家旅游风貌和阳江饮食文化。2004年全市接待游客366.8万人次，比上年增长32.1%。海洋渔业得到拓展。坚持捕捞、养殖、加工、流通并举，突出抓好水产品深加工，积极引导宜林海达等水产加工企业增资扩产，新建了海鑫、圣海等一批水产品加工企业。全市水产品总量88.8万吨，增长2.9%；渔业总产值45.3亿元，增长6.3%。水产品总量和人均占有量连续6年居全省首位。南药产业进一步做大。坚持把做大南药产业作为一个重要增长点，大力推广春砂仁、穿心莲、板兰根、藿香等南药的基地化种植，引进了一片天制药集团等医药企业进行南药加工开发。全市南药种植面积4.75万亩，南药产值9174万元，分别比上年增长9.2%和9.1%。

【对外开放取得新成效】以泛珠三角区域合作战略的实施为契机，加强与港澳地区的交流与合作，阳港澳合作更加密切。制定和实施《关于进一步加强招商引资工作的决定》和《阳江市招商引资奖励办法》，优化投资环境，成功引进中国保利集团、广东粤电集团等企业的投资，全年合同利用外资1.8亿美元，增长29.7%，实际利用外资5750万美元（按新口径统计）。深化外贸体制改革，调整优化出口商品和出口市场结构，大力扶持中小企业出口，全年完成外贸进出口总额10.7亿美元，增长33%，其中出口总额8.4亿美元，增长22%。

【基础设施建设成效显著】能源方面，阳江核电站获得国家批准立项，前期工程进展顺利。阳江抽水蓄能电站、阳西燃煤电厂、海陵岛风电场的前期工作稳步推进。完善了白沙、永宁等4个110千伏输变电工程建设，推进了东平、合山等8座220千伏、110千伏和35千伏输变电站和线路工程建设，城网和农网改造深入推进，全市电网进一步改善。交通方面，阳茂高速公路阳江段、省道113线阳春南段一期工程、阳阳铁路、阳江港3万吨级粮食码头已建成使用，阳江港至云浮高速公路建设项目前期工作全面启动，阳江港3.5万吨级煤码头、5万吨级油气码头、S113线阳春南段二期等省道和镇到行政村公路硬底化建设加快。同时，电信扩建扩容工程有序推进，城乡防灾减灾工程、农村饮水工程、治污保洁工程、生态建设等基础设施重点工程建设推进顺利。

【城市建设呈现新面貌】修编完善了城市总体规划、小区详细规划和各种专项规划。城市基础设施建设加快，建设了市垃圾渗滤液处理厂和医疗废物处理中心，完成了市人民广场、文化广场和创业北路一期、新江北路续建工程，推进了市区马南中路、东门南路等近10条市政道路和城南新区、核电站生活科研后勤基地的规划建设，市第一净水厂和市自来水厂二期扩建工程建设有序推进。城市管理水平不断提高，开展创建国家卫生城市、园林城市和环保模范城市活动，加强城市私人自建住宅管理和环境监测，搞好城市净化绿化美化亮化，市容市貌有了较大改观。各县城和中心镇道路、给排水、路灯和垃圾、污水处理等基础设施建设进一步完善，春湾、合山、沙扒等中心镇规划建设加快，农村村场规划建设和管理得到加强，城乡文明程度提高。

【社会各项事业全面进步】科教人才工作得到加强。全年获国家、省批准立项科技计划项目36个，新增省级高新技术企业14家、省级民营科技企业12家。新建市级以上工程技术研究中心11家，成立了华南理工大学阳江工业技术研究院。专利申请量连续7年保持粤西地区领先地位。高中阶段教育发展加快，职业教育取得新成绩，高等教育不断扩大。新建了同心中学，改造了37所老区农村小学，全市4所学校晋升为省一级学校，3所学校被定为省首批示范中职学校，阳江职业技术学院在校生突破5000人。教育信息化建设被教育部初步确定为全国信息技术教育示范区。人才工作机制和配套措施进一步完善，粤西区域性人才市场建设进展顺利。文化事业发展加快，图书馆、博物馆、科技馆和群众艺术馆建设有序进行，广东海上丝绸之路博物馆正式奠基，群众文化活动活跃，荣获“中国楹联文化城市”称号。劳动就业工作不断加强，全市新增城镇就业岗位3.4万个，下岗失业人员实现再就业9525人，城镇登记失业率为3.26%。社会保险覆盖面进一步扩大，全市参加基本养老、医疗保险人数达21.5万和11.7万人，分别增长2%和33.5%，城乡居民最低生活保障制度和农村五保供养制度进一步完善。十项民心工程稳步推进，群众生产生活条件逐步改善。全市建设廉租住房和经济适用住房236套，面积1.9万平方米；改造泥砖住房9828户，面积71.2万平方米；完成农村饮水工程项目18个，城乡居民住房难、饮水难问题得到初步缓解；完成542.6公里镇到行政村公路硬底化工程。城乡居民生活水平不断提高，城镇在岗职工年人均工资收入12600元，增长17.5%；农村居民人均纯收入4420元，增长7.8%。公共卫生三大体系建设得到加强，市疾控中心大楼和市人民医院感染性疾病中心大楼已完成主体工程；新型农村合作医疗覆盖面为43.6%，比上年提高10.1个百分点；无偿献血工作连续三次荣获“全国无偿献血先进城市”称号。全民健身运动广泛开展，竞技体育水平不断提高。人口和计划生育工作取得新成绩，在全国地级市率先实行农村部分计划生育家庭奖励制度。全年人口自然增长率为6.7‰。

【精神文明和民主法制建设进一步加强】现代公民教育全面启动，文明社区、文明村镇、文明行业等群众性文明创建活动稳步推进。普法宣传教育广泛开展，群众法律意识不断增强。认真贯彻实施行政许可法和《全面推进依法行政实施纲要》，重新修订《阳江市人民政府工作规则》，规范政府行为，强化行政行为监督，依法行政工作全面推进。政务、厂务、村务公开深入推进，城乡基层组织建设和企事业单位民主管理不断加强，基层民主进一步扩大。加强党风廉政建设和审计监督工作，市政府向社会公开作出廉政承诺并认真履行。健全信访工作制度，落实信访工作责任制，全市信访总量8年来首次下降。认真做好议案、建议和提案办理工作，全年办理人大议案3件、代表建议119件，政协建议案1件、委员提案88件。加强社会治安防控体系建设，深入开展严打整治斗争，社会治安综合治理初见成效。落实安全生产责任制，推行量化目标管理，实行隐患整改指令书跟踪落实制度，加强对重大危险源的监控和专项整治，各类安全事故明显减少。

东 莞 市

旗峰路口

城市概况：地处广东省中南部，珠江口东岸，位于穗深港经济走廊中段，北接广州，南连深圳。全市面积2465平方公里。现辖28个镇、4个街道办事处和松山湖科技产业园。户籍人口161.97万人，暂住人口480多万人。港澳同胞和海外侨胞90多万人，是著名的侨乡。

经济发展：19802004年，全市GDP年均增长23%。2004年，全市实现生产总值1155亿元，居广东省第四位，综合实力位居“中国综合实力百强城市”的第十二名、地级市第一名，荣获“中国最佳魅力城市”、“中国最具经济活力城市”称号。财政总收入259.1亿元；工业总产值3066亿元，高新技术产品产值占23.2%。全市工业企业2万多家，初步形成了电子信息、电气机械、纺织服装、玩具、家具等8大支柱产业，享有“电脑之都、鞋业之都、玩具之都”等美誉。其中IT制造业在全球占有重要地位，电脑整机配套率达95%。

民营经济：大力实施“民营牌”战略，积极培育自有品牌、自主技术企业，民营企业竞争能力显著增强。2004年，全市注册个体私营企业24.7万户，全年上缴税收45.2亿元，占全市的19.8%。17家企业入选2004年“中国民营企业进出口百强”，并包揽前三名。

对外开放：全市现有外资企业15000多家。投资者主要来自香港台湾及美日等20多个国家和地区，其中世界100强企业有12家，500强企业43家，境外上市公司800多家，包括沃尔玛、诺基亚、菲利浦、三星、索尼等全球知名企业。据商务部统计，2004年东莞实际利用外资9.67亿美元。东莞是我国的重要外贸出口基地，2004年进出口总额645.2亿美元，其中出口351.9亿美元，居全国大中城市第四位。

城市建设：按照“一年一大步，五年见新城”的工作部署和“建城、修路、整山、治水”的八字方针，继续加快城市建设步伐。2004年，建成市行政办事中心、会议大厦、东莞展览馆、松山湖大道、鸿福东路至八一路等10项重点工程。改造市域四条主干道和市区一批马路，新增公路通车里程71公里。现有市区、同沙、松山湖“三位一体”城市框架初步确立，“五年见新城”目标基本实现。

人文旅游：山海江湖皆备，气候温和，历史悠久，文化繁荣，旅游资源丰富，是广东省历史文化名城。主要景点有：虎门鸦片战争旧址、清代广东四大名园之一的可园、抗金英雄袁崇焕故居、抗日英雄蒋光鼐故居等。2004年全市有旅行社26家，星级酒店85家，其中五星级酒店13家。荣获“中国优秀旅游城市”、“国家卫生城市”、“全国篮球城市”、“广东省文明城市”等称号。

发展目标：东莞正坚持以邓小平理论和“三个代表”重要思想为指导，全面贯彻落实科学发展观和构建社会主义和谐社会两大重大战略思想，以建设现代制造业名城、率先基本实现社会主义现代化为总目标总任务，不断创新发展模式、创新发展环境、创新发展能力，深入实施“科技东莞”、“商贸东莞”、“平安东莞”、“创业东莞”四大工程，建设经济强市、文化新城、法治社会、和谐东莞、富裕安康，进一步开创改革开放和社会主义现代化建设事业的新局面。

增 城 市

增城市位于珠江三角洲东北部、广州东部，南与东莞隔江相望，东临惠州，北界从化、龙门，地处广州、东莞、深圳、香港等发达区间，具有“多城辐射效应”，是广州东部板块的重要组成部分。全市总面积1615平方公里，人口84.18万。东汉建安6年（公元201年）建县，距今已有1800多年历史。1993年撤县建市，现辖6个镇、3个街道办事处。

近年来，增城市以创建广州东部现代化生态新城区为目标，积极实施“南部带动、外向带动、中心城镇带动、基地带动”战略和北部追赶战略，着力打好五张牌（广州牌、民营牌、外资牌、生态牌、文化牌），重点发展组团工业、现代服务业、生态旅游业和都市农业等四大产业，大力发展城市经济，注重城乡统筹，以中心镇的规划建设为龙头，以“三化”有效解决“三农”问题。2004年，全市工业总产值465.85亿元，增长14.98%；生产总值236.88亿元，增长13.04%；人均生产总值28335元，增长12.29%；地方财政一般预算收入10.37亿元，增长27.14%。全国百强县（市）综合竞争力居19位，在广东省居首位。先后荣获“广东省文明城市”、“广东省卫生城市”和“广东省林业生态市”称号。

增城市交通网络发达，基础设施完善，广深高速公路、广惠高速公路、广园东快速路和107国道、324国道以及广九铁路横贯市境，正在规划建设增莞、增从、广河等三条高速公路。以供电、供水、供气、污水处理等为主体的城市基础设施日趋完善。增城物资资源丰富，是著名的荔枝之乡、鱼米之乡，盛产荔枝、龙眼、红柿、凉粉草、乌榄、菜心和丝苗米，拥有优质米、优质蔬菜、花卉苗木、畜牧水产等一批现代化农业基础。增城工商业发达，形成了以汽车摩托车及其配件制造业、牛仔休闲服装业、精细化工等支柱产业为主体，电子、建筑安装、医药、食品等产业多元化发展的格局。增城历史人文底蕴深厚，拥有南宋名相崔与之（岭南五杰之一）、明代三部尚湛若水（著名理学大家）等历史名人，是八仙之一何仙姑的故乡，自然生态优美，全市森林覆盖率达48%，拥有大封门、蕉石岭等九个森林公园和自然生态保护区。市区青山环抱，绿水绕城，北部山区到处青山绿水，一派田园风光，堪称“南国乡村大公园”。北部白水寨省级风景名胜区拥有全国落差最大的白水仙瀑，将成为广州地区重游率较高的风景名胜区。

四　会　市

四会市地处西江、北江、绥江交汇处，始建于秦，属珠江三角洲经济区和高新科技产业带，是肇庆市东大门和经济中心区，绥江流域龙头城市。全市总面积1163平方公里，总人口40.1万人，有旅居海外华侨和港澳台同胞20多万，是广东省著名的侨乡。1993年撤县设市，同年跨入全国农村经济综合实力百强县（市）行列，1996年实现农村小康达标，先后被列入广东省率先基本实现现代化县（市）之一和32个中等城市之一，是“中国柑桔之乡”、“中国玉器之乡”、“广东省卫生城市”、“广东省林业生态县（市）”。

四会生态环境优美，风光旖旎。主要自然景观有贞山风景区、威整奇石河、迳口天海湖、江谷水库、南田水库、白沙平湖等；主要人文景观有贞仙祠、六祖寺、宝林寺、宝胜古寺、莲花古寺、中国民间古法造纸第一村等。目前，四会市正加大旅游资源开发整合力度，大力发展特色旅游，开辟了“品柑赏玉之旅”旅游线路品牌，使全市旅游呈现“访古、寻仙、探奇、品柑、赏玉”五大特色。今天的四会，已成为肇庆千里旅游走廊上一颗璀璨的明珠，以其独特的旅游优势，吸引着八方游客。

银龙大瀑布

贞山风景区

民间古法造纸

四会人民广场

信 宜 市

信宜市教育城配套了高中、初中、小学、幼儿教育，可容纳1.8万学生，图为教育城一角

信宜市位于广东省西南部，面积3084.5平方公里，人口124万多人，其中市区人口22.4万人，有华侨、港澳台同胞50多万人，是广东省著名的侨乡之一。

信宜物产资源丰富。主要矿产有30多种，其中有全国唯一的“南方碧玉”、全国第三大锡矿、广东第二大金矿，花岗岩、铜、铁等储量也相当大，水力、森林和旅游资源十分丰富。

信宜经济社会发展迅猛。改革开放以来，信宜大力发展特色经济，发展了竹器编织、玉器加工、山地养鸡、水果种植、小水电、林产化工等六大特色支柱产业。近年来，又大力实施“工业立市、农业稳市、旅游旺市、科教兴市”发展战略，经济社会进一步加快发展，尤其是工业、旅游、教育方面取得了令人瞩目的成就。工业方面，在巩固原有六大支柱产业同时，扶持发展了毛织、矿产、制药、电子电器、服装皮具、陶瓷制造等新兴产业，使工业增加值年增幅超17%，年内可超40亿元。旅游方面，已开发建设了天马山、太华山、大仁山、西江温泉等景区，其中西江温泉、天马山为国家“三A”级景区，旅游配套服务也日臻完善，形成了信宜“一日游”、“二日游”规模，入信游客成倍增加；目前正在或计划开发的有广东省著名的大雾岭自然保护区、镇隆古城、虎跳鹃红、贵子五指肚、池洞东安漂流等景区。教育方面，大力进行布局调整，投入2.3亿元建设了教育城，构建了高中教育“一个龙头，四驾马车”，使高考两年来连创佳绩。信宜市先后获得全国农林牧渔总产量百强县（市）、全国环境综合治理先进市、广东省卫生城市等国家、省级荣誉称号。

信宜投资环境不断改善。目前，市区建成面积已达20.5平方公里。正在兴建的洛湛铁路贯穿信宜全境，境内国道已按一、二级标准建设，省道、县道大部分硬底化，实现了村村通公路。电力设施比较完善，电力供应良好。投资优惠政策完善，并成立了投资服务中心为投资者服务，初步营造了一个亲商、扶商、安商、富商的良好发展环境。

信宜市区一河两岸风光

信宜市区迎宾路夜景

广东省公安厅交通管理局

省委王华元副书记视察省公安厅交通管理局

省公安厅交通管理局办公大楼

广东省公安厅交通管理局是省公安厅主管全省道路交通管理工作的职能部门，负责指导、督促全省公安交通管理部门开展道路交通管理工作，下设综合处、秩序处、车辆管理处、高速公路管理处4个处。

广东省公安厅交通管理局信息化试点示范项目名称：广东省道路交通管理信息系统。该系统包括机动车辆管理、机动车驾驶证业务管理、交通违法管理、交通事故管理四个子系统，先后建立了省交管局、21个市支队和140多个大队的小型机系统和“省交管局——支队——大队——中队”四级光纤计算机网络，以及与培训中心、检测站联网；配置了近4000台工作站；全省信息系统的投资超过1.5亿元人民币。系统的主要特点：一是提高了对道路交通管理多种业务、多类信息的整合处理能力，实现多种道路交通管理手段的有机互联，各种业务和信息的内在联系在系统中得以充分体现。系统包括机动车、驾驶人、交通违法、交通事故等业务处理子系统和公众查询、移动查询、决策信息服务等信息服务子系统，并具有与道路交通管理其他系统协同运作的信息共享能力。二是具有较强的安全性能，可以有效发现和记录非法活动。三是移动查询子系统加强了对民警路面执法的信息支援。四是吸收近年来信息技术发展的成果，技术更先进、更可靠。五是具有系统分析等决策信息服务功能。六是业务流程设计更合理，便民服务功能得到充分体现。该项目被国家科学技术部、财政部、国家计委、国家经贸委评为“‘九五’国家重点科技攻关计划优秀科技成果”。

近年来，广东省公安厅交通管理局积极贯彻公安部“推动科技进步、振兴交通管理”的工作方针，以开发建立道路交通管理信息系统，建立城市交通控制系统、改善交警装备为重点，围绕提高机动车、驾驶人现代化管理水平与道路监控和快速反应能力，积极开展交通科技信息化建设。圆满完成了“全国机动车/驾驶人管理信息系统”统一版软件建设。改革驾驶人考试工作，实行科目一无纸化（电脑）考试和科目二桩考仪考试，开发科目三长途驾驶考核监控信息系统。推广交通事故处理信息系统和交警移动警务系统，开通道路交通违法信息查询系统。在全国率先开通启用驾驶人信誉查询系统，使社会力量特别是用人单位和保险公司成为驾驶人行车守法的监督者。目前，该局正组织开发客运、危险品运输车辆GPS监控系统，抓紧升级改造在用的交通违法管理系统，建立省际出口公路智能监控系统。经过开展信息化建设，全省交警系统基本实现了管理的规范化，统一了业务处理模式，规范了道路交通管理各项工作，既方便了群众，又提高了管理效率和交通管理的社会化水平。

委托汽车销售单位代发汽车牌证工作

广东省在全国率先启用驾驶人信誉查询系统

Quidway® NetEngine05
Quidway® NetEngine08E
Quidway® NetEngine16E

珠江三角洲和长江三角洲经济发展论坛暨中国民营经济发展峰会是由国家统计局、中国科协批准，由国家统计局国际统计信息中心、中国科学技术咨询服务中心、《民营经济报》于2005年01月在中国广州市东方宾馆联合举办的首届区域论坛峰会，本次论坛峰会由烈焰广告有限公司承办。

经过改革开放20多年的发展，长江三角洲和珠江三角洲成为我国经济和社会发展最为活跃、经济增长最快的地区，初步形成具有各自时代、地缘和文化特色的经济运行模式和产业结构特点，具备了比较雄厚的经济基础和区域竞争优势，对我国经济实力的提升起着十分重要的作用。作为跨区域的“双三角”经济社会发展论坛，会议将在“比较与发展”的主题下，研讨如何继续保持和提高区域竞争优势；如何用科学发展观确定经济社会发展战略的策略；如何把握“双三角”内部的发展合作的关系，以实现两者共同繁荣发展等问题，并就以上重大问题进行高层次的专家分析论证，以期为“双三角”的发展提出客观、科学和具有前瞻性的意见和建议。

珠江三角洲和长江三角洲经济发展论坛是我国学术界、企业界及相关政府部门针对经济的区域化、全球化特征，研究我国区域经济发展的交流盛会，来自“双三角”及港澳特别行政区的国内外知名经济学家、知名企业领导人及政府高层官员开展专题研讨。

国家统计局局长李德水在论坛上讲演

广东省副省长谢强华在论坛上讲演

论坛秘书处合影（左五中国科学技术咨询服务中心张晓军司长，左六国际统计信息中心杨京英副主任）

左三广西统计局黄卫东副局长，右一广东省统计局卜新民局长，右二上海统计局蔡旭初总经济师

中国国民经济研究所所长樊纲与论坛秘书处常务副秘书长谢万财在论坛上

广州烈焰广告有限公司

国家统计局李晓超司长与谢万财总经理在一起

市委宣传部组织的《广州年鉴》2005年刊发行工作会议

度假中还在完善客户的工作

广州烈焰广告有限公司的前身为广州烈焰文化传播有限公司，创立于二OO一年。公司创立初期受广东省体育局、广州市体育局的委托，为第九届全国运动会向社会筹资二仟三佰多万人民币，为第九届全国运动会在广东省的胜利召开做出了积极的贡献。公司目前主要从事国家统计局的《长江和珠江三角洲及港澳特别行政区统计年鉴》、广东省统计局的《广东统计年鉴》和《广东城市调查年鉴》、广州市统计局的《广州统计年鉴》、广州年鉴社的《广州年鉴》、广东省财政厅的《广东财政理论与实务》（原《广东财政》）等政府类书刊的广告代理和发行工作。由于多年来公司一直奉行对内严格管理，对外谦虚谨慎；对客户尽心尽力做好服务，对合作伙伴实事实是；项目接手前量力而行，接手后全力以赴的做事原则和风格，因此迄今为止，每年都圆满完成了代理刊物的广告和发行计划，受到各刊物主管部门的广泛好评。

公司现有30多名员工，人力资源、社会资源广泛，拥有一支成熟、稳定的业务队伍和一套科学、严谨、高效的业务管理方法。在社会各界的亲切关怀和支持下，公司正不断发展壮大，全体工作人员同心同德，携手并进，共同向着打造“烈焰”广告品牌的目标而不懈奋斗。

团结而富有战斗力的集体

广州石化

广州石化千万吨炼油改扩建工程是十五国家重点工程，是广东省十大重点工程之一，也是当前广州第一号工程。项目总投资43亿元，炼油改扩建工程包括新建加氢裂化、加氢处理等六套工艺装置，改造常减压蒸馏（二）、制氢等七套工艺装置及相应油品储运设施和公用工程系统。工程于2004年8月开始土建施工，2006年7月将陆续建成投产。

本工程建成后，广州石化原油一次加工能力将由770万吨/年扩建到1300万吨/年，主要增加汽油、煤油、柴油产量，汽油及柴油质量将符合国III（欧III）排放要求，可满足珠江三角洲及周边市场对清洁燃料的需求并为适应将来更为严格的产品质量打下基础。不仅可以优化广东地区成品油市场资源配置，缓解成品油供需的矛盾，还将促进珠三角汽车和化工等延伸产业的发展，带动下游形成一千亿至二千亿元规模的产业群，对广州市的经济发展及GDP的增长起到举足轻重的推动作用。

根据省委、省政府关于开展“十项工程劳动竞赛”的指示精神，广州石化在千万吨炼油改扩建工程中开展了轰轰烈烈的劳动竞赛活动，创新地采用流动红旗、黄旗等激励机制，有效地推进工程建设；在确保工程安全和质量方面，强调管理创新，推进“看单管理”、“看板管理”和施工队伍班前会，实施精细考核；在廉政建设方面，有效地推进全方位、全过程的效能监察管理；在体现个人价值方面，实行记功表彰争当“会战之星”活动，激励职工爱岗敬业、努力工作。通过开展有声有色的劳动竞赛活动，有效地促进了工程建设，努力把广州石化打造成“世界级”的石化航母。

参加剪裁的省市领导

广州石化领导为劳动竞赛获奖单位颁旗

建设中的蒸馏（二）装置

建设中的加氢联合装置

广州市高速公路总公司

广州南沙港快速路（原暂定名为广州南部地区快速路）是广州“南拓”战略的主要干道。起点位于广州环城高速公路仑头立交，终点位于龙穴岛深水港，途经海珠区、大学城、番禺区及南沙开发区，并与多条城市主干道和省高速公路网相连，使新国际机场航空港和生物岛、大学城信息港以及龙穴岛深水港由南至北连成一线，形成一条快速通道。南沙港快速路全长72公里，其中主线65公里，支线7公里，采用城市快速路标准，南沙大道以北为双向八车道，南沙大道以南为双向六车道，设计行车时速80公里/小时。

广州市高速公路总公司领导成员在南沙港快速路主线竣工通车仪式上合影（右三：党委书记、总经理钟谦，右二：党委副书记、纪委书记、工会主席刘南华，左三：党委委员副总经理李新华，左二：党委委员副总经理吴滨生，右一：党委委员、副总经理朱忠智，左一党委委员、总工程师侯建中）

该项目2002年初经省政府批准立项，同年7月第一个工点动工。业主为广州市高速公路总公司。该公司曾成功地建设了环城高速公路和新国际机场高速公路一期工程。丫髻沙大桥被评为“全国十佳”桥梁，机场高速公路被誉为“华南第一路”。在南沙港快速路建设中，业主和各参建单位发扬求真务实、敢打硬仗的作风，在省委、省政府和市委、市政府的高度重视及相关部门的大力支持、配合下，面对工期紧、施工难度大、征地拆迁和材料供应困难多的挑战和考验，迎难而上，顽强拼搏，科学管理，再创佳绩，实现了按期优质目标。主线于2004年12月底全线竣工通车，创造了广州市交通道路建设史上工期最短、效率最高的新记录。广州市高速公路总公司被省政府评为“2004年度全省重点项目工作先进单位”。

沙湾大桥

新龙大桥竣工通车仪式（中：广东省委常委广州市委书记、市人大常委会主任林树森，右二：广东省副省长游宁丰，左二：广州市委副书记、市长张广宁，右一：广州市副市长陈明德，左一：交通部水运司副司长徐光）

宽阔的路面

公司正门

为丹麦Maersk A. P. MoLLER集团建造的35000吨成品油轮

位于珠江江畔的公司码头生产区

为丹麦NORDEN航运公司建造的38500吨1号

晨光印刷有限公司

优美厂区

先进的设备

东莞晨光印刷有限公司是香港晨光企业于1996年在大陆投资兴建的中外合作经营企业，坐落在东莞市石排镇，占地面积约2万多平方米，员工1200人。

工厂主要生产三维立体动画胶片、胶盒、彩盒、卡牌、说明书、不干胶贴纸、纹身贴纸、热感应贴纸和香味贴纸。服务于玩具、食品、塑胶、电子、服装、运动器材、医疗器材等各行各业，是ISO9001：2000及ISO 14001认证工厂，并先后通过多家客户和公证行验厂，目前公司正全力推行SA8000（社会责任）、C-TPAT（美国海关商贸反恐怖联盟）和OHS 18000（职业安全健康）多种管理体系。晨光印刷有限公司以“客户至上、质量第一、追求卓越、全员参与”为品质目标，不断追求全新品质服务观念；以“务实、创新、进取”为企业精神，倡导文明健康的企业文化；奉行“以人为本”的宗旨，贯彻“尊重个人，发挥所长”的方针，制定了周密的人才培训计划，特别注重知识更新和能力再深造，以适应快速的技术革新和变幻莫测的市场竞争。

地址：东莞市石排镇埔心三路工业区
邮编：523338
电话：0769-6551928

揭西县水产局

揭西县地处粤东北部，是山区农业大县，拥有丰富的淡水资源和良好的生态自然环境，是国家生态建设示范县，发展淡水养殖得天独厚。近年来，揭西县委县政府重视发展水产养殖业，2004年揭西县水产局大力开发推广有山区特色水产品种养殖，成功推广了“池塘模式化养殖技术”、“池塘亩产1.5吨高产技术”，全县渔业总产值达1.56亿元。全县渔民仅靠养鱼一项年均纯收入达到3440元，为山区农村经济发展、农民增收、农村产业结构调整作出重要贡献。

广东省绿卡实业有限公司

位于广东省东莞市虎门镇的广东绿卡实业有限公司成立于1987年。公司创始以来，公司朝着建设一个“科、教、农、工、贸、旅”为一体，规模化、集约化、效益形的现代农业企业的目标不断努力。经过十几年的开拓发展，本公司已成为以中华鳖为主导产业，进行良种选育、种苗繁育、商品龟鳖无公害养殖、功能饲料配套、产品深加工、科技服务一条龙的现代农业企业。

自1992年来，公司先后被国家科委、计委、国务院发展研究中心、农业部及省、市政府分别确定为“国家星火计划高效农业示范区”、“三高农业示范基地”、“中国最大的中华鳖开发基地”、“国家级及省级中华鳖良种场”。其产品绿卡牌中华鳖被评为“全国首批统一标志的无公害农产品”，绿卡牌商品鳖、鳖苗分别被评为“省级名牌产品”。

地址：东莞市虎门镇莞太公路白沙段　　　邮编：523912
电话：0769-5516193

湛江市保安服务公司

湛江市保安服务公司是我国成立最早、规模较大的保安公司之一，创建于1985年，是经湛江市人民政府批准，由湛江市公安局组建，并经湛江市工商行政管理局登记注册，具有法人地位的经济实体。也是湛江市区唯一合法经营保安业务的保安公司。现有从业人员近2000名，为政府机关、社会团体、厂矿、宾馆、饭店、学校、公共娱乐场所等200多个客户提供守护、巡逻、安全技术防范等保安服务。

为适应社会发展的需求，拓展公司的业务，谋求公司的发展，要做好以下五项工作。

一、把公开招聘和定向输送相结合的员工录用方式，与“一专多能”的培训方式结合起来，培养一批具有高度政治觉悟和过硬业务水平的保安人员，把培养基地办成文武双全的保安员摇篮。 二、进一步完善公司的服务体系，加强督察队伍的建设。挑选一批富有朝气、年青力壮的优秀保安员到督察队，负责对全市保安工作情况检查和督察，确保各护卫点守护工作的正常运行，提供优秀服务。 三、继续拓展安全技术防范业务。把人防与技防系统结合起来，建立一个复盖城区的“公共安全网络”，为用户提供远程现场监控，防盗、消防自动报警系统，逐步发展成为全方位多功能的联动服务网络体系。四、积极争取建立湛江押运中心。拓展金融 系统及社会各领域需要的安全可靠押运业务，为促进湛江发展临海工业经济提供优质服务。五、推崇“确保安全服务社会”的经营理念。调动公司全体员工积极性，推行公司全员经营意识，共同打造“湛江保安”的经营品牌，为企业创造更好的社会效益与经济效益而努力。

公司地址：湛江市霞山人民大道东一路5号

广州市海珠区保安服务公司

广州市海珠区保安服务公司成立于1987年7月，是经广州市海珠区人民政府批准正式成立，具有独立法人资格的一家中型国营企业。企业设有总经办、监管办、大队部、人力资源部、装财部、技防部等职能部门和培训基地、保安装备消防器材销售等业务经营配套机构。公司拥有专业保安中队14个，保安从业人员3400多人，固定客户700多家，业务遍布社会各行各业，主要有以下五大板块：1、广东移动广州分公司保安中队；2、广州国际会议展览中心保安中队；3、广州海珠金融系统中队；4、零售业世界排名第三的屈臣氏集团下属的屈臣氏个人用品商店、百佳超市的保安中队；5、广州部分行政机关企事业单位保安中队等。

我公司设有技防部，一九九五年研究、开发、设计了海珠区社会公共安全联网报警系统。该系统引进世界上最大最先进的美国安定宝公司的产品。目前负责设计、安装、维护的固定客户包括海珠区各大银行、商场、学校和住宅区、星级酒店（珀丽酒店、华海大厦、游艇会酒店等）等110报警联网用户400多家，完成电视监控工程20余项、消防工程10余项。能根据客户不同的安全环境和要求设计安装消防监测、防盗报警等电子装备。

此外公司还成功承接了诸如中国商品出口交易会等大型商业展销的安全保卫工作，最高派驻保安员人数达600人。

公司已于2004年6月取得ISO9001国际质量标准认证证书。各部门率先实现办公自动化，建有企业网站和内部局域网，实现办公、人事、物流、财务工作自动化。

广州市天河区保安服务公司

领导颁发奖品

广州市天河区保安服务公司于一九八七年三月成立，是由天河区公安分局领导的具有独立法人资格的企业，下设保安服务部和技术防范工程处。公司秉承“社会效益第一”的宗旨，坚持“优质服务就是生命线”的指导思想，从严治队，规范管理，争创一流，致力于建设一支思想好、业务精、素质高的保安队伍。经过十八年的努力，公司队伍不断发展壮大，现为近六百家企事业单位提供人防服务，服务线延伸到全市各区。同时，技术防范工程处技术力量雄厚，拥有众多高级工程师、工程师、大学以上学历技术员，集工程设计、安装、维修技术、服务咨询于一体，专门从事联网报警系统、电控对讲（可视）防盗门系统、保安巡更系统、停车场自动收费系统的设计、安装和维修业务，现为近千家客户提供技防服务。

二00四年度，公司营业收入近4千多万元。天河保安服务公司以优质的服务、良好的信誉赢得了客户的欢迎，社会的理解和公安机关的信赖，已发展成为区内社会综合治理队伍不可缺少的重要力量。

[汇操表演方队]

【天河体育中心护卫】

在二000年举行的广州市保安队伍汇操比赛，天河区保安服务公司在众多保安公司中取得了第二名，并表演了多个拳术项目。

二00一年公司被广州市公安局保安管理委员会授予“先进单位”的称号。

天河区保安服务公司的标志体现现代气息，热情而又给人平稳、庄重的印象，正如保安服务公司保一方平安、服务社会，与时代并进。

广州市越秀区保安服务公司

公司经理 蔡洪声

公司主要领导成员合影

广州市越秀区保安服务公司成立于1987年3月28日，公司从开业之初的几十名保安员、三万元资金起步，经过十多年来的不断发展、巩固、整合，到现在已经形成了拥有12支保安中队、1300多名保安员以及900多万元资产的企业规模。公司始终秉承“群众利益、客户利益至上”的服务理念，坚持诚信经营、优质服务的原则，全体员工在区公安分局党委的正确领导下，与时俱进、开拓创新，积极发扬团结拼搏、无私奉献的精神，认真做好客户单位的内部安全防范工作，协助公安机关预防、发现和打击各类违法犯罪，在维护本地区长治久安的社会经济秩序方面作出了积极贡献，社会、经济效益都取得了显著的成绩。

越秀区是广州市具有悠久历史文化底蕴的老城区之一，也是省政府、市委、市政府等首脑机关的所在地，辖区内还有广州火车站、中国出口商品交易会及北京路商业步行街等重要交通、商贸场所，是政治文化和经贸活动比较活跃、人流比较密集的地区。地域上的这些特点，决定了越秀区保安服务公司不仅担负着辅助公安机关维护辖区内社会治安稳定的重任，同时也肩负着对外展现羊城保安风采的神圣使命。全体保安人员积极协助公安机关维护社会治安秩序，打击各类违法犯罪，涌现了柴多雷烈士等一大批不畏邪恶、见义勇为的先进人物，在人民群众中树立了良好的社会形象和口碑。公司曾先后获得过96年度、98年度和02年度“广州市保安服务业先进单位”等各项荣誉。04年，公司新上任的经理蔡洪声同志在充分认识和准确把握当前保安行业现状及发展趋势的基础上，经过深入调研和认真分析，果断地提出了“树立保安队伍良好形象，打造越秀保安优质品牌”的工作思路，确立了拓新、改革和完善保安管理与队伍建设的工作方针，全面实行规范化运作，制度化管理。以建设高素质的保安队伍为目标，坚持“两手抓”：一手抓队伍管理，一手抓业务培训；建立保安人员长效培训机制，切实加强保安人员的管理和业务技能培训，提高综合素质。通过培训，发现和培养一批有能力、有经验的保安管理后备人才，增强队伍核心竞争力，促进公司持续健康发展。

保安队员在中国出口商品交易会执勤

一分耕耘，一分收获。在过去十八年的发展历程中，越秀保安成长的每一个脚印都凝聚着公司全体员工的心血和汗水。展望未来，公司将一如既往地发扬团结拼搏、锐意进取的精神，踏踏实实做好保安服务工作，积极协助公安机关维护社会治安秩序，为本地区的经济社会发展和治安稳定，建设新形势下的和谐广州作出新的、更大的贡献。

广宁县

2005年5月17－18日，中共中央政治局委员、省委书记张德江视察广宁

广宁县位于广东省中西部，地处珠三角与粤西山区的交汇处，成为粤西通往广西、湖南的交通枢纽，县城南街镇至广州117公里，是距珠三角最近的山区县。省道连大线（四会至连山）贯穿境内，将于2007年建成通车的广贺（广州至广西贺州）高速公路贯穿全境，是承接珠三角产业转移和沟通大西南的良好前沿。

近年来，广宁县以工业化为龙头，以县城和中心镇建设为载体，以农业产业化为依托，以园区建设为突破口，大力发展纸业和竹业两大特色产业，努力建设以生态型、资源型为特色的山区工业强县，经济突飞猛进。逐步形成了以纸业、竹业为龙头的特色工业，以沙糖桔、优质蔬菜、速生丰产林、山地鸡为主的特色农业，以竹文化为主题的特色旅游业。特色产业的发展促进县域经济的快速增长。2004年实现生产总值39.94亿元，比上年增长13.5%；地方财政一般预算收入1.39亿元，增长21.1%；国税收入1.13亿元，增长37.7%；地税收入6403万元，增长28.5%。财政综合增长率在全省67个县（市）中排第13位，2005年上半年，排名跃居全省第5位、肇庆市第1位。社会各项事业全面进步，是中国竹子之乡、武术之乡、文化先进县，也是广东省重点林区和首批林业生态县。

城区新貌

潮州市湘桥区城西街道办事处

潮州市湘桥区城西街道位于潮州市新城区，是市区政治、经济、文化中心。近几年来，街道党工委、办事处先后被授予“全国先进基层党组织”、“广东省先进基层党组织”、“广东省街道之星”、“广东省社会治安综合治理先进集体”、“潮州市先进基层党组织”、“潮州市农村基层组织建设示范镇（街道）党委”等光荣称号，连年来被区委、区政府评为“双文明”建设先进单位。

广东省总工会

近年来，省总工会把工会信访工作作为履行工会基本职责的重要工作来抓，坚持完善和创新工会信访工作机制，在各级工会建立“困难职工帮扶中心”，开展工会法律援助工作，帮扶困难职工，通过普法、调解、监督等手段预防和减少劳动争议案件，近三年来共处理职工来信、来访、来电7600多件次，其中属群体性问题的来电920多次，群体性来信785件，群众性来访293批，指导全省工会系统处理职工来信、来访19.7万件次，为保持我省劳动关系的协调发展、维护职工队伍和社会政治稳定、构建和谐广东作出了应有的贡献。2005年广东省总工会被评为广东省信访工作先进集体，受到广东省委、省政府表彰。

省人大副主任、省总工会主席汤维英和省邮政局局长俞军一起开启“11185”工会维权热线按钮

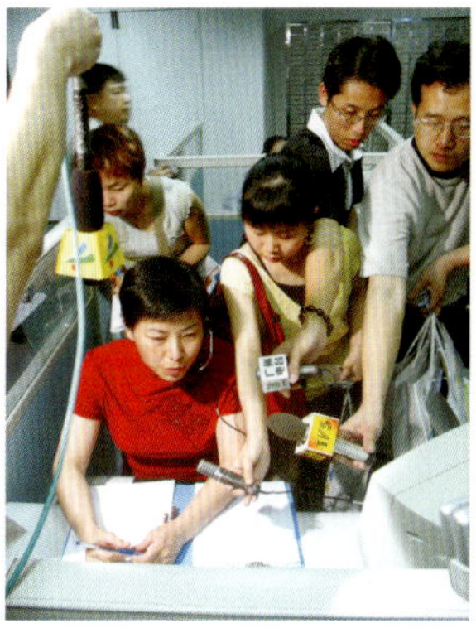

新闻单位现场采访“11185”工会维权热线

省、市工会送法到工业园区，受到广大职工热烈欢迎

佛山市人民医院

佛山市第一人民医院是一所现代化的综合性医院，是国家三级甲等医院和全市医疗技术指导中心、中山大学附属佛山医院、国际救援网络亚洲国际紧急救援中心合作医院成员，以及多个大学及医学院校的教学医院、研究生教学基础、博士后培养基础。

自2002年普外科被评为广东省医学特色专科以来，在院领导的大力支持下，三年来我科在各方面都取得了很大的进步，成为医院的综合实力占有强大优势的科室。首先，人才结构合理，主任医师5人，副主任医师8人，主治医师6人，住院医师3人（其中6人研究生学历），博士后2人。其次，大力拓展特色项目，如大力开展腹腔镜手术，如腹腔镜肝叶切除术、腹腔镜联合胆道镜肝胆管切开取石术、手助腹腔镜脾切除+贲门周围血管离断术、腹腔镜胰尾肿瘤切除术、腹腔镜胃癌根治术等。第三，继续开展腹部疾病介入性超声治疗，成立介入超声治疗中心。第四，2004年引进了世界上最先进的胆道子母镜，开展经内镜逆行胰胆管造影（ERCP）和十二指肠乳头切开取石术（EST），在内镜下篮取石，气囊取石，机械碎石，激光碎石等，提高胆道结石特别是高位结石非手术治疗的效果。

第五，成功地通过广东省卫生厅组织的肝移植准入评审，达到A级标准。迄今，已完成35例次肝脏移植。

第六、在科研方面，从2002至今引进新技术35项，省、市科研立项31项，发表学术论文70余篇，编著5本医学专著，获得省市科技进步奖3项，国家外观设计专利2项。

我们的目标是瞄准国际和国内医学科研的发展方向，重点开展微创外科、器官移植以及肿瘤的综合治疗，将我科发展成为在全省乃至全国具有一定影响力的特色专科。

甄作均主任参加国际会议

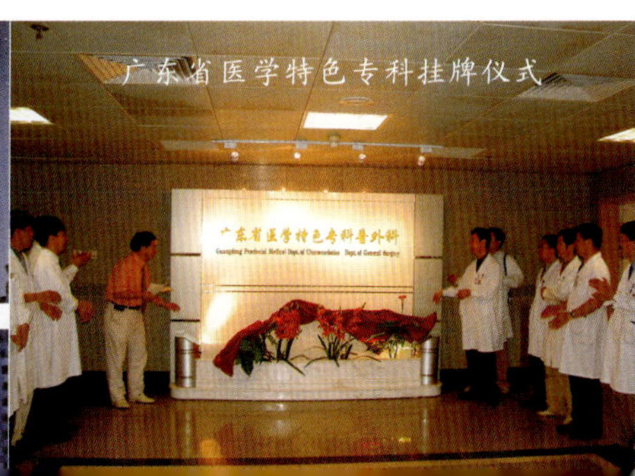

广东省医学特色专科挂牌仪式

佛山市第一人民医院外景

广东省农业机械研究所

基本情况及综合实力

“广东省农产品干燥加工工程重点实验室”2005年1月通过验收。

实验室下设测试分析研究、干燥工艺研究、干燥设备研究及信息综合四个部门和一个中试车间。实验室主要研究方向：农产品干燥机理和品质特性研究，农产品干燥工艺的研究，新型农产品干燥、加工设备的开发等。

目前，该实验室在农产品干燥加工学科及相关技术领域内已形成特色和优势，在热泵干燥和热带果蔬加工方面达到了国内领先水平。

所取得的成绩和经验、作法

实验室高度重视科技成果的转化和相关产品产业化开发，立足为农业现代化服务，推动行业的科技进步，不断向社会提供新技术、新工艺和新产品，形成了科研开发、成果转化、产业化生产及深入生产实际的科研与经济之间的良性循环。

院士指导

实验室建设期间，承担国家、省、厅局纵向课题十多项，总经费达800多万元。研制开发出热泵功能扩展干燥试验装置、真空带式干燥试验装置、变向穿流干燥试验装置和微波真空干燥试验装置4套实验装置，并利用其对热敏性物料和广东特色的果蔬进行了相关的应用研究。实验室研制开发了6 项新产品和成套设备，分别是：XG-2.0型谷物循环干燥机、板栗清洗分级喷淋保鲜干燥加工和连续炒制成套设备、PGH3型喷风转筒干燥机、开心果立式圆振动床干燥机、荔枝龙眼剥壳去核打浆成套设备和GHZ-80型蒸汽热风循环干燥机等，其中《荔枝龙眼剥壳去核打浆成套设备》在广东、广西、福建等省推广了10多套。

此外，承担的孵化项目《RG系列热泵干燥机》已形成系列产品，推广应用近200套，占国内市场份额80%以上，主要用于加工水产品、肉类、脱水蔬菜、种子等。

领导关怀

发展前景展望

进一步加强与国内外的合作，加强人才培养和引进。探索更有效的运作模式，提高创新能力，更好地发挥重点实验室的功能，为行业的可持续发展提供有力的科技支撑。

板栗加工成套生产线

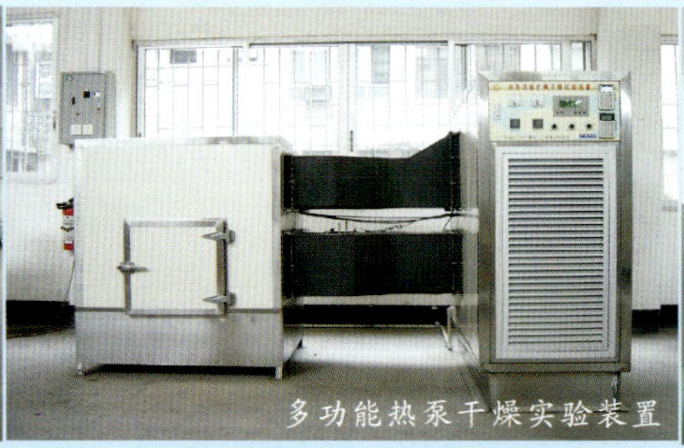
多功能热泵干燥实验装置

真空连续干燥实验装置

广东省广播电视技术中心

2004年12月在广州，广东省广播电影电视局与上海贝尔阿尔卡特公司举行微波复用设备采购合同签约仪式。

广东省广播电视微波电路数字化改造工程，是我省“十大重点工程”项目之一，也是省重点文化工程项目之一。2002年底经省政府批准立项，总投资2.21亿元。该工程由省广播电影电视局承办，省广播电视技术中心组织实施。此工程于2003年开始启动，各项目正有序地进行，目前工程土建部分已进入收尾阶段，并转入天馈线、电源等设备安装施工阶段。

数字微波电路将采用世界先进的SDH数字微波技术和设备。微波电路改造总长度为1982.59公里，含新建和改建微波站44个，光传输站2个。该电路连通广州、深圳及省内19个地级市，12个电视调频骨干转播台和部分县级市站。建成后由省广播电视技术中心管理使用。

建成后的广播电视数字微波电路，将以广州站为中心，向全省各地下行传送24套电视节目和立体声广播节目，还可传送高清晰度电视、会议电视、话音和数据信号。上行由各微波站向广州中心站回向传送电视节目。并同时为无线广播电视覆盖服务，实现无线、有线网络的互补和互备，缓解广播电视数字化发展传输通道与社会实际需求之间的矛盾。新的电路将进一步提高我省广播电视传输网络的质量，满足大容量传输广播电视节目的要求，为广大用户提供可靠、迅速、优质的广播电视服务。

该项目预计在2005年底完成并投入使用。届时，广东省广播电视数字化的综合能力将跃上一个新台阶，在建设文化大省中发挥重要作用。

广东省广播电视微波电路数字化改造工程项目施工图设计审查会议

2005年1月金古顶站铁塔安装施工正紧张进行

2005年6月天线安装施工的第一站在金古顶站顺利完成安装

即将安装监控设备的主控机房全貌

广东省残联

在广东，省委、省政府高度重视残疾人工作，把“济困助残”工作纳入了“十项民心工程”加以实施，全社会关注、关心、关爱残疾人事业和困难残疾人蔚然成风。《广东省〈残疾人保障法〉实施办法》、《广东省分散按比例安排残疾人就业办法》、《广东省扶持贫困残疾人计划》、《广东省贫困残疾人康复救助办法》等一系列政策、法规给广大残疾人融入社会、参与社会生活以较高程度的保障。目前，全省残疾人工作结出累累硕果。

“南粤助残工程”筹集了2500多万元扶助贫困残疾人进行康复、教育和就业培训；

“残疾人危房改造工程”每年支助1000户以上贫困残疾人改建新房；

首创农村以“公司+基地+农户”培训残疾人掌握种养技能和城镇以“定向培训、定点就业、集中管理”的残疾人就业模式，在解决残疾人就业方面走出一条新路；

“视觉第一中国行动”、“长江新里程计划”等的实施给残疾人带来一系列的实惠；

“十五”期间前4年有20万残疾人得到不同程度的康复。

2004年广州、汕头两市获得授予“全国残疾人工作示范城市”称号，等等。

随着广东经济社会发展迈上快车道，拉开了全省残疾人事业奔向全面小康的序幕。

2004年广州、汕头两市获得授予“全国残疾人工作示范城市”称号。图为广州验收现场。

“南粤助残工程”筹集了2500多万元扶助贫困残疾人进行康复、教育和就业培训。图为省残联理事长郭德勤等领导接收捐款。

“视觉第一中国行动”、“长江新里程计划”等的实施给残疾人带来一系列的实惠。图为复明“二号”手术车在汕尾革命老区为困难群众做复明手术

首创农村以“公司+基地+农户”培训残疾人掌握种养技能和城镇以“定向培训、定点就业、集中管理”的残疾人就业模式，在解决残疾人就业方面走出一条新路。图为广东省残疾人粤西扶贫培训基地挂牌仪式

东莞市建设工程质量监督站

东莞市建设工程质量监督站成立于1983年，主要承担东莞市工程质量监督与检测等工作，我站本着科学、公正、廉洁、高效的宗旨，向社会提供公正、准确的检测数据，以科学客观的态度确保东莞市建设工程质量安全。

检测中心是市质监站的内设机构，检测项目覆盖建材、室内环境、基础、结构、设备类等领域，分布各镇区有7个分支检测机构。我站现有员工191人，从事检测工作的140多人，其中技术人员占职工总数的80%以上，专职负责信息化工作人员3名。我站先后从美国、德国、日本等国引进先进检测仪器设备，并拥有较先进的网络管理系统。已通过广东省质量技术监督局组织的计量认证复评审及转版工作，具有政府相关部门发放的检测资质，有完善的质量管理体系，保证检测工作的公正性、科学性和先进性。

我站开展信息化建设工作较早，并于2003年与广州粤建三和软件有限公司联合开发了专业检测监督管理信息系统，目前已基本实现了中心办公管理信息化，业务管理实现试验数据自动采集和中心站与各分支机构内部的网络化，从而实现检验工作的电脑化、自动化和网络化管理，用高效、准确、可靠的电脑操作取代以往复杂、烦琐而易出错的人工作业，极大地提高检测工作的效率和管理水平。下面简要介绍我站信息化应用的主要作法和体会。

一、信息化建设必须要有正确定位。要能够真正做到信息化“为我所用、保证实效”，必须针对信息化的应用和作用，正确定位信息化的目标。紧密围绕检测机构在不同的阶段的发展战略，使信息化发展策略真正发挥其对检测机构战略的使能作用。

二、人员素质是影响信息化工作中最为重要的因素。为保证检测工作质量，我检测中心、区、镇检测站（室）在信息化建设过程中引进了大批高学历、高职称人才，同时通过培训不断提高人员知识与技能，造就一支结构合理、技术过硬的专业技术队伍。

三、必要的资金支持是信息工作的关键。自2001年以来，我站领导非常重视，在信息化建设方面共投入约300万元，使信息化建设取得明显成效。一是对有关对设备进行改造，实现了检测数据的自动采集，并对关键岗位进行摄像监控；二是进行网络建设和设备更新，实现了对下属7个镇、区检测站（室）检测工作的监管与各试验室间的全面联网作业；三是添置新项目的仪器设备及并对试验室进行改造。

四、信息化战略必须进行及时的更新。检测工作依赖的标准、规范及强制性条文都在不断更新，信息化建设的实施过程必须循序渐进，不断审视实施策略、实施方法和关键的保障因素，使整个信息化建设能够体现对检测机构战略的服务和支持作用，并真正成为检测机构战略发展不可或缺的关键成功因子。

我站在信息化建设中取得一定的成绩，是全体员工的智慧结晶，也与我站坚持做到以下原则密不可分。

一、切实结合本单位实际，制定合理的信息化发展规划。

二、不断完善检测和监管系统，使之更合理，使用更方便。

三、利用信息化建设进一步改善管理模式，提高本单位的业务、服务水平。

四、开发和科学利用丰富的信息资源，提高工作效率，逐步实现办公自动化、管理现代化。

信息化建设是社会发展的必然趋势，我站愿向各同行单位学习，共同争取在信息化建设工作方面有新突破，为社会提供公正、高效的服务。

罗浮山风景名胜区管理委员会

罗浮山,秦汉以来号称仙山，与南海市的西樵山为姐妹山，故又名东樵山，它是我国十大道教名山之一。位于珠三角东缘、东江北部，海拔1296米，共有大小山峰432座，飞瀑名泉980多处，洞天奇景18处，石室幽岩72个。罗浮山山势雄伟挺拔，风光清静幽秀，气候宜人，冬暖夏凉，是著名的避暑胜地，道教称它为第七洞天，第三十四福地，故又有南粤洞天福地之称。

罗浮山属国家重点风景名胜区，著名的景点有：冲虚古观、黄龙古观、九天观、酥醪观、华首古寺、白莲湖、白水门瀑布、飞云日出、飞来石、驼峰夕照、神龟望海、鹰嘴岩等。

罗浮山不但景色秀丽，而且古迹繁多。历史上有“九观十八寺二十二庵”以及“五百华首游罗浮”的盛会等传说。在抗日战争时期，罗浮山曾是著名的东江纵队司令部所在地，为了纪念这支英雄部队光辉的业绩，在当地党和政府的重视下，在东纵老战士和社会各界的关心支持下，修建了东江纵队纪念馆。该馆于2003年12月1日暨东纵成立60周年之际建成开馆的，它位于罗浮山风景区冲虚古观左侧，建筑面积3300多平方米，设四个展厅和一个日军侵华罪行展览长廊，是目前华南地区最大的纪念东纵抗日历史的纪念馆。现已成为广东重要的爱国主义教育基地之一。

华首古寺

飞云瀑布

白莲湖

罗浮山全景

日出

肇庆星湖风景名胜区管理局

宝鼎园——世界吉尼斯纪录

广东省肇庆星湖风景名胜区，由七星岩和鼎湖山两大景区组成，拥有得天独厚的自然风光和丰富的人文景观，风景旖旎，历史悠久。七星岩景区有“七岩五湖”，岩峰挺拔，湖水清澈。鼎湖山属原始次森林景观，有溪流、瀑布、湖泊、庙宇、鼎、亭、廊以及高等珍稀植物1800多种，是联合国“人与生物圈”的定位研究站。自一九八二年被国务院审定为“全国重点风景名胜区”以来，在国家建设部和省建设厅的领导和指导下，在各有关部门的大力支持和配合下，星湖风景名胜区的各项工作都有了进一步发展，先后被评为“全国十大文明风景旅游区示范点”、“全国保护旅游消费者权益示范单位”、“4A级风景旅游区”、“国家风景名胜区推行ISO14000国际环境质量管理体系示范区”等称号。

星湖——风景名胜区

庆云寺

星湖风景名胜区鼎湖山景区-天然图画

长安镇

广东省东莞市长安镇地处东莞市最南端，东邻深圳经济特区，南临珠江口，西连古塞虎门，北倚风景胜地莲花山；交通发达，广深高速公路、107国道、S358省道横贯而过，是广州、东莞与深圳交通往来的南大门。全镇陆地总面积83平方公里，辖13个社区居委会，户籍人口3.7万多人，外来流动人口60多万人，旅港同胞3万多人。

改革开放以来，长安镇以兴办"三来一补"企业为突破口，大力引进外资企业，扶持和发展民营企业，经济连年取得快速增长。至2004年，全镇共有外商投资企业1600多家，用外资总额26.5亿美元。2004年，全镇出口创汇总额33亿美元，连续第七年居全国乡镇之首。还有包括步步高在内的民营企业650多家，投资总额近20亿元。

二十多年来长安不断加强城市规划建设，努力丰富群众的文化生活，三个文明建设成果丰硕；实现了由农业向工业、由农村向城市、由农民向市民、由村组向社区的"四个转变"，崛起为广东省中心镇。胡锦涛、曾庆红、黄菊、李长春以及李鹏、朱镕基、尉健行等党和国家领导人到长安视察时，对长安的三个文明建设给予了高度评价。1990年以来，镇级共获得了"中国乡镇之星"、"全国先进基层党组织"、全国"人民满意的公务员集体"、"国家卫生镇"、"全国村镇建设先进镇"等近40项国家级荣誉；综合实力列广东省"综合实力经济强镇"第二位；镇区经济实绩量化考核结果综合总分等主要考核项目得分连续九年居全市第一。

中共中央总书记胡锦涛视察长安

长安城建

白土镇

高要市白土镇位于广东省中西部偏南，肇庆市和高要市东南部，处于珠江三角洲与西江经济走廊的结合部，距广州100公里，属肇庆市经济发展中心区。全镇总面积100.25平方公里，耕地面积49967亩，辖28个村委会，2个社区居委会，总人口72000多人。

近年来，我镇始终坚持以发展为主题，树立和落实科学发展观，按照"高起点规划、高标准建设、高效能管理"的要求，切实抓好城镇建设。一是加强城镇规划。我镇先后聘请武汉水利电力学院、肇庆市设计院和肇庆市规划设计院等专业部门对镇区实行三次总体规划和修编。根据白土的现状和今后的发展需要进行规划修编，全面规划了白土镇未来发展蓝图。二是实施工业园区带动战略。通过抓好工业园区的规划建设，以园区建设推动城镇建设，形成以中心城区为轴心，向南北两翼延伸的发展格局。三是坚持"政府推动、市场运作"的原则，引进资金加速城区建设发展。加大招商引资力度，引入市场机制，鼓励民间资金投入到城镇建设，推动城镇发展。四是坚持强化管理，推动城市品位和文明程度的提高。五是加强村委会的规划建设和管理。明确村委会的规划必须配合全镇的总体规划，在镇规划建设办指导下，做好村级规划。村委会负责土地建设审批和监督工作。

近年来，我镇先后获得"全国重点镇"、"全国小城镇经济综合开发示范镇"、"全国小城镇建设试点镇"、"广东省中心镇"、"广东省村镇建设先进单位"、"广东省城镇规划建设管理达标镇"、"广东省文明村镇"、"广东省卫生先进镇"等荣誉称号。

城镇建设图

中共中央政治局委员广东省委书记张德江同志在白土镇调研

黄圃镇

2005中国国际食品工业经贸洽谈会记者采风会黄永林书记讲话

授予中国食品工业示范基地

中国腊味食品名镇

黄圃镇1600多年前已涉人迹，860多年前始建制，自古已为南粤重镇，与石岐、小榄并称“中山三大镇”。

改革开放以来，黄圃镇由历史名镇发展成为工业强镇，并稳步向产业大镇、经济强镇迈进，成为珠三角洲经济最具活力的城镇之一，被授予全国首个中国食品工业示范基地和中国腊味食品名镇。

现时，黄圃镇拥有各类工业企业1000多家，逐步建立了以金属为主体的工业原料产业为支柱产业、以家电五金产业为重点、以腊味为代表的食品产业为特色的三大产业体系。

黄圃镇十分重视并积极营造良好的投资环境，现已基本形成顺畅承载企业项目洽谈、购地、立项、办证、动工、建厂、投产和增资投产的投资平台和顺畅为企业为投资者为经济发展排忧解难的服务平台。加上凭着优越的区位优势、丰富的土地资源、完备的产业结构以及灵活多样的政策措施，从而使黄圃成为国内外知名企业的投资乐土。全球最大的不锈钢和第二大铜产品生产企业芬兰奥托昆普（集团）公司投资近10亿元在黄圃创办了奥托昆普铜管（中山）有限公司，其生产的内螺纹铜管填补了国内的空白。全球最大的微波炉生产商、全国知名民营企业格兰仕（集团）有限公司在黄圃投资20～30亿元创办格兰仕（中山）电器有限公司，着力打造年产销规模1200万台的全球最大空调生产基地。全国四大啤酒企业之一的河南金星啤酒集团携手日本麒麟啤酒落户黄圃，打造珠三角主要啤酒生产基地。

具有前瞻眼光、敢于开拓创新、实干求进的黄圃人，在现有良好发展的基础上，正谋划更大的发展，在致力建设既适宜居住又适宜创业的经济社会协调发展和文明和谐的黄圃镇。今年12月16日至18日，该镇将举办2005中国国际食品工业经贸洽谈会。今年1～9月份该镇实现全社会工业总产值累计70.87亿元，比去年同期增长42.64%，实现税收总额2.63亿元，比去年同期增长51.10%，经济增长幅度名列全市前茅，综合经济实力显著增强。到2008年，力争实现工业总产值400亿元以上，税收收入10亿元以上。

潜力无穷，商机无限的黄圃镇诚邀海内外客商携手合作，多赢发展，共创辉煌！

黄圃镇政府大楼

黄圃镇－特色专业镇

繁华的黄圃城区

饶平县海洋与渔业局

饶平县海洋与渔业局局长陈兴师

饶平县地处闽粤交界，南临南海，海域面积533平方公里，海岸线长136公里，有大小岛屿33个，有大埕湾和柘林湾两个海湾，其中柘林湾是广东十二个重点发展海水养殖业的海湾。

改革开放以来，饶平县委、县政府充分发挥我县的濒临南海的区位优势，大力发展海洋经济，全县现有水产养殖面积7523.62公顷，海捕渔船1093艘，水产品年产量14万吨，产值11.7亿元，占全县大农业总产值的31%，形成了对虾、贝类、网箱、鳗鱼等四大渔业基地。主要养殖品种有牡蛎、泥蚶、蛤仔、和贻贝；海水网箱5万格，年产石斑、鲈鱼、鲷科鱼类等各类优质海水鱼1.4万吨，其规模、产量均居全省先进行列。我县还通过渔港建设和大规模的海域整治，极大地改善了柘林湾周边的投资条件，先后有潮州市三百门大唐发电厂、潮州市华丰有限公司三百门油气码头、虎屿油气码头、潮州港务局货运码头等十几个用海项目落户我县，带动了我县港口经济的发展，使我县的海洋经济呈现了多元化发展的良好态势。我县于1991年获国家农业部“全国十省百县渔业先进奖”，2002年柘林湾被列为“国家级海域管理示范区”，2004年获省海洋与渔业局综合管理先进奖。

检查渔港建设

饶平县柘林湾渔排

广东省韩江流域管理局

——广东省潮州供水枢纽工程

广东省潮州供水枢纽工程属省重点基建项目，是省委、省政府贯彻落实“三个代表”重要思想、造福粤东三市人民的民心工程，也是韩江下游三角洲地区实施水资源统一调配、解决当地人民群众生活用水和工农业生产用水的关键性工程。工程位于潮州市区南面4公里处，是以供水为主，结合发电、兼顾航运及改善环境的综合利用的大（I）型水利工程，工程动态总投资14.49亿元，2002年9月28日开工，计划2006年9月竣工。工程建成后，形成库容4900万立方米，年发电量2.08亿千瓦时，改善航运里程37公里。

工程开工以来，累计投资近9.5亿元，完成工程任务超过65%，经验收的46个分部工程合格率100%，优良率95.7%，经验收的4826个单元工程，合格率100%，优良率91.7%，未发生一起安全责任事故。枢纽建筑物雄姿初展，西溪拦河闸坝基本完工，东溪拦河闸坝坝顶达到设计高程，库区防护工程基本完成，枢纽综合调度大楼已经封顶，工程建设结出累累硕果，工程被评为2004年度全国水利系统文明建设工地，工程业主——省韩江局被评为全省城乡水利防灾减灾工程建设先进单位、全省十项工程劳动竞赛优胜单位、全省重点项目工作先进单位等光荣称号。

2003年1月24日，广东省省长黄华华等领导视察省潮州供水枢纽工程

广东省潮州供水枢纽西溪拦河闸

广州市东山区市容环境卫生局

现任党委成员，从左至右谢朝先（局长助理）、梁志亮（党委副书记兼纪委书记）、姚镜祥（党委书记）、张德成（局长）、陈汉忠（副局长）、吴玉华（办公室主任）。

历史是一面镜子。随着公元2005年10月1日零点钟声的敲响，诞生于清末光绪二十九年（1903年），历尽百年沧桑，为东山乃至广州市人民做出突出贡献的东山区市容环境卫生局（其前身为广州巡警局东山分局洁净股，之后几经更名），将正式向民众、向这座有着光荣历史的城市鞠躬谢幕。在今后的日子里，这个英雄群体将伴随着他新的主人，引吭高歌，走进新时代。

1964年6月，东山区环境卫生管理局成立；1984年7月，更名为东山区市容环境卫生管理局；1996年9月，更名为东山区市容环境卫生局（简称市容环卫局）；2005年10月1日，随着广州市行政区划调整的安排，东山区市容环境卫生局正式并入越秀区市容环境卫生局，东山区市环境卫生局从此走进历史。

截止2005年上半年统计，全区环卫在岗职工1985人，道路清扫保洁面积达407万平方米，三级以上马路16个小时和12个小时保洁率分别为85%和15%，机械化作业率达80%；10条行政街的环卫站，按每天12小时要求对1633条内街进行保洁；在全区97座公厕中，二类以上标准的占了82%；创建市容管理达标路或样板路9条、约12公里；全区7座垃圾压缩站和87辆专用运输车，每天担负着710吨垃圾和213吨粪便的处理量，生活垃圾的处理基本实现了无害化、资源化和减量化目标。

从东山区市容环境卫生局成立之日起，东山环卫就以科学发展观为指导，以全区人民福祉为己任，以“敢为天下先”的魅力，率先在全市掀起了市容环卫改革之大潮，并且每年坚持开展群众性的“东山市容环卫杯”竞赛活动，不断提高市容管理和环境卫生水平，创造出了许许多多个全市第一。1996年以来，我局涌现出国家、省、市级劳动模范5人，其中李淑明同志作为全国唯一优秀外来工代表，在北京受到时任国家副主席胡锦涛同志的亲切接见。2002年，我区夺得广州市“羊城市容环卫杯”竞赛第一名；2003年，我局荣获“广州抗击非典标兵单位”荣誉称号；2003年，我局被广东省人民政府授予“广东省城市市容环境卫生先进集体”荣誉称号；2004年，我区再次夺得广州市“羊城市容环卫杯”竞赛第一名；同年，我局第一保洁大队中山二路班被共青团广东省委授予“广东省杰出青年文明号”荣誉称号；同年，我区首批跨入广州市卫生城区行列；2005年，在创建国家卫生城市和创建卫生街区活动中，我区市容环境卫生工作连续取得优异成绩。市民对市容环境卫生的满意度由1997年的27%增加至现在的98%。毋须置疑，经过无数风雨洗礼的东山环卫，在为社会提供优质服务的同时，自身社会主义精神文明建设、物质文明建设和政治文明建设也是硕果累累。

历史沿革，百年巨变。昔日瘠贫瘠弱、单一落后的东山环卫，如今变成了点缀城市、美化生活、造福人民，集中体现先进生产力和生产方式的香饽饽，令无数东山人为之感慨，为之骄傲。

环卫工人每天都在环境优美的二沙岛广州星海音乐厅附近进行机械化作业

东山区市容环卫局精神文明建设缩影

海丰县民政局

县委书记、县人大主任魏友庄（右二）、县人大副主任欧光油（右三）、副县长吴庆声（左二）慰问驻训部队。

县委副书记、县长彭俏奇（中），县委常、武装部政委瞿建春（左一）；县委常委、宣传部长颜赛真（左二）；县委常委、公安局长黄希长（右三）；县政府办主任吴桂益（右四）慰问海训部队。

海丰县是民主革命推翻封建统治的策源地之一，是全国十三块红色革命根据地之一，是全国第一个县级苏维埃政权诞生地，是中国共产党早期重要领导人、杰出农民运动先驱彭湃、杨其珊及近代名人马思聪、钟敬文、邱东平、柯麟、陈其尤、黄鼎臣等的故乡。

在第一、二次国内革命战争、抗日战争、解放战争和社会主义建设时期、海丰有四万多名优秀儿女无私献出了宝贵的生命。建国前，勇敢的海丰人民为祖国的独立和人民的解放作出了巨大的牺牲和贡献；建国后，海丰人民发扬革命传统，在这块红色的土地上，谱写了新的军爱民、民拥军双拥颂歌。近年来，海丰县委、县政府和驻军领导一如继往发扬革命老区优良传统，高度重视双拥工作，争创省级双拥模范县成为军地双方共同的愿望和奋斗目标。

几年来，海丰县委、县政府加强对双拥工作的领导，建立健全的双拥工作机制，建立各项规章制度，推动双拥工作健康发展；广泛开展宣传教育，使双拥观念家喻户晓、深入人心，营造了一片良好的双拥社会氛围；军地联动、军企联动、全民参与，扎扎实实开展双拥共建活动，使双拥工作饱含渔水深情；不折不扣执行上级有关规定，认真落实优抚安置政策，切实解决优抚对象三难问题，切实解决城镇退伍军人和退役士官安置难问题。

2004年六月，海丰县被中共广东省委、广东省人民政府，广东省军区命名为双拥模范县。

县委书记、县人大常委会主任魏友庄向驻军赠送慰问金

海丰县积极鼓励民营企业拥军。县委书记魏友庄（右一）；副县长（右二）；民营企业家马小厦（右三）；民政局长黄远康（左三）一起慰问驻军。马小厦先生向部队赠送慰问金。

县委书记、县人大主任魏友庄带领县五套班子领导和民营企业家慰问驻训部队。

肇庆市民政局

肇庆市民政局李锋局长（左三）领带工作组深入端州区芙蓉社区就建立社区服务信息化建设现场办公。

肇庆市民政局李锋局长（左二）为端州区塔脚社区办公大楼落成暨挂牌形式揭幕。

自2002年全面理顺城市基层管理体制改革工作以来，我市各级党委、政府非常重视，把社区建设摆上了议事日程，加强领导，精心部署，民政主动牵头、部门支持配合，发动社会力量，加大工作力度，积极稳妥地推进社区建设，取得了一定成效。截止2005年8月底，全市共设置12个街道办事处，调整划分244个社区，平均每个社区管辖1246户、4052人。2005年上半年依法选举产生第二届社区领导班子成员1207人，其中党员842人，占总数69.8%；妇女511人，占总数42.4%。近三年来，我市各级用于社区建设的资金累计达4000多万元，其中市政府从2004年开始每年安排200万元用于端州城区的社区建设。全市有115个社区办公用房面积达到80平方米以上（其中综合面积达150平方米以上有53个），达标率为47.1%。全市建成投入使用的街道社区服务中心5个，占街道总数的41.7%，总投入资金达310多万元，服务场所面积达1850平方米。全市建成“星光老年之家”62个，占全市应建总数的40%，投资总额达1485万元，活动场所面积达1.3万平方米。全市共建成城镇社区警务室65个，占应建数60.7%，派驻社区民警106人。向全市85个社区图书室赠送价值51万元近3万多册图书，使全市30%的社区30多万居民受惠，推进了创建“学习型社区”活动的开展，我市的端州区城西街道、城东街道、城北街道分别建立了社区服务信息网络平台，社区服务内容涉及经济发展、便民利民、民政、计划生育、劳动保障、城管爱卫、法律、文体娱乐、社区援助等十多个服务系列、30多个服务项目，进一步推进社区服务信息化建设，提升社区服务手段，整合社区服务资源，为居民群众提供更加高效、方便、快捷的服务。

肇庆市民政局李锋局长（左二）检查社区开展居务公开工作情况。

肇庆市民政局周梅声副局长在肇庆市“万家社区图书室援建和万家社区读书活动”赠书仪式上讲话。

肇庆市民政局李锋局长（右二）、周梅声副局长（右一）到端州区调研社区办公用房建设工作。

黄埔区教育局

“十五”期间，区委、区政府和教育局秉承黄埔丰富的历史文化传统，挖掘黄埔深厚的教育底蕴，充分发挥区域政治经济优势，大力实施 科教并举 战略，把教育放在优先发展的战略地位，加大投入，确保 三个增长 。实施“优秀校长、教师”、“优质教育体制”、“优良教育环境”、“质量强校”和“居民素质教育”五项工程。加快学校现代化建设,优化教育资源配置，实践终身教育理念，构建学习型社会，初步构建起了从基础教育、成人教育到居民素质教育，从普通教育、社区教育到职业教育的大教育发展格局。逐步形成了环境教育、体育、艺术教育、国防教育、英语课程改革、教育科研、教育信息化、居民素质教育和人事分配制度改革等八大特色或品牌。

2004年教师节前夕，区委书记谢宝怀深入基层学校调研。

“十五”期间，黄埔区学前教育、基础教育和成人教育均衡发展，教育普及程度和受教育水平不断提高。全区小学实现6周岁入学，适龄儿童入学率、巩固率达100%，小学毕业生升学率100%；初中毛入学率106.23%。

教育教学质量显著提高。中考、高考成绩逐年提高，2004年，我区中考平均成绩名列广州市12个区、县级市第4名；高考成绩稳中有升，2004年首次实现个人总分800分零的突破，2005年全区本科完成广州市预测指标数130.94%，重点、本科、省大专各上线人数及高分层人数均有较大幅度增加。体育、艺术、科技及各类学科竞赛屡创佳绩，近5年获国际和国家级奖励650人次以上。

办学条件得到显著改善，教育综合实力逐步增强。校园环境建设实现了从校舍改造到功能场室建设和教育信息化的历史性转变，“全区无弱校、全区强校多”。教师队伍素质显著提高，教育科研工作不断得到加强。

黄埔教育基本实现了区委、区政府提出的“两高一强”即教育普及程度和受教育水平高，教育教学质量高，教育综合实力强的目标。 2003年11月通过了省教育强区的督导评估，成为广州市第四个、全省第十个教育强区。

今后，我们将进一步更新观念，克服困难，深化改革，加快发展。一是继续走内涵式发展之路，进一步增加优质学位，不断满足人民群众对优质教育的需求；二是优化教育资源配置，根据我区经济社会发展的要求，进一步做好全区学校的布局调整，加强对厂企、民办学校的管理，促进全区教育均衡、协调、持续发展。为构建和谐黄埔、建设广州东部新城区、率先基本实现社会主义现代化作出更大贡献。

2004年3月5日，陈小钢区长接受省政府教育督导室主任彭卓平颁发的“广东省教育强区”牌匾。

团结、创新、勤政、高效的局领导班子。

黄埔区人民法院

坚持『以人为本』理念 努力建设现代化法院

黄埔，拥有闻名遐迩的千年古港，是古代海上“丝绸之路”的发祥地。它座落在广州市城市发展“东进”轴线上，是举足轻重的重工业基地和东部新城区。

省法院吕伯涛院长接见黄埔法院南岗法庭工作人员

广东省优秀法院揭牌仪式

黄埔区法院在区委的领导和上级法院的指导下，紧紧围绕“公正与效率”工作主题，瞄准“建一流法院、带一流队伍、创一流业绩”目标，认真抓好审判工作、法院改革和队伍建设三件大事，积极推进各项工作。2000年以来，该院每年结案率都保持在96%以上，并逐年增长，2004年达到98.77%，连续6年居广州市法院系统首位。其中，刑事案件结案率连续7年保持“零存案”，并杜绝超审限和超期羁押现象；执行案件平均执结率为97%，2004年达到98.97%，连续6年居广州市法院系统首位。该院积极稳妥地推进审判方式改革，2001年率先推行的在裁判文书附页附录法律条文的举措，被誉为普法便民的好措施，被兄弟法院广泛采用。该院狠抓队伍建设成效显著，培养了一支高素质的干警队伍，干警10年来保持违法违纪“零纪录”，省高院领导赞为“十年磨一剑”。该院加强和改进对人民调解的指导工作，发挥人民调解组织作用，最大限度地把矛盾和纠纷解决在基层，既减少群众讼累，又减轻审判工作压力，形成了人民调解与法院审判工作的良性互动。在全国法院系统收案不断上升的形势下，该院收案有较大幅度下降。2002年，该院被广州市委、市政府授予“人民满意政法单位”称号；被最高人民法院授予“全国法院系统指导人民调解工作先进集体”称号；2002年和2004年两次被市中院记集体三等功。2005年6月，被广东省高级法院授予“全省优秀法院”称号。

瞄准“三个一流”的目标，努力建设以“公正、高效、廉洁、文明”为特征的现代化法院，是黄埔法院矢志不移的追求。最近，该院以开展保持共产党员先进性教育活动为契机，提出了“以人为本、以民为天、以法为魂、以院为家”的治院理念，并制定了具体的配套措施，为建设现代化法院提供了思想和制度保障。

市法院吴树坚院长视察黄埔法院长洲法庭建设

十六字的治院理念

电 话：020-82482901
地 址：广州市黄埔区大沙东路363号
http://www.hp.gov.cn/hpfy

双方当事人向黄埔法院赠送锦旗

院党组成员

载誉归来

法警集训

获得当事人赞誉

聘请司法监督员

职业道德培训

东莞市人民法院

任前廉政谈话

参观东江纵队纪念馆

东莞市位于珠江口东岸，毗邻港澳，处于广州、深圳经济走廊的中间位置，改革开放以来凭借优越的地理位置和良好的人文环境，发展成为国际知名的制造业基地。

东莞市人民法院是东莞市唯一的基层法院，下设9个业务庭、6个行政综合部门和14个人民法庭；在编干警311人，具有本科以上学历的有253人，占86%。随着东莞经济的繁荣发展和流动人口的大量涌现，各种利益纷争和民间矛盾不断上升，法院受理的案件也逐年上升。仅2000年至2004年，该院受理各类案件124534宗，办结122626宗。其中，2004年收、结案为38354宗和36446宗，均创历史最高记录，分别比1999年增长110%和126%，为东莞的政治稳定、社会进步与经济繁荣提供了坚实的法律保障。

一直以来，东莞市人民法院始终牢记宗旨意识和大局观念，坚持以邓小平理论和“三个代表”重要思想为指导，紧紧围绕“公正与效率”主题和“司法为民”宗旨，通过大力加强队伍建设，切实抓好审判工作、锐意开展审判改革，完善规章制度，以建设“学习创新型”、“干净办事型”、“执法为民型”的“三型”法院为目标，全体干警发扬艰苦拼搏、开拓创新、奋发进取的精神，努力树立了“公正、廉洁、高效”的法官队伍形象。2000年以来，该院先后80余次受到上级有关机关的表彰嘉奖，200多人（次）被授予各种荣誉称号，如2004年，东莞市人民法院荣获“全国法院思想宣传工作先进单位”、东莞市人民法院东城法庭荣获“全国人民调解工作模范人民法庭”及“中国十佳人民法庭”荣誉称号，东城法庭庭长苏卫东同志先后被评为“全国人民满意的好法官”、“全国模范法官”、“全国先进工作者”。

院长叶柳东亲自审理刑事案件

法官风采

河源市公安局

按照省委、省政府的部署，2003年3月份台，全省迅速启动“禁毒03工程”。实施“禁毒03工程”期间，全市各级公安机关在市委、市政府和省公安厅的正确领导下，以“三个代表”重要思想为指导，坚决贯彻落实全省禁毒工作会议精神，坚持一手抓打击，一手抓宣传教育，精心组织，周密部署，充分发挥公安机关打击毒品犯罪主力军的作用，取得了显著成效，在2004年的全省专项考核评比中取得了第0名的好成绩。主要成效有：

2005年3月29日，河源市公安局强制戒毒所新址落成启用。市委副书记陈志千，市委常委、政法委书记、公安局长杨富生，副市长曾培贤等前往揭幕并视察

一是加大了打击毒品犯罪的力度，提高了遏制毒品来源的能力。全市共破获毒品案件08宗，抓获毒品犯罪嫌疑人114人，缴获毒品.99千克，分别比2002年上升8%、11%和210%，狠狠打击了毒品犯罪分子的嚣张气焰。

二是提高了禁吸戒毒能力，降低了毒品的社会危害。全市共强制戒毒、劳教戒毒1046人次数，比2002年增长40%，占全市现有吸毒人员的69%。

三是拓展了禁毒宣传教育的深度和广度，提高了人民群众参与禁毒斗争的积极性，形成了全民参与禁毒的良好氛围。

四是加强了基层基础工作，有效促进了禁毒措施的进一步落实。各级公安机关全面开展了毒情调研和吸毒人员普查登记工作，掌握了全市的毒情；进一步强化对易制毒化学品和公共娱乐场所的管理，有效防止易制毒化学品流入，新戒毒所已于2005年3月29日投入使用，强制戒毒人员医疗、生活费已基本纳入财政预算；加强了缉毒专业队伍的建设，除市局外，各县（分）局均成立了副科级编制的缉毒大队。

为深入推进“禁毒03工程”，全市各级公安机关于2004年开展了遏制毒源和扫毒行动，2005年又开展了“勇当追兵，后发争先”活动，并结合先进性教育活动进一步推进禁毒斗争，促进了全市治安稳定和经济社会的协调发展。

公开销毁毒品

2004年6月26日“国际禁毒日”，市区举行万人禁毒大游行

云浮市公安局

2005年1月份在全省派出所“03工程”表彰会的情景（左二为云浮市公安局副局长宋文建）

云浮市地处粤西山区，东连江门市，南与阳春、茂名两市接壤，西与广西交界，北与肇庆相邻，是广东沟通大西南的门户。1993年，经国务院批准撤县设市（县级市），1994年又从肇庆市分出，设立地级市，是全省最年青的地级市。

云浮市公安局成立于1994年8月，管辖“一区一市三县”5个县（市、区），全市共有88个行政派出所。2002年12月16日省委政法委召开全省公安派出所办公用房建设工作会议，决定在全省15个贫困地市开展派出所“03工程”建设，解决贫困地区公安派出所无办公用房的问题。云浮市由于是新成立的地级市，经济相对落后，全市88个公安派出所中有26个派出所被列入“03工程”建设。面对建设任务重、时间紧、资金短缺等问题，云浮市公安机关各级党委没有被困难吓倒，而是迎难而上，变压力为动力，把派出所“03工程”作为各级公安机关的一把手工程和一项民心工程来抓，专门成立了派出所“03工程”领导小组，由市委副书记、政法委书记谭少伟亲自担任组长，市委常委、公安局长周细牛、财政局局长陈冠中任副组长，并设立“03工程”领导小组办公室，由市公安局副局长练成仁任办公室主任，成员有市局治安科、机关事务科、装财科等部门领导组成。各县（市、区）及相关镇也按市的模式成立了相应的派出所“03工程”领导小组和办公室，专抓此项工作。全市形成了主要领导亲自抓，部门领导具体抓，各相关部门配合抓的一个齐抓共管的局面。

为确保派出所“03工程”建设任务的按时按质完成，云浮市各级党委、政府及公安机关包括派出所还逐级签订责任状，明确要求按省的规定时间完成建设。为保证基建用地、配套资金及其相关设施的落实，各级党委、政府牵头，明确将责任落实到相关部门和具体责任人，如国土和城市规划部门负责落实用地，财政部门负责落实配套资金，供水供电部门负责水电设施的装配，公安机关和建委、质监等部门具体负责抓工程进度和质量。同时，为调动各地的积极性，市公安局还制定了奖惩制度，规定在03年10月1日完成建设任务的，奖励每个派出所2万元，年底前完成建设任务的，奖励5千元，未能按时完成建设任务的，对县（市、区）公安局（分局）及派出所通报批评，取消该局及所领导年度评优资格。

由于各级领导的重视和措施得力，云浮市公安局的派出所“03工程”建设取得圆满成功，全市26个派出所都按省的要求如期完成建设任务。2005年1月份，省厅召开派出所“03工程”建设表彰会，云浮市公安局是全省四个受表彰的先进建设单位之一，云浮的罗定和郁南两个县是受表彰的10个县（市、区）公安局之一，全省受表彰的64个派出所中，云浮就有19个派出所。

张永强副厅长在云浮视察云城区云城派出所“03工程”建设时，与市（区）公安局领导及派出所负责人亲切交谈

省委副书记王华元同志视察我市郁南县连滩派出所时与全体民警的合影

广州市公安消防支队

广州市公安消防支队现有消防官兵1200多人，承担着广州市防火监督、灭火和抢险救援为中心的各项消防工作任务。2004年以来，在市委、市政府的高度重视下和总队党委、市公安局的直接领导下，全体官兵按照“开拓进取、求真务实，认认真真抓改革、一心一意谋发展”的工作思路，以实现广州消防事业跨越式发展为目标，认真履行法定职责，努力拼搏，圆满完成了以消防监督和灭火救援为中心的各项工作任务，确保了队伍稳定和广州消防安全形势的稳定，部队建设和消防工作在实现跨越式发展上迈出了坚实的一步，成绩喜人，成效明显。

防火监督工作：坚持立警为公、执法为民，深入开展执法为民教育，全面加强消防监督规范化建设和消防执法队伍规范化建设，干警的执法观念有了新的转变，执法水平有了显著提高，各项消防监督业务工作了上新台阶。2004年，共开展“两大一保”等5项专项治理，检查“三小”场所15.6万家，人员密集场所6700多家，单位637085个，督促整改火灾隐患118257处，责令停产停业整改4513家。

2005年，在深入开展火灾隐患排查整治的同时，全市以消防宣传“四进”为主线，采取多种举措大力加强消防宣传教育。目前，全市1828个社区已有1798个社区成立消防宣传教育室，建立日常防火检查机制，消防工作社会化成效显著。

2005年1至8月，全市火灾事故起数、死亡人数、受伤人数、直接财产损失四项指数与去年同期相比，分别下降29.4%、12%、51.7%、2.9%，全市消防安全环境明显好转。

部队执勤备战与灭火救援：近年来，广州市公安消防部队通过深入开展大练兵活动，本着“干什么、练什么，缺什么、补什么”的原则，认真开展基本理论的学习，组织官兵苦练基本技能。同时，立足于灭大火、打恶仗，以“打赢”为目标，重点在灭火救援训练机制、车辆装备实战效能和城市防灾救灾体系等方面进行了一系列探索与改革，部队的整体战斗力明显提升。

2004年，广州市公安消防支队共接警10075次，出动9645次，出动消防车辆22014台次，出动消防官兵132084人次，其中出水灭火2029次，参与抢险救援2296次，成功抢救遇险群众271人。

2005年7月21日，广州市海珠区江南大道中海珠城工地发生了坍塌事故，广州支队立即启动抢险救援应急预案，先后出动了200人次消防官兵前往救援，并成功救出三名被埋压群众。7月23日上午，在坍塌事故现场，广州市市委副书记、市长张广宁对消防官兵给予了高度赞扬。“你们不但冒着再次坍塌可能带来的生命危险，成功救出3名被困群众，而且现在又发扬不怕苦、不怕累的精神连续作战挖掘出遇难者遗体，这些都充分证明了你们是一支能够担当重任、非常了不起的消防部队，你们特勤队员是好样的！”。

04年5月张广宁市长、市委张桂芳副书记、市委常委、广州市公安局朱穗生局长到广州消防局调研

军政主官交心通气（左：张培端政委，右：林楚国局长）

深夜扑救大火

05.7.21海珠城工地坍塌事故救援

广州市第八届消防体育运动会盛况

广东画院

省委常委、省委副书记蔡东士（左3），省委宣传部副部长方健宏（右2）

省委常委、宣传部长朱小丹（右1）参观

广东画院是省属从事专业美术创作与理论研究的文化事业单位，主管机关广东省委宣传部。其任务是在省委、省政府的领导下，贯彻和执行党的文艺路线、方针和政策，制定专业美术创作和理论研究计划，并组织实施。发掘和培养显著成绩、有独特风格和发展潜力的新一代名画家，为社会提供高质量、高品位的艺术精品，为国家积累艺术财富，为大众提供精神食粮，陶冶情操，为两个文明建设服务。

广东画院创建于1959年，是新中国成立后最早成立的省级画院之一。至今历任四任院长：黄新波、关山月、王玉珏、刘斯奋。画院正式定编42人，内设办公室、创作室、理论研究室三个中层机构，设画院党组、机关党总支部、工会。现正式在职员工32人，分专业技术和行政后勤二大块。具有艺术一级、二级高级专业技术职称的15人，其中有1人享受国务院政府特殊津贴。画院现有一批在全国有较大影响和知名的优秀老、中、青画家活跃在全国画坛，其中有1人担任全国美协的副主席，3人为理事，其中1人担任全国中国画艺委会副主任。在省美协中有1人担任省美协主席，2人担任副主席职务，1人为省美协艺委会主席，11人为理事，其中9人为常务理事。在省艺术专业高级评审委员会中有8人为评委，画院还是省中级美术专业评审点，有评委12人。

多年来，广东画院在艺术创作和研究上取得了丰硕成果，画院画家创作的美术作品在国内和国际大型美术展览中屡获殊荣，很多作品被国内外的大型专业美术博物馆永久收藏。

近年来，广东画院的各项工作紧紧围绕省委建设文化大省的发展战略，进一步明确自身定位与发展方向，强调“学术立院”，不断思考画院作为专业学术机构在新的发展时期如何突出高标杆、高要求，攀登我省乃至全国美术创作和理论研究两个制高点，在推进画院建设方面推出了提高专业人员综合文化素质，建立广东青年画院，画院新址建设等各项新举措。在《2003-2010年广东省文化建设发展纲要》中，广东画院新址被列为省的重点文化设施建设项目之一，地点确立在白云大道萧岗村段，总投资1亿元，拟2008年完工。

广东画院全家福